Religion in der Bundesrepublik Deutschland

herausgegeben von
Christian Albrecht, Julia Angster,
Reiner Anselm, Andreas Busch, Hans Michael Heinig
und Christiane Kuller

1

Teilnehmende Zeitgenossenschaft

Studien zum Protestantismus in den ethischen Debatten
der Bundesrepublik Deutschland 1949–1989

herausgegeben von

Christian Albrecht und Reiner Anselm

Mohr Siebeck

CHRISTIAN ALBRECHT, geboren 1961; Inhaber des Lehrstuhls für Praktische Theologie an der Evangelisch-theologischen Fakultät der Ludwig-Maximilians-Universität München.

REINER ANSELM, geboren 1965; Inhaber des Lehrstuhls für Systematische Theologie und Ethik an der Evangelisch-theologischen Fakultät der Ludwig-Maximilians-Universität München.

ISBN 978-3-16-153630-4
ISSN 2364-3684 (Religion in der Bundesrepublik Deutschland)

Die Deutsche Nationalbibliothek verzeichnet diese Publikation in der Deutschen Nationalbibliographie; detaillierte bibliographische Daten sind im Internet über *http://dnb.dnb.de* abrufbar.

© 2015 Mohr Siebeck Tübingen. www.mohr.de

Das Werk einschließlich aller seiner Teile ist urheberrechtlich geschützt. Jede Verwertung außerhalb der engen Grenzen des Urheberrechtsgesetzes ist ohne Zustimmung des Verlags unzulässig und strafbar. Das gilt insbesondere für Vervielfältigungen, Übersetzungen, Mikroverfilmungen und die Einspeicherung und Verarbeitung in elektronischen Systemen.

Das Buch wurde von Hubert & Co in Göttingen auf alterungsbeständiges Werkdruckpapier gedruckt und gebunden.

Vorwort

Ethische Debatten um Frieden und Freiheit, um Ehe und Familie, um soziale Gerechtigkeit und Schutz der Umwelt wurden rasch zu zentralen Selbstverständigungsdebatten der jungen Bundesrepublik. Protestanten haben sich an ihnen mit großem Deutungs- und Gestaltungswillen beteiligt, und zwar in kirchlich-konfessionellem, individuellem und gesellschaftlichem Engagement. Daraus formte sich die spezifische Gestalt eines bundesdeutschen Nachkriegsprotestantismus.

Im Sommer 2013 hat eine von der DFG geförderte, in München und Göttingen angesiedelte, interdisziplinäre Forschergruppe ihre Arbeit aufgenommen, die sich mit dem *Protestantismus in den ethischen Debatten der Bundesrepublik Deutschland 1949–1989* befasst. Der vorliegende Band dokumentiert systematische Fragestellungen, fachspezifische Erkenntnisinteressen und erste Einsichten der gemeinsamen Überlegungen, die sich in der Verschränkung von theologischen, zeithistorischen, juristischen und politikwissenschaftlichen Perspektiven der inneren Vielgestaltigkeit des Protestantismus, der Vielfalt seiner gesellschaftlichen Ausstrahlung und der Komplexität seiner eigenen Veränderungsdynamik widmen.

Die Beschäftigung mit dem bundesdeutschen Protestantismus versteht sich als Beitrag zu einer gesellschaftspolitisch informierten Religionsgeschichte der Bundesrepublik. Sie steht im Kontext einer gegenwärtig zunehmenden Wahrnehmung der Bedeutung religionskultureller Faktoren für den Aufbau der bundesdeutschen Nachkriegsgesellschaft. Dass ein Forum für diese Forschungen nun mit der neuen Reihe »Religion in der Bundesrepublik Deutschland« zur Verfügung steht, die mit dem vorliegenden Band eröffnet wird, ist dem Verlag Mohr Siebeck zu danken. Nicht zuletzt aber gilt unser Dank allen Mitgliedern der Forschergruppe für die engagierte Zusammenarbeit.

München und Göttingen, im Advent 2014　　　　　　　　　Christian Albrecht
　　　　　　　　　　　　　　　　　　　　　　　　　　　　　Reiner Anselm

Inhaltsverzeichnis

Vorwort V

Abkürzungsverzeichnis XI

I. Einführung ins Thema

CHRISTIAN ALBRECHT UND REINER ANSELM
Zur Erforschung des Protestantismus in den ethischen Debatten
der Bundesrepublik Deutschland 1949–1989 3

II. Grundlegende Fragestellungen

ANDREAS BUSCH
Politische Mitwirkung des Protestantismus 15

HANS MICHAEL HEINIG
Protestantische Vorstellungen demokratischer Rechtserzeugung 37

CHRISTIANE KULLER
Der Protestantismus und die Debatten um den deutschen Sozialstaat. . 53

CLAUDIA LEPP
Der Protestantismus in den Debatten um gesellschaftliche Integration
und nationale Identität. 65

CHRISTIAN ALBRECHT
Protestantische Kommunikationsformen 81

Reiner Anselm
Individualisierungsprozesse als Referenzpunkt theologisch-ethischer Theoriebildung.................................. 95

Martin Laube
Die bundesrepublikanische Gesellschaft im Spiegel der theologischen Ethik.................................. 105

III. Fallskizzen

Stefan Fuchs
Politische Einflusswege des Protestantismus................... 121

Tobias Schieder
Der Einfluss protestantischer Ethik auf die Wiederbelebung des Widerstandsrechts nach 1945........................ 149

Felix Teuchert
Normativer Anspruch, theologische Deutung und soziologische Analyse. Die evangelische Akademie Hermannsburg-Loccum in den Debatten über die Integration der Ostvertriebenen in die westdeutsche Gesellschaft........................... 169

Sabrina Hoppe
»Aber wir können doch nicht alle Leute, die zu diesen Dingen etwas zu sagen haben, mit heranziehen!«. Das Netzwerk Friedrich Karrenbergs als exemplarisches protestantisches Netzwerk in der frühen Bundesrepublik.......... 199

Teresa Schall
Kommunikation des Protestantismus. Wirkungen und Rückwirkungen von Rundfunkkommentaren zum Kirchentag 1969 auf das mediale Bild des Protestantismus...... 235

Philipp Stoltz
Tische statt Huthaken. Werner Simpfendörfers Konzeption des »Baulichen Provisoriums« als Modell protestantischer Verantwortung in der Gesellschaft......................... 265

SARAH JÄGER
Individualisierung als Herausforderung.
Der Protestantismus vor Fragen von Sittlichkeit, Sexualethik
und Geschlecht in den fünfziger und sechziger Jahren   295

HENDRIK MEYER-MAGISTER
Individualisierung als Nebenfolge. Das Engagement
des Protestantismus für die Kriegsdienstverweigerung
in den 1950er Jahren   327

GEORG KALINNA
Von Gottes Gnaden? Das evangelische Staatsverständnis
in der Bundesrepublik der 1950er und 1960er Jahre
zwischen Wandel und Beharrung   369

IV. Ausblick

CHRISTIAN ALBRECHT UND REINER ANSELM
Der bundesdeutsche Nachkriegsprotestantismus: Erste Umrisse   387

Autorenverzeichnis   397

Personenregister   399

Sachregister   411

Abkürzungsverzeichnis

ACDP	Archiv für Christlich-Demokratische Politik
AEABB	Archiv der Evangelischen Akademie Bad Boll
AEKR	Archiv der Evangelischen Kirche im Rheinland
BGBl	Bundesgesetzblatt
BGH	Bundesgerichtshof
BverfGE	Entscheidungen des Bundesverfassungsgerichts
ESL	Evangelisches Soziallexikon
EZA	Evangelisches Zentralarchiv (Berlin)
LKA Hannover	Landeskirchliches Archiv Hannover
LKA Kiel	Landeskirchliches Archiv Kiel
LKA Stuttgart	Landeskirchliches Archiv Stuttgart
OLG	Oberlandesgericht
RGG²	Die Religion in Geschichte und Gegenwart. Zweite Auflage
RGG³	Die Religion in Geschichte und Gegenwart. Dritte Auflage
RGG⁴	Religion in Geschichte und Gegenwart. Vierte Auflage
TRE	Theologische Realenzyklopädie

I. Einführung ins Thema

Zur Erforschung des Protestantismus in den ethischen Debatten der Bundesrepublik Deutschland 1949–1989

Christian Albrecht und Reiner Anselm

1. Zur Aktualität und Relevanz des Forschungsprojekts

Der Einfluss des Protestantismus auf Genese, Verlauf und Ertrag der ethischen Debatten in der ›alten‹ Bundesrepublik ist unbestreitbar und wird regelmäßig auch summarisch gewürdigt. Gleichwohl gibt es bisher keine umfassenden Studien darüber, wie der Protestantismus die Entwicklung der deutschen Nachkriegsgesellschaft mit gestaltet hat und zugleich seinerseits durch den allgemeinen politisch-sozialen Wandel verändert worden ist. In den einschlägigen Darstellungen zur Geschichte der Bundesrepublik kommt der Protestantismus kaum vor, wie ein Blick auf den von Hans-Peter Schwarz herausgegebenen Sammelband »Die Bundesrepublik Deutschland. Eine Bilanz nach 60 Jahren« (Köln 2009), auf Hans-Ulrich Wehlers abschließenden Band seiner »Deutschen Gesellschaftsgeschichte« (München 2008) oder auch in Gesamtdarstellungen der Bundesrepublik wie diejenige von Manfred Görtemaker (»Geschichte der Bundesrepublik Deutschland«, München 1999), Edgar Wolfrum (»Die geglückte Demokratie«, München 2006) oder Eckart Conze (»Die Suche nach Sicherheit«, München 2009) zeigt. Die aktuelle Debatte um die politische Ideengeschichte der Bundesrepublik listet zwar eine ganze Reihe von Wirkungslinien und Prägefaktoren auf; der Protestantismus spielt dabei jedoch keine nennenswerte Rolle. Die einschlägige Forschungsliteratur schließlich bietet nur vereinzelte Arbeiten, welche die Verflechtung von Protestantismus und Politik zwischen 1949 und 1989 in den Blick nehmen – etwa am Beispiel einzelner Politiker wie Gustav Heinemann, in der Analyse der Debatten um Entnazifizierung und Wiederbewaffnung oder als rein kirchenhistorisch ausgerichtete Zeitgeschichte.

Ein wesentlicher Grund für dieses Defizit dürfte in der dem deutschen Protestantismus eigenen Vielgestaltigkeit zu finden sein: ›Den‹ Protestantismus gibt es allein in der Vielzahl seiner Akteure. Er stellt daher ein vielschichtiges, nur schwer zu fassendes Phänomen dar. Schon auf den ersten Blick, nämlich in Hinsicht auf die rein kirchlichen Organisationsformen, ist er durch eine ausgeprägte innere Pluralität gekennzeichnet – man denke nur an das Nebeneinander von Synode, Kirchenkonferenz, Rat, Dienststellen und Beauftragten auf der EKD-Ebene, sodann an die Vervielfältigung solcher Strukturen in über zwanzig eigenständigen Landeskirchen und schließlich an das eigene Gewicht, das der gemeindliche Protestantismus diesen beiden Ebenen gegenüber beansprucht. Diese Vielstimmigkeit unterscheidet den Protestantismus vom Katholizismus, dessen Rolle in der Bundesrepublik auch deutlich stärker erforscht worden ist. Neben diesem kirchlichen Protestantismus gibt es einen stärker als öffentliches oder genauer: als gesellschaftspolitisches Engagement wahrgenommenen Protestantismus, der auf die politische Mitgestaltung der Gesellschaft zielt. Und schließlich wird man sagen müssen, dass der Protestantismus sowohl in seiner kirchlichen als auch in seiner gesellschaftspolitischen Gestalt stark von einzelnen Persönlichkeiten getragen ist und insofern als Sozialgestalt eines individuellen Protestantismus in Erscheinung tritt. Nähere Überlegungen dazu werden unten im Ausblick vorgetragen. Hinführend in das Thema ist hier einstweilen, die eben genannten Beobachtungen ergänzend, noch festzuhalten: diese Sozialgestalten des Protestantismus sind fluide, bisweilen nur informell organisiert und starkem Wandel ausgesetzt. Beteiligungen an den ethischen Debatten erfolgen daher auf mehreren Ebenen. Sie zu identifizieren, zu beschreiben und zueinander ins Verhältnis zu setzen, stellt eine komplexe Aufgabe dar. Denn es kommt hier nicht allein auf offizielle kirchliche Stellungnahmen oder akademisch-theologische Beiträge an; vielmehr ist darüber hinaus das breite Spektrum unterschiedlicher protestantischer Foren, Medien und Stimmen – wie etwa der Kirchentag, die evangelischen bzw. christlichen Arbeitskreise der Parteien, protestantische Verbände und ihre Zeitschriften, die Diakonie und nicht zuletzt die Vielzahl einzelner herausragender Persönlichkeiten – zu berücksichtigen.

Die Fokussierung auf die Bedeutung des Protestantismus für die ethischen Debatten in der alten Bundesrepublik ist ein in der Protestantismusforschung noch kaum breiter eingenommener Blick, der freilich sehr aufschlussreich erscheint. Denn in den ethischen Debatten zeigt sich die komplexe Struktur des Protestantismus als Gewebe aus kirchlich-konfessionellen, individuellen und öffentlichen Faktoren sehr deutlich. Ethische Debatten, darunter sollen öffentlich ausgetragene Diskussionen um wertgeladene Streitpunkte wie beispielsweise um das Verhältnis von Mann und Frau, um Lebensanfang und Lebensende, um Frieden und Freiheit, um soziale Gerechtigkeit und Schutz der Umwelt verstanden werden. Solche ethischen Debatten entzündeten sich stets an aktuellen Konflikten, die normative politisch-rechtliche Regelungen erforderlich machten, indessen nicht nur politisch-pragmatisch entschieden werden konnten, weil religiöse oder weltanschauliche Hintergrundsannahmen die Diskussionen um die politischen Optionen massiv mitbestimmten und emotional aufluden. Darum lässt sich allgemeiner formulieren: Ethische Debatten münden stets in politische Entscheidungen. Sie können ausgelöst werden durch akuten politischen Regelungsbedarf, verlassen dann aber den engeren Bereich politischer Rationalität und werden zu gesellschaftlich breit geführten Kontroversen. Auf die politische Agenda gelangen können ihre Themen aber auch durch Wertverschiebungen im politischen Raum, die eine solche Dynamik entfalten, dass der Bedarf nach einer Anpassung der Rechtsordnung entsteht. Als »ethisch« sind diese Debatten deswegen zu bezeichnen, weil sich jeweils zeigt, dass individuelle und kollektive Wertvorstellungen im Streit liegen, dass fromme oder sittliche Überzeugungen tangiert werden. Leitend für ein entsprechendes Forschungsprogramm sind Fragen danach, wie der komplexe Protestantismus in diesen nicht minder komplexen ethischen Debatten erscheint; wie er mit Verlauf und Ergebnis der Debatten verwoben ist und wie er sich selbst in diesen Debatten weiter ausbildet.

Vor diesem Hintergrund lassen sich drei Ziele für eine detailliertere Erforschung des bundesdeutschen Nachkriegsprotestantismus bestimmen. Das *erste* besteht darin, die Lücke zu schließen, die hinsichtlich einer die Vielfalt der Beteiligungsformen berücksichtigenden Analyse des protestantischen Beitrags zu den ethischen Debatten der Bundesrepublik existiert. Auch wenn das Augenmerk auf der Bonner Republik, müssen die darauf bezogenen Analysen dennoch eingezeichnet werden in die gesamtdeutsche Geschichte des 20. Jahrhunderts (vgl. Ulrich Herbert: Geschichte Deutschlands im 20. Jahrhundert, München 2014). Hier gilt es nicht nur zeitliche Verbindungslinien in die Zeit vor 1949 und nach 1989 herauszuarbeiten, sondern auch die Entwicklungen in der DDR mit zu berücksichtigen, die stets als Folie und Spiegel fungieren, gerade weil sich der Protestantismus bis 1969 als gesamtdeutsche Institution versteht. In welchem Maße solche historische und regionale Kontextualisierungen stattfinden, ist abhängig von den Fragestellungen der einzelnen Projekte. In der Hauptsache zielt die hier vorgestellte Forschungsarbeit zunächst auf den bundesdeutschen Nachkriegsprotestantismus. Zäsuren, Diskontinuitäten und Brüche in dessen Entwicklung sollen dargestellt werden und es müssen Perspektiven erschlossen werden, welche ein identifizierbares Profil protestantischen Engagements – einschließlich seiner Veränderungen – in der alten Bundesrepublik zu zeichnen erlauben. Dieses erste, absichtsvoll eingeschränkte Ziel besteht im vollen Bewusstsein der Notwendigkeit, zugleich und vor allem zunehmend den Blick über die Grenzen des bundesdeutschen Nachkriegsprotestantismus hinaus offen zu halten.

Ein *zweites* Ziel ist zu nennen. Soll der Protestantismus nicht in die Vielfalt unterschiedlicher und kaum identifizierbarer Positionen und Aktionsformen zerfließend erscheinen, soll die Analyse nicht ihre Tiefenschärfe verlieren, muss die gemeinsame Arbeit ein auch auf die inhaltlichen Perspektiven abgestimmtes methodisches Bewusstsein interdisziplinärer Protestantismusforschung ausbilden, das es ermöglicht, die geschichts-, rechts-, politik- und sozialwissenschaftlichen Perspektiven als integrale Perspektiven einer theologischen Protestantismusdeutung zu gewinnen.

Diese zweite Zielsetzung ergibt sich zudem daraus, dass das Forschungsprojekt nicht nur ein analytisch-deskriptives Interesse verfolgt, sondern auch für die Aufgabe einer theologischen Bestimmung des Protestantismus von Bedeutung ist. Die zwischen 1949 und 1989 ausgearbeiteten Grundlinien des Verhältnisses von Protestantismus und Gesellschaft stellen einen wichtigen Bestandteil des für die Bundesrepublik charakteristischen reflexiven Identitätsdiskurses dar und strahlen bis in die unmittelbare Gegenwart hinein aus. Dennoch haben sich nach der deutschen Vereinigung die Bedingungen, unter denen der Protestantismus in Politik und Gesellschaft agiert, nachhaltig gewandelt. Die christlichen Kirchen binden nur noch einen Teil öffentlicher Religiosität, protestantische Milieus sind zumindest differenzierter und in ihrer Verbindung zu gesellschaftlichen und politischen Diskursen uneindeutiger geworden. Darüber hinaus sind auch die erfahrungsbezogenen Selbstverständlichkeiten, die den staatlichen Neubeginn von 1949 geprägt hatten, verblasst: Zur Staatsraison der ›alten‹ Bundesrepublik gehörten die Auseinandersetzung mit den Taten und Folgen des nationalsozialistischen Verbrecherregimes, die Abkehr vom Nationalismus, die Westintegration und nicht zuletzt der Aufbau eines auf christlich-humanistischen Werten gegründeten Staatswesens. Trotz aller inneren Dynamik, der diese Elemente in den 40 Jahren der Bonner Republik ausgesetzt waren, und trotz ihrer Fortwirkung bis in aktuelle gesellschaftliche Debatten hinein ist doch nicht zu übersehen, dass sich die ›Berliner Republik‹ mehr oder weniger deutlich von diesen Eckdaten unterscheidet und teilweise sogar die bewusste Neuausrichtung gesucht hat. Damit ist das *dritte* Ziel der Arbeit angesprochen: die Klärung der Bedingungen und des Rahmens, dessen es bedarf, um den Ort des Protestantismus auch im gegenwärtigen gesellschaftlichen Umfeld verständlich machen zu können. Ein solches Verständnis dürfte nur dann angemessen zu gewinnen sein, wenn das komplexe Spannungsfeld von Kontinuitäten und Diskontinuitäten vor und nach der Zäsur von 1989 hinreichend ausgemessen wird.

So ergibt sich im Ganzen die Aufgabe, die Erschließung des protestantischen Beitrags zu den ethischen Debatten zwischen 1949 und 1989 als Beitrag zu einer gesellschaftspolitisch informierten Religionsgeschichte der Bundesrepublik zu leisten, welche in die Binnenperspektive protestantischer Selbstdeutung die disziplinären Außenperspektiven der Geschichts-, Rechts- und Politik- und Sozialwissenschaften integriert.

2. Methodische Herausforderungen

Dass die bearbeitete Thematik allein im Rahmen einer interdisziplinären Kooperation angemessen bearbeitet werden kann, ist evident. Dabei stellen nicht nur die Spezifik des je eigenen Zugangs der beteiligten Disziplinen zum Protestantismusthema, sondern vor allem die strukturellen Aufgaben der fächerübergreifenden Zusammenarbeit eine besondere Herausforderung dar. Zwei Aspekte sind hier besonders hervorzuheben.

Erstens: Weder der Protestantismus noch die ethischen Debatten in der Bundesrepublik 1949–1989 sind statische Größen. Ebenso wenig bestehen zwischen beiden feste oder auch nur einlinige Abhängigkeitsverhältnisse. Es wäre höchst einseitig, nur nach – sei es vordergründigen, sei es hintergründigen – Prägewirkungen des Protestantismus auf bestimmte gesellschaftliche Debatten zu suchen. Nicht minder einseitig wäre es, im Gegenzug innerprotestantische Auseinandersetzungen und Diskurse lediglich als Reflexe gesellschaftlicher Entwicklungsschübe zu betrachten. Stattdessen ist von komplexen wechselseitigen Einflussverhältnissen auszugehen, die auf beiden Seiten Umbildungen und Veränderungsprozesse auslösen und dabei ihrerseits von einer hohen Binnendynamik gekennzeichnet sind.

Zweitens: Die Perspektiven der einzelnen beteiligten Disziplinen auf den Protestantismus in den ethischen Debatten sind durch je eigene disziplinenspezifische Voraussetzungen und Interessen bestimmt. Unterschiedliche Zugriffe auf die Themenbestände spielen dabei eine Rolle. Vor allem aber ist die Frage nach der Bedeutung des Protestantismus in der gesellschaftlichen Wirklichkeit innerhalb der beteiligten Disziplinen verschieden stark eingespielt. Die Fragestellungen, unter denen die einzelnen Disziplinen sich jeweils der Leitfrage nach dem Protestantismus in den ethischen Debatten annehmen, tragen beiden Gegebenheiten Rechnung, wie nun zu erläutern sein wird.

3. Grundlegende Fragestellungen

Die *grundlegenden Fragestellungen*, wie sie im Teil II dieses Bandes vorgestellt werden, verdanken sich dem disziplinenübergreifenden, gemeinsamen Interesse der Analyse protestantischer Mitwirkung an den gesellschaftspolitischen Entscheidungsprozessen der alten Bundesrepublik. Gemeinsam ist ihnen, dass sie die Erschließung des Materials unter dem Gesichtspunkt ihres Beitrages zu einer systematischen Theorie des bundesdeutschen Protestantismus leisten wollen. Eine weitere Gemeinsamkeit besteht in der Fokussierung auf gemeinsame Themenstellungen und gemeinsame Akteure.

Zugleich können diese grundlegenden Fragestellungen aber nicht aus einem allgemeinen systematischen Prinzip heraus entwickelt werden, sondern tragen den Eigenheiten des je disziplinenspezifischen Zugangs in das Themenfeld Rechnung. So haben die Zugänge der Politikwissenschaft, der Rechtswissenschaft und der Zeitgeschichte in das Thema ganz wesentlich die Funktion, protestantismustheoretische Perspektiven in die jeweiligen Disziplinen einzuspeisen. Die theologischen Perspektiven leisten dagegen eher eine Differenzierung protestantismustheoretischer Themenstellungen bis hin zu ihrer Ausformung als Themenstellungen beispielsweise der ethischen Theologie oder der Praktischen Theologie. Analoge Differenzierungen gelten für die Fallskizzen im Teil III des Bandes.

Darüber hinaus lassen sich die Fragestellungen unter dem Gesichtspunkt ihres Ansatzes gruppieren. Auf der einen Seite stehen primär themenerschließend angelegte Zugänge wie die Überlegungen zu Protestantismus und Parteien, Protestantismus und Recht, Protestantismus und Sozialstaat oder Protestantismus und Migranten. Auf der anderen Seite stehen eher querschnittsartig angelegte, vor allem analytisch systematisierend ansetzende Erwägungen mit einem besonderen Fokus auf protestantischen Selbstdeutungen wie zum Beispiel die Zuwendungen zu protestantischen Kommunikationsformen, zu Individualisierungsprozessen als Referenzpunkten ethischer Theoriebildung oder zu protestantischen Gesellschaftstheorien.

4. Themen der Forschungsarbeit und Beiträge des Bandes

Die Beiträge dieses Bandes widmen sich Themen, die die Debatten in der Frühzeit der Bundesrepublik bestimmt haben und damit die spezifische Gestalt der gesellschaftlichen Bedeutung des Protestantismus in der Bundesrepublik prägen. Zu diesen zentralen Themen der 1950er und 1960er Jahre, die zugleich hier in den Blick genommen werden, zählen etwa die Gleichberechtigung der Frau, Wiederbewaffnung, nationale Identität, Erscheinungsformen des Protestantismus im gesellschaftlichen Neuaufbau oder das Agieren protestantischer Akteure im Rechtsstaat. Einstweilen verschoben wird dagegen die Behandlung von Themen, die erst in späteren Phasen der bundesrepublikanischen Geschichte ihren Debattenschwerpunkt finden, indessen in den 1950er und 1960er Jahren allenfalls ihren Vorlauf haben, so etwa Themen wie Umwelt und Ökologie, Abtreibung, medizin- und bioethische Fragen, Technikethik, Wirtschaftsethik oder Bildungsfragen.

Die für die frühe Bundesrepublik identifizierten thematischen Schwerpunkte werden nachfolgend in zwei verschiedenen, miteinander zusammenhängenden Weisen aufgenommen: Im folgenden Teil II des Bandes stehen zunächst, in den Entfaltungen der disziplinär unterschiedlichen *grundlegenden Fragestellungen*, eher prinzipielle und in die Themenfelder einführende Überlegungen. Es folgen im Teil III *Fallskizzen*, die durch exemplarische Konkretionen diese Fragestellungen aufnehmen und sie in aller Vorläufigkeit inhaltlich vertiefen. Den Auftakt machen jeweils nichttheologische Zugänge und dokumentieren damit nicht zuletzt die Besonderheiten des jeweiligen fachspezifischen Zugangsweges zum Thema. Der folgende Überblick macht zugleich die Zusammenhänge zwischen den Beiträgen der Teile II und III, zwischen den grundsätzlicher gehaltenen Fragestellungen und den Fallskizzen, deutlich.

Am Anfang des Teils II steht die politikwissenschaftliche Erforschung von *politischer Mitwirkung des Protestantismus*. Andreas Busch stellt die Frage, auf welche Weise sich dem Protestantismus zurechnende einzelne Akteure, kirchliche Gremien oder andere Gruppen Zugang zum politischen System verschaffen und sich in diesem zur Durchsetzung eigener Präferenzen engagiert haben. Zentral ist dabei die Konzentration auf protestantische Akteure in den politischen Parteien. Dabei geht es darum, das vielschichtige Korrelationsgeflecht zwischen dem Protestantismus – in der Pluralität seiner Erscheinungsformen – und den politischen Parteien aufzuschlüsseln und so der Frage nachzugehen, wie der Protestantismus seinen Einfluss auf politische Debatten organisiert und wahrgenommen hat.

Hans Michael Heinig umreißt in einem rechtswissenschaftlichen Zugang *protestantische Vorstellungen demokratischer Rechtserzeugung*. Er nähert sich dem Komplex des Verhältnisses von Protestantismus und Recht dadurch an, dass er die protestantische Begründungs- und Legitimationsvorstellungen der Demokratie in den Blick nimmt, nach den damit verbundenen Bildern von Recht fragt und die Imaginationen demokratischer Selbstorganisation untersucht. Leitend ist dabei die Frage nach dem Wandel innerprotestantischer Rechts- und Demokratiebilder, insbesondere nach Umschreibungen, gezielten Diskontinuitäten und Neugründungen in Ethik und Rechtstheologie, denen in den unterschiedlichen Formen und Orten rechtsethischer Debatten im Protestantismus nachgegangen wird.

Christiane Kuller richtet den zeithistorischen Blick auf den *Protestantismus und die Debatten um den deutschen Sozialstaat*. Diese Perspektive lotet das Gewicht des sozialen Protestantismus in den Debatten um die Sozialordnung der Bundesrepublik aus. In den 1960er Jahren verabschiedete sich der Protestantismus in der Auseinandersetzung mit den zeitgenössischen wirtschaftlichen und sozialen Aufgaben von zentralen Denkdispositionen, die teilweise bis in die Weimarer Zeit zurückreichten, und richtete sich inhaltlich und organisatorisch großenteils neu aus.

Eine zeithistorische Perspektive vertritt auch Claudia Lepp mit ihren grundsätzlichen Überlegungen zum *Protestantismus und den Fragen nach gesellschaftlicher Integration und nationaler Identität*. Zuwanderungen stellten für die Bundesrepublik seit ihrer Gründung eine soziale und politische Herausforderung dar. Die Notwendigkeit der Integration erfolgte in einer Gewalttaten, den Gebietsverlusten und der deutschen Teilung selbst massiv mit der Suche nach einer neuen Identität beschäftigt war. Für den Protestantismus war dies Anlass humanitär-diakonischen Engagements, aber auch für eine Beteiligung an den Selbstverständigungsprozessen der Aufnahmegesellschaft durch sozialethische Stellungnahme.

Christian Albrecht nimmt im praktisch-theologischen Zugang *protestantische Kommunikationsformen* in den Blick. Konstruktive Gesellschaftsgestaltung und theologische Selbstkritik sind in den protestantischen Voten zu den ethischen

Debatten niemals voneinander zu trennen, sondern eng miteinander verwoben. Diese Verbindung führte zur Herausbildung förmlicher Kommunikationsgeflechte, in denen sich die Beteiligung des Protestantismus an den ethischen Debatten der alten Bundesrepublik vollzog. Die Fragestellung richtet den Blick auf die medialen, institutionellen und sozialen Realisierungen solcher Kommunikationsformen und achtet dabei ebenso auf die Verwobenheit von protestantischem Gegenwartsgestaltungsinteresse und protestantischer Selbstsuche wie auf das wechselseitige Bedingungsgefüge von Akteuren, Medien und Orten der Kommunikation.

Eine ethisch-theologische Perspektive verfolgt Reiner Anselm, der *Individualisierungsprozesse als Referenzpunkt theologisch-ethischer Theoriebildung* betrachtet. Die bundesrepublikanische Gesellschaft durchlief in der Nachkriegszeit einen Prozess beschleunigter Individualisierung. Im Hintergrund standen zum einen die Erfahrungen des nationalsozialistischen Vergemeinschaftungsterrors, zum anderen die Begleiteffekte des rasant steigenden Wohlstands in den Aufbaujahren. Die protestantische Ethik suchte diesen Prozess theologisch zu verarbeiten und zu steuern, trieb ihn damit aber zugleich voran. Gefragt wird danach, wie im Medium des weitgefächerten kirchlich-theologischen Engagements in den ethischen Debatten der gesellschaftliche Individualisierungsschub theologisch gedeutet und verarbeitet wird.

Martin Laube nimmt ebenfalls eine ethisch-theologische Perspektive ein, indem er das protestantische Gesellschafts- und Selbstverständnis in den Blick nimmt und nach der *bundesrepublikanischen Gesellschaft im Spiegel der theologischen Ethik* fragt. Dabei werden die in der evangelischen Theologie nach 1945 geführten ethischen Debatten als Vorgänge ethischer Reflexion verstanden, in denen die Theologie sich ein Verständnis der modernen Welt und Gesellschaft erarbeitet, auf deren Hintergrund Ort und Aufgabe des Protestantismus im Horizont der bundesrepublikanischen Gesellschaft bestimmt werden können. Die Fragestellung richtet ihr Augenmerk auf die in der theologischen Ethik hintergründig wirksamen Deutungsfiguren zum Verständnis der modernen Gesellschaft und schlüsselt diese in ihren spezifischen Motivlagen, fächerübergreifenden Verbindungslinien und inhaltlichen Verschiebungen auf.

An die Entfaltungen dieser *grundlegenden Fragestellungen* schließen sich im Teil III *Fallskizzen* an, die diese Überlegungen in konkreten Zuspitzungen detailliert verfolgen. Den Anfang macht Stefan Fuchs, der die politikwissenschaftlichen Überlegungen zur politischen Mitwirkung des Protestantismus in der Konkretion auf die spezifischen Einflusspotentiale des Bevollmächtigten des Rates der Evangelischen Kirche in Deutschland, vor allem aber in der Fokussierung des Evangelischen Arbeitskreises in der CDU/CSU untersucht.

Tobias Schieder widmet sich der rechtswissenschaftlichen Perspektive nach den protestantischen Vorstellungen demokratischer Rechtserzeugungen im Blick auf die Renaissance des Widerstandsrechts in der frühen Bundesrepublik. Er konzentriert sich auf solche Beiträge zur Rechtsdebatte, welche die Positionen protestantischer Theologen der Zeit ausdrücklich rezipieren und das Widerstandsrecht nicht allein geistesgeschichtlich beleuchten, sondern den Versuch unternehmen, es zu aktualisieren.

Felix Teuchert greift die zeithistorische Perspektive nach gesellschaftlicher Integration und nationaler Identität auf. Er untersucht die protestantische Wahrnehmung und Deutung der Integration der Ostvertriebenen sowie den Einfluss des Protestantismus auf die Integrationsdebatten, die zugleich als gesellschaftliche Selbstverständigungsdiskurse verstanden werden. Diese Überlegungen werden in der Konzentration auf die evangelischen Akademie Hermannsburg-Loccum verfolgt.

Anschließend wird der praktisch-theologische Blick auf protestantische Kommunikationsformen in ihren drei Hinsichten konkretisiert. Sabrina Hoppe untersucht die Kommunikation in Netzwerken, indem sie das Netzwerk um Friedrich Karrenberg als exemplarisch für die personalen und strukturellen Zusammenhänge im Sozialen Protestantismus der frühen Nachkriegszeit beschreibt. Teresa Schall richtet den Blick auf die Kommunikation in öffentlich-rechtlichen Mediensystemen. Anhand von Rundfunkkommentaren zum Stuttgarter Kirchentag 1969 untersucht sie die von den Akteuren des Kirchentags ausgehende Platzierung von dessen Themen in der medialen Öffentlichkeit ebenso wie die Berichte über den Kirchentag. Philipp Stoltz konkretisiert die Frage nach der Kommunikation durch das Medium der Architektur, indem er die Auseinandersetzungen um den als Akademiekapelle geplanten Festsaal in der Evangelischen Akademie Bad Boll nachzeichnet.

Theologisch-ethischen Überlegungen zu Individualisierungsprozessen als Referenzpunkt theologisch-ethischer Theoriebildung widmet sich zunächst Sarah Jäger, indem sie die ethischen Debatten um Sittlichkeit und Sexualethik im bundesdeutschen Protestantismus in den Blick nimmt. Im Mittelpunkt steht dabei die Frage, welche Geschlechtervorstellungen in diesen Auseinandersetzungen in Anspruch genommen werden. Hendrik Meyer-Magister wendet sich anschließend den innerprotestantischen Kontroversen um die Kriegsdienstverweigerung aus Gewissensgründen zu und deutet die protestantische Haltung auf der Folie von Individualisierungsprozessen.

Georg Kalinna greift abschließend theologisch- ethische Überlegungen zur bundesrepublikanischen Gesellschaft im Spiegel der theologischen Ethik auf. Er sichtet die protestantischen Reaktionen auf die kirchenfeindlichen Aktionen des DDR-Regimes Ende der 1950er Jahre unter dem Gesichtspunkt des Verhältnisses von traditioneller Obrigkeit bzw. Obrigkeitslehre zu demokratischen Grundprinzipien und fragt danach, wie sich die Sachfragen der Obrigkeitsdebatte in den ethischen Entwürfen der Zeit widerspiegeln.

Der hier vorgelegte Band, der Fragestellungen, Fallskizzen und erste Einsichten der Forschergruppe zur Diskussion stellen will, mündet in sehr knappe, erste Umrisse einer weiter auszuarbeitenden Theorie des bundesdeutschen Nachkriegsprotestantismus.

II. Grundlegende Fragestellungen

Politische Mitwirkung des Protestantismus

ANDREAS BUSCH

Einleitung

Aus der Perspektive des Fachs Politikwissenschaft stellt sich im Hinblick auf den Protestantismus nach 1945 zuvörderst die Frage nach dem Einfluss auf die politische Willensbildung durch aktive Teilhabe. Genauer gesagt soll im Mittelpunkt der diesbezüglichen Forschung die Frage stehen, auf welche Weise, mit welchen Ressourcen und mit welchen Ergebnissen sich dem Protestantismus zuzuordnende einzelne Personen, kirchliche Gremien oder sonstige Gruppen Zugang zum politischen Systems verschafft und diesen zur Durchsetzung eigener Präferenzen genutzt haben. Weitere Fragen, die sich daran anschließen, sind etwa die nach den gewählten Foren für den Einfluss, nach der Nutzung bestehender oder der Ausbildung eigener Institutionen, oder nach direktem Einfluss oder indirektem, d. h. Wirkung durch Beeinflussung der öffentlichen Meinung.

Dabei ist über den in Frage stehenden Zeitraum, nämlich die Zeit nach dem Ende des Zweiten Weltkrieges, in Bezug auf diesen Einfluss mit erheblichen Veränderungen zu rechnen, die mit der sich wandelnden Rolle von Religion in der Gesellschaft insgesamt (und damit auch des Protestantismus) zusammenhängen. Dazu sei nur stichwortartig auf die These einer zunehmenden Säkularisierung im Prozess der gesellschaftlichen Modernisierung hingewiesen[1] oder auf den Nie-

---

[1] Siehe als Überblick zur Debatte über Säkularisierung etwa STEVE BRUCE: Secularization. In defence of an unfashionable theory, Oxford 2011; sowie CHARLES TAYLOR: A secular age, Cambridge 2007. Zur Frage, ob es sich dabei eher um einen Mythos handelt, DETLEF POLLACK: Säkularisierung – ein moderner Mythos? Studien zum religiösen Wandel in Deutschland, Tübingen 2003. JOSÉ CASANOVA: Public religions in the modern world, Chicago 1994 verweist auf die wichtige Rolle von *public religion* insbesondere außerhalb Europas; DETLEF POLLACK: Religion und Moderne. Zur Gegenwart der Säkularisierung in Europa, in: Religion und Gesellschaft. Tagung des Arbeitskreises für Moderne Sozialgeschichte im April 2006, hg. von FRIEDRICH WILHELM GRAF und KLAUS GROSSE KRACHT, Köln 2007, S. 73–103; GERT PICKEL und OLAF MÜLLER (Hgg.): Church and Religion in Contemporary Europe. Results from Empirical and Comparative Research, Wiesbaden 2009 und GERT PICKEL: Säkularisierung, Individualisierung oder Marktmodell? Religiosität und ihre Erklärungsfaktoren im europäischen Vergleich, in: Kölner Zeitschrift für Soziologie und Sozialpsychologie 62 (2010), S. 219–245 geben einen Überblick zur diesbezüglichen Lage in Europa.

dergang des Einflusses des Christentums in der Bundesrepublik durch eine Pluralisierung der religiösen Landschaft.² Wie auch immer man sich zu diesen Deutungsangeboten verhält, deren Erklärungskraft gerade wegen ihres generalisierenden Anspruchs umstritten ist: Solche Prozesse werden wahrscheinlich nicht ohne Folgen für den Zugang protestantischer Kräfte zum politischen System geblieben sein – sei es durch Verringerung des relativen elektoralen Gewichts, mit dem diese Stimmen sprechen, oder durch den Verlust des Alleinstellungsanspruchs einer christlich geprägten Perspektive als Folge der Konkurrenz durch andere organisierte Religionen.

Trotz dieser Entwicklungen – deren Details ohnehin weiter der wissenschaftlichen Debatte unterliegen und daher noch nicht als abschließend gesichertes Wissen gelten können – ist die Relevanz von Religion im öffentlichen Leben und insbesondere im gesellschaftlichen Teilsystem Politik zweifellos auch heute noch von erheblicher Wichtigkeit. Spätestens seit den Terror-Anschlägen auf die Vereinigten Staaten am 11. September 2001, die die bereits im Jahrzehnt zuvor geäußerte These vom »clash of civilisations«³ zu bestätigen schienen, ist das Zerstörungs- und Einflusspotential religiöser Konflikte auch wieder in das allgemeine Bewusstsein gerückt und wird dort durch die anhaltenden Auseinandersetzungen im Nahen Osten beständig aktualisiert. Aber auch im Bereich der Innenpolitik lassen sich Kontroversen benennen, in denen religiöse Motive eine wichtige Rolle spielen – als Stichworte seien hier (ohne Anspruch auf Vollständigkeit) etwa das »Kruzifix-Urteil« des Bundesverfassungsgerichts, die Auseinandersetzungen um das Tragen von Kopftüchern im Schuldienst oder die Debatte um die Beschneidung von Jungen genannt.⁴

In den letzten Jahren ist es unter anderem aufgrund dieser Ereignisse zu einem wachsenden wissenschaftlichen Interesse am Thema des Einflusses von Religion auf Politik gekommen, wie aktuelle Überblicksartikel konstatieren.⁵ Dort werden auch eine ganze Reihe von neueren Monographien und Sammelbän-

---

² Siehe hierzu unlängst die Studie von THOMAS GROSSBÖLTING: Der verlorene Himmel: Glaube in Deutschland seit 1945, Göttingen 2013; sowie generell zu Rolle von Religion in modernen Gesellschaften DETLEF POLLACK und DANIEL V. A. OLSON (Hgg.): The role of religion in modern societies, New York 2008.

³ SAMUEL P. HUNTINGTON: The clash of civilizations and the remaking of world order, New York 1996.

⁴ Als weiterführende Literaturhinweise hierzu siehe etwa URSULA HOMANN: Der Ärger mit dem Kreuz, in: Die Neue Gesellschaft / Frankfurter Hefte 10 (1995), S. 872–876. CHRISTIAN HENKES und SASCHA KNEIP: Von offener Neutralität zu (unintendiertem) Laizismus. Das Kopftuch zwischen demokratischem Mehrheitswillen und rechtsstaatlichen Schranken, in: Leviathan 38 (2010), S. 589–616; HEINER BIELEFELDT: Der Kampf um die Beschneidung. Das Kölner Urteil und die Religionsfreiheit, in: Blätter für deutsche und internationale Politik 57 (2012), S. 63–72.

⁵ Etwa GRAHAM MADDOX: Religion and the rise of democracy, London / New York 1996; ANTONIUS LIEDHEGENER: Politik und Religion in der aktuellen politischen Wissenschaft. Mehr als politische Gewalt im Namen Gottes, in: Zeitschrift für Politik 58 (2011), S. 188–212.

den sowie Sonderheften von Zeitschriften nachgewiesen, die sich verschiedenen Aspekten des Themas widmen. Dennoch muss, wie weiter unten in diesem Kapitel ausgeführt werden wird, die Analyse dieses Themenbereiches als im Fach Politikwissenschaft vergleichsweise gering entwickelt bewertet werden. Das gilt insbesondere für die Zuspitzung auf den Einfluss der Kirchen in der Bundesrepublik Deutschland, und umso mehr, je weiter man sich über die Jahrzehnte zurück ihrer Gründungsphase nähert und je mehr man auf den Protestantismus fokussiert. In Überblickswerken und -artikeln wird ein Einfluss der beiden christlichen Kirchen auf die bundesdeutsche Politik zwar zumeist summarisch positiv gewürdigt,[6] doch fehlt es fast völlig an detaillierten Untersuchungen über die genauen Absichten, Wege und Ergebnisse solcher Einflussversuche auf die politische Willensbildung.

Zur Schließung dieser Lücken in der Forschung beizutragen gehört zu den Absichten der politikwissenschaftlichen Beiträge im Rahmen der in diesem Band skizzierten Forschungsperspektive. Auf welche Weise dabei vorgegangen und auf welche Aspekte dabei fokussiert werden wird, soll in diesem Kapitel dargestellt werden. Dabei steht zunächst eine genauere Darstellung der bisherigen politikwissenschaftlichen Forschung zu diesem Themengebiet im Vordergrund, bevor dann mit dem Fokus auf Parteien als Wirkungskanal für den Protestantismus ein Bereich exemplarisch näher in den Blick genommen wird.

Politikwissenschaftliche Forschung zum Thema Kirchen und Protestantismus

Wie in der Einleitung bereits dargelegt, ist die Beschäftigung mit den Themen Kirche und Religion in der Politikwissenschaft über lange Zeit sehr gering gewesen. Ein Literaturüberblick konstatierte denn auch bereits zum Ende der 1980er

---

[6] Siehe beispielsweise HANS MAIER: Die Kirchen, in: Die zweite Republik. 25 Jahre Bundesrepublik Deutschland – eine Bilanz, hg. von RICHARD LÖWENTHAL und HANS-PETER SCHWARZ, Stuttgart 1974, S. 494–515 aus kirchenfreundlicher, HANS-ULRICH WEHLER: Bundesrepublik und DDR 1949–1990, München 2008, S. 363–373 aus kirchenskeptischer Perspektive. Ein zeithistorischer Überblick zum Thema Religion in der Bundesrepublik Deutschland 1945–1990 findet sich bei BENJAMIN ZIEMANN: Religion and the Search for Meaning. 1945–1990, in: The Oxford handbook of modern German history, hg. von HELMUT WALSER SMITH, Oxford 2011, S. 689–710. Auch in politikwissenschaftlichen Einführungsbüchern zum politischen System der Bundesrepublik Deutschland sowie politikwissenschaftlichen Nachschlagewerken findet sich zwar eine Würdigung des Einflusses, doch bleibt sie fast immer pauschal und unspezifisch (vgl. KLAUS VON BEYME: Das politische System der Bundesrepublik Deutschland. Eine Einführung, Wiesbaden [11]2010; JOACHIM JENS HESSE und THOMAS ELLWEIN: Das Regierungssystem der Bundesrepublik Deutschland, Berlin [9]2004; MANFRED G. SCHMIDT [Hg.]: Die westlichen Länder, München 1992; MANFRED G. SCHMIDT: Das politische System Deutschlands. Institutionen, Willensbildung und Politikfelder, München [2]2011).

Jahre einen »unbefriedigenden Forschungsstand«[7]; anderthalb Jahrzehnte später führte die politikwissenschaftliche Forschung zu Politik und Religion immer noch ein »Schattendasein«, wie die Herausgeber des ersten PVS-Sonderhefts in diesem Themengebiet feststellen mussten[8], und auch der jüngste Literaturüberblick bewertet das Thema in der Fachperspektive als »bestenfalls randständig«, auch wenn in den letzten Jahren ein gestiegenes Interesse zu diagnostizieren sei[9]. Es ist daher keine Überraschung, dass diese lange Vernachlässigung sich in einer recht übersichtlichen Literaturlage niederschlägt, mit einer nur kursorischen Behandlung des Themas in der Standardliteratur und der bereits erwähnten Abwesenheit von entsprechenden Stichworten in zentralen Nachschlagewerken. An umfassend den Themenbereich behandelnden Werken sind lediglich zwei Sammelbände[10] sowie ein Tagungsband[11] zu nennen; als Monografie kann nur auf ein älteres Werk verwiesen werden, bei dem es sich allerdings um die Übersetzung des Werks eines Politikwissenschaftlers aus den USA handelt[12]. In letzter Zeit ist jedoch eine zunehmende Forschungstätigkeit zu konstatieren, die zweifellos mit den weiter oben genannten politischen Entwicklungen zu tun hat. Hier sind aus der Politikwissenschaft etwa ein aktueller Sammelband über »Forschungszugänge in einem transdisziplinären Feld« zu erwähnen[13], aus der Soziologie ein neueres Zeitschriften-Sonderheft[14].

---

[7] GÖTTRIK WEWER: Politische Funktion und politischer Einfluß der Kirchen – kein Thema für die Politikwissenschaft in der Bundesrepublik?, in: Die Kirchen und die Politik, hg. von DEMS. UND HEIDRUN ABROMEIT, Opladen 1989, S. 3–46, hier: 21.

[8] ULRICH WILLEMS und MICHAEL MINKENBERG: Politik und Religion im Übergang – Tendenzen und Forschungsfragen am Beginn des 21. Jahrhunderts, in: Politik und Religion, hg. von DENS., Opladen / Wiesbaden 2003, S. 13–41, hier: 13.

[9] ANTONIUS LIEDHEGENER: Macht und Einfluss von Religionen. Theoretische Grundlagen und empirische Befunde der politischen Systemlehre und politischen Kulturforschung, in: Religion – Wirtschaft – Politik. Forschungszugänge zu einem aktuellen transdisziplinären Feld, hg. von ANTONIUS LIEDHEGENER, ANDREAS TUNGER-ZANETTI und STEPHAN WIRZ, Baden-Baden 2011, S. 241–273, hier: 243.

[10] HEIDRUN ABROMEIT und GÖTTRIK WEWER (Hgg.): Die Kirchen und die Politik. Beiträge zu einem ungeklärten Verhältnis, Opladen 1989; MICHAEL MINKENBERG und ULRICH WILLEMS (Hgg.): Politik und Religion, Opladen / Wiesbaden 2003.

[11] MANFRED BROCKER, HARTMUT BEHR und MATHIAS HILDEBRANDT (Hgg.): Religion – Staat – Politik. Zur Rolle der Religion in der nationalen und internationalen Politik, Wiesbaden 2003.

[12] FREDERIC SPOTTS: Kirchen und Politik in Deutschland. Mit einem Nachwort zur deutschen Ausgabe von Friedrich Weigend-Abendroth, Stuttgart 1976. Dabei handelt es sich um die Übersetzung von FREDERIC SPOTTS: The churches and politics in Germany, Middletown (Conn) 1973.

[13] ANTONIUS LIEDHEGENER, ANDREAS TUNGER-ZANETTI und STEPHAN WIRZ (Hgg.): Religion – Wirtschaft – Politik. Forschungszugänge zu einem aktuellen transdisziplinären Feld, Baden-Baden 2011.

[14] CHRISTOF WOLF und MATTHIAS KOENIG (Hgg.): Religion und Gesellschaft, Wiesbaden 2013.

Verglichen mit der aktiveren Auseinandersetzung in anderen akademischen Fächern fällt der Kontrast auf, und es stellt sich die Frage nach den Gründen. Gelegentlich ist darüber spekuliert worden, ob dieses Defizit auf Furcht vor Macht und Anfeindungen durch die Kirchen zurückzuführen sei;[15] plausibler erscheint allerdings, dass es einen fachimmanenten Grund gibt, nämlich Schwierigkeiten bei der Einordnung im Rahmen der politikwissenschaftlichen Analyse. Denn auf der *input*-Seite des politischen Systems stehen Parteien und Interessenverbände als Akteursklassen bereit, und ersteres sind die Kirchen sicher nicht. Ob man Kirchen und Religionsgemeinschaften aber einfach mit Gewerkschaften, Arbeitgeber- und Kriegsopferverbänden, dem ADAC oder dem Deutschen Fußballbund als *Interessengruppen* gleichsetzen darf, oder ob sie – da die Vertretung von Mitgliederinteressen nicht ihr primärer Zweck ist – als *sui generis* eingestuft werden müssen, ist intensiv debattiert worden.[16] Obwohl Kirchen und Religionsgemeinschaften wie andere Verbände Zugänge zum politischen System nutzen können, können sie (aufgrund ihrer hohen Binnenpluralität) eventuell weniger glaubhaft mit dem Entzug von systemrelevanten Leistungen oder der Mobilisierung ihrer Mitglieder für oder gegen eine bestimmte Entscheidung drohen; andererseits mögen diese Schwächen durch besondere Dialogfähigkeit und vorgeschaltete innerkirchliche Aushandlungsprozesse kompensiert werden.[17] In einzelnen Fällen bzw. Bereichen können kirchliche Einflussversuche auf die Politik demnach durchaus Erfolg haben.

Die Zurückhaltung politikwissenschaftlicher Forschung im Hinblick auf Fragen von Politik und Religion gilt vor allem für übergeordnete, »große« Fragestellungen. Im Hinblick auf speziellere, differenziertere Themen gibt es durchaus eine erhebliche Beschäftigung. Dies ist vielleicht am offenkundigsten bei der Frage nach dem Einfluss religiöser Bindungen auf das *Wahlverhalten*. Hier gibt es eine seit Jahrzehnten etablierte wahlsoziologische Forschung, die (nicht zuletzt im Zusammenhang mit der bereits erwähnten Säkularisierungsthese) nach dem Ausmaß des Einflusses von Konfessions- bzw. Kirchenbindung auf das Wahlverhalten sowie nach den Folgen von religiösem Wandel für dieses Verhältnis fragt.[18] In konfessioneller Hinsicht war hier lange relative Stabilität festzustellen: die Unionsparteien fanden bei Bundestagswahlen zwischen 1953 und 1998

---

[15] KLAUS VON BEYME: Interessengruppen in der Demokratie, München 1970, S. 32; WEWER: Politische Funktion und politischer Einfluß der Kirchen, 1989, S. 21.

[16] HEIDRUN ABROMEIT: Sind die Kirchen Interessenverbände?, in: Die Kirchen und die Politik, hg. von DERS. und GÖTTRIK WEWER, Opladen 1989, S. 244–260; zusammenfassend: ULRICH WILLEMS: Kirchen, in: Interessenverbände in Deutschland, hg. von DEMS. und THOMAS VON WINTER, Wiesbaden 2007, S. 316–340.

[17] WILLEMS: Kirchen, 1989, S. 335 f.

[18] Siehe dazu etwa den Sammelband von DIETER OBERNDÖRFER, HANS RATTINGER und KARL SCHMITT (Hgg.): Wirtschaftlicher Wandel, religiöser Wandel und Wertwandel. Folgen für das politische Verhalten in der Bundesrepublik Deutschland, Berlin 1985; zu Stabilität und Wandel der konfessionell-religiösen Konfliktlinie insbesondere darin den Beitrag von FRANZ

beständig mehr Unterstützung bei Katholiken als bei Protestanten; umgekehrt gewann die SPD mehr Protestanten für sich als Katholiken.[19] Je stärker die individuelle Kirchenbindung ist (gemessen als Kirchgangshäufigkeit), desto *höher* ist jedoch in beiden Konfessionen die Wahrscheinlichkeit zur Präferenz für die Union und desto *geringer* die Neigung zur SPD.[20] Seit der deutschen Vereinigung ist allerdings die Zahl der Konfessionslosen angestiegen; dies wirkt sich relativ zum Nachteil der Christdemokratie aus, während die ihren laizistischen Charakter betonenden Parteien davon profitieren.[21] Ob sich hier eine ursprünglich konfessionelle Konfliktlinie[22] zunehmend in eine der kirchlichen Bindung transformiert, ist aber in der Forschung weiterhin umstritten, gibt es doch weiterhin deutliche Unterschiede im Wahlverhalten zwischen den Konfessionen bei kirchlich stark gebundenen Wählern.[23] Religion spielt auch in der gegenwärtigen Bundesrepublik bei Wahlentscheidungen eine Rolle, wie empirische Untersuchungen allen populären gegenteiligen Theorien zum Trotz belegen.[24] Die bereits vor 35 Jahren von dem Mannheimer Wahlforscher Franz Urban Pappi geäußerte und längst zum *bon mot* gewordene Einschätzung gilt also weiter: »Wenn sich der Faktor Religion bei einer Bundestagswahl wieder einmal als wichtig herausgestellt hat, tröstet sich mancher damit, daß dies demnächst ja anders werden

---

URBAN PAPPI: Die konfessionell-religiöse Konfliktlinie in der deutschen Wählerschaft. Entstehung, Stabilität und Wandel, in: Wirtschaftlicher Wandel, religiöser Wandel und Wertwandel, hg. von DIETER OBERNDÖRFER, HANS RATTINGER und KARL SCHMITT, Berlin 1985, S. 263–290. Zur zurückgehenden Relevanz der Konfliktlinie siehe GEOFFREY K. ROBERTS: The evershallower cleavage. Religion and electoral politics in Germany, in: Religion and mass electoral behaviour in Europe, hg. von DAVID BROUGHTON und HANS-MARTIEN TEN NAPEL, London 2000, S. 61–74; zum aktuellsten Überblick über den Stand der Forschung siehe SIGRID ROSSTEUTSCHER: Die konfessionell-religiöse Konfliktlinie zwischen Säkularisierung und Mobilisierung, in: Wählen in Deutschland, hg. von RÜDIGER SCHMITT-BECK, Baden-Baden 2012, S. 111–133. Zur Frage nach Veränderungen aktuell: ULRICH RUH: Religion – Was hat sich verändert? Religion und Wahlverhalten in der Bundesrepublik, in: Herder-Korrespondenz 65 (2011), S. 247–248. Als umfassender Überblick über das Thema Konfession und Wahlverhalten für die »alte« Bundesrepublik maßgeblich ist KARL SCHMITT: Konfession und Wahlverhalten in der Bundesrepublik Deutschland (Ordo politicus 27), Berlin 1989.

[19] JÜRGEN W. FALTER und HARALD SCHOEN: Wahlen und Wählerverhalten, in: 50 Jahre Bundesrepublik Deutschland, hg. von THOMAS ELLWEIN und EVERHARD HOLTMANN, Opladen 1999, S. 454–470, hier: 463 f.

[20] Ebd.

[21] A.a.O., S. 464.

[22] Zur Entstehung der konfessionellen Konfliktlinie in Deutschland siehe PAPPI: Die konfessionell-religiöse Konfliktlinie in der deutschen Wählerschaft, 1985.

[23] WOLFGANG JAGODZINSKI und MARKUS QUANDT: Religion und Wahlverhalten in der längsschnittlichen Entwicklung, in: 50 Jahre empirische Wahlforschung in Deutschland, hg. von MARKUS KLEIN u. a., Wiesbaden 2000, S. 159–181; und ROSSTEUTSCHER: Die konfessionell-religiöse Konfliktlinie zwischen Säkularisierung und Mobilisierung, 2012.

[24] MARTIN ELFF und SIGRID ROSSTEUTSCHER: Stability or Decline? Class, Religion and the Vote in Germany, in: German Politics 20 (2011), S. 107–127, hier: 118.

müsse. Nur anders wird es nun schon seit 30 Jahren nicht.«[25] Auch auf der europäischen Ebene – etwa bei den Wahlen zum Europäischen Parlament – zeigt sich ebenfalls weiterhin ein (wenn auch nach Ländern und Parteien differenzierter) Einfluss von Religion.[26]

Geht man von der individuellen Ebene auf die der staatlichen Organisation, so hat hier insbesondere die Verbindung zwischen Kirchen und spezifischen *Ausprägungen von Sozialstaatlichkeit* das Interesse politikwissenschaftlicher und soziologischer Forschung geweckt. Ideengeschichtlich steht jedenfalls fest, dass es im Hinblick auf beide christlichen Konfessionen einen engen Bezug zu sozialen Ideen gibt.[27] Dennoch dominierte in der Forschung über unterschiedliche Wohlfahrtsstaat-Typen lange die ausschließliche Fokussierung auf Machtressourcen organisierter Gruppen sowie parteipolitische Dominanz.[28] Sie wurde perspektivisch substantiell erweitert durch die Erkenntnis der Bedeutung religiöser und konfessioneller Bestimmungsfaktoren in dieser Entwicklung. War der Einfluss zwischen Katholizismus und Wohlfahrtsstaatlichkeit (vermittelt durch die Christdemokratie über die Mobilisierung der katholischen Arbeiterschaft) bereits länger bekannt,[29] so ist die Bedeutung des Protestantismus erst in neuerer Zeit in den Blick gerückt[30]. Vor allem die Unterscheidung zwischen den lutherisch-staatskirchlichen und den reformiert-freikirchlichen Spielarten des Protestantismus kann (vor allem aufgrund der antietatistischen Tendenzen der letzteren) Differenzen zwischen Entwicklungen in Großbritannien, den Niederlanden oder der Schweiz erklären. Historische Forschung bestärkt ebenfalls das Argument hinsichtlich der Wichtigkeit religiös motivierter Überlegungen bei den Entscheidungen über die Einführung der Sozialversicherung in

---

[25] Franz Urban Pappi: Konstanz und Wandel der Hauptspannungslinien in der Bundesrepublik, in: Sozialer Wandel in Westeuropa, hg. von Joachim Matthes, Frankfurt am Main 1979, S. 465–479, hier: 472.

[26] Wouter van der Brug, Sara B. Hobolt und Claes H. de Vreese: Religion and Party Choice in Europe, in: West European Politics 32 (2009), S. 1266–1283.

[27] Siehe dazu umfassend die Beiträge von Franz Josef Stegmann und Peter Langhorst: Geschichte der sozialen Ideen im deutschen Katholizismus, in: Geschichte der sozialen Ideen in Deutschland. Ein Handbuch, hg. von Helga Grebing, Essen 2000, S. 597–862 (für den Katholizismus), sowie Traugott Jähnichen und Norbert Friedrich: Geschichte der sozialen Ideen im deutschen Protestantismus, in: Geschichte der sozialen Ideen in Deutschland. Ein Handbuch, hg. von Helga Grebing, Essen 2000, S. 867–1103 (für den Protestantismus).

[28] Vgl. paradigmatisch Gøsta Esping-Andersen: The three worlds of welfare capitalism, Cambridge 1990; die neuere Forschung zusammenfassend Manfred G. Schmidt u. a. (Hgg.): Der Wohlfahrtsstaat. Eine Einführung in den historischen und internationalen Vergleich, Wiesbaden 2007; Philip Manow: Religion und Sozialstaat: Die konfessionellen Grundlagen europäischer Wohlfahrtsstaatsregime, Frankfurt am Main u. a. 2008.

[29] Vgl. Kees van Kersbergen: Social capitalism. A study of Christian democracy and the welfare state, London 1995.

[30] Manow: Religion und Sozialstaat, 2008.

Deutschland und weist deren Prägekraft nach.[31] Neuere Untersuchungen, die theologische und historische mit soziologischen und politikwissenschaftlichen Perspektiven verbinden, haben diese Zusammenhänge auf der europäischen Ebene erforscht und bestätigt gefunden.[32] Auch auf der Ebene der Wohlfahrtsverbände zeigen sich starke Einflüsse und Effekte.[33] Und schließlich vermag die neuere Forschung konfessionelle Unterschiede hinsichtlich der individuellen (wenn auch kontextgebundenen) Präferenzen für gesellschaftliche Umverteilung festzustellen.[34]

Der Zusammenhang zwischen religiösem Glauben und *Unterstützung für Demokratie* ist in politikwissenschaftlichen Untersuchungen ebenfalls thematisiert worden. Den zunächst nur als Faktum existierenden empirisch auffälligen Zusammenhang zwischen Prägung durch christliche Religion (bei hohem Säkularisierungsgrad) einerseits und der Existenz stabil etablierter liberaler Demokratie andererseits hat Manfred G. Schmidt mit aus dem Christentum übernommenen Leitvorstellungen für die Ordnung des Zusammenlebens, insbesondere der gleichzeitigen Wertschätzung der Gemeinschaft und des Individuums, der Vorstellung der Gleichheit der Menschen (vor Gott) und der zentralen Rolle von Überzeugung und Diskussion zu erklären versucht,[35] unter Bezugnahme auf Maddox[36]. Aus theologischer Sicht ist gegen politikwissenschaftliche Beschäftigung mit diesem Zusammenhang sehr kritisch reagiert worden mit dem Vorwurf »naiv essentialistische[r] Sichtweisen des Christentums der Moderne«[37] sowie der Behauptung, die Demokratie werde in diesen Schriften als »christliches Projekt«[38] dargestellt. Ob Graf auch Schmidt in diesen Vorwurf einschließt, ist

---

[31] PETER ERLI: Nachtwächterstaat oder Praktisches Christenthum? Religiöse Kommunikation innerhalb der parlamentarischen Diskussion im deutschen Reichstag um die Einführung der Sozialversicherung 1881–1889, Gütersloh 2008; JASON JORDAN: Religious Belief, Religious Denomination, and Preferences for Redistribution. A Comparison across 13 Countries, in: West European Politics 37 (2014), S. 19–41.

[32] BIRGIT FIX und ELISABETH FIX: Kirche und Wohlfahrtsstaat. Soziale Arbeit kirchlicher Wohlfahrtsorganisationen im westeuropäischen Vergleich, Freiburg im Breisgau 2005, und KARL GABRIEL u. a. (Hgg.): Religion und Wohlfahrtsstaatlichkeit in Europa. Konstellationen – Kulturen – Konflikte, Tübingen 2013.

[33] TOBIAS JAKOBI: Konfessionelle Mitbestimmungspolitik. Arbeitsbeziehungen bei Caritas und Diakonie am Beispiel des Krankenhaussektors, Berlin 2007; TRAUGOTT JÄHNICHEN: Caritas und Diakonie im goldenen Zeitalter des bundesdeutschen Sozialstaats. Transformationen der konfessionellen Wohlfahrtsverbände in den 1960er Jahren, Stuttgart 2010.

[34] JORDAN: Religious Belief, Religious Denomination, and Preferences for Redistribution, 2014.

[35] MANFRED G. SCHMIDT: Demokratietheorien. Eine Einführung, Wiesbaden ⁴2008, S. 422 f.

[36] MADDOX: Religion and the rise of democracy, 1996.

[37] FRIEDRICH WILHELM GRAF: Theologische Aufklärung. Abschiedsvorlesung am 28. Januar in der Großen Aula der LMU, URL: http://www.st.evtheol.uni-muenchen.de/aktuelles/abvl/abschiedsvorlesung_fwg.pdf, S. 17.

[38] Ebd.

mangels Nachweisen bei Graf nicht klar.³⁹ Deutlich ist jedenfalls, dass gerade angesichts der (auch von Graf angeführten) langwährenden Distanz beider christlichen Kirchen zu zentralen Elementen liberaler Demokratie Fragen nach eventuellen Kausalketten detaillierterer Bestimmung bedürfen. Dies dürfte allerdings eher durch kontextsensible, konfigurative Fallstudien (etwa in der Tradition von Stein Rokkan⁴⁰) als durch hauptsächlich quantitativ vorgehende Forschung zu erreichen sein. Dennoch müssen Theologen es ertragen, dass Vertreter anderer Fächer sich des Christentums als Forschungsgegenstand annehmen, mögen ihnen auch bei Forschungsfragen wie »Did Protestantism Create Democracy?«⁴¹ die Haare zu Berge stehen.⁴² Weitere Forschung ist hier auf jeden Fall erforderlich. Untersuchungen, die auf Individualdaten aus dem *World Values Survey* basieren, deuten nämlich darauf hin, dass es nicht der religiöse Glauben direkt ist, der die Haltung gegenüber der Demokratie bestimmt, sondern die durch ihn vermittelten Werte und Verhaltensweisen.⁴³ Klar ist jedenfalls, dass bereits die *Mitgliedschaft* in religiösen Gemeinschaften positiv zusammenhängt mit Indikatoren zivilgesellschaftlichen Engagements wie sozialen Einstellungen und politischer Partizipation.⁴⁴

Schließlich ist das *Verhältnis zwischen Staat und Kirchen* Gegenstand politikwissenschaftlicher Forschung gewesen. Dabei ist der Fokus hauptsächlich auf die organisatorische Form gerichtet. Neben einer instruktiven Darstellung der Geschichte dieses Verhältnisses von der Antike bis zur Gegenwart⁴⁵ sind hier die (zumeist vergleichend vorgehenden) Studien von Minkenberg⁴⁶ und Monsma

---

³⁹ Graf schließt mit Karsten Fischer und Hans Vorländer lediglich zwei Fachkollegen (zudem beide Vertreter des Bereichs Politische Theorie) explizit von seinen Vorwürfen aus; die Vermutung liegt daher nahe.

⁴⁰ Vgl. STEIN ROKKAN und PETER FLORA: Staat, Nation und Demokratie in Europa. Die Theorie Stein Rokkans aus seinen gesammelten Werken, Frankfurt am Main 2000.

⁴¹ STEVE BRUCE: Did protestantism create democracy?, in: Special issue. Religion, democracy and democratization, hg. von JOHN ANDERSON, Abingdon 2004, S. 3–20.

⁴² Erleichterung setzt dann wahrscheinlich ein, wenn als Ergebnis der Einfluss auf die Entstehung politischer Gemeinschaften und bürgerlicher Freiheitsrechte beschränkt wird und im Übrigen die meisten Kausalverbindungen in das Reich nicht-intendierter Konsequenzen verwiesen werden (a.a.O., S. 19).

⁴³ PAZIT BEN-NUN BLOOM und GIZEM ARIKAN: Religion and Support for Democracy. A Cross-National Test of the Mediating Mechanisms, in: British Journal of Political Science (2012), S. 1–4; PAZIT BEN-NUN BLOOM und GIZEM ARIKAN: A Two-edged Sword. The Differential Effect of Religious Belief and Religious Social Context on Attitudes towards Democracy, in: Political Behavior 34 (2012), S, 249–276.

⁴⁴ PIPPA NORRIS und RONALD INGLEHART: Sacred and secular. Religion and politics worldwide, Cambridge 2007, S. 227. Auch diese Untersuchungen basieren auf einer Auswertung des *World Values Survey*.

⁴⁵ REINHOLD ZIPPELIUS: Staat und Kirche. Eine Geschichte von der Antike bis zur Gegenwart, Tübingen ²2009.

⁴⁶ MICHAEL MINKENBERG: Staat und Kirche in westlichen Demokratien, in: Politik und Religion, hg. von DEMS und ULRICH WILLEMS, Opladen / Wiesbaden 2003, S. 115–138.

und Soper⁴⁷ zu nennen. Sie machen deutlich, dass noch keineswegs Klarheit herrscht hinsichtlich der relevanten Unterscheidungsmerkmale, und dass eine generelle Typologie weiter ein Forschungsdesideratum ist. Überblicksdaten, wie sie Fox⁴⁸ für 175 Staaten gesammelt hat, können dazu wahrscheinlich einen Beitrag leisten. Was das Staat-Kirche-Verhältnis auf der Ebene einzelner Staaten betrifft, so hatte Peter Katzenstein für die Bundesrepublik eine »privilegierte Position«⁴⁹ der Kirchen festgestellt. Aus solchen allgemeinen Aussagen ergibt sich freilich noch keine Kenntnis über den Einfluss in konkreten Einzelfällen. Hier ist eine Lücke zu diagnostizieren, zu der die Forschungen im Kontext der DFG-Forschergruppe »Der Protestantismus in den ethischen Debatten der Bundesrepublik Deutschland 1949–1989« in politikwissenschaftlicher Hinsicht beitragen sollen.⁵⁰

Parteien als Wirkungskanal für den Protestantismus

Die christlichen Kirchen sind wichtige Akteure und einflussreich in zumindest einigen Bereichen der bundesdeutschen Politik – wie im vorherigen Abschnitt am Beispiel des Sozialstaates dargelegt, anhand von Studien aber auch etwa für die Schulpolitik belegbar.⁵¹ Doch eine allein auf Kirchen als Interessengruppen beschränkte Analyse liefe Gefahr, zu kurz zu greifen. Wie im einleitenden Beitrag dieses Bandes ausgeführt wird, setzt der Ansatz der DFG-Forschergruppe »Der Protestantismus in den ethischen Debatten der Bundesrepublik Deutschland 1949–1989« mit guten Gründen breiter an, nämlich auf der Ebene des Protestantismus. Bisher ist der Versuch des (sich im Lauf der Zeit erheblich politisierenden und auf Partizipation drängenden) bundesdeutschen Protestantismus, durch Mitwirkung politisch Einfluss zu nehmen, vor allem von Zeit-

---

⁴⁷ STEPHEN V. MONSMA und J. CHRISTOPHER SOPER: The challenge of pluralism. Church and state in five democracies, Lanham 1997.
⁴⁸ JONATHAN FOX: A world survey of religion and the state, Cambridge 2008.
⁴⁹ PETER J. KATZENSTEIN: Policy and politics in West Germany. The growth of a semisovereign state, Philadelphia 1987, S. 75.
⁵⁰ Im Hinblick auf den Einfluss von katholischer Seite gibt es bereits Untersuchungen. Hier ist für die Bundesrepublik auf JOHANNES KEPPELER: Kirchlicher Lobbyismus? Die Einflussnahme der katholischen Kirche auf den deutschen Staat seit 1949, Marburg 2007, zu verweisen, für Europa auf CAROLYN M. WARNER: Confessions of an interest group. The Catholic Church and political parties in Europe, Princeton 2000. Im Hinblick auf den Protestantismus gibt es für die Zeit der Weimarer Republik die Studie von HERBERT CHRIST: Der politische Protestantismus in der Weimarer Republik. Eine Studie über die politische Meinungsbildung durch die evangelischen Kirchen im Spiegel der Literatur und der Presse. Diss. masch., Bonn 1966, die freilich nicht heutigen Standards politikwissenschaftlicher Analyse entspricht.
⁵¹ KAI OLIVER THIELKING: Die Kirche als politischer Akteur. Kirchlicher Einfluss auf die Schul- und Bildungspolitik in Deutschland, Baden-Baden 2005. Siehe auch bereits THOMAS ELLWEIN: Klerikalismus in der deutschen Politik, München 1955.

geschichtlern, Theologen und Kirchenhistorikern aufgearbeitet worden.[52] Aus Sicht des Faches Politikwissenschaft können diese Perspektiven ergänzt werden durch einen Blick auf das politische System der Bundesrepublik Deutschland, der die Zugangskanäle grundsätzlich abbildet und dann eine dem Thema entsprechende Auswahl unter diesen trifft.

Ein solcher Blick kann Bezug nehmen auf den Ansatz strukturfunktionalistischer Analyse politischer Systeme, der die Gesamtheit politischer Institutionen und Prozesse in den Blick nimmt, diese in ihrem gesellschaftlichen und wirtschaftlichen Umfeld situiert und inklusive aller Wechselwirkungen die Frage betrachtet, wie die »autoritative Allokation von Werten«[53] stattfindet.[54] Durch einen solchen abstrakten Zugang werden zum einen politische Systeme generell miteinander vergleichbar; zum anderen (und das ist im hier vorliegenden Zusammenhang wichtig) wird es möglich, alle prinzipiell existierenden Zugänge zum politischen Entscheidungsprozess zu benennen. In Abbildung 1 ist ein einfaches Modell eines solchen Systems abgebildet. Es zeigt ein nationales System (z. B. die Bundesrepublik Deutschland), das seinerseits mit anderen Ländern und der internationalen Politik interagiert und ein politisches System beinhaltet – den Teil, der die verbindlichen Entscheidungen trifft.

---

[52] U. a. SIEGFRIED HERMLE, CLAUDIA LEPP und HARRY OELKE (Hgg.): Umbrüche. Der deutsche Protestantismus und die sozialen Bewegungen in den 1960er und 70er Jahren, Göttingen 2007; KLAUS FITSCHEN u. a. (Hgg.): Die Politisierung des Protestantismus. Entwicklungen in der Bundesrepublik Deutschland während der 1960er und 70er Jahre, Göttingen 2011; RAINER HERING: Die Kirchen als Schlüssel zur politischen Macht? Katholizismus, Protestantismus und Sozialdemokratie in der zweiten Hälfte des 20. Jahrhunderts, in: Archiv für Sozialgeschichte 51 (2011), S. 237–266; MARTIN GRESCHAT: Der Protestantismus in der Bundesrepublik Deutschland (1945–2005), Leipzig 2011.
[53] DAVID EASTON: A systems analysis of political life, New York 1965.
[54] Ebd.; GABRIEL A. ALMOND, G. BINGHAM, JR. POWELL und ROBERT J. MUNDT: Comparative politics. A theoretical framework, New York 1993; GABRIEL A. ALMOND u. a.: Comparative politics today. A world view Updated, New York ^{9}2010.

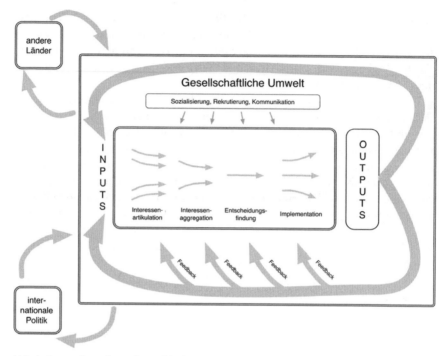

Abb. 1: Systemdarstellung des politischen Systems, Abbildung Andreas Busch.

Dieses politische System ist eingebettet in eine gesellschaftliche Umwelt, die über verschiedene Mechanismen wie Sozialisierung, Rekrutierung und Kommunikation auf es einwirkt. Die von der gesellschaftlichen Umwelt ausgehenden Forderungen werden vom politischen System als *inputs* aufgenommen und bearbeitet. Im Prozess der *Interessenartikulation* werden diese Forderungen durch Interessengruppen und Individuen formuliert; im Prozess der *Interessenaggregation* werden sie zu konkreteren Vorschlägen zusammengefasst, was zumeist vor allem durch Verbände und Parteien geschieht. Im Prozess der *Entscheidungsfindung* wird schließlich durch die politischen Entscheidungsorgane (also konkret in der Bundesrepublik: durch die Parteien in Bundestag und Bundesrat in Zusammenarbeit mit der durch sie getragenen Regierung) eine Auswahl zwischen den verschiedenen existierenden Vorschlägen getroffen und im Prozess der *Implementation* – zumeist durch Rechtsakte der staatlichen Verwaltung – in *outputs* für die Gesellschaft umgesetzt. Deren Verarbeitung durch die Gesellschaft führt zu Rückkopplungen an die verschiedenen Instanzen des politischen Systems, das darauf gegebenenfalls mit einer Anpassung der Entscheidung reagiert.

Parteien kommt in diesem System eine Schlüsselrolle zu, und Einfluss auf politische Entscheidungen muss letztlich über sie geschehen. Fragt man nach dem Einfluss des bundesdeutschen Protestantismus auf konkrete politische Entscheidungen, so muss man folglich danach fragen, wie dieser Parteien als Wirkungskanal nutzt, um Anliegen in das politische System einzuspeisen und Entscheidungen in seinem Sinne zu beeinflussen.[55] Im Sinne des politischen Systemansatzes wird bei einem solchen Vorgehen der Schwerpunkt der Analyse auf die *input*-Seite des politischen Systems gelegt.

Fokussiert man auf Parteien, dann stellt sich natürlich die Frage, weshalb diese an Beeinflussung durch den Protestantismus interessiert sein sollen; schließlich sind Parteien doch Vereinigungen mit einer bestimmten ideologischen Position, die zu allererst an der Durchsetzung ihrer *eigenen* inhaltlichen Auffassungen interessiert sind. Diese (in der Fachsprache *policy pursuit* genannte) Motivation für das Agieren von Parteien hängt in ihrer Umsetzung jedoch zumeist von einer Beteiligung an der Regierung ab, weshalb Parteien eben auch noch danach streben, bei Wahlen erfolgreich zu sein und als deren Folge entweder alleine oder in Koalitionen an die Regierung zu kommen (*office seeking*).[56] Bei diesem Streben kann die Kooperation mit (zumal großen) Gruppen aus der Wählerschaft für Parteien also von erheblichem Interesse sein.

Das Verhältnis zwischen einer Religionsgemeinschaft wie dem Protestantismus einerseits und einer Partei andererseits kann demzufolge als Tauschbeziehung konzeptualisiert werden. Während die Religionsgemeinschaft an Einfluss auf die politischen Entscheidungen hinsichtlich der von ihr verfolgten Ziele interessiert ist, sind die Parteien an Kooperation interessiert, weil die Mitglieder der Religionsgemeinschaft natürlich auch Wahlbürger sind. Wie bereits oben angeführt, sind Religionszugehörigkeit bzw. Konfessionalität zwar traditionell wichtige Bestimmungsfaktoren für das Wahlverhalten, doch sind diese Bindungsfaktoren bei weitem nicht perfekt bzw. tendenziell in ihrer Stärke abnehmend. Für Parteien besteht daher die Hoffnung, durch das Eingehen auf Forderungen aus diesem Bereich potentiell ihre Wählerschaft zu erhöhen. Deshalb ist anzunehmen, dass die Perspektive eines potentiellen Tauschs von Einfluss gegen Wählerstimmen ein wichtiges Motiv für die Beziehung und Kommunikation zwischen Parteien und Protestantismus ist. Inwiefern diese Annahme sich konkret in der bundesrepublikanischen Politik bestätigen lässt, ist ein zentrales Untersuchungsziel der hier skizzierten Forschungsarbeiten.

Prinzipiell sind für solche Untersuchungen alle im Bundestag vertretenen Parteien von Interesse, allerdings umso mehr, je stärker sie Einfluss auf die Regie-

---

[55] Natürlich heißt das nicht, dass Einflussversuche *nur* über Parteien stattfinden können. Sie können ebenso etwa durch direktes Handeln (etwa Petitionen oder Demonstrationen), durch Einflussnahme auf wichtige Verbände und Interessengruppen oder durch öffentliche Appelle geschehen – mithin indirekt. Zu Änderungen im politischen Entscheidungsprozess aber werden solche Versuche nur insoweit führen, als sie das politische Kalkül und Verhalten von Parteien verändern, die an diesem Entscheidungsprozess beteiligt sind.
[56] IAN BUDGE und MICHAEL LAVER: Office Seeking and Policy Pursuit in Coalition Theory, in: Legislative Studies Quarterly 11 (1986), S. 485–506.

rung gehabt haben. Unterschiedliche Kontraste lassen sich aus verschiedenen Vergleichsperspektiven dieser Parteien ziehen:

— So können zum einen die großen (und *per se* einflussreicheren) »Volksparteien« miteinander verglichen werden, zum anderen die kleineren Parteien, die (oft als notwendige Koalitionspartner) eventuell sich einen überproportionalen Einfluss auf das Regierungsgeschehen zu verschaffen vermochten; und diese beiden Gruppen (die »großen« und die »kleinen« Parteien) können dann wiederum miteinander verglichen werden hinsichtlich eventuell unterschiedlicher Beeinflussungsstrategien durch den Protestantismus bzw. unterschiedlicher Offenheit für solche Bemühungen.
— Als weitere untersuchungsleitende Perspektive bietet sich die Unterscheidung nach ideologischem Erbe an. Hier können aus dem bürgerlichen Lager stammende Parteien mit jenen aus sozialistischer Tradition kontrastiert werden. Dabei ist im ersten Lager vermutlich einer Unterscheidung hinsichtlich des klassisch kirchenfernen Erbe des Liberalismus nachzuspüren, während andere Teile des politischen Bürgertums zum Teil über eine erhebliche Kirchennähe verfügten, die auch in der Zeit der Bundesrepublik eventuell noch Spuren hinterlassen hat.
— Schließlich sind die Vergleiche auch entlang des Zeitstrahls über den Verlauf der Bundesrepublik vorzunehmen; denn die bereits erwähnten Prozesse der Modernisierung und (umstrittener) Säkularisierung haben zu einer Abnahme des konfessionellen Konflikts geführt, der zu Beginn der Bundesrepublik noch erhebliche Relevanz hatte. Ob und inwieweit sich in welchen Parteien dadurch Umgewichtungen innerparteilicher Spannungslinien bzw. Kräfteverhältnisse ergeben haben, ist sicher eine interessante Forschungsfrage, ebenso wie die Frage nach dem Auftauchen neuer Konfliktlinien (bereits kurz angesprochen: Kirchengebundene vs. Säkulare) oder die Behandlung der Fragen nach der Trennung von Kirche und Staat.

Am Beispiel der beiden großen Parteifamilien bzw. Parteien, die die Politik in der Bundesrepublik bisher dominiert haben[57] – also CDU/CSU und SPD – soll im folgenden kurz illustriert werden, in wiefern sich Parteien hinsichtlich der oben angesprochenen Aspekte unterscheiden und welche aus politikwissenschaftlicher Perspektive interessanten Erkenntnisse aus genauerer Untersuchung im Rahmen der hier skizzierten Forschungsperspektive zu erwarten sind.

---

[57] Hinsichtlich der reinen Länge der Regierungsbeteiligung schlägt die FDP (33 Jahre) im zunächst ins Auge gefassten Untersuchungszeitraum (bis zur Vereinigung) sowohl CDU/CSU (27 Jahre) wie auch SPD (16 Jahre). Als »Juniorpartner« hatte sie jedoch sicher (gemessen etwa an der Zahl der Kabinettssitze) jeweils geringeren Einfluss als die den Bundeskanzler (mit Richtlinienkompetenz) stellende Partei.

Denn beide Parteien[58] zeigen jeweils spezifische Charakteristika, die sie mit dem Protestantismus verbinden.

Für die CDU (und in Maßen auch die CSU) ist charakteristisch der erstmalige Zusammenschluß beider Konfessionen in einer Partei des bürgerlichen Lagers («Union»).[59] Die nach dem Zweiten Weltkrieg europaweit entstehende Parteienfamilie der Christdemokratie[60] hatte zwar starke Verbindungen zum Katholizismus (und in der Bundesrepublik zu der früheren, katholisch dominierten Zentrums-Partei), doch war einerseits die interkonfessionelle Kooperation mit dem Protestantismus Programm, zum anderen spielte der katholische Klerus in der Parteiführung (im Gegensatz zur Zentrums-Partei) keine Rolle. Dennoch dominierte – nicht zuletzt aufgrund der Verteilung der Konfessionen auf dem Gebiet der neuen Bundesrepublik – die katholische Mitgliedschaft die protestantische zahlenmäßig und (besonders in der langen Adenauer-Zeit) auch politisch. Ab den 1960er Jahren führten Säkularisierung und Schwächung der kirchlichen Milieus dann zu Diskussionen über die christlichen Grundlagen – das »hohe C« – in der Union. Insbesondere in den 1970er Jahren verschob dann der starke Zuwachs an Mitgliedern nach dem Verlust der Regierungsbeteiligung 1969[61] die traditionellen Gewichte in der Partei. Ob dies zu einer Erhöhung des Einflusses protestantischer Elemente geführt hat, wird genauer zu untersuchen sein. Mit dem »Evangelischen Arbeitskreis«[62] gab es ja bereits seit 1952 eine innerparteiliche Gruppierung, die sich die Vertretung dieser Interessen zum Ziel gemacht hatte. Inwieweit diese einflussreich und damit erfolgreich war, bleibt Gegenstand genauerer Untersuchung ebenso wie die Frage, in welchen Politikfeldern dieser eventuelle Einfluss sich ausgewirkt hat. Falls nur eine geringe Wirksamkeit des EAK zu konstatieren ist, stellt sich die Frage, welche anderen Zugänge zur christdemokratischen Parteiführung der Protestantismus hatte und nutzte.

Die SPD stand im Gegensatz zur Neugründung Union in der Tradition der Sozialdemokratie, die (basierend auf der Marx'schen Lehre und der Feuerbach'schen Religionskritik) in erheblichen Teilen eine atheistische, jedenfalls

---

[58] Aus Gründen der sprachlichen Vereinfachung werden im Folgenden CDU und CSU weitgehend als »Union« bezeichnet. Das soll nicht in Abrede stellen, dass es sich dezidiert um zwei voneinander unabhängige, wenn auch vielfältig eng verbundene Parteien handelt. Die Fraktionsgemeinschaft im Bundestag und der Fokus in diesem Teilprojekt auf Einfluss auf der Bundesebene rechtfertigen dies zusätzlich.

[59] UTE SCHMIDT: Die Christlich Demokratische Union Deutschlands, in: Parteien-Handbuch, hg. von RICHARD STÖSS, Opladen 1984, S. 490–660.

[60] Vgl. als Überblick STATHIS N. KALYVAS: The rise of Christian Democracy in Europe, Ithaca (New York) 1996, und TIMOTHEOS FREY: Die Christdemokratie in Westeuropa. Der schmale Grat zum Erfolg, Baden-Baden 2009.

[61] Die Mitgliedschaft der CDU verdoppelte sich zwischen 1969 und 1976, vgl. SCHMIDT: Christlich Demokratische Union Deutschlands, 1984, S. 643.

[62] PETER EGEN: Die Entstehung des Evangelischen Arbeitskreises der CDU/CSU. Diss. masch., Bochum 1971, und SCHMIDT: Christlich Demokratische Union Deutschlands, 1984, S. 622.

Kirchen gegenüber sehr skeptische war. Trotz Gemeinsamkeiten in Bezug auf das Interesse an sozialen Fragen[63] überwog lange die aus dem Kaiserreich – mit seiner Allianz von Thron und Altar – stammende Bebel'sche Formel »Christenthum und Sozialismus stehen sich gegenüber wie Feuer und Wasser«[64]. Doch die Suche nach dem Wahlerfolg führte die SPD ab Mitte der 1950er Jahre zu einer programmatischen Umorientierung weg von der Klassenpartei, was auch eine Öffnung hin zu den Kirchen und Glaubensgemeinschaften beinhaltete. Das »Godesberger Programm« von 1959 sprach sogar von »Zusammenarbeit mit den Kirchen und Religionsgemeinschaften im Sinne einer freien Partnerschaft«[65], auch wenn dies innerparteilich umstritten war. Obwohl mit dem Übertritt der *Gesamtdeutschen Volkspartei* (GVP) eine ganze Reihe von engagierten Protestanten (wie Gustav Heinemann, Erhard Eppler, Johannes Rau und Jürgen Schmude) in die SPD kamen und die Partei nach Einschätzung einiger Parteienforscher »zum Ende der achtziger Jahre eine stark protestantische Partei geworden«[66] war, gibt es zum Verhältnis von SPD und Protestantismus (mit Ausnahme der allerdings nur die Jahre 1945 bis 1950 untersuchenden Arbeit von Möller[67]) keine umfassende Aufarbeitung.[68] Hier ist vertiefende Arbeit demnach dringend notwendig, die zum Verständnis darüber beitragen soll, inwieweit der Wandel von der Klassen- zur modernen Volkspartei ebenso wie die Öffnung der SPD für die sozialen Bewegungen der 1970er und 1980er Jahre Einflusskanäle für den Protestantismus geöffnet haben und inwieweit diese genutzt wurden.

Die hier nur kursorisch angesprochenen Wandlungen der beiden großen bundesdeutschen Parteien können natürlich entsprechend für Parteien wie FDP, Grüne und PDS/Linke nachgezeichnet werden. Sie finden vor dem Hinter-

---

[63] Vgl. die Beiträge in: GREBING: Geschichte der sozialen Ideen in Deutschland, 2000.

[64] Vgl. AUGUST BEBEL und WILHELM HOHOFF: Christenthum und Sozialismus. Eine religiöse Polemik. Separatabdruck aus dem Volksstaat von 1873/74, in: Sozialdemokratische Bibliothek (unveränd. fotomechan. Nachdr. der Ausgabe Hottingen-Zürich 1885/87), Leipzig 1971, S. 16.

[65] DIETER DOWE und KURT KLOTZBACH (Hgg.): Programmatische Dokumente der deutschen Sozialdemokratie. Mit den aktuellen Programmentwürfen im Anhang, Bonn ⁴2004, S. 339.

[66] PETER LÖSCHE und FRANZ WALTER: Die SPD: Klassenpartei – Volkspartei – Quotenpartei. Zur Entwicklung der Sozialdemokratie von Weimar bis zur deutschen Vereinigung, Darmstadt 1992, S. 336.

[67] MARTIN MÖLLER: Evangelische Kirche und Sozialdemokratische Partei in den Jahren 1945–1950. Grundlagen der Verständigung und Beginn des Dialogs, Göttingen 1984.

[68] Zum Verhältnis von SPD und Katholizismus gibt es hingegen HERMANN TALLEN: Die Auseinandersetzung über § 218 StGB. Zu einem Konflikt zwischen der SPD und der Katholischen Kirche, München 1977; THOMAS BREHM: SPD und Katholizismus 1957 bis 1966. Jahre der Annäherung, Frankfurt am Main 1989; STEFAN UMMENHOFER: Hin zum Schreiten Seit' an Seit'? SPD und katholische Kirche seit 1957, Berlin 2000.

grund eines sich im Lauf der Jahrzehnte wandelnden Parteiensystems statt.[69] Bei diesem Wandel standen über die Dauer der alten Bundesrepublik (also bis 1990) zum einen die Konzentration der Zahl der politisch relevanten Parteien, zum anderen (v. a. bei SPD und Union) ein inhaltlicher Wandel hin zu einer »Volkspartei«, auch bezeichnet als »demokratische Massenlegitimationspartei«[70] bzw. »Allerweltspartei«[71], im Vordergrund. Ohne auf die Diskussionen und Bewertungen dieses Wandels weiter einzugehen kann festgehalten werden, dass mit diesen Wandlungen (die zumeist Öffnungen aus elektoralen Erwägungen zum Gegenstand hatten) Änderungen des Zugangs zu Parteien für Kräfte wie den Protestantismus verbunden waren, die es näher zu untersuchen gilt. So kann etwa die oben angesprochene Schwächung der Wählerbindung an die Parteien über neue Wege (etwa Änderungen in der Binnenorganisationen wie das Entstehen innerparteilicher Arbeitskreise oder deren Machtzuwachs oder -abnahme) möglicherweise zu neuen Einflusskanälen führen. Damit ist allerdings nicht notwendig die Prognose eines insgesamt zunehmenden Einflusses verbunden, denn gleichzeitig kommt es zum einen zu einem Verlust an Privilegierung beim Zugang zum Entscheidungszentrum des politischen Systems (den zumindest die organisierten Kirchen hatten), zum anderen nimmt durch Rückgang von Mitgliederzahlen und Kirchenbindung die Attraktivität des Protestantismus als »Tauschpartner« für die Parteien ab.

Was den methodischen Zugriff angeht, so erscheinen für die hier angesprochenen Themen vor allem zwei Wege vielversprechend, nämlich zum einen der Fokus auf die Details der Parteiorganisationen, zum anderen der auf Überschneidungen bzw. Kontakte zwischen Repräsentanten der Parteieliten und Vertretern des Protestantismus. Das soll im folgenden kurz ausgeführt werden.

Parteien, insbesondere solche vom Typ Volkspartei, streben zwar in ihrer Außendarstellung nach Einheitlichkeit, sind aber im Inneren hoch komplexe Organisationen mit vielfältigen, oft miteinander im Wettstreit stehenden Untereinheiten. Ein Blick auf die bereits weiter oben verwendeten Beispiele SPD und Union kann das illustrieren. So ist die SPD bereits als »lose verkoppelte Anarchie«[72] verschiedener innerparteilicher Interessengruppen analysiert worden;

---

[69] THOMAS POGUNTKE: Das Parteiensystem der Bundesrepublik Deutschland. Von Krise zu Krise?, in: 50 Jahre Bundesrepublik Deutschland, hg. von THOMAS ELLWEIN und EVERHARD HOLTMANN, Opladen 1999, S. 429–439; RICHARD STÖSS: Mehr Kontinuität als Wandel. Das Parteiensystem vor und nach der deutschen Vereinigung, in: Von der Bonner zur Berliner Republik, hg. von ROLAND CZADA und HELLMUT WOLLMANN, Wiesbaden 2000, S. 308–327; OTTO KIRCHHEIMER: Wandlungen der politischen Opposition, in: DERS.: Politik und Verfassung. Frankfurt am Main 1981, S. 123–150.

[70] RICHARD STÖSS (Hg.): Parteien-Handbuch. Die Parteien der Bundesrepublik Deutschland 1945–1980, Opladen 1984.

[71] OTTO KIRCHHEIMER: Wandlungen der politischen Opposition, in: DERS.: Politik und Verfassung. Frankfurt am Main 1981, S. 123–150.

[72] LÖSCHE: Die SPD, 1992.

auch bei der CDU finden sich erhebliche (eher landsmannschaftliche – aber damit auch konfessionelle –) Differenzierungen in der Binnenstruktur der Partei.[73] Zu untersuchen sind daher in Bezug auf den Einfluss des Protestantismus die Existenz von Gesprächskreisen, Arbeitskreisen etc. vor allem auf lokaler und regionaler Ebene sowie deren Analyse nach organisatorischen Merkmalen (z. B. Regelung der Mitgliedschaft; Antragsrechte zu Beschlussorganen wie Parteitagen etc.) und Wirkungen (etwa Publikationen, Anträge zu Parteitagen etc.). Dabei können neben der Auswertung der politikwissenschaftlichen Literatur zu Parteien und Parteiensystem sowie von Archivbeständen und Parteiprotokollen hier auch Interviews mit relevanten Akteuren und ggfs. Zeitzeugen zum Einsatz kommen.

Politische Entscheidungen und Einfluss auf diese sind letztlich immer an das Handeln konkreter Individuen gebunden, und so soll eine Untersuchung sowohl protestantisch geprägter Politiker in Union (z. B. Hermann Ehlers, Gerhard Schröder, Eugen Gerstenmaier, Gustav Heinemann) und SPD (ebenfalls Gustav Heinemann und die oben erwähnte »GVP-Kohorte«, daneben aber auch Personen wie Heinrich Albertz, Herbert Wehner[74] oder Helmut Schmidt[75]) neben eine Auswertung der politischen Kontakte ausgewählter Repräsentanten des Protestantismus treten. Neben der Berücksichtigung bereits existierender biografischer Skizzen[76] sowie der entsprechenden politikwissenschaftlichen und zeitgeschichtlichen Literatur[77] kann hier auch auf Biografien[78], gesammelte Wer-

---

[73] Josef Schmid: Die CDU. Organisationsstrukturen, Politiken und Funktionsweisen einer Partei im Föderalismus, Opladen 1990.

[74] Vgl. Herbert Wehner: Christentum und demokratischer Sozialismus. Beiträge zu einer unbequemen Partnerschaft, Freiburg im Breisgau 1986.

[75] Vgl. Rainer Hering: »Aber ich brauche die Gebote ...« Helmut Schmidt, die Kirchen und die Religion, Bremen 2012.

[76] Günter Brakelmann, Norbert Friedrich und Traugott Jähnichen (Hg.): Protestanten in öffentlicher Verantwortung. Biographische Skizzen aus der Anfangszeit der Bundesrepublik, Waltrop 2005; Herbert Wehner: Christentum und demokratischer Sozialismus. Beiträge zu einer unbequemen Partnerschaft, Freiburg im Breisgau 1986; Hering: »Aber ich brauche die Gebote ...« Helmut Schmidt, die Kirchen und die Religion, 2012.

[77] Hier aus Gründen der Übersichtlichkeit dargestellt am Beispiel Gustav Heinemanns. Z. B. Karl-Ludwig Sommer: Gustav Heinemann und die SPD in den sechziger Jahren. Die Entwicklung politischer Zielsetzungen in der SPD in den Jahren 1960 bis 1969. Dargestellt am Beispiel der politischen Vorstellungen Gustav Heinemanns, München 1980.

[78] Z. B. Jörg Treffke: Gustav Heinemann. Wanderer zwischen den Parteien. Eine politische Biographie, Paderborn 2009; Thomas Flemming: Gustav W. Heinemann. Ein deutscher Citoyen. Biographie, Essen 2014.

ke⁷⁹ sowie die systematische Auswertung von Datenhandbüchern⁸⁰ und Parlamentsstatistiken⁸¹ zurückgegriffen werden.

Ausblick

Bisher ist in diesem Kapitel (in Übereinstimmung mit dem Fokus der in diesem Band vorgestellten Forschungsperspektive) der Blick ausschließlich auf die Bundesrepublik gerichtet worden. Doch sind die weiter oben angesprochenen Defizite im Hinblick auf die politikwissenschaftliche Erforschung des Verhältnisses von Religion und Politik sowie insbesondere des Verhältnisses von (protestantischen) Kirchen und Politik nicht auf die Bundesrepublik beschränkt.

Eine Ausweitung des hier skizzierten Ansatzes kann daher für zukünftige Forschung von erheblichem Interesse sein. Dabei bieten sich die etablierten liberalen Demokratien⁸² an – eine Gruppe von Staaten, die der Bundesrepublik strukturell sehr ähnlich sind und bei denen man davon ausgehen kann, dass die in ihnen ablaufenden politischen Prozesse und Dynamiken relativ ähnlich sind sowie ihre Akteure auf vergleichbare Anreize reagieren.⁸³ Gerade weil bei Untersuchungen aus dem Bereich des Verhältnisses von Kirche und Staat immer

---

⁷⁹ Z. B. GUSTAV W. HEINEMANN: Glaubensfreiheit – Bürgerfreiheit. Reden und Aufsätze zu Kirche, Staat, Gesellschaft 1945–1975, Frankfurt am Main 1976.

⁸⁰ Etwa MARIE-LUISE RECKER und KLAUS TENFELDE (Hgg.): Handbuch zur Statistik der Parlamente und Parteien in den westlichen Besatzungszonen und in der Bundesrepublik Deutschland, Teil I. Abgeordnete in Bund und Ländern. Mitgliedschaft und Sozialstruktur 1946–1990, Düsseldorf 2002; MARIE-LUISE RECKER und KLAUS TENFELDE (Hgg.): Handbuch zur Statistik der Parlamente und Parteien in den westlichen Besatzungszonen und in der Bundesrepublik Deutschland, Teil II. CDU und CSU. Mitgliedschaft und Sozialstruktur 1945–1990, Düsseldorf 2005; MARIE-LUISE RECKER und KLAUS TENFELDE (Hgg.): Handbuch zur Statistik der Parlamente und Parteien in den westlichen Besatzungszonen und in der Bundesrepublik Deutschland, Teil IV. SPD, KPD und kleinere Parteien des linken Spektrums sowie DIE GRÜNEN. Mitgliedschaft und Sozialstruktur 1945–1990, Düsseldorf 2005; MARIE-LUISE RECKER, KLAUS TENFELDE und OLIVER GNAD (Hgg.): Handbuch zur Statistik der Parlamente und Parteien in den westlichen Besatzungszonen und in der Bundesrepublik Deutschland, Teil III. FDP sowie kleinere bürgerliche und rechte Parteien. Mitgliedschaft und Sozialstruktur 1945–1990, Düsseldorf 2005.

⁸¹ PETER SCHINDLER (Hg.): Datenhandbuch zur Geschichte des Deutschen Bundestages 1949 bis 1999. Eine Veröffentlichung der Wissenschaftlichen Dienste des Deutschen Bundestages, Baden-Baden ³1999.

⁸² Darunter werden hier die gut 20 seit längerem kontinuierlich demokratisch regierten Demokratien des OECD-Raums (Nordamerika, Westeuropa, Japan, Australien und Neuseeland) verstanden. Dies ist in der vergleichenden Politikwissenschaft gängige Praxis (vgl. etwa FRANCIS G. CASTLES: Comparative public policy. Patterns of post-war transformation, Cheltenham 1998; MINKENBERG: Staat und Kirche in westlichen Demokratien, 2003.)

⁸³ ADAM PRZEWORSKI und HENRY TEUNE: The logic of comparative social inquiry, New York 1970.

wieder auf die Wichtigkeit von Kontextvariablen hingewiesen wird[84], eröffnet ein solcher Ansatz die Möglichkeit, länderspezifische Erklärungsvariablen für bestimmte Sachverhalte von allgemeinen Erklärungsvariablen zu unterscheiden. Eine solche Ausweitung des Blicks ist zudem auch im Hinblick auf das die Bundesrepublik betreffende Erkenntnisinteresse von großem Nutzen, erlaubt ein Vergleich und eine Kontrastierung des bundesdeutschen Falls mit anderen doch gewissermaßen eine Kalibrierung der in diesem Land gewonnenen Erkenntnisse hinsichtlich ihrer Übertragbarkeit und Verallgemeinerbarkeit für das Universum der liberalen Demokratien. Ob die Bundesrepublik also in dieser Hinsicht eher typisch ist oder eher ein Sonderfall – was ja eventuell mit den historischen Erfahrungen des Protestantismus im und mit dem deutschen Staat zusammenhängen könnte –, das lässt sich durch eine solche komparative Perspektive sehr viel eindeutiger konstatieren.

Ein weiterer Grund, der für die Einbeziehung einer solchen vergleichenden Perspektive spricht, besteht darin, dass die Bedeutung von Religion und Kirchen sich in modernen Gesellschaften anders entwickelt hat als das in den Sozialwissenschaften vor dem Hintergrund der Säkularisierungstheorie lange erwartet worden war. Das Bewusstsein, dass wir es mit einer »Deprivatisierung der Religion«[85] in der gegenwärtigen Welt zu tun haben, wächst und führt die Dringlichkeit vor Augen, das Verhältnis von Religion und Politik besser zu verstehen. Mit anderen Worten: der Zusammenhang von Religion und Politik hat in der Gegenwart einen »drastischen Bedeutungsgewinn«[86] erfahren, und es tut daher not, diese Zusammenhänge besser zu verstehen. Der britische Politologe Jeffrey Haynes hat es so formuliert: »[T]hose who neglect religion in their analyses of contemporary and comparative politics do so at their peril.«[87]

Kirchen sind auf vielfältige Weise in das Gewebe des liberalen demokratischen Staates eingebunden. Doch an genauerem Verständnis für das Verhältnis zwischen Staat und Kirche mangelt es. Mit Liedhegener kann festgehalten werden, dass das »Ziel […] eine aussagekräftige Typologie der Zuordnung von Staat und Religionsgemeinschaften«[88] anhand weniger Kriterien sein muss. Doch so weit ist die gegenwärtige Forschung noch nicht, was mit Hilfe von zwei Beispielen exemplarisch illustriert werden soll. Die von Fox[89] vorgelegte

---

[84] PAUL A. DJUPE und CHRISTOPHER P. GILBERT: The political influence of churches, Cambridge 2009; VAN DER BRUG, HOBOLT, DE VREESE: Religion and Party Choice in Europe, 2009, S. 1280.

[85] CASANOVA: Public religions, 1994.

[86] ANTONIUS LIEDHEGENER: Politik und Religion in der aktuellen politischen Wissenschaft. Mehr als politische Gewalt im Namen Gottes, in: Zeitschrift für Politik 58 (2011), S. 188–212, hier: 209.

[87] JEFF HAYNES: Religion in global politics, London 1998, S. 220.

[88] LIEDHEGENER: Politik und Religion in der aktuellen politischen Wissenschaft, 2011, S. 196.

[89] FOX: A world survey of religion and the state, 2008.

umfassende Datenbasis, die 60 Variablen für 175 Länder zum Verhältnis von Staat und Religion erhebt und verarbeitet, erlaubt zwar im Prinzip die Erstellung hochdifferenzierter Aussagen (und ist somit ein Fortschritt gegenüber sehr grob vorgehenden Klassifikationen). Allerdings ist kritisch anzumerken, dass hier die unterschiedlichen Charaktere der Länder hinsichtlich der politischen Systeme (also Demokratie, Autokratie und Zwischenformen) keineswegs hinreichend berücksichtigt werden. Das Streben nach Maximierung der erfassten Fallzahlen ignoriert grundlegende Maximen vergleichender Forschungslogik, was auf Kosten der tatsächlichen Vergleichbarkeit geht. Der von Minkenberg[90] verfasste Überblick zu den in der Literatur gängigen Klassifikationen des Staat-Kirche-Verhältnisses äußert die Kritik, dass diese großenteils zu stark an verfassungsrechtlichen Kriterien orientiert seien und »der politischen Qualität des Staat-Kirche-Verhältnisses nicht gerecht« würden.[91] Die von ihm alternativ vorgelegte Konzeptionalisierung bezieht allerdings genuin darüber hinausgehende Kriterien auch nicht ein; sie endet schließlich in einem Kontinuum aus neun Klassen, das aus Gründen der Übersichtlichkeit dann auf drei reduziert wird, wodurch aber wiederum in den Klassen erhebliche Heterogenität einzieht und die Analyse erschwert wird. Mehr ist allerdings, das sei der Fairness halber angemerkt, im Rahmen eines Zeitschriftenartikels auch nicht zu leisten; dazu wird es eines größer angelegten, eventuell kollaborativ vorgehenden Projekts bedürfen. Die oben gemachten Ausführungen über die Eingebettetheit von Kirchen in das politische System, die Wichtigkeit der landesspezifischen Interessenaggregations- und Verbändesysteme sowie der Kontakte der Kirchen in das Parteiensystem können dabei helfen, die sich aus der gegenwärtig dominanten staatsrechtlichen Perspektive auf das Staat-Kirche-Verhältnis zu lösen und zu neuen Erkenntnissen zu gelangen.

Abschließend ist zu sagen, dass das Thema »Religion und Politik«, das im Lauf der Geschichte der Bundesrepublik von abnehmender Relevanz zu sein schien, seit Beginn des 21. Jahrhunderts wieder deutlich an Relevanz und politischer Brisanz zugenommen hat. Sowohl die weiter oben bereits erwähnten internationalen Entwicklungen wie auch innenpolitischer Wandel in mehreren Dimensionen (von Migrationseffekten über Integrationsfragen bis zur Veränderung der religiösen und konfessionellen Landkarte im Gefolge der deutschen Einigung) haben zu einer Wiederbelebung der Debatten in diesem Themengebiet geführt.

Das ist aber kein Grund, pauschal allen Einfluss von Religion auf Politik zu verdammen, wie das in manchen übereifrigen und von wenig Verständnis für das gewachsene Verhältnis von Staat und Kirche geprägten Laizismus-Debatten geschieht. Debatten über vermeintliche »Privilegien« der Kirchen (bei der Ein-

---

[90] MINKENBERG: Staat und Kirche in westlichen Demokratien, 2003.
[91] A.a.O., 2003, S. 115.

treibung der Kirchensteuer, den Staatsleistungen für die Kirchen etc.[92]) sind oft sehr einseitig und nur vage verhüllte Plädoyers gegen Kirchen und für eine vollständige Dominanz des politischen über alle anderen gesellschaftlichen Subsysteme; für Rufe nach der »Trennung von Politik und Religion« gilt zumeist entsprechendes.[93] Zudem wird die Befähigung von Religionen, auch zur Schlichtung von Konflikten sowie zur Stiftung von Frieden beizutragen,[94] von so einer ausschließlich negativen Darstellung völlig ausgeblendet.

Deshalb helfen Verallgemeinerungen wenig – eher sind Differenzierung und klare Kriterien für Bewertungen gefragt. Denn Religionen unterscheiden sich (sowohl untereinander als auch hinsichtlich ihrer Binnenpluralität) zum einen substantiell in ihrer Bereitschaft zur Anerkennung der Eigenständigkeit von Politik;[95] zum anderen können sich Religionen auch in ihrer Lehre und Praxis in Auseinandersetzung mit Politik weiterentwickeln. Das gilt nicht zuletzt für ihr Verhältnis zum Wert und zur Praxis der Demokratie – wofür der deutsche Protestantismus wahrscheinlich ein gutes Beispiel ist.[96] Nötig ist also nicht weniger, sondern mehr und besseres Verständnis für diesen Themenbereich; und das heißt wohl auch: mehr wissenschaftliche Forschung, zu der die in diesem Band vorgestellten Ansätze beitragen wollen.

---

[92] Vgl. ROSEMARIE WILL (Hg.): Die Privilegien der Kirchen und das Grundgesetz. 4. Berliner Gespräche über das Verhältnis von Staat, Religion und Weltanschauung. 22.–23. Januar 2010, Berlin 2011.

[93] Vgl. als Auseinandersetzung mit dieser Debatte etwa ULRICH WILLEMS: Religion als Privatsache? Eine kritische Auseinandersetzung mit dem liberalen Prinzip einer strikten Trennung von Politik und Religion, in: Politik und Religion, hg. von DEMS. und MICHAEL MINKENBERG, Opladen / Wiesbaden 2003, S. 88–112.

[94] Vgl. ROLAND CZADA, THOMAS HELD und MARKUS WEINGARDT (Hgg.): Religions and world peace. Religious capacities for conflict resolution and peacebuilding, Baden-Baden 2012.

[95] Siehe hierzu MICHAEL COOK: Ancient Religions, Modern Politics. The Islamic Case in Comparative Perspective, Princeton 2014.

[96] Siehe dazu insbesondere die Denkschrift »Evangelische Kirche und freiheitliche Demokratie« (Evangelische Kirche und freiheitliche Demokratie. Der Staat des Grundgesetzes als Angebot und Aufgabe; eine Denkschrift der Evangelischen Kirche in Deutschland, Gütersloh ²1986.). Siehe zu »abbrechenden Kontinuitätslinien« etwa DETLEF POLLACK: Abbrechende Kontinuitätslinien im deutschen Protestantismus nach 1945, in: Nationalprotestantische Mentalitäten: Tagung des Max-Planck-Instituts für Geschichte in Göttingen vom 26. bis 28. Februar 2003, hg. von MANFRED GALLUS, HARTMUT LEHMANN und MANFRED GAILUS, Göttingen 2005, S. 453–466; zum »Stuttgarter Schuldbekenntnis« CLEMENS VOLLNHALS: Im Schatten der Stuttgarter Schulderklärung. Die Erblast des Nationalprotestantismus, in: Nationalprotestantische Mentalitäten. Tagung des Max-Planck-Instituts für Geschichte in Göttingen vom 26. bis 28. Februar 2003, hg. von MANFRED GALLUS, HARTMUT LEHMANN und MANFRED GAILUS, Göttingen 2005, S. 453 ff.

Protestantische Vorstellungen demokratischer Rechtserzeugung

Hans Michael Heinig

1. Die grundlegende Fragestellung

Der deutsche Protestantismus tat sich lange schwer mit der Demokratie. Es bedurfte erheblicher Lernprozesse und letztlich der Katastrophe des Nationalsozialismus, um die Kirchen (zunächst in Westdeutschland, später dann auch in Ostdeutschland) mit dem demokratischen Verfassungsstaat zu versöhnen. Diese Lerngeschichte zeichnet sich für den deutschen Protestantismus durch drei Etappen aus: der lange mentale Abschied vom monarchischen Obrigkeitsstaat nach 1919, die Ablehnung des Führerstaates durch die Bekennende Kirche im Kirchenkampf ab 1933 sowie schließlich die (zunächst auf Westdeutschland begrenzte) Bejahung des demokratischen Verfassungsstaates nach 1949.

Die Aneignung der Normative und Dispositive des demokratischen Verfassungsstaates nach dem 2. Weltkrieg verlangte vom deutschen Protestantismus theologische Arbeit an seiner bis dahin dominanten vor- und antidemokratischen Tradition. Sie erforderte Umschreibungen, gezielte Diskontinuitäten und Neugründungen in Ethik und Rechtstheologie. Um solche Prozesse und ihre Fortschreibungen erfassen und beschreiben zu können, erscheint es sinnvoll, sich auf innerprotestantische Vorstellungen von demokratischer Rechtserzeugung zu konzentrieren. So wird das Großthema Recht, Religion, Demokratie greifbar. Vor allem kann man auf diese Weise den mit viel ideologischem Überschuss versehenen Staatsbegriff zunächst auf Distanz halten, als Analyseschema ausscheiden und das Nachdenken über den Staat als bloßen Teil des zu untersuchenden Materialbestandes behandeln. Leitende Fragen sind dann: Welche Begründungs- und Legitimationsvorstellungen werden mit Demokratie verbunden? Welche Bilder vom Recht werden so erzeugt? Welche Imaginationen demokratischer Selbstregierung werden transportiert? Neben kirchlichen Stellungnahmen und Schriften sind dazu auch die akademische Theologie und sonstige Trägergruppen protestantischer Öffentlichkeit in den Blick zu nehmen. Bieten diese alternative Deutungen? Nehmen sie innerkirchliche Tendenzen vorweg?

Oder bereiten sie diese nach? Mit welchen Paradigmen, Referenzen, Theologumena, Gesellschaftsvorstellungen?

Die auf die skizzierten Fragen gefundenen Einsichten bedürfen Kontrollposten, in denen sich Vorstellungen vom Recht, seiner demokratischen Erzeugung und seiner theologischen Bedeutung gleichfalls widerspiegeln. Zwei solcher Kontrollposten bilden die Grundlagendiskussion um das kircheneigene Recht und der Themenkomplex Widerstandsrecht/Gewissensfreiheit/Rechtsungehorsam. Beide Themenfelder kontrastieren gleichsam das Problem demokratischer Rechtserzeugung.

Der mit und nach der Gründung der Bundesrepublik Deutschland vollzogene Wandel im protestantischen Staats- und Rechtsdenken gibt Einblick, unter welchen Umständen und mit welchen Begründungen eine Religionsgemeinschaft ihre politischen Orientierungen von autoritären zu demokratischen Präferenzen verändert. Er ist aber auch unter dem Gesichtspunkt der Pfadabhängigkeit wichtig. Denn damalige Begründungsmuster wirken bis heute nach, obwohl sich die gesellschaftlichen Rahmenbedingungen grundlegend verändert haben.

2. Demokratiebilder – Rechtsbilder im deutschen Protestantismus

Der hier focusierte Begriff der Rechtserzeugung markiert einen bestimmten Ausschnitt im demokratischen Prozess. Er fungiert einerseits als Abgrenzung gegenüber dem Vorfeld allgemeiner politischer Meinungsbildung und -bekundung, anderseits als Abgrenzung zur administrativen Rechtsanwendung und zur Rechtsprechung durch Gerichte. Das Megathema »Demokratie, Recht, Kirche« soll durch die Konzentration auf Bilder demokratischer Rechtserzeugung nachvollziehbar begrenzt und in den Forschungsvollzügen handhabbar werden.

Theoretische Hintergrundannahmen können der »Rechtswissenschaft als Kulturwissenschaft«-Bewegung entliehen werden: Normtexte stellen Tatbestandsmerkmale auf und bestimmen Rechtsfolgen. Sie treffen für bestimmte Fragen autoritativ Regelungen. Doch Normtexte sind mehr. Sie sind auch Ausdruck kultureller Selbstverständigungsprozesse darüber, wer wir sind und wie wir miteinander leben wollen. Sie sind Sinnspeicher, Teil des kollektiven Gedächtnisses, in das spezifische historische Erfahrungen eingelagert werden. Sie sind Ausdruck und Medium kollektiver Identität. Und sie werden in Rechtssetzung und Rechtsanwendung zum Adressat und zur Projektionsfläche für starke Wünsche und Wertungen. Das Recht erzeugt mit anderen Worten Bilder: Bilder, die sich die Gesellschaft vom Recht macht, aber auch Bilder, die die Gesellschaft in das Recht einzeichnet.

Eine besondere Bedeutung kommt dabei der Verfassung zu. Sie ist nach Form und Funktion besonders geeignet für die Aufnahme von Gründungsnarrationen. Sie steuert aber auch den Rechtserzeugungsprozess, bestimmt also die

Rahmenbedingungen für die Einschreibung sozialer, kultureller und politischer Erfahrungen in das Recht. Rechtsbilder sind deshalb immer auch Verfassungsbilder – und damit in demokratischen Ordnungen: Demokratiebilder: stets zugleich Bilder von der Demokratie und durch die Demokratie hervorgebrachte Bilder.

Wenn man sich den Demokratiebildern und Rechtsbildern im deutschen Protestantismus widmet, stehen die innerprotestantische Reflexion der demokratischen Ordnung des Grundgesetzes sowie die kirchliche Positionierung zu ihr im Zentrum des Interesses: Wie verhält sich die Kirche zum demokratischen Verfassungsstaat? Welche Bilder von Demokratie macht sie sich? Welche erzeugt sie? Welche trägt sie zur Deutung der Verfassung bei? Sodann: Wie verändern sich diese Bilder? Unter welchem Einfluss? Mit welcher theologischen Rückbindung?

Protestantische Rechts- und Demokratiebilder werden jedoch nicht nur durch die Kirche geprägt, sondern auch durch die akademische Theologie und sonstige Trägergruppen protestantischer Öffentlichkeit (Netzwerke innerhalb von Parteien, Kirchentagsbewegung etc.). Bieten diese alternative Deutungen? Nehmen sie innerkirchliche Tendenzen vorweg? Oder bereiten sie diese nach? Mit welchen Paradigmen, Referenzen, Theologumena, Gesellschaftsvorstellungen?

An einer intensiven Beschäftigung mit den protestantischen Vorstellungen zur Wechselwirkung von Rechtlichkeit der Demokratie und Demokratisierung des Rechts fehlt es bislang, wiewohl es insbesondere in der evangelischen Theologie eine breitere Auseinandersetzung mit dem Verhältnis von Protestantismus und Demokratie gibt. Die meisten Arbeiten zu diesem Thema sind in der kirchlichen Zeitgeschichte angesiedelt, einige Arbeiten stammen aus der Sozialethik, andere widmen sich religionspädagogischen bzw. exegetischen Aspekten.[1] Daneben gibt es rechtstheologische Reflexionen, die mittelbar einschlägig sind.[2]

In der kirchlichen Zeitgeschichte sind die theologischen Diskussionen zu Staat und Kirche und die damit korrespondierenden kirchenpolitischen Ent-

---

[1] Z. B. THOMAS SCHLAG: Horizonte demokratischer Bildung, Freiburg im Breisgau 2010; PETER SCHREINER (Hg.): Europa – Bildung – Religion, Münster 2006, aus der Religionspädagogik; RALPH NEUBERTH: Demokratie im Volk Gottes. Untersuchungen zur Apostelgeschichte, Stuttgart 2001, aus der Exegese.

[2] Etwa WOLFGANG HUBER: Kirche und Öffentlichkeit (Forschungen und Berichte der Evangelischen Studiengemeinschaft 28), Stuttgart 1973; WOLFGANG HUBER: Gerechtigkeit und Recht. Grundlinien christlicher Rechtsethik, Gütersloh 1996; REINER ANSELM: Jüngstes Gericht und irdische Gerechtigkeit. Protestantische Ethik und die deutsche Strafrechtsreform, Stuttgart 1994; FRIEDRICH WILHELM GRAF: Moses Vermächtnis. Über göttliche und menschliche Gesetze, München ³2006; FRIEDRICH WILHELM GRAF: Protestantismus und Rechtsordnung, in: Kulturelle Identität als Grund und Grenze des Rechts (Akten der IVR-Tagung vom 28.–30. September in Würzburg), hg. von HORST DREIER und ERIC HILGENDORF, Stuttgart 2008, S. 129 ff.

wicklungen im Kaiserreich und in der Weimarer Republik relativ gut erforscht.[3] Sie liegen vor dem in diesem Beitrag anvisierten Zeitraum. Für die Spanne ab 1949[4] kommt in der Forschung deutschlandpolitischen Fragestellungen eine prominente Rolle zu;[5] eng damit verbunden sind Untersuchungen zur Systemfrage (Sozialismus/Demokratie, soziale Marktwirtschaft) in der evangelischen Kirche.[6] Vereinzelt finden sich zudem Personenstudien.[7] Kulturvergleichende Untersuchungen sind hingegen eine Randerscheinung.[8]

[3] Vgl. etwa ANGELIKA DÖRFLER-DIERKEN: Luthertum und Demokratie. Deutsche und amerikanische Theologen des 19. Jahrhunderts zu Staat, Gesellschaft und Kirche, Göttingen 2001; MICHAEL P. FOGARTY: Christliche Demokratie in Westeuropa. 1820–1953, Basel 1959; MICHAEL J. INACKER: Zwischen Transzendenz, Totalitarismus und Demokratie. Die Entwicklung des kirchlichen Demokratieverständnisses in der Weimarer Republik (Historisch-theologische Studien zum 19. und 20. Jahrhundert 8), Neukirchen-Vluyn 1994; KURT NOWAK: Evangelische Kirche und Weimarer Republik. Zum politischen Weg des deutschen Protestantismus zwischen 1918 und 1932, Göttingen 1981; KLAUS TANNER: Protestantische Demokratiekritik in der Weimarer Republik, in: Die Kirchen und die Weimarer Republik, hg. von RICHARD ZIEGERT, Neukirchen-Vluyn 1994, S. 23 ff.; in diesem Zusammenhang mittelbar einschlägig zuletzt FRIEDRICH WILHELM GRAF: Der heilige Zeitgeist. Studien zur Ideengeschichte der protestantischen Theologie in der Weimarer Republik, Tübingen 2011; zur historiographischen Selbstreflexion MARTIN GRESCHAT: Weder Neuanfang noch Restauration. Zur Interpretation der deutschen evangelischen Kirchengeschichte nach dem Zweiten Weltkrieg, in: DERS.: Protestanten in der Zeit. Kirche und Gesellschaft vom Kaiserreich bis zur Gegenwart, hg. von JOCHEN-CHRISTOPH KAISER, Stuttgart, Berlin und Köln 1994, S. 154 ff.

[4] Zum Zeitraum unmittelbar vor Gründung der Bundesrepublik Deutschland etwa ARMIN BOYENS: Kirchen in der Nachkriegszeit. Vier zeitgeschichtliche Beiträge, Göttingen 1979; KARL HERBERT: Kirche zwischen Aufbruch und Tradition. Entscheidungsjahre nach 1945, Stuttgart 1989; MICHAEL J. INACKER: Zwischen Transzendenz, Totalitarismus und Demokratie. Die Entwicklung des kirchlichen Demokratieverständnisses von der Weimarer Republik bis zu den Anfängen der Bundesrepublik (1918–1959), Neukirchen-Vluyn 1994, S. 239 ff.; WERNER JOCHMANN: Evangelische Kirche und politische Neuorientierung in Deutschland 1945, in: Deutschland in der Weltpolitik des 19. und 20. Jahrhunderts. Fritz Fischer zum 65. Geburtstag, hg. von IMANUEL GEISS und BERND-JÜRGEN WENDT, Düsseldorf 1973, S. 545 ff.; CLEMENS VOLLNHALS: Evangelische Kirche und Entnazifizierung 1945–1949. Die Last der nationalsozialistischen Vergangenheit, München 1989; CLEMENS VOLLNHALS (Hg.): Entnazifizierung und Selbstreinigung im Urteil der evangelischen Kirche: Dokumente und Reflexionen 1945–1949, München 1989.

[5] Z. B. CLAUDIA LEPP und KURT NOWAK (Hg.): Evangelische Kirche im geteilten Deutschland. 1945–1989/90, Göttingen 2001; MARTIN GRESCHAT: Der Protestantismus in der Bundesrepublik Deutschland. 1945–2005, Leipzig 2010; aus der Politikwissenschaft CHRISTIAN HANKE: Die Deutschlandpolitik der Evangelischen Kirche in Deutschland von 1945 bis 1990. Eine politikwissenschaftliche Untersuchung unter besonderer Berücksichtigung des kirchlichen Demokratie-, Gesellschafts- und Staatsverständnisses, Berlin 1999.

[6] Z. B. KATHARINA KUNTER: Erfüllte Hoffnungen und zerbrochene Träume. Evangelische Kirchen in Deutschland im Spannungsfeld von Demokratie und Sozialismus. 1980–1993, Göttingen 2006.

[7] Etwa WOLFGANG HUBER (Hg.): Protestanten in der Demokratie. Positionen und Profile im Nachkriegsdeutschland, München 1990.

[8] Schon deshalb wertvoll MARTIN GRESCHAT und JOCHEN-CHRISTOPH KAISER (Hgg.): Christentum und Demokratie im 20. Jahrhundert, Stuttgart 1992; zu den USA etwa REIN-

All diese Untersuchungen sind hilfreich für die hier gewählte Forschungsperspektive, weil sie den weiteren Kontext beleuchten. Zumindest in den größeren zeitgeschichtlichen Untersuchungen wird der kirchliche Blick auf die Besonderheiten demokratischer Rechtserzeugung jedoch nicht explizit in den Blick genommen. Vielleicht, weil es eine solche auf institutionelle Spezifika der Demokratie gerichtete Perspektive gar nicht gab? Das wäre zu untersuchen.

Cum grano salis schweigt auch die Evangelische Ethik zu diesem Thema. Das mag auf den ersten Blick überraschen und ist eigens erklärungsbedürftig. Drei Erklärungsansätze wären näher zu verfolgen: Zum einen dürfte diese Zurückhaltung unter dem Eindruck kirchenpolitischer Rücksichtnahme auf die gesamtdeutsche Organisationsstruktur des deutschen Protestantismus bis zum Rückzug der ostdeutschen Landeskirchen aus der EKD (1957–1969) geschehen. Zum anderen hat die Marginalisierung demokratietheoretischer Forschung in der evangelischen Ethik mit der Zentralperspektive der Disziplin zu tun: Ihr großes Thema nach 1949 ist »Gerechtigkeit«. Das Verhältnis von Recht und Demokratie interessiert sie primär im Horizont gerechtigkeitszentrierter Theorieentwürfe. Der Sinn für die Institutionalität des demokratischen Rechtsstaates und die besondere Legitimationsleistung demokratischer Rechtssetzung bleiben so in der Regel unterentwickelt.[9] Im Vordergrund stehen materialethische Auseinandersetzungen, die selbst die protestantischen Ethiken des Politischen prägen. Schließlich wurde im Laufe der 1960er Jahre die parlamentarischdemokratische Herrschaftsform schlicht zur Selbstverständlichkeit, die aus sozialethischer Sicht scheinbar keiner intensiveren innertheologischen Deutung bedurfte. Eine große Monographie explizit zur »ethischen Qualität demokratischer Rechtserzeugung« hat die Evangelische Sozialethik in Deutschland jedenfalls nicht hervorgebracht. Man kann weitergehend sogar sagen: Demokratische Rechtserzeugung stand (und steht) nicht im Focus protestantischer Ethik;

HOLD NIEBUHR: Die Kinder des Lichts und die Kinder der Finsternis, München 1947; CHRISTIAN SCHWARKE: Jesus kam nach Washington. Die Legitimation der amerikanischen Demokratie aus dem Geist des Protestantismus, Gütersloh 1991.

[9] Ausnahmen von der Regel etwa TRUTZ RENDTORFF: Demokratieunfähigkeit des Protestantismus? Über die Renaissance eines alten Problems in: Zeitschrift für Evangelische Ethik 22 (1983), 253 ff.; TRUTZ RENDTORFF: Art. Demokratie und Protestantismus, in: Wörterbuch des Christentums 1988, S. 231–233; TRUTZ RENDTORFF: Die Autorität der Freiheit – Religion in der liberalen Demokratie, in: Religion und Politik in einer säkularisierten Welt, hg. von ERHARD FORNDRAN, Baden-Baden 1991, S. 91–107; KLAUS TANNER: Späte Taufe der Demokratie? Zur Rezeption der Denkschrift der EKD »Evangelische Kirche und freiheitliche Demokratie«, in: Zeitschrift für Evangelische Ethik (32) 1988, S. 119 ff.; KLAUS TANNER: Politischer Protestantismus in den deutschen Republiken, in: Wieviel Religion braucht der deutsche Staat?. Politisches Christentum zwischen Reaktion und Revolution, hg. von WALTER SPARN, Gütersloh 1992, S. 46–66, hier: 49 ff. KLAUS TANNER: Staat und Religion, 1998, S. 141 ff.; REINER ANSELM: »Den modernen Staat ... hat der Protestantismus nicht geschaffen«, in: Protestantisches Ethos und moderne Kultur. Zur Aktualität von Ernst Troeltschs Protestantismusschrift (Christentum und Kultur 10), Zürich 2008, S. 93 ff.

sie ist eher Thema kleinerer Gelegenheitsschriften oder implizit Gegenstand ethischer Reflexion, wenn es um die Grenzen staatlicher Autorität und die theologische Illegitimität bestimmter Sachentscheidungen geht. In diesem Lichte scheint es wohl nicht zufällig, dass die kommentierten Quellentexte zum Demokratieverständnis des deutschen Protestantismus, 1996 zum 65. Geburtstag von Günter Brakelmann erschienen, für das hiesige Forschungsthema nichts hergibt,[10] dass die Rechtsethik Wolfgang Hubers[11] keinen eigenen Abschnitt zur Demokratie kennt oder dass der Artikel »Demokratie« in der Neuauflage des Evangelischen Soziallexikons von einem Politikwissenschaftler geschrieben wurde, der unter dem Stichwort »Protestantismus und Demokratie« lediglich auf EKD-offizielle Einlassungen verweist.[12]

Für eine gehaltvolle Annäherung an das Thema Rechtsbilder und Demokratiebilder im Protestantismus empfiehlt sich deshalb eine umwegige Annäherung. Vier Ansatzpunkte für gewisse Tiefenbohrungen drängen sich auf: theologische Grundlagenentwürfe, sozialethische Reflexionen zum Religionsbedarf freiheitlich-demokratischer Staaten, gelegentliche amtskirchliche Verlautbarungen zur Dignität und Autorität demokratischer Willensbildung sowie die Beobachtung protestantischer Öffentlichkeiten jenseits der verfassten Kirche. Zeitlich dürfte dabei auf die frühen 1950er Jahre (Etablierungsphase), den mittleren bis späten 1960er Jahre (Konsolidierung) sowie den späten 1970er, frühen 1980er Jahre (neue soziale Bewegungen in den protestantischen Milieus[13] und Vorlauf zur EKD-Demokratiedenkschrift) ein besonderer Schwerpunkt zu legen sein.

1. Im Hinblick auf die theologischen Grundlagenentwürfe bietet sich für die Etablierungsphase besonders die Kontrastierung dreier Traditionslinien, der Fortschreibung lutherischer Ordnungstheologien unter dem Eindruck der Zeit nach 1933, der lutherischen Zwei-Reiche-Lehre und der unter reformiertem Einfluss stehender Theologie von und im Gefolge von Karl Barth und ihrer Bedeutung für die Bekennende Kirche an.[14] Dabei wird auch auf gemeinsame Frage-

---

[10] DIRK BOCKERMANN (Hg.): Freiheit gestalten, Festschrift Brakelmann. Zum Demokratieverständnis des deutschen. Protestantismus. Kommentierte Quellentexte 1789–1989. Festschrift für Günter Brakelmann zum 65. Geburtstag, Göttingen 1996.

[11] HUBER: Gerechtigkeit und Recht, 1996.

[12] ULRICH VON ALEMANN: Art. Demokratie, in: Ev. Soziallexikon, Neuausgaber 2001, 1, Sp. 252 ff.; ähnlich ernüchternd der Befund bei TRAUGOTT JÄHNICHEN: Art. Demokratie (Th), in: Evangelisches Staatslexikon, Neuausgabe Stuttgart 2006, Sp. 336–342.

[13] Vgl. zeitlich dazu leicht versetzt WOLFGANG HUBER: Demokratie wagen. Der Protestantismus im politischen Wandel 1965–1985, in: Siegfried Helme, Claudia Lepp und Harry Oelke (Hg.): Umbrüche. Der deutsche Protestantismus und die sozialen Bewegungen in den 1960er und 70er Jahren (Arbeiten zur kirchlichen Zeitgeschichte, Reihe B: Darstellungen 47), Göttingen 2007, S. 383 ff.

[14] Heranzuziehen sind u. a. PAUL ALTHAUS: Grundriß der Ethik, Gütersloh ²1953; WERNER ELERT: Das christliche Ethos. Grundlinien der lutherischen Ethik, Hamburg ²1961; HANS JOACHIM IWAND: Gesetz und Evangelium, hg. von WALTER KRECK, München 1964; HELMUT

stellungen und Bezugsprobleme jenseits inzwischen kanonisierter theologischer Grabenkämpfe einzugehen sein.

2. Aus dem sozialethischen Schrifttum sind solche Beiträge genauer zu untersuchen, die sich den religionskulturellen Voraussetzungen moderner Demokratien widmen. Der »meistzitierte Satz« Ernst-Wolfgang Böckenfördes (so seine Selbsteinschätzung) fand auch im Protestantismus Anerkennung und die Aufnahme in den Kanon allgemeiner Sinnsprüche und theoriegesättigter Aperçus: »Der freiheitliche, säkularisierte Staat lebt von Voraussetzungen, die er selbst nicht garantieren kann«.[15] In den theologischen und theologieaffinen Deutungen religionskultureller Voraussetzungen moderner Demokratien spiegeln sich christentumsgeschichtliche Rekonstruktionen von Genese und Geltung demokratisch-rechtsstaatlicher Normative, die Aufschluss über innerprotestantische Staatsbilder, Demokratiebilder und Rechtsbilder bieten.[16] Bei der Analyse dieser Beiträge wird die Fragerichtung umzudrehen sein: von den Prägekräften des Christentums für die Demokratie zu den Prägekräften der Demokratie für das Christentum.

3. In den kirchlichen Verlautbarungen steht die Demokratiedenkschrift von 1985 ganz im Zentrum,[17] ergänzt um weitere Einlassungen zum politischen Leben.

THIELICKE: Theologische Ethik, Bd. 2/2: Ethik des Politischen, Tübingen [4]1987; HELMUT THIELICKE: Die Notwendigkeit und Begrenzung des politischen Auftrags der Kirche, Tübingen 1974; HELMUT THIELICKE: Theologische Ethik, Bd. 3: Ethik der Gesellschaft, des Rechts, der Sexualität und der Kunst, Tübingen 1964; WOLFGANG TRILLHAAS: Ethik, Berlin [3]1970; ERIK WOLF: Recht des Nächsten. Ein rechtstheologischer Entwurf, Frankfurt am Main [2]1966; KARL BARTH: Rechtfertigung und Recht – Christengemeinde und Bürgergemeinde – Evangelium und Gesetz, Zürich 1998; KARL BARTH: Offene Briefe 1945–1968, hg. von DIETER KOCH, Zürich 1984; OTTO DIBELIUS: Obrigkeit? Eine Frage an den 60jährigen Landesbischof, Berlin 1959; OTTO DIBELIUS: Grenzen des Staates, Berlin 1949; HELMUT GOLLWITZER: Forderungen der Freiheit. Aufsätze und Reden zur politischen Ethik, München 1962; HELMUT GOLLWITZER: Forderungen der Umkehr. Beiträge zur Theologie der Gesellschaft, München 1976.

[15] ERNST-WOLFGANG BÖCKENFÖRDE: Die Entstehung des Staates als Vorgang der Säkularisation, 1991, S. 92 (112).

[16] Vgl. etwa die Beiträge in THEODOR STROHM und HEINZ-DIETRICH WENDLAND (Hg.): Kirche und moderne Demokratie, Darmstadt 1973; MANFRED BROCKER und TINE STEIN (Hgg.): Christentum und Demokratie, Darmstadt 2006; FRIEDRICH WILHELM GRAF: Lob der Differenz. Die Bedeutung der Religion innerhalb der demokratischen Kultur, in: Die herausgeforderte Demokratie. Recht, Religion, Politik. Mit Beiträgen von Horst Dreier, hg. von CHRISTOF GESTRICH, Berlin 2003, S. 14 ff.; vgl. in diesem Zusammenhang zu konfessionellen Einflüssen auch HORST DREIER: Kanonistik und Konfessionalisierung – Marksteine auf dem Weg zum Staat, in: Juristenzeitung 57 (2002), S. 1 ff.

[17] KIRCHENAMT DER EKD (Hg.): Evangelische Kirche und freiheitliche Demokratie, Frankfurt am Main 1985; zum innerkirchlichen Aneignungsprozess etwa EBERHARD JÜNGEL, ROMAN HERZOG und HELMUT SIMON (Hg.): Evangelische Christen in unserer Demokratie. Beiträge aus der Synode der Evangelischen Kirche in Deutschland, Gütersloh 1986; zu dem weiteren Kontext der Denkschriften JOENG CHONG-HUN: Die deutsche evangelische Sozial-

4. In den weiteren protestantischen Öffentlichkeiten versprechen Dokumentationen von Akademietagungen und Kirchentagen sowie Zeugnisse, Bekenntnisse und Reflexionen profiliert protestantischer Politiker[18] (und deren Netzwerke wie der EAK) Einsichten in das Demokratie- und Rechtsverständnis im deutschen Protestantismus.

Anhand des so aufgeschlüsselten Materials lassen sich die Entwicklungen in den Rechts- und Demokratievorstellungen im deutschen Protestantismus sinnvoll nachzeichnen. Dabei ist der breitere sozialgeschichtliche Kontext ebenso zu berücksichtigen wie die Dynamik der verfassungsrechtlichen und verfassungstheoretischen Diskurse, ausgehend von der frühen Bundesrepublik bis 1989.

3. Kontrollposten

Die aus einer Analyse der Demokratie- und Rechtsbilder gewonnenen Erkenntnisse können mit zwei andere Feldern der Rechtsbildproduktion kontrastiert werden: einerseits die Grundlagendiskussion um das kircheneigene Recht sowie andererseits die Frage des Widerstandsrechts, des zivilen Ungehorsams bzw. der kollektiv ausgeübten Gewissensfreiheit.

3.1. Der Rechtsbegriff im evangelischen Kirchenrecht

Die Grundlagendiskussion im evangelischen Kirchenrecht der Nachkriegszeit bietet aufschlussreiches Material für die Rekonstruktion von Rechtsbildern im

---

ethik und die Demokratie seit 1945. Der Beitrag der EKD-Denkschriften zur Demokratie, Frankfurt am Main 1997; zur Demokratiedenkschrift auch A. PÜTTMANN, Ein »Ja, aber« zur Bonner Demokratie. Die EKD-Denkschrift »Evangelische Kirche und freiheitliche Demokratie. Der Staat des Grundgesetzes als Angebot und Aufgabe« (1985), in: Zeitschrift für Politik (1989), S. 75–87; TRUTZ RENDTORFF: Die Autorität der Freiheit. Die Stellung des Protestantismus zu Staat und Demokratie, in: Aus Politik und Zeitgeschichte 37: Heft 46/47 (1987), S. 21–31; TRUTZ RENDTORFF: Kirchliche Lektion in Sachen Demokratie, in: Zeitschrift für Evangelische Ethik 29 (1985), S. 365 ff.; MARTIN HONECKER: Gedanken zur Denkschrift der EKD »Evangelische Kirche und freiheitliche Demokratie«. Der Staat des Grundgesetzes als Angebot und Aufgabe (Kirche und Wirtschaft : Nachrichten, Argumente, Kommentare 3), Köln 1987.

[18] Etwa HEINRICH ALBERTZ: Dagegen gelebt – von den Schwierigkeiten, ein politischer Christ zu sein, Hamburg 1976; GUSTAV HEINEMANN: Unser Grundgesetz ist ein großes Angebot. Rechtspolitische Schriften, München 1989; GUSTAV HEINEMANN: Glaubensfreiheit – Bürgerfreiheit, Frankfurt am Main 1976; JÜRGEN SCHMUDE: Glaube mischt sich ein. Zum Verhältnis von Protestantismus und Demokratie, Neukirchen-Vluyn 2001; ERHARD EPPLER: Komplettes Stückwerk. Erfahrungen aus fünfzig Jahren Politik, Frankfurt am Main 2001; EUGEN GERSTENMAIER: Streit und Friede hat seine Zeit. Ein Lebensbericht, Frankfurt am Main 1981; vgl. auch MICHAEL KLEIN: Westdeutscher Protestantismus und politische Parteien. Anti-Parteien-Mentalität und parteipolitisches Engagement von 1945 bis 1963, Tübingen 2005.

deutschen Protestantismus. Insbesondere die Selbstverortung des Kirchenrechts im Verhältnis zum staatlichen Recht ist insoweit in den Blick zu nehmen. Stichworte sind etwa die Debatten um den Rechtsbegriff (monistisch oder dualistisch) sowie um Autonomie oder Eigenrechtsmacht der Kirche.

Seit Rudolf Sohms provokativem Postulat, Recht und Kirche seien inkommensurabel,[19] ringt der Protestantismus damit, eine angemessene Verhältnisbestimmung von Recht und Kirche zu formulieren.[20] Rechtsbegriff und Kirchenbegriff sind dafür die zentralen Paradigmen. Im Lichte der Erfahrungen des Kirchenkampfes wurde das Bemühen um eine Konzeption »richtigen« (im Sinne inhaltlich richtigen) Kirchenrechts zu einem wesentlichen Anliegen.[21] Es mündete in mehreren prominenten Grundlagenentwürfen (J. Heckel,[22] E. Wolf,[23] H. Dombois[24]). Für den Anfang der 1970er Jahre diagnostizierte Axel von Campenhausen dann eine einsetzende »Grundlagenmüdigkeit«.[25] Gleichwohl blieb die Grundlagendiskussion maßgeblicher Referenzpunkt für die kirchenrechtstheoretische Selbstbesinnung. Die rechtstheologischen Grundlagenentwürfe wurden

---

[19] Rudolph Sohm: Kirchenrecht, Bd. 1, Leipzig 1892, S. 700: »Das Kirchenrecht steht mit dem Wesen der Kirche im Widerspruch ... Das Wesen der Kirche ist geistlich; das Wesen des Rechts ist weltlich«.

[20] Im Überblick etwa MARTIN HONECKER: Kirchenrecht II, 1989, S. 724 (730 ff.).

[21] Vgl. früh HERBERT WEHRHAHN: Stand des Methodenproblems in der evangelischen Kirchenrechtslehre, in: Zeitschrift für Evangelisches Kirchenrecht 1 (1951), S. 55 ff.; HANS DOMBOIS: Methodenproblem in der evangelischen Kirchenrechtslehre, in: Zeitschrift für Evangelisches Kirchenrecht 1 (1951), S. 337 ff.; ferner WOLF-DIETER MARSCH: Das Recht eine notwendige Funktion der Kirche? Zur Auseinandersetzung mit Rudolf Sohm, Tübingen 1956, S. 117 ff.; RUDOLF SMEND: Wissenschafts- und Gestaltungsprobleme im evangelischen Kirchenrecht, in: Zeitschrift für Evangelisches Kirchenrecht 6 (1957/58), S. 225 ff.; SIEGFRIED GRUNDMANN: Das Gesetz als kirchenrechtliches Problem, in: Zeitschrift für Evangelisches Kirchenrecht 8 (1961/62), S. 326 ff.; HANS LIERMANN: Die gegenwärtige Lage der Wissenschaft vom evangelischen Kirchenrecht, in: Zeitschrift für evangelisches Kirchenrecht 8 (1961/62), S. 290–302; GOTTLIEB SÖHNGEN: Grundfragen einer Rechtstheologie, München 1962.

[22] JOHANNES HECKEL: Lex charitatis. Eine juristische Untersuchung über das Recht in der Theologie Martin Luthers, München 1953, und JOHANNES HECKEL: Lex charitatis. Eine juristische Untersuchung über das Recht in der Theologie Martin Luthers, Köln ²1973; JOHANNES HECKEL: Das blinde, undeutliche Wort »Kirche«. Gesammelte Aufsätze, Köln 1964.

[23] ERIK WOLF: Recht des Nächsten. Ein rechtstheologischer Entwurf, Frankfurt am Main 1958; ERIK WOLF: Ordnung der Kirche, Frankfurt am Main 1961.

[24] HANS DOMBOIS: Das Recht der Gnade, Bd. 1. Oekumenisches Kirchenrecht, Bielefeld 1961; HANS DOMBOIS: Das Recht der Gnade, Bd. 2. Grundlagen und Grundfragen der Kirchenverfassung in ihrer Geschichte, Bielefeld 1974; HANS DOMBOIS: Das Recht der Gnade, Bd. 3: Verfassung und Verantwortung, Bielefeld 1983.

[25] AXEL VON CAMPENHAUSEN: Literaturbericht zum Kirchenrecht (Teil 1), in: Theologische Rundschau 38 (1973), S. 119ff, hier: 120. Mit Ambition zum großen Wurf aber noch UVO ANDREAS WOLF: Ius divinum. Erwägungen zur Rechtsgeschichte und Rechtsgestaltung, München 1970; MARTIN DAUR: Die eine Kirche und das zweifache Recht. Eine Untersuchung zum Kirchenbegriff und der Grundlegung kirchlicher Ordnung in der Theologie Schleiermachers, München 1970.

ein Stück weit historisiert;[26] aber die mit ihnen aufgeworfenen Fragen erschienen keineswegs erledigt. Die Debatte ging in den 1980er und 1990er Jahre weiter,[27] ohne dass paradigmatische Durchbrüche zu vermerken wären.

An Untersuchungen zum Rechtsbegriff im evangelischen Kirchenrecht und seinen rechtstheologischen Grundlagen herrscht bis in die jüngste Zeit grundsätzlich kein Mangel.[28] Zuletzt hat Dietmar Konrad eine Dissertationsschrift zu

---

[26] Siehe bereits KLAUS TILL: Der Einfluß des Kirchenkampfes auf die Grundlagenproblematik des deutschen evangelischen Kirchenrechts. Dargestellt insbesondere am kirchlichen Notrecht, Diss. masch., Marburg 1963; SIEGFRIED GRUNDMANN: Das evangelische Kirchenrecht von Rudolph Sohm bis zur Gegenwart, Österreichisches Archiv für Kirchenrecht 16 (1965), S. 276 ff.; WILHELM STEINMÜLLER: Evangelische Rechtstheologie, Köln 1968; HANS LIERMANN: Über die neuere Entwicklung des evangelischen Kirchenrechts. Festschrift für Erich Ruppel. Zum 65. Geburtstag am 25. Januar 1968, hg. von HEINZ BRUNOTTE, Hannover 1968, S. 89–104, hier: 89 ff.; ferner ALBERT STEIN: Zur Entwicklung der deutschen evangelischen Kirchenrechtswissenschaft 1961–1975, in: Zeitschrift für Evangelisches Kirchenrecht 22 (1977), S. 6 ff.

[27] RALF DREIER: Entwicklung und Probleme der Rechtstheologie, in: Zeitschrift für Evangelisches Kirchenrecht 25 (1980), S. 20 ff.; KLAUS SCHLAICH: Die Grundlagendiskussion zum evangelischen Kirchenrecht, in: Pastoraltheologie. Monatsschrift für Wissenschaft und Praxis in Kirche und Gesellschaft 72 (1983), S. 240–255, hier: 240 ff.; ALBERT STEIN: Zum Stand der Grundlagendiskussion im deutschen evangelischen Kirchenrecht, in: Neue juristische Wochenschrift 36 (1983), S. 2527–2531; DIRK EHLERS: Rechtstheologische und säkulare Aspekte des evangelischen Kirchenrechts, in: Festschrift Obermayer zum 70. Geburtstag, München 1986, S. 275 ff.; HANS-RICHARD REUTER: Rechtsbegriffe in der neueren evangelischen Theologie. Versuch einer systematisch-theologischen Skizze, in: Studien zu Kirchenrecht und Theologie 1 (Texte und Materialien der Forschungsstätte der Evangelischen Studiengemeinschaft 26), hg. von KLAUS SCHLAICH, Heidelberg 1987, S. 187 ff.; RALF DREIER: Göttliches und menschliches Recht, in: Zeitschrift für evangelisches Kirchenrecht 32, Heft 3 (1987), S. 289–316; HORST FOLKERS: Der Rechtsbegriff des evangelischen Kirchenrechts im Lichte der Lehre vom dreifachen Amte Christi, in: Zeitschrift für evangelisches Kirchenrecht 32 (1987), S. 317–347; GERHARD ROBBERS: Grundsatzfragen der heutigen Rechtstheologie. Ein Bericht, in: Zeitschrift für evangelisches Kirchenrecht 37 (1992), S. 230–240.

[28] Grundlegend aus jüngerer Zeit etwa MANFRED MÜLLER-SIMON: Von der Rechtstheologie zur Theorie des Kirchenrechts. die Verbindung von juristischen und theologischen Themen im Werk von Hans Dombois, Frankfurt am Main 1994; GÜNTHER BAUER-TORNACK: Sozialgestalt und Recht der Kirche. Eine Untersuchung zum Verhältnis von Karl Barth und Erik Wolf, Frankfurt am Main 1996; RALF DREIER: Rechtsbegriff des Kirchenrechts in juristisch-rechtstheoretischer Sicht, in: Zur Theorie des Kirchenrechts (Forschungen und Berichte der Evangelischen Studiengemeinschaft 49), hg. von GERHARD RAU, HANS-RICHARD REUTER und KLAUS SCHLAICH, Gütersloh 1997, S. 171 ff.; PETER LANDAU: Der Rechtsbegriff des Kirchenrechts in philosophisch-historischer Sicht, in: Zur Theorie des Kirchenrechts (Forschungen und Berichte der Evangelischen Studiengemeinschaft 49), hg. von GERHARD RAU, HANS-RICHARD REUTER und KLAUS SCHLAICH, Gütersloh 1997, S. 199 ff.; WOLFGANG BOCK: Der Begriff der Kirche in juristischer Sicht, in: Zur Theorie des Kirchenrechts (Forschungen und Berichte der Evangelischen Studiengemeinschaft 49), hg. von GERHARD RAU, HANS-RICHARD REUTER und KLAUS SCHLAICH, Gütersloh 1997, S. 126 ff.; HORST FOLKERS: Der Begriff der Kirche in philosophischer Sicht, in: Zur Theorie des Kirchenrechts (Forschungen und Berichte der Evangelischen Studiengemeinschaft 49), hg. von GERHARD RAU, HANS-RICHARD REUTER und KLAUS SCHLAICH, Gütersloh 1997, S. 76 ff.; CHRISTOPH LINK: Rechtstheologische

Rang und grundsätzliche Bedeutung des Kirchenrechts im Verständnis der evangelischen und katholischen Kirche vorgelegt.[29]

Gleichwohl lässt sich das Thema für die Frage nach Demokratie- und Rechtsbildern im Protestantismus in besonderer Weise fruchtbar machen: bislang werden die rechtstheologische Diskussion und ihre Entwicklung selten konsequent in ihren historischen Kontext gestellt; ebenso werden sie selten konsequent mit den rechtstheoretischen und rechtsphilosophischen Debatten der jeweiligen Zeit in Abgleich gebracht.[30] Dabei fällt schon auf den ersten Blick auf, dass parallel zur Rechtstheologie des Kirchenrechts eine Renaissance des Naturrechtsdenkens stattfand, später aber die Rechtstheorie funktionale Äquivalente zum Naturrecht ausbildete, die die einer ausdifferenzierten Gesellschaft entsprechende Positivierung des Rechts besser abbildete, während die Kirchenrechtstheorie solche Modernisierungsbewegungen nicht in gleicher Weise mitvollzog. Der Anschluss an die jüngere rechtstheoretische und -philosophische Entwicklung wurde nicht gesucht.[31] Die Theologie des Kirchenrechts versteinerte.

Für eine Untersuchung protestantischer Vorstellungen demokratischer Rechtserzeugung bildet die Beschäftigung mit den rechtstheologischen Diskursen nach 1949 gerade deshalb einen aufschlussreichen Kontrollposten, weil die protestantische Fixierung auf die Eigenständigkeit und Eigengeartetheit des kirchlichen Rechts manche innerprotestantische Deutung staatlicher Rechtserzeugung im demokratischen Legitimationsmodus erklären dürfte.

3.2. Rechtswissenschaftliche und theologische Diskurse über Widerstandsrecht, zivilen Ungehorsam und kollektiv ausgeübte Gewissensfreiheit

Widerstand, ziviler Ungehorsam und kollektiv ausgeübte Gewissensvorbehalte sind in vielerlei Hinsicht zu unterscheiden, berühren sich aber an einem Punkt:

Grundlagen des evangelischen Kirchenrechts, in: Zeitschrift für Evangelisches Kirchenrecht 45 (2000), S. 3 ff.; GERHARD ROBBERS: Warum Kirchenrecht?, in Zeitschrift für evangelisches Kirchenrecht 49 (2004), S. 215–220; DIETZ LANGE: Zur theologischen Begründung des Kirchenrechts, in: Zeitschrift für Evangelisches Kirchenrecht 50 (2005), S. 1 ff.; ARNE ZIEKOW: Rechtstheologie – Eine Annäherung, in: Zeitschrift für Evangelisches Kirchenrecht 51 (206), S. 309 ff.; zuletzt überaus gehaltvoll MICHAEL GERMANN: Der Status der Grundlagendiskussion in der evangelischen Kirchenrechtswissenschaft, in: Zeitschrift für evangelisches Kirchenrecht 53 (2008), S. 375–407; MARTIN HONECKER: Evangelisches Kirchenrecht. Eine Einführung in die theologischen Grundlagen, Göttingen 2009, S. 15 ff.

[29] DIETMAR KONRAD: Der Rang und die grundlegende Bedeutung des Kirchenrechts im Verständnis der evangelischen und katholischen Kirche, Tübingen 2010.

[30] Vgl. aber RALF DREIER: Methodenprobleme der Kirchenrechtslehre, in: Zeitschrift für Evangelisches Kirchenrecht 23 (1978), S. 343 ff., auch WILHELM STEINMÜLLER: Wissenschaftstheorie, Rechtstheologie und Kirchenrecht, in: Zeitschrift für Evangelisches Kirchenrecht 23 (1978), S. 58 ff.

[31] Skizze dazu bei HANS MICHAEL HEINIG: Geistlich leiten – in kirchenrechtlicher Perspektive, in: Kirche und Recht 2011, S. 1–12, hier: 1 ff.

dem, das Menschen in ihrem Verhalten bewusst – aus nach ihrer Sicht übergeordneten Gründen – vom geltenden Recht abweichen. Wenn eine Rechtsordnung demokratisch legitimiert ist, markieren Widerstand, Ungehorsam und Gewissensvorbehalt gleichsam die innerrechtlich radizierten Grenzen der Anerkennung dieses spezifischen Legitimationsanspruchs.

Inwieweit der Christ dem Staat Gehorsam schuldet, beschäftigt das Christentum seit der Urgemeinde. Dem säkularen Staat der Neuzeit stellt sich das Problem mit dem Zerfall des *orbis christianus* in neuer Form. Seitdem ist der Topos ein Klassiker in der Theologie und Staatstheorie.

Widerstand bezeichnet gleichsam den konservativen Bruder zur Revolution, denn er beruft sich auf tradierte Legitimation; zugleich kommt jeder Gegenrevolution ein eigentümlicher Beschleunigungscharakter zu. Der Einsatz für etablierte politische Institutionen verändert diese. Ob sich diese Dynamik ihrerseits verrechtlichen lässt oder nur normativ jenseits des Rechts, etwa theologisch, fassen lässt, ist eine der zentralen Fragen des Nachdenkens über Widerstand.

Mit der Gewissensfreiheit hingegen entlässt die Rechtsordnung den Einzelnen punktuell aus der unbedingten Rechtsbefolgungspflicht. Sie erkennt an, dass jeder Bürger in unüberwindbare Loyalitätskonflikte zwischen individuellen Vorstellungen über Gut und Böse einerseits und dem für alle geltenden Recht andererseits kommen kann. Die Gewährung von Gewissensfreiheit ist einerseits Ausfluss des rechtsethischen Personalitätsprinzips, andererseits aber auch Ergebnis pragmatischer Stabilisierung von genereller Rechtsbefolgungserwartung durch punktuelle Öffnung. Jeweils spielt der individuelle Charakter der Gewissensfreiheit eine zentrale Rolle. Deshalb wird die gruppenbezogene Ausübung der Gewissensfreiheit (etwa durch ein religiös bestimmtes Kollektiv) zum Problem.

Der zivile Ungehorsam schließlich steht quer zu diesen beiden Begriffsbestimmungen. Er kann Ausdruck von Widerstand und Gewissensfreiheit sein, setzt häufig niedrigschwelliger an als eine Form politischer Willensbekundung, die auf den symbolpolitischen Mehrwert des bewussten Rechtsbruchs setzt und dessen Folgen billigend in Kauf nimmt.

Nach 1949 wurde die Frage nach dem Grenzen des Rechtsgehorsams in der Bundesrepublik an verschiedenen Punkten virulent. In der Theologie und Rechtswissenschaft haben sie jeweils Spuren hinterlassen: Zunächst recht abstrakt in der impliziten oder expliziten Aufarbeitung der Erfahrungen aus der NS-Zeit,[32] dann sehr schnell konkret beim Verbot der KPD als Ausdruck

---

[32] Fritz Bauer: Ungehorsam und Widerstand in Geschichte und Gegenwart, in: Vorgänge. Zeitschrift für Bürgerrechte und Gesellschaftspolitik 7 (1968), S. 286–292; Fritz Bauer: Widerstand gegen die Staatsgewalt, Frankfurt am Main 1965; Werner Blume: Vom Widerstandsrecht gegen verfassungswidrige Gewalt, Marburg 1949; Althaus: Grundriß der Ethik, 1953, S. 144 ff.; Dibelius: Grenzen des Staates, 1949, S. 79 ff.; Siegfried Grundmann: Widerstandsrecht und Widerstandspflicht, in: Ders.: Abhandlungen zum Kirchenrecht, Köln 1969, S. 388 ff.; Hans Joachim Iwand und Ernst Wolf: Entwurf eines Gutachtens zur Fra-

wehrhafter Demokratie,³³ bei der Wiederbewaffnung der Bundesrepublik und der Frage nach der Wehrdienstverweigerung, bei der Einführung der Notstandsverfassung und der Aufnahme eines expliziten Widerstandsrechts in Art. 20 IV GG,³⁴ bei der Nachrüstungsdebatte sowie der Anti-AKW-Debatte und den mit ihr einhergehenden Protestformen (Blockaden, Demolierung öffentlichen und privaten Eigentums, Steuerboykott, Stromzahlungsboykott),³⁵

ge des Widerstandsrechts nach evangelischer Lehre, in: Junge Kirche 13 (1952), S. 192 ff.; HELMUT THIELICKE: Theologische Ethik, Bd. 2/2: Ethik des Politischen, Tübingen 1958, S. 399 ff.; HANS DOMBOIS und ERWIN WILKENS (Hg.): Macht und Recht. Beiträge zur lutherischen Staatslehre der Gegenwart, Berlin 1956.

³³ Vgl. BVerfGE 5, 85 (376 f.) zu einem (damals noch) ungeschriebenen Widerstandsrecht im GG; WOLFGANG ABENDROTH: Bundesverfassungsgericht und Widerstandsrecht, in: Herbert Sultan und Wolfgang Abendroth: Bürokratischer Verwaltungsstaat und soziale Demokratie, Hannover / Frankfurt am Main 1955, S. 121–129.

³⁴ Etwa ERNST BENDA: Frieden und Verfassung, in: Archiv des öffentlichen Rechts, hg. von WILHELM GREWE, Tübingen 1984, S. 1–13, 1 ff.; CHRISTOPH BÖCKENFÖRDE: Die Kodifizierung des Widerstandsrechts im Grundgesetz, in: Juristenzeitung 1970, S. 168 ff.; KARL DOEHRING: Das Widerstandsrecht des Grundgesetzes und das überpositive Recht, in: Der Staat. Zeitschrift für Staatslehre und Verfassungsgeschichte, deutsches und europäisches öffentliches Recht 8 (1969), S. 429–439, 429 ff.; KARL DOEHRING: Staatsräson, Legalität und Widerstandsrecht, in: Einigkeit und Recht und Freiheit. Festschrift für Karl Carstens zum 70. Geburtstag am 14. Dezember 1984, Bd. 1. Europarecht. Völkerrecht, Bd. 2. Staatsrecht, hg. von BODO BÖRNER, HERMANN JAHRREISS und KLAUS STERN, Köln 1984, S. 527–543; ROMAN HERZOG: Das positivierte Widerstandsrecht, in: Festschrift für Adolf J. Merkl zum 80. Geburtstag, hg. von MAX IMBODEN, München 1970, S. 99 ff.; JOSEF ISENSEE: Das legalisierte Widerstandsrecht. Eine staatsrechtliche Analyse des Art. 20 Abs. 4 Grundgesetz, Bad Homburg 1969; JOSEF ISENSEE: Das staatliche Gewaltmonopol als Grundlage und Grenze der Grundrechte, in: Bürger – Richter – Staat. Festschrift für Horst Sendler, Präsident des Bundesverwaltungsgerichts. Zum Abschied aus seinem Amt, hg. von EVERHARDT FRANSSEN, München 1991, S. 39–63; HANS HUGO KLEIN: Der Gesetzgeber und das Widerstandsrecht, in: Die Öffentliche Verwaltung 1968, S. 865 ff.; KLAUS KRÖGER: Widerstandsrecht und demokratische Verfassung (Recht und Staat in Geschichte und Gegenwart), Tübingen 1971; HANS SCHNEIDER: Widerstand im Rechtsstaat. Vortrag, gehalten vor der Juristischen Studiengesellschaft in Karlsruhe am 20. Oktober 1969, Karlsruhe 1969; theologische Deutung etwa bei MARTIN HONECKER: Grundriß der Sozialethik, Berlin 1995, S. 354 ff.

³⁵ Vgl. in diesem Zusammenhang HERMANN-WILFRIED BAYER: Steuerungehorsam und Widerstandsrecht, in: Die Öffentliche Verwaltung 1970, S. 114 ff.; WOLFGANG ZEIDLER: Außerparlamentarische Bewegungen, Demonstrationsrecht und Widerstand, in: Aus Politik und Zeitgeschichte 19 (1969), S. 3–13; CHRISTOPH ENDERS: Bürgerrecht auf Ungehorsam? Von den Grundlagen und Grenzen bürgerlicher Freiheit, in: Der Staat. Zeitschrift für Staatslehre und Verfassungsgeschichte, deutsches und europäisches öffentliches Recht 25 (1986), S. 351–372; JOSEF ISENSEE: Widerstand gegen den technischen Fortschritt, in: Die Öffentliche Verwaltung 1983, S. 565 ff.; ANDREAS FISAHN: Legitimation des Gewaltmonopols, in: Kritische Vierteljahresschrift für Gesetzgebung und Rechtswissenschaft 94 (2011), S. 3–17, 3 ff.; GÜNTHER FRANKENBERG: Ziviler Ungehorsam und rechtsstaatliche Demokratie, in: Juristenzeitung 1984, S. 266 ff.; PETER GLOTZ (Hg.): Ziviler Ungehorsam im Rechtsstaat, Frankfurt am Main 1983; WOLFGANG HUBER: Protestantismus und Protest. Zum Verhältnis von Ethik und Politik, Reinbek bei Hamburg 1987; HANS-RICHARD REUTER: Rechtsethik in theologischer Perspektive. Studien zur Grundlegung und Konkretion, Gütersloh 1996, S. 267 ff.; ANDREAS

beim sog. Kirchenasyl[36] sowie bei der Frage nach rechtlicher Zulassung und öffentlicher Finanzierung von Schwangerschaftsabbrüchen. Daneben wurde immer wieder der Versuch eines systematisierenden Zugriffs auf das Problem in beiden Disziplinen unternommen.[37]

Für eine kontrastierende Untersuchung der protestantischen Vorstellungen demokratischer Rechtserzeugung ist der Geschichte dieses Diskurses nachzugehen. Dabei ist zu berücksichtigen, ob Widerstand als Ausdruck von oder Gegensatz zu Rechtsgehorsam beschrieben wird und wie das Verhältnis von Gewaltmonopol des Staates und demokratischem Legitimationsmonopol des Volkes verstanden wird. Wie wird die Beziehung von Widerstandsrecht, Gewissensfreiheit, Streikrecht und Versammlungsfreiheit nachgezeichnet?[38] Wird Widerstand selbst religiosifiziert? Ist er Teil einer politischen Religion, politischer Theologie?

4. Anwendungsorientierter Mehrwert

Das hier skizzierte Vorhaben verspricht in zwei Hinsichten einen anwendungsorientierten Lernwert:

1. Eine genauere Aufarbeitung der Bilder von Recht, Verfassung und Demokratie des Protestantismus in der Nachkriegszeit dürfte hilfreich sein für die Weiterentwicklung innerprotestantischer Reflexionen über demokratische Staatsformen und die damit verbundene Rechtserzeugung. Für die Auseinandersetzung mit der neuen demokratischen Ordnung nach dem 2. Weltkrieg waren vor allem zwei theologische Traditionsbildungen prägend. Diese erweisen sich unter

---

GROSSMANN: Demokratische Loyalität und Ungehorsam. Perspektiven der lutherischen Zweireichelehre, in: Archiv für Rechts- und Sozialphilosophie 78 (1992), S. 68–93; JÜRGEN MOLTMANN (Hg.): Annahme und Widerstand, München 1984; KURT REMELE: Ziviler Ungehorsam. Eine Untersuchung aus der Sicht christlicher Sozialethik, Münster 1992; aus dem englischsprachigen Raum klassisch JAMES F. CHILDRESS: Civil Disobedience and Political Obligation, New Haven 1971.

[36] Vgl. CRISTOPH GÖRISCH: Kirchenasyl und staatliches Recht, Berlin 2000.

[37] Vgl. etwa ARTHUR KAUFMANN: Vom Ungehorsam gegen die Obrigkeit. Aspekte des Widerstandsrechts von der antiken Tyrannis bis zum Unrechtsstaat unserer Zeit, vom leidenden Gehorsam bis zum zivilen Ungehorsam im modernen Rechtsstaat, Heidelberg 1991; BURKHARD KOCH: Rechtsbegriff und Widerstandsrecht. Notwehr gegen rechtswidrige Ausübung von Staatsgewalt im Rechtsstaat und unter dem Nationalsozialismus, Berlin 1985; REUTER, Widerstand III, 2003, S. 768 ff.

[38] Vgl. etwa HERBERT BETHGE: Die Demonstrationsfreiheit – ein missverstandenes Grundrecht? Zum Stellenwert des Grundrechts der Demonstrationsfreiheit in der freiheitlich parlamentarischen Demokratie, in: Zeitschrift für Beamtenrecht 36 (1988), S. 205–211; BURKHART LOCHOW: Die Problematik des politischen Streiks in verfassungsrechtlicher Sicht unter besonderer Berücksichtigung des Widerstandsrechts, Würzburg 1966; HANS REICHEL: Widerstandsrecht und politischer Streik in der neuen Verfassung und im Strafrecht, in: Der Betrieb 1968, S. 1312 ff.; HANS-JOACHIM SEELER: Politischer Streik und Widerstandsrecht, in: Der Betrieb 1959, S. 24 ff.

den gewandelten sozialen Verhältnissen (z. B. einer forcierten Entkirchlichung) zunehmend als problematisch. Der eine Strang bildet eine »linke« Fortschreibung der politischen Theologie Karl Barths, die den Kirchenkampf gegen den Nationalsozialismus auf Dauer stellen wollte. Aus dieser Frontstellung erwuchs fast zwangsläufig ein verfehltes Verständnis von freiheitlicher Demokratie. Den anderen Strang bildet ein christentumsgeschichtlicher Ansatz, der die Prägung der Demokratie durch das Christentum betont. Dieser kulturhistorische Ansatz setzt eine fortbestehende innere Verbindung von Christentum und Gesellschaft bei erfolgter institutioneller Trennung von Staat und Kirche voraus und beruht damit auf Annahmen, die in der multireligiösen und pluralistischen Gesellschaft der Gegenwart erheblich an Plausibilität verloren haben. Deshalb fehlt es, so eine Arbeitsthese, bis heute im kirchlich verfassten Protestantismus in Deutschland an einer konsequenten Umstellung der politischen Theologie auf die Bedingungen der Pluralität und einer konsequenten Rezeption der politisch-philosophischen Grundlagen moderner Demokratietheorien.

2. Im Zuge der politisch inzwischen gewollten Integration des organisierten Islam in Deutschland in das bestehende Staatskirchenrecht werden immer wieder Vorbehalte der Inkompatibilität diskutiert: Der Islam sei mit der Verfassungsordnung moderner westlicher Demokratien nicht kompatibel. Die im Grundgesetz vorgesehene Förderung von Religion stehe unter einem »Kulturvorbehalt«. Erfasst seien nur solche Religionen, die ihrerseits zur Ausbildung der Demokratie beigetragen hätten. Dies treffe auf das Christentum und das Judentum zu, nicht aber auf den Islam. Eine genauere Kenntnis der Prozesse der Aneignung und Beförderung der durch das Grundgesetz aufgerichteten demokratischen Verfassungsordnung durch und im Protestantismus könnte gerade im Lichte der deutschen Erfahrungen zur Vorsicht mit solchen Pauschalurteilen mahnen.[39]

---

[39] Vgl. auch FRIEDRICH WILHELM GRAF: Protestantischer Fundamentalismus und liberaler Rechtsstaat, in: Köktendincilik ve Çogulculuk, hg. von COŞKUN SAN, Ankara 1996, S. 15 ff.; FRIEDRICH WILHELM GRAF: Missbrauchte Götter. Zum Menschenbilderstreit in der Moderne, München 2009.

Der Protestantismus und die Debatten um den deutschen Sozialstaat

CHRISTIANE KULLER

Der Einfluss von Religion ist in der historischen Sozialstaatsforschung ein intensiv diskutiertes Thema. Protestantismus und Katholizismus gelten als wichtige Prägefaktoren für die Entstehungszeit der europäischen Sozialstaaten im 19. und frühen 20. Jahrhundert.[1] In der Forschung zur Entwicklung des bundesdeutschen Sozialstaats in der zweiten Hälfte des 20. Jahrhunderts wurde die Frage nach Religion allerdings deutlich seltener und nahezu ausschließlich im Hinblick auf den sozialen Katholizismus untersucht. Dabei waren in der Geschichte des bundesdeutschen Sozialstaats von Anfang an Vertreter des Protestantismus an zentralen Debatten beteiligt. Es liegen zu einigen Einzelpersönlichkeiten biografische Studien vor[2] und einige Felder sozialer Arbeit – insbesondere im Bereich der Diakonie – waren bereits Gegenstand theologisch-historischer Forschungen.[3] Die systematische Untersuchung der Rolle des sozialen Protestantismus im Prozess der bundesdeutschen Sozialstaatsentwicklung stellt jedoch nach wie vor ein Desiderat dar.[4]

---

[1] Zusammenfassend aus politikwissenschaftlicher Sicht KEES VAN KERSBERGEN und PHILIP MANOW (Hgg.): Religion. Class Coalitions and Welfare States, New York / Cambridge 2009; aus ideengeschichtlicher Perspektive HELGA GREBING (Hg.): Geschichte der sozialen Ideen in Deutschland. Sozialismus – Katholische Soziallehre – Protestantische Sozialethik. Ein Handbuch, Essen 2000.

[2] Vgl. beispielsweise TRAUGOTT ROSER: Protestantismus und Soziale Marktwirtschaft. Eine Studie am Beispiel Franz Böhms, Münster 1998, der u. a. auch das Engagement Franz Böhms in der Wiedergutmachungsfrage betont.

[3] TRAUGOTT JÄHNICHEN und NORBERT FRIEDRICH: Geschichte der sozialen Ideen im deutschen Protestantismus, in: Geschichte der sozialen Ideen in Deutschland. Sozialismus – Katholische Soziallehre – Protestantische Sozialethik. Ein Handbuch, hg. von HELGA GREBING, Essen 2000, S. 867–1103; TRAUGOTT JÄHNICHEN, ANDREAS HENKELMANN, UWE KAMINSKY und KATHARINA KUNTER (Hgg.): Caritas und Diakonie im »goldenen Zeitalter« des bundesdeutschen Sozialstaats. Transformationen der konfessionellen Wohlfahrtsverbände in den 1960er Jahren (Konfession und Gesellschaft 43), Stuttgart 2010.

[4] Exemplarisch für diesen Befund: BUNDESMINISTERIUM FÜR ARBEIT UND SOZIALES (Hg.): Geschichte der Sozialpolitik in Deutschland seit 1945, 11 Bde., Baden-Baden 2001–2008. In diesem vielbändigen Grundlagenwerk tauchen die Stichworte »Protestantismus« und »evange-

Die Frage nach der Bedeutung des sozialen Protestantismus für die sozialstaatliche Entwicklung in der zweiten Hälfte des 20. Jahrhunderts ist dabei in den Kontext von drei neueren Forschungsansätzen einzuordnen: Erstens richtet sich der Blick seit einiger Zeit verstärkt auf Fragen nach der »Wohlfahrtskultur«. Erfahrungswelten, Erwartungshorizonte und Sinndeutungen werden dabei als eigenständige Faktoren in (sozial)politischen Entscheidungsprozessen untersucht, die neben sozioökonomischen Gegebenheiten und den Machtkonstellationen von politischen Akteuren wirksam sind. Religion als kultureller Vorratsspeicher und Quelle von leitenden Vorstellungen über das Gute und Richtige nimmt dabei eine zentrale Stellung ein.[5] Zudem steht die Frage nach dem Einfluss des sozialen Protestantismus auch im Zusammenhang mit der jüngeren Kritik am Säkularisierungskonzept, die die These hinterfragt, dass Religion als abschmelzendes Relikt vormoderner Zeiten kein wichtiger Untersuchungsgegenstand der jüngeren Zeitgeschichte sei.[6] Wie in einer Reihe von anderen Zusammenhängen ist auch für die bundesdeutschen Debatten über sozialstaatliche Ordnungs- und Gerechtigkeitsvorstellungen zu vermuten, dass die Bedeutung der Religion(en) im Allgemeinen und des sozialen Protestantismus im Besonderen sich verändert hat, jedoch keineswegs nur zurückgegangen ist. Ein dritter Impuls, der für einen konfessionell differenzierenden Ansatz spricht, geht schließlich von der vergleichenden sozialwissenschaftlichen Sozialstaatsforschung aus, wo Modelle, in denen vorwiegend die katholische Kirche und ihre Soziallehre für die Ausbildung der jeweiligen Wohlfahrtsstaatstypen eine Rolle spielten, in die Kritik geraten sind. Inzwischen gibt es eine Reihe historisch-vergleichender politik- und sozialwissenschaftlicher Analysen, die den Faktor Religion für verschiedene europäische Länder und in ausgewählten Politikfeldern untersuchen und dabei vor

---

lische Kirche« kaum auf. Auch in neueren Synthesen, wie GABRIELE METZLER: Der deutsche Sozialstaat. Vom bismarckschen Erfolgsmodell zum Pflegefall, Stuttgart / München 2003, wird diese Frage kaum aufgegriffen.

[5] Vgl. FRANZ-XAVER KAUFMANN: Wohlfahrtskultur – Ein neues Nasobem?, in: Kritik und Engagement. Soziologie als Anwendungswissenschaft. Festschrift für Christian von Ferber zum 65. Geburtstag, hg. von REINHARDT NIPPERT, WILLI PÖHLER und WOLFGANG SLESINA, München 1991, S. 19–27; STEFFEN MAU: The Moral Economy of Welfare States. Britain and Germany compared, London 2003; CHRISTOPH CONRAD: Die Sprachen des Wohlfahrtsstaats, in: Wohlfahrtsstaatliche Grundbegriffe. Semantiken des Wohlfahrtsstaats, hg. von STEPHAN LESSENICH, Frankfurt am Main 2003, S. 55–69.

[6] Vgl. den Forschungsbericht von BENJAMIN ZIEMANN: Säkularisierung und Neuformierung des Religiösen. Religion und Gesellschaft in der zweiten Hälfte des 20. Jahrhunderts, in: Archiv für Sozialgeschichte 51 (2011), S. 3–36; aus politikwissenschaftlicher Perspektive im Hinblick auf den Sozialstaat PATRICK SACHWEH: Ideen, Werte und Kultur als Erklärungsfaktoren in der Wohlfahrtsstaatsforschung, in: Zeitschrift für Sozialreform 57 (2011), S. 371–382. DETLEF POLLACK: Rekonstruktion statt Dekonstruktion. Für eine Historisierung der Säkularisierungsthese, in: Zeithistorische Forschungen 7 (2010), S. 433–439.

allem die Bedeutung des Protestantismus als bislang zu wenig beachteter Faktor hervorheben.[7]

Mit dem Ansatz, die protestantische Sozialethik als prägenden Faktor des bundesdeutschen Sozialstaats herauszuarbeiten, können in zweifacher Hinsicht neue Akzente für die Sozialstaatsforschung gesetzt werden: Im Unterschied zu Studien, die die Geschichte des Sozialstaats vor allem in einer modernisierungstheoretischen Perspektive als Expansionsgeschichte darstellen und dabei die treibenden Faktoren des Ausbaus – insbesondere den sozialen Katholizismus und die Sozialdemokratie – in den Vordergrund rücken, kann unter der Perspektive protestantischer Sozialstaatskonzeptionen die Entwicklung des Sozialstaats als offener Prozess gedeutet werden, der nicht nur die Modi der Ausweitung und der Stagnation, sondern auch dazu quer stehende Gestaltungsimpulse und -prozesse kennt. In einem solchen Untersuchungsdesign gewinnen auch die sozialstaatskritischen Stimmen aus dem protestantischen Lager ein neues Profil. Gleichzeitig macht diese konzeptionelle Öffnung für unterschiedliche Entwicklungsdynamiken, -formen und -richtungen die Forschungsergebnisse anschlussfähig für Fragen, die sich auf die Zeit »nach dem Boom«[8] beziehen, in der die Sozialstaatsentwicklung unter den Vorzeichen von finanzieller Konsolidierung, Wachstumsbegrenzung und Rückbau stand.[9] Damit leistet der Untersuchungsansatz einen Beitrag zu einer historischen Perspektive, die vereinfachende Annahmen über die Linearität sozialstaatlicher Entwicklungen und vorschnelle Kausalitätskonstruktionen vermeidet.

Zudem war ein wichtiges Betätigungsfeld des sozialen Protestantismus die freie Wohlfahrtspflege. Diese Verankerung in der diakonischen Arbeit machte ihn unter anderem besonders sensibel für neue soziale Herausforderungen, die nicht in die traditionellen Schemata der Problembearbeitung im bundesdeutschen Sozialstaat passten. Von der Bewältigung der Nachkriegsnot und der Integration der Vertriebenen über die »Neue soziale Frage« bis hin zu Problemen von Migranten – die evangelischen sozialen Einrichtungen hatten allein schon aufgrund ihrer institutionellen Lagerung Berührungspunkte mit diesen Fragen, und ihre Vertreter bestimmten die ethischen Debatten über sozialstaatliche Inklusion und Exklusion wesentlich mit. Gleichzeitig können die protestantischen Beiträge zu den Debatten über die Entwicklung der sozialen Sicherung – so ist zumindest zu vermuten – auch als eine Art Sonde für die Begrenzungen und Lücken des bundesdeutschen Sozialstaats gelesen werden.

---

[7] Dabei werden nicht zuletzt auch die inneren Spaltungen des Protestantismus betont. Vgl. KERSBERGEN, MANOW: Religion, 2009.

[8] ANSELM DOERING-MANTEUFFEL und LUTZ RAPHAEL: Nach dem Boom. Perspektiven auf die Zeitgeschichte seit 1970, Göttingen 2008.

[9] WINFRIED SÜSS: Der bedrängte Wohlfahrtsstaat. Deutsche und europäische Perspektiven auf die Sozialpolitik der 1970er-Jahre, in: Archiv für Sozialgeschichte 47 (2007), S. 95–126.

Sozialer Protestantismus und Sozialstaat zwischen Aufbau, Expansion und Konsolidierung

Die öffentliche Wahrnehmung des sozialen Protestantismus in der frühen Nachkriegszeit war vor allem von sozialstaatskritischen Stimmen geprägt. Die Äußerungen von Otto Dibelius und anderen prominenten Vertretern des Protestantismus, die sich nach 1945 scharf dagegen wandten, die Wohlfahrtsarbeit in die Hände des Staates zu legen, prägten die Gesamteinschätzung des sozialen Protestantismus.[10] Von dieser Position, in der sich auch die Erfahrungen des Nationalsozialismus und des Kirchenkampfes niederschlugen,[11] war es ein weiter Weg bis zur Denkschrift »Die soziale Sicherung im Industriezeitalter« aus dem Jahr 1973, in der die EKD den Sozialstaat ausdrücklich bejahte.[12] In den 1960er und 1970er Jahren veränderte der soziale Protestantismus sein Profil und sein Verhältnis zum Sozialstaat grundlegend: Von einer Position, die gegenüber dem Ausbau der sozialen Sicherung skeptisch bis ablehnend war, entwickelte er sich seit den 1960er Jahren zu einer Kraft, die sich mehrheitlich für gestaltende Eingriffe des Staates in gesellschaftliche Verhältnisse einsetzte und hierfür eigene Konzepte entwickelte. Der soziale Protestantismus verabschiedete sich dabei von Denkdispositionen, die zum Teil bis weit in die Weimarer Zeit zurückreichten, und die zuvor deutlich spürbare Ausrichtung des kirchlichen Einflusses auf die Legitimierung der bestehenden Verhältnisse wurde von Kräften abgelöst, die das protestantische Veränderungspotential »zukunftsorientiert« einsetzen wollten.[13]

---

[10] So in seinem bilanzierenden Beitrag MARTIN HONECKER: Der Sozialstaat in der Sicht evangelischer Sozialethik, in: 40 Jahre Sozialstaat Bundesrepublik Deutschland, hg. von NORBERT BLÜM und HANS F. ZACHER, Baden-Banden 1989, S. 629–640.

[11] Diese Perspektive benennt als Forschungsdesiderat MARTIN H. GEYER: Die Gegenwart der Vergangenheit. Die Sozialstaatsdebatten der 1970er Jahre und die umstrittenen Entwürfe der Moderne, in: Archiv für Sozialgeschichte 47 (2007), S. 47–94.

[12] Die soziale Sicherung im Industriezeitalter. Denkschrift der Kammer für soziale Ordnung der EKD, hg. vom RAT DER EVANGELISCHEN KIRCHE IN DEUTSCHLAND, 1973, in: Die Denkschriften der Evangelischen Kirche in Deutschland 1962–2002, KIRCHENAMT DER EVANGELISCHEN KIRCHE IN DEUTSCHLAND, CD-ROM, Hannover 2004; vgl. GÜNTER RIEDNER: Die Kammer für soziale Ordnung der Evangelischen Kirche in Deutschland. Über den Versuch, aus christlicher Verantwortung die Sozial- und Wirtschaftspolitik der Bundesrepublik mitzugestalten, Frankfurt am Main 1994.

[13] Dies schließt an einen zeithistorischen Forschungsansatz an, der die »langen 1960er Jahre« gesamtgesellschaftlich als eine Wendezeit deutet. In dieser Phase, die mit dem Ende der Ära Adenauer einsetzte, in die die Studentenrevolte von 1968 fällt, und deren Ende von den Wirtschaftskrisen der 1970er Jahre und ihren Folgen markiert wird, wandelten sich gesellschaftliche Charakteristika der Industriemoderne grundlegend, und neue Problemlagen, die bis in die Gegenwart fortwirken, traten in den Wahrnehmungshorizont der Zeitgenossen. Vgl. ULRICH HERBERT (Hg.): Wandlungsprozesse in Westdeutschland. Belastung, Integration und Liberalisierung 1945–1980, Göttingen 2002.

Dieser Wandlungsprozess gewinnt im Lichte neuerer Säkularisierungsforschungen eine weitere neue Deutungsperspektive: Lange Zeit galt die Sozialpolitik in der Frühphase der Bundesrepublik als ein Politikfeld, das in religiöser Hinsicht von den Leitvorstellungen der katholischen Soziallehre geprägt war, die in der »sozialen Marktwirtschaft« mit dem wirtschaftlichen Liberalismus einen produktiven Kompromiss eingegangen war.[14] Den Beitrag des Protestantismus verortete die Forschung dabei vor allem im Bereich der Wirtschaftsordnung, die mit den Ideen des »Ordoliberalismus« nach Kriegsende zentrale Elemente protestantischer Wertvorstellungen aufnahm.[15] Die Trennung zwischen Gesellschaft und Staat wurde dabei als Indiz für säkulare Ausrichtung gedeutet. Insbesondere aus dem Bereich des Protestantismus gab es jedoch Stimmen, die sich ebenfalls für eine Trennung von Staat und Gesellschaft aussprachen, dies jedoch als Ausdruck spezifisch religiöser sozialer Ordnungsvorstellungen ansahen. Auch wenn das Ergebnis in mancher Hinsicht liberalen Vorstellungen entspricht, ist es wichtig, die religiösen Motive dahinter zu identifizieren, denn durch diese lässt sich die Entwicklungsdynamik oftmals besser erklären und mancher scheinbare Widerspruch auflösen. Aus dieser Perspektive spricht viel dafür, die Einführung der »sozialen Marktwirtschaft« nicht nur als einen Kompromiss zwischen katholischer Soziallehre und wirtschaftlichem Liberalismus, sondern auch und vor allem als einen Kompromiss zwischen katholischer und protestantischer Soziallehre zu deuten.[16] Diese Sichtweise ermöglicht es, religiöse Signaturen beider Konfessionen als Subtext säkularer Ordnungsvorstellungen im Blick zu behalten und das scheinbare »Wiederauftauchen« religiöser und insbesondere protestantischer Begründungsmuster in jüngerer Zeit besser zu erklären.

Die Veränderungsprozesse des sozialen Protestantismus stehen in mehrfacher Hinsicht in Wechselwirkung mit allgemeinen Veränderungsprozessen der Zeit: Erstens sind die Ansätze und Konzepte in die Verlaufslinien der grundlegenden zeitgenössischen Ethik-Debatten im westdeutschen Nachkriegsprotes-

---

[14] FRANZ-XAVER KAUFMANN: Der Begriff der Sozialpolitik, in: Geschichte der Sozialpolitik in Deutschland seit 1945, Bd. 1: Grundlagen der Sozialpolitik, hg. vom BUNDESMINISTERIUM FÜR ARBEIT UND SOZIALES, Baden-Baden 2001, S. 3–101; aus politologischer Perspektive GØSTA ESPING-ANDERSEN: Three Worlds of Welfare Capitalism, New York 1990; FRIEDERIKE FÖCKING: Fürsorge im Wirtschaftsboom. Die Entstehung des Bundessozialhilfegesetzes 1961, München 2007.
[15] Vgl. für die umfangreiche Literatur zu dem Thema TRAUGOTT JÄHNICHEN: Das wirtschaftsethische Profil des sozialen Protestantismus. Zu den gesellschafts- und ordnungspolitischen Grundentscheidungen der Sozialen Marktwirtschaft (Jahrbuch Sozialer Protestantismus 4), Gütersloh 2010, S. 18–45.
[16] PHILIP MANOW: Ordoliberalismus als ökonomische Ordnungstheologie, in: Leviathan 29 (2001), S. 179–198; PHILIP MANOW: »Modell Deutschland« as an Interdenominational Compromise. Center for European Studies, Harvard University (CES Working Paper, Programm for the Study of Germany and Europe, Nr. 003), Cambridge (Mass.) 2000.

tantismus einzuordnen. Zudem durchlief die bundesdeutsche Gesellschaft seit den 1960er Jahren ebenfalls einen tiefgreifenden Wandlungsprozess. Lebenswelten, Werthaltungen und Kultur veränderten sich, und die Entwicklungen des sozialen Protestantismus sind auf ihr Wechselverhältnis mit den gesellschaftlichen Veränderungsprozessen hin zu untersuchen. Drittens schließlich kann man auch in der sozialstaatlichen Entwicklung bis Ende der 1970er Jahre mehrere Phasen unterscheiden. Auf eine vorwiegend christdemokratisch geprägte Gründungsphase in der Nachkriegszeit folgte eine sozialdemokratisch geprägte Expansions- und Reformphase in den 1960er und frühen 1970er Jahren, an die sich nach den Ölpreiskrisen der 1970er Jahre eine Phase des gebremsten Wachstums und partieller Einschnitte in das soziale Netz unter dem Vorzeichen finanzieller Konsolidierung anschloss. Wie der soziale Protestantismus unter diesen unterschiedlichen kulturellen, sozialen und politischen Rahmenbedingungen agierte, inwieweit er von ihnen geprägt wurde und inwiefern er selbst ein Gestalter dieser Bedingungen war, ist eine zentrale Frage, die in der Forschung bislang wenig beachtet wurde.

Methodische Annäherungen: Kommunikative Netzwerke und Debattenräume

Den Ausgangspunkt der Untersuchung bilden theologische Konzepte, die die Öffnung gegenüber dem Sozialstaat ermöglichten und unter anderem mit den Namen Hans Asmussen, Constantin von Dietze, Reinhard Mager sowie den Sozialethikern Helmut Thielicke und Heinz-Dietrich Wendland verbunden sind.[17] Fragt man nach der Rolle und Bedeutung solcher theologisch-ethischer Konzepte für die gesellschaftliche Wirklichkeit, dann muss die Analyse der gedachten Ordnungen mit der Frage nach ihrer Wirkmächtigkeit in gesellschaftlichen Prozessen verbunden, mithin eine methodische Brücke zwischen den theoretischen Ordnungsentwürfen, sozialpolitischen Entscheidungsprozessen und deren praktischer Umsetzung geschlagen werden. Dies legt einen akteursorientierten Ansatz und eine Annäherung mit den Methoden der neuen Ideengeschichte nahe.[18] Von den theologisch-ethischen Konzepten ausgehend ist demnach zu untersuchen, an welchen Stellen, auf welche Weise und über welche Personen

---

[17] Vgl. dazu den Überblick bei JÄHNICHEN, FRIEDRICH: Geschichte der sozialen Ideen, 2000.

[18] Zu den Möglichkeiten der Operationalisierung des ideengeschichtlichen Ansatzes in der Zeitgeschichte vgl. u. a. die Zusammenfassung der Ergebnisse des DFG-Schwerpunktprogramms bei LUTZ RAPHAEL: Ideen als gesellschaftliche Gestaltungskraft im Europa der Neuzeit. Bemerkungen zur Bilanz eines DFG-Schwerpunktprogramms, in: Ideen als gesellschaftliche Gestaltungskraft im Europa der Neuzeit. Beiträge für eine erneuerte Geistesgeschichte, hg. von LUTZ RAPHAEL und HEINZ-ELMAR TENORTH, München 2006,

und Netzwerke die veränderte protestantische Haltung in bundesdeutschen Sozialstaatsdebatten greifbar wird und Wirkung entfaltete.

Dazu müssen Personen identifiziert werden, die die Ideen des sozialen Protestantismus in die sozialpolitischen Diskussions- und Entscheidungsarenen transportierten. In diesem Zusammenhang richtet sich der Blick nicht nur auf bekannte Persönlichkeiten wie beispielsweise Eugen Gerstenmaier, der zu den prominenten christdemokratischen Skeptikern gegenüber einem sozialstaatlichen Expansionskurs zählte.[19] Mindestens ebenso aufschlussreich sind Personen der »zweiten Reihe«, die auf sozialpolitische Fragen spezialisiert waren, um am Beispiel ihres Denkens und politischen Handelns die Denkstile und kommunikativen Netzwerke des Protestantismus im Bereich der Sozialpolitik zu identifizieren und in ihrer Wirkung zu analysieren. In den Blick treten dabei beispielsweise Personen wie Wilhelm Claussen, der 1957 auf Betreiben protestantischer Kreise Staatssekretär im Bundesarbeitsministerium wurde, wo er eine bremsende Wirkung auf weitere Reformvorhaben entwickelte.[20]

Solche Personen und Netzwerke können vor allem in drei sozialpolitischen Debattenräumen identifiziert werden: (1) im Bereich der Akademien und Kirchentage,[21] die als Foren des Austausches zwischen Kirche und Welt agieren sollten und Plattformen für die Präsentation und Diskussion neuer Ansätze waren, (2) in der Ministerialbürokratie, die sozialpolitische Reformen in den eigenen Reihen und im Austausch mit Beiräten vorbereitete und am Ende umsetze – hier kommt auch das weite Feld der Politikberatung und administrationsinterner Entscheidungsbildung im Vorfeld legislativer Prozesse in den Blick –, sowie (3) in parlamentarischen Auseinandersetzungen um sozialpolitische Reformvorhaben.[22] Wie gestaltete sich der Austausch zwischen evangelischen Akademien und Kirchentagen, sozialstaatlichen Institutionen und politischen Arenen? Wie verorteten sich evangelische Vertreter der sozialen Arbeit in dem nach seiner

---

S. 11–27. Ähnlich auch OLIVER EBERL und ANGELA MARCINIAK: Ideengeschichte in der Vielfalt der Disziplinen. Anmerkungen aus politikwissenschaftlicher Sicht, in: Neue politische Literatur 56 (2011), S. 367–388.

[19] DANIELA GNISS: Der Politiker Eugen Gerstenmaier 1906–1986. Eine Biografie, Düsseldorf 2005.

[20] Wilhelm Claussen (1901–1980), 1957–1965 Staatssekretär im Bundesministerium für Arbeit und Soziales, hatte zuvor im Bundesverkehrsministerium gearbeitet. Vgl. HANS GÜNTER HOCKERTS: Sozialpolitische Entscheidungen im Nachkriegsdeutschland, Stuttgart 1980, S. 116.

[21] THOMAS MITTMANN: Kirchliche Akademien in der Bundesrepublik. Gesellschaftliche, politische und religiöse Selbstverortungen, Göttingen 2011.

[22] Der soziale Protestantismus war parteipolitisch gespalten und plural engagiert; er unterhielt sowohl zu den Unionsparteien (teilweise auch zur FDP) als auch – nach dem Godesberger Programm – zur SPD Kontakte. Vgl. dazu den Überblick bei RAINER HERING: Die Kirchen als Schlüssel zur politischen Macht? Katholizismus, Protestantismus und Sozialdemokratie in der zweiten Hälfte des 20. Jahrhunderts, in: Archiv für Sozialgeschichte 51 (2011), S. 237–266, hier 252 f.; zum Evang. Arbeitskreis der CDU/CSU TORSTEN OPPELLAND: Der

Gründung rasch expandierenden Sozialstaat konkret angesichts der ablehnenden Grundhaltung führender Vertreter des sozialen Protestantismus? Gab es neben der programmatischen Distanz auch Formen der pragmatischen – oder überzeugten – Annäherung an das staatliche System der sozialen Sicherung? Welche Ministerien und welche politischen Institutionen sahen die Vertreter des sozialen Protestantismus als strategisch wichtig für ihre Interessenpolitik an, welche hielten sie für weniger einflussreich? Wie wurden Positionen in den Verwaltungsspitzen und in politischen Beiräten der Ministerien besetzt (z. B. dem Sozialbeirat des Bundesarbeitsministeriums, den Expertenkommissionen für die Familienberichte und der 1965 eingesetzten Sozialenquête-Kommission), in denen konfessionelle Parität in der Regel ein wichtiges Kriterium war?

Exemplarische Tiefenbohrungen: Sozialpolitische Reformdebatten und Wandel der Geschlechterordnung

Die genannten Fragen können anhand von ausgewählten Debatten über die Gestaltung der sozialen Sicherung in der Bundesrepublik vertieft analysiert werden. Dabei lassen sich zwei Teilbereiche unterscheiden. Zum einen kann man fragen nach bewusst geführten Reformdebatten zum Aus- oder Umbau der sozialen Sicherung. Hier kommen sozialstaatliche Kernbereiche der Sozialversicherung und der freien Wohlfahrtspflege in den Blick. Ausgehend von der Hypothese, dass die Entwicklung der beiden Felder nach 1945 von protestantischen Leitvorstellungen maßgeblich mitgeprägt war, kann die Spur protestantischer Einflussnahme in Politik und Verwaltung anhand ausgewählter Gesetzgebungs- und Reformdebatten verfolgt werden. Dabei sollen zum einen die protestantischen Gestaltungskonzepte nachgezeichnet werden. Zum anderen ist zu fragen, über welche Kommunikationskanäle und welche Vermittlungspersonen protestantische Ideen im Austausch mit sozialpolitischen Debatten standen.

Die wichtigsten sozialpolitischen Wegmarken, die für die Gründungsphase in den Blick genommen werden können, sind zum einen die Debatten um die Sozialreform, die in die – von protestantischer Seite vehement bekämpfte – Rentenreform von 1957 mündeten.[23] Zum anderen richtet sich der Blick hier auf das evangelische Engagement bei der Kriegsfolgenbewältigung (Wiederaufbau, Vertriebene). Hier ist auch nach der Haltung des Protestantismus im Hinblick auf

---

Evangelische Arbeitskreis der CDU/CSU 1952–1969, in: Historisch-Politische Mitteilungen, Heft 5 (1998), S. 105–143. Vgl. auch den Beitrag von Stefan Fuchs in diesem Band, S. 121–148.

[23] Dazu grundlegend: HOCKERTS: Sozialpolitische Entscheidungen im Nachkriegsdeutschland, 1980. Mit langfristigen Bezügen bis zur Gegenwart HANS GÜNTER HOCKERTS: Der deutsche Sozialstaat. Entfaltung und Gefährdung seit 1945, Göttingen 2011, sowie die Edition der Kabinettsprotokolle des Ministerausschusses für Sozialreform.

die Wiedergutmachung nationalsozialistischen Unrechts zu fragen.²⁴ Den Abschluss der Gründungsphase bilden im Bereich der freien Wohlfahrtspflege das Bundessozialhilfegesetz und das Jugendwohlfahrtsgesetz, die 1961 reformiert wurden und den Übergang in eine neue Phase sozialstaatlichen Engagements des Protestantismus markieren.²⁵

Ging es den protestantischen Debattenbeiträgern in der Gründungsphase des Sozialstaats vorwiegend darum, das Ausmaß staatlichen Engagements im Bereich des sozialen Handelns zu bestimmen und zu begrenzen, so werden in der zweiten Untersuchungsphase der 1960er und frühen 1970er Jahre die inhaltlich-konzeptionellen Positionen stärker sichtbar. Hier bilden die Reformen im Bereich der Sozialversicherung (Ausdehnung auf weitere Bevölkerungskreise, Ausbau des Leistungsniveaus, Erweiterung der Leistungsarten insbesondere im Bereich Familien- und Bildungsförderung) wichtige Untersuchungspunkte und es ist zu fragen, wie sich der soziale Protestantismus angesichts dieser einzigartigen Ausdehnung sozialstaatlichen Einflusses auf gesellschaftliche Verhältnisse verhielt.

Im Bereich der Diakonie konnten nach den Reformen der frühen 1960er Jahre im »goldenen Zeitalter« des deutschen Sozialstaats auch evangelische Einrichtungen von der Wachstumsperiode profitieren. Gleichzeitig mit dieser äußeren Stabilisierung kam es jedoch auch zu einem Profilverlust der konfessionell geprägten Einrichtungen, die von den betroffenen Institutionen als Krise wahrgenommen wurde, und der der soziale Protestantismus mit neuen Konzeptionen diakonischer Theologie mit zum Teil gesellschaftspolitischen, zum Teil gemeindeorientierten Profilen entgegentrat. Während diese Prozesse im Hinblick auf die praktische Arbeit (Mitarbeiterstruktur, Professionalisierung und Verwissenschaftlichung) bereits von der Forschung in den Blick genommen wurden,²⁶ sind die Veränderungen im Bereich der politischen Debatten und Kommunikationskanäle bislang noch kaum erforscht.

---

²⁴ Vgl. Franz Böhm, der sich nachdrücklich für das Luxemburger Abkommen mit Israel einsetzte; ROSER: Protestantismus und Soziale Marktwirtschaft, 1998.
²⁵ Zu den Reformen allgemein: FÖCKING: Fürsorge im Wirtschaftsboom, 2007; zur protestantischen Perspektive GEORG SUHR (Hg.): Evangelische Stimmen zum Bundessozialhilfegesetz und zum Jugendwohlfahrtsgesetz, Stuttgart 1962; DIETMAR KEHLBREIER: Die Evangelische Kirche und ihre Diakonie im Prozess der Erarbeitung des Bundessozialhilfegesetzes, in: Auf dem Weg in »dynamische Zeiten«. Transformationen der sozialen Arbeit der Konfessionen im Übergang von den 1950er zu den 1960er Jahren, hg. von TRAUGOTT JÄHNICHEN, NORBERT FRIEDRICH und ANDRÉ WITTE-KARP, Berlin 2007, S. 43–59, die allerdings nur aus kirchlichen Quellen ohne Hinzuziehung der staatlichen Überlieferung gearbeitet sind.
²⁶ TRAUGOTT JÄHNICHEN, NORBERT FRIEDRICH und ANDRÉ WITTE-KARP (Hg.): Auf dem Weg in »dynamische Zeiten«. Transformationen der sozialen Arbeit der Konfessionen im Übergang von den 1950er zu den 1960er Jahren, Berlin 2007; JÄHNICHEN, HENKELMANN, KAMINSKY, KUNTER (Hg.): Caritas, 2010.

Schließlich richtet sich der Blick in einer dritten Untersuchungsphase auf die Maßnahmen der (Ausgaben-)Konsolidierung und des Rückbaus von sozialstaatlichen Leistungen nach den Ölpreiskrisen der 1970er Jahre. Daraus ergibt sich die Möglichkeit, die Expansions- und Krisenphase der Sozialstaatsentwicklung analytisch aufeinander zu beziehen und sie im Hinblick auf die Bedeutung sozialethischer Positionen zu befragen. Dass der soziale Protestantismus gerade in dem Moment, in dem er verstärkt gestalterische Konzeptionen entwickelte, mit den sozialpolitischen Restriktionen konfrontiert war, die die wirtschaftliche Krise mit sich brachte, bedeutete noch einmal eine Wendung für viele seiner Vertreter. Gleichzeitig traten in dieser Phase erneut spezifisch sozialstaatskritische und konservative Stimmen aus dem protestantischen Lager an die Öffentlichkeit.

Mit der Geschlechterordnung kommt eine grundlegende implizite Ordnungsvorstellung in den Blick, an die die Institutionen des bundesdeutschen Sozialstaats an zentraler Stelle anknüpfen. Im Zentrum steht hier die Frage nach normativen Vorannahmen und Gerechtigkeitsvorstellungen, die in die sozialstaatlichen Institutionen der Bundesrepublik implizit eingegossen waren. Dass das Verhältnis der Geschlechter nach 1945 weitreichende Wandlungsprozesse durchlief, stellte den bundesdeutschen Wohlfahrtsstaat, in dessen Strukturen die Annahme einer stabilen Geschlechterordnung tief verankert war, seit den 1960er Jahren vor zunehmende Herausforderungen, und in den Debatten darüber spielten protestantische Ordnungsvorstellungen eine wichtige Rolle.

Der bundesdeutsche Sozialstaat, wie er in der Nachkriegszeit entstand, war in seiner Grundanlage geschlechterspezifisch ungleich ausgerichtet.[27] Er legte dabei normative Leitbilder für beide Geschlechterrollen zu Grunde. Wer über die Ungleichheit der Geschlechter im Sozialstaat spricht, muss daher weibliche und männliche Leitbilder sowie die Beziehungen zwischen den Geschlechtern untersuchen. Leitmodell im bundesdeutschen Sozialstaat war – wie zu dieser Zeit in allen westeuropäischen Ländern – die »Vollfamilie«, in der ein Ehepaar seine Partnerschaft nach dem »Ernährer-Hausfrau-Modell« organisierte. Mütter partizipierten von vielen Leistungen des Sozialstaats nur dann, wenn sie mit einem »Ernährer« verheiratet waren, Väter konnten die volle Förderung nur dann ausschöpfen, wenn sie eine so genannte »Nur-Hausfrau« an ihrer Seite hatten. Die wirtschaftliche Abhängigkeit war dabei für die Hausfrauen und Mütter deutlich höher als für die Väter. Denn die Väter verfügten aufgrund ihrer Berufstätigkeit über das Einkommen und vielfach auch über den primären Zugang zu sozialen Leistungen. Neben den ökonomischen Ungleichheiten gilt daher die unterschiedliche Autonomie bzw. Abhängigkeit der Geschlechter als zentrales Kriterium der Geschlechterordnung.

---

[27] Vgl. dazu CHRISTIANE KULLER: Soziale Sicherung von Frauen – ein ungelöstes Strukturproblem im männlichen Wohlfahrtsstaat, in: Archiv für Sozialgeschichte 47 (2007), S. 199–236, mit weiteren Literaturhinweisen.

Ab den 1960er-Jahren kann man erste Veränderungen im sozialstaatlichen Geschlechterleitbild beobachten. Noch bevor die statistischen Alarmrufe über Geburteneinbruch, Scheidungsanstieg und die Zunahme der unehelichen Geburten die Öffentlichkeit erreichten, gab es Teilbereiche, in denen die traditionelle Geschlechterordnung kritisch hinterfragt wurde. Diese zeitliche Verortung ist ein wichtiges Argument dafür, dass dieser Diskurs nicht nur ein wirtschaftlicher und sozialer Krisendiskurs war. Vielmehr wird deutlich, dass die Geschlechterordnung und deren Gerechtigkeitsvorstellungen, auf denen der bundesdeutsche Sozialstaat aufbaute, schon brüchig wurden, bevor sich signifikante demografische und soziale Verwerfungen zeigten.

Der Blick auf protestantische Leitvorstellungen über die Rollen und Verhältnis der Geschlechter eignet sich besonders für eine vertiefte Untersuchung, denn zum einen gibt es hier signifikante Erklärungsdefizite in den bisherigen Theorien der Sozialstaatsforschung.[28] Zum anderen ist zu vermuten, dass religiöse Vorstellungen in diesem Kernbereich der Lebensführung besonders prägend waren. Bislang ist die Entwicklung des bundesdeutschen Sozialstaats in Bezug auf die Geschlechterordnung weitgehend als Ergebnis des sozialen Katholizismus gedeutet worden.[29] Protestantische Einflüsse verortete die vergleichende Sozialstaatsforschung politikwissenschaftlicher Provenienz hingegen vor allem in skandinavischen Ländern, deren Entwicklung geschlechtsspezifischer Sozialrechte als besonders fortschrittlich galt.[30] Aber auch in der bundesdeutschen Entwicklung waren protestantische Vertreter an der geschlechterpolitischen Ausrichtung des Sozialstaats beteiligt.

Anfang der 1960er Jahre trugen die EKD und evangelische Frauenverbände beispielsweise maßgeblich dazu bei, dass das Leitbild der »Nur-Hausfrau« brüchig wurde und Teilzeitarbeit für Frauen gesellschaftliche Akzeptanz fand.[31] Die Hintergründe für dieses Engagement weisen dabei weit über den Kontext der bundesdeutschen Teilzeitdebatte hinaus. Die Befürwortung von Teilzeitarbeit stand im Kontext der ökumenischen Bewegung in Westeuropa, die 1959 einen »Ausschuß für die Zusammenarbeit von Mann und Frau in Kirche, Familie und Gesellschaft« gegründet hatte. Dass das Thema rasch in der Bundesregierung

---

[28] Ein Überblick dazu bei KIMBERLY J. MORGAN: The Religious Foundations of Work-Family Policies in Western Europe, in: Religion, Class Coalitions, and Welfare States, hg. von KEES VAN KERSBERGEN und PHILIP MANOW, Cambridge 2009, S. 56–90.
[29] LUKAS RÖLLI-ALKEMPER: Familie im Wiederaufbau. Katholizismus und bürgerliches Familienideal in der Bundesrepublik Deutschland, Paderborn u. a. 2000.
[30] DIANE SAINSBURY: Gender, Equality and Welfare States, Cambridge 1996. Zum politikwissenschaftlichen Forschungsstand vgl. ISABELLE STADELMANN-STEFFEN und RICHARD TRAUNMÜLLER: Der religiöse Faktor in der Familienpolitik. Ein empirischer Text klassischer und neuerer Ansätze im Vergleich von 27 OECD-Ländern, in: Zeitschrift für Sozialreform 57 (2011), S. 383–408.
[31] CHRISTINE VON OERTZEN: Teilzeitarbeit und die Lust am Zuverdienen. Geschlechterpolitik und gesellschaftlicher Wandel in Westdeutschland 1948–1969, Göttingen 1999.

Resonanz fand, war zudem auf die damalige Gesundheitsministerin Elisabeth Schwarzhaupt zurückzuführen, eine ehemalige Kirchenjuristin, die sich seit langem für Fragen der Gleichberechtigung engagierte.[32] In enger Kooperation mit der evangelischen Akademie in Bad Boll sowie im Austausch mit evangelischen Frauen- und Rechtsausschüssen bereitete Schwarzhaupt Konzepte für die sozialstaatliche Einbindung von Teilzeitarbeit vor.[33]

Der Wandel der Geschlechterrollen und -verhältnisse im Sozialstaat und der Einfluss des sozialen Protestantismus kann anhand von drei sozialpolitischen Debatten untersucht werden, die in den frühen 1960er Jahren ihren Anfang nahmen:[34] Neben der bereits genannten Teilzeitdebatte sind dies die Neuausrichtung des Müttergenesungswerkes (das aus dem evangelischen Mütterdienst hervorgegangen war[35]) und die Diskussionen über Kinderbetreuungseinrichtungen, die sich zu einem erheblichen Teil in evangelischer Trägerschaft befanden. Die ausgewählten Debatten waren mit unterschiedlichen Leitdebatten der 1960er Jahre verknüpft: mit den Veränderungen in der Arbeitswelt (Teilzeitarbeit), mit dem Übergang von der Nachkriegs-Nothilfe zu Wohlfahrtspolitik in »Normalzeiten« (Müttergenesungswerk) sowie mit der Bildungsdebatte (Kindergärten). In der Zusammenschau dieser drei Bereiche werden sowohl der Wandel der ethischen Konzepte als auch Veränderungen im Kommunikationsstil des bundesdeutschen Protestantismus deutlich.

---

[32] Zu Schwarzhaupt vgl. URSULA SALENTIN: Elisabeth Schwarzhaupt – erste Ministerin der Bundesrepublik. Ein demokratischer Lebensweg, Freiburg im Breisgau 1986; HEIKE DRUMMER: Elisabeth Schwarzhaupt (1906–1986). Portrait einer streitbaren Politikerin und Christin, Freiburg im Breisgau u. a. 2001.

[33] Teilzeitarbeit von Frauen. Eine Denkschrift verabschiedet vom EKD-Ausschuß für Zusammenarbeit von Mann und Frau in Kirche, Familie und Gesellschaft. Vom Rat der Evangelischen Kirche in Deutschland gebilligt / hg. von der KIRCHENKANZLEI DER EVANGELISCHEN KIRCHE IN DEUTSCHLAND, Hannover 1965; zudem erschienen zwei offene Briefe der EKD zu diesem Thema.

[34] Vgl. dazu CHRISTIANE KULLER: Familienpolitik im föderativen Sozialstaat. Die Formierung eines Politikfeldes in der Bundesrepublik 1949–1975 (Studien zur Zeitgeschichte 67), München 2004, S. 74–78, 265–278, 298–311.

[35] BEATE HOFMANN: Gute Mütter – starke Frauen. Geschichte und Arbeitsweise des Bayerischen Mütterdienstes, Stuttgart 2000.

Der Protestantismus in den Debatten um gesellschaftliche Integration und nationale Identität

CLAUDIA LEPP

Zuwanderungen stellten für die Bundesrepublik seit ihrer Gründung eine politische und soziale Herausforderung dar und bargen zugleich Potential für wirtschaftliche, gesellschaftliche und kulturelle Veränderungen. Die Integrationsprozesse erfolgten in einer Gesellschaft, die fundamentale Wandlungen durchlief und nach dem verlorenen Weltkrieg, den Gebietsverlusten, der deutschen Teilung und den Verbrechen des Nationalsozialismus auf der Suche nach dem eigenen Selbstverständnis war.[1] Für den westdeutschen Protestantismus bedeuteten die Zuwanderungen Anlass zu humanitär-diakonischem Engagement, aber auch zu sozialethischer Stellung- und Einflussnahme. Bei Zuwanderern der eigenen Konfession stellte sich für die evangelischen Kirchen zugleich die Aufgabe, diese religiös und kirchlich zu integrieren.

Die Fragestellung

Die hier vorgestellte Fragestellung richtet ihren Fokus auf den protestantischen Beitrag zu den vielfältig miteinander verschränkten konfliktualen Debatten um Integration und Identität in der bundesdeutschen Aufnahmegesellschaft. Gezeigt wird, wie sich in diesen diskursiven Aushandlungsprozessen um Teilhabe und Zugehörigkeit ein Wandel in den protestantischen Gesellschaftsbildern, Geschichtsdeutungen und Nationsvorstellungen widerspiegelt.

Zunächst gilt es, die verwendeten analytischen Begriffe »Integration« und »Identität« zu klären. Nach den Ansätzen der historischen Migrationsforschung handelt es sich bei Integration um einen beiderseitigen, zumeist aber asymmetrisch verlaufenden Anpassungsprozess. Dieser alltägliche Anpassungsprozess vollzieht sich im wirtschaftlichen, gesellschaftlichen, kulturellen und mentalen

---

[1] Zur Suche nach einem nationalen Selbstverständnis, hier bezogen auf die formative Phase der Bundesrepublik, vgl. EDGAR WOLFRUM: Geschichtspolitik in der Bundesrepublik Deutschland. Der Weg zur bundesrepublikanischen Erinnerung 1948–1990, Darmstadt 1999, S. 56.

Bereich.² Er verläuft schrittweise und kann Generationen übergreifen. Im Zeitverlauf verblassen vorgebliche oder tatsächliche Unterscheidungsmerkmale zwischen Zuwanderern und Einheimischen sowohl hinsichtlich von Selbst- bzw. Fremdbeschreibungen als auch hinsichtlich sozialer und wirtschaftlicher Kriterien. Der langwierige Eingliederungsprozess ist zugleich Teil eines Wandels in der Wirtschaft, Gesellschaft, Politik und Kultur im Aufnahmeland. Integrationsprozesse verändern sowohl die zugewanderten Bevölkerungsgruppen als auch die Mehrheitsbevölkerung, auch wenn die Zuwanderer in der Regel die höhere Anpassungsleistung erbringen müssen. Für Zuwanderer bedeutet Integration ein permanentes Aushandeln von Chancen der wirtschaftlichen, politischen, rechtlichen und kulturellen Teilhabe. Für die Institutionen der Aufnahmegesellschaft stellt die Integration von Migranten ein wichtiges politisches Handlungsfeld dar.³ Gefährdet ist der Integrationsprozess immer dann, wenn Vorurteilsstrukturen systematisch mobilisiert werden und in xenophobe Bewegungen münden, die sich zu einer relevanten Kraft in der Politik entwickeln. Vom analytischen Begriff zu unterscheiden ist der historische Gebrauch der Begriffe »Integration« oder »Eingliederung«. Für den Untersuchungszeitraum kann von einer heterogenen Verwendungsweise und einer polyphonen Semantik des Integrationsbegriffes und somit von »Integrationen« ausgegangen werden, hinter denen durchaus widersprüchliche Integrationskonzepte stehen können.⁴

In Bezug auf »Identität« wird ein kulturalistisch-konstruktivistischer Ansatz gewählt, d. h. es wird nicht von essentialistischen, sondern von konstruktivistischen Identitätsvorstellungen ausgegangen. Der Identitätsbegriff wird rekonstruierend und nicht normierend verwendet.⁵ Identitäten werden durch diskursive Formationen und kulturelle Symbole ausgeformt und befestigt.⁶ Bei der nationalen Identität handelt es sich um »eine besondere Form kollektiver Identität im Sinne eines von einer Gruppe von Menschen geteilten Zusammenge-

---

² Vgl. zum Folgenden JOCHEN OLTMER: Migration im 19. und 20. Jahrhundert, München 2010, S. 6.

³ Vgl. auch zum Folgesatz Art. Integration, in: Lexikon der Vertreibungen. Deportation, Zwangsaussiedlung und ethnische Säuberung im Europa des 20. Jahrhunderts, hg. von DETLEF BRANDES, HOLM SUNDHAUSSEN und STEFAN TROEBST, Wien / Köln / Weimar 2010, S. 295–298.

⁴ Zur Nachkriegsgeschichte des Begriffs vgl. VOLKER ACKERMANN: Integration – Begriff, Leitbilder, Probleme, in: Zur Integration der Flüchtlinge und Vertriebene im deutschen Südwesten nach 1945. Bestandsaufnahme und Perspektiven der Forschung, hg. von MATHIAS BEER, Sigmaringen 1994, S. 11–26. – Ackermann verweist auch auf die Schwierigkeit, einen Integrationsbegriff zu formulieren, der frei von politischen Implikationen ist (a.a.O., S. 22).

⁵ Zur Unterscheidung vgl. JÜRGEN STRAUB: Personale und kollektive Identität. Zur Analyse eines theoretischen Begriffs, in: Identitäten, hg. von ALEIDA ASSMANN und HEIDRUN FRIESE, Frankfurt am Main 1998, S. 73–104, hier: 98.

⁶ Vgl. ALEIDA ASSMANN und HEIDRUN FRIESE: Einleitung, in: Identitäten, hg. von DENS., Frankfurt am Main 1998, S. 11–23, hier: 12.

hörigkeitsgefühls, das sich auf die Vorstellung einer Nation bezieht«.[7] Sie wird durch historische Prozesse geprägt und definiert sich vornehmlich durch Abgrenzung. Integrationsbezogene Identitätsdiskurse lassen sich beschreiben als »Besinnung auf kollektive Identitäten als Konstruktionen, die im Ressourcenkampf als Legitimations- und Definitionsmacht dienen.«[8] Fassbar werden diese Identitätsvorstellungen in Form von Inklusions- und Exklusionssemantiken.

Die grundlegende Fragestellung zielt auf die Wahrnehmung von Integrationsprozessen durch protestantische Akteure, Akteursgruppen und Institutionen. Sie fragt danach, welche theologische Deutungsmuster und sozialethische Konzepte seitens des Protestantismus in die Debatten der Aufnahmegesellschaft eingespeist wurden, aber auch welchen konkreten Einfluss er auf integrationspolitische Entscheidungen nahm und welche Strategien und Kanäle er hierfür wählte. Analysiert werden Vorstellungen von gesellschaftlicher Solidarität und kultureller Pluralität mit ihren jeweils zeit- und gruppenspezifischen Bezugnahmen auf die NS-Vergangenheit. Denn die Integrations- und Identitätsdebatten waren seitens des Protestantismus intensiv mit der theologischen und politischen Auseinandersetzung mit der NS-Vergangenheit verknüpft. Das formulierte Erkenntnisinteresse lässt sich in Bezug auf die Debatten nach einer Einwanderung in den gleichen Nationalverband, wie dies bei den deutschen Flüchtlingen und Vertriebenen der Fall war, aber auch in Bezug auf die Debatten nach einer Zuwanderung von ausländischen Arbeitsmigranten verfolgen.

Die Fragestellung kann auf verschiedene Untersuchungsfelder bezogen werden. Drei seien hier genannt: 1. Der Protestantismus in den Debatten über die Integration der Ostvertriebenen in die westdeutsche Gesellschaft, 2. Der Protestantismus und die Erinnerung an Heimat, Flucht und Vertreibung, und 3. Der Beitrag des Protestantismus zu Fragen der Zuwanderung und Integration von ausländischen Arbeitsmigranten. Zu den beiden letzten Feldern werden im Folgenden Forschungsdesigns entwickelt; auf das erste wird weiter unten von Felix Teuchert im Rahmen einer Fallstudie näher eingegangen.

---

[7] EUNIKE PIWONI: Nationale Identität im Wandel. Deutscher Intellektuellendiskurs zwischen Tradition und Weltkultur, Wiesbaden 2012, S. 46.

[8] MARITA KRAUSS: Das »Wir« und das »Ihr«. Ausgrenzung, Abgrenzung, Identitätsstiftung bei Einheimischen und Flüchtlingen nach 1945, in: Vertriebene in Deutschland. Interdisziplinäre Ergebnisse und Forschungsperspektiven, hg. von DERS., DIERK HOFFMANN und MICHAEL SCHWARTZ, München 2000, S. 27–39, hier: 33.

Der Protestantismus und die Erinnerung an Heimat, Flucht und Vertreibung

Erinnerungen, verstanden als spezifische und partielle Bezüge zur Vergangenheit, die Menschen »zur Konstruktion von Sinn, zur Fundierung ihrer Identität, zur Orientierung ihres Lebens« sowie »zur Motivierung ihres Handelns«[9] benötigen, sind wichtige »Faktoren der Vergesellschaftung und der Integration«[10]. Somit bezieht sich die hier vorgestellte Fragestellung darauf, ob und wie die Erinnerung der Ostvertriebenen an Heimat, Flucht und Vertreibung in das kulturelle Gedächtnis der Bundesrepublik aufgenommen wurde[11] und welche Rolle der Protestantismus dabei spielte[12]. Der protestantische Beitrag wird in die verschiedenen »Phasen des kollektiven Erinnerns«[13] an Heimat, Flucht und Vertreibung von der frühen Nachkriegszeit bis zum Beginn der 1980er Jahre einzuzeichnen sein. Es soll gezeigt werden, auf welche Art und Weise er sich daran beteiligte, die Verlusterfahrungen in »existierende Selbstbilder und gewachsene nationale Identitäten«[14] einzubinden. Hierzu sind drei miteinander verwobene Felder der Erinnerungskultur[15] in den Blick zu nehmen: die bundesrepublikanischen De-

---

[9] ALEIDA ASSMANN: Erinnerungsräume. Formen und Wandlungen des kulturellen Gedächtnisses, München 1999, S. 408.

[10] BIRGIT SCHWELLING: Heimkehr – Erinnerung – Integration. Der Verband der Heimkehrer. Die ehemaligen Kriegsgefangenen und die westdeutsche Nachkriegsgesellschaft, Paderborn u. a. 2010, S. 18.

[11] Seit Ende der 1990er Jahre beschäftigt sich die Geschichtswissenschaft mit der erinnerungskulturellen und geschichtspolitischen Dimension von »Flucht und Vertreibung«. Einen Überblick über die Neuerscheinungen gibt MAREN RÖGER: Ereignis- und Erinnerungsgeschichte von »Flucht und Vertreibung«, in: Zeitschrift für Geschichtswissenschaft 62 (2014), S. 49–64, hier: 60–64.

[12] Bislang nimmt nur eine Arbeit evangelische Akteursgruppen unter erinnerungspolitischer Perspektive in den Blick: CHRISTIAN LOTZ: Die Deutung des Verlusts. Erinnerungspolitische Kontroversen im geteilten Deutschland um Flucht, Vertreibung und die Ostgebiete (1948–1972), Köln, Weimar und Wien 2007. Lotz wählte in seiner Dissertation neben anderen Organisationen auch die Evangelische Kirche von Schlesien in der DDR und die westdeutsche Gemeinschaft evangelischer Schlesier als – allerdings sehr ungleiche – Untersuchungsobjekte. Für das Hilfskomitee macht er interessante Einzelbeobachtungen, jedoch erfasst er damit nur einen protestantischen Akteur in den erinnerungspolitischen Debatten, den er nicht zu den verschiedenen Strömungen im westdeutschen Protestantismus und zur Position der Evangelischen Kirche in Deutschland in Bezug setzt bzw. aufgrund der Forschungslage auch nicht setzen kann.

[13] HELGA HIRSCH: Flucht und Vertreibung. Kollektive Erinnerung im Wandel, in: Aus Politik und Zeitgeschichte 40/41 (2003), S. 14–26, hier: 23.

[14] ANDREAS HILGER und OLIVER VON WROCHEM: Einleitung, in: Die geteilte Nation. Nationale Verluste und Identitäten im 20. Jahrhundert, hg. von ANDREAS HILGER und OLIVER VON WROCHEM, München 2013, S. 1–8, hier: 8.

[15] Zusammenfassend zur »Erinnerungskultur« und den darauf bezogenen Forschungsmethoden vgl. SABINE MOLLER: Erinnerung und Gedächtnis. Version: 1.0, in:

batten um »Flucht und Vertreibung«, um »Heimat« sowie um die Bewahrung ostdeutscher Geschichte und Kultur.

Der evangelische Umgang mit dem Erinnerungsort »Flucht und Vertreibung«[16], d. h. dem Vorgang der Zwangsmigration, hatte von Beginn an zwei Dimensionen: eine ostpolitische sowie eine seelsorgerliche im Hinblick auf die Verarbeitung des mit der Vertreibung verbundenen menschlichen Leids. Für beide Dimensionen wurden (geschichts-)theologische Deutungsmuster im Spannungsfeld von eigener Schuld und fremdem Unrecht gefunden. Zu untersuchen ist, inwiefern die christlichen Deutungsangebote vom »Gericht Gottes«, dem »stellvertretenden Leiden« oder vom »Pilgrimsstand des Christen«, aber auch die geschichts- und identitätspolitische Forderung nach einer »Schuld- und Haftungsgemeinschaft« aller Deutschen eine integrierende Kraft hinsichtlich des Erinnerungsortes »Flucht und Vertreibung« entwickelten oder ob sie vielmehr eine Zerklüftung der Erinnerungslandschaft[17] in der Bundesrepublik forcierten. Denn der Verweis auf eigene Schuld und Verantwortung stand im Widerspruch dazu, wie die Vertriebenenverbände die Erinnerung an »Flucht und Vertreibung« ostpolitisch instrumentalisierten. Im Protestantismus stand der Diskurs über Flucht und Vertreibung bereits in der unmittelbaren Nachkriegszeit in einem Bezug zum Diskurs über die NS-Verbrechen.[18] Noch intensiver aber bezogen sich während der 1960er Jahre die Debatten über das NS-Unrecht und über die Vertreibung aufeinander. Dies wirft zwei Fragen auf: Erstens, ob durch die Diskursbezüge auch im Hinblick auf die Vertreibung ein Wechsel von metaphysisch-generalisierenden zu historisch-konkretisierenden Aussagen über Schuld und Verantwortung standfand. Und zweitens, inwiefern sich innerhalb des Protestantismus während dieser Zeit eine signifikante Schwerpunktverlagerung von der Erinnerung an die »deutschen Opfer« zur Erinnerung an die »Opfer der Deutschen« vollzog, die sowohl zu einer

---

Docupedia-Zeitgeschichte, 12.4.2010, http://docupedia.de/zg/Erinnerung_und_Ged.C3.A4chtnis?oldid=84601

[16] Nach Pierre Nora kristallisiert sich das kollektive Gedächtnis einer sozialen Gruppe an bestimmten Orten, wobei es sich bei einem »Erinnerungsort« um einen geographischen Ort, ein Ereignis, eine Institution u. a. handeln kann. In dem Sammelwerk »Deutsche Erinnerungsorte« schreiben Hahn/Hahn über die Erinnerungsorte »Flucht und Vertreibung« und der »deutsche Osten.« (EVA HAHN und HANS-HENNING HAHN: Flucht und Vertreibung, in: Deutsche Erinnerungsorte. Band 1, hg. von ETIENNE FRANÇOIS und HAGEN SCHULZE, München 2003, S. 335–351).

[17] A.a.O., S. 349 f.

[18] Vgl. HARTMUT RUDOLPH: Evangelische Kirche und Vertriebene 1945 bis 1972. Band 1 (Kirchen ohne Land. Die Aufnahme von Pfarrern und Gemeindegliedern aus dem Osten im westlichen Nachkriegsdeutschland. Nothilfe – Seelsorge – kirchliche Eingliederung) Göttingen 1984, S. 282–308. Zu den diskursiven Wechselwirkungen zwischen den deutschen Erinnerungsdiskursen über NS-Verbrechen und Vertreibung im politischen Bereich vgl. MATHIAS BEER: Flucht und Vertreibung der Deutschen. Voraussetzungen, Verlauf, Folgen, München 2001, S. 151 f.

Tabuisierung der traumatisierenden Erfahrungen der Vertriebenen als auch zu »moralisch fundierten Erinnerungen an ›Flucht und Vertreibung‹«[19] führen konnte. Bei der Klärung dieser Fragen kann auch die These von Manfred Kittel überprüft werden, die besagt, dass sich der Wandel der kollektiven Erinnerung an die Vertreibung aus dem Osten während der 1960er Jahre zunächst vor allem innerhalb des Protestantismus vollzogen habe.[20]

Eine zweite Perspektive richtet sich auf die protestantischen Deutungsangebote zu Heimat und Heimatverlust sowohl in der Flüchtlingsseelsorge[21] als auch in den gesellschaftlichen Debatten.[22] Innerhalb des zeitgenössischen Protestantismus lassen sich zwei gegenläufige Tendenzen finden: eine Mystifizierung und Sakralisierung von »Heimat« sowie deren Enttheologisierung.[23] Beides kann als eine Antwort auf den Umgang der Vertriebenen mit ihrer Verlusterfahrung, ihrer Heimatsehnsucht und ihrer Idealisierung der alten Heimat verstanden werden.

In den 1950er Jahre wurde der Heimatbegriff durch eine Geschichtspolitik vereinnahmt, die ihn zum Mittel des kollektiven Erinnerungsortes »deutscher Osten« machte. In ihm stand nicht mehr der individuelle Heimatverlust und das damit verbundene Leid im Mittelpunkt, sondern der nationale Verlust des »deutschen Ostens«.[24] Diese Diskussion um Heimat und das Recht auf die Heimat fand erst ab Ende des Jahrzehnts breiteren Eingang in den protestantischen Bereich, nachdem sie zunächst im katholischen, im juristischen sowie im politischen Feld geführt wurde. Es ist detailliert herauszuarbeiten, wie sich der Protestantismus zum individuellen und kollektiven »Recht auf Heimat« stellte[25], das von den Vertriebenenverbänden als politische Waffe im Kampf um territoriale Ansprüche eingesetzt wurde, für die Vertriebenen aber auch als »emotionaler Ausgleich« im schwierigen Integrationsprozess wirken konnte.[26] Während die

---

[19] HAHN, HAHN: Flucht, 2003, S. 349.

[20] MANFRED KITTEL: Vertreibung der Vertriebenen? Der historische deutsche Osten in der Erinnerungskultur der Bundesrepublik (1961–1982), München 2007, S. 25.

[21] Auf die wertvollen Quellen der Flüchtlingsseelsorge verweist HARTMUT RUDOLPH: Der Beitrag der kirchlichen Zeitgeschichte zur Flüchtlingsforschung – Hinweise und Fragen, in: Flüchtlinge und Vertriebene in der west-deutschen Nachkriegsgeschichte. Bilanzierung der Forschung und Perspektiven für die künftige Forschungsarbeit, hg. von RAINER SCHULZE, DORIS VON DER BRELIE-LEWIEN und HELGA GREBING, Hildesheim 1987, S. 245–251.

[22] In den Sozial- und Kulturwissenschaften wird Heimat heute mehrheitlich als ein vages, durch intakte Sozialbeziehungen im Raum symbolisiertes Selbst- und Repräsentationskonzept von Individuen verstanden.

[23] Beispiele hierfür finden sich bei RUDOLPH: Evangelische Kirche und Vertriebene 1945 bis 1972, Bd. 1, 1984, S. 309–319.

[24] Vgl. HAHN, HAHN: Flucht, 2003, S. 340 f.

[25] Vgl. hierzu u. a. JOACHIM BECKMANN (Hg.): Was sagt die Kirche zum Recht auf Heimat?, Stuttgart 1961. Der Band erschien in der Schriftenreihe »Kirche im Volk« des Kreuz-Verlages. Vgl. hierzu unten den Beitrag von Sabrina Hoppe in diesem Band, S. 221–226.

[26] Dies näher zu untersuchen fordert MARTIN GRESCHAT: »Mit den Vertriebenen kam Kir-

katholische Kirche das Recht auf die Heimat positiv formulierte, war eine theologische Untermauerung dieses Rechts in der evangelischen Kirche von Anfang an umstritten.[27]

Die öffentlichen und internen Diskussionen über protestantische Deutungsmuster von Flucht, Vertreibung und Heimat fanden auf Akademietagungen, Kirchentagen, Synoden, Rats- und Kammersitzungen sowie in der evangelischen Publizistik statt. Weitergegeben wurden sie in Gesprächen mit Vertriebenenverbänden, im Beirat für Vertriebene und Flüchtlingsfragen beim Bundesministerium für Vertriebene, Flüchtlinge und Kriegsgeschädigte und im Ostdeutschen Kulturrat, in denen Kirchenvertreter Sitz und Stimme hatten. Praktische Anwendung fanden die Deutungen in der Flüchtlingsseelsorge. In die allgemeine Öffentlichkeit drangen sie vornehmlich über kirchliche Erklärungen zur Flucht und Vertreibung, zu den Jahrestagen des Kriegsendes, zum Weltflüchtlingsjahr 1959 sowie mit der Ostdenkschrift[28]. Wichtige protestantische Akteure in den Deutungskonflikten um Flucht, Vertreibung und Heimat waren Herbert Girgensohn, Carl Brummack, Gerhard Gülzow, Walter Künneth, Friedrich Spiegel-Schmidt, Joachim Beckmann und Ludwig Raiser.

Einen dritten Schwerpunkt in diesem Themenfeld bildet der Anteil des Protestantismus an der Bewahrung ostdeutscher Geschichte und Kultur. Grundlage der Kultur- und Traditionspflege war Paragraph 96 des Bundesvertriebenengesetzes von 1953, das die Sicherung des »Kulturgut[es] der Vertreibungsgebiete« als eine gemeinsame Aufgabe von Bund und Ländern definierte. Die kulturellen Traditionen der ehemaligen deutschen Siedlungsgebiete im östlichen Mitteleuropa wurden damit zum erhaltenswerten Teil der deutschen Nationalkultur erklärt.[29] Die staatliche Förderung des ostdeutschen Kulturerbes gehörte zur »Suche nach einer deutschen Nationalidentität unter Rückgriff auf die Idee ei-

---

che«? Anmerkungen zu einem unerledigten Thema, in: Historisch-Politische Mitteilungen 13 (2006), S. 47–76, hier: 58 f.

[27] STEPHAN SCHOLZ: »Opferdunst vernebelt die Verhältnisse« – Religiöse Motive in bundesdeutschen Gedenkorten der Flucht und Vertreibung. In: Schweizerische Zeitschrift für Religions- und Kulturgeschichte 102 (2008), S. 287–313, hier: 301.

[28] Nicht mit Fragen der Geschichtspolitik und Erinnerungskultur beschäftigen sich die bisherigen Arbeiten zur Ostdenkschrift der EKD. Hier stand der Beitrag der evangelischen Kirche zur Neuen Ostpolitik und zum Versöhnungsprozess mit Polen im Zentrum des Interesses. Eine Darstellung der Vor-, Entstehungs- und innerkirchlichen Wirkungsgeschichte findet sich bei HARTMUT RUDOLPH: Evangelische Kirche und Vertriebene 1945 bis 1972, Bd. 2 (Kirche in der neuen Heimat. Vertriebenenseelsorge – politische Diakonie – das Erbe der Ostkirchen), Göttingen 1984/85. Wolfgang Huber untersuchte die Geschichte der Ostdenkschrift im Hinblick auf den sog. öffentlichen Auftrag der Kirche (WOLFGANG HUBER: Kirche und Öffentlichkeit, Stuttgart 1973; WOLFGANG HUBER: Kirche und Öffentlichkeit, München ²1991).

[29] MICHAEL PARAK: Von der ›Kultur der Vertreibungsgebiete‹ zur allgemeinen Kulturpolitik. Die Kulturförderung nach § 96 Bundesvertriebenengesetz, in: »Kräftig vorangetriebene Detailforschungen«. Aufsätze für Ulrich von Hehl zum 65. Geburtstag, hg. von RONALD LAMBRECHT und ULF MORGENSTERN, Leipzig / Berlin 2012, S. 421–453, hier: 424.

ner sämtliche ethnisch Deutsche integrierenden deutschen Kultur- und Abstammungsnation«[30]. Zugleich war Paragraph 96 Ausdruck der westdeutschen Vertriebenenpolitik der 1950er und 60er Jahre, die auf eine politische, wirtschaftliche und soziale Integration zielte, die kulturelle Eigenart der Vertriebenen aber als Zeichen für das Offenhalten der deutschen Frage bewahrt wissen wollte. Als ein »Schöpfer« dieses Paragraphen gilt der bekennende Protestant Ludwig Landsberg.[31] Von der intensiven Pflege des kulturellen Erbes der Ostvertriebenen als ein Bestandteil der deutschen Nationalkultur versprach er sich eine integrierende Wirkung, gerade auch noch in den 1960er Jahren, als die wirtschaftliche Integration als vollzogen erschien und die Vertriebenen vornehmlich als außenpolitischer Störfaktor wahrgenommen wurden.[32] Form und Umfang des protestantischen Einflusses auf die Ausgestaltung und Umsetzung dieses Paragraphen müssen noch genauer ermittelt werden,[33] wobei auch zu klären ist, wie sich das Verhältnis zu den Vertriebenenverbänden gestaltete, welche die Erinnerung an den »deutschen Osten« mit ostpolitischer revisionistischer Zielsetzung zu steuern suchten. Denn die ostdeutsche Erinnerungskultur konnte beides sein: Instrument einer Beheimatung und Demonstration eines territorialen Anspruchs.[34] Im Detail zu bestimmen ist die protestantische Beteiligung an der Planung von Denkmälern und Ausstellungen, der Einrichtung von Gedenkstätten und Museen, der Errichtung und Arbeit »ostdeutscher« Forschungs- und Kultureinrichtungen, der Einführung und Gestaltung der Ostkunde in den westdeutschen Schulen, der Einrichtung von Patenschaften für ostdeutsche Regionen und Städte sowie der Benennung von Straßen und Plätzen nach ostdeutschen Städten und Regionen.[35] Auf diese Weise lässt sich ermitteln, wie protestantisch die Erinnerungskultur an den »deutschen Osten« war, dessen Bevölkerung 1939 zu 66,7 % den evangelischen Kirchen angehörte.[36] Dass bei der Ein-

---

[30] KARIN POHL: Zwischen Integration und Isolation. Zur kulturellen Dimension der Vertriebenenpolitik in Bayern (1945–1975), München 2009, S. 332.

[31] Ludwig Landsberg (1911–1978), Dr. jur.; aus Schlesien vertrieben; leitete seit 1948 das Vertriebenenreferat im Arbeits- und Sozialministerium von Nordrhein-Westfalen, zuletzt als Ministerialdirigent; leitete jahrelang den Kulturausschuss der Arbeitsgemeinschaft der Landesflüchtlingsverwaltungen; ab 1965 Mitglied der Leitung der Evangelischen Kirche im Rheinland.

[32] Vgl. POHL: Zwischen Integration und Isolation, 2009, S. 436 f.

[33] Vgl. zu seiner Bedeutung bei der Formulierung des Paragraph 96 des BVFG http://www.siebenbuerger.de/zeitung/artikel/altearktikel/2365-schoepfer-des-paragraphen-96.html. Das dort Behauptete wäre noch quellenmäßig zu belegen. Laut Karin Pohl kam der Paragraph vor allem auf Betreiben von Theodor Oberländer in das BVFG. Vgl. POHL: Zwischen Integration und Isolation, 2009, S. 331–343.

[34] Vgl. SCHOLZ: »Opferdunst vernebelt die Verhältnisse«, 2008, S. 296–304.

[35] Vgl. zur Entwicklung der bundesdeutschen Erinnerungskultur an den »deutschen Osten« KITTEL: Vertreibung der Vertriebenen, 2007, S. 170–177.

[36] ROMAN HERZOG: Art. Ostgebiete, deutsche, in: Evangelisches Staatslexikon 1966, Sp. 1432.

flussnahme auf die öffentliche Erinnerungskultur konfessionelle Momente eine Rolle spielten, zeigt zum Beispiel der Kampf der Gemeinschaft evangelischer Schlesier gegen eine Katholisierung Schlesiens in der bundesdeutschen Erinnerungskultur.[37]

Die Beteiligung des Protestantismus an der als nationale Aufgabe definierten Pflege des »Kulturgut[es] der Vertreibungsgebiete« ist in Bezug zu setzen zu innerkirchlichen Intentionen und Maßnahmen der Bewahrung ostdeutscher kirchlich-religiöser Traditionen sowie der Geschichte der ostdeutschen Kirchen. Inwieweit gingen Liedgut, Frömmigkeits-, Gebets- und Gottesdienstformen aus den Vertreibungsgebieten in die religiöse Praxis der westdeutschen Landeskirchen ein?[38] Eine »Visualisierung von sakraler Kultur aus den Heimatgemeinden der Vertriebenen« fand während der 1950er Jahre nur sehr vereinzelt statt.[39] Lediglich in größeren städtischen Kirchen wurden Erinnerungstätten eingerichtet, etwa die Pommernkapelle in der St. Nikolai-Kirche in Kiel oder die Gedächtniskapelle in der Lübecker St. Marien-Kirche.[40] Auch nur selten wurden Kirchen in ostpreußischer oder schlesischer »Heimatbauweise« errichtet – Architektur wurde nur in sehr eingeschränktem Maße als Medium der Traditionspflege genutzt. Eine Archivierung der Überreste sowie die Fortführung der Kirchengeschichtsschreibung wurde im Laufe der 1950er Jahre gezielt in Angriff genommen.[41] Im Folgejahrzehnt fand dann im evangelischen Bereich eine Erbediskussion statt,[42] die nach ihren gesamtgesellschaftlichen Bezügen zu befragen ist.

Die kirchliche Traditionspflege wurde maßgeblich von den Hilfskomitees, vom Ostkirchenausschuss und dem Konvent vertriebener Ostkirchen getragen.[43] 1957 wurde das Ostkircheninstitut gegründet, 1961 der »Verein für ostdeutsche Kirchengeschichte e. V.«. Öffentlich zu Wort meldeten sich mit

---

[37] Vgl. LOTZ: Die Deutung des Verlusts, 2007, S. 114.
[38] Für das Ruhrgebiet konstatiert Traugott Jähnichen, dass sich kaum Hinweise auf eine Übernahme kirchlicher Traditionen der Ost-Flüchtlinge finden lassen. Vgl. TRAUGOTT JÄHNICHEN: Die Integration von evangelischen Migranten im Ruhrgebiet. Fallbeispiele für die Bedeutung von Frömmigkeitskulturen in Migrationsprozessen, in: Liturgie und Migration. Die Bedeutung von Liturgie und Frömmigkeit bei der Integration von Migranten im deutschsprachigen Raum, hg. von BENEDIKT KRANEMANN, Stuttgart 2012, S. 99–119.
[39] So der Befund von Wetzel für Schleswig-Holstein. Vgl. MARION JOSEPHIN WETZEL: Die Integration von Flüchtlingen in evangelische Kirchengemeinden. Das Beispiel Schleswig-Holstein nach 1945, Münster und New York 2009, S. 207.
[40] Vgl. a.a.O., S. 213 f.
[41] Vgl. RUDOLPH: Evangelische Kirche und Vertriebene 1945 bis 1972, Bd. 2, S. 294.
[42] Vgl. a.a.O., S. 306–308.
[43] Informationen hierzu finden sich in: A.a.O., S. 293–300, sowie in: EBERHARD SCHWARZ und GUSTAV BRAUN: Christliches Heimaterbe. Beiträge der Konfessionen zur Kultur- und Heimatpflege der deutschen Ostvertriebenen, hg. vom Evangelischen Ostkirchenausschuss (Hannover) und dem Katholischen Flüchtlingsrat in Deutschland (Würzburg). Hannover-Würzburg 1964, S. 21–40.

Blick auf die Traditionspflege vor allem Eberhard Schwarz, Harald Kruska, Oskar Söhngen und Friedrich Spiegel-Schmidt.

Der Beitrag des Protestantismus zu Fragen der Zuwanderung und Integration von ausländischen Arbeitsmigranten

Erst vor wenigen Jahren setzte die historische Forschung zur Bedeutung von Religion und Kirche für die Integration oder Desintegration von ausländischen Arbeitsmigranten in der Bundesrepublik Deutschland ein.[44] Bislang nicht untersucht wurden die protestantischen Beiträge zu den gesellschaftspolitischen Debatten über die Integration von Zuwanderern aus dem europäischen und nichteuropäischen Ausland. Dieses Thema wird inzwischen von der Beitragsautorin monographisch bearbeitet und dabei die Phase von der Anwerbung der ausländischen Arbeitskräfte bis zum Beginn der staatlichen Rückkehrerförderung in den Blick genommen.

Der Fragestellung folgend richtet sich der Fokus darauf, wie der Protestantismus diesen Migrationsprozess wahrnahm, wie er die damit verbundenen sozialen, politischen und kulturellen Herausforderungen definierte und welche Lösungsansätze er hierfür in die gesellschaftlichen Debatten einbrachte, deren mediale Höhepunkte zwischen 1965 und 1967, 1972 und 1974 sowie um 1980 lagen. Noch ist der protestantische Anteil an der »politischen Deutungskultur«[45] in Bezug auf dieses Themenfeld unbestimmt. Eine Analyse der Diskussionsverläufe kann zeigen, ob der kirchliche und öffentliche Protestantismus hier Agenda-Setter oder nur Verstärker anderer Akteure war, und inwiefern er mit seinen

---

[44] Für den evangelischen Bereich: UWE KAMINSKY: Integration der Fremden – Evangelische Kirche und Diakonie und die Eingliederung von Migranten nach Deutschland 1945 bis 1974, in: Auf dem Weg in »dynamische Zeiten«. Transformationen der sozialen Arbeit der Konfessionen im Übergang von den 1950er zu den 1960er Jahren, hg. von TRAUGOTT JÄHNICHEN, Berlin 2007, S. 221–252, hier: 233–243; THOMAS MITTMANN: Säkularisierungsvorstellungen und religiöse Identitätsstiftung im Migrationsdiskurs. Die kirchliche Wahrnehmung »des Islams« in der Bundesrepublik Deutschland seit den 1960er Jahren, in: Archiv für Sozialgeschichte 51 (2011), S. 267–289; BIANCA DÜMLING: Migrationskirchen in Deutschland. Orte der Integration, Frankfurt am Main 2011; UWE KAMINSKY: »Diaspora in der Diaspora«. Griechisch-orthodoxe Christen in der frühen Bundesrepublik, in: Tradierungsprozesse im Wandel der Moderne. Religion und Familie im Spannungsfeld von Konfessionalität und Pluralisierung, hg. von DIMITRIJ OWETSCHKIN, Essen 2012, S. 265–285.

[45] Zur »politischen Deutungskultur«, d.h. den kommunikativ vermittelten politischen Interpretationsangeboten vgl. KARL ROHE: Politische Kultur und der kulturelle Aspekt von politischer Wirklichkeit. Konzeptionelle und typologische Überlegungen zu Gegenstand und Fragestellung Politischer Kultur-Forschung, in: Politische Kultur in Deutschland. Bilanz und Perspektiven der Forschung, hg. von DIRK BERG-SCHLOSSER und JAKOB SCHISSLER, Opladen 1987, S. 39–49, hier: 42.

öffentlichen Positionierungen auch kirchenferne Christen sowie Nichtchristen erreichte.

Eine erste Quellensichtung lässt darauf schließen, dass die evangelische Kirche die Ausländerbeschäftigung seit 1955 positiv bewertete, da sie eine stärkere Heranziehung von Frauen mit Kindern in das Erwerbsleben und damit eine Veränderung in der Geschlechterordnung, wie sie Sarah Jäger in ihrem Beitrag beschreibt, verhindern sollte. Zugleich wurde die Arbeitsmigration mit dem Wirtschaftsaufschwung und einer auch von der Kirche gewollten europäischen Integration identifiziert. Die kirchliche, soziale und kulturelle Betreuung der zahlenmäßig rasant zunehmenden ausländischen Arbeitsmigranten eröffnete in den 1960er Jahren für die katholische, aber auch für die evangelische Kirche und ihre Wohlfahrtsverbände ein neues Tätigkeitsfeld. Die soziale Betreuung der griechisch-orthodoxen Arbeiter wurde im protestantischen Bereich zunehmend von grundsätzlichen Überlegungen zu den verschiedenen Aspekten von Migration und Integration begleitet. Diese Konzepte bezüglich Arbeitsmarkt, sozialstaatlicher Teilhabe, Bildung sowie Kultur sollen analysiert und ihr Eingang in die politischen und öffentlichen Debatten nachverfolgt werden. Zudem lässt sich auf diesem Themenfeld der allmähliche Positionswechsel des Protestantismus in sozialpolitischen Fragen beobachten, wie ihn auch Christiane Kuller in ihrem Beitrag konstatiert: Er erfolgte von einem konservativen, eher antiinterventionistischen Ansatz, den Felix Teuchert noch bei Hanns Lilje nachweist, zu einer Haltung, die sich aktiv für gestaltende Veränderungen durch den Staat einsetzt.

In den 1970er Jahren übernahm die evangelische Kirche gegenüber Staat und Gesellschaft die Interessensvertretung für die Arbeitsmigranten als einer randständigen Gesellschaftsgruppe, unabhängig von deren religiösem Hintergrund. Unter der Leitformel, aus »Gastarbeitern« sollen »Bürger« werden[46], forderte die Kirche für diese soziale, rechtliche und politische Integrationsperspektiven ohne kulturellen Assimilierungszwang. Hier lässt sich also – ähnlich wie im Bereich des Engagements für die sogenannte Dritte Welt – ein Wechsel von einem »humanitär-diakonischen« zu einem »advokatorisch-politischen Engagement« ausmachen.[47] Zu klären ist, welche konkreten Initiativen die evangelische Kirche und ihre Einrichtungen für eine Veränderung des Ausländerrechts unter-

---

[46] JÜRGEN MICKSCH (Hg.): Gastarbeiter werden Bürger. Handbuch zur evangelischen Ausländerarbeit, Frankfurt am Main 1978.

[47] Nach Ulrich Willems entwickelte die evangelische Kirche seit Mitte der 1960er Jahre ein verstärktes advokatorisches Engagement für randständige Gruppierungen (ULRICH WILLEMS: Bedingungen, Elemente und Effekte des politischen Handelns der Kirchen in der Bundesrepublik Deutschland, in: Verbände und Demokratie in Deutschland, hg. von ANNETTE ZIMMER und BERNHARD WETZEL, Opladen 2001, S. 77–105, hier: 95). Zeitgenössisch wurde der Begriff »Sozialanwaltschaft« verwendet (vgl. KAMINSKY: Integration der Fremden, 2007, S. 241).

nahmen; als ein Beispiel sei hier die Überarbeitung der vom Bundesarbeitsministerium seit 1970 diskutierten »Grundsätze zur Eingliederung ausländischer Arbeitnehmer« genannt. Die Zusammenarbeit mit politischen und staatlichen Akteuren auf diesem Feld soll genauer betrachtet und dabei auf die Konfliktbereitschaft kirchlicher Akteure gegenüber der jeweiligen Bundesregierung geachtet werden. Evangelische Institutionen, Akteursgruppen und Akteure wurden, so die These, zu gesellschaftlichen Promotern einer Integrationspolitik; sie setzten sich u. a. für Familiennachzug[48], kommunales Wahlrecht für Ausländer sowie bessere Bildungschancen für Kinder ausländischer Arbeitnehmer ein. Noch offen ist, inwiefern damit auch innerprotestantische Konflikte verbunden waren.

Theologische und sozialethische Reflexionen zur Migrationsthematik setzten auf evangelischer Seite verstärkt während der 1970er Jahre ein. Dabei wurden im Laufe der Zeit verschiedene Deutungs- und Argumentationsmuster für die Solidarität mit den Migranten entwickelte. Mögliche Ansatzpunkte für theologische Aussagen zur Migrationsfrage waren das biblische Liebesgebot gegenüber Fremden, die Universalität der christlichen Gemeinde oder der von Gott gerechtfertigte neue Mensch. Als ethische Bezugspunkte kamen infrage: soziale Gerechtigkeit, individuelle Menschenrechte oder eine historisch bedingte besondere deutsche Verantwortung gegenüber Fremden. Denn auch für diesen Integrationsdiskurs wurde die Auseinandersetzung mit der NS-Vergangenheit zu einer Bezugsdebatte. Das führte bei einigen Akteuren und Akteursgruppen dazu, dass Schuldgefühle mit einer ostentativen Ausländerfreundlichkeit kompensiert wurden. Ungeklärt ist, ob man sich auch auf theologische Deutungsmuster und integrationspolitische Vorstellungen, wie sie im Rahmen der Integration der Ostvertriebenen entwickelt wurden, zurückbezog oder ob dies dezidiert nicht erfolgte. In diesem Zusammenhang ist insbesondere auf generationelle Veränderungen und einen Wechsel von Meinungsführerschaften zu achten.

Kirchliche Stellungnahmen bezogen sich auch auf das Verhalten der bundesdeutschen Aufnahmegesellschaft gegenüber Arbeitsmigranten. Schon früh setzte sich die evangelische Kirche mit Problemen des Zusammenlebens von Ausländern und Inländern auseinander und versuchte fremdenfeindlichen Tendenzen in der Bevölkerung zu begegnen. Teile des Protestantismus beschäftigten sich analytisch mit der wachsenden ethnischen, kulturellen und religiösen Pluralität der bundesdeutschen Gesellschaft, wobei auch die Rezeption sozialwissenschaftlicher Konzepte eine Rolle spielte. Dies geschah vor dem Hintergrund eines sich innerhalb des Protestantismus seit Ende der 1960er Jahre vollziehenden Wechsels von einer rein ethnischen zu einer stärker politischen Nationsvor-

---

[48] Zu untersuchen wäre, inwieweit die Argumentationsmuster in der Frage des Familiennachzugs mit der allgemeinen Debatte über die Geschlechterordnung abgestimmt waren. Wurde hier eventuell mit traditionelleren Rollenbildern argumentiert als bei den Diskussionen über das Geschlechter- und Familienleitbild? Zum Wandel der Geschlechterrollen vgl. unten Beitrag von Sarah Jäger in diesem Band, S. 295–326.

stellung, was sich auch in der Abwehr von Diskursstrategien der Ungleichheit niederschlug. Offensiv thematisierten Kirchenvertreter schließlich einen sich in der Bevölkerung zwischen 1979 und 1982 vollziehenden Wandel in der Haltung gegenüber Ausländern und stigmatisierten die einsetzende politische Instrumentalisierung von Fremdenfeindlichkeit und homogenitätsorientierten Vorstellungen von nationaler Identität.[49]

Seit den 1970er Jahren wurde protestantischerseits das Deutungsmuster der »kulturellen Bereicherung« verwendet.[50] Die Ausländerthematik sollte mit Hilfe einer Verlagerung in den Kulturbereich positiv umgewertet werden. Der Wunsch, dem bisherigen Ausländerdiskurs in der Bundesrepublik eine andere Richtung zu geben, steht auch hinter dem Vorstoß, der am 24. September 1980 mit Thesen des Ökumenischen Vorbereitungsausschusses für den »Tag des ausländischen Mitbürgers« unternommen wurde. In den Thesen wurde die Bundesrepublik zur »multikulturellen Gesellschaft« erklärt, zu der u. a. auch die »Flüchtlinge aus den verschiedensten osteuropäischen Ländern mit eigenen kulturellen Traditionen und Bedürfnissen« gezählt wurden.[51] Mit dem Kulturparagraphen des Vertriebenengesetzes hatte dieses protestantisch inspirierte Konzept der multikulturellen Gesellschaft vordergründig aber wenig gemein: Stand hinter Paragraph 96 des BVFG die Idee einer alle ethnischen Deutschen integrierenden Nationalkultur, so ging die multikulturelle Gesellschaft davon gerade nicht mehr aus. Gemeinsam war ihnen jedoch eine Kulturalisierung der Integrationsdebatte. Von der Erklärung im September 1980 nahm die konfliktuale Multikulturalismusdebatte in der Bundesrepublik ihren Ausgang. Bereits zwei Jahre zuvor war von kirchlicher Seite öffentlich ausgesprochen worden, dass Deutschland für viele ausländische Menschen ein »Einwanderungsland« geworden sei, woraus die sozialen, politischen und rechtlichen Folgerungen gezogen werden sollten[52]. Mit diesen Debattenimpulsen wurden kirchliche Kräfte zu Agenda-Settern. Indes wurde dabei nur noch wenig religiös argumentiert.

Im Feld der Ausländerarbeit und der Ausländerpolitik erfolgte eine enge Kooperation zwischen evangelischer und katholischer Kirche, die anfänglich je-

---

[49] Vgl. z. B. Gesichtspunkte des Rates der EKD zur Ausländerfrage vom 6.5.1982, abgedruckt in: Kundgebungen. Worte, Erklärungen und Dokumente der EKD, Bd. 4: 1981–1991, hg. von HERMANN BARTH und UWE-PETER HEIDINGSFELD, Hannover 2002, S. 43–46.

[50] Vgl. z. B. Rundschreiben des Rates der EKD an die Leitungen der Gliedkirchen betr. Kirchliche Aufgaben für ausländische Arbeitnehmer und ihre Familien vom 5.4.1973, abgedruckt in: Kundgebungen. Worte, Erklärungen und Dokumente der EKD, Bd. 3: 1969–1980, hg. von JOACHIM E. CHRISTOPH, Hannover 1996, S. 120–122.

[51] Vgl. epd-Dokumentation 48/80 vom Oktober 1980: »Wir leben in der Bundesrepublik in einer multikulturellen Gesellschaft«, S. 47.

[52] Wort zum Tag des ausländischen Mitbürgers, abgedruckt in: Kundgebungen. Worte, Erklärungen und Dokumente der EKD, Bd. 3: 1969–1980, hg. von JOACHIM E. CHRISTOPH, Hannover 1996, S. 371.

doch, was die konkrete Betreuungsarbeit anbelangte, mitunter auch von Konkurrenzgedanken durchzogen war.[53] In Fragen der gesellschaftspolitischen Dimension der Zuwanderungsthematik schienen beide Kirchen seit Mitte der 1970er Jahre jedoch zu einem gemeinsamen Vorgehen zu finden, worauf der interkonfessionelle, seit 1975 bundesweit veranstaltete »Tag des ausländischen Mitbürgers« verweist, der auch einen starken medialen Widerhall fand. Diese Zusammenarbeit ist noch genauer zu untersuchen und zu klären, welche Bedeutung sie für das öffentliche Wirken der beiden Großkirchen in der Bundesrepublik hatte. Auf dem Feld der Ausländerpolitik schien sich – ebenso wie auf dem der Entwicklungshilfe – eine Gemeinsamkeit im Vorgehen abzuzeichnen, die später auch für andere Politikfelder handlungsleitend wurde.

Ein weiterer Aspekt, den es zu beachten gilt, sind potentielle Impulse aus der protestantischen Ökumene. Die Thematik »ausländische Arbeitnehmer« forderte eine europäische Zusammenarbeit der Kirchen geradezu heraus. Auf Initiative des Ökumenischen Rates der Kirchen wurde im Jahr 1964 der »Ausschuss der Kirchen für Fragen der ausländischen Arbeitnehmer in Westeuropa« gebildet, dem 15 Kirchen aus Aufnahme- und Herkunftsländern ausländischer Arbeitnehmer angehörten.

Um die Beiträge des Protestantismus zu den Themen »Ausländerarbeit« und »Ausländerpolitik« zu bestimmen, müssen die Hauptakteure in diesem Feld in den Blick genommen werden. Auf kirchlicher Seite waren dies das Kirchliche Außenamt der EKD sowie das Diakonische Werk. Gelegenheit zum Austausch und zur Netzwerkbildung bot die »Konferenz für Ausländerfragen«, die vom Außenamt seit 1957 zusammengerufen wurde. Neben Vertretern verschiedener kirchlicher und diakonischer Stellen nahmen daran auch Ministerialbeamte, Gewerkschaftler, Arbeitgeber, Journalisten sowie Wissenschaftler teil. Für die Koordination grundsätzlicher kirchlicher Stellungnahmen und Initiativen der europäischen Ausländerarbeit war der 1966 gegründete »Ausschuss der EKD für den kirchlichen Dienst an ausländischen Arbeitnehmern« zuständig. Ebenfalls auf diesem Feld aktiv war die Kammer für soziale Ordnung der EKD, die zwischen 1971 und 1974 an einer Denkschrift über »Ausländerbeschäftigung« arbeitete, die der Rat der EKD aber nicht zur Veröffentlichung freigab. Im Sozialwissenschaftlichen Institut der EKD wurde seit 1970 darüber nachgedacht, wie man die soziale und rechtliche Gleichstellung der ausländischen Arbeitnehmer politisch vorantreiben könne. Auch die Evangelischen Studentengemeinden entdeckten das Thema Anfang der 1970er Jahre für sich.

Institutionen und Gruppen übergreifende Diskussionen fanden im »Koordinierungskreis ›Ausländische Arbeitnehmer‹« beim Bundesministerium für Ar-

---

[53] In Bezug auf die Betreuung junger griechisch-orthodoxer Frauen vgl. MONIKA MATTES: »Gastarbeiterinnen« in der Bundesrepublik. Anwerbepolitik, Migration und Geschlecht in den 50er bis 70er Jahren, Frankfurt am Main / New York 2005, S. 22.

beit und Sozialordnung statt. Dort kamen u. a. Vertreter der Bundesministerien, Kirchen, Wohlfahrtsorganisationen, Gewerkschaften und Arbeitgeber zusammen. Um der Forderung nach einem kommunalen Wahlrecht für Ausländer Nachdruck zu verleihen und die gesellschaftliche Diskussion darüber anzuregen, verließen die Kirchen und ihre Wohlfahrtsverbände 1979 unter Protest diesen Koordinierungskreis. Ein Einflusskanal im Hinblick auf die staatliche Ausländerpolitik war der Bevollmächtigte des Rates der EKD am Sitz der Bundesrepublik Deutschland, dessen Rolle Stefan Fuchs in seinem Beitrag weiter ausführt. Der Bevollmächtigte konnte Stellungnahmen zu Gesetzesentwürfen weiterleiten, den Kontakt zu Ministerien oder zum Beauftragten der Bundesregierung für Ausländerfragen herstellen und Gespräche mit Parteien initiieren. In Fragen des Aufenthaltsrechts, der Familienzusammenführung, der Bildungspolitik sowie der Bekämpfung von Ausländerfeindlichkeit arbeitete die evangelische Kirche auch mit den Gewerkschaften zusammen.

Öffentliche Diskussionen über die »Gastarbeiterthematik« wurden in den Evangelischen Akademien und auf den Kirchentagen seit den 1960er Jahren geführt. War für die frühen Debatten über die Integration der Ostvertriebenen die Evangelische Akademie Hermannsburg/Loccum ein zentraler Ort, wie Felix Teuchert in seinem Beitrag zeigt, so fanden sozialethische Diskussionen über die Probleme ausländischer Arbeitnehmer während der 1960er Jahre vor allem in der Evangelischen Akademie in Hessen und Nassau (Arnoldshain) statt. Dies lässt sich mit dem hohen Anteil an ausländischen Arbeitnehmern im Rhein-Main-Gebiet erklären. In Hessen entstand auch die Idee zum »Tag des ausländischen Mitbürgers«. Ein wichtiger Protagonist in den Debatten war der in Breslau geborene evangelische Theologe und promovierte Soziologe Jürgen Micksch, der seine soziologische Expertise in die kirchliche Arbeit einbrachte. Er wirkte von 1974 bis 1984 als Ausländerreferent im Kirchlichen Außenamt der EKD in Frankfurt am Main und war von 1974 bis 1995 Vorsitzender des Ökumenischen Vorbereitungsausschusses zum »Tag des ausländischen Mitbürgers«. Micksch gilt als Schöpfer des Begriffs »multikulturelle Gesellschaft«. Wie stark er und welche anderen Akteure die Debattenbeiträge des Protestantismus zu Fragen der Zuwanderung und Integration von ausländischen Arbeitsmigranten prägten, gilt es herauszufinden. Bei der Bearbeitung der vorgestellten Themenfelder können die Besonderheiten des jeweiligen historischen Kontextes und die Verschränkung der Debatten mit je spezifischen ethischen und politischen Problemstellungen ermittelt werden. Zugleich lassen sich auf dieser Grundlage Aussagen darüber machen, inwiefern die protestantischen Debattenbeiträge zur Integration der fremden Deutschen und der nichtdeutschen Fremden miteinander verknüpft waren oder hinsichtlich Akteuren, Gesellschaftsbildern und theologischen Deutungsmustern differierten. An den Integrationsdebatten lässt sich sowohl eine Pluralität bereits im frühen bundesdeutschen Protestantismus herausarbeiten, wie dies im Beitrag von Felix Teuchert geschieht, als auch ein Wechsel in den protestantischen Meinungsführerschaften während der langen 1960er Jahre[54], auf den bereits Martin Greschat hingewiesen hat[55], und der einen Abschied vom lange Zeit dominierenden Nationalprotestantismus einschloss.

---

[54] Zum Forschungsansatz der »langen 1960er Jahre« als einer Wendezeit vgl. ULRICH HERBERT: Wandlungsprozesse in Westdeutschland. Belastung, Integration und Liberalisierung 1945–1980, Göttingen 2002.

[55] MARTIN GRESCHAT: Protestantismus und Evangelische Kirche in den 60er Jahren, in: Dynamische Zeiten. Die 60er Jahre in den beiden deutschen Gesellschaften, hg. von AXEL SCHILDT, DETLEF SIEGFRIED und KARL CHRISTIAN LAMMERS Hamburg 2000, S. 544–581, bes.: 547 f. und 553 f.

Protestantische Kommunikationsformen

CHRISTIAN ALBRECHT

Protestantische Voten in den ethischen Debatten der alten Bundesrepublik lassen ein doppeltes Grundinteresse erkennen. Zum einen zielten sie darauf, in konkreter, konstruktiver Weise Realisierungsformen des Christlichen in der modernen Gesellschaft zu beschreiben. Zugleich stand im Hintergrund aber immer auch das Interesse an einer kritischen Selbstreflexion des zeitgenössischen Protestantismus über die eigene, angemessene Rolle in der modernen Gesellschaft. Konstruktive Gesellschaftsgestaltung und theologische Selbstkritik sind in den protestantischen Voten niemals voneinander zu trennen, sondern eng miteinander verwoben. Diese Verbindung führte zur Herausbildung förmlicher Kommunikationsgeflechte, in denen sich die Beteiligung des Protestantismus an den ethischen Debatten der alten Bundesrepublik vollzog. Als solche spezifischen Kommunikationsformen schufen sich ihre eigenen publizistischen Foren, diskursiven Einrichtungen und sozialen Orte. Die grundlegende Fragestellung richtet den Blick auf solche Kommunikationsformen mit ihren medialen, institutionellen und sozialen Realisierungen und achtet dabei ebenso auf die Verwobenheit von protestantischem Gegenwartsgestaltungsinteresse und protestantischer Selbstsuche wie auf das wechselseitige Bedingungsgefüge von Akteuren, Medien und Orten der Kommunikation.

1. Die Fragestellung: Gestaltungswille und Selbstreflexivität bei Akteuren, Orten und Medien der Kommunikation

Die grundlegende Fragestellung *Protestantische Kommunikationsformen* als ein spezifischer Zugang zu dem Themenfeld »Der Protestantismus in den ethischen Debatten der Bundesrepublik 1949–1989« stellt die komplexe Frage nach der Bedeutung des Protestantismus in der Bundesrepublik in einer bestimmten, zunächst ganz formal gefassten Hinsicht. Auffällig ist, dass die vielfältigen protestantischen Beteiligungen an den ethischen Debatten der alten Bundesrepublik nicht nur eine gestalterische, sondern stets zugleich eine selbstreflexive Stoßrichtung hatten. Bei näherem Hinsehen zeigt sich, dass die protestantischen Stellungnahmen recht durchgehend durch ein solche doppelte Zielrichtung gekennzeichnet sind.

Zum einen sind die kommunikativen Anstrengungen des Protestantismus dadurch motiviert, dass man einen regelrechten Anspruch an die protestantischen Institutionen und Akteure zu spüren vermeinte, dem christlichen Auftrag zur Weltgestaltung als einem »Öffentlichkeitsauftrag« des Protestantismus auf eigene Weise nachzukommen. Diesem von außen entgegenkommenden, aber auch aus dem Inneren des Protestantismus hervorgehenden Anspruch galt es gerecht zu werden – auch und gerade unter den Bedingungen der Unterstellung relativer moralischer Integrität, der den protestantischen Kirchen und Akteuren nach 1945 entgegenschlug. Insofern ging es in den protestantischen Voten zu ethisch prekären Streitfragen stets darum, in konstruktiver Weise angemessene Realisierungsformen des Christlichen in der modernen Gesellschaft zu umreißen und für diese einzutreten. Damit zielte die protestantische Beteiligung an den ethischen Debatten auf die Gestaltung der Gesellschaft, ja: sie erstrebte eine mittelbare oder unmittelbare Wirkung auf die politischen Entscheidungen, deren Notwendigkeit die ethischen Debatten ausgelöst hatte.

Zum anderen und zugleich zeigt sich – nicht zuletzt in der Wahrnehmung der innerprotestantischen Umstrittenheit nahezu einer jeden Option, die in den ethischen Debatten als protestantische Position auftaucht –, dass die protestantischen Akteure den vielfältigen Herausforderungen durch die schnell an Geschwindigkeit und Taktzahl gewinnenden ethischen Debatten nicht ohne weiteres gewachsen waren. Alles andere als unumstritten waren zum Beispiel die sogenannten theologischen »Gründe« oder »Fundierungen«, aus denen heraus argumentiert werden könnte. Drängend wurde dieses Problem etwa in der Zuspitzung auf die Frage nach dem Verhältnis zwischen Protestantismus und Gesellschaft, die als klärungsbedürftige Frage schnell immer dann mitschwang, wenn nicht nur über Positionen, sondern überhaupt über die angemessene Beteiligung des Protestantismus an ethischen Debatten gestritten wurde. Welches Maß an Zuwendung zu diesen gesellschaftsrelevanten Themen bzw. an Distanz gegenüber tagespolitischen Aufgeregtheiten sollte gelten? Als eine weitere Schwierigkeit erwies sich aber auch das weitgehende Fehlen eines systematischen und in praktische Konsequenzen zu überführenden Konzeptes publizistischer bzw. medialer protestantischer Öffentlichkeitsarbeit. Und dass schließlich nicht nur in der Außenwahrnehmung, sondern auch innerprotestantisch notorisch unklar war, wer im Namen des Protestantismus sollte Gehör finden und beanspruchen dürfen – Kirchenführer, Kirchengremien, Theologen, Individuen? –, verkompliziert die Lage noch einmal zusätzlich. Protestantische Voten in den ethischen Debatten waren darum niemals nur Plädoyers für die Gestaltung der Gesellschaft – vielmehr waren sie stets auch Voten einer kritischen Selbstaufklärung des zeitgenössischen Protestantismus über seine eigene Funktion in der modernen Gesellschaft.

Gesellschaftliches Gestaltungsinteresse und theologische Selbstkritik bildeten also in den protestantischen Beiträgen zu den ethischen Debatten einen Zusammenhang, mit dem sich das Bemühen um neue Kommunikationsformen mit der Suche nach zeitgemäßen Wirkungskanälen jenseits überkommener kirchlicher Strukturen verbindet. Das zeigt sich, wie die Beobachtung der kommunikativen Beteiligung des Protestantismus an den ethischen Debatten der Bundesrepublik erkennen läßt, im Blick auf Akteure der Kommunikation, auf Medien der Kommunikation und auf Orte der Kommunikation.

Aussagekräftig werden diese Blickrichtungen allerdings erst dann, wenn sie Einsichten in interne Verknüpfungen ermöglichen. So muss bei der Frage nach den Akteuren der Kommunikation damit gerechnet werden, dass diese sich neue Orte oder neue Medien der Kommunikation erschließen. Die Aufmerksamkeit für Medien der Kommunikation muss die Aufmerksamkeit für neue Akteursgruppen ebenso wie für neue Orte einschließen. Und achtet man auf Orte der Kommunikation, so schließt das die Offenheit für neue oder zumindest bislang weniger gründlich beachtete Akteursgruppen und Kommunikationsmedien ein.

Damit sind die beiden inhaltlich begründeten und zugleich heuristisch bestimmenden Aspekte der grundlegenden Fragestellung *Protestantische Kommunikationsformen* genannt: Protestantische Voten in den ethischen Debatten müssen gleichermaßen unter dem Aspekt ihres gesellschaftlichen Gestaltungswillens wie ihrer Selbstreflexivität in Bezug auf die Rolle des Protestantismus in der Gesellschaft betrachtet werden. Und die klassischen Ebenen des Akteursbezuges, des Medienbezugs und des Ortsbezuges müssen miteinander verschränkt werden.

2. Gegenstände der Untersuchung:
Netzwerke, Foren, Kommunikationsmittel

Die Beobachtung der protestantischen Beteiligung an den ethischen Debatten der alten Bundesrepublik legt es nahe, die protestantischen Kommunikationsformen in drei inhaltlichen Hinsichten näher zu beleuchten – im Blick auf kommunikative Netzwerke, auf Orte der Kommunikation und auf Kommunikationsmittel. Das soll kurz erläutert werden.

Die kommunikative Beteiligung des Protestantismus an den ethischen Debatten vollzieht sich als ein Engagement von Netzwerken. Diese mögen explizter oder informeller Natur sein, sie mögen durch das Wiederaufleben älterer Verbindungen entstehen oder sich neu konstituieren, sie mögen sich positionellen oder historischen, sozialen oder intellektuellen Konstitutionsmerkmalen verdanken – kennzeichnend für die Beteiligten ist stets das belastbare Bewusstsein der Verbundenheit untereinander. Für die – bislang noch recht wenig untersuchten – personalen Netzwerke der alten Bundesrepublik und hier insbesondere der Nachkriegszeit ist zudem charakteristisch, dass sie Foren brauchen, um sich zu substantiieren – und umgekehrt zeigt sich, dass diese Foren auf Netzwerke müssen zurückgreifen können, um dauerhaft und wirkungsvoll bespielt werden zu können. Welche Motive leiten protestantischen Akteure, wie kommen sie untereinander ins Gespräch, wie verschaffen sie sich öffentliches Gehör, welche Foren bilden sie sich und durch welche Foren werden sie gefordert, wie reagieren sie auf Resonanzen?

Ein weiteres, markantes Kennzeichen der protestantischen kommunikativen Beteiligung an den ethischen Debatten bildet die Auseinandersetzung mit den veränderten Strukturbedingungen der Öffentlichkeit in der bundesdeutschen Nachkriegsgesellschaft, die insbesondere in der Entstehung des öffentlich-rechtlichen Rundfunks ihren markanten Ausdruck fanden. Die Suche nach einer angemessenen protestantischen Beteiligung an dem neuen öffentlich-rechtlichen Mediensystem war durch eine bemerkenswerte Problemlage ausgezeichnet und gewann schnell eine recht grundsätzliche Dimension. Denn es zeigte sich rasch, dass die alten Paradigmen einer kirchlichen Verkündigung im je aktuellen publizistischen oder medialen Gewand nicht mehr ohne weiteres funktionierten. Maßgeblich für die öffentliche Präsenz des Protestantismus im Rundfunk wurde immer weniger dessen Selbstdarstellung in den verschiedenen Formen des »Kirchenfunks«, dafür um so mehr die Berichterstattung über den Protestantismus in den verschiedenen Nachrichtensendungen. An die Stelle der Selbstpräsentation trat zunehmend die Außenwahrnehmung. Für die protestantischen Akteure bedeutete dies eine massive und nicht zu unterschätzende Umstellung eingespielter Gewohnheiten. Dass es sich dabei nicht um ein marginales Problem handelte, zeigt der Umstand, dass die protestantische Reflexion auf diese Problemlage rasch zur grundsätzlichen Frage nach dem Verhältnis von Protestantismus und Gesellschaft avancierte. Im Blick auf die protestantische Beteiligung an den ethischen Debatten gewann diese grundsätzliche Frage aber wieder ein pragmatisches Format: Wie kommen protestantische Stellungnahmen zu ethischen Fragen in der neuen Medienlandschaft vor, welche Formen der Herstellung von Öffentlichkeit streben protestantische Akteure an, wie reagieren sie auf die mediale Veröffentlichung ihrer Positionen?

Schließlich wirft die Beobachtung der Beteiligung des Protestantismus an den ethischen Debatten auch die Frage nach der Mediennutzung nahe. Diese Frage muss allerdings in einem spezifischen Sinne gestellt werden – nämlich weniger als Frage nach den Medien selbst, sondern in einem distinkten Sinne als Reflexion auf die Nutzung von Medien. Von Bedeutung sind nicht schon die Medien als solche, von Bedeutung ist noch nicht einmal in erster Linie die protestantische Inanspruchnahme dieser Medien, sondern aussagkräftig für den Protestantismus der Zeit sind die diese Inanspruchnahme der Medien begleitenden Überlegungen: Was kommt in diesem oder jenem Medium inhaltlich zum Ausdruck bzw. sollte zum Ausdruck kommen? Diese zwar recht spezielle, für das gesellschaftliche Selbstverständnis des Protestantismus in der jungen Bundesrepublik allerdings recht aufschlussreiche Frage kann am besten anhand eines eher fernliegenden Mediums verfolgt werden, der Architektur von Kirchenneubauten. Die Konzentration auf die architektonische Formensprache als Medium hat den Vorzug, dass die ästhetischen Eigenlogiken des Mediums im Vergleich zu eingespielteren Medien leichter abgeblendet werden können – und dass die die gesellschaftliche Rolle des Protestantismus erschließenden Fragen um so eher in den Vordergrund treten können: in welchem Maße und in welcher Konkretion sollen protestantische Optionen für gesellschaftliche Gestaltung und umgekehrt die gesellschaftliche Geprägtheit des protestantischen Selbstverständnisses auch in der Architektur der Kirchenbauten ihren Ausdruck gewinnen? Nicht das Medium – die Architektur – selbst, sondern die Debatten um die Nutzbarkeit des Mediums bilden mithin den Gegenstand dieser Perspektive.

Damit sind die eingangs genannten heuristisch bestimmenden Aspekte der Leitperspektive mit den aus der Beobachtung der protestantischen Beteiligung an den ethischen Debatten gewonnenen, zentralen inhaltlichen Hinsichten auf Netzwerke, auf Foren und auf Kommunikationsmittel verbunden. Im nächsten Abschnitt werden nun mögliche, näher auszuarbeitende Konkretionen jener Verbindung von heuristischen und inhaltlichen Hinsichten beschrieben. Auch wenn sie selbstverständlich keine vollständige Vermessung des Feldes der protestantischen Kommunikationsformen in den ethischen Debatten der Bundesrepublik leisten können, erheben sie durchaus den Anspruch, exemplarische Konkretisierungen zu leisten. Denn sie lassen jeweils auf eine idealtypische Weise, wenn auch in unterschiedlichen und das Feld noch einmal differenziert zeigenden Nuancierungen die Verflechtungen erstens von protestantischem Gestaltungswillen und protestantischer Selbstreflexivität erkennen (s. o. 1), zweitens von Akteuren, Medien und Orten der Kommunikation (s. o. 1) und drittens von kommunikativen Netzwerken, kommunikativen Foren und kommunikativen Mitteln (s. o. 2).

3. Mögliche exemplarische Konkretionen

a) Neue Foren: Kommunikation in Netzwerken

Die erste dieser möglichen Konkretionen nimmt *Akteursgruppen* protestantischer Kommunikation in den Blick. Dabei ist eine doppelte Fragestellung leitend, indem zum einen die Vernetzung dieser Akteursgruppen in publizistischen Projekten in den Blick kommt, zum anderen ihr Wirken in Foren des gesellschaftlichen Engagements des Protestantismus, wie etwa dem Deutschen Evangelischen Kirchentag und den evangelischen Akademien.

Was zunächst die publizistischen Kommunikationsformen betrifft, so zielt die Konkretion auf Personen im Umfeld zweier Verlage, die der protestantischen

Selbstverständigung in ethischen Diskursen besonders verpflichtet waren, dem Radius- und dem Kreuz-Verlag.

Der Radius-Verlag wurde 1962 von dem Theologen *Horst Bannach* (1912–1980) gegründet, um gerade die gesellschaftliche und politische Reflexionskultur des Protestantismus durch interdisziplinäre Vernetzung zu befördern. Dieses Ziel verfolgte er auch als Generalsekretär der neugegründeten ›Evangelischen Akademikerschaft‹ (seit 1955), die sein Wirken in der Deutschen Christlichen Studentenvereinigung – gemeinsam mit Eberhard Müller und Martin Fischer – sowie in der ›Bekennenden Kirche‹ während des Nationalsozialismus fortsetzte. Vom gesellschaftlich-politischen Profil des Radius-Verlags zeugen etwa die Schriftenreihe ›Der Kreis‹, in der sowohl aktuelle Debatten[1], prinzipielle Erwägungen zur Rolle des Christentums in der Gesellschaft[2] oder Beiträge einzelner Protagonisten solcher Diskurse[3] einen Ort finden sollten, sowie die Zeitschrift ›Radius. Die Kulturzeitschrift zum Weiter-Denken‹ (1955–1972, aufgegangen in das Folgeorgan ›Das Plateau‹).

Der Kreuz-Verlag spielt für die Vermittlung ethischer Positionen des Protestantismus vorrangig wegen seiner großen lexikalischen Projekte eine bedeutende Rolle. Hier ist etwa die Zeitschrift ›Evangelische Kommentare‹ oder das ›Evangelische Staatslexikon‹ zu nennen, an erster Stelle aber das ›Evangelische Soziallexikon‹ das 1954 in erster Auflage von *Friedrich Karrenberg* herausgegeben wurde. Der im Auftrag des ›Deutschen Evangelischen Kirchentags‹ tätige Herausgeber – Mitglied der Landessynode der Evangelischen Kirche im Rheinland, Leiter der Arbeitsgruppe ›Wirtschaft‹ des Deutschen Evangelischen Kirchentags – gibt in seiner Person das beste Beispiel dafür ab, wie eng publizistische und kirchliche Aktivitäten, das Interesse an gesellschaftlicher Gestaltung und protestantischer Selbstverständigung ineinander verflochten sein können. Ähnliches gilt von Figuren wie *Klaus von Bismarck* (Leiter des Sozialamts der Evangelischen Kirche von Westfalen in Villigst; Präsident des Deutschen Evangelischen Kirchentags; Intendant des WDR in Köln; Mitglied im Redaktionsausschuss des ›Evangelischen Soziallexikons‹), *Martin Fischer* (Präsident der Kirchenkanzlei der EKU; Mitglied des Verfassungsausschusses der EKD; Mitglied im Herausgeberkreis ›Evangelische Kommentare‹) oder *Hermann Kunst* (Vorsitzender der 1948/49 gegründeten Evangelischen Sozialakademie Friedewald; Bevollmächtigter der EKD am Sitz der Bundesregierung in Bonn; Herausgeber des erstmals 1966 erschienenen ›Evangelischen Staatslexikons‹).

---

[1] Vgl. etwa zur Diskussion um § 218 WENDELIN REICHERT (Hg.): Sittenstrafrecht im Umbruch. Erwägungen zu einem neuen Strafgesetz, Heft 8, Stuttgart 1968.

[2] Vgl. HORST BANNACH (Hg.): Glaube und öffentliche Meinung. Der Beitrag christlicher Verbände zum politischen Entscheidungsprozeß, Heft 26, Stuttgart 1970.

[3] Vgl. MARTIN FISCHER: Wer glaubt, muss kämpfen. Verantwortung an Fronten, Stuttgart 1967.

Diese und weitere mit den beiden Verlagen verbunden Personen – etwa Eberhard Müller, Gründungsdirektor der evangelischen Akademie Bad Boll, Vorsitzender der Kammer für soziale Ordnung der EKD, Mitglied der EKD-Synode[4] – sind nun nicht allein im Blick auf publizistische Aktivitäten, sondern auch im Blick auf die zweite Perspektive der Konkretion zentral. Sie zielt auf deren Rolle bei Aufbau und Gestaltung öffentlicher Foren, die den gesellschaftlichen Beitrag der Kirche in den Diskurszusammenhang von Politik, Wissenschaft, Wirtschaft und Kultur einzubringen versuchten, wie etwa den Deutschen Evangelischen Kirchentag, Evangelische Akademien oder die Evangelische Akademikerschaft.[5] Der Fokus liegt hier, das sei betont, bei dem *Aufbau* der Netzwerke, nicht bei den Kommunikationsorten selbst, die in anderen und späteren Zusammenhängen der Forschungsarbeit stärker in den Blick genommen werden sollen.

Der methodische Zuschnitt der akteursbezogenen Fragestellung des Teilprojekts berührt sich mit dem sozialwissenschaftlichen Programm der Netzwerkanalyse. Allerdings besteht zwar Übereinstimmung mit dem netzwerktheoretischen Grundanliegen, »individuelle Akteure aus der Eindimensionalität personenzentrierter Erzählstränge zu befreien und sie in ihr strukturelles Umfeld einzubetten«[6], darüber hinaus aber ist die Konkretion eher an der Erschließung der biographischen Verläufe, sowie den Motiven, Intentionen und Formen des Wirkens jener Personen orientiert.

Mit dem leitenden Interesse an Akteuren und den durch ihre Vernetzung etablierten Kommunikationsformen ethischer Bildungs-, Gesprächs- und Informationsinitiativen will die Konkretion nicht nur zur Behebung des Defizits beitragen, welches die jüngere zeitgeschichtliche Forschung zur Erhellung wichtiger Biographieverläufe in der bundesrepublikanischen Christentumsgeschichte notieren konnte. In diesem Sinne hielt Thomas Sauer 1999 fest: »Fundierte biographische Studien, die nicht nur die Lebensgeschichten von wichtigen Akteuren der evangelischen Kirche nach dem Zweiten Weltkrieg nachzeichnen, sondern auch deren soziale und ideelle Herkunft untersuchen, sind nach wie vor ein De-

---

[4] Neben vereinzelten Beiträgen in Schriftenreihen des Kreuz-Verlages ist Müllers Mitarbeit sowohl beim ›Evangelischen Soziallexikon‹, als auch beim ›Evangelischen Staatslexikon‹ zu erwähnen.

[5] Vgl. zur Bedeutung der Kommunikationsformen von Akademien und Kirchentagen für die gesellschaftliche Rolle des Protestantismus TRAUGOTT JÄHNICHEN: Kirchentage und Akademien, in: Gesellschaftspolitische Neuorientierungen des Protestantismus in der Nachkriegszeit (Bochumer Forum zur Geschichte des sozialen Protestantismus 3), hg. von DEMS. und NORBERT FRIEDRICH, Münster 2002, S. 127–144.

[6] MORTEN REITMAYER und CHRISTIAN MARX: Netzwerkansätze in der Geschichtswissenschaft, in: Handbuch Netzwerkforschung, hg. von CHRISTIAN STEGBAUER und ROGER HÄUSSLING, Wiesbaden 2010, S. 869–880, hier: 876. Damit gilt für den methodischen Zuschnitt der Konkretion, was die neuere Netzwerkforschung im Blick auf deren Rezeption in der Geschichtswissenschaft feststellen konnte, dass es sich hier mehr um die Übernahme von »Argumentationsfiguren und Grundannahmen der Netzwerktheorie handelt«, als um »Netzwerkanalysen im strengen sozialwissenschaftlichen Sinne« (a.a.O., S. 869).

siderat der Protestantismusforschung.«[7] Hinzu kommt die Funktion dieser Konkretion im Ensemble anderer Konkretionen und Fragestellungen. Mit zentralen Akteuren der protestantischen Beteiligung an ethischen Debatten gelangen hier jene Personen in den Blick, die auch in anderen Überlegungen zum Protestantismus wieder begegnen werden, wenngleich dort mit dem methodischen Fokus auf Sachfragen und Diskursthemen als solchen.

b) Neue Sitten: Kommunikation in öffentlich-rechtlichen Mediensystemen

Analysiert die zuerst genannte Konkretion insbesondere *Akteure* protestantischer Kommunikation, so widmet sich die nun zu umreißende mögliche Konkretion unter Rekurs auf die Medien des Hörfunks und des Fernsehens vor allem den *gesellschaftlichen und theologischen Strukturbedingungen* der kommunikativen Beteiligung des Protestantismus an den ethischen Debatten. Die Themenstellung dieser Konkretion zielt auf zwei miteinander verbundene Fragen. Zum einen gilt es zu klären, welches Öffentlichkeitsverständnis und welche Medienstrategien in protestantischen Beiträgen zu ethischen Diskursen von 1949 bis 1989 begegnen, zum anderen ist der Frage nachzugehen, welches Selbstverständnis protestantischen Christentums dabei jeweils implizit leitend ist oder explizit ausgebildet wird. Die Forschungshypothese der hier verfolgten Fragestellung nach den protestantischen Kommunikationsformen insgesamt, der zufolge die Beteiligung des Protestantismus an ethischen Debatten stets ein doppeltes Interesse verfolgt – Analyse und Kritik der Gesellschaft sowie zugleich der eigenen Identität –, wird in dieser Konkretion also auf die Thematik massenmedialer Kommunikation hin fokussiert. Dabei kann die Konkretion auf neueren Studien zum Verhältnis von Christentums- und Mediengeschichte aufbauen, zugleich will es den aktuellen Forschungsstand durch die spezifische Verschränkung der Themenfelder Ethik und Medien ergänzen.[8]

---

[7] THOMAS SAUER: Westorientierung im deutschen Protestantismus? Vorstellungen und Tätigkeit der Kronberger Kreises (Ordnungssysteme. Studien zur Ideengeschichte der Neuzeit 2), München 2009, S. 23. Vgl. allerdings den instruktiven Sammelband von GÜNTER BRAKELMANN u. a. (Hg.): Protestanten in öffentlicher Verantwortung. Biographische Skizzen aus der Anfangszeit der Bundesrepublik, Waltrop 2005.

[8] Es ist evident, dass die Themenstellung dieser Konkretion sich im unmittelbaren Anschluss an die maßgeblichen Publikationen der DFG-Forschergruppe ›Transformation der Religion in der Moderne‹ bewegt – vgl. etwa NICOLAI HANNIG: Die Religion der Öffentlichkeit. Kirche. Religion und Medien in der Bundesrepublik 1945–1980, Göttingen 2010; DERS.: Von der Inklusion zur Exklusion? Medialisierung und Verortung des Religiösen in der Bundesrepublik Deutschland seit 1945, in: Kirche – Medien – Öffentlichkeit. Transformationen kirchlicher Selbst- und Fremddeutungen seit 1945, hg. von FRANK BÖSCH und LUCIAN HÖLSCHER, Göttingen 2009, S. 33–65; DERS.: »Wie hältst du's mit der Religion?« Medien, Meinungsumfragen und die öffentliche Individualisierung des Glaubens, in: Soziale Strukturen und Semantiken des Religiösen im Wandel. Transformationen in der Bundesrepublik Deutschland 1949–1989, hg. von WILHELM DAMBERG, Essen 2011, S. 171–185.

Hinsichtlich der Medien konzentriert sich die Konkretion auf die beiden Zweige des in der Nachkriegszeit neu aufgebauten öffentlich-rechtlichen Rundfunks, Hörfunk und Fernsehen. Diese Fokussierung ist vielversprechend, weil es sich im Rundfunk auch bei der Erörterung kirchlicher Themen und Perspektiven nicht um Formen direkt kirchlicher Kommunikation handelt – in dem Sinne, wie es für Denkschriften, Verlautbarungen von Synoden und ähnliche von Gremien der offiziellen Kirchenleitung verfasste oder verantwortete Texte gilt.

Zwar gerät zu Recht meist der kirchlich verfasste Protestantismus als aktiver Teilnehmer am Mediensystem in den Blick – hierfür sprechen die Besetzung von Rundfunkräten oder einschlägige Rechtsgrundlagen, die den anerkannten Religionsgemeinschaften entsprechende Sendezeiträume gewähren. Allerdings mussten die evangelischen Kirchen hier stets mit Institutionen der sich neu formierenden bundesrepublikanischen Medienlandschaft zusammenarbeiten: In den Redaktionen der Rundfunkanstalten sind die Kirchen Kooperationspartner bei der Gestaltung protestantischer Kommunikation, nicht deren alleinige Autoren. Einmal abgesehen von Gottesdienstübertragungen und Rundfunkpredigten können auch die als Plattform spezifisch kirchlicher Kommunikation konzipierten, von den einschlägigen Kirchenfunkredaktionen verantworteten Sendeformate, wie etwa Informationssendungen und Reportagen über kirchliche und religiöse Themen, nicht im strengen Sinne als Öffentlichkeitszuwendung der protestantischen Kirchen selbst eingestuft werden.[9] Deshalb lässt sich die kirchlich orientierte mediale Kommunikation nicht einfach als *Außen*darstellung der Kirche in den Raum einer nichtkirchlichen Öffentlichkeit hinein begreifen, wie es die ältere Formel von der ›indirekten Verkündigung‹ der Kirche in den Medien suggerieren wollte.[10] Dieses Phänomen wirft vielmehr erst die Frage auf, wie man diese gesellschaftliche Präsenz des Christentums einzuordnen habe.

Im Horizont einer gerade durch ›Medialisierung‹ pluralisierten Religionskultur – einem Prozess also im Kontext der »wechselseitigen Stimulierung von Medien- und Gesellschaftsentwicklung«[11] – lässt sich diese Frage offenbar nicht allein unter Rekurs auf die Selbstbeschreibung der kirchlichen Leitungsorgane beantworten.[12] Sie stellt sich vielmehr auch für die evangelischen Kirchen selbst,

---

[9] Dies ist prinzipiell auch für die kirchliche Selbsteinschätzung unstrittig. Vgl. beispielsweise KIRCHENKANZLEI (Hg.): Publizistischer Gesamtplan der Evangelischen Kirche in Deutschland. Vorgelegt von der Kammer der EKD für Publizistische Arbeit und im Auftrag des Rates der EKD, Gütersloh 1979, S. 192 mit Anm. 127, S. 195.
[10] Vgl. BERNHARD KLAUS: Massenmedien im Dienst der Kirche. Theologie und Praxis, Berlin 1969.
[11] So die bündige Formulierung bei FRANK BÖSCH und NORBERT FREI: Die Ambivalenz der Medialisierung, in: Medialisierung und Demokratie im 20. Jahrhundert (Beiträge zur Geschichte des 20. Jahrhunderts 5), hg. von DENS., Göttingen 2006, S. 9.
[12] Zu dieser Verbindung von sachlicher Einschätzung und methodischer Option vgl. auch FRANK BÖSCH: Die Religion in der Öffentlichkeit. Plädoyer für einen Perspektivwechsel der

deren Verständnis von Öffentlichkeitswirken und deren Konzepte von Mediennutzung deshalb stets die prinzipiellere Frage nach ihrem eigenen Selbstverständnis berührt – nicht von ungefähr fällt in den entsprechenden Zeitraum die Einrichtung entsprechender Gremien, die den Reflexionsbedarf institutionell bewältigen sowie die gesellschaftliche Positionierung ›planen‹ sollen.[13] Vor dem Hintergrund dieser Preisgabe eingespielter Differenzen von ›Kirche und Öffentlichkeit‹ steht für das Teilprojekt somit erst infrage, was innerhalb der Relation von Protestantismus und Medien der Protestantismusbegriff näherhin bezeichnet.

Der Komplexität der bundesrepublikanischen Medien- und Religionsgeschichte trägt das Teilprojekt weiter dadurch Rechnung, dass es nicht lediglich entsprechende Sendereihen der offiziell kirchlichen Redaktionen in den Blick nimmt (den früher sogenannten ›Kirchenfunk‹), sondern auch die Berichterstattung über religiöse und kirchliche Themen in Nachrichtensendungen, Kulturbeiträgen und politischen ›Magazinen‹. An diesem Punkt nun gewinnt die inhaltliche Konzentration auf ethische Debatten besondere Plausibilität, die den Beitrag dieser Konkretion zur neuesten Forschung zudem inhaltlich profiliert. Denn der Protestantismus der Nachkriegszeit spielt in der Mediengeschichte der Bundesrepublik nicht zuletzt deshalb eine bedeutende Rolle, weil die bei der Neugestaltung des gesellschaftlichen Lebens auftretenden Fragen und Konflikte die der Religion zugeschriebene Funktion ethischer Sinnstiftung aktivierte. Damit geraten zwar zunächst erneut die Kirchen als Institutionen der Religion in den Blick; mit Bezug auf die historische Entwicklung der Bundesrepublik allerdings werden auch hier Transformationsprozesse zu rekonstruieren sein: Inwieweit die Kirchen Träger eines die Öffentlichkeitsrelevanz der Religion verbürgenden ethischen Christentums sind, ist im Blick auf die religionskulturellen, politiksoziologischen und mediengeschichtlichen Transformationen der Bundesrepublik eine – auch mit Seitenblicken auf den zeitgenössischen Katholizismus[14] – zu erörternde Frage.

Vor dem Hintergrund dieses Forschungsinteresses ist – anders als in neueren zeitgeschichtlichen Arbeiten – nicht die Aufarbeitung konkreter Debatten als solcher intendiert.[15] Vielmehr zielt die Konkretion darauf ab, über die exempla-

---

Kirchen- und Religionsgeschichte, in: Zeithistorische Forschungen/Studies in Contemporary History, Online-Ausgabe 7 (2010).

[13] Hier ist etwa die Einrichtung einer Kammer der EKD für publizistische Arbeit im Jahr 1955 sowie deren bereits angeführten ›Publizistischen Gesamtplan‹ (vgl. Anm. 9) zu nennen.

[14] Vgl. BENJAMIN ZIEMANN: Öffentlichkeit in der Kirche. Medien und Partizipation in der katholischen Kirche der Bundesrepublik 1965–1972, in: Medialisierung und Demokratie im 20. Jahrhundert (Beiträge zur Geschichte des 20. Jahrhunderts 5), hg. von FRANK BÖSCH und NORBERT FREI, Göttingen 2006, S. 179–206.

[15] Vgl. exemplarisch zum Thema Abtreibungsdebatte SIMONE MANTEI: Nein und Ja zur Abtreibung die evangelische Kirche in der Reformdebatte um § 218 StGB (1970–1976), Göttingen 2004. Zur Wiederbewaffnung JOHANNA VOGEL: Kirche und Wiederbewaffnung. Die

rische Analyse protestantischer Stellungnahmen zum einen die protestantischen Sichtweisen auf diese Form medialer Kommunikation als solcher zu eruieren, zum anderen das Selbstverständnis derjenigen Gestalt protestantischen Christentums zu klären, das in diesen Äußerungen und in der selbstreflexiven Kommentierung derselben transparent wird.

c) Neue Medien: Kommunikation durch Architektur

Nahm die erste Konkretion ihren Ausgang von den Akteuren protestantischer Kommunikation und fasste die zweite Konkretion primär Strukturbedingungen medialer protestantischer Kommunikation in den Blick, so widmet die dritte hier zu beschreibende mögliche Konkretion sich der protestantischen Mediennutzung. Sie tut dies in einer absichtsvoll verfremdenden Weise, indem auf ein zunächst nicht unbedingt naheliegendes Medium fokussiert wird, nämlich das Medium der Architektur. Gefragt wird nach Kommunikation durch Architektur, wie sie in zahlreichen Kirchenneubauten und Kirchenwiederaufbauten der Nachkriegszeit zum Ausdruck kam und in entsprechenden Foren reflektiert worden ist. Auch in dieser Konkretion sind die eingangs genannten Perspektiven der Fragestellung leitend: Zum einen soll gefragt werden, in welchem Maße und in welcher Weise im Kirchenbau ethische Optionen protestantischer Gesellschaftsgestaltung (wie z. B. Demokratisierung, soziale Durchlässigkeit, Integration von Randgruppen, Funktionalität der Strukturen und Institutionen, Geschichtsbewusstsein etc.) ihren reflektierten architektonischen Ausdruck finden. Zum anderen ist zu untersuchen, inwieweit sich die architektonische Formensprache mitsamt der sie begleitenden Erwägungen stets auch lesen lässt als selbstkritische Reflexion des Protestantismus auf seine eigene Fähigkeit, die gesellschaftsgestaltenden ethischen Optionen im eigenen Kirchenwesen umzusetzen und wirksam werden zu lassen. Darüber hinaus wird neben dem Medienbezug stets die Frage nach den Akteuren in den entsprechenden Kommunikationsprozessen sowie nach den kommunikativen Orten berücksichtigt. Entscheidend ist, dass diese Konkretion sich nicht mit den ethisch relevanten Aspekten der Architektur selbst beschäftigt, sondern mit den ethischen Themen in den Debatten um die Architektur.

In keinem anderen Zeitraum und in keinem anderen europäischen Land erlebte der Kirchenbau eine so hohe Konjunktur wie in der Bundesrepublik zwischen 1948 und der zweiten Hälfte der 1960er Jahre – man zählt in den knapp zwei Jahrzehnten circa viertausend evangelisch-kirchliche Neubauten, Wiederaufbauten und Umbauten. Evangelische Kirchenbauten werden dabei zu einem markanten Ausdruck öffentlicher Selbstinszenierung des Protestantismus und

---

Haltung der Evangelischen Kirche in Deutschland in den Auseinandersetzungen um die Wiederbewaffnung der Bundesrepublik 1949–1956, Göttingen 1978.

die die Kirchenbauten begleitenden Debatten lassen ihr implizites Leitthema erkennen in der Doppelfrage, wie protestantische Optionen für gesellschaftliche Gestaltung und gesellschaftliche Prägungen des protestantischen Selbstverständnisses einen architektonischen Ausdruck gewinnen können. In den Aufbaujahren nach dem Krieg ist dies durchaus kein Rand- oder Seitenthema, sondern es werden die entsprechenden Debatten in einer ungewöhnlichen, jedoch bislang nur unzureichend erforschten Breite geführt.[16]

Ein zentrales Forum dieser Debatten bildete der Evangelische Kirchbautag. 1949 auf Initiative von Gerhard Langmaack, Otto Bartning und Oskar Söhngen als förmlicher Zusammenschluss von Architekten, Theologen, kirchlichen Leitungspersonen, Künstlern und Repräsentanten des öffentlichen Lebens gegründet, sollte er einen Ort für die Begleitung des Wiederaufbaus zerstörter Kirchen in den Städten und Stadtzentren, für Überlegungen zum Neubau von Kirchbauten und Gemeindezentren in den 1960er Jahren sowie für Reflexionen auf den angemessenen Umgang mit dem ab dem Beginn der 1970er Jahre sich abzeichnenden Ende des Kirchbaubooms bilden. Der Kirchbautag suchte damit den gesellschaftlichen und kirchlichen Debatten über den Kirchenbau und seinen theologischen bzw. kulturellen und politischen Dimensionen ein Forum zu bieten – vor allem durch die zunächst jährlich stattfindenden Kongresse und deren Dokumentation, aber auch durch andere publizistische Mittel.[17] Es handelt sich beim Evangelischen Kirchbautag gerade dieser Verschränkung halber um ein in der Frühphase der Bundesrepublik hinsichtlich seines Einflusses nicht zu unterschätzendes, bislang jedoch kaum erforschtes protestantisches Forum.

Einige Tagungsthemen bzw. Vorträge des Kirchbautags lassen exemplarisch erkennen, dass Themen eines gesellschaftlich engagierten und sich seiner gesellschaftlichen Bedingtheit bewussten Protestantismus die kontinuierlich gepflegte, zentrale Perspektive der Erwägungen zur Architektur bildeten: »Der Kirchenbau in der Stadt der Zukunft«, »Die Wohnstadtgemeinde als kirchliche Aufgabe«, »Kirchenbau in der Zivilisationslandschaft«, »Denkmalpflege in der Industrielandschaft«, »Bauen für die Gemeinde von morgen«, »Kirchenbau ohne Illusionen«, »Besinnung auf die Kirche unserer Generation«, »Kirchliche Verantwortung für die Stadt«, »Möglichkeiten und Grenzen der Planer«, »Der alte Bau: Last oder Chance für die Gemeinde«, »Umgang mit Raum«, »Bauen mit Geschichte«,

---

[16] Matthias Ludwig und Horst Schwebel (Hgg.): Kirchen in der Stadt, Bd. 1 (Erfahrungen und Perspektiven), Marburg 1994; Matthias Ludwig und Horst Schwebel (Hgg.): Kirchen in der Stadt, Bd. 2 (Beispiele und Modelle), Marburg 1996; Horst Schwebel: Liturgie als Bauherr. Wandlungen im protestantischen Kirchenbau zwischen 1900–1950, in: Europäischer Kirchenbau 1900–1950. Aufbruch zur Moderne, hg. von Wolfgang Jean Stock, München u. a. 2006, S. 148–165; Kerstin Wittmann-Englert: Zelt, Schiff und Wohnung. Kirchenbauten der Nachkriegsmoderne, Lindenberg im Allgäu 2006.

[17] Rainer Bürgel und Andreas Nohr: Spuren hinterlassen. 25 Kirchbautage seit 1946. Aus Vorträgen und Reden. Entschließungen, Verlautbarungen, Empfehlungen, Hamburg 2005.

»Evangelium und Kultur«. Damit sind Grundfragestellungen einer religiösen Kulturethik intoniert, deren Erwägungen zum einen kontinuierlich bestimmt sind durch differenzierende Überlegungen zur Bedeutung z. B. von politischem Bewusstsein, historischem Bewusstsein und institutionellem Bewusstsein, von Pluralisierung, Individualisierung und Demokratisierung, von Traditionskritik, Autoritätskritik und Pathoskritik für das protestantische Gesellschaftsverständnis und für das protestantische Selbstverständnis. Zum anderen drängen diese Erwägungen stets auf die Überlegungen dazu, wie sie in der Umsetzung in die architektonische und städtebauliche Formensprache angemessen zum Ausdruck und zur Darstellung kommen können. Die Kommunikation ethischer Themen aus Anlass von Architektur wird zur Kommunikation über Architektur und schließlich zur Kommunikation ethischer Themen durch Architektur.[18]

Um diese Funktion des Evangelischen Kirchbautages zu untersuchen und näher zu beschreiben, soll der Evangelische Kirchbautag nicht einfach organisationsgeschichtlich, sondern im Blick auf seinen Charakter als einer spezifischen Kommunikationsform des Protestantismus erschlossen werden. In der Konkretion werden zunächst die Themen und Verläufe exemplarischer Debatten im Ausgang ihrer Erwägungen auf den Kirchbautagen rekonstruiert, es werden sodann die Vorbereitungen der konkreten Umsetzungen in architektonische Entscheidungen und deren Realisierung in ausgewählten Kirchbauprojekten verfolgt und es werden schließlich, wo möglich, die diese Umsetzungen retrospektiv reflektierenden Diskussionen an den konkreten Orten nachgezeichnet. Damit sind keine unmittelbaren Kausalketten unterstellt, aber gefragt wird doch nach Zusammenhängen grundsätzlicher Erwägungen, lokaler architektonischer Umsetzungen und nachgängiger Reflexionen.

Einige denkbare Zuspitzungen seien hier kurz skizziert. Exemplarisch erhellen lassen könnten diese Zusammenhänge sich beispielsweise anhand der Debatten um die Stellung des Kirchenbaus im öffentlichen Raum. Dies zählt zu den meistdiskutierten Themen der Kirchbautage. Gerungen wurde hier um die Alternative zwischen dem – traditionellen – Motiv der Kirchen als Dominanten im Stadtbild und dem zunehmend artikulierten Plädoyer für Kirchen als »Inseln« (Otto Bartning) in der zunehmend unüberschaubar werdenden Stadt, insbesondere der autogerecht geplanten Großstadt. – Aufschlussreich dürfte es auch sein, die Diskussion über Fragen der Planungsbeteiligung in Sanierungsgebieten und Neubauvierteln intensiver zu verfolgen. Der Forderung nach Transparenz in Planungsprozessen steht das Drängen auf Beteiligung von Bürgern und kirchlichen Gemeinden zur Seite (Darmstadt 1969, Dortmund 1973). Auch an Diskussionen über Raumkonzeptionen muss die Frage gerichtet werden, welche Rolle hier Demokratisierung als politisch-ethische Option des Protestantis-

---

[18] Vgl. exemplarisch HARTMUT JOHNSEN (Hg.): Bauen für die Gemeinde von morgen, Hamburg 1969.

mus sowie Demokratisierung als Ziel innerkirchlicher Reformen bei der Suche nach dem adäquaten architektonischen Ausdruck spielte. – In den Debatten der Kirchbautage kommt vielfach das Bedürfnis zur Sprache, der aus historischen Erfahrungen gewachsenen Skepsis gegenüber pompösen Formensprachen eine bewusst reduktionistische Haltung entgegenzusetzen. Eine exemplarische architektonische Verwirklichung dieser »Scheu vor großen Gesten«[19] lässt sich am vereinfachten Wiederaufbau von Otto Bartnings im Zweiten Weltkrieg zerstörter Auferstehungskirche in Essen (1928) ablesen, bei dem auf frühere kostbare Materialien wie etwa speziell gerührten Putz oder die Rekonstruktion der ursprünglichen, von Jan Thorn Prikker geschaffenen Kirchenfenster programmatisch verzichtet wurde. In der Untersuchung der einschlägigen Debatten kann gefragt werden, welche Rolle hier Motive der Askese oder auch der Buße spielten. – Inwiefern das ethische Motiv der Integration und Beheimatung seinen Ausdruck suchte, ließe sich etwa an Olaf Gulbransson Christophoruskirche in Göttingen-Weende (1961/63) beobachten, die sich den zwischen Göttingen und Weende in den 1950er Jahren neu angesiedelten Vertriebenen von außen als moderner neoromanisch durchsetzter Festungsbau darbietet, im Inneren durch die Anlage des sich aufschwingenden hyperbolischen Paraboloiddachs eine Behausung des ortlos gewordenen Menschen verspricht. – Gefragt werden kann, wie im Horizont der Individualisierungsprozesse ethische Motive der Vergemeinschaftung und das Ziel, diesen Motiven einen architektonischen Ausdruck und eine Umsetzung durch die Schaffung konkreter Orte zu geben. – Im Kontext ethischer Selbstbegrenzung werden dann Debatten über das *Evangelische* im Kirchbau geführt (Hannover 1966). Hier wird alsbald die kritische Frage gestellt, ob die finanziellen Mittel für den Kirchbau nicht sinnvoller der sogenannten Dritten Welt zugute kommen sollten.[20]

---

[19] So die Formulierung von HORST SCHWEBEL: Die Scheu vor großen Gesten. Protestantischer Kirchenbau aus theologisch-liturgischer Sicht (dt. / engl.), in: Europäischer Kirchenbau / European Church Architecture 1950–2000, hg. von WOLFGANG JEAN STOCK, München u. a. 2002, S. 212–223.

[20] Vgl. WITTMANN-ENGLERT: Zelt, Schiff und Wohnung, 2006, S. 117 f., 122–124.

Individualisierungsprozesse als Referenzpunkt theologisch-ethischer Theoriebildung

Reiner Anselm

Seit den gesellschaftsanalytischen Schriften von Ulrich Beck kann das Phänomen der Individualisierung als ein grundlegender Schlüssel zum Verständnis der Gesellschaftsentwicklung moderner Industriestaaten und damit auch der bundesrepublikanischen Gesellschaft in der zweiten Hälfte des 20. Jahrhunderts gelten. Zwar sind die Neuzeit und die Moderne insgesamt durch eine wachsende Bedeutung des Einzelnen und eine verändernde Fokussierung auf das Individuum gekennzeichnet, jedoch steht hier eine vergleichsweise kleine Elite im Mittelpunkt. Erst in den späten 1950er Jahren wird die Individualisierung zum grundlegenden Kennzeichen der Gesellschaft als Ganzer. Nun sind es nicht mehr nur kleine, eng umgrenzte Kreise, die sich als selbstständige, von der Einbettung in überindividuelle Strukturen weitgehend unabhängige Bürger verstehen und entsprechend handeln können, sondern Individualisierung erfasst alle Bereiche der Gesellschaft und wird zu deren charakteristischer Signatur. Dabei lässt sich dieser Prozess durch das Ineinandergreifen von drei Dimensionen genauer beschreiben: der Freisetzungsdimension, der zufolge der Einzelne aus den historisch vorgegebenen Sozialformen herausgelöst wird, der Entzauberungsdimension, die mit der fraglosen Geltung von Traditionen bricht, sowie der Reintegrationsdimension, mit der der Einzelne in neue soziale Gruppen eingegliedert wird.[1]

Dieser Individualisierungsprozess erfolgt weder monokausal noch intentional. Er ergibt sich vielmehr aus einem Bündel von eng miteinander verbundenen Faktoren, die sich gegenseitig beeinflussen und verstärken. Für Beck stehen dabei vor allem Elemente im Mittelpunkt, die mit dem raschen ökonomischen Aufstieg der Bundesrepublik nach der unmittelbaren Nachkriegszeit in enger Verbindung stehen: Einkommenssteigerung, Bildungsexpansion, höhere Produktivität und damit verbunden ein größeres Maß an Freizeit, neue Wohnformen und auch eine steigende Konkurrenzialität führen gemeinsam zu diesen

---

[1] Vgl. dazu Ulrich Beck: Risikogesellschaft. Auf dem Weg in eine andere Moderne, Frankfurt am Main 1986, S. 205–220.

Veränderungen. Ihre gemeinsame Grundlage findet Beck in dem Veränderungs- und Anpassungsdruck, der vom Arbeitsmarkt ausgeht. Anders jedoch, als es auf den ersten Blick scheinen könnte, erfolgen die geschilderten Veränderungsprozesse nicht linear, sondern sind durch eine Reihe von nicht-intendierten Begleiterscheinungen gekennzeichnet, die ihrerseits die dominant verfolgten Ziele nicht nur befördern, sondern auch konterkarieren. Nebenfolgen begleiten den Prozess der Individualisierung von Anfang an, ja die Individualisierung selbst ist, folgt man Beck, als eine Nebenfolge des wirtschaftlichen Aufschwungs und der dadurch notwendig gewordenen Anpassungsmaßnahmen zu verstehen.

Diese Entwicklung stellt den Protestantismus vor nicht geringe Herausforderungen: Unmittelbar durch die damit einhergehende Erosion der Kirchenbindung, die sich in der großen Kirchenaustrittswelle seit Ende der 1960er Jahre deutlich manifestiert, mittelbar aber auch durch die Notwendigkeit, zu den gesellschaftlichen Veränderungsprozessen Stellung zu nehmen. Insbesondere der selbst gestellte Anspruch, eine maßgebliche Rolle bei der Gestaltung der Gesellschaft zu übernehmen, bedingt es, dass sich der Protestantismus sowohl im Blick auf das kirchliche Handeln, als auch im Blick auf die theologisch-ethische Theoriebildung herausgefordert sieht, zu den Individualisierungsprozessen Stellung zu beziehen und eine eigenständige Position dazu zu erarbeiten. Dabei wird dieser Prozess dadurch erschwert, dass gerade im Bereich des Luthertums eine lange Tradition ethischer Orientierungsmodelle vorherrscht, die das Interesse verfolgen, die als potentiell destruktiv empfundenen Prozesse von Individualisierung und Modernisierung zu kompensieren. Die Ordnungstheologie ist das bekannteste und wirkmächtigste Beispiel. Im Kontakt mit den gesellschaftlichen Wandlungsprozessen kommt es nun im Protestantismus zu einer fortlaufenden Anpassung, aber auch zu einer fortlaufenden Auseinandersetzung mit den geschilderten Individualisierungsprozessen. Nimmt man jedoch, über die von Beck eingenommene Perspektive hinausgehend, nicht nur im weiteren Sinne ökonomische Faktoren in den Blick, so zeigt sich, dass die von ihm als Schlüssel gewählten Freisetzungsprozesse bereits in der unmittelbaren Nachkriegszeit ihre Inkubationsphase haben. Die Individualisierungsdynamik, die sich dann in den 1960er Jahren beschleunigt, wird nicht nur durch den Arbeitsmarkt und dessen Notwendigkeiten befeuert. Ihre Dynamik speist sich auch aus kulturellen und politischen Faktoren, etwa die zurückliegenden Erfahrungen des nationalsozialistischen Vergemeinschaftungsterrors oder der Auflösung homogener Milieus in den kriegs- und vertreibungsbedingten Wanderungsprozessen nach 1945. Gerade diese Ausweitung lässt das Individualisierungsparadigma als lohnenswert für eine Analyse des Nachkriegsprotestantismus erscheinen. Denn sie erlaubt es, die zahlreichen theologisch-ethischen Entwürfe, die zu Beginn der 1950er Jahre erscheinen und mit denen ein Beitrag zum bau des gesellschaftlichen Lebens in Deutschland geleistet werden sollte, mit einzubeziehen. Vor allem aber wird es so auch möglich, die 1950er Jahre selbst nicht nur als Restaurationsphase zu deuten, sondern die dort ohne Zweifel anzutreffenden restaurativen Tendenzen selbst als eine Nebenfolge der durch die Ereignisse zwischen 1933 und 1945 angestoßenen Transformationsprozesse zu verstehen. Ohne die Ergebnisse der Einzelstudien von Sarah Jäger und Hendrik Meyer-Magister in diesem Band vorwegzunehmen, soll die Erschließungskraft des so ausgeweiteten Individualisierungstheorems an zwei Beispielen in der gebotenen Kürze skizziert werden.

1. Individualisierungsprozesse als Referenzpunkt protestantischer Ethiktheorien

Die unbestreitbaren theoretischen Neuausrichtungen in der evangelischen Ethik nach 1945 gewinnen deutlichere Konturen, wenn man sie nicht nur als Reaktion auf das Versagen der evangelischen Theologie vor den Herausforderungen des Nationalsozialismus oder als Folge der theologiepolitischen Auseinandersetzungen zwischen der lutherischen Ordnungstheologie und den maßgeblich von Karl Barths theologischem Denken beeinflussten Theorieentwürfen her versteht. Dann nämlich zeigt sich, dass beide Hauptrichtungen der theologischen Ethik sich nicht nur voneinander abgrenzen, sondern sich gemeinsam als Reaktion auf die Individualisierungsprozesse der Nachkriegszeit deuten lassen.

Besonders augenfällig wird dies bei der theologischen Ethik des Paul-Althaus-Schülers Helmut Thielicke, in der die Ausrichtung an der Tradition der Ordnungstheologie durch die gewachsene Aufmerksamkeit für den konkreten Einzelnen gebrochen wird. Die Idee der Schöpfungsordnungen, die seit ihrer Formulierung in der Theologie des konfessionellen Luthertums bei Theodor Kliefoth als Widerlager gegen die vom aufklärerischen Denken ausgehenden Emanzipationsbestrebungen profiliert worden war, wird von Thielicke umstrukturiert zu dem Gedanken der »Erhaltungsordnungen«. Sie fungieren nicht mehr, wie das insbesondere von Althaus herausgestellt worden war, als eine eigenständige Form der Kundgebung von Gottes Willen, sondern sie ermöglichen ein Zusammenleben der Menschen auch nach dem Fall. Thielicke ist dementsprechend darum bemüht, die menschliche Freiheit und damit auch das Verfolgen individueller Zielsetzungen und Interessenlagen nicht als grundsätzlich illegitim darzustellen, sondern profiliert die Ethik – und damit eben auch die Erhaltungsordnungen – als unverzichtbares Instrument zur Bemeisterung derjenigen Nebenfolgen, die aus der Realisierung individueller Freiheiten entstehen können. Diesem Verständnis entspricht auch die grundsätzliche Hochschätzung des Kompromisses in der materialen Ethik bei Thielicke: »Der ethischen Weisheit letzter Schluß ist also der Kompromiß«[2]. Auch hier geht es um die Frage, wie unterschiedliche

---

[2] HELMUT THIELICKE: Theologische Ethik, Bd. II/1, Tübingen ²1959, S. 59.

Perspektiven, die nicht mehr in einem einheitlichen, vorgegebenen Modell der sozialen Ordnung zusammengefügt werden können, dennoch zusammenbestehen können.

Für die von Karl Barth schon Anfang der 1950er Jahre vorgelegte Ethik im Rahmen der Schöpfungslehre (KD III/4) lässt sich in ähnlicher Weise eine Auseinandersetzung mit der Stellung des Einzelnen ausmachen. Und auch hier gewinnt die Analyse deutlich an Tiefenschärfe, wenn man sie anhand des Individualisierungstheorems vornimmt. Barth ist, ausgehend von den dogmatischen Überlegungen zur Erwählungslehre, darum bemüht, christliche Ethik als Freiheitsethik zu konzipieren und dabei aber schon im Ansatz diejenigen Schwierigkeiten zu vermeiden, die sich – in Becks Terminologie – mit der Freisetzungsdimension verbinden, nämlich eine den Einzelnen entbettende sowie gleichzeitig vereinzelt – und damit orientierungslos – zurücklassende Auffassung der Freiheit. In dieser Perspektive wäre dann das von Barth beschriebene Spannungsfeld zwischen menschlicher Freiheit und Gottes Gebot als der Versuch zu lesen, den positiven Aspekten der Freiheit zu folgen, ohne deren Nebenfolge einer riskanten Freiheit des modernen Menschen, der sich in seinen Entscheidungen auf nichts anderes als auf seine eigene Entscheidung verlassen und berufen kann, in Kauf zu müssen. Barths charakteristische Doppelaussage, derzufolge der Mensch nur in der Bindung an Gottes Gebot frei sein kann, gewinnt von hier aus ihren spezifischen Gehalt. Dabei ist es die besondere Pointe von Barths Freiheitsdenken, dass diese Bindung sich nicht in der Passivität des Menschen ausdrückt, sondern die Tätigkeit des Einzelnen mit einschließt. Gerade in dieser Kombination von Bindung, Freiheit und Tätigkeit erweist sich für Barth das Charakteristikum menschlicher Freiheit als Entsprechung zur Freiheit Gottes. Denn durch sein erwählendes Handeln hat Gott selbst deutlich gemacht, dass seine Freiheit keine Freiheit der unbedingten Möglichkeiten, sondern der Selbstbindung eines Handelnden ist. Ist Gottes Freiheit eine zunächst unbeschränkte, die sich selbst durch die Erwählung des Menschen beschränkt, so ist die Freiheit des Menschen von vornherein als Folge dieser Selbstbeschränkung begrenzt – sie ist, wie es Barth ausdrückt, Freiheit in der Beschränkung.

Menschliche Freiheit kann darum auch nicht als schrankenlose Willkür verstanden werden. Sie wird gleichwohl gerade in der durch die Bindung an Gottes Gebot gegebenen Beschränkung wahre Freiheit, weil sie sich durch die Rückführung auf Gottes erwählendes Handeln als eine Freiheit präsentieren kann, die sich kategorial von jeder in der Natur oder in einer kulturellen Praxis begründeten – und damit eben auch von diesen Größen abhängigen – Freiheit unterscheidet. Zugleich ist es keine Freisetzung aus allen sozialen Bezügen, da dem den Menschen erwählenden Handeln Gottes immer bereits eine Gemeinschaftskomponente eigen ist: Gott erwählt zur Gemeinschaft, die Erwählung des Einzelnen erfolgt daher stets in der Gemeinschaft. Interpretiert man, wie es jüngst exemplarisch Elisabeth Gebhardt in ihrer Dissertation getan hat,[3] nun die Ausführungen Barths zur Ethik unter Zuhilfenahme von Becks Individualisierungstheorem, so gewinnen die paradoxen und darin mitunter auch anstrengenden Ausführungen Barths deutlich an Tiefenschärfe. Die Inkonzinnitäten, die in der Barth-Interpretation immer wieder herausgestellt worden sind,[4] erscheinen in dieser Perspektive als ein – zwar nicht in allen Hinsichten geglückter, wohl aber doch interessanter – Versuch, mit den inneren Ambivalenzen, durch die Modernisierungs- und vor allem Individualisierungsprozesse gekennzeichnet sind, umzugehen. Das bedeutet zugleich auch, dass Barths Ethik eine spezifische Modernisierungssensibilität eignet, die in den bisherigen Interpretationen nur eingeschränkt zur Geltung gebracht wurde.

Vor diesem Hintergrund wäre es nun interessant, die noch deutlicher am Einzelnen ausgerichteten Ethikentwürfe der 1960er und 1970er Jahre zu interpretieren. Dazu nur ein paar überblicksartige Erwägungen. So werden die Entwürfe[6] zweier außerdeutscher Theologen, Knud Eijler Løgstrup[5] und Joseph Fletcher[6], in dieser Zeit viel rezipiert und verhelfen der Situationsethik in Deutschland so zu einer größeren Beachtung. Hier wäre eine Analyse auf der Grundlage von Becks Freisetzungsdimension sicher aufschlussreich. Dasselbe gilt auch für das Werk von Heinz-Dietrich Wendland. Auch hier finden sich die Ambivalenzen der Individualisierung. Wendland setzte sich ebenfalls in den 1960er Jahren als einer der wenigen protestantischen Ethiker explizit mit der veränderten gesellschaftlichen Situation auseinander. Die Individualisierung ist nach Wendland die positive Seite eines »großartigen geschichtlichen Prozesses«, dessen negative, zu vermeidende Seite die Vereinzelung sei.[7] Er wendet sich kritisch gegen jede Form des »Individualismus«[8], hebt aber zugleich Zugewinne an persönlicher Freiheit, die Pluralität von Lebensentwürfen und den Kreativitätszuwachs hervor. Nicht die Absolutsetzung des menschlichen Individuums, noch die Rückbesinnung auf normative Vorgaben fordert er, sondern die Überwindung, dieser nach seiner Meinung falschen Alternativen. Die Theologie stehe vor der Aufgabe, die »Dialektik von Freiheit und Ordnung neu zu bestimmen«[9].

---

[3] ELISABETH GEBHARDT: Riskante Freiheit(en)? Die Stellung des Individuums in Karl Barths Ethik. Eine Relektüre der Ethik im Rahmen der Gotteslehre (KD II/2) und der Schöpfungslehre (KD III/4) anhand Ulrich Becks Individualisierungstheorem. Diss. masch., Göttingen 2014.
[4] So jüngst von ALEXANDER MASSMANN: Bürgerrecht im Himmel und auf Erden. Karl Barths Ethik (Öffentliche Theologie 27), Leipzig 2011.
[5] KNUD EJLER LØGSTRUP: Die ethische Forderung, Tübingen 1959.
[6] JOSEPH FLETCHER: Moral ohne Normen?, Gütersloh 1967.
[7] HEINZ-DIETRICH WENDLAND: Grundzüge der evangelischen Sozialethik, Köln 1968, S. 194.
[8] HEINZ-DIETRICH WENDLAND: Person und Gesellschaft in evangelischer Sicht (Individuum und Gesellschaft 3), Bad Gandersheim 1963, S. 22.
[9] WENDLAND: Person und Gesellschaft, 1963, S. 23.

Anders als bei Wendland in seinem Abriss »Grundzüge der Sozialethik« beginnt Wolfgang Trillhaas seinen Entwurf mit der Individualethik, in der er intensiv auf die Probleme der ethischen Subjektivität eingeht. Ethik ist für ihn »angewandte Anthropologie«[10]. Die Beschreibung der Situation, nicht das Aufzeigen von Zielen steht für ihn im Zentrum. Das spiegelt sich auch in dem im Vergleich zum knappen metaethischen sehr ausführlichen materialethischen Teil, in dem Trillhaas die ethischen Probleme mit großer Aufmerksamkeit für die konkrete Lebenswelt beschreibt. Bemerkenswert ist zudem eine Verschiebung in Trillhaas' Entwurf: In der 3. Auflage (1970) wird die Freiheit gegenüber der 1. Auflage (1959) deutlich aufgewertet.[11]

Das Individuum steht schließlich auch in Trutz Rendtorffs Entwurf im Mittelpunkt, denn der einzelne Mensch sei »Subjekt der Lebensführung«[12] und damit Gegenstand der Ethik. »Niemand kann allein und durch sich selbst existieren«[13]. Der Auftrag das eigene Leben zu führen impliziert für Rendtorff daher zugleich die Aufforderung, »ein Leben für andere zu führen.«[14] Traditionen und Prinzipien haben dabei eine handlungsleitende Funktion. Aber nicht im Sinne einer unreflektierten Übernahme, sondern einer dynamischen Aneignung im Lebensvollzug, bei der die Prinzipien vom Individuum modifiziert und erneuert werden.

Insgesamt lässt sich in der evangelischen Ethik zwischen 1945 und 1989 ein Umschwung von normativer Ethik hin zu einer größeren Sensibilität für die konkrete Situation und die betroffenen Individuen feststellen. Die tradierten Normen, die bis dahin im Zentrum der ethischen Reflexion standen, verlieren durch die beschleunigte Individualisierung ihre maßgebende und unhinterfragbare Geltung. Als Folge stehen nicht mehr die Beschreibung von Prinzipien und Normen im Fokus der Ethikkonzepte, sondern die spezielle Entscheidungssituation und die jeweiligen Betroffenen.[15] Diese Veränderungen – so die These, die es genauer zu untersuchen gilt – ist Folge der Auseinandersetzung und Anpassung der evangelischen Ethiktheorien an die Individualisierungsschübe. Zugleich treibt die evangelische Ethik den Prozess fortschreitender Individualisierung durch diese Betonung des Individuums weiter voran – ohne dies immer zu beabsichtigen. Dies gilt auch für die Diskussionen um materialethische The-

---

[10] WOLFGANG TRILLHAAS: Ethik, Berlin ³1970, S. 19.

[11] A.a.O., S. 37–41.

[12] TRUTZ RENDTORFF: Ethik. Grundelemente, Methodologie und Konkretionen einer ethischen Theologie, hg. von REINER ANSELM und STEPHAN SCHLEISSING, Tübingen ³2011, S. 19 ff.

[13] A.a.O., S. 92.

[14] A.a.O., S. 98.

[15] JOHANNES FISCHER u. a.: Grundkurs Ethik. Grundbegriffe philosophischer und theologischer Ethik, Stuttgart ²2008, S. 48.

men, wie sich in den bereits angesprochenen Ausarbeitungen von Sarah Jäger und Hendrik Meyer-Magister zeigt.

2. Politisch induzierte Reintegration: Das veränderte Verständnis von Familie als Herausforderung an den Protestantismus

Ein Rückgriff auf das Individualisierungsparadigma und seine Verwendung als heuristisches Element für ein erweitertes Verständnis des bundesrepublikanischen Protestantismus wäre allerdings nicht vollständig, wenn man nur die Freisetzungs- sowie die Entzauberungsdimension in den Blick nehmen und die Reintegrationsdimension vernachlässigen wollte. Diese Reintegrationsdimension wird von Ulrich Beck – entsprechend seinem vorrangig über die ökonomischen Notwendigkeiten erfolgenden Zugang – als ein erneutes Sich-Einordnen, jetzt unter die Bedingungen des Arbeitsmarkts beschrieben.[16] Für die bundesrepublikanische Gesellschaft zumindest der 1950er bis 1970er-Jahre könnte es allerdings fruchtbar sein, diese Reintegration stärker als einen durch politische Entscheidungen und die von ihnen ausgehenden Folgewirkungen zu begreifen. Nicht nur am Beginn der Bundesrepublik sind Fragen der gesellschaftlichen Orientierung gar nicht von politischen Fragen zu trennen, im Zug des gesellschaftlichen Neuaufbaus sind Fragen der ethischen Orientierung immer auch politische Fragen. Die Reformbestrebungen und auch die Umbrüche der 1968erJahre bestätigen diesen Grundzug. Die »Fundamentalliberalisierung«[17] (Jürgen Habermas) der Gesellschaft ist ein *politisches* Projekt, angestoßen durch die großen Novellierungsprogramme des Straf- und Familienrechts, aber auch durch den Ausbau des Sozialstaats und des Bildungswesens. Das Planungsparadigma, das sich seit den 1960erJahren in großer Geschwindigkeit auf allen Ebenen staatlicher Administration durchsetzt, verstärkt diesen Prozess. Er gewinnt durch die Studentenbewegung und den gesellschaftlichen Wandel zusätzliche Schubkräfte, bleibt jedoch ein Projekt der Politik, das sie maßgeblich ausgelöst hatte und sodann weiter vorantreibt. Auf der Grundlage dieser Reformprojekte entstehen neue Plausibilitäten und Gesellschaftsstrukturen, in die sich der Einzelne einzufügen hat – und deren prägende Kraft das Gesicht der Gesellschaft der 1970erJahre in großer Geschwindigkeit verändert. Über die genannten Einflusskanäle ist es damit in ganz beträchtlichem Maß das politische System selbst, das Strukturen vorgibt, in denen sich die Einzelnen wiederfinden und in die sie sich einzuordnen haben.

---

[16] Vgl. BECK: Risikogesellschaft, 1986, S. 212.
[17] JÜRGEN HABERMAS: Interview mit Angelo Bolaffi, in: DERS.: Die nachholende Revolution, Frankfurt am Main 1990, S. 21–28, hier: 26.

In wieweit dies auch für die Bundesrepublik seit den 1980erJahren gilt, wäre genauer zu prüfen.

Am Beispiel der Verschiebungen im Blick auf die Politisierung des Privaten, insbesondere des Bereichs der Familie, lässt sich diese Struktur gut verdeutlichen. Die bürgerliche Familie war ja aus der Neuzuordnung zwischen Staat und dem Einzelnen in der Aufklärung entstanden. Der Staat beansprucht nun den ganzen öffentlichen Raum – eine eigene Rolle der Kirche ist hier nicht mehr vorgesehen, gewährt aber Freiräume für die Lebensführung im Privaten. Dieser Privatraum wird durch die Menschenrechte geschützt, die dementsprechend als Abwehrrechte gegenüber dem Staat konzipiert werden. Was auf den ersten Blick wie ein liberales, an den Freiheitsrechten des Einzelnen orientiertes Modell aussieht, erweist sich bei näherem Hinsehen als ein zweischneidiges Unterfangen. Zugleich mit der Sphäre des Privaten entsteht nämlich auch ein separater Bereich für die Familie, verbunden mit eigenen Rollenvorstellungen für die Frauen und die Kinder. Hier gelten aber die Freiheitsrechte nur sehr eingeschränkt, genau besehen sind die egalitären Freiheitsrechte auf die Männer beschränkt. So bezeichnet das Preußische Allgemeine Landrecht von 1794 den Mann »Haupt der ehelichen Gesellschaft«, die Frau bleibt ihm untergeordnet und verliert mit der Ehe das Recht, vor Gericht aufzutreten, über ihr Vermögen zu bestimmen und Verträge zu schließen. Die Zurückdrängung von Staat – und Kirche – aus dem Bereich des Privaten bringt also einen Liberalisierungszugewinn nur für die Männer. Dazu entsteht ein neues Rollenideal, das die Herrschaftsausweitung der Männer in der Familie zusätzlich befördert. Denn während dem Mann der Auftritt in der Öffentlichkeit zukommt, bleibt der Wirkungsbereich der Frau auf die Familie beschränkt. Hier soll sie die Kinder zu Sitte und Anstand erziehen, ihrer Bestimmung zur Passivität entsprechend den Mann und die Familie umsorgen. Was für die Männer das Recht auf Individualität und Freiheit bedeuten konnte, heißt für die Frauen die Annahme fest gefügter Rollenvorstellungen und auch die Eingrenzung in den Käfig der heilen Familie. Dieser Konstellation eignet eine bemerkenswerte Stabilität, sowohl in der Weimarer Zeit als auch im Nationalsozialismus konnten entsprechende Emanzipationsbestrebungen keine gesamtgesellschaftliche Bedeutung erlangen.

Erst die durch den Art. 3 II des Bonner Grundgesetzes notwendigen Anpassungen im Familien- und Eherecht verleihen diesen Bewegungen genügend Kraft, dass im Umfeld der 1968er eine breite Mehrheit für ein neues Verständnis der Familie entsteht – auch wenn dessen tatsächliche Realisierung noch einige Zeit auf sich warten lässt. Während gesellschaftlich in dem sogenannten »Familienwunder« der 1950er Familie zunächst als Ort der Traditionsbewahrung profiliert wird, verliert das zugrunde liegende Leitbild des 19. Jahrhundert durch die gesetzliche Neuordnung seine rechtliche Absicherung und sein gesellschaftliches Fundament. Die Folgewirkungen, die beispielsweise aus einem geänderten Ehescheidungsrecht resultieren, schaffen auch in diesem Bereich, nicht nur im

Bereich der Arbeitswelt, neue Strukturen und Rollenmuster, denen sich zu widersetzen nur mit großem Aufwand möglich ist.

Zunächst aber sind die Emanzipationsprozesse enorm erfolgreich: Im Bereich des Eherechts durch die Aufgabe des Schuldprinzips, bei der Gleichstellung von Männern und Frauen, bei der Abschaffung weiter Teile des Sittlichkeitsstrafrechts und der Liberalisierung der Abtreibung. In allen diesen Bereichen kommt es zum Zurückdrängen äußerer Regelungen im Interesse, möglichst allen eine individuelle, private Lebensführung zu ermöglichen. Aber wie die Aufzählung bereits andeutet, sind die einzelnen Gruppen für die Durchsetzung ihrer eigenen Emanzipationsinteressen auf die Hilfe des Staates angewiesen. Nur mit der Unterstützung der Öffentlichkeit lassen sich die vielfältigen Lebensformen auch realisieren, die der Hochschätzung des Privaten entsprechen. Es ergibt sich ein gewisses Paradox: Die Zurückdrängung der Einflüsse der Gesellschaft auf das individuelle Leben ist nur um den Preis verstärkter Einflussnahme des Staates zu bekommen. Darum kann es auch nicht verwundern, dass der Staat nun selbst versucht, die Lebensführung zu normieren. Gerade mit dem Ausbau des Sozialstaats entsteht ein wirkmächtiges Instrument, mit dem individuelle Lebensentwürfe neu normiert werden. Jugendfürsorge, Gesundheitsvorsorge, Bildungsappelle und Mobilitätsanreize sind allesamt Indizien einer solchen neuen Abhängigkeit. Es ist gerade das Bestreben nach Emanzipation, die zu neuen Abhängigkeiten führt, nun allerdings nicht von männlichen Haushaltsvorständen, sondern von Sozialkassen, und Planungs- bzw. Bildungsabteilungen. Die Unabgeglichenheiten und inneren Spannungen lassen sich sehr gut in den andauernden Debatten um die Vereinbarkeit von Familie und Beruf beobachten: Das Interesse, einen eigenen Lebensentwurf gestalten zu können, interferiert hier mit den Anforderungen, die die Gesellschaft als Preis für die Unterstützung bei der Herauslösung aus vorgegebenen Rollenbildern fordert.

Die neuen Gesellschaftsstrukturen, insbesondere der Plausibilitätsverlust der klassischen Familie stellt die Kirche und die Theologie vor eine beträchtliche Herausforderung. Die Konzentration auf den Privatbereich, verbunden mit der Vorstellung, dass neben der Vermittlung von Sitte und Anstand auch die religiöse Erziehung Sache der Frau sei, lässt sich so nicht mehr aufrecht erhalten. Gleichzeitig fehlt es – trotz aller Beteuerungen – an erfolgreichen Modellen zum Vertreten der christlichen Botschaft im öffentlichen Raum. Die Kirchen reagierten auf diese Entwicklung mit einer doppelten, sich im Grunde widersprechenden Strategie: Auf der einen Seite mit einer Verstärkung des öffentlichen Engagements, auf der andern Seite mit dem Bemühen, über die Konzentration auf die Kasualien an der etablierten Vermittlung der Religion im Bereich der Familie festzuhalten. Hier fanden Joachim Matthes und seine Mitstreiter die Stabilität, die der Kirche im Öffentlichen verloren zu gehen drohte. Die Spannungen zwischen diesen beiden Polen prägen den Diskurs über Kirche, Pfarrerbild und Religion nachhaltig, sie führen in die großen Konflikte, ob und in welcher Weise sich die Kirche an politischen Debatten beteiligen dürfe, ohne ihre Glaubwürdigkeit zu verlieren. Betrachtet man die Entwicklungen aber vor dem Hintergrund der hier skizzierten Überlegungen, dann kann deutlich werden, dass die Konzentration auf den Einzelnen und das Private sowie das öffentliche und politische Engagement gerade keine Alternativen darstellen, sondern selbst durch die spezifische Struktur der Verbindung von individueller Lebensführung und politischer Gestaltung bedingt sind. Ließe sich dies durch weitere Studien erhärten, würde dies eine Weiterentwicklung und Präzisierung des Individualisierungstheorems bedeuten. In diesem Fall diente nicht nur das Individualisierungsparadigma als heuristisches Instrument zur besseren Analyse des bundesdeutschen Protestantismus, sondern diese Aufschlüsselung würde umgekehrt weiterführende Anregungen für die Individualisierungstheorie selbst bereitstellen.

Die bundesrepublikanische Gesellschaft im Spiegel der theologischen Ethik

Martin Laube

1. Zur Fragestellung

Es ist wie das jähe Erwachen aus einem Albtraum: Nach 1945 versteht der Protestantismus die Welt, *seine* Welt nicht mehr. Benommen, geradezu traumatisiert von der überstandenen Katastrophe, kennt er sich in der neuen Zeit nicht aus – versteht nicht mehr, was um ihn herum passiert, vermag die raschen und tiefgreifenden Veränderungen nicht zu fassen, die sich mit dem Aufbau und der Konsolidierung des neuen Staatswesens vollziehen. Gerade die altbewährte Figur der Schöpfungsordnung, welche bisher Übersicht zu schaffen und Orientierung zu stiften half, ist nun völlig diskreditiert. Die überkommenen Strategien einer kulturhegemonialen Einhegung der moderngesellschaftlichen Differenzierungs- und Individualisierungsprozesse sind gescheitert. Doch zugleich stehen andere Denkfiguren und Strategien nicht zur Verfügung. Jenseits des ›Eisernen Vorhangs‹ tönt der Sozialismus mit seinem Versprechen, die von Grund auf bessere Gesellschaft zu verwirklichen – und zeigt doch zugleich die hässliche Fratze des Stalinismus. Von der Schweiz aus polemisiert schließlich Karl Barth mit moraliner Verve gegen alle Versuche, aus den Bruchstücken der Tradition ein Geländer zu schmieden, das die alten Wege neu zu begehen erlaubt.

Diese elementare Orientierungskrise ist in ihrer Bedeutung für das protestantische Engagement in den ethischen Debatten der Nachkriegszeit kaum zu überschätzen. Denn so sehr es vordergründig um die jeweils aktuellen ethischen Streitfragen und Konflikte geht, so sehr schwingt doch zugleich hintergründig das Bemühen mit, sich im Medium ethischer Stellungnahmen ein Verständnis der eigenen Gegenwart zu erarbeiten und den Ort des Protestantismus im Horizont der bundesrepublikanischen Gesellschaft zu bestimmen. Den protestantischen Beiträgen eignet insofern stets ein implizites Selbstverständigungsmoment: Die eingeübte Distanz gegenüber den westlich-liberalen Denktraditionen wird zunehmend als belastend empfunden; auch eine pauschale Abgrenzung von der ›säkularen‹ Moderne erscheint je länger, je mehr unzureichend. Stattdessen wächst in den 1950er und 1960er Jahren ein neues Bewusstsein für die veränderte gesellschaftliche Gesamtlage in der frühen Bundesrepublik. Die politische, wirtschaftliche und soziale Konsolidierung des neuen Staatswesens, die neuartigen Herausforderungen und Ambivalenzen des gesellschaftlichen Pluralismus sowie nicht zuletzt die ›Systemfrage‹ des Ost/West-Konflikts legen den Ausfall befriedigender theologischer Deutungsfiguren offen und geben den Anstoß zu einer tiefgreifenden Umarbeitung der eigenen Tradition.

Im Rahmen einer umfassenden Erforschung der Rolle des Protestantismus in den ethischen Debatten der ›alten‹ Bundesrepublik erscheint es vielversprechend, dieses implizit-reflexive Gegenwartsdeutungs- und Selbstverständigungsmoment zu einem eigenen Forschungsgegenstand zu erheben. Der Blick richtet sich dann weniger auf die material-inhaltliche Dimension der protestantischen Mitwirkung an bestimmten Debatten – und schon gar nicht auf die daran beteiligten, entwickelten oder in Anspruch genommenen Netzwerke und Akteure, Einflusskanäle oder Kommunikationsstrategien. Von Interesse ist vielmehr, in welcher Weise im Medium des ethischen Engagements gegenwartsdiagnostische Versuche erkennbar werden, die Gegebenheiten und Entwicklungen der bundesrepublikanischen Gesellschaft zu reflektieren und für die Aufgabe einer der eigenen Gegenwart angemessenen Selbstverortung des Protestantismus fruchtbar zu machen.

Um zu dieser hintergründigen Reflexionsebene einen angemessenen Zugang zu gewinnen, bietet es sich an, das Augenmerk vor allem auf die Ansätze, Strömungen und Entwicklungen in der akademischen Sozialethik der 1950er und 1960er Jahre zu richten. Welche Versuche unternimmt sie, um die gesellschaftliche Wirklichkeit der Nachkriegszeit theologisch zu begreifen? Wie reflektiert sie das neue Staatswesen, und wie verortet sie den Protestantismus im Horizont der frühen Bundesrepublik?

2. Exemplarische Themenfelder

Drei exemplarische Themenfelder bieten sich an, um diese Fragestellung zu bearbeiten. *Zunächst* ist hier der Übergang von der Ordnungstheologie zur Institutionentheorie zu nennen: Welche interdisziplinären Kontexte stehen im Hintergrund, und welche theologischen Erwartungen verbinden sich mit der Rezeption des Institutionenbegriffs? In welchem Verhältnis steht diese Debatte zu den zeitgleich ausgetragenen ethischen Kontroversen um Ehe, Recht und Staat? Die theologische Auseinandersetzung mit dem Marxismus stellt ein *zweites Themenfeld* dar. Dabei handelt es sich um eine der zentralen Selbstverständigungsdebatten des deutschen Nachkriegsprotestantismus. Wie stark prägt der Ost/West-Konflikt diese Auseinandersetzung, welche Einschätzung der bundesrepublikanischen Gesellschaft scheint darin durch, und wie wird – in Kritik und Antikritik – der gesellschaftliche Standort des Protestantismus bestimmt? Als *drittes Themenfeld* bietet sich schließlich das protestantische Staatsverständnis an. Auch hier finden nach dem Krieg mühsame Neuorientierungsprozesse statt. Sie werden greifbar in den Auseinandersetzungen um Staat und Kirche, wie sie etwa im Hintergrund der Debatten um Westintegration und Wiederbewaffnung aufbrechen, oder auch in den tastenden Versuchen einer Annäherung an die Demokratie. Welche Schwierigkeiten hier lauern, belegt exemplarisch der Wirbel um Dibelius' Obrigkeitsschrift aus dem Jahre 1959. Wie schreiben sich dabei alte Kontinuitäten fort, welche Denkfiguren werden umgearbeitet, wo kommt es vielleicht gar zu neuartigen Traditionsstiftungen?

2.1. Der Übergang von der Ordnungs- zur Institutionentheorie in der evangelischen Sozialethik der 1950er und 1960er Jahre

Zu den markanten grundbegrifflichen Verschiebungen in der evangelischen Sozialethik der 1950er und 1960er Jahre gehört der Übergang von der Ordnungstheologie zur Institutionentheorie. Das Denkschema der Schöpfungsordnungen ist durch seinen ideologischen Missbrauch diskreditiert; überdies erscheint es mit seinem starren Normativitätsanspruch zunehmend als ungeeignet, um die moderngesellschaftliche Dynamik einschließlich ihrer Ambivalenzen und Widersprüche angemessen zu erfassen. Hingegen verspricht der Institutionenbegriff nicht nur einen besseren Zugang zur Dimension des geschichtlichen Wandels, sondern erlaubt auch, das spannungsvolle Wechselverhältnis von individueller Subjektivität und sozialer Objektivität in den Mittelpunkt der Aufmerksamkeit zu rücken.

Dennoch vollzieht sich die Abkehr vom ordnungstheologischen Denkrahmen nur langsam und zögerlich. Zwar bietet Karl Barth einen offenbarungstheologischen Gegenentwurf zur Lehre von den Schöpfungsordnungen, der aber die objektive Dimension der sozialen Wirklichkeit nicht zu erreichen vermag.[1] Im Gegenzug finden sich Versuche einer modifizierenden Fortschreibung der Ordnungstheologie, ohne jedoch deren Aporien überwinden zu können. Während etwa Helmut Thielicke die Schöpfungsordnungen als postlapsarisch-weltliche Erhaltungsordnungen begreift, arbeitet Dietrich Bonhoeffer in seiner posthum publizierten *Ethik* mit der christokratisch gefüllten Figur des Mandats.

---

[1] Im Jahre 1951 erscheint Teilband III/4 der *Kirchlichen Dogmatik,* welcher die materiale Ausführung der Ethik enthält. Barth nimmt den in KD II/2 skizzierten Ansatz beim *vertikalen* Ereignis des göttlichen Gebietens auf, indem er das Augenmerk nun auf die *Horizontale* jenes Ereignisses – also auf »die Stetigkeit, Kontinuität und Konstanz des göttlichen Gebietens und des menschlichen Handelns« (KARL BARTH: Die Kirchliche Dogmatik, Bd. III/4, Zürich 1951, S. 19) – richtet. Damit wird der statisch-konservative Grundzug der Ordnungstheologie offenbarungstheologisch aufgebrochen; gleichwohl verfängt sich Barth nun seinerseits in einem christozentrisch enggeführten Personalismus, dem das Phänomen sozialer Institutionen eigentümlich fremd bleibt.

Einen weiterführenden Impuls bietet erst die theologische Rezeption des Institutionenbegriffs. Dabei verschränken sich hier rechtstheoretische, soziologische und anthropologische Debattenstränge und Anliegen. Den Rahmen bildet zunächst die Arbeit der – aus dem Göttinger Gesprächskreis ›Kirche und Recht‹ hervorgegangenen – Institutionenkommission der Evangelischen Studiengemeinschaft zwischen den Jahren 1955 und 1961.² Vor dem Hintergrund des Nationalsozialismus unternimmt sie den Versuch, durch eine Neubesinnung auf das geschichtlich-soziale Phänomen der Institution den Antagonismus von Naturrecht und Rechtspositivismus zu überwinden. Mitglieder der Kommission sind Juristen (federführend Hans Dombois; daneben u. a. Rolf-Peter Callies, Ludwig Raiser und Rudolf Smend) und Theologen (u. a. Wolf-Dieter Marsch und Ernst Wolf, später auch Jürgen Moltmann und Heinz Eduard Tödt). In der Anfangsphase kreisen die Gespräche – am Beispiel von Ehe und Staat – um phänomenologische Strukturmomente von Institutionen, bevor später zunehmend theologische, rechtstheoretische und sozialphilosophische Grundfragen in den Vordergrund treten. Nach 1961 versandet die Arbeit der Kommission, ohne zu einem tragfähigen Ergebnis gelangt zu sein. Darin wirken sich auch konzeptionelle Einseitigkeiten und Schwächen im Problemzugriff aus.³ Gleichwohl hat die Institutionenkommission maßgeblich dazu beigetragen, die Ablösung von der Ordnungstheologie voranzutreiben und – in Gestalt der Entwürfe von Ernst Wolf[4] und Wolf-Dieter Marsch[5] – den Begriff der Institution in der Theologie zu verankern. Dabei sind hier sozialethische, rechtstheologische und ekklesiologische Horizonte und Bezüge ebenso voneinander zu unterscheiden wie ineinander verwoben.

---

[2] Zur Arbeit dieser Kommission vgl. die beiden Berichtsbände von Hans Dombois (Hg.): Recht und Institution, Witten 1956; sowie Hans Dombois (Hg.): Recht und Institution. Zweite Folge, Stuttgart 1969. Einen Überblick über die Arbeit der Institutionenkommission bietet Gert Ulrich Brinkmann: Theologische Institutionenethik. Ernst Wolfs Beitrag zur Institutionendiskussion in der evangelischen Kirche nach 1945, Neukirchen-Vluyn 1997, S. 115–174.

[3] Vgl. dazu die Rückblicke von Rolf-Peter Callies: Institution und Recht, Bericht über das Rechtsgespräch in der Institutionenkommission der Evangelischen Studiengemeinschaft in der Zeit von 1956 bis 1961, in: Recht und Institution. Zweite Folge, hg. von Hans Dombois, S. 11–65; sowie Wolf-Dieter Marsch: Das Institutionen-Gespräch in der evangelischen Kirche. Rückblickender Bericht über die Entwicklung eines interdisziplinären Problems, in: Zur Theorie der Institution, hg. von Helmut Schelsky, Gütersloh 1970, S. 127–139.

[4] Vgl. vor allem Ernst Wolf: Theologische Grundfragen der Sozialethik, Göttingen 1975.

[5] Vgl. Wolf-Dieter Marsch: Christologische Begründung des Rechts? Karl Barths Theorie des Rechts und die Theorie der Institution, in: Evangelische Theologie 17 (1957), S. 145–170, 193–218; Wolf-Dieter Marsch: Evangelische Theologie vor der Frage nach dem Recht, in: Evangelische Theologie 20 (1960), S. 481–510; sowie Wolf-Dieter Marsch: Kirche als Institution in der Gesellschaft. Zur Grundlegung einer Soziologie der Kirche, in: Zeitschrift für evangelische Ethik 4 (1960), S. 73–92.

Daneben gibt es im Umfeld Heinz-Dietrich Wendlands einen zweiten Schwerpunkt der theologischen Rezeption des Institutionenbegriffs. Hier stehen nun nicht rechtswissenschaftliche, sondern vielmehr soziologische und gesellschaftstheoretische Bezüge im Vordergrund: Die Debatte kreist um die gegenwartsdiagnostische Grundfrage, ob und wie sich »die modernen Subjektivitäts- und Freiheitsbedürfnisse des Individuums mit dem Wesen der überkommenen Institutionen«[6] versöhnen lassen. Vor allem Trutz Rendtorff entfaltet von dort aus ein dezidiert christentumstheoretisches Institutionenkonzept.[7]

Eine umfassende Aufarbeitung dieses Debattenfeldes zwischen Ordnungstheologie und Institutionentheorie ist bisher nur in Ansätzen geleistet worden.[8] Vor allem fehlt eine Studie, welche die disparate Vielfalt an Ansätzen, Kontroversen und Tendenzen auf eine gemeinsame Problemmatrix hin durchsichtig macht und so die verschiedenen Beiträge fruchtbar aufeinander zu beziehen erlaubt. Den entscheidenden Schlüssel bildet die Frage, ob und wie sich die evangelische Sozialethik im Medium des Übergangs von der Ordnungstheologie zur Institutionentheorie eine theologische Deutungsperspektive auf die gesellschaftliche Wirklichkeit der jungen Bundesrepublik erarbeitet.

Dabei sind zunächst die Gründe dieses Übergangs von Interesse: Welche theoretischen, interdisziplinären, aber vielleicht auch politischen Kontexte stehen hier im Hintergrund? Wird möglicherweise nur dasselbe mit anderen Worten ausgesagt, oder kommt darin ein tiefgreifender theoretischer Neuansatz zum Ausdruck? Welche Frage- und Problemstellungen verschieben sich, welche bleiben erhalten oder werden auch weiterhin ausgeblendet? Warum etwa läuft ein so ambitionierter Entwurf wie die *Theologische Ethik* Helmut Thielickes geradezu ins Leere? Damit verbindet sich zugleich die Frage nach dem Verhältnis der ›Institutionendebatte‹ zu den zeitgleich ausgetragenen ethischen und politischen Kontroversen: Welchen Einfluss haben diese aktuellen Kontroversen auf die sozialethische Grundlagenarbeit? Finden sich hier Niederschläge und Bezugnahmen? Ein weiteres Interesse gilt schließlich den binnen- und interdisziplinären Verknüpfungen: Welche rechts-, kultur- und sozialwissenschaftlichen Ansätze und Theorien werden wirksam, und welche gerade nicht? Lässt sich im positionell zerklüfteten Spektrum der evangelischen Sozialethik so etwas wie ein gemein-

---

[6] HELMUT SCHELSKY: Zur soziologischen Theorie der Institution, in: Zur Theorie der Institution, hg. von HELMUT SCHELSKY, Gütersloh 1970, S. 9–26, hier: 24.

[7] Vgl. etwa TRUTZ RENDTORFF: Das Problem der Institution in der neueren Christentumsgeschichte, in: Zur Theorie der Institution, hg. von HELMUT SCHELSKY, Gütersloh 1970, S. 141–153.

[8] Vgl. die beiden Dissertationen von BRINKMANN: Institutionenethik, 1997, und MARTIN ZENTGRAF: Die theologische Wahrnehmung von Institutionen. Eine Untersuchung zum Problem einer theologischen Theorie der Institution unter Berücksichtigung soziologisch-philosophischer und rechtswissenschaftlicher Institutionentheorie, Diss. masch., Bonn 1983.

sames Problembewusstsein auffinden, oder stehen die verschiedenen Ansätze beziehungslos nebeneinander?

2.2. Die theologische Auseinandersetzung mit dem Marxismus in den 1950er und 1960er Jahren

»Auf der Deutungsebene geschichtsphilosophischer und sozialtheoretischer Zeitdiagnostik spielte seit den 50er und 60er Jahren die Auseinandersetzung mit dem Marxismus/Sozialismus eine dominante Rolle. Die Antikritik der kirchlich-theologischen Marxismus-Sozialismuskritik bestimmte auch die Frage nach einer neuen Sozialethik und nach dem ideologisch-politischen Standort des Protestantismus. Im Marxismus-Sozialismus-Diskurs wurde (vor den 68er Jahren) eine der zentralen Orientierungsdebatten der Nachkriegszeit geführt«[9] – diese rückblickende Feststellung Trutz Rendtorffs rückt die elementare Bedeutung ins Bewusstsein, welche der vor ›1968‹ geführten theologischen Auseinandersetzung mit dem Marxismus für die Selbstverortung des Protestantismus in der bundesrepublikanischen Gesellschaft zukommt. Diese Feststellung ist um so bemerkenswerter, als eine gründliche Aufarbeitung jener ›Marxismusdebatte‹ bisher nicht stattgefunden hat. Auch das damit verwandte Phänomen eines ›christlich-marxistischen Dialogs‹ zählte »noch bis vor kurzem [...] zur Terra incognita der Forschung«[10].

Um die mit dem Themenfeld ›Marxismus, Kommunismus und Sozialismus‹ in der Ost-West-Konstellation der frühen Bundesrepublik gegebene Überfülle an Quellen, Themen und Bezügen beherrschbar zu machen, ist freilich eine Beschränkung der Fragestellung unvermeidlich: Es soll vorrangig um die – während der 1950er und 1960er Jahre – in der akademischen Theologie und Ethik geführte Auseinandersetzung mit dem Marxismus gehen. Damit fallen die mit den Protestbewegungen von ›1968‹ verbundenen Umbrüche heraus. Aber auch die politische Thematik des Ost/West-Konflikts und die damit zusammenhängenden kirchlichen Aktivitäten und Stellungnahmen einerseits, die auf poli-

---

[9] TRUTZ RENDTORFF: Ethik in der reflexiven Moderne. Beobachtungen zur Sozialethik einst und jetzt, in: 50 Jahre Ethik im sozialen Kontext. Festakt zum Jubiläum des Instituts für Ethik und angrenzende Sozialwissenschaften Münster, hg. von HANS-RICHARD REUTER, Münster 2007, S. 14–39, hier: 26.

[10] CHRISTIAN A. WIDMANN: Vom Gespräch zur Aktion? Der »christlich-marxistische Dialog« und die Politisierung des Protestantismus in den 1960er und 1970er Jahren, in: Die Politisierung des Protestantismus. Entwicklungen in der Bundesrepublik Deutschland während der 1960er und 1970er Jahre, hg. von KLAUS FITSCHEN u. a., Göttingen 2011, S. 121–149, hier: 122. – Immerhin liegen zwei Bibliographien zum christlich-marxistischen Dialog vor, welche im Zeitraum von 1955 bis 1990 zusammen etwa 3 000 Publikationen verzeichnen; vgl. ANS J. VAN DER BENT (Hg.): The Christian-Marxist Dialogue. An Annotated Bibliography, Genf 1969; und ANS J. VAN DER BENT: The Christian-Marxist Dialogue. A Comprehensive and Partly Annotated Bibliography, Genf 1992.

tisches Engagement und praktischen Dialog setzenden Initiativen, Gesprächskreise und Konferenzen andererseits bilden nur den Hintergrund und Bezugsrahmen, stehen aber nicht für sich selbst im Mittelpunkt des Forschungsinteresses.

Stattdessen geht es vorrangig darum, die verschiedenen Fäden der theologischen Auseinandersetzung mit dem Marxismus aufzunehmen und danach zu fragen, wie die evangelische Sozialethik hier in Kritik und Antikritik den gesellschaftlichen Standort des Protestantismus bestimmt.[11] In einer ersten Näherung lassen sich dabei vier diskursive Stränge der Auseinandersetzung mit dem Marxismus unterscheiden, die freilich vielfältig miteinander verwoben und vernetzt sind.

(1) Ein *erster Strang* knüpft sich an die Rezeptions- und Wirkungsgeschichte des religiösen Sozialismus. Auch wenn dieser Bewegung ein größerer Einfluss in der jungen Bundesrepublik versagt geblieben ist, hat sie sich doch schon 1948 im *Bund religiöser Sozialisten* (seit 1957 mit dem Zusatz *Gemeinschaft für Christentum und Sozialismus*) organisatorisch gesammelt und gleichsam subkutan nicht nur die Veränderungen im Verhältnis der Kirche zum Sozialismus angestoßen, sondern auch auf die gesellschafts- und wirtschaftspolitischen Debatten der Nachkriegszeit eingewirkt.[12] In diesen Zusammenhang gehört auch der »universaleschatologische Ansatz«[13] von Heinz-Dietrich Wendland, den dieser seit Mitte der 1950er Jahre entwickelt und – in kritischer Auseinandersetzung mit dem Marxismus – zunehmend auf die Vision eines »wahren Sozialismus«[14] hin zulaufen lässt.

(2) Ein *zweiter Strang* verweist auf die Ökumene.[15] Die erste Vollversammlung des ökumenischen Rates der Kirchen in Amsterdam 1948 steht ganz im Zeichen der Auseinandersetzung mit dem Marxismus. Unter dem Eindruck der Katastrophe des 2. Weltkrieges und vor dem Hintergrund des sich abzeichnenden

---

[11] Eine in Ansätzen vergleichbare, wenngleich stark tendenziöse Studie bietet WOLFGANG KRÖGER: Marxismus und politische Theologie. Der Einfluss des Marxismus und des christlich-marxistischen Dialogs auf die Entwicklung einer politisch bewussten Theologie, Diss. masch., Tübingen 1973.

[12] Zur Wirkungsgeschichte der religiös-sozialen Bewegung in den Gründungsjahrzehnten der Bundesrepublik vgl. die Beiträge im Sammelband von REINHARD EHMANN (Hg.): Roter Himmel auf Erden? Der religiöse Sozialismus, Karlsruhe 1994.

[13] HEINZ-DIETRICH WENDLAND: Die Kirche in der modernen Gesellschaft. Entscheidungsfragen für das kirchliche Handeln im Zeitalter der Massenwelt, Hamburg 1956, S. 70.

[14] HEINZ-DIETRICH WENDLAND: Wege und Umwege. 50 Jahre erlebter Theologie 1919–1970, Gütersloh 1977, S. 202. – Vgl. dazu auch HEINZ-DIETRICH WENDLAND: Christliche und kommunistische Hoffnung, in: Marxismus-Studien, hg. von ERWIN METZKE, Tübingen 1954, S. 214–243; HEINZ-DIETRICH WENDLAND: Die Kirche in der revolutionären Gesellschaft. Sozialethische Aufsätze und Reden, Gütersloh 1967.

[15] Vgl. dazu HEINZ EDUARD TÖDT: Die Marxismus-Diskussion in der ökumenischen Bewegung, in: Marxismus-Studien, Sechste Folge, hg. von ULRICH DURCHROW, Tübingen 1960, S. 1–42.

Ost/West-Gegensatzes wird diese Debatte zum Spiegel einer Selbstverständigung über die eigenen gesellschaftstheoretischen und -politischen Leitvorstellungen.[16] Mit Beginn der 1960er Jahre vollzieht sich dann eine Akzentverschiebung: Auf der einen Seite kommt es, angeregt vor allem durch Josef Hromádka, zur Ausbildung institutionalisierter Dialoge zwischen Christentum und Marxismus.[17] Auf der anderen Seite wird der Ost/West-Gegensatz mehr und mehr überlagert von der neuen Spannung zwischen Nord und Süd. Die Folge ist ein erneuter Globalisierungsschub der Debatte; zudem rückt nun das Thema der Revolution – exemplarisch vertreten von Richard Shaull – in den Mittelpunkt der Aufmerksamkeit.[18]

(3) Ein *dritter Strang* betrifft die – bisher gänzlich unerforschte – Arbeit der Marxismuskommission der Evangelischen Studiengemeinschaft.[19] Diese interdisziplinär besetzte Kommission wird unter Federführung von Erwin Metzke im Jahre 1952 gegründet und steigt schon bald zum »wohl wichtigsten Sammelpunkt der Marxismusdiskussion im Protestantismus«[20] auf. Ausgehend von der Frage, ob es angesichts des Kalten Krieges »noch Ansatzpunkte eines gemeinsamen Gesprächs«[21] zwischen Ost und West gibt, sucht die Kommission nach Möglichkeiten, um den Gegensatz zwischen Christentum und Marxismus auf einer grundsätzlichen Ebene zu überwinden.[22]

---

[16] Von besonderer Bedeutung sind dabei zum einen die konträren Auffassungen von Josef L. Hromádka und John F. Dulles. Zum anderen entzündet sich nach Abschluss der Vollversammlung eine Kontroverse zwischen Karl Barth und Reinhold Niebuhr; vgl. Karl Barth, Jean Daniélou und Reinhold Niebuhr: Amsterdamer Fragen und Antworten, München 1949.

[17] Eine zentrale Rolle spielt hier die ›Christliche Friedenskonferenz‹; vgl. dazu Gerhard Lindemann: »Sauerteig im Kreis der gesamtchristlichen Ökumene«. Das Verhältnis zwischen der Christlichen Friedenskonferenz und dem Ökumenischen Rat der Kirchen, in: Nationaler Protestantismus und Ökumenische Bewegung. Kirchliches Handeln im Kalten Krieg (1945–1990), hg. von Gerhard Besier u. a., Berlin 1999, S. 653–932.

[18] Vgl. dazu Alexander Christian Widmann: Wandel mit Gewalt? Der deutsche Protestantismus und die politisch motivierte Gewaltanwendung in den 1960er und 1970er Jahren, Göttingen 2013, S. 35–160.

[19] Die Arbeit der Marxismus-Kommission ist dokumentiert in den *Marxismus-Studien,* von denen sieben Folgen erschienen; vgl. Erwin Metzke (Hg.): Marxismus-Studien, Tübingen 1954; Iring Fetscher (Hg.): Marxismus-Studien, Zweite Folge, Tübingen 1957; Ders. (Hg.): Marxismus-Studien, Dritte Folge, Tübingen 1960; Ders. (Hg.): Marxismus-Studien, Vierte Folge, Tübingen 1962; Ders. (Hg.): Marxismus-Studien, Fünfte Folge, Tübingen 1968; Ulrich Durchrow (Hg.): Marxismus-Studien, Sechste Folge, Tübingen 1969; Heinz-Eduard Tödt (Hg.): Marxismus-Studien, Siebte Folge, Tübingen 1972.

[20] Rendtorff: Ethik in der reflexiven Moderne, 2007, S. 26.

[21] Erwin Metzke: Vorwort, in: Marxismus-Studien, hg. von Dems., Tübingen 1954, S. V–XI, hier: VI.

[22] Vgl. A.a.O., S. X: »Wo aber die letzten und nicht nur die vorletzten Wurzeln, Triebkräfte und Zielsetzungen im Sozialismus wie im Kommunismus gefaßt werden, da kommt es notwendig zu einer Konfrontation mit der christlichen Tradition. Diese muß sich selbst auf ihre eigene Zukunftshoffnung hin kritisch befragen lassen [...]. Doch ist das nicht im Sinne eines

(4) Ein *vierter Strang* schließlich verweist auf den ›linksprotestantischen‹ Flügel der Schule Karl Barths. Diesem Flügel gehört neben Ernst Wolf, Hans-Joachim Iwand und Walter Kreck auch Helmut Gollwitzer an, der bereits in den 1950er Jahren – lange bevor er nach 1968 zum Dialogpartner der ›Neuen Linken‹ wird – intensiv die theologische Auseinandersetzung mit dem Marxismus vorantreibt. Als Schüler Otto Webers gehört in diese Linie zumindest mittelbar auch Jürgen Moltmann. Mit seiner im Jahre 1964 erscheinenden *Theologie der Hoffnung* nimmt er zwar eine breite Strömung des Zeitgeistes auf, eröffnet aber durch seine Bezugnahme auf die marxistische Hoffnungsphilosophie Ernst Blochs zugleich einen höchst wirksamen Seitenstrang in der theologischen Auseinandersetzung mit dem Marxismus.

Um das skizzierte Debattenfeld in seinen unterschiedlichen Themen und Positionen, Zielsetzungen und Motiven aufzufächern, ist es unumgänglich, die Perspektive auf die in der akademischen Theologie geführte Auseinandersetzung mit dem Marxismus zu beschränken. Es geht dann weniger um den Ost/West-Konflikt als vielmehr um Fragen des Geschichtsverständnisses, des humanistisch-sozialen Engagements und der eschatologischen Zukunftshoffnung. In welcher Weise gelingt es hier, die starre Gegnerschaft von Christentum und Marxismus aufzubrechen, Brückenschläge anzuvisieren und Vermittlungsperspektiven zu erproben? Wie einheitlich oder auch differenziert wird der Marxismus in den Blick genommen, und in welcher Weise wird zwischen Marxismus, Kommunismus und Sozialismus unterschieden? Wie bestimmend machen sich der zeitgenössische Ost/West-Konflikt und die innerdeutsche Frage bemerkbar? Sind hier Verschiebungen aufweisbar, und gelingt es vielleicht, auf die Wahrnehmung und Deutung dieses Konflikts einzuwirken? Welche westdeutschen Ortsbestimmungen werden im Licht der Marxismusdebatte erkennbar, und welche gesellschaftspolitischen Forderungen und Zielvorstellungen zeichnen sich ab? Lassen sich aus der Aufarbeitung der Marxismusdebatte schließlich auch Ansatzpunkte gewinnen, um den Flügel des ›Linksprotestantismus‹ in seinen Anliegen, Positionen und Strömungen präziser beschreiben zu können?

2.3. Das evangelische Staatsverständnis im Spiegel ethischer Entwürfe der 1950er und 1960er Jahre

Die gängigen Darstellungen des evangelischen Staatsverständnisses im 20. Jahrhundert folgen einem Dreischritt: Zunächst wird die obrigkeitliche Staatsauffassung mit ihrer Glorifizierung des Staates einerseits, ihrer Kritik an

---

Rückwärtsblickens gemeint, vielmehr wird die ›Eschatologie‹ heute – weit über den theologischen Bereich im engeren Sinne hinaus – Ausgangspunkt eines neuen Seinsbewußtseins im Ringen um Lebenssinn und Geschichtsverständnis«.

Demokratie und Menschenrechten andererseits in der klassischen Ordnungstheologie skizziert, dann folgt der mit dem Namen Karl Barth verbundene funktionale »Neuansatz«[23] von Barmen V, bevor schließlich zur Demokratie-Denkschrift von 1985 gesprungen wird. Die Ansätze und Entwicklungen der 1950er und 1960er Jahre hingegen bleiben weitgehend ausgeblendet.[24]

Dabei finden hier unter dem Eindruck der veränderten politisch-gesellschaftlichen Wirklichkeit der jungen Bundesrepublik mühsame und tiefgreifende Neuorientierungsprozesse im evangelischen Staatsverständnis statt. Sie vollziehen sich vor dem Hintergrund eines komplexen Geflechts eingefahrener Schulprägungen, differierender Motivlagen und aktueller Zeitfragen. So ist das positionelle Spektrum der 1950er Jahre weitgehend durch den Gegensatz zwischen den Vertretern einer lutherischen ›Ordnungstheologie‹ einerseits und der Schule Karl Barths andererseits bestimmt.[25]

In der Deutung des Politischen bildet sich dieser Gegensatz *zunächst* in der Alternative von ›Zwei-Reiche-Lehre‹ und ›Königsherrschaft Christi‹ ab. Beide Leitformeln gehen zwar auf den Kirchenkampf zurück, werden aber erst nach 1945 zu sozialethischen Programmen ausformuliert. Entsprechend erreicht auch die Kontroverse zwischen ihnen in den 1950er Jahren einen ersten Höhepunkt. Dabei zeigen sich beide Seiten bemüht, die jeweils unterstellten Defizite – unkritische Affirmation des Bestehenden und Weltverlust des Theologischen einerseits, appellatives Überspringen der Realität und Theologisierung des Politischen an-

---

[23] MARTIN HONECKER: Grundriß der Sozialethik, Berlin 1995, S. 325.

[24] Die Ausnahmen von der Regel bilden die beiden – freilich gegenläufig tendenziösen – Studien von HANS GERHARD FISCHER: Evangelische Kirche und Demokratie nach 1945, Lübeck 1970; sowie MICHAEL J. INACKER: Zwischen Transzendenz, Totalitarismus und Demokratie. Die Entwicklung des kirchlichen Demokratieverständnisses von der Weimarer Republik bis zu den Anfängen der Bundesrepublik (1918–1959), Neukirchen-Vluyn 1994. – Ohne spezifischen Fokus auf die 1950er und 1960er Jahre sind die Publikationen zum Verhältnis von Protestantismus und Demokratie Legion; vgl. exemplarisch MARTIN GRESCHAT und JOCHEN-CHRISTOPH KAISER (Hg.): Christentum und Demokratie im 20. Jahrhundert; Stuttgart 1992; JOCHEN-CHRISTOPH KAISER und ANSELM DOERING-MANTEUFFEL (Hg.): Christentum und politische Verantwortung. Kirchen im Nachkriegsdeutschland, Stuttgart 1990; sowie HARTMUT RUDDIES: Protestantismus und Demokratie in Westdeutschland, in: Evangelische Kirche im geteilten Deutschland (1945–1989/90), hg. von CLAUDIA LEPP und KURT NOWAK, Göttingen 2001, S. 206–227.

[25] Vgl. dazu die Einschätzung von ANSELM DOERING-MANTEUFFEL: Die Bundesrepublik Deutschland in der Ära Adenauer, Darmstadt 1991, S. 81: »Gegen die Haltung der breiten Masse des evangelischen Kirchenvolks, die vom konservativen, vorherrschend lutherischen Flügel unter der Führung Bischof Otto Dibelius' geprägt wurde [...], räsonierte eine kleine Gruppe der in engem Kontakt zu Karl Barth stehenden Angehörigen der Bruderräte um Martin Niemöller und Gustav Heinemann«. – Über Geschichte und Wirken der Bruderschaften gibt einen exemplarischen Einblick DIETHARD BUCHSTÄDT: Kirche für die Welt. Entstehung, Geschichte und Wirken der Kirchlichen Bruderschaften im Rheinland und in Württemberg 1945–1960, Köln 1999.

dererseits – so zu bearbeiten, dass sie zunehmend als komplementäre theologische Zugänge zur gesellschaftlichen Wirklichkeit zutage treten.²⁶

Die Kontroverse zwischen ›Zwei-Reiche-Lehre‹ und ›Königsherrschaft Christi‹ verschränkt sich *sodann* mit der Debatte um das Verhältnis von Staat und Kirche. Zwar bestehen hier vielfältige Überschneidungen; dennoch sind beide Themenkreise zu unterscheiden: Die Frage nach dem Verhältnis von Staat und Kirche zielt zum einen auf den Ort der Kirche und ihren spezifischen ›Öffentlichkeitsauftrag‹ – oder gar ihr vermeintliches ›Wächteramt‹ – im Horizont des modernen Staates, zum anderen auf das Verständnis dieses Staates selbst. Den Bezugshorizont bildet die Auslegung von Barmen II und vor allem Barmen V.²⁷ Schon allein deshalb stehen hier immer auch kirchenpolitische und konfessionelle Spannungen im Hintergrund, die sich bei aktuellen Streitfragen konfliktreich entladen – wie etwa bei den innerkirchlichen Kontroversen um das *Darmstädter Wort* des Bruderrats von 1947²⁸ oder bei der Debatte um die atomare Bewaffnung der Bundeswehr Ende der 1950er Jahre, als sich lutherische Kirchenleitungen und barthianisch geprägte Bruderschaften gegenseitig vorwerfen, den Boden der *Barmer Theologischen Erklärung* verlassen zu haben.²⁹ Daneben wird Barmen V zwar als Grundlegung eines neuen, nüchtern-funktionalen Staatsverständnisses in Anspruch genommen. Gleichwohl trägt der ›antitotalitäre Grundkonsens‹ nicht weit: In der Anwendung auf die staatsethischen Herausforderungen der jungen Bundesrepublik brechen die konträren Flügel sogleich wieder auseinander. Das zeigt sich bei den unterschiedlichen Debatten, die etwa um die Ausbuchstabierung des Rechtsstaates, die Frage des Wohlfahrtsstaates oder nicht zuletzt das Problem des Widerstandsrechts geführt werden.

Die positionelle Grundspannung im deutschen Nachkriegsprotestantismus wird *schließlich* in besonderer Weise am Thema der Demokratie festgemacht. Dabei kommt Karl Barth zumeist das Verdienst zu, die Hinwendung der evangelischen Staatsethik zur Demokratie angestoßen zu haben, während für die luthe-

---

²⁶ Vgl. dazu neben Hans-Walter Schütte: Zwei-Reiche-Lehre und Königsherrschaft Christi, in: Handbuch der christlichen Ethik I (1993), S. 339–353; vor allem Reiner Anselm: Politische Ethik, in: Handbuch der Ethik, hg. von Wolfgang Huber u. a *(im Druck)*.

²⁷ Vgl. zu Rezeption von Barmen V exemplarisch Günter Brakelmann: Barmen V – ein historisch-kritischer Rückblick, in: Evangelische Theologie 45 (1985), S. 3–20; sowie Martin Honecker: Die Barmer Theologische Erklärung und ihre Wirkungsgeschichte, Opladen 1995.

²⁸ Vgl. »Darmstädter Wort« des Bruderrates der Evangelischen Kirche in Deutschland »Zum politischen Weg unseres Volkes« vom 8. August 1947, in: Kirchliches Jahrbuch 1945–1948, hg. von Joachim Beckmann, Gütersloh 1950, S. 220–223.

²⁹ Vgl. dazu Hans Christian Knuth: Die Bedeutung der Barmer Theologischen Erklärung für die theologische Arbeit der VELKD, in: Die lutherischen Kirchen und die Bekenntnissynode von Barmen, hg. von Wolf-Dieter Hauschild u. a., Göttingen 1984, S. 407–424, hier: 414 f.

rische Theologie das Votum von Wolfgang Trillhaas aus dem Jahre 1956 zitiert wird, »daß bis zur Stunde die Demokratie für sie das eigentlich unbewältigte Thema darstellt«[30]. Bei genauerem Hinsehen stellt sich die Sachlage jedoch durchaus verwickelter dar. So eint *beide* Seiten ein durchaus tiefsitzendes Unbehagen an der pluralistischen Signatur der modernen Demokratie, welche nicht nur den tradierten gesellschaftlichen Homogenitätsmustern, sondern auch der Vorstellung eines ›Wächteramts‹ der Kirche über die politische Kultur zuwiderläuft.[31] Zudem stehen *beide* Denkmodelle in einer eigentümlichen Distanz zur Wirklichkeit des modernen Staates – der lutherische Obrigkeitsgedanke ebenso wie die christologische Analogiefigur Karl Barths.[32] Umgekehrt behauptet nicht nur Karl Barth eine besondere Affinität des Evangeliums zur Demokratie;[33] auch auf lutherischer Seite finden sich schon kurz nach Kriegsende entsprechende Stellungnahmen[34]. Wie komplex und unübersichtlich hier zudem die Debattenstränge verlaufen, wird schlagartig am Beispiel der von Otto Dibelius im Jahre 1959 ausgelösten ›Obrigkeitsdiskussion‹ deutlich.[35] So impliziert seine These, der weltanschaulich neutrale Staat könne nicht mehr als gottgesetzte ›Obrigkeit‹ gelten, durchaus eine kritische Volte gegenüber der modernen Demokratie. In der Hauptsache aber zielt er darauf, die DDR als totalitäre Diktatur zu brandmarken und ihr jedwede Legitimation abzusprechen. Gleichwohl ist die Reaktion darauf einhellige Ablehnung – mit dem von Walter Künneth bis Karl Barth geteilten Argument, auch eine schlechte Obrigkeit sei als Obrigkeit anzuerkennen. Dibelius rückt so die Frage nach dem Staatsverständnis in den Horizont des allgegenwärtigen Ost-West-Konflikts; zugleich verkehren sich die innerprotestantischen Fronten. Denn nun gerät Karl Barth und mit ihm der ›Linkspro-

---

[30] Wolfgang Trillhaas: Lutherische Lehre von der weltlichen Gewalt und der moderne Staat, in: Macht und Recht. Beiträge zur lutherischen Staatslehre der Gegenwart, hg. von Hans Dombois und Erwin Wilkens, Berlin 1956, S. 22–33, hier: 26.

[31] Vgl. dazu Kurt Nowak: Protestantismus und Demokratie in Deutschland. Aspekte der politischen Moderne, in: Christentum und Demokratie, hg. von Martin Greschat und Jochen-Christoph Kaiser, S. 1–18, hier: 12 f.; sowie Inacker: Zwischen Transzendenz, Totalitarismus und Demokratie, 1994, S. 266–279.

[32] Vgl. dazu die kritische Selbsteinschätzung bei Wolfgang Trillhaas: Ethik, Berlin 1959, S. 340–347.

[33] Vgl. etwa Karl Barth: Rechtfertigung und Recht, Zürich 1938, S. 44 f.

[34] So erklärt etwa Otto Dibelius im Jahre 1946: »Die Diktatur eines totalen Staates ist unvereinbar mit dem Willen Gottes. Um des Evangeliums willen brauchen wir eine demokratische Staatsform. Auf das Wort ›demokratisch‹ kommt es dabei nicht an. [...] Auf die Sache kommt es an! Die staatliche Form, in der die Menschen leben, muß einen erheblichen Einschlag von Freiheit für den einzelnen haben. Darum geht es« (Otto Dibelius: Wir rufen Deutschland zu Gott! Gottesdienstliche Rede am Tag der Kirche, 28. April 1946, in der St. Marienkirche zu Berlin, o. O. o. J., S. 9).

[35] Vgl. dazu die Fallstudie von Georg Kalinna in diesem Band, S. 369–384.

testantismus‹ ins Zwielicht, nicht mehr hinreichend zwischen Demokratie und Diktatur unterscheiden zu können.[36]

Es erscheint lohnend, die angedeuteten Debatten, Umorientierungen und Verschiebungen im evangelischen Staatsverständnis vorrangig im Spiegel der zeitgenössischen Sozialethik zu bearbeiten. Entsprechend richtet sich das Augenmerk auf die Entwürfe von Walter Künneth und Helmut Thielicke, Karl Barth und Ernst Wolf, Wolfgang Trillhaas und Heinz-Dietrich Wendland. Darüber hinaus bietet es sich an, zumindest einen Seitenblick auch auf weniger bekannte oder profilierte Beiträge zu werfen. Im Mittelpunkt steht die Frage, ob und wie die neuen staatlichen Gegebenheiten der jungen Bundesrepublik theologisch aufgenommen und verarbeitet werden. Welche Denkfiguren treten in den Hintergrund, welche werden ›umformatiert‹ oder vielleicht gar neu ausgebildet? Wie schreiben sich alte Kontinuitäten fort, wo kommt es vielleicht auch zu neuartigen ›Traditionsstiftungen‹? Welche Rolle spielen die aktuellen (kirchen-)politischen Debatten? Inwiefern werden hier bereits Entwicklungen angestoßen und vorbereitet, die dann in den Debatten der 1970er und 1980er Jahre zum Austrag kommen?

---

[36] Vgl. dazu INACKER: Zwischen Transzendenz, Totalitarismus und Demokratie, 1994, S. 335–343.

III. Fallskizzen

Politische Einflusswege des Protestantismus

STEFAN FUCHS

1. Ein schärferer Ansatz: Neue Wege zur Erfassung des politischen Einflusses des Protestantismus über die Parteien

»Wir betrachten sie [die Kirchen; SF] nicht als Gruppe unter den vielen der pluralistischen Gesellschaft und wollen ihren Repräsentanten darum auch nicht als Vertreter bloßer Gruppeninteressen begegnen. Wir meinen im Gegenteil, dass die Kirchen in ihrer notwendigen geistigen Wirkung um so stärker sind, je unabhängiger sie sich von überkommenen sozialen oder parteilichen Bindungen machen. Im Zeichen deutlicher Freiheit wünschen wir die Partnerschaft.«[1]

Das Interesse an der Religion war bei den Akteuren im politischen System der Bundesrepublik Deutschland stets präsent, während die Politikwissenschaft sich erst in den letzten zwei Jahrzehnten von der hemmenden Wirkung eines »naiven Säkularisierungsparadigmas«[2] in der Untersuchung von Politik und Religion befreien konnte. Angesichts der inzwischen weitgehend anerkannten Tatsache, dass Religion auch in den westlich-liberalen Demokratien[3] nach wie vor in einer Vielzahl relevanter Politikfelder[4] erhebliche Einflüsse gelten machen kann, wächst in zunehmendem Maße das Forschungsinteresse in diesem Bereich.[5] Die konkrete Erfassung von religiösen Einflüssen bereitet allerdings Schwierigkeiten. Verschiedene Ansätze, die Einflüsse von Religionsgemeinschaften über ihre

---

[1] Regierungserklärung des Bundeskanzlers Willy Brandt vom 18. Januar 1973, in: Bulletin vom 19. Januar 1973, hg. vom Presse- und Informationsamt der Bundesregierung, Nr. 6, S. 56.

[2] ANTONIUS LIEDHEGENER: Macht und Einfluss von Religionen. Theoretische Grundlagen und empirische Befunde der politischen Systemlehre und politischen Kulturforschung, in: Religion – Wirtschaft – Politik. Forschungszugänge zu einem aktuellen transdisziplinären Feld (Religion – Wirtschaft – Politik 1), hg. von DEMS., ANDREAS TUNGER-ZANETTI und STEPHAN WIRZ, Baden-Baden / Zürich 2011, S. 241–273, hier: 243.

[3] Zur genauen Definition liberaler Demokratien vergleiche die Erläuterungen im Aufsatz von Andreas Busch in diesem Band, S. 33.

[4] Vgl. LIEDHEGENER: Macht und Einfluss von Religionen, 2011, S. 258 f.

[5] Vgl. GERT PICKEL: Demokratie, Staat und Religion. Vergleichende Politikwissenschaft und Religion, in: Religion – Wirtschaft – Politik. Forschungszugänge zu einem aktuellen transdisziplinären Feld (Religion – Wirtschaft – Politik 1), hg. von DEMS., ANDREAS TUNGER-ZANETTI und STEPHAN WIRZ, Baden-Baden / Zürich 2011, S. 275–303, hier: 275 ff.

institutionelle Ausprägung mittels der Methoden der politikwissenschaftlichen Verbandsforschung zu erfassen, können bisher nicht zufrieden stellen. Scheitern einige bereits an der klaren Definition und Abgrenzung der von ihnen untersuchten Einflusssphäre, verharren andere in der Regel auf einer makroinstitutionellen Untersuchungsebene, welche die notwendige Verbindung zur mikro-individuellen Ebene außer Acht lässt.[6] Die Frage, inwiefern Kirchen überhaupt als normale Interessenverbände im politischen System der Bundesrepublik Deutschland gewertet werden können, ist dabei bereits mehrfach kontrovers besprochen worden.[7]

Letztendlich muss man doch zu dem Ergebnis kommen, dass es sich bei den Kirchen um eine spezifische Organisationsform handelt, welche die Einflussmöglichkeiten einer Religionsgemeinschaft nicht in vollem Umfang erfasst.[8] Die Analyse des Einflusses einer Religionsgemeinschaft ausschließlich in ihrer institutionalisierten Form vermittelt somit nur ein sehr unscharfes Bild des Untersuchungsgegenstandes.[9] Zudem prägt sich diese Unschärfe konfessionsabhängig unterschiedlich stark aus. Im Katholizismus sind hierarchische Strukturen und letztverbindlich meinungsbildende Entscheidungsträger klar bestimmbare Einflussgrößen, was einer politikwissenschaftlichen Untersuchung entgegenkommt. Im Protestantismus hingegen ist dies weitestgehend nicht der Fall.[10] Dieser deutliche Unterschied lässt sich bereits aus dem Übergewicht gerade auch jüngerer politikwissenschaftlicher Literatur zum Katholizismus nachvollziehen.[11]

Einen Beitrag zur zumindest teilweisen Lösung dieses Forschungsproblems verfolgt dieser Aufsatz im Rahmen dieses Sammelbandes. Unter der Grundannahme, dass eine zufriedenstellende Fassung religiöser Einflüsse auf politische Schlüsselentscheidungen[12] der Bundesrepublik Deutschland nur unter ei-

---

[6] Vgl. a.a.O., S. 277 ff.

[7] Vgl. HEIDRUN ABROMEIT: Sind die Kirchen Interessenverbände?, in: Die Kirchen und die Politik. Beiträge zu einem ungeklärten Verhältnis, hg. von DERS. und GÖTTRIK WEWER, Opladen 1989, S. 244–260; ULRICH WILLEMS: Kirchen, in: Interessenverbände in Deutschland, hg. von DEMS. und THOMAS VON WINTER, Wiesbaden 2007, S. 316–340.

[8] Vgl. WOLFGANG HUBER: Kirche und Öffentlichkeit (Forschungen und Berichte der evangelischen Forschungsgemeinschaft 28), München ²1991, S. 635 ff.; vgl. hierzu auch den Aufsatz von Andreas Busch in diesem Band, S. 19.

[9] Vgl. LIEDHEGENER: Macht und Einfluss von Religionen, 2011, S. 248.

[10] Vgl. CHRISTIAN ALBRECHT: Staatskirchenrecht oder Religionsverfassungsrecht? Argumente aus einer Relecture der evangelischen Stellungnahmen zum FDP-Kirchenpapier 1974, in: Zeitschrift für Theologie und Kirche 110 (2013), S. 362–381, hier: 377.

[11] Vgl. ANTONIUS LIEDHEGENER: Macht, Moral und Mehrheiten. Der politische Katholizismus in der Bundesrepublik Deutschland und den USA seit 1960, Baden-Baden 2006; JOHANNES KEPPELER: Kirchlicher Lobbyismus? Die Einflussnahme der katholischen Kirche auf den deutschen Staat seit 1949, Marburg 2007; CHRISTOPH KÖSTERS u. a.: Was kommt nach dem katholischen Milieu? Forschungsbericht zur Geschichte des Katholizismus in Deutschland in der zweiten Hälfte des 20. Jahrhunderts, in: Archiv für Sozialgeschichte 49 (2009), S. 485–526.

[12] Im politikwissenschaftlichen Kontext ist der Begriff der »Politischen Schlüsselentschei-

ner breiten interdisziplinären Perspektive erreicht werden kann, finden in diesem Band theologische, geschichtswissenschaftliche, juristische und politikwissenschaftliche Forschungsansätze zusammen.[13] Als somit einziges sozialwissenschaftliches Projekt in diesem Zusammenhang will der Aufsatz mit der Analyse von Einflussstrukturen und -instanzen des Protestantismus bewusst die Stärken des politikwissenschaftlichen Forschungsbereichs ausspielen.

Von Interesse ist hierbei zunächst vor allem, welche Einflusswege der Protestantismus in der Bundesrepublik Deutschland in den Jahren 1949 bis 1989 nutzt und welche Arten von Akteuren sich dabei auf seiner Seite feststellen lassen. Um diesen Anspruch erfüllen zu können, soll im Folgenden ein in diesem Forschungsbereich teilweise neuer Ansatz verfolgt werden, der sowohl makro-institutionelle, als auch mikro-individuelle Aspekte zusammenhängend berücksichtigt. Die Grundlage hierfür bildet das strukturell-funktionale Politikmodell nach David Easton und Gabriel A. Almond.[14] Durch die klare Fassung der einzelnen Bestandteile des politischen Systems wird hierin eine genaue Bestimmung der protestantischen Akteure innerhalb des politischen Systems möglich.[15] Grundsätzlich kann Religion, die als ein eigenständiges gesellschaftliches Subsystem zu fassen ist, an jedem Punkt des politischen Systems Einfluss erlangen, jedoch wird ihr Einfluss vor allem an der intermediären Schnittstelle zwischen der Gesellschaft und dem politischen System auf der Input-Seite zu verordnen sein.[16] Hier finden sich als dominante Akteure bereits die Parteien. Der Blick soll im Folgenden daher auf einen bisher ausschließlich auf der makro-institutionellen Ebene und damit nur unzureichend genutzten Zugangsweg gelenkt werden, der sich gerade für die Politikwissenschaft anbietet und in dem eine ihrer Kernkompetenzen liegt: die Parteienforschung.[17] In

---

dungen« besser einzuordnen. Hierunter lassen sich die im Gesamtrahmen dieses Bandes interdisziplinär beschriebenen »ethischen Debatten« weitgehend problemlos fassen.

[13] Antonius Liedhegener unterstreicht die Bedeutung von interdisziplinären Forschungsansätzen in diesem Bereich ausdrücklich, vgl. LIEDHEGENER: Macht und Einfluss von Religionen, 2011, S. 265; ganz konkret in seiner interdisziplinären Zusammensetzung verdeutlicht dieser Sammelband die Sinnhaftigkeit eines solchen Forschungsansatzes.

[14] Vgl. GABRIEL A. ALMOND, G. BINGHAM POWELL, JR. und ROBERT J. MUNDT: Comparative politics. A theoretical framework, New York 1993; DAVID EASTON: A systems analysis of political life, New York 1965.

[15] Vgl. EDWIN CZERWICK: Politik als System. Eine Einführung in die Systemtheorie der Politik, München 2011, S. 56.

[16] Vgl. LIEDHEGENER: Macht und Einfluss von Religionen, 2011, S. 246; Antonius Liedhegener verweist darauf, dass religiöses Engagement gerade in Deutschland eng verknüpft ist mit parteipolitischem Engagement, vgl. ANTONIUS LIEDHEGENER: Politik und Religion in der aktuellen politischen Wissenschaft. Mehr als politische Gewalt im Namen Gottes, in: Zeitschrift für Politik, 58 (2011), S. 188–212, hier: 208 f.

[17] Vgl. KLAUS VON BEYME: Parteien in westlichen Demokratien, München ²1984, S. 11.

den Mittelpunkt der Untersuchung wird somit gemäß der Leitperspektive des Projektes die »konventionelle« Partizipation über Parteien gerückt.[18]

Im Rahmen dieses Aufsatzes wird dieser Ansatz anhand zweier konkreter Akteursbeispiele exemplarisch untersucht. Der zeitliche Schwerpunkt wird hierbei zunächst auf die 1950/60er-Jahre gelegt, da die Dynamik in der Entwicklung von Einflusswegen zwischen dem Protestantismus und dem politischen System der Bundesrepublik in diesen Jahren am größten erscheint. Zum einen soll der Bevollmächtigte des Rates der Evangelischen Kirche in Deutschland in den Blick genommen werden, um zu klären, wie dieser von Seiten der Kirche in Richtung des politischen Systems installierte Akteur Einflüsse für den Protestantismus vorwiegend über die Parteien erlangen konnte (3. Teil). Zum anderen wird mit dem Evangelischen Arbeitskreis der CDU/CSU ein protestantischer Akteur in den Blick genommen, der sich innerhalb einer Partei zur Durchsetzung protestantischer Einflüsse gebildet hat (4. Teil). Aus den Ergebnissen dieser exemplarischen Zugänge lassen sich anschließend erste Deutungsansätze gewinnen, die helfen den Blick in der weiteren Untersuchung des protestantischen Einflusses auf die politischen Schlüsselentscheidungen der Bundesrepublik Deutschland zu schärfen (5. Teil). Diesen Schritten vorgelagert wird zuvor eine kompakte Betrachtung der Besonderheiten der protestantischen Pluralität (2. Teil), da diese für die korrekte Einordnung der Untersuchungsergebnisse von Bedeutung ist.[19]

Durch die Einbettung in den beschriebenen interdisziplinären Rahmen, die Berücksichtigung der ausgeprägten protestantischen Pluralität sowie der Untersuchung mittels des geschilderten, teilweise neuen Ansatzes sind die Voraussetzungen geschaffen, um bei der politikwissenschaftlichen Einordnung des protestantischen Einflusses über die Parteien die notwendige Analyseschärfe zu wahren.

2. Besondere Herausforderungen der protestantischen Pluralität

Gleichgültig, ob etwa von der »sozialethischen Pluralität«[20], von seiner »parteipolitischen Zersplitterung«[21] oder sogar einer »nichtidentischen Identität«[22] die

---

[18] Vgl. hierzu die ausführliche Darstellung von Andreas Busch in diesem Band, S. 24 ff.

[19] Keine Berücksichtigung finden hierbei vorerst evangelikale Gruppen, da ihre Bedeutung unter dem gegebenen Forschungsinteresse in der Bundesrepublik Deutschland als äußerst gering zu bewerten ist, vgl. GISA BAUER: Evangelikale Bewegung und evangelikale Kirche in der Bundesrepublik Deutschland. Geschichte eines Grundsatzkonflikts (1945 bis 1989) (Arbeiten zur Kirchlichen Zeitgeschichte, Reihe B: Darstellungen 53), Göttingen 2012, S. 85 ff.

[20] TRAUGOTT JÄHNICHEN: Vom Industrieuntertan zum Industriebürger. Der soziale Protestantismus und die Entwicklung der Mitbestimmung (1848–1955), Bochum 1993, S. 390.

[21] KARL SCHMITT: Konfession und Wahlverhalten in der Bundesrepublik Deutschland (Ordo Politicus 27), Berlin 1989, S. 222.

[22] HARTMUT RUDDIES: Protestantismus und Demokratie in Westdeutschland, in: Evangeli-

Rede ist, für den politischen Einfluss des Protestantismus schafft seine ausgeprägte Pluralität in nahezu allen Bereichen spezifische Voraussetzungen, die in der bisherigen Forschung nur selten Beachtung gefunden haben. Das politikwissenschaftliche Bild zeichnet sich vor allem durch die nach wie vor prägende Wirkung des stark hierarchischen Kirchensystems des Katholizismus und den methodischen Druck zu klaren Einordnungen aus. Daraus ergeben sich bisher in aller Regel nur unausgewogene Fassungen des Protestantismus[23], dessen »Erscheinungsformen [...] zunehmend bunt, vielfältig und widersprüchlich geworden« sind.[24]

Sehr klar lässt sich an dieser Stelle festhalten, wie sinnvoll interdisziplinäre Forschungsansätze wirken können. In der Theologie ist die Frage, inwieweit institutionelle Kirchlichkeit und private Christlichkeit differente Angelegenheiten sind, nicht neu. Trutz Rendtorff verweist sehr eindeutig auf die Bedeutung dieser Spannungslage besonders für den Protestantismus. Die Wahrnehmung von Religion ist in unserer Gesellschaft sehr stark an kirchlich-theologische Institutionen gebunden, doch »für ein nur kirchlich-theologisches Denken ist dasjenige Christentum, das sich dem kirchlichen Standpunkt nicht einordnen lässt, weithin verborgen und unbekannt, ja ihm wird überhaupt die Anerkennung versagt.«[25] Im Fortdenken dieser Einsicht konkretisiert Dietrich Rössler mit der kirchlichen, der öffentlichen und der privaten/individuellen Gestalt des Christentums drei unterschiedliche Erscheinungsformen von Religion.[26] Für die Untersuchung des Protestantismus zeigt diese bewusste Unterscheidung klare Akteursgruppen auf, von denen bis auf die kirchliche die anderen bisher oftmals vernachlässigt oder sogar in Gänze ignoriert wurden.

In der politikwissenschaftlichen Forschung lässt sich die besondere Pluralität des Protestantismus am markantesten in seiner organisatorischen Pluralität fassen. Im Untersuchungszeitraum des Projekts zwischen 1949 bis 1989/90 selbst als Kirchenbund der evangelischen Landeskirchen gefasst, besitzt die Evangelische Kirche in Deutschland (EKD) nur eine eingeschränkte Handlungsfreiheit, insoweit sie ihr in ihrer Grundordnung durch die Landeskirchen gewährt wird. Die Souveränität der einzelnen Landeskirchen bleibt dabei in weiten Teilen unberührt.[27] Zu dieser Einschränkung kommt die Dreiteilung ihrer Führungsebe-

---

sche Kirche im geteilten Deutschland (1945–1989/90), hg. von CLAUDIA LEPP und KURT NOWAK, Göttingen 2001, S. 206–227, hier: 216.

[23] Vgl. ALBRECHT: Staatskirchenrecht oder Religionsverfassungsrecht?, 2013, S. 377.

[24] FRIEDRICH WILHELM GRAF: Der Protestantismus. Geschichte und Gegenwart, München 2006, S. 8.

[25] TRUTZ RENDTORFF: Christentum außerhalb der Kirche. Konkretionen der Aufklärung, Hamburg 1969, S. 10.

[26] DIETRICH RÖSSLER: Grundriss der Praktischen Theologie, Berlin und New York ²1994, S. 90 ff.

[27] Vgl. HERBERT CLAESSEN: Grundordnung der Evangelischen Kirche in Deutschland. Kommentar und Geschichte, hg. von BURKHARD GUNTAU, Stuttgart 2007, S. 194 ff.

ne in den Rat, die Synode sowie die Kirchenkonferenz hinzu, bei welcher der Rat durch seine administrativen Ressourcen leichte Vorteile auf der Einflussebene genießt. Die durch den Rat berufenen Kammern und Kommissionen[28] bilden im Weiteren ein Herzstück sowohl der innerprotestantischen Pluralität als auch der Vernetzung mit der pluralistischen Gesellschaft. Mit dem Evangelischen Kirchentag[29], den Einrichtungen des Sozial-, Gesundheits- und Bildungswesens sowie der evangelischen Entwicklungshilfe kommen weitere, teilweise gewichtige Akteure des Protestantismus hinzu.

Für die Untersuchung der bindungsbezogenen Pluralität bietet der organisatorische Rahmen der EKD den Vorteil, dass er nahezu alle dem Protestantismus zuzurechnenden Personen im Untersuchungszeitraum als seine Mitglieder umfasst. Somit lässt sich die Analyse dieser Pluralitätsform anhand der Mitgliederuntersuchungen der EKD geschlossen vollziehen. Hieraus wird beispielsweise Anfang der 1980er-Jahre deutlich, dass sich Unterschiede in der individuellen Bindung des Protestantismus nach dem gesellschaftlichen Umfeld, dem Bildungsstand, dem Berufsfeld, dem Alter, dem Geschlecht und weiteren Faktoren feststellen lassen.[30] Es besteht also für die EKD die Notwendigkeit, unterschiedliche Strategien zur Ansprache der jeweiligen Gruppen innerhalb des Protestantismus zu finden. Zudem kann davon ausgegangen werden, dass die bindungsbezogene Pluralität nicht ohne Auswirkungen auf die protestantischen Einflusspotentiale bei politischen und gesellschaftlichen Prozessen bleibt.

Die inhaltliche Pluralität des Protestantismus lässt sich nach Ulrich Willems in drei Interessenfelder fassen: 1. (Eigen-)Interessen, 2. Wertorientierungen, 3. Moralische Forderungen.[31] Im ersten Feld zielt das Handeln des Protestantismus auf die Verbesserung der »eigenen Position in einer sozialen Struktur« bzw. die Abwehr einer Verschlechterung. Im zweiten Bereich steht vor allem die »politische Geltendmachung von Wertorientierungen« im Mittelpunkt mit dem Zweck, diesen »allgemeine Anerkennung zu verschaffen« und »ihre künftige Reproduktion sicherzustellen«. Das dritte Interessenfeld umfasst im Weiteren vor allem sogenannte advokatorische Einsätze für Interessengruppen, die ihre Interessen aufgrund mangelnder organisatorischer und finanzieller Ressourcen nicht selbstständig vertreten können.

---

[28] Zu nennen sind hier als die wichtigsten: Kammer für Öffentliche Verantwortung, Kammer für soziale Ordnung und die Kammer für Bildung und Erziehung, Kinder und Jugend.

[29] Der Deutsche Evangelische Kirchentag (DEKT) ist, anders als vielfach in der Öffentlichkeit wahrgenommen, organisatorisch vollständig unabhängig von der EKD. Er kann in weiten Teilen als Organisation der protestantischen Laienschaft beschrieben werden. Welche Bedeutung dem Evangelischen Kirchentag im Rahmen der hier behandelten Fragestellung zukommt, kann teilweise anhand der Darstellung des Kirchentages 1969 von Teresa Schall in diesem Band exemplarisch nachvollzogen werden.

[30] Vgl. JOHANNES HANSELMANN u. a.: Was wird aus der Kirche? Ergebnisse der zweiten EKD-Umfrage über Kirchenmitgliedschaft, Gütersloh ²1984.

[31] Vgl. WILLEMS: Kirchen, 2007, S. 321 f., die folgenden Zitate finden sich ebenfalls dort.

In der konkreten Ausgestaltung dieser Felder wird schnell deutlich, dass von einem begrenzten Bereich, in welchem normalerweise das Interessengebiet eines Verbandes einzuordnen ist, keineswegs mehr die Rede sein kann. Der Protestantismus umfasst die inhaltliche Pluralität der Gesellschaft in weiten Teilen, woraus für ihn eine besondere Herausforderung resultiert, trotz dieser Tatsache Debatten inhaltlich mitprägen zu können.[32]

Dieser noch recht skizzenhafte Blick auf die jeweils für sich nur partikularen Fassungen der protestantischen Pluralität wirft bereits die Frage nach den spezifischen Bedingungen für das Verhältnis des Protestantismus zum politischen System und hier im besonderen zu den politischen Parteien auf. Helmut Thielicke verweist in diesem Zusammenhang darauf, dass sich der protestantische Einfluss schon aus seinem Selbstverständnis heraus nicht einer einzelnen Partei im Kern zuordnen lässt[33], wodurch die Notwendigkeit, eine klare Fassung dieser Pluralität zu finden, zusätzlich nachvollziehbar wird. Grundsätzlich wird somit deutlich, dass sich nur in der Zusammenführung der einzelnen Beschreibungen eine Fassung der protestantischen Pluralität erreichen lässt, die den vorsichtigen Anspruch auf eine gewisse Vollständigkeit erheben kann. Ein interessanter Ansatz hierzu könnte sein, auf der Basis der drei Gestalten Rösslers den politischen Einflussraum des Protestantismus in einen privat-individuellen und einen kirchlich-öffentlichen zu unterscheiden.[34] Während in ersterem zunächst eine grundsätzliche Akteursbestimmung zu leisten ist, könnte in letzterem anhand der von Willems aufgeführten Interessenfelder eine feingliedrigere Untersuchung durchgeführt werden, die sich zusätzlich durch die Beachtung der organisatorischen Pluralität differenzieren ließe. Der bindungsbezogenen Pluralität müsste dann in beiden Bereichen besonders unter dem Bewusstsein der ungewöhnlich hohen Anzahl an Akteuren die sowohl in der EKD als auch in einer der im Bundestag vertretenen Parteien aktiv ist, konkrete Aufmerksamkeit geschenkt werden. Die Tragfähigkeit dieses Ansatz zur Fassung des Protestantismus wird sich in der Untersuchung konkreter Fallbeispiele, wie sie hier anhand des Bevollmächtigten des Rates der EKD und dem Evangelischen Arbeitskreis in der CDU/CSU exemplarisch angerissen werden, zu beweisen haben.

---

[32] Vgl. ULRICH SCHEUNER: Die Stellung der evangelischen Kirche und ihr Verhältnis zum Staat in der Bundesrepublik Deutschland 1949–1963, in: Kirche und Staat in der Bundesrepublik 1949–1963, hg. von ANTON RAUSCHER, Paderborn u. a. 1979, S. 121–150, hier: 139 f.
[33] Vgl. HELMUT THIELICKE: Theologische Ethik, Bd. 2/2: Ethik des Politischen, Tübingen 1958, S. 692 ff.
[34] Auf die Frage, wie der Protestantismus in der Bundesrepublik zuverlässig umfasst werden kann, geht auch der abschließende Ausblick dieses Sammelbandes ein.

3. Kirchlicher Zugang – der Bevollmächtigte des Rates der EKD

Anfang Juni 1950 schrieb Prälat Wilhelm Böhler, der Beauftragte der katholischen Kirche für die Kontakte zur Politik auf nationaler Ebene, an den Kölner Kardinal Frings: »Die Protestanten sind äußerst rege. Durch ihr gut funktionierendes Büro können sie beste Fühlung halten und sind ständig orientiert.«[35] Diese äußerst positive Beurteilung von katholischer Seite überrascht zu diesem Zeitpunkt insofern, da das Amt des »Bevollmächtigten des Rates der EKD bei der Bundesrepublik Deutschland«[36] erst mit dem Beschluss des Rates vom 29./30. November 1949 geschaffen worden war und auf keinerlei vorhandenen Strukturen aufbauen konnte.[37] Weiterhin hatte sich die katholische Kirche mit der Beauftragung Böhlers am 25. Oktober 1948 bereits während den Beratungen des Parlamentarischen Rats ein einflussreiches Netzwerk im sich neu bildenden politischen System der Bundesrepublik Deutschland geschaffen[38], dem gegenüber das der EKD vor allem durch innere Kompetenzstreitigkeiten und nicht funktionierende Informationsflüsse auffiel.[39] Die EKD befand sich zu diesem Zeitpunkt, nach ihrem erst kurz zuvor abgeschlossenen Gründungsprozess, noch in einer Selbstordnungsphase.[40] Es drängt sich also die Frage auf, worauf sich die unter diesen Bedingungen ausgesprochen positive Beurteilung der Arbeit des Bevollmächtigten begründen lässt? Grundsätzlich ist hierbei von großem Interesse, welche Bedeutung die Arbeit des Bevollmächtigten für den Einfluss der EKD über die Parteien und damit auch den des Protestantismus tatsächlich hatte und hat.

3.1. Gründungsmotivation

Zu einer umfassenden wissenschaftlichen Untersuchung der Tätigkeit des Bevollmächtigten hat Kristian Buchna mit seiner zeithistorisch-vergleichenden Dissertation zur Arbeit der beiden kirchlichen Verbindungsstellen in den Aufbau-

---

[35] Böhler an Frings, 3.6.1950, zitiert nach: Thomas M. Gauly: Katholiken. Machtanspruch und Machtverlust, Bonn 1991, S. 124.

[36] Im Weiteren wird nur noch die Bezeichnung »Bevollmächtigter« verwendet.

[37] Vgl. Hermann Kunst: § 25 Verbindungsstellen zwischen Staat und Kirchen. Evangelische Kirche, in: Handbuch des Staatskirchenrechts der Bundesrepublik Deutschland, Bd. 2, hg. von Ernst Friesenhahn u. a., Berlin 1975, S. 273–283, hier: 273 ff.

[38] Vgl. Wilhelm Wöste: § 25 Verbindungsstellen zwischen Staat und Kirchen. Katholische Kirche, in: Handbuch des Staatskirchenrechts der Bundesrepublik Deutschland, Bd. 2, hg. von Ernst Friesenhahn u. a., Berlin 1975, S. 285–297, hier: 286.

[39] Reiner Anselm: Verchristlichung der Gesellschaft? Zur Rolle des Protestantismus in den Verfassungsdiskussionen beider deutscher Staaten 1948/49, in: Christentum und politische Verantwortung. Kirchen im Nachkriegsdeutschland (Konfession und Gesellschaft 2), hg. von Jochen-Christoph Kaiser und Anselm Doering-Manteuffel, Stuttgart / Berlin / Köln 1990, S. 63–87, hier: 65.

[40] Vgl. Scheuner: Die Stellung der evangelischen Kirche, 1979, S. 133 f.

jahren der jungen Bundesrepublik erst in diesem Jahr einen ersten Aufschlag gemacht.[41] Als Gründe, die den Rat der EKD zur Einsetzung eines Bevollmächtigten bewegten, lassen sich demnach das Eingeständnis des mangelnden Einflusses auf den Parlamentarischen Rat und das entgegengesetzt erfolgreiche Wirken Wilhelm Böhlers auf katholischer Seite anführen. Zudem hat der bis dahin in der Außenwirkung des Protestantismus dominierende Einfluss der bruderrätlichen Kreise um Martin Niemöller, in den ersten Nachkriegsjahren zu einem problematischen Verhältnis besonders zu den Unionsparteien[42] beigetragen.[43] Das Hauptziel des Rates der EKD war dementsprechend die Schaffung eines möglichst »neutralen« Zugangs zu den Parteien im Sinne ihrer eigenen Interessen.[44] Folgerichtig beschloss der Rat die Einsetzung eines Bevollmächtigten, der diesen Anspruch gegenüber den Parteien zur Geltung bringen sollte. Die Aufgabenstellung an das neue Amt hielt der Rat in einer vorläufigen Geschäftsordnung – welche letztendlich bis heute faktische Gültigkeit besitzt – am 08. März 1950 fest. Konkret heißt es dort:

Der Bevollmächtigte hat die Aufgabe »ständige Fühlungnahme mit den leitenden Stellen der Bundesregierung, dem Bundestag und den evangelischen Abgeordneten zu halten. Insbesondere hat er die Aufgabe, die Kirchenkanzlei und den Rat der EKD über die politische Lage, und die leitenden politischen Stellen der Bundesrepublik Deutschland über die grundsätzlichen Auffassungen und die aktuellen Anliegen der EKD zu unterrichten, außerdem soll er sich die Seelsorge an den evangelischen Mitgliedern der Bundesorgane und Bundesdienststellen angelegen sein lassen.«[45]

---

[41] KRISTIAN BUCHNA: Ein klerikales Jahrzehnt? Kirche, Konfession und Politik in der Bundesrepublik Deutschland während der 1950er-Jahre, Baden-Baden 2014; Hinweise zum Amt des Bevollmächtigten finden sich auch in: MICHAEL J. INACKER: Zwischen Transzendenz, Totalitarismus und Demokratie. Die Entwicklung des kirchlichen Demokratieverständnisses von der Weimarer Republik bis zu den Anfängen der Bundesrepublik (1918–1959), Neukirchen-Vluyn 1994, S. 298 f.; als weitere Ausgangspunkte bieten sich die auch hier zitierten Aufsätze von KUNST: § 25 Verbindungsstellen. Evangelische Kirche, 1975, und HERMANN E. KALINNA: § 45 Verbindungsstellen zwischen Staat und Kirchen im Bereich der evangelischen Kirche, in: Handbuch des Staatskirchenrechts der Bundesrepublik Deutschland, Bd. 2, hg. von JOSEPH LISTL und DIETRICH PIRSON, Berlin 1995, S. 181–195, sowie der gemeinsame Aufsatz des Bevollmächtigten, bzw. katholischen Prälaten STEPHAN REIMERS und KARL JÜSTEN: »Lobbying« für Gott und die Welt, in: »Um der Freiheit willen ...« Kirche und Staat im 21. Jahrhundert (Festschrift für Burkhard Reichert), hg. von SUSANNE SCHMIDT und MICHAEL WEDELL, Freiburg im Breisgau / Basel / Wien 2002, S. 221–231, an.
[42] Die Verwendung des Begriffs »Unionsparteien« resultiert aus der schon in diesem Band bei Andreas Busch angeführten Begründung: »Aus Gründen der sprachlichen Vereinfachung werden im Folgenden CDU und CSU weitgehend als »Union« bezeichnet. Das soll nicht in Abrede stellen, dass es sich dezidiert um zwei voneinander unabhängige, wenn auch vielfältig eng verbundene Parteien handelt. Die Fraktionsgemeinschaft im Bundestag und der Fokus in diesem Teilprojekt auf Einfluss auf der Bundesebene rechtfertigen dies zusätzlich.«
[43] Vgl. BUCHNA: Ein klerikales Jahrzehnt?, 2014, S. 415 ff.
[44] Vgl. a.a.O., S. 418 f.
[45] Vorläufige Geschäftsordnung für Propst Kunst und Oberkirchenrat Ranke in Bonn (An-

Der Handlungsschwerpunkt des Bevollmächtigten wurde mit dieser Geschäftsordnung klar auf die Input-Seite des politischen Systems gelegt, was den Einflusscharakter dieser neu geschaffenen Stelle unterstreicht. Dabei hatte der Rat der EKD interessanterweise bereits zu diesem frühen Zeitpunkt erkannt, dass der Kontakt über einen individuellen Bevollmächtigten effektiver zu organisieren ist, als über die vorhandenen Gremien.[46] Oder aus einem anderen Blickwinkel betrachtet: Die in diesem Handlungsgebiet durch die beschriebene besondere Pluralität des Protestantismus gegebenen Probleme[47] sollten durch eine möglichst autonome und konzentrierte Fassung des neuen Amtes überbrückt werden.

3.2. Organisation des Amtes

Welche Bedeutung der Rat der EKD dem neuen Amt von Anfang an zumaß, wird deutlich in der besonderen Stellung des Inhabers gegenüber anderen Beauftragten des Rates.[48] Zum einen ist dem Amt weder eine weiterführende rechtliche Fassung noch eine Dienstanweisung oder eine anderweitige Begrenzungen im politischen Handeln vorgegeben, zum anderen ist der Bevollmächtigte alleine dem Rat gegenüber verantwortlich und hat in den Ratssitzungen einen beständigen Tagesordnungspunkt.[49] Gerade auf die besondere Bedeutung des letzten Punktes muss ausdrücklich hingewiesen werden, da er das wichtigste Instrument im Feld der Interessensvertretung, den Fluss von Informationen, maßgeblich fördert.

Zu Beginn war die starke Stellung des Amtes allerdings keineswegs dauerhaft gesichert. So nahm der Rat nur zehn Tage nach der Amtseinführung von Hermann Kunst im Januar 1950 den Titel des »Bevollmächtigten« wieder zurück und ersetzte ihn durch den eines »Beauftragten«. Der Grund hierfür waren schlichtweg interne Machtfragen. Vor allem aus der Kirchenkanzlei war der Widerstand groß, dem neuen Amt die mit dem Titel eines »Bevollmächtigten« zwangsläufig verbundenen Freiheiten zuzugestehen. Nur durch seinen persönlichen Widerstand konnte Hermann Kunst die Rücknahme dieses Beschlusses

---

lage zu Punkt 14 des Protokolls der 11. Ratssitzung vom 8.3.1950), EZA 2/84/31, b/11, zitiert nach: MICHAEL J. INACKER: Zwischen Transzendenz, Totalitarismus und Demokratie, 1994, S. 299.

[46] Vgl. KUNST: § 25 Verbindungsstellen. Evangelische Kirche, 1975, S. 279.

[47] Vgl. BUCHNA: Ein klerikales Jahrzehnt?, 2014, S. 276 ff.; Die konkreten innerprotestantischen Lager in der Nachkriegszeit erfasst Besier, vgl. GERHARD BESIER: Die politische Rolle des Protestantismus in der Nachkriegszeit, in: Aus Politik und Zeitgeschichte 50 (2000), S. 29–39, hier: 36 ff.

[48] Vgl. WERNER HEUN: Die Beauftragten in der Kirche, in: Zeitschrift für evangelisches Kirchenrecht, 35 (1990), S. 382–405, hier: 384 f.

[49] Vgl. ERICH KOCH: Die Beauftragten in der Kirche. Unter besonderer Berücksichtigung der Evangelischen Kirche in Deutschland und ihrer Gliedkirchen, Göttingen 1992, S. 45 f.

erwirken.[50] Das Aufgabengebiet des neuen Amtes war zunächst noch zwischen dem Bevollmächtigten und einem abgeordneten Beamten der Kirchenkanzlei aufgeteilt, was allerdings Mitte der 1970er-Jahre durch die Vereinigung aller Aufgaben beim Bevollmächtigten abgeschafft wurde.[51] Zudem war der dauerhafte Bestand des Amtes keineswegs von vornherein eine klare Sache, wie beispielsweise die kurzzeitige Unterbrechung am Ende des Jahres 1950[52] und die Tatsache, dass der Bevollmächtigte seine Aufgabe erst ab 1953 hauptamtlich ausübte[53], zeigen. In gewisser Weise musste sich das neue Amt zuerst in einer Probezeit bewähren, bevor sich der Rat auf seine dauerhafte Einrichtung einigen konnte.[54]

Zusätzliches Gewicht erhält die besondere Stellung des Bevollmächtigten auch aus dem Vergleich mit seinem direkten konfessionellen Gegenüber, dem »Kommissariat der deutschen Bischöfe – Katholisches Büro«. Während auf evangelischer Seite der Bevollmächtigte nahezu keinen Begrenzungen in seinem Handeln im politischen Raum – abgesehen von generellen kirchenrechtlichen Bestimmungen – unterliegt, ist das damit verbundene Aufgabengebiet auf katholischer Seite auf den päpstlichen Nuntius, den Leiter des katholischen Büros und das Zentralkomitee der deutschen Katholiken aufgeteilt.[55] Die Tätigkeit des Bevollmächtigten umfasst im Unterschied hierzu das gesamte politische Feld der Bundesrepublik Deutschland, während der Leiter des katholischen Büros nur einen innerdeutschen Teilbereich in seinem Aufgabenbereich erfasst. Hieraus ergeben sich für den Bevollmächtigten zwangsläufig größer gefasste Informationszusammenhänge, welche ihm in der Beurteilung politischer Prozesse Vorteile verschaffen können.[56] Außerdem kommt ihm auch innerkirchlich eine entscheidende Moderationsrolle in öffentlichen Fragen zu.[57] Umso mehr verwundert hier die Feststellung Heidrun Abromeits, dass »das katholische ›Lobby‹-System sowohl ausgefeilter als auch zumeist effektiver als das evangelische«[58] sei. Spätestens seit Beginn der 1960er-Jahre darf dies angezweifelt werden.[59] Aus der besonderen Verfasstheit des Amtes des Bevollmächtigten ergeben sich demnach ungewöhnlich starke Einflusspotentiale, deren Nutzung

---

[50] Vgl. BUCHNA: Ein klerikales Jahrzehnt?, 2014, S. 283 ff.
[51] Vgl. INACKER: Zwischen Transzendenz, Totalitarismus und Demokratie, 1994, S. 299.
[52] Vgl. BUCHNA: Ein klerikales Jahrzehnt?, 2014, S. 424.
[53] Vgl. a.a.O., S. 301.
[54] Vgl. KUNST: § 25 Verbindungsstellen. Evangelische Kirche, 1975, S. 278.
[55] Vgl. WILLEMS: Kirchen, 2007, S. 324.
[56] Vgl. FREDERIC SPOTTS: Kirchen und Politik in Deutschland, Stuttgart 1976, S. 127.
[57] A.a.O., S. 280.
[58] ABROMEIT: Sind die Kirchen Interessenverbände?, 1989, S. 254.
[59] Dem sogenannten Ohnmachtsbeschluss der Synode 1958 folgend, erkannte die EKD die Realität ihrer inneren Pluralität an und fand in der Herausgabe von Denkschriften ein fruchtbares Mittel, damit nach Außen zu wirken. Weiterhin war es ihr gelungen, in Fragen des politischen Einflusses den katholischen Vorsprung der frühen 1950er auszugleichen.

direkt mit dem Handeln des jeweiligen Bevollmächtigten verknüpft ist. Die konkrete Aufgabenstellung und die individuelle Amtsführung sind somit die letztendlich ausschlaggebenden Erfolgsfaktoren, die bisher allerdings nur unzureichend erfasst wurden.

3.3. Handlungspunkte politischen Einflusses

Kommt der Amtsführung des ersten Inhabers eines neu geschaffenen Amtes ohnehin meistens eine prägende Kraft zu, so gilt dies für Hermann Kunst als ersten Bevollmächtigten bis 1977 in besonderem Maße.[60] Jürgen Schmude beschreibt seine Arbeitsweise wie folgt: »Das einzigartige, zuverlässige Vertrauen aber, das er rundum fand, galt dem Seelsorger, dem Pastor der Politiker.« Hierbei kamen ihm auch durchaus Bezeichnungen, wie »Diplomat im Lutherrock, protestantischer Nuntius, Fürstbischof und vieles andere mehr«[61] zu, die klare Hinweise auf seine besondere Stellung im Feld der Organisierten Interessen geben. Er als Person erlangte schnell das Vertrauen aller wichtigen Vertreter im politischen System[62], auch wenn er anfangs durchaus Differenzen in der Haltung gegenüber seinem Amt feststellen konnte.[63] Überraschend ist, dass er selbst als »aktiver Christdemokrat«[64] eine gewisse Vorprägung besaß, wodurch seine Wege zu den Unionsparteien ohnehin nicht weit waren. Anders als unter diesen Bedingungen vielleicht zu erwarten wäre, konnte er auch mit der Sozialdemokratischen Partei Deutschlands (SPD), deren Führung in der jungen Bundesrepublik noch traditionell eher kirchenfern eingestellt war, bereits in der Mitte der 1950er-Jahre einen kontinuierlichen Austausch aufbauen.[65]

Die dem Bevollmächtigten zur Verfügung stehenden Kompetenzressourcen, welche deutlich über die eigenen Mitarbeiter seines Büros hinausreichen, bieten hierbei bis heute eine sehr gute Basis.[66] Generell steht das Amt vor den allge-

---

[60] Der ehemalige Präses der Synode der EKD und Bundesminister a. D. Jürgen Schmude fasst dies prägnant zusammen: »Gewiss, das Amt des Bevollmächtigten, für das es bis dahin kein Vorbild gab, hat er bleibend geprägt. Aber entscheidend war die von ihm entwickelte und durchgesetzte Partnerschaft eigener Art zwischen Staat und Kirche, die man außerhalb Deutschlands so nirgends findet. Sie ist vortrefflich gelungen, sie hat sich bewährt.«, JÜRGEN SCHMUDE: Das Evangelium muss laufen – Ein Leben für die Verkündigung. Gedenkveranstaltung für Bischof Hermann Kunst, hg. vom Gemeinschaftswerk der Evangelischen Publizistik, Bonn 2000.
[61] Ebd.
[62] Vgl. ebd.
[63] Vgl. Arbeitsbericht des Bevollmächtigten vom 3.8.1950, EZA 2/84/31, b/11, S. 1f., zitiert nach: INACKER: Zwischen Transzendenz, Totalitarismus und Demokratie, 1994, S. 301 f.
[64] SPOTTS: Kirchen und Politik in Deutschland, 1976, S. 128.
[65] Vgl. INACKER: Zwischen Transzendenz, Totalitarismus und Demokratie, 1994, S. 300; vgl. BUCHNA: Ein klerikales Jahrzehnt?, 2014, S. 419 ff.
[66] »Der Dienst ist nur möglich durch den Rückgriff auf die Arbeit von institutionalisierten Gremien der Kirche, zum Beispiel der Kammern sowie eines großen Kreises von Beratern

meinen Herausforderungen der Interessenvertretung, die sich knapp unter den Begriffen der Interessenaggregation, -selektion und -artikulation fassen lassen.[67] Im Vergleich mit Vertretern anderer gesellschaftlicher Interessensgebiete lässt sich feststellen, dass auch für den Bevollmächtigten in der Umsetzung dieser drei Arbeitsschritte der Schlüssel zum Erfolg liegt. Dabei ist eine ausgeprägte Netzwerkbildung zu den Bundestagsabgeordneten, aber noch umso mehr zur Ministerialbürokratie, von herausragender Bedeutung.[68] Mit den Frühstücks- und Abendgesprächen, speziellen Akademietagungen für Beamte der Bundesministerien, Wochenendfreizeiten für die Attachés des Auswärtigen Amtes oder auch den traditionellen Gesprächen des Rates der EKD mit den Präsidien der im Bundestag vertretenen Parteien sind nur einige der verschiedenen Formen des Zusammentreffens benannt, die durch den Bevollmächtigten neben allen Einzelgesprächen organisiert werden. Hieraus ergibt sich letztendlich ein dichtes und vor allem kontinuierliches Austauschnetzwerk.[69]

Dem Bevollmächtigten kommt in diesem alltäglichen Geschäft der Interessenvertretung[70] jedoch ein weiterer besonderer Vorteil zu gute: Neben seiner Rolle als Interessenvertreter obliegt ihm zugleich die des Seelsorgers.[71] Dieser pastorale Auftrag des Bevollmächtigten gegenüber den evangelischen Regierungsmitgliedern, Abgeordneten und Beamten des Bundes eröffnet eine Zugangsebene, welche vor allem den wichtigsten der drei Arbeitsbereiche, die Informationsaggregation[72], erleichtert. Der seelsorgerische Zugang schafft zum einen den Raum gemeinsamer Zusammengehörigkeit, zum anderen garantiert er für den einzelnen Gesprächspartner nach außen eine klar gegebene Vertraulichkeit. Für den Bevollmächtigten ergibt sich hieraus die Möglichkeit,

---

aus verschiedenen Lebensbereichen der Politik, der Wirtschaft, der Wissenschaft und der Kultur.«, KALINNA: § 45 Verbindungsstellen. Evangelische Kirche, 1995, S. 191 f.

[67] Vgl. MARTIN SEBALDT und ALEXANDER STRASSNER: Verbände in der Bundesrepublik Deutschland. Eine Einführung, Wiesbaden 2004, S. 59 ff.

[68] Vgl. a.a.O., S. 152 ff.; vgl. IRIS WEHRMANN: Lobbying in Deutschland – Begriff und Trends, in: Lobbying. Strukturen, Akteure, Strategien (Bürgergesellschaft und Demokratie 12), hg. von RALF KLEINFELD, ANNETTE WIMMER und ULRICH WILLEMS, Wiesbaden 2007, S. 36–64, hier: 43.

[69] Vgl. WILLEMS: Kirchen, 2007, S. 334; KALINNA: § 45 Verbindungsstellen. Evangelische Kirche, 1995, S. 190.

[70] Der Bevollmächtigte des Rates der EKD Stephan Reimers und der Leiter des katholischen Büros Karl Jüsten beschreiben diese mit der sozialanwaltlichen Rolle und der Vertretung eigener kirchlicher Interessen, vgl. REIMERS, JÜSTEN: »Lobbying« für Gott und die Welt, 2002, S. 227 ff.

[71] Vgl. KALINNA: § 45 Verbindungsstellen. Evangelische Kirche, 1995, S. 187 ff.

[72] Auf die besondere Bedeutung der Informationsaggregation weisen Bender und Reulecke ausdrücklich hin, vgl. GUNNAR BENDER und LUTZ REULECKE: Handbuch des deutschen Lobbyisten. Wie ein modernes und transparentes Politikmanagement funktioniert, Frankfurt am Main 2003, S. 35 ff.

bei aller notwendigen Vertraulichkeit im Einzelfall, sein persönliches Bild der politischen Abläufe einzigartig und parteiübergreifend zu schärfen.

Vor allem die besonders ausgeprägte Vernetzung, die nicht nur einzelne gesellschaftliche Bereiche, sondern in Zeiten der deutschen Teilung sogar die innerdeutschen Staatsgrenzen überwand, zusammen mit der dem Amt zugesprochenen Vertraulichkeit ließen den Bevollmächtigten mit der Zeit auch in eine Art treuhänderische Rolle gegenüber der Bundesrepublik Deutschland hineinwachsen. Für die Zeit der Bonner Republik bis 1989 lässt sich dies beispielhaft an den hauptsächlich durch den Bevollmächtigten verantworteten sogenannten Kirchengeschäften A[73] und B[74] nachvollziehen. War der Schwerpunkt des maßgeblich ab 1957 von Hermann Kunst initiierten Kirchengeschäfts A (Transfergeschäft) noch klar auf die finanzielle Unterstützung der kirchlichen Interessen in der DDR gelegt, kamen mit dem Kirchengeschäft B (Häftlingsfreikauf) ab 1963 immer deutlicher auch die direkten Interessen der Bundesregierung zum tragen. Hermann Kunst und ab 1977 auch sein Nachfolger Heinz-Georg Binder rückten in Fragen der gesamtdeutschen Politik somit in eine prägende politische Mittlerrolle.[75] Ihren Informationen wurde von den Politikern beider deutscher Staaten vollstes Vertrauen geschenkt, wobei sie es dabei zugleich immer auch verstanden, eigene kirchliche Interessen einfließen zu lassen.[76]

In dieses Bild einer sich in den ersten Jahrzehnten der Bundesrepublik vertrauensvoll ausprägenden Zusammenarbeit zwischen den unterschiedlichen Bundesregierungen und Parteien fügt sich der Erlass von Bundeskanzler Willy Brandt aus dem Jahr 1973, der alle Bundesministerien anweist, die »Kirchen über bevorstehende Gesetzesvorhaben frühzeitig zu informieren«[77], ohne Widerspruch ein. Damit wurde das ohnehin schon gut funktionierende Informationsnetzwerk des Bevollmächtigten gerade in der vermeintlich kirchenfernen sozial-liberalen Regierungszeit um weitere Einflusspotentiale ergänzt.

Es wird deutlich, dass sich das Amt des Bevollmächtigten nur schwerlich mit den klassischen Bewertungskriterien der Verbandsforschung vollständig er-

---

[73] Unter die Bezeichnung »Kirchengeschäft A« fallen die Maßnahmen seit 1957 zur Unterstützung der evangelischen Kirche in der DDR. Unter der Federführung des Bevollmächtigten wurden der DDR unterschiedliche Güter geliefert, für welche diese der evangelischen Kirche in der DDR entsprechende finanzielle Gegenleistungen gewährte. Die Finanzierung der Warenlieferungen wurde massiv durch die Bundesregierung gefördert.

[74] Unter die Bezeichnung »Kirchengeschäft B« fallen sämtliche Maßnahmen seit 1963 zum Freikauf von DDR-Häftlingen und Familienzusammenführung aus der DDR. Das generelle Verfahren entsprach dem des Kirchengeschäfts A.

[75] Vgl. ARMIN BOYENS: »Den Gegner irgendwo festhalten«. »Transfergeschäfte« der Evangelischen Kirche in Deutschland mit der DDR-Regierung 1957–1990, in: Kirchliche Zeitgeschichte, 6.1 (1993), S. 379–426, hier: 409.

[76] Vgl. a.a.O., S. 379 ff.

[77] WÖSTE: § 25 Verbindungsstellen. Katholische Kirche, 1975, S. 292.

fassen lässt. Die besonderen Eigenschaften kirchlicher Positionen und Interessen[78] sowie der gesonderte Zugang des Bevollmächtigten zu einem Großteil der politischen Verantwortlichen[79], schaffen hier vorteilhafte Bedingungen. Hinzu kommt die bis heute überproportional starke persönliche Verbindung der politischen Eliten allgemein, welche noch zusätzlich unterstützend wirkt.[80] Stephan Reimers und Karl Jüstens fassen die hier exemplarisch in Erscheinung tretenden Besonderheiten des Amtes prägnant wie folgt zusammen:

»Je nach Sachverhalt suchen sie ihre Interessen zu sichern. Dabei müssen sie aber immer das Gemeinwohl im Auge behalten, denn sonst liefen sie Gefahr, Akteure zu werden, deren Einzelinteressen über dem Gesamtinteresse stünden. Unter solcher Art der Interessenvertretung leidet aber das Gemeinwesen. Deshalb sind die Kirchen im Konzert der Lobbyisten immer auch um den Ausgleich bemüht. Dieses Ausgleichen liegt auch deshalb nahe, weil in ihnen selbst die unterschiedlichen Interessen vertreten werden.«[81]

Die Rollenvielfalt des Bevollmächtigten muss demnach als eine spezifische Mischung aus den klassischen Aufgaben der Interessenvertretung, seelsorgerischen Anliegen und einer staatsnahen Moderationsfunktion, die ihn aus dem Feld der »normalen« pluralen politischen Interessenvertretung heraushebt, gefasst werden.[82] Alle bisherigen Bevollmächtigten, im besonderen Hermann Kunst[83], waren sich der darin liegenden besonderen Möglichkeiten und Verantwortung bewusst. Obwohl gerade hier der Unterschied des kirchlichen Wirkens im Feld der Organisierten Interessen zu anderen Interessenvertretern besonders offen zu Tage tritt, ist dieser Punkt in der bisherigen politikwissenschaftlichen Untersuchung der kirchlichen Interessensvertretung weitgehend unbeachtet geblieben.[84]

4. Parteiinterner Zugang – Der Evangelische Arbeitskreis der CDU/CSU

Der Evangelische Arbeitskreis der CDU/CSU (Evangelischer Arbeitskreis der CDU/CSU) stellt bis heute eine Besonderheit im Parteiensystem der Bundesrepublik Deutschland dar. Während christliche Arbeitskreise und Zusammenschlüsse inzwischen in vielen Parteien der Bundesrepublik Deutsch-

---

[78] Vgl. WILLEMS: Kirchen, 2007, S. 335 f.
[79] Vgl. KALINNA: § 45 Verbindungsstellen. Evangelische Kirche, 1995, S. 188.
[80] Vgl. WILLEMS: Kirchen, 2007, S. 330.
[81] REIMERS, JÜSTEN: »Lobbying« für Gott und die Welt, 2002, S. 228.
[82] Vgl. KALINNA: § 45 Verbindungsstellen. Evangelische Kirche, 1995, S. 187 ff.
[83] Vgl. INACKER: Zwischen Transzendenz, Totalitarismus und Demokratie, 1994, S. 300.
[84] Zudem muss darauf hingewiesen werden, dass mit Ausnahme der Dissertation von Kristian Buchna für die frühen Jahre der Bundesrepublik schriftliche Beschreibungen des Amtes nahezu ausschließlich von ehemaligen Inhabern des Amtes vorliegen.

land aufzuzeigen sind, weist seine bis heute bewusst konfessionell gefasste Organisation, der innerhalb der Unionsparteien überhaupt erst seit 2009 ein nur sehr bedingt vergleichbares katholisches Äquivalent zur Seite steht, auf seine Entstehungshintergründe in der Nachkriegszeit hin.[85] In der damals konfessionell noch deutlich stärker geprägten und durch die Kriegswirren aus ihren angestammten Ordnungszusammenhängen gerissenen deutschen Nachkriegsgesellschaft, prägten christliche/kirchliche Gruppen und Institutionen den Neuordnungsprozess massiv.[86] Nur wenige Monate nach den ersten Gründungen christlich-demokratischer Gruppierungen, aus denen in der Folge bis 1950 letztendlich die Unionsparteien auf Bundesebene entstehen sollten, fanden sich in diesen bereits evangelische Persönlichkeiten zu sogenannten »Evangelischen Tagungen« zusammen.[87] Diese bildeten Anfang der 1950er-Jahre, in einer Atmosphäre scharfer gesellschaftlicher Auseinandersetzungen zur Wiederaufrüstung und Westintegration und den beständigen Versuchen, die Unionsparteien als eine reine Nachfolgepartei des katholischen Zentrums erscheinen zu lassen, die Ausgangsbasis für die Gründung des EAKs im März 1952.[88] Welche Einflüsse diese spezielle Vereinigung innerhalb der Unionsparteien in der Zeit danach erlangen konnte und vor allem, welche Bedeutung der EAK für den Einfluss des Protestantismus auf die Unionsparteien hatte und hat, soll im Folgenden in den Blick genommen werden.

4.1. Gründungsmotivation

Von ihrer Herkunft her passen die in den Unionsparteien in den ersten Nachkriegsjahren zusammenkommenden Protestanten in kein geschlossenes Bild.[89] Auch wenn der Unionsgedanke von Anfang an in den Vordergrund gestellt wurde, waren in der Nachkriegszeit nur knapp 20 Prozent der Parteimitglieder evangelisch. Sowohl für ihren eigenen Einfluss innerhalb der Partei als auch die glaubwürdige Vermittlung des Unionsgedanken gegenüber den evangelischen

---

[85] Vgl. TORSTEN OPPELLAND: Der Evangelische Arbeitskreis der CDU/CSU 1952–1969, in: Historisch-Politische Mitteilungen 5 (1998), S. 105–143, hier: 105 f.

[86] Vgl. UDO ZOLLEIS und JOSEF SCHMID: Die Christliche Demokratische Union Deutschlands (CDU), in: Handbuch Parteienforschung, hg. von OSKAR NIEDERMAYER, Wiesbaden 2013, S. 415–437, hier: 420 f.

[87] Vgl. PETER EGEN: Die Entstehung des Evangelischen Arbeitskreises der CDU/CSU, Bochum 1971, S. 18 ff.

[88] Vgl. GERHARD BESIER: »Christliche Parteipolitik« und Konfession. Zur Entstehung des Evangelischen Arbeitskreises der CDU/CSU, in: DERS.: Die evangelische Kirche in den Umbrüchen des 20. Jahrhunderts. Gesammelte Aufsätze (Historisch-theologische Studien zum 19. und 20. Jahrhundert 5/2), Neukirchen-Vluyn 1994, S. 108–130, hier: 108 f.

[89] Vor allem im norddeutschen Raum, aber auch in allen anderen Gebieten der Bundesrepublik hatte der ungeheure Flüchtlingsstrom zu starken Verwerfungen in der Bevölkerung geführt. Viele der regional-kulturellen Prägungen und die konfessionell geschlossenen Räume, die noch vor dem Krieg weitläufig vorhanden waren, konnten unter dem Zustrom von etwa

Wählern ergab sich hieraus für die in der Union engagierten Protestanten eine schwierige Ausgangsbasis.[90] Unter den Herausforderungen, die sich aus dieser Situation ergaben, fanden sie sich schnell zusammen. Die ersten rein evangelischen Treffen innerhalb der Union gab es regional bereits im Herbst 1945. Trotz des allgemeinen Wohlwollens auch von Seiten der Katholiken in der Parteiführung gelang es vorerst jedoch nicht, die Arbeit der sogenannten »Evangelischen Tagungen« weiter zu verfestigen.[91] Hierzu hat wohl auch beigetragen, dass die ersten Gesprächskontakte mit Leitungspersönlichkeiten[92] der evangelischen Kirche im Jahr 1947 nach nur zwei Treffen vorerst gescheitert waren. Der dabei im Mittelpunkt stehende Dissens fokussierte sich letztendlich in der Frage, inwiefern es für eine Partei rechtfertigbar sei, sich selbst als eine christliche Partei zu bezeichnen.[93]

In den Mittelpunkt rückte die Lage der Protestanten in den Unionsparteien erst wieder im Herbst 1950, als mit Gustav Heinemann der zu diesem Zeitpunkt profilierteste Protestant in der Union, Konrad Adenauer auf seinem Kurs Richtung Wiederbewaffnung und Westintegration durch seinen Rücktritt als Innenminister die Gefolgschaft verweigerte.[94] Mit diesem weithin wahrnehmbaren Schritt verkörperte Heinemann eine im Protestantismus weitverbreitete gesamtdeutsche Einstellung, die mit der Außen- und Sicherheitspolitik Adenauers nicht vereinbar war. Ihren Ausdruck fand diese Position etwa in der zu dieser Zeit unter Protestanten weit verbreiteten »Ohne-mich«-Parole, welche synonym für die Ablehnung der Politik einer bedingungslosen Westintegration stand.[95] Heinemann stellte letztendlich durch sein konsequentes Handeln die Protestanten in der Union indirekt vor die Entscheidung, den eigenen »protestantischen« Über-

---

12,5 Millionen Flüchtlingen nicht aufrecht erhalten werden, vgl. MARTIN GRESCHAT: Protestantismus im Kalten Krieg. Kirche, Politik und Gesellschaft im geteilten Deutschland 1945–1963, Paderborn u. a. 2010, S. 363 ff.; in den Unionsparteien war ein Teil der Protestanten zudem geprägt durch die Erfahrungen in der Deutsch-Nationalen Volkspartei der Weimarer Republik, ein anderer entstammte dem liberalen Lager dieser Zeit und der dritte fand seine Wurzeln in der Vorkriegszeit im Christlich-Sozialen Volksdienst (CSVD), vgl. OPPELLAND: Der Evangelische Arbeitskreis der CDU/CSU 1952–1969, 1998, S. 106 f.

[90] Vgl. BESIER: »Christliche Parteipolitik« und Konfession, 1994, S. 109.
[91] Vgl. EGEN: Die Entstehung des Evangelischen Arbeitskreises, 1971, S. 62 ff.
[92] Hierzu hat sicherlich auch beigetragen, dass die personelle Zusammensetzung der Gesprächspartner auf Seiten der evangelischen Kirche noch wenig strukturiert und durchdacht war, da sie sich selbst bis zur Gründung der EKD 1948 in einem alle Ressourcen erfordernden Selbstordnungsprozess befand.
[93] Vgl. EGEN: Die Entstehung des Evangelischen Arbeitskreises, 1971, S. 72 ff.
[94] Vgl. OPPELLAND: Der Evangelische Arbeitskreis der CDU/CSU 1952–1969, 1998, S. 109.
[95] Vgl. ALBRECHT MARTIN, GOTTFRIED MEHNERT und CHRISTIAN MEISSNER: Der Evangelische Arbeitskreis der CDU/CSU 1952–2012. Werden, Wirken und Wollen, Berlin 2012, S. 12.

zeugungen treu zu bleiben oder diese hinter die bedingungslose Westeinbindung Adenauers zurückzustellen.[96]

Im Weiteren setzten schlechte Wahlergebnisse in der protestantischen Wählerschaft bei den nachfolgenden Kommunal- und Landtagswahlen und das verstärkte öffentliche Auftreten Heinemanns und anderer prominenter protestantischer Persönlichkeiten gegen die Politik der Union die beiden Parteien zusätzlich unter Druck. Somit ist es wenig verwunderlich, dass auch der Druck auf die Protestanten in der Union, aus dieser Situation einen Ausweg zu finden, beständig wuchs. Mit dem Vorschlag an Adenauer Ende 1951, einen evangelischen Ausschuss innerhalb der CDU/CSU ins Leben zu rufen, wollten sie dieser Herausforderung begegnen.[97] Auf der Gründungstagung des EAK zwischen dem 14. bis 16. März 1952 in Siegen hielt Bundestagspräsident Hermann Ehlers als »neues« protestantisches Gesicht der Unionsparteien dessen Ziele ausdrücklich fest:

»Menschen aus allen Teilen Deutschlands sollten zusammengeführt werden, die als evangelische Christen in dieser besonderen Verantwortung in der CDU/CSU stünden, um zu versuchen, mit ihnen die wesentlichen Gemeinschaftsfragen zu erörtern, sie in ihrer Verantwortung gegenüber Volk und Staat zu stärken und Grundfragen unseres politischen Handelns zu klären.«[98]

Konkret lassen sich die Gründungziele des EAKs mit dem Halten und Gewinnen weiterer evangelischer Wähler, der Stärkung evangelischer Ansprüche in innerparteilichen Personalfragen, dem öffentlichen Entgegenwirken gegen die Argumentationen Heinemanns, Martin Niemöllers und ihrer Unterstützer sowie die Zusammenführung der unterschiedlichen protestantischen Vorstellungen unter den Unionsmitgliedern selbst benennen.[99] Der EAK bildete sich hierzu, anders als etwa der Bevollmächtigte, durch die Initiative einer Gruppe einzelner Protestanten als innerparteiliches Gremium aus, welches keine Anbindung an eine andere protestantische Institution besaß. Seine Ziele standen dabei teilweise konträr zueinander. Zum einen wollte er selbst als Vertreter protestantischer Anliegen in den Unionsparteien auftreten, zum anderen wollte er aber auch Protestanten für deren Politik gewinnen. Berechtigte Zweifel daran, dass beide Ansprüche auf Dauer gleichberechtigt nebeneinander realisierbar sind, ergeben sich bei näherer Betrachtung von selbst.

---

[96] Vgl. BESIER: »Christliche Parteipolitik« und Konfession, 1994, S. 112.
[97] Vgl. EGEN: Die Entstehung des Evangelischen Arbeitskreises, 1971, S. 89 ff.
[98] Rede Hermann Ehlers', indirekt zitiert in dem Papier: Der Evangelische Arbeitskreis der CDU/CSU. Aufgaben und Entwicklung. 7. Bundestagung am 6./7. 6.1958, ACDP-Pressearchiv; Bereich: »EAK«.
[99] Vgl. EGEN: Die Entstehung des Evangelischen Arbeitskreises, 1971, S. 90 ff.

4.2. Organisation des Arbeitskreises

Bereits der sogenannte Arbeitsausschuss[100], welcher die Gründung des EAKs in nur wenigen Monaten erfolgreich initiiert hatte, setzte seinen Schwerpunkt auf eine möglichst offene und pragmatische Organisation der ersten Tagung in Siegen. Der aus dieser Tagung heraus als Leitungsgremium gegründete geschäftsführende Ausschuss, verdeutlicht in seiner Zusammensetzung auch danach, dass die Schaffung eines starken Machtinstruments innerhalb der eigenen Partei nicht im Mittelpunkt seiner Initiatoren stand. Anstelle eines klaren Delegationsprinzips bestimmte die weitere Entwicklung des EAKs dementsprechend ein Gremium mit starkem Honoratiorencharakter. Im Hinblick auf das Hauptanliegen seiner Initiatoren, die Außenwirkung für die Unionsparteien in die protestantische Wählerschaft hinein zu stärken, ohne konfessionelle Spannungen innerhalb der Union selbst zu fördern, kann dieser Ansatz insgesamt sehr gut nachvollzogen werden.[101]

In den ersten drei Jahren unter den Vorsitzenden Dr. Hermann Ehlers und Dr. Robert Tillmanns legte der EAK seine Arbeitsschwerpunkte gemäß dieser Ziele auf eine aktive Öffentlichkeitsarbeit, während er innerparteilich eine rigoros konfessionelle Personalpolitik forcierte.[102] Neben den zuerst jährlich, später immer häufiger zweijährlich stattfindenden Bundestagungen, bildete eine intensive Netzwerkpolitik das Hauptmittel zur Umsetzung dieses Ansatzes, für deren Verwirklichung es sowohl einer leistungsfähigen Geschäftsstelle bedurfte als auch eines eigenständigen Mitteilungsorgans nach Außen.[103] Letzteres wurde 1953 mit der Herausgabe der »Evangelischen Verantwortung« ins Leben gerufen[104] und auch der erste Geschäftsführer des EAKs, Hans Strümpfel, konnte nur wenige Monate nach der Gründung seine Arbeit ambitioniert aufnehmen.[105] Der Elan der Gründungszeit geriet jedoch schon bald ins Stocken. Auch die finanzielle Abhängigkeit des EAKs von den Unionsparteien setzte dem notwendigen Ausbau seiner Infrastruktur bereits früh Grenzen.[106] Hinzu kam, dass der

---

[100] Ihm gehörten an: Oberbürgermeister Ernst Bach, Oberkirchenrat Adolf Cillien, Bundestagpräsident Dr. Hermann Ehlers (MdB), Dr. Friedrich Holzapfel (MdB), Dr. Otto Schmidt, Wilhelm Simpfendörfer, Dr. Viktoria Steinbiss (MdB), Prof. Dr. Hans Erich Stier, Dr. Georg Strickrodt, Dr. Robert Tillmanns (MdB), vgl. Schreiben von Dr. Hermann Ehlers an Dr. Robert Tillmanns vom 14.02.1952, ACDP IV-001-008/1.
[101] Vgl. EGEN: Die Entstehung des Evangelischen Arbeitskreises, 1971, S. 115 f.
[102] Vgl. OPPELLAND: Der Evangelische Arbeitskreis der CDU/CSU 1952–1969, 1998, S. 111 ff.
[103] Vgl. EGEN: Die Entstehung des Evangelischen Arbeitskreises, 1971, S. 118 f.
[104] Vgl. MARTIN, MEHNERT, MEISSNER: Der Evangelische Arbeitskreis der CDU/CSU 1952–2012, 2012, S. 55 ff.
[105] Vgl. Arbeitsbericht von Hans Strümpfel 01.02. – 31.08.1953, ACDP IV-001-035/1.
[106] Das Anfang 1954 durch Hans Strümpfel erstellte Ausbauprogramm für die Geschäftsstelle des EAK, mit welchem die weitere Forcierung der Arbeit umgesetzt werden sollte, er-

frühe und unerwartete Tod seiner ersten beiden Vorsitzenden den Protestanten in der Union, die den Arbeitsschwerpunkt auch in der innerparteilichen Meinungsbildung sahen, die Gelegenheit gab, ihren Unmut mit der bisherigen Ausrichtung aufzuzeigen. Vor allem Bundestagspräsident Eugen Gerstenmaier und der Oberkirchenrat Adolf Cillien (MdB) sprachen sich deutlich für eine stärke Ausrichtung des Arbeitskreises hin zu Fragen der geistig-politischen Orientierung der Protestanten in der Politik aus. Die Mehrheit im geschäftsführenden Ausschuss des EAKs wollte jedoch den Kurs von Ehlers und Tillmanns weiterführen.

Um dem kaum vorhandenen organisatorischen Aufbau, dessen Fehlen sich in den ersten Jahren oftmals klar als Nachteil erwiesen hatte[107], zumindest teilweise abzuhelfen, wurde im Rahmen der Wahl des neuen Vorsitzenden Gerhard Schröder Ende 1955 der geschäftsführende Ausschuss in eine normale Vorstandsstruktur umgewandelt, welcher nun alle zwei Jahre auf einer Bundestagung gewählt werden sollte. Die Tatsache, dass der EAK auch innerhalb der Unionsparteien nicht geschlossen mit der Unterstützung aller wichtigen Protestanten rechnen konnte, verdeutlicht das demonstrative Fernbleiben Gerstenmaiers und Cilliens bei der Wahl Gerhard Schröders zum neuen Vorsitzenden.[108]

Unter seinem dritten Vorsitzenden Gerhard Schröder scheint der EAK bis zum Anfang der 1960er-Jahre, nach den unerwartetem Tod seines Gründervaters Hermann Ehlers und seines Nachfolgers Robert Tillmanns, in einer Schockphase gefangen gewesen zu sein. Erst mit der Bundestagung 1962 und der Einführung des Delegationsprinzips sowie der Verabschiedung einer Grundordnung wurde nach Jahren des internen Ringens doch noch die notwendige organisatorische Basis geschaffen.[109] Dass es in den folgenden Jahren dem EAK gelang, zahlreiche Gesprächsinitiativen zu verschiedenen Gruppen innerhalb der EKD zu starten und seine Arbeit insgesamt zu aktivieren, lag jedoch weder an einer effizienteren Struktur, noch an einer größeren Unterstützung durch die Unionsparteien.[110] Vielmehr brachte sich mit Wilhelm Hahn seit Anfang der 1960er-Jahre ein hochengagierter Protestant in die Arbeit des EAKs ein, der

---

hielt nie die notwendige finanzielle Unterstützung aus den Unionsparteien, vgl. Ausbauprogramm EAK-Geschäftsstelle, ACDP IV-001-035/1.

[107] Hermann Ehlers stellt bei der Sitzung des Geschäftsführenden Ausschusses verärgert fest, dass viele den EAK nur als Karrieresprungbrett sehen, ohne sich seiner tiefergehenden Bedeutung bewusst zu sein, vgl. Protokoll der Sitzung am 6.10.1954, ACDP IV-001-002/1.

[108] Vgl. OPPELLAND: Der Evangelische Arbeitskreis der CDU/CSU 1952–1969, 1998, S. 114 ff.

[109] Vgl. a.a.O., S. 119 ff.

[110] Der EAK selbst konnte 1966 zwar neben 16 Landesverbänden sogar 422 Arbeitskreise auf Bezirks- Kreis- und Ortsebene verzeichnen, die aber größtenteils eher lose Gesprächskreise darstellten und von denen zudem wohl nur etwa 20 Prozent regelmäßig zusammenkamen, vgl. Bericht über die Tätigkeit des Bundesarbeitskreises 1962–1966 von Hans Strümpfel, ACDP I-483-167/2.

besonders mit der Gründung der sogenannten Studiengruppe maßgeblich die Hochphase des EAKs markieren konnte.[111] Er steht somit auch par excellence für die Tatsache, welche die Arbeit des EAKs allgemein bestimmte: Die Aktivität des Arbeitskreises unterlag erheblichen Schwankungen, da er in weiten Teilen vom Engagement einzelner Persönlichkeiten abhängig war.[112]

In der Folge des Parteienfinanzierungsurteils des BVerfG im Juli 1966[113] brach auch die Finanzierung des EAKs zusammen. Die Auswirkungen auf die erst in den Vorjahren mit hohem Engagement einzelner gewonnenen Erfolge waren gravierend. Die Arbeit der Geschäftsstelle kam fast vollständig zum Erliegen[114] und die Herausgabe der »Evangelische Verantwortung« musste eingestellt werden. Auch dieser unerwartet harte Einschnitt konnte zwar überwunden werden, jedoch ist heute nachzuvollziehen, dass in der Folgezeit erst langsam auf der Landes- und Kreisebene und in den 1980er-Jahren zunehmend auch generell der Niedergang des EAKs zu verzeichnen ist.

4.3. Handlungspunkte politischen Einflusses

Schon der hier nur überflugartig mögliche Einblick in die Organisation des EAKs zeigt auf, dass seine Grundlagen für eine intensive Einflussnahme auf die Entscheidungsfindungen innerhalb der Unionparteien äußerst schwach waren. Sowohl seine Infrastruktur als auch die Tatsache, dass es ihm nicht gelang als Gremium alle wichtigen Protestanten innerhalb der Union an sich zu binden, geben klare Hinweise, dass ihm die notwendigen Ressourcen für eine stringente Durchsetzung einer protestantischen Interessenvertretung innerhalb der Unionsparteien fehlten. Zwar gelang es auch ihm, beständig eine solide Interessenaggregation zu gewährleisten, jedoch konnte er im Anschluss daran die aus der besonderen protestantischen Pluralität resultierenden hohen Hürden für eine weitere Selektion und anschließende Artikulation der Interessen nicht überwinden. Insofern ist es wenig überraschend, dass die Erfolgspunkte in seiner Entwicklung nahezu allesamt nicht ihm als Gremium, sondern kompetenten und gut vernetzten Persönlichkeiten in seinen Reihen zu zuschrieben sind.

---

[111] Vgl. OPPELLAND: Der Evangelische Arbeitskreis der CDU/CSU 1952–1969, 1998, S. 129 ff.

[112] Vgl. MARTIN, MEHNERT, MEISSNER: Der Evangelische Arbeitskreis der CDU/CSU 1952–2012, 2012, S. 59.

[113] Vgl. Urteil des Bundesverfassungsgerichts vom 19.07.1966, in: Entscheidungen des Bundesverfassungsgerichts (BVerfGE) 20 (1966), S. 56–119.

[114] In einem Schreiben vom 10.02.1967 an Albrecht Martin hält Hans Strümpfel etwa fest: »Die finanzielle Situation der Gesamtpartei ist so schwierig geworden, dass auch mein unmittelbarer Arbeitsbereich sehr großen Einschränkungen unterliegt. Ich kann gegenwärtig nur in ganz dringenden Fällen ein Ferngespräch führen und praktisch keine Dienstreisen unternehmen.« ACDP IV-001-007/1.

Eine Ausnahme in dieser Einschätzung lässt sich allerdings gleich am Beginn seiner Existenz festmachen, als es ihm unter der Führung von Hermann Ehlers und auch noch unter Robert Tillmanns in den ersten drei Jahren gelang, mithilfe einer ganzen Reihe an Personalvorschlägen die Zahl protestantischer Persönlichkeiten in der politischen Führungsebene der Bundesrepublik zu vergrößern. Als erstes großes Ziel konnte sich der EAK hierzu die Kandidatenaufstellung zur Bundestagwahl 1953 vornehmen. Elisabeth Schwarzhaupt ist hierbei ein prominentes Beispiel für eine Reihe protestantischer Persönlichkeiten, die von Seiten des EAKs Kandidaturanfragen erhielten.[115] Aber auch außerhalb der Bundestagswahlen entwickelte der EAK ein beachtliches personalpolitisches Engagement. So suchte er etwa nach geeigneten protestantischen Kandidaten zur Besetzung des Richterwahlausschusses[116], für die kulturpolitische Abteilung des Auswärtigen Amtes[117], für die Stelle des Amtschefs im schleswig-holsteinischen Kultusministerium[118] oder auch für die Generalanwaltschaft in Köln[119]. Die Tatsache, dass Elisabeth Schwarzhaupt und andere selbst zu diesem Zeitpunkt noch nicht Mitglied der Unionsparteien waren, verdeutlicht zugleich allerdings auch, wie angespannt die personelle Situation der Protestanten in der Union war. Der personalpolitische Einfluss des EAKs schwand jedoch nach dem Tod Robert Tillmanns' bereits erheblich, sodass diese Ausnahme, in welcher der EAK als Gremium Einfluss gewinnen konnte, von relativ kurzer Dauer war.

Nur wenige Jahre später, im Januar 1958, wurde mit der bekannten Rede Gustav Heinemanns[120] während der Atombewaffnungsdebatte im Bundestag zudem schlagartig offensichtlich, wie schwach protestantische Sicht- und Denkweisen unter den Bundestagsabgeordneten der Unionsparteien verankert waren.[121] Hanns Lilje, der Bischof der evangelisch-lutherischen Landeskirche von Hannover, hielt hierzu erstaunt fest:

»Bedrückend war für mich der Eindruck, den ich beim unmittelbaren Miterleben dieser Sitzung hatte, dass von Seiten der CDU ihm auf keine Weise mit gleicher ethischer Autorität geantwortet wurde. [...] Es ist bekümmerlich, um nicht zu sagen ärgerlich,

---

[115] Vgl. Kandidaturanfrage von Dr. Hermann Ehlers an Elisabeth Schwarzhaupt vom 06.03.1953, ACDP I-369-002/1.

[116] Vgl. Schreiben von Dr. Hermann Ehlers an Dr. Heinrich von Brentano vom 04.06.1952, ACDP I-369-002/1.

[117] Vgl. Schreiben von Dr. Friedrich Holzapfel an Dr. Hermann Ehlers vom 21.08.1952, ACDP I-369-002/1.

[118] Vgl. Vermerk für Dr. Hermann Ehlers vom 30.09.1952, ACDP I-369-002/1.

[119] Vgl. Schreiben von Dr. Hermann Ehlers an Dr. Otto Schmidt vom 02.01.1953, ACDP I-369-002/1.

[120] Vgl. Rede Gustav W. Heinemanns in der Bundestagssitzung am 23.01.1958, Plenarprotokoll 03/9 des Deutschen Bundestages, 23.01.1958, S. 401–406.

[121] Auf die enorme Wirkung dieser Rede weißt Martin Greschat ausdrücklich hin, vgl. MARTIN GRESCHAT: Der Protestantismus in der Bundesrepublik Deutschland 1945–2005, Leipzig 2011, S. 75.

dass von den 270 Abgeordneten der CDU nicht ein einziger im Augenblick in der Lage war, diese missbräuchliche Benutzung kirchlicher Voten klarzustellen.«[122]

Das protestantische Profil der Union war gegen Ende der 1950er-Jahre wieder stärker ins Hintertreffen geraten. Sinnbildlich dafür stehen die Ergebnisse einer als vertraulich eingestuften Auftragsumfrage des Allensbach-Instituts aus dem Mai 1959, in welcher nach der Zuordnung einzelner Spitzenpolitiker zu einer Konfession gefragt wurde. Während 91 Prozent der Befragten Konrad Adenauer sicher als katholisch einordnen konnten, glaubte beim EAK-Vorsitzenden Gerhard Schröder eine Mehrheit von 11 zu 6 Prozent sogar, dass auch er katholisch sei – dass 83 Prozent ihn gar nicht erst kannten oder sich eine Zuordnung nicht zutrauten, kommt noch ernüchternd hinzu.[123] Dieses Ergebnis ist wenig verwunderlich, wenn man berücksichtigt, dass der EAK mit seinem neuen Vorsitzenden Gerhard Schröder den Anschluss an das Engagement der ersten Jahre verpasst hatte. Auch die teilweise gut organisierten Bundestagungen konnten diesen Eindruck nicht verdecken.[124] Weder Schröder als Person, noch dem EAK als Gremium gelang es bis zum Ende der 1950er-Jahre einen wahrnehmbaren protestantischen Einfluss innerhalb der Unionsparteien zu generieren.

Bei den Bundestagswahlen 1961 musste die Union besonders in protestantischen Gebieten Verluste einstecken. »Wo bleibt eigentlich, fragt man sich mit wachsendem Erstaunen, der ›Evangelische Arbeitskreis‹ der CDU/CSU [...]?«, fragte etwa Wolfgang Höpker 1962 in seinem Aufsatz »Das Evangelische Unbehagen an der CDU« mit stark kritischem Einschlag.[125] In dieser für den EAK schwierigen Situation fand, wie schon oben erwähnt, mit Wilhelm Hahn sowohl neue Energie als auch die seit langem nur unzureichend vorhandene theologische Kompetenz einen starken Eingang in die Arbeit des Arbeitskreises.[126] Neben der Gründung einer internen Studiengruppe, welche sich mit der Stärkung des inhaltlichen Profils innerhalb der Union befassen sollte, schlug Hahn in seinem Aktionsprogramm 1962 auch die ambitionierte Aufnahme von Gesprächen mit unterschiedlichsten Gruppen innerhalb des protestantischen Spektrums vor. Beide Vorschläge prägten im Folgenden die Arbeit des EAKs maßgeblich.[127]

---

[122] Schreiben von Landesbischof Hanns Lilje an Dr. Elisabeth Schwarzhaupt vom 06.02.1958, ACDP: I-048-011/3.

[123] Vgl. Institut für Demoskopie. Allensbach am Bodensee: Die Stimmung im Bundesgebiet. Katholiken – Protestanten [als Vertraulich gekennzeichnet], ACDP: I-483-060/1.

[124] Vgl. OPPELLAND: Der Evangelische Arbeitskreis der CDU/CSU 1952–1969, 1998, S. 122.

[125] Vgl. WOLFGANG HÖPKER: Das evangelische Unbehagen an der CDU. Anmerkungen zur großen Parteireform der Union, in: Zeitwende 33 (1962), S. 433–438, hier: 436.

[126] Vgl. PETER ZOCHER: Edo Osterloh – Vom Theologen zum christlichen Politiker. Eine Fallstudie zum Verhältnis Theologie und Politik im 20. Jahrhundert (Arbeiten zur Kirchlichen Zeitgeschichte, Reihe B: Darstellungen 48), Göttingen 2007, S. 500 f.

[127] Vgl. MARTIN, MEHNERT, MEISSNER: Der Evangelische Arbeitskreis der CDU/CSU 1952–2012, 2012, S. 54 f.

Grundlegend – gut zehn Jahre nach der Gründung! – sollte nun endlich fest geregelt werden, wie ein beständiger Kontakt zur EKD, zu den Landeskirchenleitungen und dem Deutschen Evangelischen Kirchentag (DEKT) realisiert werden könnte. Unterstützt werden sollte die Ausbildung dieses grundlegenden Netzwerkes durch weitere Gesprächsinitiativen, die in der Folgezeit tatsächlich realisiert werden konnten: In der Zeit bis 1967 kam es unter anderen zu Gesprächen mit den Direktoren der Evangelischen Akademien, verschiedenen Vertretern der Landeskirchenleitungen sowie den evangelischen Studenten- und Landesjugendpfarrern.[128] Der Verlauf dieser Gespräche wurde in vielen Fällen als positiv empfunden, wobei jedoch selten mehr erreicht wurde, als sich der jeweiligen Standpunkte tiefer bewusst zu werden und die jeweils andere Seite nun auch persönlich ein Stück präziser einordnen zu können. Wie bereits im strukturellen Bereich lässt sich allerdings auch hier das Urteil des BVerfG zur Parteienfinanzierung als tiefgreifender Einschnitt für die Arbeit des EAKs wahrnehmen. Der teilweise mit hohem persönlichen Einsatz initiierte Gesprächsfluss kam 1967 gerade zu dem Zeitpunkt bereits wieder zum Erliegen, als in der deutschen Gesellschaft und im besonderen an den Hochschulen die Auseinandersetzungen erst richtig begannen.[129] Dementsprechend konnte der EAK auch aus dieser Initiative seine schwache Position innerhalb der Union nicht stärken und auch die klar wahrnehmbare Distanz zur EKD konnte nicht überwunden werden.

Seiner äußerst schwachen Einflussbasis innerhalb der Unionsparteien war sich der EAK zu diesem Zeitpunkt durchaus selbst bewusst. Überhaupt ist es aufschlussreich, wie konkret er intern immer wieder aufs Neue seine Schwächen benennen konnte. Dass eine ausschließliche Repräsentanz durch seine Bundestagungen, die oftmals durch ihre hoch aktuellen Themenstellungen hervorstachen, auf Dauer nicht ausreichen würde, war allen Beteiligten sehr bewusst. Dennoch verdeutlicht die gleichzeitig getroffene Feststellung, dass man sich selbst auch nicht als innerparteiliche pressure group sieht, wie ziellos die Arbeit des EAKs im Prinzip vonstatten ging.[130] Zur Umsetzung der daraus resultierenden Alternative, den EAK als grundlegenden Initiator und Leiter von Debatten im protestantischen Raum in Stellung zu bringen, woraus sich für ihn Einflussfaktoren aus seiner Moderatorenrolle heraus ergeben hätten, fehlten ihm nachweislich die strukturellen und personellen Mittel. Die fehlende Rezeption seiner Bundestagungen in den entsprechenden Kreisen, auch innerparteilich, verdeutlicht diese missliche Lage noch zusätzlich.

---

[128] Vgl. Bericht über die Tätigkeit des Bundesarbeitskreises 1962–1966 von Hans Strümpfel, ACDP I-483-167/2.
[129] Vgl. OPPELLAND: Der Evangelische Arbeitskreis der CDU/CSU 1952–1969, 1998, S. 131 f.
[130] Vgl. Vertrauliches Arbeitspapier, ACDP VI-001-038/3.

5. Bedingungen erfolgreicher politischer Einflussnahme

Im Rahmen dieses Aufsatzes kann die Vielschichtigkeit der protestantischen Einflusswege nur exemplarisch dargestellt werden, dennoch lassen sich bereits hieraus markante Merkmale des politischen Einflusses des Protestantismus über die Parteien nachvollziehen. Deutlich wird, dass sich mithilfe der Verbandsforschung die Schritte zur Einflussgewinnung – Interessenaggregation, -selektion und -artikulation – auf Seiten des Protestantismus konkret bestimmen lassen. Die Untersuchung dieses Forschungsfeldes mittels der Methoden der Verbandsforschung lässt sich somit vielversprechend weiterverfolgen.

Hierbei können sowohl bei der Betrachtung des Bevollmächtigten als auch der des EAKs klare Hinweise auf ein hohes Potential im Bereich der Interessenaggregation aufgezeigt werden. In den nachfolgenden Feldern der Interessenselektion und -artikulation lassen sich allerdings nur wenige Hinweise auf ein erfolgreiches Wirken feststellen. Dieses wäre jedoch notwendig, um dem Protestantismus im Allgemeinen ein hohes Einflusspotential auf politische Schlüsselentscheidungen sicher nachweisen zu können. Hieraus den Schluss zu ziehen, dass der Protestantismus nur über geringen Einfluss verfügt, wäre jedoch vorschnell. Vielmehr bedarf es einer weitergehenden Betrachtung des komplexen Untersuchungsgegenstandes Protestantismus.

Ausgehend von den oben ausgeführten Zusammenhängen bietet sich das Wirkungskonzept der Evangelischen Akademien als Vorlage an[131], um den Einfluss des Protestantismus anstatt alleine anhand der klassischen Schritte des Interessenvertretungsprozesses auch durch seine Potentiale in der Moderation und Vernetzung von unterschiedlichsten Debatten und Akteuren zu beschreiben.[132] In seiner besonderen Pluralität, die sich größtenteils frei von festen Hierarchien ausgestalten kann, begründet sich seine gegenüber anderen gesellschaftlichen Gruppen ausgeprägte Vernetzungsaffinität.[133] Der Protestantismus leistet hierbei als Kollektiv in beeindruckender Weise das in der Verbandsforschung im Rahmen der Interessenaggregation oftmals als »Scanning« und »Monitoring« beschriebene Sammeln und Auswerten wichtiger Informationen, um sich auf dieser Grundlage ein sehr genaues Bild von Prozessen aus der gesamten Gesell-

---

[131] Vgl. WOLFGANG SCHNEIDER: Evangelische Akademien – Forum oder Faktor?, in: Verantwortung aus dem Hören auf das Evangelium. Wolfgang Böhme zum 65. Geburtstag, hg. von GERHARD LANGGUTH, Karlsruhe 1984, S. 32–36; einen beispielhaften Einblick in die Rolle der Evangelischen Akademien vermittelt zudem der Aufsatz von Felix Teuchert in diesem Band.

[132] Vgl. DANIELA HEIMERL: Evangelische Kirche und SPD in den fünfziger Jahren, in: Kirchliche Zeitgeschichte 3 (1990), S. 187–200, hier: 189 f.

[133] Mit dem Netzwerk Friedrich Karrenbergs präsentiert Sabrina Hoppe im Rahmen dieses Bandes ein sehr prägnantes Beispiel.

schaft verschaffen zu können.[134] Auf dieser Grundlage ist er in vielen Debatten ausgesprochen sprachfähig. Sein Potential zur Initiierung von Debatten muss deshalb als hoch eingeschätzt werden.[135] Unter welchen Umständen der Protestantismus diese sehr gute Ausgangsposition zur Einflussgewinnung tatsächlich nutzen kann, dafür liefern die beiden hier näher vorgestellten Beispiele gute Einblicke.

Eher ein negatives Beispiel liefert dabei der EAK, der über weite Strecken seines Bestehens kaum Einfluss gewinnen kann. Abgesehen von seinen anfänglichen Erfolgen bei der Besetzung einzelner Positionen innerhalb des Regierungsapparats, kommt er als Gremium in seiner Arbeit nicht über die Phase der Interessenaggregation hinaus, auch wenn ihm diese oftmals ausführlich gelingt, wie aus den unterschiedlichsten Besprechungsprotokollen nachzuvollziehen ist. Im Vorstand des EAKs ist diese Tatsache ein immer wiederkehrender Gesprächspunkt, innerhalb dessen die Beteiligten auf einem hohen analytischen Niveau diese Situation wiederholt zutreffend bestimmen.[136] Wo es jedoch in Einzelfällen gelingt aus dem EAK heraus Einfluss innerhalb der Union zu gewinnen, lässt sich dieser in der Regel eher auf das Wirken einzelner Persönlichkeiten zurückführen, als dass er dem EAK als Gremium zugeschrieben werden kann. Besonders zu beachten ist hierbei der Punkt, dass der EAK immer wieder bemüht ist festzustellen, dass er keine innerparteiliche pressure group sein will. Mit dieser Feststellung ist zugleich der einzige Punkt zu benennen, der in den internen Analysen des EAKs nie als Grund für den eigenen Einflussmangel ernsthaft problematisiert wurde, da er aufgrund des Unionsgedankens generell als nicht diskussionsfähig präjudiziert wurde. Diese Tatsachen beschreiben sehr detailliert die missliche Lage des EAKs. Um unter diesen Umständen Einfluss zu gewinnen, hätte er selbst dazu fähig sein müssen, thematische Debatten zu initiieren und zu moderieren. Hierzu fehlte es ihm aber in allen Bereichen sowohl an den personellen als auch strukturellen Ressourcen. Dementsprechend ist es wenig überraschend, dass es dem EAK nie gelang, aus der besonderen Pluralität des Protestantismus einen klar protestantischen Kurs zu generieren, durch welchen ihm selbst die Gewinnung von genuin protestantischem Einfluss innerhalb der Unionsparteien möglich gewesen wäre.

Wie die Hürden bei der Einflussgewinnung, die gerade aus der besonderen Pluralität des Protestantismus heraus resultieren, zu überwinden sind, dafür lie-

---

[134] Eine gute Übersicht über die konkrete Ausgestaltung dieses Prozesses findet sich bei Iris Wehrmann, vgl. WEHRMANN: Lobbying in Deutschland, 2007, S. 45 ff; einen exemplarischen Einblick in die besonderen Zugänge des Protestantismus zum politischen System vermittelt auch die Darstellung bei Hendrik Meyer-Magister in diesem Band auf den S. 348 f.
[135] Vgl. WILLEMS: Kirchen, 2007, S. 331 f.
[136] Im untersuchten Zeitraum zwischen 1952 bis 1990 finden sich hier in den verschiedenen Akten des EAKs im ACDP, die teilweise auch weiter oben angeführt werden, eine Vielzahl an Protokolle und Zusammenstellungen, die diese Leistung eindrucksvoll belegen.

fert der Bevollmächtige ein erfolgreiches Beispiel. Trotz der stark auf eine dezentrale Machtverteilung ausgerichteten Struktur der EKD gelang es ihren Führungsgremien Anfang der 1950er-Jahre mit dem Bevollmächtigten ihre Interessenvertretung gegenüber dem politischen Raum der Bundesrepublik erstaunlich konzentriert und autonom zu institutionalisieren. Mit dieser, in den ersten Jahren keineswegs dauerhaft gesicherten Fassung des Amtes, etablierte sich auch durch die persönlichen Stärken seines ersten Inhabers Hermann Kunst, eine der einflussreichsten Stellen des Protestantismus im politischen System der Bundesrepublik. Dadurch, dass der Rat das neue Amt und seinen Inhaber zu einem gewissen Grad loslöste von den in der EKD beständig notwendigen inhaltlichen Ausgleichsprozessen, erhielten sie die nötigen Entscheidungsfreiräume, um auch die Schritte der Interessenselektion und -artikulation erfolgreich umzusetzen. Abseits der Öffentlichkeit und mit dieser besonderen Handlungsfreiheit ausgestattet, war es dem Bevollmächtigten möglich, protestantische Positionen deutlich pointierter und gezielter ins politische System einzuspeisen, wodurch seine Einflusspotentiale signifikant anstiegen. Seine zugleich ausgeübte Sonderrolle als Seelsorger aller protestantischen Politiker und Beamter auf der Bundesebene verschaffte ihm zudem noch einmal eine Verbreiterung seiner Potentiale im gesamten Interessenvertretungsprozess. Ebenso als vorteilhaft für sein Wirken dürfte sich sicherlich herausstellen, dass die EKD eigene wirksame Formen des Debattenbeitrags entwickelt hat, die sich beispielsweise in der besonderen Form der Denkschriften nachvollziehen lassen.[137] Die Tatsache, dass die Stellungnahmen, welche die komplexen Aushandlungsmechanismen innerhalb des Protestantismus durchlaufen haben, bereits ein hohes Maß an Ausgewogenheit besitzen, sollte im Rahmen der politikwissenschaftlichen Forschung ebenso differenziert betrachtet werden.[138] Zusammenfassend beurteilt erhält das Amt sein Einflusspotential für den Protestantismus somit aus seiner ihm eigenen besonderen Fähigkeit, die besondere Pluralität des Protestantismus pointiert zu bündeln. Die breite Grundlage des Protestantismus in der Interessenaggregation verschafft ihm hierbei zudem ein selten detailliertes Einschätzungsspektrum des politischen Raums.

Anhand der hier betrachteten Beispiele wird sichtbar, wie klar sich die Ausgangsbedingungen zur politischen Einflussgewinnung zwischen dem Katholizismus und dem Protestantismus in der Bundesrepublik unterscheiden. Während der Katholizismus die Erfordernisse der Interessenselektion und -artikulation durch seine institutionalisierte hierarchische Grundstruktur auf jeder Ebene leistet, bedarf es im Falle des Protestantismus aufgrund seiner nur sehr schwachen hierarchischen Institutionalisierung gesonderter Mechanismen zur Umsetzung

---

[137] Vgl. CHONG-HUN JEONG: Die deutsche evangelische Sozialethik und die Demokratie seit 1945. Der Beitrag der EKD-Denkschriften zur Demokratie, Frankfurt am Main u. a. 1997, S. 42 ff.
[138] Vgl. WILLEMS: Kirchen, 2007, S. 329.

dieser wichtigen Schritte des Interessenvertretungsprozesses. Dementsprechend kann eine klassische Untersuchung des Protestantismus anhand seiner makroinstitutionellen Fassung unter den Kriterien der Verbandsforschung nur einen Teil der Realität erfassen und muss somit zwangsläufig zu unscharfen Ergebnissen führen, wie sie bereits Frederic Spotts in den 1970er-Jahren feststellte:

»Berücksichtigt man das Wesen des Protestantismus und den Aufbau der evangelischen Kirche, so erkennt man, dass die Kirche niemals Aussicht hatte, im deutschen politische Leben mit einer einzigen lauten Stimme mitzusprechen oder gar ein entscheidender Machtfaktor zu werden.«[139]

Für eine politikwissenschaftliche Untersuchung des protestantischen Einflusses ergibt sich hieraus die Notwendigkeit, die im Feld der Verbandsforschung nach wie vor stark auf Institutionen ausgerichteten Ansätze in ihrem Wahrnehmungsbereich um mikro-individuelle zu erweitern und somit blinde Stellen in der Wahrnehmung von politischem Einfluss zu reduzieren. Dies ist besonders erforderlich, wenn man berücksichtigt, was Spotts ebenfalls bereits in den 1970er-Jahren festhielt:

»Die evangelische Kirche war einer der wichtigsten Förderer der Bedingungen und Verfahrensweisen, die die liberale Demokratie in Deutschland erfolgreich werden ließen.«[140]

Für eine vertiefte Einflussanalyse über die Parteien bietet sich aus alledem grundsätzlich eine interessante und vielversprechende Ausgangslage. Um die hierfür nötigen Einblicke gewinnen zu können, bedarf es in weiteren Untersuchungen neben der Erfassung institutionalisierter Akteure, auch der Untersuchung individueller protestantischer Akteure innerhalb der Parteien. Wie sind diese im Untersuchungszeitraum in innerparteiliche Machtstrukturen integriert? Wie gelingt es ihnen, die Durchsetzung offizieller Anliegen der EKD durch ihr Wirken in den Parteien zu befördern? Welche debattenleitenden und -initiierenden Potentiale kann der Protestantismus über dieses besondere Netzwerksystem entwickeln? Die Beantwortung dieser und sich anschließender Fragen wird dazu beitragen, den engen Blick auf die EKD als institutionalisierte Form des Protestantismus bei der Frage nach seinem politischen Einfluss in der Bundesrepublik Deutschland zu weiten. Die Vielzahl an Ansatzpunkten, welche sich durch die neue Fokussierung auf vor allem individuelle Einflusswege über die relevanten Parteien ergibt, bietet hierbei eine gute Ausgangslage, um das politikwissenschaftliche Bild des Protestantismus und seines politischen Einflusses zu schärfen.

---

[139] SPOTTS: Kirchen und Politik in Deutschland, 1976, S. 306.
[140] Ebd.

Der Einfluss protestantischer Ethik auf die Wiederbelebung des Widerstandsrechts nach 1945

Tobias Schieder

»Die ganze Struktur und das innere Wesen des modernen Staates verbieten [...] das Widerstandsrecht. Es ist rechtslogisch unmöglich und es ist institutionell überflüssig geworden.«[1]

Dieses Zitat von *Hans Fehr* aus dem Jahre 1920 gibt die vorherrschende Haltung der Staatsrechtswissenschaft zum Widerstandsrecht bis in die zwanziger Jahre des letzten Jahrhunderts prägnant wieder. Das Widerstandsrecht wurde zu Beginn des zwanzigsten Jahrhunderts nicht als aktuelles Problem angesehen und, wenn überhaupt, nur im Rahmen historischer Betrachtungen eingehender untersucht.[2]

Nach dem Zusammenbruch des Deutschen Reiches 1945 erlebte nicht nur das Naturrecht eine Renaissance. Auch das Widerstandsrecht wurde wiederbelebt.[3] In den Ländern Hessen, Bremen und Berlin wurde ein Widerstandsrecht in die Verfassung aufgenommen.[4] Die Aufnahme ins Grundgesetz nach dem Vorbild dieser Länderverfassungen wurde diskutiert, letztlich aber verworfen.[5] Besondere Bedeutung für die Wiederbelebung des Widerstandsrechts wird der

---

[1] Hans Fehr: Das Widerstandsrecht, in: Mitteilungen des Instituts für österreichische Geschichtsforschung 38 (1920), S. 1–38, hier: 36.

[2] Fritz Kern: Gottesgnadentum und Widerstandsrecht im früheren Mittelalter, Leipzig 1914; Kurt Wolzendorff: Staatsrecht und Naturrecht in der Lehre vom Widerstandsrecht des Volkes gegen rechtswidrige Ausübung der Staatsgewalt (Untersuchungen zur deutschen Staats- und Rechtsgeschichte 126), Breslau 1916; Fehr: Widerstandsrecht, 1916.

[3] Einen direkten Zusammenhang zwischen Widerstandsproblematik und Naturrechtsrenaissance sieht James F. Childress: Civil Disobedience and Political Obligation. A Study in Cristian Social Ethics (Yale Publications in Religion 16) New Haven u. a. 1971, S. 50.

[4] Hessen: Art. 147 der Hessischen Verfassung v. 1.12.1946; Bremen: Art. 19 der Bremer Verfassung v. 21.10.1947; Berlin: Art. 23 Abs. 3 Berliner Verfassung v. 1.9.1950; vgl. zur Rechtslage in Hessen: Carl Heyland: Das Widerstandsrecht des Volkes gegen verfassungswidrige Ausübung der Staatsgewalt im neuen Deutschen Verfassungsrecht. Zugleich ein Beitrag zur Auslegung des Art. 147 der Hessischen Verfassung vom 1. Dezember 1946, Tübingen 1950.

[5] Parlamentarischer Rat. Verhandlungen des Hauptausschusses Bonn 1948/49, 1949, S. 590.

protestantischen Theologie zugeschrieben.⁶ Inwiefern die protestantische Theologie auf die juristische Theoriebildung bis in die frühen 60er Jahre hinein tatsächlich Einfluss genommen hat und ob aus theologisch-ethischen Aussagen rechtliche Maßstäbe zum Widerstandsrecht abgeleitet wurden, soll hier untersucht werden.

Ich konzentriere mich im Folgenden auf solche Beiträge zur Rechtsdebatte, welche die Positionen protestantischer Theologen der Zeit ausdrücklich rezipieren.⁷ Thematisch konzentriert sich die Untersuchung auf Beiträge, die das Widerstandsrecht nicht allein geistesgeschichtlich beleuchten, sondern den Versuch unternehmen, es zu aktualisieren und handhabbare Maßstäbe zu entwickeln.

Die Wiederentdeckung des Widerstandsrechts nach 1945 war in die sogenannte Naturrechtsrenaissance eingebettet. Daher werde ich zunächst die in dieser Zeit prominenten Ideen, soweit sie für die Aktualisierung des Widerstandsrechts relevant sind, kurz beleuchten (I.). Danach werde ich die Referenzen der Juristen zur theologisch-ethischen Position analysieren, um feststellen zu können, ob und inwiefern die protestantische Ethik einen Beitrag zur Aktualisierung des Widerstandsrechts geleistet hat (II.). Schließlich werde ich versuchen, den so gewonnenen Befund zu erklären (III.)

1. Das Widerstandsrecht in der Naturrechtsrenaissance

In der unmittelbaren Nachkriegszeit erlebte das Naturrecht eine Renaissance.⁸ Es handelte sich hierbei nicht um eine allein auf die Rechtsphilosophie begrenzte Bewegung, sondern beeinflusste auch rechtsdogmatische Abhandlungen und Gerichtsurteile.⁹ Die Naturrechtsrenaissance wird häufig als Reaktion auf die Pervertierung des Rechts im Nationalsozialismus beschrieben.¹⁰ Prägend für den Begriff »Naturrechtsrenaissance« wurde das Werk Heinrich Rommens mit dem Titel »Die ewige Wiederkehr des Naturrechts«. Hier formulierte Rommen,

---

⁶ THEODOR BLANK: Die strafrechtliche Bedeutung des Art. 20 Abs. 4 GG, Baden-Baden 1982, S. 163–164.

⁷ Vgl. zu den Schwierigkeiten, indirekte Bezüge nachzuweisen: CHRISTOPH STROHM und HEINRICH DE WALL (Hgg.): Konfessionalität und Jurisprudenz in der frühen Neuzeit, Berlin 2009.

⁸ Prominent: HELMUT COING: Die obersten Grundsätze des Rechts: Ein Versuch zur Neugründung des Naturrechts, Heidelberg 1947; HEINRICH ROMMEN: Die ewige Wiederkehr des Naturrechts, München ²1947.

⁹ ERIK WOLF: Art. Naturrecht I. Profanes Naturrecht, in: RGG³ IV (1960) Sp. 1358; vgl.: HERMANN WEINKAUFF: Der Naturrechtsgedanke in der Rechtsprechung des Bundesgerichtshofs, in: Neue Juristische Wochenschrift 13 (1960) S. 1689–1696.

¹⁰ Differenzierter: WOLF: Art. Naturrecht I, 1960, Sp. 1358, der darauf hinweist, dass in RGG² IV (1930), S. 451, schon angemerkt wurde, die jüngere Generation der deutschen Rechtswissenschaft stehe »gegen den Historismus und Positivismus in geschlossener Front«, sie entnehme »ihr Rüstzeug naturrechtlichen Gedankengängen«.

gestützt auf die scholastische Naturrechtstradition, bereits 1935 den Gedanken, dass ein Gesetz, das »Unsittliches oder Ungerechtes« gebiete, ein »Nicht-Gesetz« sei.[11] Dieser Gedanke wurde im Jahre 1946 durch Gustav Radbruch, allerdings losgelöst von der scholastischen Begründung, in die berühmte Formel gebracht, wonach dort, »wo Gerechtigkeit nicht einmal erstrebt wird, wo die Gleichheit, die den Kern der Gerechtigkeit ausmacht, bei der Setzung positiven Rechts bewußt verleugnet wurde, [...] das Gesetz nicht etwa nur ›unrichtiges‹ Recht [ist], vielmehr entbehrt es überhaupt der Rechtsnatur«.[12] Diese Formel ist der bleibende Ertrag dieser Epoche. Sie bringt die funktionale Gemeinsamkeit der unterschiedlichen Naturrechtsvorstellungen der Zeit auf den Punkt: Der Rekurs auf das Naturrecht dient der Begründung und Begrenzung positiven Rechts, es ist seine »kritische Richtschnur«.[13] Die so hergestellte Verknüpfung von Rechtsbegriff und Rechtsidee provoziert aber die Frage, was der Inhalt der Rechtsidee, das richtige Verständnis der Gerechtigkeit ist. Das Feld für »entgegengesetzteste« Deutungen und Interpretationen ist eröffnet.[14] Was dann in der Debatte »als Naturrecht beschworen wurde, ist in der Tat eine recht bunte, nicht selten widerspruchsvolle und verwirrende Vielfalt von Wertvorstellungen«.[15] Das kompletteste naturrechtliche System, auf das zurückgegriffen werden konnte, lieferte das thomistisch-katholische Naturrecht.[16] Ein protestantisches Äquivalent hierzu bestand und besteht nicht, auch wenn die protestantische Sozialethik Elemente des profanen Naturrechts gelegentlich aufnahm.[17] Die Naturrechtsrenaissance wird wohl auch deshalb als thomistisch-katholisch geprägt angesehen.[18] Naturrechtliche Gedanken in der Rechtsprechung und Rechtsdogmatik

---

[11] ROMMEN: Wiederkehr des Naturrechts, 1947, S. 265–266; vgl.: CHRISTOPH M. SCHEUREN-BRANDES: Der Weg von nationalsozialistischen Rechtslehren zur Radbruchschen Formel. Untersuchungen zur Geschichte der Idee vom »Unrichtigen Recht«, Paderborn u. a. 2006, S. 45–47.

[12] GUSTAV RADBRUCH: Gesetzliches Unrecht und übergesetzliches Recht, in: Süddeutsche Juristenzeitung 1 (1946), S. 105–108, hier: 107.

[13] WOLF: Art. Naturrecht I, 1960, S. 1356; vgl. auch CHILDRESS: Civil Disobedience, 1971, S. 51–52.

[14] WOLFGANG TRILLHAAS: Ethik, Berlin ²1965, S. 393.

[15] ARTHUR KAUFMANN: PROBLEMGESCHICHTE DER RECHTSPHILOSOPHIE, in: Einführung in Rechtsphilosophie und Rechtstheorie der Gegenwart, hg. von ARTHUR KAUFMANN, WINFRIED HASSEMER und ULFRID NEUMANN, Heidelberg ⁵1989, S. 87 f.

[16] Vgl. THOMAS HENNE: Die neue Wertordnung im Zivilrecht, in: Das Bonner Grundgesetz. Altes Recht und neue Verfassung in den ersten Jahren der Bundesrepublik Deutschland, hg. von MICHAEL STOLLEIS, Berlin 2006, S. 13–38; ERNST WOLF: Art. Naturrecht II. Christliches Naturrecht, in: RGG³ IV (1960) Sp. 1359–1365, hier: 1364.

[17] Vgl. WOLF: Art. Naturrecht II, 1960, Sp. 1362–1365.

[18] NORBERT HORN: Einführung in die Rechtswissenschaft und Rechtsphilosophie, Heidelberg u. a. ⁵2011, S. 226 227.

stützten sich letztlich aber häufig auf ein theoretisch nur unzureichend durchgebildetes, vorgeblich profanes Naturrecht.[19]

Mit der Naturrechtsrenaissance ging eine strikte, teils polemische Ablehnung des Rechtspositivismus einher.[20] Angesichts der unterschiedlichen naturrechtlichen Standpunkte schien das Ziel, den Rechtspositivismus zu »überwinden«, zeitweise als das einzig vereinende Moment unter den naturrechtsaffinen Juristen. Auch hier hat Gustav Radbruch die Debatte mit seiner »Wehrlosigkeitsthese« angestoßen. Der Rechtspositivismus, so seine These, hat den deutschen Juristenstand mit seiner Aussage »Gesetz ist Gesetz« wehrlos gegen Gesetze willkürlichen oder verbrecherischen Inhalts gemacht.[21] Diese These verfing wohl auch deshalb, weil sie sich vorzüglich als Apologie für das Verhalten einer Vielzahl der Juristen unter dem Nationalsozialismus eignete.[22]

---

[19] WEINKAUFF: Naturrechtsgedanke, 1960, S. 1689; WOLF: Art. Naturrecht I, 1960, Sp. 1358, beschreibt die Naturrechtsrenaissance treffend folgendermaßen: »Historisch leider weithin noch unzureichend fundiert, philosophisch vielfach ungenügend durchgebildet, manchmal bloß in Gestalt untauglicher Repristinationsversuche längst unwirksam gewordener Naturrechtsideale früherer Zeiten, hat diese unkritisch-naive Naturrechtsbegeisterung nicht nur in die Rechtsphilosophie Eingang gefunden, sondern auch rechtsdogmatische Monographien beeinflußt; mehrfach auch sich in wenig überzeugenden Raisonnements gerichtlicher Urteilsbegründungen ausgewirkt. Politische, wohl auch konfessionalistische Standpunkte eng umgrenzter Art konnten sich daher allzu leicht für allgemein verbindliche Naturrechtsgrundätze ausgeben und bereiteten so einer neopositivistischen Reaktion den Boden, gaben ihr billige Argumente gegen naturrechtliches Denken innerhalb der Jurisprudenz überhaupt.«

[20] Z. B.: ERNST VON HIPPEL: Zum Problem des Widerstandes gegen rechtswidrige Machtausübung, in: DERS.: Mechanisches und moralisches Rechtsdenken, Meisenheim am Glan 1959, S. 161–172, der bei seinen Literaturangaben zum WR einzelne Werke mit den Worten kritisiert, sie seien »durch ihren positivistischen Standpunkt nicht fördernd« oder »vom Positivismus noch nicht frei«.

[21] RADBRUCH: Gesetzliches Unrecht, 1964, S. 107. In seiner Rechtsphilosophie hatte Radbruch noch geschrieben: »Vermag niemand festzustellen, was gerecht ist, so muß jemand festsetzen, was Rechtens sein soll« und weiter: Für den Richter ist es Berufspflicht, »das eigene Rechtsgefühl dem autoritativen Rechtsbefehl zu opfern, nur danach zu fragen, was Rechtens ist, und niemals, ob es auch gerecht sei.« (GUSTAV RADBRUCH: Rechtsphilosophie, Stuttgart ⁵1956, S. 181)

[22] Vgl. DANIEL HERBE: Hermann Weinkauff (1894–1981). Der erste Präsident des Bundesgerichtshofs, Tübingen 2008, S. 118; vgl. ferner ARTHUR KAUFMANN: Problemgeschichte der Rechtsphilosophie (1989), S. 86 f.: »Dass die im Nazismus sich darstellende politische Fehlentwicklung durch die Doktrin des Gesetzespositivismus bedingt oder auch nur gefördert oder ermöglicht worden ist, muß bezweifelt werden [...]. Das Dritte Reich war kein Gesetzesstaat, seine Verbrechen waren zum größten Teil zugleich Gesetzesbrüche. [...] Perversion kam auch und gerade aus der Sphäre überpositiven Rechtsdenkens, aus der sich teils als Naturrecht deklarierenden Ideologie nämlich, die, weil die Bindung an die Masse der nicht alle auf einmal zu ändernden überlieferten Gesetze als hemmend erfahren wurde, die Bindung an das Gesetz durch eine Bindung an die Ideologie ersetzen wollte.«; vgl. zudem HANS-ULRICH WEHLER: Deutsche Gesellschaftsgeschichte, Bd. 4, München 2003, S. 1134, der bezogen auf Weinkauffs Analyse der Justiz unter dem Nationalsozialismus von »schwer erträglicher Apologetik« spricht.

Die Ausschaltung des Rechtspositivismus und die Inthronisierung des Naturrechts ermöglichte auch ein erneutes Nachdenken über das Widerstandsrecht. Die 1920 von Hans Fehr proklamierte »rechtslogische Unmöglichkeit« konnte durch den Rekurs auf naturrechtliche Gedanken überwunden werden. Die Einschätzung, dass das Widerstandsrecht »institutionell überflüssig« geworden ist, war durch die Erfahrungen unter dem NS-Regime widerlegt. Sollte das Naturrecht einen äußersten Rahmen für das positive Recht bilden, musste bei der Übertretung dieser äußersten Grenzen ein Widerstandsrecht mit gedacht werden. Nach bis heute überwiegender Ansicht ist eine naturrechtliche Begründung die einzig mögliche Begründung für ein Widerstandsrecht.[23] Wird ein Widerstandsrecht kodifiziert, wie das in den Länderverfassungen von Bremen, Berlin und Hessen, und 1968 auch im Grundgesetz geschehen ist, hat dies nach der dargestellten Ansicht nur deklaratorische Wirkung. So hätte auch die Änderung der entsprechenden Verfassungsbestimmungen keine Auswirkung auf die Voraussetzungen des Widerstandsrechts.[24]

Die Bindung des Widerstandsrechts an das Naturrecht erschwerte aber eine systematische Theoriebildung. Die Fülle an Naturrechtskonzeptionen, ihre »bunte Vielfalt« wirkte sich unmittelbar auf die Konzeption des Widerstandsrechts aus und brachte eine ebenso bunte, schwer zu systematisierende Vielfalt an Positionen hervor.[25]

So umstritten die Grundsatzprobleme waren, so klar stand vielen Autoren der Fall vor Augen, den es zu lösen galt: Der Attentatsversuch auf Hitler am 20. Juli 1944. Der Widerstand der »Männer des 20. Juli« gegen die nationalsozialistische Herrschaft wurde zum Idealtyp, an dem die Theoriebildung ausgerichtet wurde.

Bis in die Rechtsprechung des Bundesgerichtshofs (BGH) zum Bundesentschädigungsgesetz (BEG) kann das Leitbild des 20. Juli zurückverfolgt werden. Das BEG gewährte den vom Nationalsozialismus wegen politischer Gegnerschaft oder aufgrund der Rasse, des Glaubens oder der Weltanschauung Verfolgten eine Entschädigung. Wer nun wegen seines Widerstandes gegen das Regime Nachteile erlitten hatte, konnte sich Hoffnung auf eine Entschädigung machen. Machten die Anspruchsteller geltend, durch ein Urteil eines ordentlichen Ge-

---

[23] ROMAN HERZOG UND BERND GRZESZICK: Art. 20 Abs. 4 GG, Rn. 9, in: Grundgesetz Kommentar, 70. Ergänzungslieferung, begr. von THEODOR MAUNZ UND GÜNTHER DÜRIG, München 2013; STEFAN HUSTER UND JOHANNES RUX: Das Widerstandsrecht, in: Beckscher Online-Kommentar GG, Ed. 21, hg. von VOLKER EPPING und CHRISTIAN HILLGRUBER, Stand 1.06.2014, Art. 20 GG Rn. 225–231.1, hier: Rn. 231.1; BERND RÜTHERS: Rechtstheorie, München ²2005, S. 287; mit weiteren Nachweisen: ARTHUR KAUFMANN: Einleitung, in: DERS. und LEONARD E. BACKMANN: Widerstandsrecht (Wege der Forschung 173), Darmstadt 1972, S. IX–XIV, hier: X.
[24] HUSTER, RUX: Widerstandsrecht, 2014, Rn. 231.1; HEYLAND: Widerstandsrecht, 1950, S. 111–120.
[25] Vgl. hierzu anschaulich die Aufsatzsammlung von ARTHUR KAUFMANN und LEONARD E. BACKMANN (Hgg.): Widerstandsrecht (Wege der Forschung 173), Darmstadt 1972.

richtes Nachteile erlitten zu haben, kam es auf die Frage an, ob die Verurteilung auf einem rechtsstaatlich unanfechtbaren Verfahren beruhte, oder ob die Handlungen, wegen derer die Kläger verurteilt worden waren, durch ein Widerstandsrecht gedeckt waren. Dieses Widerstandsrecht bestimmte der BGH unter Rückgriff auf naturrechtliche Konzepte und das in der Präambel des BEG formulierte Leitbild, wonach die Entschädigung »in Anerkennung der Tatsache, [...], dass der aus Überzeugung oder um des Glaubens oder des Gewissens willen gegen die nationalsozialistische Gewaltherrschaft geleistete Widerstand ein Verdienst um das Wohl des Deutschen Volkes und Staates war«[26], gewährt wurde. Hieraus schließt der BGH: »Von dieser Art war der Widerstand der Männer des 20. Juli 1944, den der Gesetzgeber in der Präambel ersichtlich als den beispielhaften Fall eines rechtmäßigen Widerstandes angesehen hat.«[27]

Der 20. Juli hätte die Kraft, als Idealtyp für die Theoriebildung zum Widerstandsrecht zu dienen, wohl nicht erlangt, wenn der politische Wille zur Heroisierung der Widerstandskämpfer nicht so stark gewesen wäre.[28] Anfangs waren die Widerstandskämpfer auch im Ausland noch als eine »kleine Clique von ehrgeizigen Offizieren« bezeichnet worden. Das Urteil des Volksgerichtshofs, das den Männern des 20. Juli 1944 als Eidbrecher sowie Hoch- und Landesverräter den Tod gebracht hatte, haftete ihnen auch nach dem Zusammenbruch des NS-Regimes noch an.[29] Nur langsam änderte sich die öffentliche Meinung.[30] Dass der deutsche Widerstand auch als Grundlage für eine Erzählung vom »anderen Deutschland« und für die »moralische Rehabilitierung« Deutschlands genutzt werden konnte, hatten nicht nur die Widerstandskämpfer selbst gesehen.[31] Das unterstreichen spätere Aussprüche wie der Churchills, wonach die Opposition

---

[26] Bundesentschädigungsgesetz v. 29.06.1956, BGBl Nr. 31 v. 29.06.1956, 563.

[27] BGH, Urt. v. 14.7.1961, IV ZR 71/61, in: Neue Juristische Wochenschrift 15 (1962), S. 195–196, hier: 196.

[28] Vgl. insbes. THEODOR HEUSS: Zur 10. Wiederkehr des 20. Juli, in: Vollmacht des Gewissens, Bd. 1, hg. von EUROPÄISCHE PUBLIKATION E. V., Frankfurt am Main 1960, S. 535–545.

[29] Die Urteile des Volksgerichtshofs gegen die Widerstandskämpfer waren zum Teil entsprechend der Proklamation Nr. 3 des Alliierten Kontrollrats vom 20. Oktober 1945 zur Neuordnung der Justiz schon aufgehoben worden. Zur Akzeptanz der Aufhebung auf der Grundlage von Besatzungsrecht: RUDOLF WASSERMANN: Widerstand als Rechtsproblem. Zur rechtlichen Rezeption des Widerstandes gegen das NS-Regime, in: Der 20. Juli 1944. Bewertung und Rezeption des deutschen Widerstandes gegen das NS-Regime, hg. von GERD R. UEBERSCHÄR, Köln 1994, S. 203–213, hier: 206.

[30] PETER STEINBACH: Widerstand im Dritten Reich die Keimzelle der Nachkriegsdemokratie? Die Auseinandersetzung mit dem Widerstand in der historischen politischen Bildungsarbeit, in den Medien und in der öffentlichen Meinung nach 1945, in: Der 20. Juli 1944. Bewertung und Rezeption des deutschen Widerstandes gegen das NS-Regime, hg. von GERD R. UEBERSCHÄR, Köln 1994, S. 79–100.

[31] HANS-GÜNTHER SERAPHIM: Entwurf zu einem Gutachten über Motive der Widerstandskämpfer vom 20. Juli 1944, in: Die im Braunschweiger Remerprozess erstatteten moraltheologischen und historischen Gutachten nebst Urteil, hg. von HERBERT KRAUS, Göttingen 1953, S. 50–56, hier: 55–56; STEINBACH: Widerstand, 1994, S. 89–91; GERHARD RITTER: Deutscher

unter dem NS-Regime »zu dem Edelsten und Größten gehört, was in der politischen Geschichte aller Völker je hervorgebracht wurde. [...] Diese Toten vermögen nicht alles zu rechtfertigen, was in Deutschland geschah. Aber ihre Taten und Opfer sind das Fundament eines neuen Aufbaus.«[32]

2. Die Rezeption der Position der Protestantischen Ethik zum Widerstandsrecht in Rechtsprechung und juristischer Literatur

Nach der allgemeinen Einordnung der Debatte um das Widerstandsrecht in die Naturrechtsrenaissance wende ich mich nun der Frage zu, inwiefern die Positionen der protestantischen Ethik in der Rechtsdebatte berücksichtigt wurden. Zunächst werde ich zwei Fallbeispiele näher beleuchten, in welchen die theologisch-ethische Position eine prominente Rolle spielte.

Das erste Beispiel ist der Remerprozess aus dem Jahre 1952. Im Rahmen dieses Prozesses wurden viel beachtete moraltheologische Gutachten zum Widerstandsrecht eingeholt. Die Verarbeitung dieser Gutachten durch das Gericht und die Staatsanwaltschaft sowie die Wirkung der Gutachten in der Debatte um das Widerstandsrecht werde ich untersuchen.

Das zweite Beispiel ist ein Beitrag Adolf Arndts in der Neuen Juristischen Wochenschrift aus dem Jahre 1962. Diese viel beachtete Kritik an der Rechtsprechung des Bundesgerichtshofs zum Widerstandsrecht zeichnet sich durch die besondere Betonung der theologisch-ethischen Positionen zum Widerstandsrecht aus.[33]

Zwischen beiden Beispielen liegen 10 Jahre. 1952 hatte die Debatte zum Widerstandsrecht gerade erst begonnen und die protestantische Position war noch alles andere als gefestigt. 1962 hatten sich die Fronten geklärt und das Widerstandsrecht war sowohl im Protestantismus als auch staatsrechtlich zumindest dem Grunde nach anerkannt.[34] Die Argumente waren ausgetauscht und das Widerstandsrecht wurde langsam zum Thema von Festschriftbeiträgen und resü-

---

Widerstand. Betrachtungen zum 10. Jahrestag des 20. Juli 1944, in: Zeitwende. Die neue Furche 25 (1954), S. 439–448, hier: 439–442.

[32] HANS ROYCE: 20. Juli 1944. Geänderte und vervollständigte Bearbeitung der Sonderausgabe der Wochenzeitung Das Parlament: »Die Wahrheit über den 20. Juli 1944«, Bonn ²1954, S. 177.

[33] ADOLF ARNDT: Umwelt und Recht. AGRAPHOI NOMOI (Widerstand und Aufstand), in: Neue Juristische Wochenschrift 15 (1962), S. 430–433.

[34] Vgl. zur innerprotestantischen Diskussion: GERHARD RINGSHAUSEN: Der 20. Juli 1944 als Problem des Widerstandes gegen die Obrigkeit. Die Diskussion in der evangelischen und katholischen Kirche nach 1945, in: Der 20. Juli 1944. Bewertung und Rezeption des deutschen Widerstandes gegen das NS-Regime, hg. von GERD R. UEBERSCHÄR, Köln 1994, S. 191–202, hier: 195–201; Eindrücklich und durchgängig ein Widerstandsrecht bejahend die Beiträge in: BERNHARD PFISTER und GERHARD HILDMANN (Hgg.): Widerstandsrecht und Grenzen

mierenden Dissertationen.³⁵ Bemerkenswert bei beiden Beispielen ist die ausführliche und direkte Bezugnahme zu den Positionen der theologischen Ethik und die unmittelbare Übernahme ihrer Kriterien in die rechtliche Argumentation. Inwiefern weitere Autoren ähnlich verfahren und wie wichtig die protestantische Ethik für die juristische Theoriebildung insgesamt war, wird in einem dritten Teil untersucht.

2.1. Theologische Ethik im Strafprozess: Der Remer-Prozess

Kaum ein Ereignis war für die Weichenstellung zu einer positiven Bewertung des Widerstandes des 20. Juli 1944 so entscheidend wie der Braunschweiger Remerprozess.³⁶ In diesem Prozess wurden die Männer des 20. Juli vom Vorwurf des Landesverrats entlastet und das NS-Regime klar als Unrechtsregime benannt (a)). Eine wesentliche Rolle spielten dabei die im Rahmen des Prozesses eingeholten moraltheologischen Gutachten zum Widerstandsrecht (b)). Die in den Gutachten vorgestellte theologisch-ethische Position fand schließlich auch Eingang in die rechtliche Bewertung der Taten (c)).

a) Der Prozess

Bis in die fünfziger Jahre hinein »ließen sich die Menschen nur schwer davon überzeugen, daß der Widerstand gegen Hitler notwendig und legitim gewesen sei.«³⁷ Das sollte ein Gerichtsprozess in Braunschweig im März 1952 ändern.

Angeklagt war Otto Ernst Remer, ein ehemaliger Offizier der Reichswehr.³⁸ Remer hatte am 20. Juli 1944 als Major das Wachregiment in Berlin befehligt und war in dieser Funktion maßgeblich an der Niederschlagung des Widerstands beteiligt.³⁹ Nach dem Zusammenbruch des NS-Regimes engagierte er sich in der Sozialistischen Reichspartei (SRP).⁴⁰ Auf einer Wahlkampfveranstaltung in Braunschweig im Mai 1951 hatte Remer die am 20. Juli 1944 Beteiligten als

---

der Staatsgewalt, Berlin 1956; Das Bundesverfassungsgericht stellte in seiner Entscheidung zum KPD-Verbot vom 17.08.1956, BVerfGE 5, 85393, fest: »Ein Widerstandsrecht gegen ein evidentes Unrechtsregime [ist] der neueren Rechtsauffassung nicht mehr fremd«.

³⁵ Z.B.: ULRICH MÖLLMANN: Die Stellung des Widerstandsrechts im Verfassungssystem des Grundgesetzes, Würzburg 1963; ALEXANDER ARNOT: Widerstandsrecht. Bemerkungen zu den gegenwärtigen Auffassungen in der Bundesrepublik Deutschland, Hamburg 1966; WILHELM WERTENBRUCH: Zur Rechtfertigung des Widerstandes, in: Staat – Recht – Kultur. Festgabe für Ernst von Hippel, hg. von CARL JOSEF HERING, Bonn 1965, S. 318–341.

³⁶ WASSERMANN: Widerstand, 1994, S. 208–210; RUDOLF WASSERMANN: Zur juristischen Bewertung des 20. Juli 1944. Der Braunschweiger Remer-Prozess als Meilenstein der Nachkriegsgeschichte, in: Recht und Politik 20 (1984), S. 68–80.

³⁷ A.a.O., S. 69.

³⁸ A.a.O., S. 70.

³⁹ RONEN STEINKE: Fritz Bauer oder Auschwitz vor Gericht, München u. a. 2013, S. 125.

⁴⁰ Die SRP wurde 1952 vom Bundesverfassungsgericht verboten. Das Urteil ist abgedruckt in BVerfGE 2, 179.

Hochverräter und »zum Teil in starkem Maße Landesverräter [...] die vom Auslande bezahlt wurden« bezeichnet.⁴¹ Wegen dieser Äußerungen erhob der Braunschweiger Generalstaatsanwalt Fritz Bauer Anklage gegen Remer wegen übler Nachrede und der Verunglimpfung des Andenkens Verstorbener (§§ 186 und 189 StGB).⁴²

Fritz Bauer war zur Zeit der Weimarer Republik Richter und SPD-Mitglied gewesen. 1933 wurde er inhaftiert, kam aber wieder frei und konnte 1936 nach Kopenhagen emigrieren.⁴³ 1943 floh er nach Stockholm, wo er bis zum Kriegsende blieb. Erst 1949 konnte Bauer wieder in Deutschland Fuß fassen: Als Generalstaatsanwalt in Braunschweig.⁴⁴ Berühmt wurde Bauer vor allem durch die von ihm in seiner späteren Position als Generalstaatsanwalt in Frankfurt am Main angestoßenen Auschwitz-Prozesse.⁴⁵ Bauer gab zudem die entscheidenden Hinweise zur Ergreifung Adolf Eichmanns in Argentinien durch den Mossad.⁴⁶

Bauer nutzte das Verfahren in Braunschweig, um die Männer des 20. Juli »ohne Vorbehalt und ohne Einschränkung« zu rehabilitieren.⁴⁷ Hierzu benötigte er die Anklage wegen übler Nachrede. Anders als bei einer einfachen Beleidigung, die jedes ehrrührige *Werturteil* erfasst, setzt die üble Nachrede die Kundgabe *unwahrer Tatsachen* voraus. Im Falle der Äußerungen Remers war dies die von Remer behauptete Tatsache, dass die Männer des 20. Juli Hoch- und Landesverräter gewesen seien.

Hochverrat bezeichnet hierbei den »klassischen« Staatsstreich, also ein Unternehmen, das auf einen Angriff auf das Leben des Staatsoberhauptes abzielt, Landesverrat bezeichnet ein Unternehmen, durch das der Staat gegen fremde Mächte in äußere Gefahr und Unsicherheit gesetzt wird.⁴⁸ Der Landesverrat wurde zu der Zeit zweifellos als der schwerere Vorwurf betrachtet.

Im Mittelpunkt der Beweisaufnahme standen die Geschehnisse am 20. Juli 1944. »Der 20. Juli kam vor Gericht.«⁴⁹ Neben dem Nachweis, dass Remer die ihm zur Last gelegte Tat begangen, das heißt die oben genannten Äußerungen getätigt hatte, unternahm es die Staatsanwaltschaft, die Rechtmäßigkeit der Handlungen der Männer des 20. Juli nachzuweisen. Der Vorwurf des Hoch- und Landesverrats sollte ein für alle Mal ausgeräumt werden. Ein Kernstück der Be-

---

⁴¹ WASSERMANN: Bewertung des 20. Juli 1944, 1984, S. 70; STEINKE: Fritz Bauer, 2013, S. 123–127.
⁴² Strafantrag hatte u. a. Robert Lehr, zu der Zeit Bundesinnenminister, gestellt.
⁴³ STEINKE: Fritz Bauer, 2013, S. 75–107.
⁴⁴ A.a.O., S. 123–134.
⁴⁵ A.a.O., S. 178–220.
⁴⁶ A.a.O., S. 13–24.
⁴⁷ WASSERMANN: Bewertung des 20. Juli 1944, 1984, S. 71.
⁴⁸ HANS-ULLRICH PAEFFGEN: § 82, Rn. 1, in: URS KINDHÄUSER, ULFRID NEUMANN UND HANS-ULLRICH PAEFFGEN: Strafgesetzbuch, Baden-Baden ⁴2013.
⁴⁹ STEINKE: Fritz Bauer, 2013, S. 135.

weisaufnahme bildeten die Sachverständigengutachten.⁵⁰ Neben Gutachten zur Stellung des Offizierskorps, der Kriegslage im Juli 1944 und dem Ablauf der Ereignisse am 20. Juli 1944 wurden moraltheologische Gutachten eingeholt. Hans Joachim Iwand und Ernst Wolf trugen zum Widerstandsrecht aus protestantischer Sicht vor, Rupert Angermair zum Widerstandsrecht und zum Eidbruch aus katholischer Perspektive.

b) Die moraltheologischen Gutachten im Einzelnen

Rupert Angermairs Gutachten über das Widerstandsrecht nach katholischer Lehre fand vor allem wegen seiner Ausführungen zum »Eid auf den Führer« Beachtung. Angermair betrachtet den Eid auf eine Person nur so lange als bindend, wie diese Person im Interesse des Allgemeinwohls handelt.⁵¹ Er stellt fest, dass Hitler das Gemeinwohl immer stärker gefährdete und damit gar nicht mehr hochverratsfähig war.⁵² Zum Widerstandsrecht nach katholischer Lehre wird keine abschließende Bewertung abgegeben. Angermair begnügt sich mit der Feststellung, dass Hitler selbst den Widerstand gerechtfertigt hatte und daher von Seiten der Nationalsozialisten kein prinzipieller Einwand gegen die Unternehmung am 20. Juli erhoben werden könne.⁵³

Hans Joachim Iwand und Ernst Wolf gehen in ihrem gemeinsamen Gutachten ausführlich auf die wechselhafte Geschichte der Widerstandsdebatte im Protestantismus ein.⁵⁴ Sie beginnen mit einer Darstellung der Positionen bei den Reformatoren. Calvin hatte den Ständen ein Widerstandsrecht gegen den Tyrannen zugebilligt.⁵⁵ Seine Lehre wurde von den Monarchomachen aufgegriffen.⁵⁶ Luthers Äußerungen waren nicht so eindeutig. Er überließ die Frage, wie ein Tyrann zu behandeln sei, weitgehend der juristischen Debatte der Zeit und wandte sich nicht grundsätzlich gegen ein Widerstandsrecht der Stände. Hiervon unter-

---

⁵⁰ HERBERT KRAUS (Hg.): Die im Braunschweiger Remerprozess erstatteten moraltheologischen und historischen Gutachten nebst Urteil, Hamburg 1953.

⁵¹ RUPERT ANGERMAIR: Moraltheologisches Gutachten über das Widerstandsrecht nach katholischer Lehre, in: Die im Braunschweiger Remerprozess erstatteten moraltheologischen und historischen Gutachten nebst Urteil, hg. von HERBERT KRAUS, Hamburg 1953, S. 29–39, hier: 32–36. Die Frage nach dem Eid war für die Bewertung der Taten durchaus wichtig. »Eidbruch« und »Verrat« gingen in der öffentlichen Wahrnehmung Hand in Hand. Zudem war die Berufung auf den Eid ein beliebtes Exkulpationsargument. Selbst Eichmann berief sich, als ihm in Jerusalem der Prozess gemacht wurde, darauf, dass er sich durch seinen Eid gebunden sah und niemand ihn von seinem Eid entpflichtet hätte.

⁵² Ebd.

⁵³ A.a.O., S. 31–32.

⁵⁴ HANS JOACHIM IWAND und ERNST WOLF: Entwurf eines Gutachtens zur Frage des Widerstandsrecht nach evangelischer Lehre, in: Die im Braunschweiger Remerprozess erstatteten moraltheologischen und historischen Gutachten nebst Urteil, hg. von HERBERT KRAUS, Hamburg 1953, S. 9–18.

⁵⁵ A.a.O., S. 11.

⁵⁶ A.a.O., S. 12.

schied er aber den Fall der »Anomia«, einem Zustand der grundsätzlichen Gesetzlosigkeit und totalitärer Herrschaftsansprüche.[57] Für den Fall einer solchen Dämonisierung weltlicher Herrschaft sah er sogar eine Widerstandspflicht.[58] In den Bekenntnisschriften findet sich vor allem in Artikel XIV des calvinistischen schottischen Bekenntnisses die Pflicht gegenüber dem Nächsten, die »Tyrannei niederzuwerfen«.[59]

Nach diesen grundsätzlichen Ausführungen kommen Iwand und Wolf zu dem Ergebnis, dass »angesichts der Ereignisse des 9.11.1938 ein kommandierender General in seinem Wehrkreis durchaus als evangelischer Christ das Recht gehabt hätte, mit seiner militärischen Macht zum Schutz seiner bedrohten und entrechteten Mitbürger einzugreifen.«[60] Unter Berufung auf Barths Auslegung des schottischen Bekenntnisses muss der Pflicht, den Tyrannen niederzuwerfen, unter Umständen nicht nur mit stillem Leiden, sondern auch mit aktiver Resistenz nachgekommen werden. Auch Luthers Aussagen zum Umgang mit dem zur »Bestie« gewordenen Staat bestärken sie in der Auffassung: »Man wird den Männern des 20. Juli von der evangelischen Glaubensauffassung her höchstens den Vorwurf machen können, daß sie zu spät eingegriffen haben.«[61]

Die Position von Iwand und Wolf war nicht unumstritten und löste eine lebhafte innerprotestantische Debatte aus.[62]. Fritz Bauer hatte zunächst auch Schwierigkeiten gehabt, innerhalb der lutherischen Landeskirchen Gutachter zu finden, die bereit waren, den 20. Juli 1944 positiv zu bewerten.[63] Die Wahl der Gutachter löste sogar Protest von Seiten der Politik aus. Eugen Gerstenmaier (CDU) warf Fritz Bauer vor, es gäbe geeignetere Repräsentanten des deutschen Luthertums als Iwand und Wolf.[64]

So kontrovers die Position der Gutachter auch gesehen wurde, sie steckte wegen ihrer öffentlichen Wirkung doch das Feld für die weitere innerprotestan-

---

[57] A.a.O., S. 14.
[58] Ebd.
[59] Vgl. zur Confessio Scotica von 1560: D. FERGUSSON, Art. Schottland, Theologie, in: RGG⁴ VII (2004), Sp. 998–1001 hier: 998.
[60] IWAND, WOLF: Widerstandsrecht nach evangelischer Lehre, 1953, S. 16.
[61] A.a.O., S. 17.
[62] Vgl mit weiteren Nachweisen: RINGSHAUSEN: Der 20. Juli 1944 als Problem, 1994; sehr kritisch: WALTER KÜNNETH: Das Widerstandsrecht als theologisch-ethisches Problem, München 1954, der sich gegen die weitgehenden Aussagen Iwands und Wolfs zum Widerstandsrecht stellt; JOHANNES HECKEL: Lex charitatis, München 1953, sucht nach Luthers Verständnis vom Widerstandsrecht.
[63] DIETRICH KUESSNER: Die theologischen Gutachten im Remerprozess. Vortrag gehalten auf dem Fritz Bauer Symposion in Braunschweig am 30.06.2012, URL: http://bs.cyty.com/kirche-von-unten/archiv/vortrag/remerprozess.pdf (zuletzt abgerufen am 11.07.14); Vgl. zur anfangs kritischen Bewertung durch die lutherischen Landeskirchen: RINGSHAUSEN: Der 20. Juli 1944 als Problem, 1994, S. 196.
[64] KUESSNER: Gutachten im Remerprozess, 2012.

tische Debatte ab. Zu einer offenen Verurteilung der Taten des 20. Juli ließ sich danach niemand mehr hinreißen.[65]

c) Die Bedeutung der Gutachten im Prozess

Die Beweiserhebung mittels moraltheologischer Gutachten erscheint auf den ersten Blick ungewöhnlich. Was soll die moralische Bewertung von Widerstandshandlungen zur Frage der Strafbarkeit der Aussagen Remers beitragen? Sofern bewiesen werden sollte, dass ein Widerstandsrecht bestand, ist das Problem aufgeworfen, ob diese Frage dem Beweis überhaupt zugänglich ist. Zu den ehernen Grundsätzen des Prozessrechts gehört schließlich der Satz: iura novit curia, das Gericht kennt das Recht.[66] Über Rechtsfragen wird kein Beweis erhoben. Selbst wenn sich das Gericht über die Sachverständigen erst Kenntnis von einem möglicherweise gewohnheitsrechtlich vorhandenen Widerstandsrecht verschaffen wollte, bleibt die Frage: Was haben Theologen zu dieser Rechtsfrage beizutragen?

Die Gutachten sollten die »sittliche Einstellung« der Männer des 20. Juli bewerten. Solche sozialethischen Wertungen können im Strafrecht bei der Bestimmung der Schuld des Täters einfließen.[67] Sofern die Männer des 20. Juli sich durch ein in ihrer Religion begründetes Widerstandsrecht gerechtfertigt sahen, kann dies eine für die Bestimmung der Schuld durchaus relevante Tatsache darstellen. Ein Anknüpfungspunkt für die Einholung der Gutachten war so gegeben.[68] Es kann aber nicht übersehen werden, dass der ganze Prozess nicht darauf abzielte, eine Entschuldigung für die Männer des 20. Juli zu finden, sondern ihr Verhalten zu rechtfertigen. So sind die Gutachten dann auch zu lesen. Und so werden sie vom Staatsanwalt auch genutzt (s. u.).

Für das Urteil gegen Remer waren die Gutachten letztlich unerheblich. Das Gericht maß ihnen lediglich für die Frage, ob den Männern des 20. Juli der Vorwurf des Hochverrats gemacht werden konnte, Bedeutung zu.[69] Das Gericht sah es als erwiesen an, dass Remer in Bezug auf die Äußerung, die Männer des

---

[65] Vgl. insbesondere auch KÜNNETH: Widerstandsrecht, 1954.
[66] Vgl. zu diesem Grundsatz: RÜDIGER ZUCK: iura novit curia, in: Zeitschrift für Rechtspolitik 43 (2010), S. 272.
[67] Vgl. JÖRG EISELE: Vorbemerkungen zu den §§ 13 ff., in: Strafgesetzbuch. Kommentar, begr. von ADOLF SCHÖNKE, fortgef. von HORST SCHRÖDER, München ^{29}2014, Rn. 103–104.
[68] ANGERMAIR: Moraltheologisches Gutachten, 1953, S. 29 formuliert das folgendermaßen: »Soweit die Männer des 20. Juli 1944 katholisch waren, ist ihre sittliche Einstellung nach der Lehre ihrer Konfession zu beurteilen.«
[69] KRAUS: Braunschweiger Remerprozess, 1953, S. 112.

20. Juli seien Hochverräter gewesen, nicht mit Vorsatz gehandelt hatte.[70] Eine nähere Auseinandersetzung mit den Gutachten im Urteil erübrigte sich deshalb.[71]
Fritz Bauer hatte jedoch in seinem Plädoyer noch auf die Gutachten Bezug genommen.[72] Seine Argumente sollen kurz vorgestellt werden, da hierbei deutlich wird, welche rechtliche Relevanz Bauer den Gutachten zumisst:[73]
In Bezug auf die Frage, ob die Männer des 20. Juli 1944 Landesverräter waren, versuchte er die Ergebnisse der Gutachten unmittelbar in ein rechtliches Argument umzuwandeln: Alle moraltheologischen Gutachten hätten ergeben, dass den Männern des 20. Juli kein Vorwurf des Landesverrats zu machen sei. Daraus zieht Bauer dann folgenden Schluss: »Damals haben wir gelernt, daß Kant gesagt hat: ›Das Recht ist das ethische Minimum‹. Wenn etwas ethisch so einwandfrei dasteht, wie es unsere Sachverständigen dargelegt haben, dann muß es unter allen Umständen auch juristisch einwandfrei sein; denn die Moral verlangt mehr als das Recht.«[74]
Im zweiten Komplex, zur Frage, ob den Männern des 20. Juli Hochverrat vorgeworfen werden könne, beruft er sich zunächst nicht auf die Gutachten. Dafür bietet er alternative Begründungsmuster für das Widerstandsrecht an. Er führt aus, dass der Hochverrat nur dann unter Strafe stehe, wenn er nicht erfolgreich war. Die Männer des 20. Juli seien aber in einem »höheren Sinne« erfolgreich gewesen, indem sie den »Samen der neuen Demokratie gesät« haben.[75] Danach geht er zu einer ausführlichen Darstellung des NS-Regimes als Unrechtsstaat über. Weder die Machtergreifung durch das Ermächtigungsgesetz, noch dessen Verlängerung waren legal. Zudem war der NS-Staat auch seinem Inhalt nach ein Unrechtsstaat. Die von diesem Unrechtsstaat begangenen Morde berechtigten jedermann zur Notwehr und Nothilfe.

---

[70] Ebd.; WASSERMANN: Bewertung des 20. Juli 1944, 1984, S. 75–76; Remer hatte sich darauf berufen, dass er »Hochachtung« für den Hochverrat ausgedrückt habe und allein den Landesverrat kritisiert hatte, was nicht widerlegt werden konnte.
[71] KRAUS: Braunschweiger Remerprozess, 1953, S. 112: »Eines Eingehens auf die Gutachten der Moraltheologen Professor Iwand, Professor Dr. Wolf und Professor Dr. Angermair sowie des Generalleutnants a. D. Friebe, [...], bedarf es nicht, weil die behandelten Probleme sich auf die vom Angeklagten nicht angezweifelte Berechtigung zum inneren Widerstand gegen das Hitler-Regime beziehen und zu dem weiter unten behandelten Widerstand durch Fühlungnahme mit dem Ausland keine Stellung nehmen.«
[72] Das Plädoyer ist abgedruckt in ROYCE: 20. Juli 1944, 1954, S. 147–157; und ausführlich wiedergegeben in: WASSERMANN: Bewertung des 20. Juli 1944, 1984, sowie in: STEINKE: Fritz Bauer, 2013, S. 143–151; KRAUS: Braunschweiger Remerprozess, 1953, S. 8, verzichtet auf den Abdruck, um das, was im Prozess an »objektiver wissenschaftlicher Erkenntnis« enthalten ist, klarer hervortreten zu lassen.
[73] Die Schatten der Toten vom 20. Juli, in: Die Zeit, Nr. 11 (13.3.1952), bezeichnet Bauers Plädoyer als eines »in klassisch juristischer Diktion«.
[74] ROYCE: 20. Juli 1944, 1954, S. 148.
[75] A.a.O., S. 152–153.

Seine dann folgenden Ausführungen zum Widerstandsrecht stützt er in erster Linie auf das »germanische Widerstandsrecht« des Mittelalters, wie es etwa im Sachsenspiegel niedergelegt ist.[76] Im Rahmen dieser Erörterung ist auch die einzige Referenz zu den theologischen Gutachten in diesem Komplex zu finden. Bauer sagt: »Diese Gedankengänge des deutschen Rechts decken sich mit dem, was unsere Theologen über die theologische Situation gesagt haben.« Nach einem Zitat aus Schillers »Wilhelm Tell« beendete Bauer sein Plädoyer mit den Worten: »Was dort Stauffacher sagte, tat später Stauffenberg, er und seine Kameraden des 20. Juli, eingedenk dessen, was unsere Dichter und Denker gelehrt haben, eingedenk unseres guten alten deutschen Rechts.«[77]

Die Bedeutung der Gutachten für die Wahrnehmung des Prozesses in der Öffentlichkeit kann kaum hoch genug eingeschätzt werden. Die gesamte Prozessführung durch die Staatsanwaltschaft war darauf ausgerichtet, die Männer des 20. Juli vollumfänglich zu rehabilitieren. Die Rehabilitierung sollte nicht nur rechtliche Klarheit bringen und die öffentliche Diffamierung der Männer des 20. Juli für die Zukunft verhindern, sondern in erster Linie auf die öffentliche Meinung einwirken und die Männer auch moralisch rehabilitieren.[78] Die moralische Rechtfertigung der Taten durch namhafte Theologen verfehlte ihre Wirkung nicht. Die Stellungnahmen der Theologen wurden in der Presse rezipiert und nach dem Prozess mehrfach veröffentlicht.[79] Nicht nur Politik und Publizistik hatten nun die Verdienste der Männer des 20. Juli gewürdigt, sondern auch Justiz und Theologie als normative Autoritäten den Widerstand gerechtfertigt. Der Prozess war ein Wendepunkt in der Geschichte der öffentlichen Rezeption des 20. Juli 1944.[80] Bis heute gilt das Urteil im Remer-Prozess als dasjenige, in welchem das Handeln der am 20. Juli 1944 Beteiligten als »rechtmäßiger Widerstand« anerkannt wurde.[81]

---

[76] A.a.O., S. 155–157.

[77] A.a.O., S. 157; STEINKE: Fritz Bauer, 2013, S. 148, hebt besonders Bauers Bezug zum »germanischen« Widerstandsrecht hervor.

[78] WASSERMANN: Bewertung des 20. Juli 1944, 1984, S. 78.

[79] Z. B. in: KRAUS: Braunschweiger Remerprozess, 1953; Junge Kirche 13 (1952), S. 192–240, und ROYCE: 20. Juli 1944, 1954; zudem wurde in der Tagespresse ausführlich berichtet.

[80] Vgl. JOHANNES TUCHEL: Zwischen Diffamierung und Anerkennung. Zum Umgang mit dem 20. Juli 1944 in der frühen Bundesrepublik in: Aus Politik und Zeitgeschichte 27 (2014), S. 18–24; GERD R. UEBERSCHÄR: Vorwort, in: Der 20. Juli 1944. Bewertung und Rezeption des deutschen Widerstandes gegen das NS-Regime, hg. von DEMS., Köln 1994.

[81] TUCHEL: Zwischen Diffamierung und Anerkennung, 2014, S. 19.; Das OLG Braunschweig hat, entgegen dieser Einlassung, an keiner Stelle seines Urteils ein »Widerstandsrecht« ausdrücklich anerkannt. Es hat lediglich die Charakterisierung des NS-Regimes als »Unrechtsstaat« übernommen und vor diesem Hintergrund den Vorsatz der Männer des 20. Juli zum Landesverrat verneint. Zum Hochverrat hat das Gericht nichts ausgesagt. Die Rezeption des Urteils als Anerkenntnis der Rechtmäßigkeit der Widerstandshandlungen des 20. Juli zeigt aber die Wirkung von Bauers Prozessstrategie.

2.2. Die Kontroverse zwischen Adolf Arndt und dem Bundesgerichtshof zum Widerstandsrecht

Nicht nur die Justiz, auch die juristische Fachliteratur griff auf der Suche nach Maßstäben für das Widerstandsrecht auf theologisch-ethische Bewertungen zurück. Nachfolgend soll ein Beitrag untersucht werden, der als Teil einer »berühmten Kontroverse, die Adolf Arndt [...] mit dem BGH über das Widerstandsrecht ausgefochten hat« bekannt wurde.[82]

Arndts Stimme hatte Gewicht. Er trug den Ehrennamen »Kronjurist der SPD«.[83] In der Weimarer Republik war Arndt noch Strafrichter gewesen, verlor das Amt aber 1933. Nach 1945 war er zunächst als Oberstaatsanwalt in Marburg tätig. 1949 zog er als Abgeordneter in den ersten Bundestag ein. Arndt war bis 1961 Geschäftsführer der SPD-Fraktion. Als Mitglied des Parteivorstands war er Vorsitzender des rechtspolitischen Ausschusses. Arndt führte wichtige Verfahren der SPD vor dem Bundesverfassungsgericht.[84] Zudem wirkte der Lutheraner Arndt am Godesberger Programm und der Normalisierung des Verhältnisses zwischen SPD und Kirche mit.[85]

Der Grund der Kontroverse zwischen Adolf Arndt und dem BGH war folgender: Der BGH hatte in einem Verfahren um Entschädigungsleistungen nach dem BEG gefordert, dass jeder Widerstand, um im Sinne der »übergesetzlichen Rechtsordnung« gerechtfertigt zu sein, wenigstens eine gewisse Aussicht bieten muss, eine Wende zum Besseren herbeizuführen.[86] Der Kläger war wegen der Missachtung eines Einberufungsbefehls von einem Militärgericht verurteilt worden und verlangte nun Entschädigung nach dem BEG, da er sich aufgrund seiner politischen Gegnerschaft zum Nationalsozialismus im Sinne des § 1 Abs. 1 BEG verfolgt sah. Die Kriegsdienstverweigerung eines einzelnen Mannes bot die vom BGH geforderte Aussicht auf eine Wende zum Besseren jedoch nicht. Die Entschädigung wurde verweigert.[87]

Zur Begründung dieses strengen Erfolgskriteriums hatte der BGH allein auf einen Vortrag seines Präsidenten Hermann Weinkauff zum Widerstandsrecht

---

[82] CLAUS ARNDT: Widerstand und ziviler Ungehorsam in der Demokratie, in: Recht und Politik 20 (1984), S. 81–89, hier: 83.

[83] HANS-JOCHEN VOGEL: Adolf Arndt. 12.3.1904–13.2.1974, in: Neue Juristische Wochenschrift 37 (1984), S. 597; Die Titulierung als »Kronjurist« wird der »Frankfurter Allgemeinen Zeitung« zugeschrieben, vgl. hierzu: Der Spiegel Nr. 48 (28.11.1962), S. 61.

[84] LUDWIG STIEGLER: Adolf Arndt zum 100. Geburtstag am 12.03.2004, in: Onlinearchiv der SPD Berlin, http://archiv.spd-berlin.de/geschichte/personen/a-k/arndt-prof-dr-adolf/ (zul. abgerufen am 31.07.2014). Arndt führte etwa das Verfahren zum Saarstatut, BVerfGE 4, 157178 und das Verfahren wegen der von Adenauer gegründeten Deutschland-Fernsehen-GmbH (»Regierungsfernsehen«), BVerfGE 12, 205264.

[85] Der Spiegel Nr. 48 (28.11.1962), S. 61.

[86] BGH, Urt. v. 14.7.1961, IV ZR 71/61, in: Neue Juristische Wochenschrift, 15 (1962), S. 195–196

[87] A.a.O., S. 195.

verwiesen.[88] Er übersah dabei jedoch eine auch von Weinkauff getroffene Unterscheidung zwischen passivem Widerstand und aktivem Aufstand. Nur für letzteren ist die Frage nach der Erfolgsaussicht entscheidend.[89]

Um dem BGH seinen Fehler nachzuweisen, setzt Arndt sich ausführlich mit den in der theologischen Ethik vertretenen Positionen zum Widerstandsrecht auseinander.

Hinsichtlich der katholischen Theologie beruft sich Arndt auf ein Standardwerk zur katholischen Moraltheologie und das Gutachten des Prof. Angermair aus dem Remerprozess.[90] Er stellt fest, dass das Widerstandsrecht, sofern es geübt wird, um nicht selber schuldig zu werden oder den Nächsten vor unmenschlicher Bedrohung zu retten, nach katholischem Verständnis keinem Erfolgskriterium unterworfen ist. Erst wenn es um die Frage des Tyrannenmordes geht, muss als Gebot der Verhältnismäßigkeit eine Erfolgschance gegeben sein, um nicht mehr Leid zu verursachen als abzuwenden.[91]

Mit der evangelischen Ethik setzt Arndt sich ebenfalls auseinander. Er beruft sich hauptsächlich auf das Gutachten von Iwand und Wolf aus dem Remerprozess, berücksichtigt aber auch die Positionen von Thielicke und Trillhaas.[92] Kritisch setzt er sich außerdem mit der Position Künneths auseinander.[93] Nach Arndts Lesart kennt die evangelische Ethik ein Erfolgskriterium beim Widerstandsrecht schon deshalb nicht, weil »der evangelische Christ« Rechtfertigung »in einem absoluten Sinne« allein von Gott und nicht von der Ethik erwartet. Allerdings sei bei einem Aufstand schon zu fragen, »ob sich der Aufwand lohne«. Unter Berufung auf Thielicke lehnt Arndt dann noch die von Künneth und »den Reformatoren« vertretene Ansicht ab, wonach der Widerstand in erster Linie eine Sache der Stände, bzw. bei Künneth der Beamten und Offiziere, ist. Diese Position hält er für unvereinbar mit dem für »die evangelische Ethik unserer Tage Entscheidenden«: der Tatsache, dass »der Mensch auf Mündigkeit angelegt ist«.[94]

Wie kommt Arndt dazu, dem BGH Rechtsfehler anhand eines in der theologischen Ethik entwickelten Maßstabes nachzuweisen? Er sieht sich dazu aufgrund der Argumentation des BGH legitimiert. Der BGH beschränkt sich bei der Prüfung des Falles nicht auf das positive Recht, namentlich die Normen des BEG,

---

[88] HERMANN WEINKAUFF: Über das Widerstandsrecht. Vortrag gehalten vor der Juristischen Studiengesellschaft in Karlsruhe am 24. Februar 1956 (Juristische Studiengesellschaft Karlsruhe, Schriftenreihe 20), Karlsruhe 1956, S. 320.

[89] ARNDT: AGRAPHOI NOMOI, 1962, S. 432.

[90] Arndt zieht JOSEPH MAUSBACH und GUSTAV ERMECKE: Katholische Moraltheologie, Bd. 3, Münster ⁹1953, sowie ANGERMAIR: Moraltheologisches Gutachten, 1953, heran.

[91] ARNDT: AGRAPHOI NOMOI, 1962, S. 432.

[92] IWAND, WOLF: Widerstandsrecht nach evangelischer Lehre, 1953; WOLFGANG TRILLHAAS: Ethik, Berlin 1952; HELMUT THIELICKE: Theologische Ethik, Bd. II/2, Tübingen 1958.

[93] WALTER KÜNNETH: Politik zwischen Dämon und Gott, Berlin 1954.

[94] ARNDT: AGRAPHOI NOMOI, 1962, S. 432.

sondern fragt nach der Rechtmäßigkeit der in Rede stehenden Widerstandshandlung »im Sinne einer übergesetzlichen Rechtsordnung«.[95] Eine übergesetzliche Rechtfertigung dürfe, so Arndt, vom BGH aber dort nicht verneint werden, »wo sie nach achtenswerten Maximen einer Ethik, *insbesondere einer theologischen Ethik*, nicht versagt werden darf.«[96]

In einer Fußnote erläutert Arndt seine Sicht auf das Verhältnis von Ethik und Recht: »Die vom Recht gebotenen Erfordernisse dürfen, ja sie müssen auf dieser Welt hinter denen der Ethik zurückbleiben, weil kein weltlicher Richter letzter Richter sein kann; aber kein Recht darf verwerfen, was eine achtenswerte und unsere Kultur mitbestimmende Ethik gebietet. Rechtfertigung vor Gericht kann auch ein non liquet in dem Sinne bedeuten, daß ein Verhalten sich staatlicher Beurteilung entzieht.«[97] Diese Beschreibung zum Verhältnis von Recht und Ethik deckt sich mit der Bewertung Bauers, die er mit dem Satz »die Moral verlangt mehr als das Recht« benennt.

2.3. Weitere Referenzen zur theologischen Ethik in der juristischen Literatur

Die Betonung der theologisch-ethischen Position in den beiden Beispielen und die Forderung, die Gerichte sollten bei der Bestimmung überpositiver Rechtssätze die Positionen der theologischen Ethik beachten, waren in dieser Form singulär. Lediglich in einer juristischen Dissertation aus dem Jahre 1966 ist der erneute Versuch zu erkennen, die Position der theologischen Ethik für die juristische Debatte fruchtbar zu machen.[98] Hier wird die theologische Ethik herangezogen, um den Inhalt des »überpositiven« Satzes vom Widerstandsrecht zu konkretisieren und Maßstäbe für seine Anwendung zu finden.[99] In weiteren Beiträgen wird gelegentlich in einer Fußnote auf einzelne Theologen verwiesen, ohne jedoch den Bezug zwischen rechtlicher und ethischer Argumentation explizit zu machen.[100] Die Mehrzahl der rechtswissenschaftlichen Beiträge zum Widerstandsrecht nimmt die Position der theologischen Ethik jedoch nicht unmittelbar auf. Um das überpositive Widerstandsrecht zu begründen und Kriterien hierfür zu gewinnen, wird häufig ein großer Bogen von der Antike, spätestens vom frühen

---

[95] A.a.O. S. 430, führt Arndt aus: »Hätte das Gericht sich auf die nüchterne Prüfung beschränkt, ob es nach dem positiven Gesetz einen Geldanspruch begründet, daß ein Mann Schaden an seiner Gesundheit nahm, weil er Strafen erlitt für das Zerreißen eines Gestellungsbefehls zu einem Krieg, in dem er einen völkerrechtswidrigen Angriff sah, [...], – es wäre ein alltäglicher Streit um das Auslegen staatlicher Vorschriften geblieben.«
[96] A.a.O., S. 432 [Hervorhebung T.S.].
[97] ARNDT: AGRAPHOI NOMOI, 1962, S. 432.
[98] ARNOT: Widerstandsrecht, 1966.
[99] A.a.O., S. 69.
[100] Vgl. WERTENBRUCH: Rechtfertigung des Widerstandes, 1965, der allein auf KÜNNETH: Widerstandsrecht, 1954, verweist.

Mittelalter bis zur Neuzeit geschlagen.[101] Die Zurückdrängung des Widerstandsgedankens im 19. und beginnenden 20. Jahrhundert wird beklagt, um, hiervon unbeirrt, aus nicht genauer begründeten allgemeinen Naturrechtssätzen überraschend präzise Kriterien für das Widerstandsrecht abzuleiten.[102] Auf eine rein theologische oder konfessionelle Begründung des Widerstandsrechts will man sich hingegen nicht festlegen. Die katholische, die protestantische und die rechtliche Sicht werden unterschieden.[103]

Der Gesamtbefund lässt sich wie folgt zusammenfassen: Die theologische Ethik wurde bei der Erörterung des Widerstandsrechts in der rechtswissenschaftlichen Debatte wahrgenommen. In den beschriebenen Beispielen wurden die Forderungen der theologischen Ethik auch unmittelbar in rechtliche Forderungen umgemünzt. Kam es zu einer Übernahme von Kriterien aus der theologischen Ethik, wurde stets die katholische und evangelische Position berücksichtigt. Prägend für die rechtswissenschaftliche Debatte waren letztlich aber Vorstellungen von, wie auch immer gearteten, überpositiven Rechtssätzen, die in der Regel keine explizit theologische Begründung erfuhren.

3. Einordnung und Erklärung des Befundes

Der oben dargestellte Befund lässt sich mit der spezifischen Ausprägung der deutschen Naturrechtsrenaissance und der besonderen Rolle der Kirchen in der Nachkriegszeit bis in die sechziger Jahre hinein erklären.

Die Naturrechtsrenaissance war geprägt von einer »bunten Vielfalt« unterschiedlicher Naturrechtskonzeptionen.[104] Da das Widerstandsrecht fast ausschließlich auf das Naturrecht gestützt wurde, war auch dieses grundsätzlich offen für alles, was als naturrechtlicher Satz ausgegeben werden konnte. Die Juristen versagten sich allerdings eine religiöse Letztbegründung für ihr profanes Naturrecht. Um dem Universalitätsanspruch des Naturrechts zu genügen,

---

[101] WEINKAUFF: Widerstandsrecht, 1956; HEYLAND: Widerstandsrecht, 1950; ACHIM VON WINTERFELD: Grundlagen und Grenzen des Widerstandsrechtes, in: Neue Juristische Wochenschrift (9) 1956, S. 1417–1420, hier: 1418.; HIPPEL: Problem des Widerstandes, 1959; So auch F. Bauer in seinem oben dargestellten Plädoyer (s. Anm. 32). Vgl. auch die Fülle an historischen Arbeiten zum Widerstandsrecht, die LEONARD E. BACKMANN: Bibliographie zum Widerstandsrecht, in: Widerstandsrecht (Wege der Forschung 173), hg. von ARTHUR KAUFMANN und LEONARD E. BACKMANN, Darmstadt 1972, S. 561–615, aufführt.

[102] So insbes. die prominenten und viel zitierten Beiträge zum Widerstandsrecht von H. Weinkauff, (WEINKAUFF: Widerstandsrecht, 1956) und C. Heyland (HEYLAND: Widerstandsrecht, 1950); differenzierter: PETER SCHNEIDER: Widerstandsrecht und Rechtsstaat, in: Archiv des öffentlichen Rechts 89 (1964), S. 1–24.

[103] Vgl. die Aufteilung der Debattenbeiträge der Tagung der ev. Akademie Tutzing zum Widerstandsrecht vom 18.–20. Juni 1955 in PFISTER, HILDMANN: Widerstandsrecht, 1956.

[104] KAUFMANN: Problemgeschichte der Rechtsphilosophie, 1994.

wurde, ganz in der neuzeitlichen Tradition, die Vernunft als Erkenntnisquelle benannt.[105] So konnte auch das Widerstandsrecht nicht allein auf die Lehren der theologischen Ethik gegründet werden. Das schlägt sich auch in der rechtswissenschaftlichen Debatte nieder. Direkte Bezüge zur theologischen Ethik werden weitgehend vermieden.

Dennoch, oder gerade deshalb, ist es bemerkenswert, mit welcher Selbstverständlichkeit Fritz Bauer und Adolf Arndt die theologische Ethik zur Fundierung ihrer Position zum Widerstandsrecht nutzen. Das kann vor allem mit der besonderen moralischen Autorität, welche die Kirchen und ihre Theologen in den Aufbaujahren der Bundesrepublik genossen, erklärt werden. Die theologisch-ethische Argumentation konnte als Rechtsargument auch dort herangezogen werden, wo den Kirchen eine Deutungshoheit in ethischen Fragen zugemessen wird. Und zwar nicht nur in den üblicherweise von religiösen Akteuren geprägten ethischen Debatten zu Ehe, Familie und Sittlichkeit,[106] sondern auch bei Fragen von Krieg und Frieden,[107] Widerstand und Aufstand. Das unterstreicht die wichtige Rolle, die den Kirchen in den ersten Jahrzehnten der Bundesrepublik bei der ethischen Neuorientierung zukam.[108] Sie standen nach 1945 »sowohl ideell als auch institutionell als halbwegs funktionsfähige Einheiten da.«[109] »Das Bedürfnis der Gesellschaft, sich nach dem weltanschaulichen Kahlschlag von 1945 wieder zu orientieren, gab den Kirchen ein singuläres Schwergewicht im öffentlichen Raum.«[110] Dieses Gewicht wirkte erkennbar auch in die juristische Debatte zum Widerstandsrecht hinein.

Damit ist noch nicht erklärt, warum, angesichts des Gewichts der christlichen Ethik in der öffentlichen Debatte der Zeit, nur Bauer und Arndt sie als Autoritätsargument gebrauchten. Der Grund hierfür ist in den Umständen der jeweiligen Äußerung zu suchen.

Bauer richtete seine Aussagen nicht nur an ein interessiertes Fachpublikum, sondern zielte auf eine breite Öffentlichkeit. Er verfolgte das klare Ziel, die öffentliche Meinung zu beeinflussen. Das Plädoyer im Remerprozess, wie auch schon das gesamte Verfahren, sprach stets sowohl das Gericht als auch die Öffentlichkeit an. Sein Plädoyer wurde mehrfach veröffentlicht und in der Tagespresse rezipiert. Die theologische Ethik als Autoritätsargument zu gebrauchen, lag vor diesem Hintergrund durchaus nahe.

Adolf Arndt postuliert mit seinem Rekurs auf die theologische Ethik nicht unmittelbar die Gültigkeit theologisch-ethischer Sätze. Er kritisiert den BGH

---

[105] CHRISTOPH LINK: Naturrecht IV. Juristisch, in: RGG⁴ VI (2003), Sp. 137.
[106] Vgl. dem Beitrag von Sarah Jäger in diesem Band, S. 295–326.
[107] Vgl. den Beitrag vom Hendrikk Meyer-Magister in diesem Band, S. 327–367.
[108] Vgl. MICHAEL STOLLEIS: Geschichte des Öffentlichen Rechts in Deutschland, Vierter Bd. 1945–1990, München 2012, S. 337–349.
[109] A.a.O., S. 337.
[110] A.a.O., S. 338.

aber dafür, dass das, was der BGH der »übergesetzlichen Rechtsordnung« zurechnet, in Widerspruch zu den Sätzen der theologischen Ethik steht. Im Streit darum, welchen Inhalt die während der Naturrechtsrenaissance viel beschworene »übergesetzliche Rechtsordnung« hat, kann die theologische Ethik durchaus eine Rolle spielen. Der Widerspruch zwischen theologischer Ethik und übergesetzlicher Rechtsordnung weckt zumindest Zweifel, ob das vom BGH postulierte Erfolgskriterium beim Widerstandsrecht tatsächlich Teil der universellen übergesetzlichen Rechtsordnung ist.

4. Zusammenfassung

Die Aktualisierung des Widerstandsrechts nach 1945 war geprägt von den Vorstellungen eines profanen Naturrechts. Obwohl die Naturrechtsvorstellungen durchaus Anleihen bei der christlichen Tradition nahmen, entwickelte sich eine von der theologischen Ethik losgelöste, eigenständige Debatte. Dementsprechend spielten die Positionen der theologischen Ethik für die Rechtsdebatte zum Widerstandsrecht eine untergeordnete Rolle. Ausnahmen bilden der Braunschweiger Remerprozess und Adolf Arndts Kritik an der Konzeption des Widerstandsrechts durch den BGH. In beiden Fällen wird sowohl die katholische als auch die protestantische Position gleichberechtigt wahrgenommen. In beiden Fällen dient die theologische Ethik aber nicht der exklusiven Begründung eines Widerstandsrechts, sondern der Abstützung eines im profanen Naturrecht begründeten Rechts. Davon, dass gerade die protestantische Ethik der Idee des Widerstandsrechts zum Durchbruch verholfen hat, kann nach alledem nicht die Rede sein.

Normativer Anspruch, theologische Deutung und soziologische Analyse
Die evangelische Akademie Hermannsburg-Loccum in den Debatten über die Integration der Ostvertriebenen in die westdeutsche Gesellschaft

Felix Teuchert

1. Einleitung

Die Integration der knapp acht Millionen Flüchtlinge und Ostvertriebenen, die infolge der Potsdamer Beschlüsse von 1945 aus den deutschen Gebieten östlich von Oder und Neiße vertrieben wurden, stellte die westdeutsche Nachkriegsgesellschaft vor immense Herausforderungen.[1] Angesichts der großen sozialen und wirtschaftlichen Herausforderungen motivierte die Zuwanderung von Millionen Vertriebenen auch den Protestantismus[2] zu gesamtgesellschaftlichem, d. h. zu diakonisch-karitativem oder sozialpolitischem Engagement und zu sozialethischen Stellungnahmen in den bundesdeutschen Integrationsdebatten. Das hier skizzierte zeitgeschichtliche Forschungsprojekt möchte unter der oben ausgeführten Leitperspektive[3] die protestantische Wahrnehmung und Deutung der Integration der Ostvertriebenen sowie Rolle und Einfluss des Protestantismus auf die Integrationsdebatten, die hier zugleich als gesellschaftliche Selbstverständigungs- und nationale Identitätsdiskurse verstanden werden, untersuchen.[4] Dabei sind drei Themenkomplexe von besonderem Interesse: *Erstens* die Diskussion von Integrationsmodellen, gesellschaftlichen Selbstverständnissen und Ordnungsentwürfen unter besonderer Berücksichtigung des Verhältnisses von Protestantismus und Flüchtlingssoziologie, *zweitens* die

---

[1] Ein Gesamtüberblick über die Integration der Vertriebenen findet sich bei: Mathias Beer: Flucht und Vertreibung der Deutschen. Voraussetzungen, Verlauf, Folgen, München 2001.
[2] Zum Protestantismusbegriff siehe Einleitung in diesem Band.
[3] Vgl. den Beitrag von Claudia Lepp in diesem Band.
[4] Die analytischen Begriffe der Integration und der Identität werden im Beitrag von Claudia Lepp in diesem Band entfaltet.

Untersuchung protestantischer Einflussnahme auf den politisch-legislativen Entscheidungsprozess[5] und *drittens* die Frage, inwieweit der seit den 60er Jahren weit verbreitete Topos der »gelungenen Integration«[6] von protestantischer Seite mitgeformt oder infrage gestellt wurde. Das Forschungsprojekt orientiert sich an den Methoden der qualitativen Hermeneutik[7] und der Kulturgeschichte. Damit verschiebt sich der Fokus von der »Realgeschichte« auf Kommunikationsprozesse, in denen sich Deutungen der sozialen Wirklichkeit vermitteln.

Die oben skizzierten Überlegungen zum Teilprojekt werden nunmehr am Beispiel der evangelischen Akademie Hermannsburg-Loccum operationalisiert und konkretisiert. Die evangelischen Akademien eignen sich für die Analyse protestantischer Beiträge zu den gesellschaftlichen Integrationsdebatten, wurden sie doch als intellektuelle Gesprächsforen gegründet und sollten einen offenen »Dialog zwischen Kirche und Welt« ermöglichen. Mit ihrer Kultur des »freien und offenen Gesprächs« gelten sie gemeinsam mit dem Deutschen Evangelischen Kirchentag als bedeutendste Innovation des Protestantismus in der Nachkriegszeit.[8]

---

[5] Zur protestantischen Einflussnahme im Allgemeinen siehe die Beiträge von Andreas Busch und Stefan Fuchs in diesem Band.

[6] Beer spricht vom Integrationswunder als feststehenden Topos, der bereits in den 50er Jahren aufkam. Vgl. MATHIAS BEER: Symbolische Politik? Entstehung, Aufbau und Funktion des Bundesministeriums für Vertriebene, Flüchtlinge und Kriegsgeschädigte, in: Migration steuern und verwalten. Deutschland vom späten 19. Jahrhundert bis zur Gegenwart, hg. von JOCHEN OLTMER, Osnabrück 2003, S. 295–322, hier: 296.

[7] Hier nach: KAREN SCHÖNWÄLDER: Einwanderung und ethnische Pluralität. Politische Entscheidungen und öffentliche Debatten in Großbritannien und der Bundesrepublik von den 1950er bis zu den 1970er Jahren, Essen 2001, S. 15.

[8] Zu den evangelischen Akademien siehe: MORTEN REITMAYER: Elite. Sozialgeschichte einer politisch-gesellschaftlichen Idee in der frühen Bundesrepublik, München 2009, S. 56–67, vor allem S. 59; zur »Kultur des Gesprächs« siehe auch: TRAUGOTT JÄHNICHEN: Kirchentage und Akademien. Der Protestantismus auf dem Weg zur Institutionalisierung der Dauerreflexion?, in: Gesellschaftspolitische Neuorientierungen des Protestantismus in der Nachkriegszeit, hg. von DEMS. und NORBERT FRIEDRICH, Münster 2002, S. 127–144, hier: 129 f. Jähnichen bewertet die Rolle der evangelischen Akademien überaus positiv. Siehe: Ebd. S. 130 und S. 144. Kritisch hierzu: AXEL SCHILDT: Konservatismus in Deutschland. Von den Anfängen im 18. Jahrhundert bis zur Gegenwart, München 1998, S. 218. Ausführlicher zum Selbstverständnis der Akademien und zu den dahinter liegenden theologischen Konzeptualisierungen vgl. den Beitrag von Philipp Stoltz in diesem Band, S. 265–293. Stoltz betont ebenfalls den am Gespräch orientierten Charakter der Akademien. Das Beispiel der evangelischen Akademie Bad Boll wird hier allerdings zu einem wesentlich späteren Zeitpunkt behandelt. Als Fallbeispiel für die ethisch begründete neue Konzeption des Gemeindezentrums thematisiert er zudem die Diskussion um die Gestaltung des Festsaals in Bad Boll. Die Akademie ist bei Stoltz demnach nicht nur Forum für eine Debatte, sondern auch selbst Gegenstand der baulichen Umsetzung theologischer Konzeptionen. In diesem Beitrag ist die Akademie selbst nicht Gegenstand der Arbeit; hier ist vor allem ihre Funktion als Ort für die Austragung von Debatten von Relevanz.

Die 1947 auf Initiative des hannoverschen Landesbischofs Hanns Lilje gegründete evangelische Akademie Hermannsburg, die später in die Nähe des Klosters Loccum zog, ist eine der ersten Akademien.[9] Die Hermannsburger Akademie bietet sich für eine Fallstudie insofern an, als sie in ihrer Arbeit einen besonderen Schwerpunkt auf die Behandlung von Flüchtlingsfragen legte. Sie veranstaltete bis 1956 sogenannte Flüchtlingstagungen, auf denen über verschiedene Teilaspekte der Vertriebenenproblematik zwischen Kirchenvertretern, Behördenvertretern, Politikern, Experten und Praktikern referiert und diskutiert wurde. In dieser Intensität und Regelmäßigkeit scheint sich keine protestantische Institution mit der Vertriebenenproblematik beschäftigt zu haben, sieht man von den kirchlichen Repräsentationsorganen der evangelischen Vertriebenen selbst wie beispielsweise dem Ostkirchenausschuss ab.[10] Neben Landesbischof Lilje und Bundesvertriebenenminister Hans Lukaschek waren Minister, Staatssekretäre, Ministerialdirigenten und Oberregierungsräte aus Bundes- und niedersächsischen und schleswig-holsteinischen Landesministerien, von kirchlicher Seite Oberlandeskirchenräte sowie die Vorsitzenden und der Geschäftsführer des Ostkirchenausschusses vertreten.[11] Auch Vertreter der politischen Vertriebenenorganisationen nahmen an einigen Tagungen teil.[12] Bei der evangelischen Akademie Hermannburg-Loccum handelt es sich um eine Einrichtung, die einen nationalen, über den landeskirchlichen Bereich hinausreichenden Anspruch vertrat.[13] Dies zeigt sich nicht zuletzt an der Herkunft der Referenten und Teilnehmer, die aus dem gesamten Bundesgebiet zu den Akademietagungen kamen und sogar Mitglieder der Bundesregierung umfassten. Tatsächlich waren die evangelischen Akademien zumindest formal landeskirchenunabhän-

---

[9] REITMAYER: Elite, 2009, S. 57.

[10] Die Bezeichnung Ostkirchenausschuss bürgerte sich schnell ein, obwohl die korrekte Bezeichnung »kirchlicher Hilfsausschuss für die Belange der Ostvertriebenen« war. Der Ostkirchenausschuss vertrat die evangelischen Vertriebenen bei der EKD. Vgl. auch: HARTMUT RUDOLPH: Evangelische Kirche und Vertriebene 1945 bis 1972, Bd. 1: Kirchen ohne Land. Die Aufnahme von Pfarrern und Gemeindegliedern aus dem Osten im westlichen Nachkriegsdeutschland. Nothilfe – Seelsorge – kirchliche Eingliederung, Göttingen 1984, u. a. S. 212 und S. 390–402.

[11] Auf die hochrangige Zusammensetzung der Hermannsburger Flüchtlingstagungen verweist auch: MARTIN GRESCHAT: »Mit den Vertriebenen kam Kirche«? Anmerkungen zu einem unerledigten Thema, in: Historisch-Politische Mitteilungen 13 (2006), S. 47–76, hier: 59. Die hochrangige Zusammensetzung ist auch anhand der Quellen leicht nachvollziehbar.

[12] Vgl. die Flüchtlingstagung von 1950, auf der Herbert von Bismarck, Sprecher der pommerschen Landsmannschaft, der BHE-Abgeordnete und Minister Waldemar Kraft und Helmut von Wangenheim als Vertreter des Zentralverbands der Vertriebenen referierten. Vgl. STELLA SEEBERG (Hg.): Aufgaben an den Heimatvertriebenen. Vorträge und Aussprachen bei der Arbeitstagung der Forschungsstelle der Evangelischen Akademie Hermannsburg vom 17. bis 21. November 1950, Hermannsburg 1951, u. a. S. II.

[13] So jedenfalls: RONALD UDEN: Hanns Lilje als Publizist. Eine Studie zum Neubeginn der kirchlichen Nachkriegspublizistik, Erlangen 1998, S. 125.

gige Einrichtungen.[14] An die Akademie war eine sogenannte Forschungsstelle angeschlossen, in der die Volkswirtin Stella Seeberg als Referentin für Flüchtlingsfragen wirkte.[15] Eine vergleichbare Stelle gab es an keiner anderen evangelischen Akademie. Während das oben skizzierte Forschungsprojekt die Integrationsdebatten bis 1972 untersuchen will, stehen in diesem Aufsatz die Debatten der frühen Nachkriegszeit im Mittelpunkt. Der Untersuchungszeitraum endet mit der Auflösung der Forschungsstelle 1958.

Die auf den Flüchtlingstagungen ausgetragenen Integrationsdebatten werden im Hinblick auf Problembeschreibungen, Semantiken und Deutungsmuster analysiert. Darüber hinaus wird danach gefragt, inwieweit die Arbeit der Hermannsburger Forschungsstelle im Kontext der These der »Verwissenschaftlichung des Sozialen« betrachtet werden kann.[16] Der Begriff der Verwissenschaftlichung geht auf Lutz Raphael zurück, der damit den Prozess einer zunehmenden Dominanz human- und sozialwissenschaftlicher Expertise in Politik und Verwaltung im 19. und 20. Jahrhundert beschreibt. Diese Großthese soll hier jedoch mit Margit Szöllözi-Janze konkretisiert werden. Demnach wird unter Verwissenschaftlichung die »systematische Einbeziehung externen Sachverstandes in den politischen Entscheidungsprozess« verstanden.[17] Dabei handelt es sich um eine Definition, die sich auch auf das Verhältnis von Experten als »Träger eines verwissenschaftlichten und bereichsbezogenen Fachwissens«[18] und der Institution Kirche anwenden lässt. Allein die Tatsache, dass auf Initiative des Landesbischofs Hanns Lilje eine *Forschungs*stelle eingerichtet wurde und eine *Volkswirtin* mit der Bearbeitung der Vertriebenenproblematik beauftragt war, legt es nahe, anhand dieser Forschungsstelle das Verhältnis von Experten und Protestantismus an einem konkreten Beispiel herauszuarbeiten und die Übertragbarkeit der Verwissenschaftlichungsthese auf die Forschungsstelle kritisch zu diskutieren. Auch die Fragen nach dem methodischen Selbstverständnis und methodischen Reflexionen, nach der Bedeutung von Erfahrung und den wissenschaftlichen Standards des hier

---

[14] RULF JÜRGEN TREIDEL: Evangelische Akademien im Nachkriegsdeutschland. Gesellschaftspolitisches Engagement in kirchlicher Öffentlichkeitsverantwortung, Stuttgart 2001, S. 31.

[15] Vgl. AXEL SCHILDT: Zwischen Abendland und Amerika. Studien zur westdeutschen Ideenlandschaft der 50er Jahre, München 1999, S. 123.

[16] LUTZ RAPHAEL: Die Verwissenschaftlichung des Sozialen als methodische und konzeptionelle Herausforderung für eine Sozialgeschichte des 20. Jahrhunderts, in: Geschichte und Gesellschaft 22 (1996), S. 165–193.

[17] MARGIT SZÖLLÖZI-JANZE: Politisierung der Wissenschaften – Verwissenschaftlichung der Politik. Wissenschaftliche Politikberatung zwischen Kaiserreich und Nationalsozialismus, in: Experten und Politik. Wissenschaftliche Politikberatung in geschichtlicher Perspektive, hg. von STEFAN FISCH und WILFRIED RUDLOFF, Berlin 2004, S. 79–100, hier: 86.

[18] LUTZ RAPHAEL: Experten im Sozialstaat, in: Drei Wege deutscher Sozialstaatlichkeit. NS-Diktatur, Bundesrepublik und DDR im Vergleich, hg. von HANS GÜNTER HOCKERTS, München 1998, S. 158–231, hier: 232.

generierten Expertenwissens wären in diesem Zusammenhang von Interesse. In der Hermannsburger Akademie und ihrer Forschungsstelle verdichten sich somit verschiedene Aspekte des Gesamtthemas: Die Frage nach allgemeinen Deutungsmustern und Gesellschaftsbildern auf den Akademietagungen, am Beispiel des Flüchtlingsreferats unter Stella Seeberg die Frage nach der Rolle von Experten auf den Hermannsburger Flüchtlingstagungen unter dem Paradigma der Verwissenschaftlichung sowie die Frage nach politischer Einflussnahme protestantischer Akteure. Als Quellenbasis dienen die Protokolle der Hermannsburger Flüchtlingstagungen und Archivalien aus dem Landeskirchlichen Archiv Hannover.[19]

Ausgehend von diesen Überlegungen soll wie folgt vorgegangen werden: Da die Hermannsburger Forschungsstelle in der Literatur bislang vernachlässigt wurde,[20] soll *erstens* deren institutionell-organisatorische Entwicklung unter Berücksichtigung ihres Selbstverständnisses nachgezeichnet werden. Auf diese Weise kann herausgearbeitet werden, welcher Stellenwert von landeskirchlicher Seite der soziologischen Expertise beigemessen wurde. *Zweitens* soll die Frage erörtert werden, inwieweit die Diagnose einer Ver(Sozial)wissenschaftlichung der Flüchtlingsfrage zutreffend ist. Dabei soll die Forschungsstelle insbesondere daraufhin untersucht werden, inwieweit sie die Funktion einer Einrichtung der Politik- und Kirchenberatung übernahm, indem sie empirische Analyse und Expertise bereitstellte und Handlungsempfehlungen aussprach. *Drittens* soll analysiert werden, welche Integrationsvorstellungen und Semantiken auf den Flüchtlingstagungen der Akademie entwickelt und gepflegt wurden. Da hier sowohl Theologen und Theologinnen als auch Soziologen und Soziologinnen auftraten, können theologisch-soziologische Gesellschaftsanalysen herausgearbeitet werden. Dazu werden als Beispiele das Eröffnungsreferat von Hanns Lilje auf der ersten Hermannsburger Flüchtlingstagung von 1947 sowie die Flüchtlingstagung von 1948 gewählt. Die Furcht vor der Entkirchlichung der Vertriebenen, so die These, war ein zentrales Leitmotiv der Hermannsburger Flüchtlingstagungen.

---

[19] Zwei der elf Tagungsprotokolle existieren nicht mehr. Die beiden Tagungen von 1947 und 1948 sind unvollständig oder liegen nur in Form zweiseitiger Kurzberichte vor. Treidel weist ebenfalls darauf hin, dass das Protokoll vom 25.5.–27.5. 1951 nicht überliefert ist. Vgl. TREIDEL: Akademien, 2001, S. 157, Anm. 755.

[20] Schildt widmet der Hermannsburger Akademie zwar einen längeren Abschnitt, die Forschungsstelle findet aber lediglich eine kurze Erwähnung. Siehe: SCHILDT: Abendland, 1999, S. 123.

2. Die Hermannsburger Forschungsstelle und das Referat für Flüchtlingsfragen

2.1 Institutionelle und organisatorische Voraussetzungen und Entwicklung der Forschungsstelle

Die Gründungsgeschichte der Forschungsstelle lässt sich aufgrund der schwierigen Überlieferungssituation nicht im Detail rekonstruieren.[21] Erste Beratungen über die Einrichtung einer Forschungsstelle fanden bereits im November 1947 statt;[22] die Gründung selbst kann mit der konstituierenden Sitzung auf den 19. Januar 1948 datiert werden.[23] Die Forschungsstelle entwickelte sich eher eigendynamisch, wie aus den Selbstaussagen der Akteure hervorgeht.[24] Die in der Literatur gelegentlich anzutreffende Bezeichnung der Hermannsburger Forschungsstelle als »Forschungsstelle für Flüchtlingsfragen«[25] ist, wie sich anhand der Archivalien zeigt, unpräzise. Die Forschungsstelle setzte sich aus drei verschiedenen Referaten zusammen, von denen sich nur eines der Flüchtlings- und Vertriebenenproblematik widmete. Die beiden anderen Referate beschäftigten sich mit den Themen Pädagogik und den Kirchen in Osteuropa bzw. mit den Themen Ökumene und Orthodoxie.[26] Unklar ist, auf welchem Wege die aus Dorpat stammende, jedoch in Rostock und Kiel aufgewachsene habilitierte Volkswirtin Stella Seeberg zu ihrer Position als Flüchtlingsreferentin

---

[21] Offenbar wurde mit dem Umzug der Akademie von Hermannsburg nach Loccum 1952 ein Großteil der Überlieferung, darunter zum Teil die Protokolle des Akademiekonvents, vernichtet, so dass gerade die Gründungszeit der Akademie quellenmäßig unterrepräsentiert ist. Siehe: Landeskirchliches Archiv Hannover: Findbuch zum Bestand E 46 »Evangelische Akademie Loccum«, Hannover 1999. Eine gewisse Kompensation bietet der Nachlass von Harald von Rautenfeld, der geschäftsführender Referent der Forschungsstelle war.

[22] Besprechung über Organisation der Forschungsstelle am 23.11.1947, LKA Hannover N 57 Nr. 1 (Nachlass Harald von Rautenfeld).

[23] Protokoll über die konstituierende Sitzung der Forschungsstelle in der evangelischen Akademie Hermannsburg am 19.1.1948, LKA Hannover N 57 Nr. 1 (Nachlass Harald von Rautenfeld).

[24] Vgl. Gutachten über die Sicherung der Weiterarbeit der Forschungsstelle der evangelischen Akademie Hermannsburg vom 14.6.1950, LKA Hannover N 76 Nr. 58 (Nachlass Karl Wagenmann, Präsident des Landeskirchenamts).

[25] So z. B. SCHILDT: Abendland, S. 123. Die Bemerkung, Seeberg hätte die Leitung der Forschungsstelle inne, ist zu modifizieren. Die Forschungsstelle wurde im Kollegialprinzip organisiert, Referent Harald von Rautenfeld war Geschäftsführer. Vgl. Niederschrift über die Sitzung des Konvents der evangelischen Akademie Loccum am 17.8.1956, LKA Hannover E 46, Nr. 829 (Akademie, Stenographische Protokolle).

[26] Das geht aus verschiedenen Dokumenten hervor. Vgl. z. B. Bericht über die Struktur der Forschungsstelle vom Mai 1949, LKA Hannover, L 3 III Nr. 1099 (Kirchenkanzlei / Landesbischof Lilje).

der Forschungsstelle kam. Die Tochter des Theologen Alfred Seeberg[27] hatte während der NS-Zeit Karriere gemacht; nach ihrer mit summa cum laude bestandenen Promotion war sie seit Beginn des Krieges stellvertretende Leiterin der agrarpolitischen Abteilung des wirtschaftswissenschaftlichen Instituts in Berlin, anschließend Dozentin in Graz.[28] Nach ihrer Akademiezeit wurde sie 1961 Lehrbeauftragte an der Universität Göttingen,[29] außerdem war sie Mitglied im wissenschaftlichen Beirat des Bundesfamilienministeriums.[30] An den ersten Sitzungen der Forschungsstelle nahm Seeberg noch nicht teil. Ihre erste Erwähnung findet sich am 5. März 1948: In der an diesem Tag stattfindenden Besprechung der Forschungsstelle wurde ihr ein »Forschungsauftrag« genehmigt.[31] Dieser »langfristige Forschungsauftrag«[32], dessen Hintergründe wie Auftraggeber und inhaltliche Vorgaben im Dunkeln bleiben, wurde noch im Laufe des Jahres in einen Vertrag als hauptamtliche Referentin umgewandelt.[33]

Die Akten des Landeskirchlichen Archivs Hannover enthalten keine Informationen über die Umstände der Einstellung von Stella Seeberg. Da Axel Seeberg Chefredakteur des von Lilje begründeten Sonntagsblattes war und Lilje selbst die Positionen in Forschungsstelle und Sonntagsblatt besetzte,[34] können hier auch informelle, theologisch-kirchliche Netzwerke bei der Stellenbesetzung eine

---

[27] Den Hinweis auf die Verwandtschaft von Stella und Alfred Seeberg verdanke ich Stefan Dietzel, dem an dieser Stelle herzlich gedankt sei. Zur Seeberg-Familie siehe: THOMAS KAUFMANN: Art. »Seeberg, Familie«, in: Neue Deutsche Biographie XXIV (2010), S. 135–137; THOMAS KAUFMANN: Die Harnacks und die Seebergs. ›Nationalprotestantische Mentalitäten‹ im Spiegel zweier Theologenfamilien, in: Nationalprotestantische Mentalitäten. Konturen, Entwicklungslinien und Umbrüche eines Weltbildes, hg. von HARTMUT LEHMANN und MANFRED GAILUS, Göttingen 2005, S. 165–222.

[28] Siehe: ALOIS KERNBAUER: Art. »Seeberg«, in: Wissenschaftlerinnen in und aus Österreich – Leben, Werk, Wirken, hg. von BRIGITTA KEINTZEL und ILSE KOROTIN, Wien, Köln, Weimar 2002, S. 676–678, hier: 677. Die Frage nach völkisch-ideologischen Prägungen aus der NS-Zeit und gegebenenfalls nach semantischen Umbauarbeiten soll im Kontext des Dissertationsprojektes auf der Grundlage ihrer Publikationen weiter vertieft werden.

[29] Vgl. KERNBAUER: Art. »Seeberg«, 2002, S. 677.

[30] Siehe: »Dr. Stella Seeberg 70 Jahre«, in: Göttinger Tageblatt vom 14. Juli 1971. Den Hinweis auf diesen Zeitungsartikel verdanke ich Stefan Dietzel, dem an dieser Stelle herzlich gedankt sei.

[31] Protokoll über die Besprechung der Forschungsstelle in der evangelischen Akademie Hermannsburg am 5. März 1948, LKA Hannover N 57 Nr. 1 (Nachlass Harald von Rautenfeld).

[32] Schreiben von HARALD VON RAUTENFELD an Erika Jörn, Geschäftsführung des evangelischen Verlagswerkes vom 11.8.1948, LKA Hannover L 3 III Nr. 1099 (Kirchenkanzlei / Landesbischof Lilje), S. 4.

[33] Ebd.

[34] Zu Axel Seeberg als Chefredakteur des Sonntagsblattes siehe: UDEN: Lilje als Publizist, 1998, S. 112 f. Dass Axel Seeberg Stella Seebergs Bruder oder zumindest ein naher Verwandter war, lässt sich anhand der Akten zwar nicht direkt belegen. Ein Nachruf auf Axel Seeberg, veröffentlicht in der »ZEIT«, weist ihn jedoch als Nachkomme einer Theologenfamilie aus Dorpat aus – ein eindeutiger Hinweis auf die seiner Zeit berühmte Theologenfamilie Seeberg.

Rolle gespielt haben. Sowohl Axel als auch Stella Seeberg entstammten einer bekannten Theologenfamilie, so dass Verbindungen zwischen der Seeberg-Familie und Hanns Lilje oder zumindest der in Theologenkreisen renommierte Name Seeberg bei der Einstellung Stella Seebergs eine Rolle gespielt haben mögen. Diese netzwerktheoretischen Überlegungen stehen nicht zwangsläufig in einem Widerspruch zur oben skizzierten Verwissenschaftlichungsthese, nach der Stella Seeberg vor allem als Expertin interessiert und die den Fokus auf Qualifikationskriterien bei der Stellenbesetzung legt. Informelle Netzwerke können angesichts der schwierigen Nachkriegssituation eine willkommene Strategie der Personalrekrutierung gewesen sein. Gleichwohl kann kein Zweifel daran bestehen, dass mit der habilitierten Volkswirtin eine zumindest formal hochqualifizierte Frau als Flüchtlingsreferentin eingestellt wurde.[35]

Ursprünglich war eine enge Anbindung der Forschungsstelle an die Zeitschrift »Das Sonntagsblatt« geplant, die vom hannoverschen Landesbischof Hanns Lilje gegründet worden war.[36] Die Forschungsstelle sollte Aufträge für die Redaktion des Sonntagsblattes bearbeiten und das Sonntagsblatt mit Artikeln und Berichten versorgen; umgekehrt sollte sie aus den Einnahmen des Sonntagsblattes finanziert werden. Auf der konstituierenden Sitzung, an der auch die Geschäftsführung des Sonntagsblattes sowie sein Chefredakteur Hans Zehrer[37] teilnahmen, sicherte das Sonntagsblatt der Forschungsstelle eine Finanzierung in Höhe von 10 000 DM zu, »soweit ihre Tätigkeit dem

---

Vgl. GÜNTER MACK: Ein kluger Skeptiker, in: Die ZEIT Nr. 27 (1986). Zur Familiengeschichte der Seebergs vgl. auch KAUFMANN: Die Harnacks und die Seebergs, 2005.

[35] Mit dem Hinweis auf ihre zumindest formale Qualifikation wurde außerdem noch kein Urteil über den wissenschaftlichen Wert ihrer Arbeit gefällt. Zum wissenschaftlichen Wert von NS- und Nachkriegssoziologie im Allgemeinen wird seit einigen Jahren eine wissenschaftsgeschichtliche Kontroverse ausgetragen. Auch die Bewertung der Flüchtlingssoziologie spielt hier eine Rolle. Dazu sehr profiliert: CARSTEN KLINGEMANN: Flüchtlingssoziologen als Politikberater in Westdeutschland. Die Erschließung eines Forschungsgebietes durch ehemalige »Reichssoziologen«, in: Universitäten und Hochschulen im Nationalsozialismus und in der frühen Nachkriegszeit, hg. von KAREN BAYER, FRANK SPARING und WOLFGANG WOELK, Stuttgart 2004, S. 81–123; CARSTEN KLINGEMANN: Soziologie und Politik. Sozialwissenschaftliches Expertenwissen im Dritten Reich und in der frühen westdeutschen Nachkriegszeit, Wiesbaden 2009. Klingemann arbeitet den empirischen Gehalt der Flüchtlingssoziologie heraus. Uta Gerhardt spricht hingegen von einer ungebrochenen Kontinuität der nationalsozialistischen »Volksgemeinschaftssoziologie.« Vgl. UTA GERHARDT: Bilanz der soziologischen Literatur zur Integration der Vertriebenen und Flüchtlinge nach 1945, in: Vertriebene in Deutschland. Interdisziplinäre Ergebnisse und Forschungsperspektiven, hg. von DIERK HOFFMANN, MARITA KRAUSS und MICHAEL SCHWARTZ, München 2000, S. 41–63, v. a. S. 53 f.

[36] Zur Geschichte des Sonntagsblattes siehe UDEN: Lilje als Publizist, 1998, S. 85–97; auch: THOMAS SAUER: Westorientierung im deutschen Protestantismus? Vorstellungen und Tätigkeit des Kronberger Kreises, München 1999, 261 f.

[37] Mit Hans Zehrer konnte Lilje einen der bedeutenden konservativen Publizisten der Nachkriegszeit gewinnen, der neben dem Sonntagsblatt am Aufbau der »WELT« und der »BILD« maßgeblich beteiligt war. Siehe: UDEN: Lilje als Publizist, 1998, S. 109–112.

Verlagswerk dient«[38]. Die Zusammenarbeit zwischen Forschungsstelle und Sonntagsblatt sollte offenbar sowohl auf einer inhaltlichen wie infrastrukturellen Ebene erfolgen.[39] Unterstellt war die Forschungsstelle Hanns Lilje: »Die Forschungsstelle untersteht direkt dem Landesbischof als Vorsitzender des Konvents der evangelischen Akademie Hermannsburg und Herausgeber des Sonntagsblattes [...]«.[40] Sie leiste eine »Art Generalstabsarbeit für den Landesbischof«[41].

Die geplante Finanzierung der Forschungsstelle durch das Sonntagsblatt stieß allerdings in der Praxis auf erhebliche Schwierigkeiten. Das Sonntagsblatt wollte oder konnte seine finanziellen Verpflichtungen aus der Perspektive der Forschungsstelle nicht oder nur teilweise wahrnehmen.[42] Eine dramatische Zuspitzung erfuhr die ohnehin prekäre Situation der Forschungsstelle, als das Verlagswerk 1948 alle finanziellen Zusagen abrupt für beendet erklärte. Begründet wurde dies mit der eigenen desolaten finanziellen Lage, die sich mit der Währungsreform verschärft habe.[43] Doch auch die Zusammenarbeit mit Chefredakteur Hans Zehrer wurde als schwierig empfunden: »Dass es uns nicht geglückt ist, mit der Redaktion in eine positive Zusammenarbeit zu kommen, dürfte eher am organisatorischen Unvermögen von Herrn Zehrer liegen als an mangelnder Leistung oder gar bösem Willen der Forschungsstelle.«[44] Verschiedene Versuche, die Forschungsstelle anderweitig zu finanzieren, z. B. durch Übernahme in den Haushalt der hannoverschen Landeskirche, der

---

[38] Protokoll über die konstituierende Sitzung der Forschungsstelle in der evangelischen Akademie Hermannsburg am 19.1.1948, LKA Hannover N 57 Nr. 1 (Nachlass Harald von Rautenfeld). Zur Finanzierung siehe: Satzung der Forschungsstelle [Entwurf], o. D. [vermutlich zwischen November 1947 und Januar 1948], in: LKA Hannover N 57 Nr. 1 (Nachlass Harald von Rautenfeld).

[39] Auf der konstituierenden Sitzung der Forschungsstelle wurden die Aufgaben festgelegt. Vgl. Protokoll über die konstituierende Sitzung der Forschungsstelle in der evangelischen Akademie Hermannsburg am 19.1.1948, in: LKA Hannover N 57 Nr. 1 (Nachlass Harald von Rautenfeld).

[40] Satzung der Forschungsstelle [Entwurf], o. D. [vermutlich zwischen November 1947 und Januar 1948], LKA Hannover N 57 Nr. 1 (Nachlass Harald von Rautenfeld).

[41] Protokoll über die konstituierende Sitzung der Forschungsstelle in der evangelischen Akademie Hermannsburg am 19.1.1948, LKA Hannover N 57 Nr. 1 (Nachlass Harald von Rautenfeld).

[42] So erhob Harald von Rautenfeld finanzielle Forderungen gegenüber dem Sonntagsblatt. Siehe z. B.: Schreiben von HARALD VON RAUTENFELD an die Geschäftsführung des ev. Verlagswerks vom 11.8.1948, LKA Hannover N 57 Nr. 1 (Nachlass Harald von Rautenfeld).

[43] Schreiben von ERIKA JÖRN / evangelisches Verlagswerk an alle Mitarbeiter der Forschungsstelle vom 22.12.1948, LKA Hannover N 57 Nr. 1 (Nachlass Harald von Rautenfeld).

[44] Schreiben von HARALD VON RAUTENFELD an die Geschäftsführung des evangelischen Verlagswerks vom 30.6.1948, LKA Hannover 57 Nr. 1 (Nachlass Harald von Rautenfeld). Vgl. auch: Wirtschaftsbesprechung der Forschungsstelle am 8.9.1948, LKA Hannover 57 Nr. 1 (Nachlass Harald von Rautenfeld).

EKD oder der VELKD, scheiterten ebenfalls.[45] Eine Lösung der permanenten Finanzschwierigkeiten zeichnete sich erst 1951 ab, als beschlossen wurde, die bislang selbstständige Forschungsstelle mit der Akademie zu verbinden.[46] De facto war die inhaltliche Zusammenarbeit der Forschungsstelle mit der evangelischen Akademie schon zuvor sehr viel enger als mit dem Sonntagsblatt.[47] Als unselbstständige Einrichtung der Akademie konnte die Forschungsstelle dann noch bis 1958 weiter existieren.

2.2 Das Selbstverständnis der Forschungsstelle: Vom Grundsätzlichen zum Praktischen

Wie die Forschungsstelle sich selbst und ihre Arbeit wahrnahm, lässt sich mithilfe von Sitzungsprotokollen, Satzungen und Gutachten der Forschungsstelle ermitteln. In einem undatierten Satzungsentwurf für die Hermannsburger Akademie, der vermutlich aus der Zeit zwischen November 1947 und Januar 1948 stammt, wurden auch Aufgabe und Selbstverständnis der Forschungsstelle benannt. Dort hieß es, es sei ihre Aufgabe, »die großen Probleme unserer Zeit aus der christlichen Schau heraus zu beschreiben. Diese Arbeit soll einen forschenden, registrierenden und publizistischen Charakter tragen.«[48] Neben der Beschreibung der elementaren Probleme »unserer Zeit« sah sich die Forschungsstelle also einer christlichen Grundlage verpflichtet, wobei unklar bleibt, welche Konsequenzen sich genau aus dieser christlichen Grundierung für die Betrachtung der Probleme der Zeit ergeben sollten. Aus einer späteren Aufgabenbeschreibung geht nicht so sehr ein wissenschaftlicher Anspruch im Sinne der Ergebnisoffenheit hervor,[49] sondern vor allem ein inhaltlich-normativer: »Die

---

[45] Gemeint ist die Evangelische Kirche in Deutschland (EKD) und die Vereinigte Evangelisch-Lutherische Kirche Deutschlands (VELKD). In einer Sitzung am 24.8.1949 im Landeskirchenamt wurde festgestellt, dass alle Versuche der Errichtung einer Selbstorganisation der Forschungsstelle gescheitert seien; Ziel sei daher eine Übernahme der Forschungsstelle in den Haushalt der Landeskirche, was vom Landesbischof unterstützt werde. Vgl. Notizen über eine Besprechung am 24. August 1949 in der Kanzlei des Landesbischofs, LKA Hannover N 57 Nr. 1 (Nachlass Harald von Rautenfeld).

[46] Vgl. Schreiben an das Landeskirchenamt vom 21.2.1951, betr. »Angliederung der Forschungsstelle an die evangelische Akademie zum 1.4.1951«, LKA Hannover N 76 Nr. 58 (Nachlass Karl Wagenmann). Zur Übernahme siehe z. B. Schreiben an die evangelische Akademie vom 30.3.1951, in: Ebd.

[47] Dies geht hervor aus: Schreiben von HARALD VON RAUTENFELD an das Landeskirchenamt / zu Hd. Herrn Brunotte vom 12.5.1949, Betreff: »Finanzielle Hilfe für die Forschungsstelle aus Mitteln der Karfreitagskollekte«, LKA Hannover, N 57 Nr. 1 (Nachlass Harald von Rautenfeld). Auch: Schreiben an Landessuperintendent Schulze vom 17.3.1958, LKA Hannover N 76 Nr. 81 (Nachlass Karl Wagenmann).

[48] Satzung der Forschungsstelle [Entwurf], o. D. [vermutlich zwischen November 1947 und Januar 1948], LKA Hannover N 57 Nr. 1 (Nachlass Harald von Rautenfeld).

[49] In einem Protokoll einer Besprechung war offenbar strittig, inwieweit der »forschende Charakter« der Forschungsstelle betont werden sollte. Siehe: Protokoll über die Besprechung

Aufgabe des Referats für Flüchtlingsfragen ist die Festhaltung oder ihre Wiedergewinnung für den christlichen Glauben, ihre Eingliederung in die kirchlichen Gemeinden ihrer neuen Wohnorte unter Berücksichtigung der sowohl für die Flüchtlinge als auch für die Einheimischen notwendigen Voraussetzungen, Abschleifung und Milderung der auf eine soziale Explosion hindrängenden Entwicklung einer rein säkularen Flüchtlingsbewegung.«[50] Diese Entfaltung eines Konzepts der Forschungsstelle beinhaltet nicht nur ein eigenes Forschungsprogramm, sondern präfiguriert bereits inhaltliche Vorstellungen von Integration und Gesellschaft. Es enthält Aspekte eines Integrationsprogramms, das gleichermaßen konkret wie abstrakt-allgemein ist: Die größte Gefahr wird in einer rein säkularisierten Flüchtlingsbewegung gesehen, die für den Verfasser zu einer »sozialen Explosion« führte und gegen die sich das Flüchtlingsreferat der Forschungsstelle klar positionierte.[51] Die Integration in die Gemeinde und die Wiedergewinnung der Vertriebenen für den christlichen Glauben wurden als Gegenprogramm zu einer säkularisierten Flüchtlingsbewegung in Stellung gebracht. Die Wiedergewinnung der Vertriebenen für die Kirche war für Seeberg ein Garant des sozialen Friedens.

Interessant ist auch die institutionelle Selbstverortung der Forschungsstelle in der Landschaft des Protestantismus: Zwar wurde in frühen Konzepten und Satzungen eine enge Bindung an den Landesbischof und das von diesem herausgegebene Sonntagsblatt formuliert. Seebergs eigene institutionelle Selbstverortung weist jedoch zumindest in der Programmatik über den engen Kreis des landeskirchlichen Bereichs hinaus:[52] Die Forschungsstelle habe die Aufgabe, die »auf Tagungen der Akademie aufbrechenden grundsätzlichen Fragen auf bestimmten Gebieten aufzunehmen und einer Klärung zuzuführen. Sie hat ferner die Aufgabe, die erzielten Resultate und erarbeiteten Zusammenfassungen den kirchlichen Stellen zur Verfügung zu stellen.«[53] Dabei müsse die Arbeit »in en-

---

der Forschungsstelle in der Evangelischen Akademie in Hermannsburg vom 15.4.1948, LKA Hannover N 57 Nr. 1 (Nachlass Harald von Rautenfeld).

[50] WITT: Entwurf. Die Forschungsstelle der evangelischen Akademie Hermannsburg, o. D. [vermutlich zwischen November 1947 und Januar 1948] LKA Hannover N 57 Nr. 1 (Nachlass Harald von Rautenfeld). Auch wenn diese Fassung der Satzung von Witt unterschrieben wurde, kann durchaus davon ausgegangen werden, dass Seeberg selbst die Verfasserin dieses Selbstverständnisses und dieser Aufgabenbeschreibung des Flüchtlingsreferats war, denn es wird noch zu zeigen sein, dass es sich hierbei um eine typische Denkfigur Seebergs handelt, die in verschiedenen Kontexten und Variationen immer wieder begegnet.

[51] Vgl. auch Abschnitt 3.2.

[52] Vorschlag einer Neuorganisation der Forschungsstelle, November 1948, LKA Hannover N 57 Nr. 1 (Nachlass Harald von Rautenfeld). Der »überlandeskirchliche Anspruch« der Forschungsstelle wird auch in einem Schreiben von Witt an die Kirchenkanzlei formuliert: Schreiben an die Kanzlei der EKD vom 21. Mai 1949, LKA Hannover N 57 Nr. 2 (Nachlass Harald von Rautenfeld).

[53] Gutachten über die Sicherung der Weiterarbeit der Forschungsstelle der evangelischen Akademie Hermannsburg vom 14.6.1950, LKA Hannover N 76 Nr. 58 (Nachlass Karl Wa-

gem Zusammenhang mit der Arbeit der Kanzlei der EKiD und der VELKD«[54] gesehen werden, womit ebenfalls der gesamtkirchliche Anspruch untermauert wurde. Im Protokoll der Arbeitsbesprechung vom 7. Mai 1949 führte Seeberg in einem Bericht über ihre Arbeit den grundsätzlichen Charakter weiter aus und ließ ein inhaltliches Profil erkennen, das mit ihrer oben dargelegten Programmatik korrespondiert: Im Hinblick auf die Arbeit anderer kirchlicher Stellen, die mit der Flüchtlingsfrage beschäftigt waren, kritisierte sie: »Die Aufgabe kirchlicher Verkündigung unter den Flüchtlingen wird in ihrer Mannigfaltigkeit und Dringlichkeit (zunehmende Schnelle, Säkularisierung, Entchristlichung und Entkirchlichung der Flüchtlingsmassen) nur unvollkommen gesehen.«[55] Es herrsche »allgemein die Tendenz vor, die Flüchtlingsfrage zu verharmlosen, um den Gemeindepastor nicht noch zusätzlich zu belasten.«[56] Für Seeberg war die Säkularisierungsthese der Ausgangspunkt ihrer Arbeit in der Forschungsstelle; und auch in ihren Publikationen spielte diese in verschiedenen Spielarten eine Rolle für Seebergs Argumentationsgang.[57] Inwieweit dieses normativ aufgeladene Deutungsmuster dem kommunikativen Umfeld der evangelischen Akademie geschuldet war und inwieweit Seeberg normative Codes strategisch gebrauchte, beispielsweise an Stelle völkischer Ideologeme, ist im Rahmen der weiteren Projektarbeit unter Hinzuziehung ihrer vor 1945 entstandenen Publikationen zu prüfen. Nicht zuletzt wurde hier ein Alleinstellungsmerkmal oder zumindest ein Mehrwert der Forschungsstelle begründet, da diese die Vertriebenenproblematik eben »tiefer« erfasse, nämlich vor dem Hintergrund des übergeordneten

---

genmann). Vermutlich waren hier nicht nur die landeskirchlichen Stellen gemeint. Vgl. z. B. Aktennotiz über eine Besprechung der Forschungsstelle am 29.11.1948, LKA Hannover N 57 Nr. 1 (Nachlass Harald von Rautenfeld).

[54] Gutachten über die Sicherung der Weiterarbeit der Forschungsstelle der evangelischen Akademie Hermannsburg vom 14.6.1950, LKA Hannover N 76 Nr. 58 (Nachlass Karl Wagenmann), Dokument auch in LKA Hannover N 57 Nr. 1 (Nachlass Harald von Rautenfeld).

[55] STELLA SEEBERG in einem Arbeitsbericht, in: Protokoll einer Arbeitsbesprechung der Forschungsstelle am 7. Mai 1949, LKA Hannover N 57 Nr. 1 (Nachlass Harald von Rautenfeld), S. 3 f.

[56] Ebd.

[57] Vgl. auch Abschnitt 3.2. In einem internen Arbeitsbericht von 1958 vertrat Seeberg eine modernisierungskritische Variante der Säkularisierungsthese, wobei das Klassenkampfmotiv hier jedoch nicht mehr zu finden ist. Vgl. STELLA SEEBERG: Die Arbeit der Forschungsstelle, versendet an den Landesbischof am 17.3.1958, LKA Hannover, L 3 III Nr. 1120 (Kirchenkanzlei / Landesbischof Lilje). Strukturell ähnlich zur oben dargelegten Argumentation, nach der Seeberg einen Zusammenhang von Säkularisierung und Interessenvertretung konstruierte, ist die Verbindung von Säkularisierung und der Ausbreitung modern-liberaler Wirtschaftsformen, die bei Seeberg ebenfalls negativ konnotiert waren. Hier übte sie auch Kritik an den säkularen Zielen der Vertriebenenverbände. Weitere Varianten der Säkularisierungsthese finden sich in folgendem Aufsatz: DIES.: Die Vertriebenen sind noch immer allein. Zur Aufgabe der ostdeutschen Heimatkirchen, in: Zeitwende. Die Neue Furche, Hamburg (1955), S. 687–694.

Prozesses der Säkularisierung.⁵⁸ Intern wurde die Forschungsstelle als Garant für ein hohes Niveau der Akademietagungen dargestellt. So begründete der Geschäftsführer der Forschungsstelle, Harald von Rautenfeld, die »Notwendigkeit der Forschungsstelle für die Akademie, wenn diese nicht auf das Niveau eines Freizeitheimes herabsinken soll«⁵⁹. Solche Aussagen sind – unabhängig von ihrem sachlichen Gehalt – auch unter dem Gesichtspunkt der Selbstrechtfertigung und Institutionenkonkurrenz zu verstehen.

Während diese frühen Konzeptualisierungen einen sehr grundsätzlichen Anspruch erhoben, wandte sich die Forschungsstelle bald praktischen und konkreten Aspekten zu. Bereits im November 1948 konstatierte Seeberg einen Paradigmenwechsel von der »breit angelegten Grundlagenforschung« zur Bearbeitung »praktischer Fragen.«⁶⁰ Dieser Wechsel zeigt sich auch darin, dass Seeberg ihr Flüchtlingsreferat zunehmend als Beratungsstelle für die kirchliche Verkündigung und Seelsorge verstand: Verkündigung habe, so Seeberg, »die genaue Einsicht in die seelischen, sozialen und wirtschaftlichen Nöte der Vertriebenen zur Voraussetzung«, was sowohl für die Einzelseelsorge als auch für die Maßnahmen der Kirchenleitungen gelte.⁶¹ Sie begründete die Relevanz der Forschungsstelle für zentrale kirchliche Aufgaben wie Verkündigung und Seelsorge und empfahl sich indirekt zugleich als Expertin: Denn eine angemessene Verkündigung und Seelsorge erfordere die »Kenntnis der allgemeinen politischen und wirtschaftlichen Lage der Flüchtlinge in der Westzone [...], [die] Kenntnis der sozialen und wirtschaftlichen Entwicklung einzelner Flüchtlingsgruppen [...] und [die] Erfassung der verschiedenartigen Entwicklung der kirchlichen Eingemeindung von

---

⁵⁸ Zum Säkularisierungsbegriff in einem völlig unterschiedlichen Verwendungszusammenhang und zu einem späteren Zeitpunkt vgl. den Beitrag von Philipp Stoltz in diesem Band. Hier wurde der Säkularisierungsbegriff nicht als Bedrohungsszenario, sondern als Programm für Theologie und Kirche verstanden, mit dem man auf die Modernisierung zu reagieren beabsichtigte. Konkret thematisiert Stoltz die Diskussion um die bauliche Umsetzung eines selbst verordneten Säkularisierungs- und Entsakralisierungsprogramms für die Kirche.
⁵⁹ Anlage »Evangelische Akademie und Forschungsstelle« zum »Entwurf für eine Begründung für eine Übernahme der Forschungsstelle in den Haushalt der Landeskirche«, o. D., [vermutlich Mai 1949], LKA Hannover N 57 Nr. 3 (Nachlass Harald von Rautenfeld).
⁶⁰ Vorschlag einer Neuorganisation der Forschungsstelle, November 1948, LKA Hannover, N 57 Nr. 1 (Nachlass Harald von Rautenfeld). An anderer Stelle: »Das Flüchtlingsproblem tritt aus dem Stadium der Erörterung heraus und praktische Lösungsmöglichkeiten beginnen sich abzuzeichnen. Der Schwerpunkt der Arbeit der Vertriebenenarbeit verschiebt sich in Richtung einer verstärkten Vortragstätigkeit vor Pastoren und in Gemeinden.« Siehe: Entwurf für eine Begründung für eine Übernahme der Forschungsstelle in den Haushalt der Landeskirche«, o. D., [vermutlich Mai 1949], LKA Hannover N 57 Nr. 3 (Nachlass Harald von Rautenfeld), S. 4.
⁶¹ Entwurf für eine Begründung für eine Übernahme der Forschungsstelle in den Haushalt der Landeskirche, o. D., [vermutlich Mai 1949], LKA Hannover N 57 Nr. 3 (Nachlass Harald von Rautenfeld), S. 3 f.

Flüchtlingen und der verschiedenartigen Hemmungen.«[62] Zudem verstand Seeberg sowohl die Forschungsstelle als auch die von ihr organisierten Flüchtlingstagungen verstärkt als Organ zur Koordinierung der kirchlichen und staatlichen Flüchtlingsarbeit: »Das Flüchtlingsreferat trägt dafür Sorge, dass die Kirche in den weltlichen Flüchtlingsangelegenheiten mitwirkt« und sei verantwortlich für die »Kooperation und Koordination der staatlichen und kirchlichen Stellen«.[63]

Auf die prekäre finanzielle Situation der Forschungsstelle wurde bereits hingewiesen. Dass das Sonntagsblatt und das Landeskirchenamt tatsächlich infolge von Währungsreform und Nachkriegswirren große Finanzierungsengpässe hatten, ist plausibel. Darüber hinaus lässt sich aber auch ein Relevanzverlust der Forschungsstelle feststellen. Dieser liegt zum einen in der Entschärfung der sozialen Problematik der Vertriebenenintegration begründet. Es ist indes auch denkbar, dass das offensichtliche Unvermögen von evangelischem Verlagswerk als Träger des Sonntagsblattes und Landeskirchenamt, die Forschungsstelle auf eine solide und stabile finanzielle Grundlage zu stellen, bereits ein Werturteil über deren Arbeit enthält. Dafür spricht, dass 1951 bei der Akademie ein soziologischer Referent eingestellt wurde, der nicht an die Forschungsstelle angebunden war[64] – hierfür waren offenbar finanzielle Mittel vorhanden. Im Juni 1957 wurde Stella Seeberg eine Mitgliedschaft in der Studienleitung mit dem Hinweis verwehrt, sie sei dafür ungeeignet.[65] Trotz wärmster Empfehlungsschreiben des Landesbischofs gelang es zunächst nicht, Seeberg eine neue Anstellung zu verschaffen.[66] Im Januar 1958 beschloss der Konvent, die Forschungsstelle samt des Flüchtlingsreferats zum 1. April 1958 aufzulösen; damit wurde auch das Arbeitsverhältnis mit Seeberg ohne weitere Begründung beendet.[67]

2.3 Die Forschungsstelle als Politik- und Kirchenberatung

Wie oben schon angekündigt, soll nunmehr geklärt werden, inwieweit die Forschungsstelle als Einrichtung der Politik- und Kirchenberatung betrachtet

---

[62] Die Generierung von Expertise sollte über Gutachten, Kontaktaufnahme mit amtlichen uns wissenschaftlichen Stellen und Presse- und Materialauswertungen erfolgen. Siehe: Ebd., S. 3 f.

[63] Bericht über die Struktur der Forschungsstelle, o. D., in: LKA Hannover L 3 III Nr. 1099 (Kirchenkanzlei / Landesbischof Lilje).

[64] Schreiben von Akademiedirektor ADOLF WISCHMANN an Oberlandeskirchenrat Karl Wagemann vom 5.4.1951, in: LKA Hannover N 76 Nr. 58 (Nachlass Karl Wagenmann).

[65] Der Konvent der Akademie bescheinigte Seeberg zwar, eine gute Referentin zu sein, als Studienleiterin und für die selbständige Tagungsleitung sei sie jedoch nicht geeignet. Vgl. Protokoll über die Sitzung des Konventsausschusses der Evangelischen Akademie am 3.6.1957, LKA Hannover E 46 Nr. 332 (Evangelische Akademie Hermannsburg / Loccum).

[66] Das geht aus verschiedenen Dokumenten hervor, die hier nicht einzeln zitiert werden können. Vgl. LKA Hannover L 3 III Nr. 1120 (Kirchenkanzlei / Landesbischof Lilje).

[67] Tagungsordnung und Protokoll der Konventssitzung der evangelischen Akademie Hermannsburg am 9.1.1958, LKA Hannover N 76 Nr. 55 (Nachlass Karl Wagemann).

werden kann und ob die Forschungsstelle zu einer Verwissenschaftlichung der Vertriebenenproblematik im kirchlichen Raum beitrug. Unter Politikberatung wird hier pragmatisch das »Verfügbarmachen von Informationen und Handlungsempfehlungen für politisch Handelnde und Entscheidende durch Wissenschaftler [...] und durch Fachleute aus Wirtschaft und Gesellschaft«[68] verstanden. Dieses weite Verständnis lässt sich demnach nicht nur auf regierungsnahe Forschungsinstitute und Auftragsgutachten, sondern auch auf andere Einrichtungen übertragen, die Wissen verfügbar machen und dabei mehr oder weniger offensichtlich Handeln zu beeinflussen, Problembewusstsein zu erzeugen oder Handlungsoptionen zu entwickeln versuchen.[69] Im Folgenden wird nun ein Blick auf diejenigen Dokumente geworfen, in denen sich die Forschungsstelle mit eigener Analyse oder konkreten Handlungsempfehlungen hervortat und sich direkt an Kirchenleitungen und Politik richtete. Dabei wird die These vertreten, dass Stella Seeberg und die Forschungsstelle bestrebt waren, Erkenntnisse der Tagungen in Handeln auf gesellschaftspolitischer bzw. kirchenpolitischer Ebene umzusetzen. Seeberg selbst verfasste jedenfalls entsprechende Handlungsappelle.

Als Gutachterin trat Seeberg punktuell in Erscheinung. So fertigte sie beispielsweise »eine wissenschaftliche Untersuchung im Auftrag des Bundesministeriums« zum Thema »Vertriebene Bauernfamilien in der Industrie, Untersuchung von 100 vertriebenen Bauernfamilien in der Grafschaft Bentheim« an.[70] Im Kontext der Politik- und Kirchenberatung lässt sich auch auf Seebergs regionales Engagement verweisen. So arbeitete sie im sogenannten Emslandausschuss mit und verschickte Resolutionen und Entschließungen an das Landeskirchenamt und die niedersächsische Landesregierung mit der Aufforderung, die Eingliederung der vertriebenen Landwirte durch die Bereitstellung von Land im Rahmen des Flüchtlingssiedlungsgesetzes zu beschleunigen und zu befördern.[71] Auf eine genauere inhaltliche Analyse dieser Dokumente muss hier aus

---

[68] STEFAN WOLLMANN: Art. »Politikberatung«, in: Kleines Lexikon der Politik, hg. von DIETER NOHLEN und FLORIAN GROTZ, München ^{5}2011, S. 384–388, hier: 384 f. Szöllözi-Janze weist auf die unterschiedlichen Formen der Politikberatung hin. Siehe: SZÖLLÖZI-JANZE, Politisierung der Wissenschaften, 2004, S. 86.

[69] Die für eine genaue Analyse protestantischer Einflussnahme notwendige Parallelüberlieferung entsprechender staatlicher Organe konnte hier allerdings nicht mehr berücksichtigt werden.

[70] STELLA SEEBERG: »Die Arbeit der Forschungsstelle« vom 17.3.1958, versendet an Landesbischof Lilje am 17.3.1958, LKA Hannover, L 3 III Nr. 1120 (Kirchenkanzlei / Landesbischof Lilje). Weitere Recherchen im Evangelischen Zentralarchiv Berlin ergaben, dass das Gutachten im Auftrag des Bundesministeriums für Ernährung und Landwirtschaft verfasst wurde. Siehe: STELLA SEEBERG: Vertriebene Bauernfamilien in der Industrie. Untersuchung von 100 vertriebenen Bauernfamilien in der Grafschaft Bentheim, Loccum 1956, EZA 512 / 67.

[71] Entschließung des Arbeitskreises der evangelischen Akademie Hermannsburg vom 4. und 5. April 1952, LKA Hannover N 14 Nr. 19 (Nachlass Friedrich Bartels). Der Bestand N

Umfanggründen verzichtet werden, es sei lediglich auf eine allgemeine Tendenz aufmerksam gemacht: das Gutachten und die Resolutionen zeichnen sich alle durch ein starkes Interesse an den heimatvertriebenen Bauern aus, was in einer deutlichen Kontinuität zu ihren Arbeiten aus der Zeit von vor 1945 steht.[72]

Im Anschluss an die Flüchtlingstagung von 1951, die vor allem der Thematik des Lastenausgleiches gewidmet war, bat Seeberg den hannoverschen Landesbischof darum, ein Wort der Kirche an Bundesregierung und Bundestag zum bevorstehenden Lastenausgleich zu verfassen[73] – offenbar mit Erfolg: Auf der Ratssitzung der EKD sei, wie Lilje erklärte, der Beschluss gefasst worden, dass sich Otto Dibelius als Vorsitzender des Rates zum Lastenausgleich »in dem von Seeberg vorgeschlagenen Sinne« äußern würde.[74] Es kann davon ausgegangen werden, dass der Impuls zur Ausarbeitung einer solchen Stellungnahme von Seeberg bzw. der Hermannsburger Flüchtlingstagung von 1951 kam, denn eine entsprechende Eingabe der Hermannsburger Flüchtlingstagung vom 20. Januar 1951 liegt dem Tagungsprotokoll der 20. Sitzung des Rats der EKD bei.[75] Für das Erkenntnisinteresse dieses Aufsatzes ist die Beobachtung von Relevanz, dass – über den Umweg der Kirchenkanzlei von Landesbischof Lilje – von Forschungsstelle und Akademie der Impuls für den Brief des Ratsvorsitzenden ausging. Die fachliche Grundlage liefert dann allerdings eine andere Einrichtung, nämlich die Kammer für soziale Ordnung der EKD, auf dessen »Ratsamem Gutachten« das Wort der Kirche beruhte.[76]

---

14 Nr. 25 enthält diverse Berichte und Gutachten von Seeberg, die für den Emslandausschuss bestimmt waren.

[72] Vgl. Seebergs Publikationen, die bei Kernbauer genannt werden und sich mit agrarwirtschaftlichen und agrarsoziologischen Fragen beschäftigen: KERNBAUER: Art. »Seeberg«, 2002, S. 676–678. Seeberg war stellvertretende Leiterin der agrarpolitischen Abteilung in Berlin und war vor allem mit Fragen der Agrarsoziologie beschäftigt.

[73] Schreiben von STELLA SEEBERG an die Kirchenkanzlei des Landesbischofs vom 21.1.1951, LKA Hannover L 3 III Nr. 1120 (Kirchenkanzlei / Landesbischof Lilje).

[74] Schreiben von Landesbischof HANNS LILJE an Stella Seeberg vom 7.3.1951, LKA Hannover L 3 III Nr. 1120 (Kirchenkanzlei / Landesbischof Lilje).

[75] Auf der 20. Ratssitzung der EKD am 6. März 1951 wurde der Ratsvorsitzende dazu ermächtigt, ein »Wort der Kirche an die Mitglieder des Bundestages und Bundesrates« bezüglich des Lastenausgleiches zu richten, wie aus dem Beschlussprotokoll hervorgeht. Siehe: 20. Sitzung des Rates in Hannover am 6. März 1951, in: Die Protokolle des Rats der evangelischen Kirche in Deutschland Bd. 5, bearb. von DAGMAR PÖPPING, Göttingen 2005, S. 100–173, hier: 114. Zu Eingabe siehe: Ebd. S. 132.

[76] Ratsames Gutachten der Kammer für Soziale Ordnung vom 16. Mai 1951 zu einem Schreiben des Rates der EKD an die Mitglieder des Bundestages und des Bundesrates in Königswinter am 16. Mai 1951 (Dokumente), 22. Sitzung des Rates in Hannover am 24. Mai 1951, in: Die Protokolle des Rats der evangelischen Kirche in Deutschland Bd. 5, bearb. von DAGMAR PÖPPING, Göttingen 2005, S. 182–252, hier: 237. Zur Diskussion der Eigentumsfrage im Kontext des Kriegslastenausgleichs siehe: GÜNTER RIEDNER: Die Kammer für Soziale Ordnung der Evangelischen Kirche in Deutschland. Über den Versuch, aus christlicher Ver-

Wie lassen sich nun Akademie und Forschungsstelle unter dem Paradigma der Verwissenschaftlichung bewerten? Die Forschungsstelle kann im Gegensatz zur am Gespräch orientierten Akademie als Instrument der Einflussnahme und Einrichtung der Politik- und Kirchenberatung betrachtet werden, wie vor allem die zahlreichen Resolutionen verdeutlichen, die den Anspruch illustrieren, Wissen in Handeln umzusetzen. Sie trat dabei gelegentlich mit eigener Forschungsarbeit im Sinne empirischer Analysen hervor.[77] So sind neben vereinzelter Gutachtertätigkeit für Bundesministerien vor allem Appelle und Resolutionen mit konkreten Handlungsempfehlungen an das hannoversche Landeskirchenamt nachweisbar. Diese Appelle waren tendenziell eher normativ begründet, wie die Eingabe an den Rat der EKD zum Lastenausgleich zeigt. Allerdings wäre es sicherlich falsch, normative Argumentationsmuster per se als Argument gegen eine unterstellte Verwissenschaftlichung zu gebrauchen. Dies würde ein ahistorisches Wissenschaftsverständnis voraussetzen. Was genau Beeinflussung und was vermeintlich sachliche, wertneutrale Analyse ist, ist ohnehin kaum voneinander zu trennen,[78] zumal die auf klare Handlungsempfehlungen zielende Eindeutigkeit wissenschaftlicher Ergebnisse erst in den 1970er Jahren zunehmend hinterfragt wurde.[79] Die Übertragbarkeit der Versozialwissenschaftlichungsthese auf die Forschungsstelle scheint daher mit Einschränkungen möglich.

3. Debatten, Deutungen, Semantiken: Die Hermannsburger Tagungen für Flüchtlingsfragen

3.1 Der Christ im Pilgrimstand und das Ende des bürgerlichen Zeitalters: Hanns Liljes Eröffnungsvortrag 1947

Nach dem verlorenen Krieg und dem Vertreibungsgeschehen existierte unter den Deutschen ein Bedürfnis nach Sinnstiftung in einer als krisenhaft empfundenen Zeit. Die Einordnung der Vertriebenenproblematik in übergeordnete Zusammenhänge vermochte dem Unfassbaren einen Teil seines Schreckens zu nehmen und den Menschen die Sprachfähigkeit zurückzugeben. Sinnstiftung erfolgte durch die Bereitstellung allgemeiner, übergreifender Deutungska-

---

antwortung die Sozial- und Wirtschaftspolitik der Bundesrepublik mitzugestalten, Frankfurt am Main 1994, v. a. S. 155–170.

[77] Hier sei noch einmal auf das oben angedeutete Verständnis von Verwissenschaftlichung nach Szöllözi-Janze verwiesen: SZÖLLÖZI-JANZE: Politisierung der Wissenschaften, 2004, S. 86.

[78] Aus politikwissenschaftlicher Perspektive macht darauf auch aufmerksam: THURID HUSTEDT, SYLVIA VEIT und JULIA FLEISCHER: Wissen ist Macht? Wissenschaftliche Politikberatung der Bundesregierung in: Aus Politik und Zeitgeschichte 19 (2010), S. 15–21, hier: 16.

[79] RAPHAEL: Verwissenschaftlichung, 1996, S. 178.

tegorien zur Welt- und Schicksalsdeutung. Exemplarisch für diese theologischen Sinnstiftungsversuche steht das Eröffnungsreferat von Landesbischof Hanns Lilje auf der ersten Flüchtlingstagung von 1947. In ihm erhob Lilje den Anspruch, das Vertreibungsgeschehen, diese »größte Völkerwanderung aller Zeiten«, in große »geistesgeschichtliche Zusammenhänge« einzuordnen.[80] Die Verbindung von Geschichtsdeutungen mit theologischen Topoi, die sich bei Lilje zeigt, fügt sich in sein theologisches Denken ein.[81] Die Tatsache, dass Liljes Vortrag in der überregionalen Presse eine große Zustimmung hervorrief und auf weiteren Tagungen aufgenommen wurde, belegt, dass Lilje den »Nerv der Zeit« getroffen hatte.[82] Am Beispiel dieses Vortrags werden im Folgenden zwei miteinander verschränkte Deutungsangebote herausgearbeitet: ein soziokulturelles und ein theologisches.

Lilje ordnete die Vertreibung zunächst in den Kontext der »Vermassung« ein und griff damit auf einen zentralen Begriff konservativ-soziologischer Gesellschaftsdeutung und Kulturkritik zurück, der aus der Perspektive der Zeitgenossen soziale Wirklichkeit zu beschreiben beanspruchte.[83] In diese diagnostizierte Gesellschaftsentwicklung schrieb er die Vertriebenenproblematik ein, die er als letzte »Variation [...] der Vermassung« verstanden wissen wollte: »Das, was wir als Flüchtlingsschicksal vor uns haben, ist, wenn man es einmal in größerem Zusammenhang sieht, eine großartige, vielleicht die letzte Variation des großen schicksalhaften Themas der Vermassung, das überhaupt zu den Kennzeichen der neueren großen soziologischen Entwicklung gehört.«[84] Daneben unterbreitete Lilje ein zweites Deutungsangebot einer Entwicklung, die er als »Vorgang

---

[80] HANNS LILJE: »Die exemplarische Bedeutung des Flüchtlingsschicksals für die Christenheit.« Vortrag am Sonnabend, dem 25.10.1947, während der »Tage des Gesprächs über Flüchtlingsfragen«, Hermannsburger Flüchtlingstagung vom 25.10.1947 bis zum 27.10.1947, LKA Hannover, L 3 III Nr. 302 (Kirchenkanzlei / Landesbischof Lilje), S. 4.

[81] Nach Oelke wurde das »geschichtstheologische Moment [...] zum tragenden Topos« in Liljes Denken. Vgl. HARRY OELKE: Hanns Lilje. Ein Lutheraner in der Weimarer Republik und im Kirchenkampf, Stuttgart / Berlin / Köln 1999, S. 72.

[82] Zur Presse-Resonanz sei exemplarisch auf zwei Zeit-Artikel verwiesen, die insbesondere Liljes Vortrag überschwänglich loben: »Flüchtlinge wollen kein Mitleid«, in: ZEIT Nr. 44 vom 30.10.1947. Außerdem: »Der Geist von Hermannsburg«, in: ZEIT Nr. 44 vom 30.10.1947. Friedrich Spiegel-Schmidt und Friedrich Bartels nahmen die Figur der falschen Sicherheit verschiedentlich auf, siehe z. B.: FRIEDRICH SPIEGEL-SCHMIDT: »Die Vertriebenen in der Kirche«. Referat auf der Flüchtlingstagung »Aufgaben an den Heimatvertriebenen. Vorträge und Aussprachen bei der Arbeitstagung der Forschungsstelle der Evangelischen Akademie Hermannsburg vom 17. bis 21. November 1950«, Loccum 1950, S. 194; auch: FRIEDRICH BARTELS: »Kirchliche und staatliche Flüchtlingsarbeit in der Auffassung der Kirche«, in: Ebd. S. 44.

[83] Zur Begriffsgeschichte von Vermassung siehe: PAUL NOLTE: Die Ordnung der deutschen Gesellschaft. Selbstentwurf und Selbstbeschreibung im 20. Jahrhundert, München 2000, S. 306–319, v. a. S. 306 f. Bei Reitmayer erscheint Vermassung als Schlüsselbegriff der Gesellschaftsdeutung. Siehe: REITMAYER: Elite, 2009, S. 135.

[84] HANNS LILJE: »Die exemplarische Bedeutung des Flüchtlingsschicksals für die Christenheit.« Vortrag am Sonnabend, dem 25.10.1947, während der »Tage des Gesprächs über Flücht-

sowohl der soziologischen als auch der geistigen Geschichte«[85] verstand: »Hier ist die letzte oder eine der letzten erkennbaren Variationen für das Ende des bürgerlichen Zeitalters.«[86] Dabei handelt es sich um eine historisierende Gesellschaftsdeutung, die eine vergangene Epoche charakterisierte und für beendet erklärte. Zunächst bestimmte Lilje den Charakter des bürgerlichen Zeitalters unter Berufung auf den Philosophen Søren Kierkegaard: »Der bürgerliche Geist ist dazu bestimmt, unser Sekuritätsbedürfnis zu befördern oder zu erfüllen.«[87] In kulturkritischem, antimaterialistischem Duktus wurde dieses »Sekuritätsbedürfnis« von Lilje mit »geistige[r] Entleerung, Veräußerlichung und Verdiesseitigung des Lebens«[88] identifiziert. Das Vertriebenenschicksal habe diese Sekurität erschüttert und zerstört und sei daher eine der »größten Zumutungen« für die »bürgerliche Welt«.[89] Hierdurch gewinne das Flüchtlingsschicksal seine »exemplarische Bedeutung«[90] für den »Zerfall dieser Sekurität«.[91] Denn nach einem mit Sicherheit oder dem Streben nach Sicherheit identifizierten »bürgerlichen Zeitalter« sei das »Exil« und die »Deportation ganzer Völker [...] wieder eine geschichtliche Möglichkeit« geworden.[92]

Lilje fügte dieser Gesellschafts- und Geschichtsdeutung ein theologisches Moment hinzu: »Das Bedürfnis nach Sekurität widerstreitet dem echten Christenstand [...], für den christlichen Glauben ist es charakteristisch, dass er dem Sekuritätsbedürfnis abgesagt hat.«[93] Aus dieser Deutung ergibt sich zum einen die von Lilje geforderte Haltung der Christen zu den Vertriebenen, die darin bestünde, »Ja zu sagen zum Flüchtlingsstand.«[94] Den Vertriebenen wurde in dieser Absage an das bürgerliche Sekuritätsbedürfnis eine theologische Funktion zugewiesen: »Es ist die tiefe geschichtliche Bedeutung dieser vielen Migrationen der Welt, den Menschen wieder an den Pilgrimsstand des Christen zu erinnern.«[95] Den Vertriebenen wurde darüber hinaus eine privilegierte Gottesbeziehung zugesprochen: »Der Flüchtling kann die direkte Beziehung zu Gott leichter realisieren als derjenige, der seinem bürgerlichen Besitz verhaftet ist.«[96] Lilje richtete seine Ermahnungen nicht nur an die Einheimischen, sondern auch an die Ver-

---

lingsfragen«, Hermannsburger Flüchtlingstagung vom 25.10.1947 bis zum 27.10.1947, LKA Hannover L 3 III Nr. 302 (Kirchenkanzlei / Landesbischof Lilje), S. 4.
[85] A.a.O., S. 2.
[86] A.a.O., S. 4.
[87] A.a.O., S. 5.
[88] Ebd.
[89] A.a.O., S. 5 f.
[90] Ebd.
[91] Ebd.
[92] A.a.O., S. 6.
[93] A.a.O., S. 7 f.
[94] Ebd.
[95] A.a.O., S. 13.
[96] A.a.O., S. 11.

triebenen, die er dazu aufforderte, ihr Schicksal aus den Händen Gottes anzunehmen: »Das Ja zur Führung Gottes«[97]. Den christlichen Glauben präsentierte er dabei als exklusive Kontingenzbewältigungsstrategie: »Ich bin überzeugt, dass es für die Millionen Vertriebenen jedenfalls keinen rascheren Ausweg gibt, aus der unglücklichen Verbitterung, Gereiztheit und Ungeklärtheit herauszukommen, als dieses Ja des Glaubens.«[98]

Nach der Entfaltung dieser Deutungsangebote bestimmte der Landesbischof die »Aufgabe der Christenheit«[99]. Dabei entwickelte er jedoch keine konkreten Integrationskonzepte, sondern formulierte allgemeine Postulate: Zunächst verwies er, auch angesichts der von ihm diagnostizierten »Grenzen der staatlichen oder der öffentlichen Möglichkeiten«, auf die Bedeutung der christlichen Gemeinde, in der sich die Kirche verwirkliche.[100] Seine nachfolgenden Aussagen enthalten dann immerhin integrationspolitische Implikationen: »Das unmittelbare Heimatrecht der Kirche gibt es ohne jede Voraussetzung.«[101] Auch eine Bewertung sozialpolitischen Handelns findet sich in Liljes Text: So akzeptierte er die Notwendigkeit einer Neuordnung der Vermögensverhältnisse.[102] Gleichzeitig kritisierte er die »Grenzen der staatlichen Hilfsmöglichkeiten« und deren »merkwürdig bescheidene [sic!] Ergebnisse«[103]. Hierbei handelt es sich vermutlich nicht um eine Kritik an der quantitativen Dimension der Sozialmaßnahmen, sondern um eine grundsätzliche Einschätzung der Grenzen staatlichen Handelns. Denn staatliche Maßnahmen konnten nach Lilje prinzipiell nur eine begrenzte Wirksamkeit entfalten. Lilje sprach in diesem Zusammenhang von der »redliche[n] Erkenntnis von den Grenzen der Organisierbarkeit.«[104] Weiter führte er aus: »Was nur das Opfer und die richtige Charitas leisten kann, kann durch keine andere Maßnahme [gemeint sind staatliche Hilfsmaßnahmen, F. T.] ersetzt

---

[97] A.a.O., S. 13.
[98] A.a.O., S. 14.
[99] A.a.O., S. 17.
[100] A.a.O., S. 18.
[101] A.a.O., S. 19.
[102] A.a.O., S. 18. Diese Formulierung ließe sich als Abschwächung einer Formulierung von Gerstenmaier begreifen, der nicht nur eine Neuordnung der Vermögensverhältnisse, sondern umfassender eine Neuordnung der Besitzverhältnisse forderte. Vgl. EUGEN GERSTENMAIER: Heimatlose, Flüchtlinge, Vertriebene, Ihr Schicksal als Forderung an die Kirche. Rede bei einer Kundgebung des Hilfswerks der evangelischen Kirche in Deutschland, in: DERS.: Reden und Aufsätze. Zusammengestellt anlässlich seines 50. Geburtstages, Stuttgart 1956, S. 74–86, hier: 81. Auch: RUDOLPH: Evangelische Kirche und Vertriebene, 1984, S. 35; S. 109. Auch das sog. Eisenacher Memorandum forderte die Neuordnung der Besitz- und Arbeitsverhältnisse. Vgl. A.a.O., 448.
[103] HANNS LILJE: »Die exemplarische Bedeutung des Flüchtlingsschicksals für die Christenheit.« Vortrag am Sonnabend, dem 25.10.1947, während der »Tage des Gesprächs über Flüchtlingsfragen«, Hermannsburger Flüchtlingstagung vom 25.10.1947 bis zum 27.10.1947, LKA Hannover L 3 III Nr. 302 (Kirchenkanzlei / Landesbischof Lilje), S. 15.
[104] Zu staatlichen Hilfsmaßnahmen und Opfer siehe: Ebd. S. 15 f., Zitat S. 16.

werden.«¹⁰⁵ Die hier eingeführte Opfer-Semantik verband sich wiederum mit Liljes Gesellschaftsdeutung, denn »Opfer« war bei Lilje auch eine »Absage an das bürgerliche Sekuritätsbedürfnis«¹⁰⁶ im von ihm ausgerufenen postbürgerlichen Zeitalter.

Zusammenfassend kann festgehalten werden, dass das Referat Liljes neben allgemeinen Gesellschaftsdeutungen kaum explizite integrationspolitische Aussagen, aber durchaus integrationspolitische Implikationen enthält. Auch diese Beobachtung spricht dafür, dass Lilje in der Tradition konservativer Kulturkritik und im Rekurs auf soziologische und theologische Topoi eher allgemeine Sinnstiftungsbedürfnisse mit Großdeutungen bediente; ein Vorgehen, das sich mit der Konzeption des von Lilje gegründeten Sonntagsblattes unter Chefredakteur Hans Zehrer deckte.¹⁰⁷ Dass Lilje den Vertriebenen einen kirchlichen Erneuerungsimpuls und eine privilegierte christliche Existenz zusprach, kann als integrationsbezogene Aussage interpretiert werden in der Art, dass der Bischof damit eine theologische Würdigung der Vertriebenen aussprach und zur Solidarität der Christinnen und Christen mit den Vertriebenen aufrief. Damit umging Lilje aber auch die sozialen Interessen der Vertriebenen, die ja gerade eine Restauration jener von ihm kritisierten bürgerlichen Lebensweise, von Besitz und Sicherheit anstrebten.¹⁰⁸ Entsprechend wies Lilje unter Bezugnahme auf die »Grenzen der Organisierbarkeit« sozialpolitischen Maßnahmen eine nachgeordnete Bedeutung gegenüber Liebe und Opfer zu.¹⁰⁹ Zuletzt postulierte der Landesbischof die »voraussetzungslose Heimat der Kirche« – eine Aussage, die sich gegen solche Integrationsvorstellungen wenden ließe, die eine Assimilation oder andere Zugehörigkeitsbedingungen verlangten. Eine Übertragung auf den gesellschaftlich-sozialen Bereich findet aber bei Lilje – zumindest in diesem Referat – nicht statt. Seine Interpretation der Vertriebenenproblematik entsprang keiner politischen Perspektive, sondern seinem »theozentrischen Geschichtsverständnis«¹¹⁰. Mit seiner Einordnung der Vertriebenenproblematik in übergeordnete geschichtliche Prozesse, den Versatzstücken konservativer Kulturkritik und dem Topos der Heimatlosigkeit des Christen lag Lilje im Mainstream der konservativ-protestantischen Deutung.¹¹¹

---

¹⁰⁵ Ebd.
¹⁰⁶ A.a.O., S. 19.
¹⁰⁷ Vgl. UDEN: Hanns Lilje als Publizist, 1998, S. 96–101, S. 110.
¹⁰⁸ MICHAEL SCHWARTZ: Lastenausgleich: Ein Problem der Vertriebenenpolitik im doppelten Deutschland, in: Integrationen. Vertriebene in den deutschen Ländern nach 1945, hg. von MARITA KRAUSS, Göttingen 2008, S. 167–193, hier: 174.
¹⁰⁹ Vgl. den Beitrag von Christiane Kuller in diesem Band, S. 53–64.
¹¹⁰ UDEN: Lilje als Publizist, 1998, S. 296.
¹¹¹ Auch konservative Flüchtlingssoziologen bemühten solche Großdeutungen, wie das Beispiel der renommierten und stark rezipierten Flüchtlingssoziologin Elisabeth Pfeil zeigt. Auch für Pfeil stand »der Flüchtling« paradigmatisch für eine Zeitenwende. Vgl. ELISABETH PFEIL: Der Flüchtling. Gestalt einer Zeitenwende, Hamburg 1948. Zur Bedeutung Pfeils:

3.2 Sozialer Kampf als Kampf gegen Christus? Zum Verhältnis von Entkirchlichung und wirtschaftlicher Interessenvertretung

Auf den Tagungen der Hermannsburger Akademie stellte auch die Säkularisierung bzw. präziser ausgedrückt die befürchtete Entkirchlichung der Vertriebenen einen wichtigen Referenzrahmen für die Einordnung der Vertriebenenproblematik dar. Der Topos einer drohenden Entkirchlichung der Vertriebenen wurde häufig bemüht, sei es, um entsprechenden Druck gegenüber den Landeskirchen aufzubauen, die Integration im Interesse der Vertriebenen zu gestalten, sei es, weil man tatsächlich eine Entkirchlichung der Vertriebenen zu beobachten glaubte. An dieser Stelle soll jedoch nicht so sehr auf die Debatten über eine innerkirchliche Integration eingegangen werden, sondern es wird dargelegt, wie das Bedrohungsszenario der Entkirchlichung der Vertriebenen auch im Kontext übergreifender Gesellschaftsdeutungen verwendet wurde. Auch hieraus lassen sich Integrationsvorstellungen herauslesen.

Als Beispiel dient die Flüchtlingstagung von 1948, auf der die Sorge vor der Entkirchlichung oder Entchristlichung der Vertriebenen ein Hauptmotiv darstellte.[112] Laut Tagungsbericht entfaltete die aktuelle Entwicklung der Säkularisierung ein gesellschaftliches Konfliktpotential und drängte auf eine »soziale Explosion« hin.[113] Schnelles Handeln der Landeskirchen sei notwendig, um eine den »geistigen, seelischen und kirchlichen Nöten der Flüchtlinge Rechnung tragende Zusammenfassung von Vertriebenen und Einheimischen«[114] zu gewährleisten und damit das gesellschaftliche Konfliktpotential zu entschärfen. Erfolge keine innerkirchliche Integration, dann käme »der sowieso schon einsetzende Prozess einer rein säkularen und nur auf die Durchsetzung wirtschaftlicher Forderungen gerichteten Entwicklung zum Durchbruch«[115]. Der Vertretung rein wirtschaftlicher Interessen wurde zumindest indirekt die Legitimität abgesprochen, indem ihr eine klassenkämpferische Wirkung unterstellt wurde. Eine rein säkulare, auf Interessendurchsetzung ausgerichtete Vertriebenenbewegung wurde als Folge der Entkirchlichung verstanden, die auch die Entchristlichung der Einheimischen zur Folge hätte: »Das würde den sozialen Kampf eines neu sich bildenden fünften Standes mit allen unausweichlichen Folgen einer Entchristlichung nicht nur der Flüchtlinge, sondern natürlich auch der Einheimischen

---

NOLTE: Ordnung, 2000, S. 228. Zur Deutung der Vertriebenenproblematik als beispielhaft für die irdische Heimatlosigkeit des Christen siehe: RUDOLPH: Kirche und Vertriebene, 1984, S. 310.

[112] Bericht. Arbeitstagung über Flüchtlingsfragen der Forschungsstelle der evangelischen Akademie Hermannsburg vom 12.–19. November 1948, LKA Hannover, N 57 Nr. 6 (Nachlass Harald von Rautenfeld). Bedauerlicherweise liegt diese Tagung nur in der Form eines Kurzberichts vor, der aber auch Rückschlüsse auf diskutierte Inhalte zulässt.

[113] Ebd.
[114] Ebd.
[115] Ebd.

bedeuten.«[116] Die in dem Protokoll der Hermannsburger Flüchtlingstagung von 1948 enthaltenen Auffassungen decken sich mit den wenigen überlieferten Aussagen von Stella Seeberg. Im oben bereits zitierten Entwurf für ein Forschungsprogramm der Forschungsstelle wurde die »Festhaltung« oder »Wiedergewinnung« der Vertriebenen für den christlichen Glauben als wichtigste Aufgabe definiert – mit dem Ziel, eine säkulare Interessensvertretung, die zur »sozialen Explosion« führe, zu verhindern.[117] Das vermutlich von Seeberg selbst verfasste Programm weist gegenüber dem zusammenfassenden Bericht über die Flüchtlingstagung von 1948 große inhaltliche Ähnlichkeiten auf,[118] so dass davon ausgegangen werden kann, dass Seeberg die dort enthaltenen Deutungsmuster maßgeblich prägte, zumal sie selbst die Tagungsberichte verfasst haben dürfte. Damit illustrieren diese Quellen, wie die Forschungsstelle die inhaltliche Ausrichtung der Flüchtlingstagungen bestimmte. Die Forschungsstelle entwarf kein Forschungsprogramm im eigentlichen Sinne, sondern ein normatives Programm mit gesamtgesellschaftlichen Gestaltungsansprüchen, das in den Flüchtlingstagungen ihren Niederschlag fand.

Eine solche Deutung, die auf die Identifizierung von Interessenvertretung und Säkularisierung zielte, wurde allerdings keineswegs vorbehaltlos geteilt: Der Sozialdemokrat und Flüchtlingspastor Heinrich Albertz, der später zunächst als Staatsminister in der niedersächsischen Flüchtlingsverwaltung, dann als Flüchtlingsminister und ab 1955 als Sozialminister in der niedersächsischen Landesregierung Karriere machen sollte,[119] hielt vielmehr die »Durchsetzung wirtschaftli-

---

[116] Ebd.
[117] WITT: Entwurf: Die Forschungsstelle der evangelischen Akademie Hermannsburg, o. D. [vermutlich zwischen November 1947 und Januar 1948], LKA Hannover N 57 Nr. 1 (Nachlass Harald von Rautenfeld). Auch wenn diese Fassung der Satzung von Witt unterschrieben ist, ist es plausibel, dass Seeberg selbst die Verfasserin dieses Selbstverständnisses und dieser Aufgabenbeschreibung des Flüchtlingsreferats ist. In einem Vorschlag zur Neuorganisation von 1948 wurde dieses Programm wörtlich wiederholt. Vgl. Vorschlag einer Neuorganisation der Forschungsstelle vom November 1948, LKA Hannover N 57 Nr. 1 (Nachlass Harald von Rautenfeld). Siehe auch oben Abschnitt 2.2.
[118] Zum Vergleich sei hier der Kurzbericht der Flüchtlingstagung noch einmal im Zusammenhang zitiert: Dann käme »[…] der sowieso schon einsetzende Prozess einer rein säkularen und nur auf die Durchsetzung wirtschaftlicher Forderungen gerichteten Entwicklung zum Durchbruch, die vom niedersächsischen Flüchtlingsminister Pastor Albertz in gewerkschaftsähnlichen Formen als wahrscheinlich, wenn nicht gar erwünscht aufgezeigt wurde. […] Das würde den sozialen Kampf eines neu sich bildenden fünften Standes mit allen unausweichlichen Folgen einer Entchristlichung nicht nur der Flüchtlinge, sondern natürlich auch der Einheimischen erfolgen.« Vgl. Bericht, Arbeitstagung über Flüchtlingsfragen der Forschungsstelle der evangelischen Akademie Hermannsburg vom 12.–19. November 1948, LKA Hannover N 57 Nr. 6 (Nachlass Harald von Rautenfeld). Diese Ähnlichkeiten sprechen dafür, dass beide Quellen auf Seeberg zurückgehen, zumal sie die Entfaltung des Forschungsprogramms für das Flüchtlingsreferat vermutlich selbst verfasst hat.
[119] Zur Albertz' Kurzbiografie siehe: RUDOLPH: Evangelische Kirche, 1984, S. 549.

cher Interessen« in »gewerkschaftsähnlicher Form« für »wünschenswert«.[120] Bereits auf der Hermannsburger Flüchtlingstagung von 1947 war die Kontroverse sichtbar. Während der Tagung gab Albertz zu Protokoll, dass er die Ergebnisse der Kommission »Die Stellung des Flüchtlings in der Volksordnung« unter der Leitung von Max Hildebert Boehm[121] nicht teile. Albertz ging zwar ebenfalls vom Massebegriff aus, lehnte jedoch die »klassenkämpferische These« ab und bemängelte, dass keine positive Formulierung gefunden worden sei, die den »Flüchtlingsmassen« signalisiere, dass »sie als entwurzelte Masse erkannt wird, und dass sie nun positiv in die neue Gemeinschaft aufgenommen werden soll.«[122] Er berief sich zur Untermauerung auf das theologische Konzept der »Stellvertretung«, die für Albertz auch in konkreten sozialen Forderungen sichtbar werden könne.[123]

In der Korrespondenz zwischen dem Referat für Flüchtlingsfragen und Heinrich Albertz gewann die Kontroverse deutlich an Schärfe. Albertz wandte sich in Briefen an Seeberg und den Landesbischof und zeigte sich angesichts der dortigen Klassenkampfrhetorik tief enttäuscht von den Hermannsburger Flüchtlingstagungen. Denn er hatte mit diesen die »letzte Hoffnung verbunden, dass hier innerhalb der Landeskirche der letzte Ort geschaffen würde, an dem an den Vertriebenen wirkliches Verständnis erweckt werden könne.«[124] Die von Seeberg vertretene These einer Säkularisierung der Vertriebenen lehnte er entschieden ab.[125] Gegenstand der Kontroverse war nicht nur das allgemeine Deutungsmuster der Säkularisierungsthese, sondern auch, damit zusammenhängend, die Legitimität der wirtschaftlichen Interessenvertretung der Vertriebenen sowie die Berechtigung des Klassenkampf-Narrativs, das Albertz zumindest dann, wenn mit diesem Deutungsmuster die Delegitimie-

---

[120] Bericht, Arbeitstagung über Flüchtlingsfragen der Forschungsstelle der evangelischen Akademie Hermannsburg vom 12.–19. November 1948, LKA Hannover N 57 Nr. 6 (Nachlass Harald von Rautenfeld).

[121] Zum prominenten Flüchtlingssoziologen und Rechtsintellektuellen Max Hildebert Boehm siehe: ULRICH PREHN: Max Hildebert Boehm. Radikales Ordnungsdenken vom Ersten Weltkrieg bis in die Bundesrepublik, Göttingen 2013. Dass Boehm die Kommission zum Thema der »Flüchtling in der Volksordnung« auf der Tagung von 1947 leitete, geht aus dem Tagungsprotokoll hervor. Siehe: Drittes Gespräch über Flüchtlingsfragen. Schluss der Gesamtaussprache am Montag, den 27. Oktober 1947, 15.30 Uhr, während der Tage des Gesprächs über Flüchtlingsfragen, Hermannsburger Flüchtlingstagung vom 25.10.1947 bis zum 27.10.1947, LKA Hannover L 3 III Nr. 302 (Kirchenkanzlei / Landesbischof Lilje), S. 3 f.

[122] A.a.O., S. 4 f.

[123] Zweites Gespräch über Flüchtlingsfragen. Eröffnung der Gesamtaussprache am Montag, 27. Oktober 1947, 11.15 Uhr, während der Tage des Gesprächs über die Flüchtlingsfragen, Hermannsburger Flüchtlingstagung vom 25.10.1947 bis zum 27.10.1947, LKA Hannover L 3 III Nr. 302 (Kirchenkanzlei / Landesbischof Lilje), S. 27.

[124] Schreiben von ALBERTZ an Seeberg vom 13.12.1948, mit Abschrift an Landesbischof Lilje, LKA Hannover N 57 Nr. 6 (Nachlass Harald von Rautenfeld).

[125] Ebd.

rung einer wirtschaftlich-materiellen Interessenvertretung verbunden war und sozialer Kampf mit Säkularisierung gleichgesetzt wurde, verneinte.[126] Als Interpretationsrahmen und Negativfolie zog der Flüchtlingsminister das historische Beispiel der sozialen Frage des 19. Jahrhunderts heran und parallelisierte die sozialen Konflikte des 19. Jahrhunderts mit der sozialen Dimension der Integrationsproblematik: »Man geht bewusst oder unbewusst denselben Weg, den die Kirche in ihrer Stellung zu den sozialen Kämpfen der Arbeiterschaft gegangen ist, und meint auch heute noch, sozialen Kampf verwechseln zu müssen mit einem Kampf gegen Christus.«[127] »Wirkliches Verständnis« beinhaltete für Albertz im Umkehrschluss, dass die materiellen Forderungen der Vertriebenen akzeptiert werden. Albertz ging dabei sogar noch weiter und sprach der Kirche insgesamt das Recht ab, sich gegen die sozialen Forderungen der Vertriebenen zu positionieren: »Es wäre äußerst interessant zu erfahren, woher die Konferenz ihr christliches Recht abgeleitet hat, die zu einer sozialen Explosion drängende Entwicklung aufzuhalten. Ich glaube, dass die Kirche kein Recht hat, sich für oder gegen die Revolution zu entscheiden.«[128]

Mit diesem Brief richtete sich Pastor Heinrich Albertz ausdrücklich gegen das Flüchtlingsreferat und die Hermannsburger Flüchtlingstagung vom November 1948. Er stellte damit das Programm der Forschungsstelle selbst infrage, in welchem Seeberg ja einen Zusammenhang von Säkularisierung und materiellen Forderungen konstruierte. Jedoch distanzierte sich der Flüchtlingsminister damit auch gegenüber dem Landesbischof. Hanns Lilje argumentierte in seinem oben ausführlich analysierten Eröffnungsreferat zwar nicht mit der Säkularisierungsthese, aber eine Skepsis gegenüber sozialen und wirtschaftlichen Forderungen der Vertriebenen lässt sich auch hier herauslesen. Freiwillige Bereitschaft zum Opfer bei den Einheimischen anstelle materieller Interessenvertretung der Vertriebenen – so ließe sich Liljes Konzept von Sozialpolitik idealtypisch und zugespitzt zusammenfassen.[129]

Die Kontroverse zwischen Albertz und dem Flüchtlingsreferat ist insofern von Interesse, weil mit ihnen konkrete Handlungsimplikationen verbunden waren. In diesem Fall ging es nicht zuletzt darum, ob die materiellen Interessen der Vertriebenen unterstützt wurden oder nicht, ob »die Kirche« die Vertriebenen mitsamt ihren Forderungen ernst nahm oder nicht. Die Deutung des SPD-Mitgliedes Albertz war aber auch aus politischen oder wahlkampftaktischen Interessen heraus motiviert. Denn mit einer Abwertung der materiellen Interessen waren keine Wählerstimmen aus dem Lager der Vertriebenen zu gewinnen.[130]

---

[126] Ebd.
[127] Ebd.
[128] Ebd.
[129] Vgl. den Beitrag von Christiane Kuller in diesem Band.
[130] Es kann davon ausgegangen werden, dass sich die Parteien früh um das große Wählerstimmenpotential der Vertriebenen bemühten. Kossert verweist auf die von Anfang an enge

Bei dieser Kontroverse handelt es sich nicht nur um eine allgemeine Positionsbestimmung, sondern Albertz unterstützte die Forderungen der Vertriebenen auch ganz direkt. 1948 forderte er die Vertriebenen auf einer Flüchtlingsversammlung in Kiel dazu auf, »[...] nüchtern und revolutionär zu denken, in den Handlungen zur Durchführung der Flüchtlingsforderungen radikal zu sein.«[131] Albertz' Argumentation war demnach gegen die von Seeberg gebrauchte Verbindung von »sozialer Explosion« und Säkularisierung gerichtet, nicht gegen klassenkämpferische Semantiken als solche. Denn er begrüßte selbst eine revolutionäre Rhetorik, um seinen Forderungen Nachdruck zu verleihen.

Es ist denkbar, dass mit der Abwertung der materiellen Interessenvertretung wie bei Seeberg und Lilje auch negative Bewertungen von Sozialpolitik einhergehen, um demgegenüber die Bedeutung von Opfer und individueller Caritas zu betonen. Am Beispiel der Argumentation von Heinrich Albertz konnten aber auch gegenläufige Tendenzen gezeigt werden, die im Rahmen der Projektarbeit weiter herausgearbeitet werden sollen. Im Zusammenhang möglicher sozialpolitischer Konnotationen wäre auf Gerstenmaiers Konzept einer politischen Diakonie[132] ebenso zu verweisen wie auf den Volkswirt Johannes Kunze, der als evangelischer Sozialpolitiker aktiv und federführend an der Lastenausgleichsgesetzgebung beteiligt war und auf späteren Tagungen in Hermannsburg referierte.[133] Eine strukturelle Parallele der Argumentationsmuster zu diesen Debatten über materielle Interessen und sozialpolitisches Engagement findet sich möglicherweise in den Debatten im Umfeld des sogenannten »Sozialen Protestantismus«,[134] dessen Vertreter eine individuelle, auf Caritas zielende Ethik als unzureichend empfanden und sich stattdessen gesellschaftspolitisch und sozialpolitisch engagierten, um Probleme auf einer strukturellen und institutionellen Ebene anzugehen, wie Sabrina Hoppe in diesem Band zeigen kann. Zentraler Ort für die

---

Bindung von Vertriebenen an die Sozialdemokratie, die in den 60er Jahren aus wahltaktischen Überlegungen intensiviert wurde. Siehe: ANDREAS KOSSERT: Kalte Heimat. Die Geschichte der deutschen Vertriebenen nach 1945, Berlin 2008. S. 165–181, v. a. S. 174. Zum Einsatz der SPD für einen »gerechten Lastenausgleich« siehe: Ebd. S. 174.

[131] Nach: MAREN VON XYLANDER: Flüchtlinge im Armenhaus: Studien zu Schleswig-Holstein 1945–1949, Neumünster 2010, S. 175 f.

[132] Zur Konzeption der politischen Diakonie siehe: RUDOLPH, Evangelische Kirche und Vertriebene, 1984, S. 166–176; JOCHEN-CHRISTOPH KAISER: Eugen Gerstenmaier in Kirche und Gesellschaft nach 1945, in: Protestanten in der Demokratie. Positionen und Profile im Nachkriegsdeutschland, hg. von WOLFGANG HUBER, München 1990, S. 69–92, hier: 84.

[133] TREIDEL: Evangelische Akademien, 2001, S. 152. Auf der Tagung im Mai 1951 referierte u. a. Johannes Kunze, Vorsitzender des Lastenausgleichsausschusses im Bundestag. Das Protokoll dieser Tagung ist nicht überliefert. Siehe: TREIDEL: Evangelische Akademien, 2001, S. 157, Anm. FN 755.

[134] Begriff nach: TRAUGOTT JÄHNICHEN und NORBERT FRIEDRICH: Geschichte der sozialen Ideen im Deutschen Protestantismus, in: Geschichte der sozialen Ideen in Deutschland. Sozialismus – Katholische Soziallehre – Protestantische Sozialethik. Ein Handbuch, hg. von HELGA GREBING, Essen 2000, S. 867–1103, hier: 1041.

Austragung dieser Debatten war der Sozialethische Ausschuss der Kirche des Rheinlands.[135] Damit gewinnt die Kontroverse zwischen der Forschungsstelle und Albertz einen exemplarischen Charakter für die protestantischen Beiträge zu den Integrationsdebatten, aber auch für die sozialethischen, sozialpolitischen und sozialstaatlichen Debatten innerhalb des Protestantismus überhaupt – mit Konsequenzen für das jeweilige Verständnis gesellschaftlicher Gestaltungsansprüche und für das gesellschaftliche und politische Handeln.

4. Schlussbetrachtungen

Wie gezeigt wurde, verdichten sich in dieser Skizze der Hermannsburger bzw. Loccumer Flüchtlingstagungen und der Arbeit der Forschungsstelle verschiedene Aspekte des Forschungsprojekts: Die Fragen nach übergreifenden Deutungsmustern, integrationspolitischen Implikationen, der Stellung soziologischer Expertise und ihre Funktion als Kirchen- und Politikberatung. Weitere Aspekte wie beispielsweise das spannungsreiche Verhältnis zur Sozialpolitik und insbesondere die Diskussionen um das Lastenausgleichsgesetz, die Debatten um Heimat und Heimatrecht, das Verhältnis von innerkirchlicher und gesamtgesellschaftlicher Integration, sowie die Reflexion von Modernisierungserscheinungen als Meta-Diskurs der Integrationsdebatten werden Gegenstand einer monographischen Darstellung sein.

Am Beispiel der evangelischen Akademie Hermannsburg-Loccum zeigt sich die Pluralität des Protestantismus wie in einem Brennspiegel. Die Akademietagungen weisen ein vielfältiges Geflecht an divergierenden Interessen, Motivationslagen, Deutungsmustern und Auffassungen völlig unterschiedlicher Akteure mit jeweils unterschiedlichen integrationsbezogenen Implikationen auf. Wenn auch Seeberg als Organisatorin einen großen Einfluss auf die inhaltliche Ausrichtung der Tagungen hatte und dem Landesbischof sicherlich ein großer inhaltlicher Einfluss auf die Semantisierung der Flüchtlingsfrage zugesprochen werden kann, so gibt es keine Anzeichen dafür, dass hier nur ein bestimmtes protestantisches oder politisches Lager ein Forum erhielt, auch wenn nicht grundsätzlich ausgeschlossen werden kann, dass »hinter den Kulissen« Zugangsbeschränkungen für Referenten und Referentinnen und Teilnehmer und Teilnehmerinnen formuliert und angewandt wurden. Da hier auch leitende Beamte aus Behörden, Politiker und Interessenvertreter auftraten – also Akteure, deren Handeln und Denken sich nicht nur konfessionellen Prägekräften, sondern auch berufsbedingten und interessenspezifischen Motivationslagen verdankten – zeigt sich hier ein Kommunikationsprozess zwischen verschiedenen protestantischen und gesellschaftlichen Akteuren. Dabei bot die

---

[135] Vgl. dazu den Beitrag von Sabrina Hoppe in diesem Band, S. 218–221.

Akademie mit ihren regelmäßig abgehaltenen Flüchtlingstagungen auch den Vertriebenen selbst ein Artikulationsforum. Neben Herbert Girgensohn und Friedrich Spiegel-Schmidt als Repräsentanten der evangelischen Vertriebenen in der EKD referierten Vertreter der Landsmannschaften, Vertreter der kurzfristig erfolgreichen Vertriebenen-Partei »Bund der Heimatlosen und Entrechteten (BHE)« und später sogar Mitglieder des anfangs skeptisch beäugten Zentralverbandes der Vertriebenen auf den Tagungen.[136] Die komplizierten Verflechtungen unterschiedlicher Prägefaktoren und Interessen manifestiert sich teilweise sogar im einzelnen Akteur, wie das Beispiel Heinrich Albertz zeigt: Als aus den ehemaligen deutschen Ostgebieten stammender evangelischer Pastor, Sozialdemokrat, Flüchtlingsseelsorger, Flüchtlings- und Sozialminister der niedersächsischen Landesregierung steht er paradigmatisch für die Gemengelage unterschiedlicher Prägungen und Motivationen und für eine andere Ausformung des Protestantismus als Stella Seeberg oder Hanns Lilje. Deutlich wird am Beispiel der Flüchtlingstagungen auch, dass wissenschaftliche, nach methodischen Standards arbeitende Experten im oben genannten Sinn in Hermannsburg-Loccum nur selten auftraten, was Rückschlüsse auf das Expertenverständnis zulässt. Die auf den Tagungen dominierenden Vertreter aus Behörden und Landeskirchenämtern wurden aufgrund ihrer administrativ-politischen Entscheidungskompetenz ausgewählt. Sie besuchten die Tagungen, um über ihre Erfahrungen und Perspektiven als Entscheidungsträger zu referieren und zu reflektieren. Die evangelische Akademie Hermannsburg-Loccum war demnach eher ein Ort des Erfahrungs- und Meinungsaustausches und leistete als solcher einen Beitrag zur Versachlichung der Integrationsdebatten, jedoch nicht zur Versozialwissenschaftlichung der Vertriebenenproblematik.

Zum Abschluss sei eine Einordnung in die historiographische Auseinandersetzung mit den 1950er Jahren versucht. In der Geschichtswissenschaft wurde die Frage diskutiert, ob die Frühphase der Bundesrepublik als Epoche der Restauration oder der Modernisierung zu bewerten sei. Hanns Liljes Referat ent-

---

[136] Spiegel-Schmidt und Girgensohn waren auf fast jeder Tagung zugegen. Auf der Flüchtlingstagung im November 1950 sprachen als politische Vertreter der Vertriebenen Herbert von Bismarck, Sprecher der pommerschen Landsmannschaft, der schleswig-holsteinische Finanzminister und BHE-Abgeordnete Waldemar Kraft und Helmut von Wangenheim als Vertreter des Zentralverbands der Vertriebenen. Vgl. STELLA SEEBERG (Hg.): Aufgaben an den Heimatvertriebenen. Vorträge und Aussprachen bei der Arbeitstagung der Forschungsstelle der Evangelischen Akademie Hermannsburg vom 17. bis 21. November 1950, Hermannsburg 1951, u. a. S. II. Der skeptische Blick auf den Zentralverband der Vertriebenen ergibt sich konsequent aus Seebergs Gleichsetzung von Säkularisierung und materieller Interessenvertretung, wird aber auch anhand interner Protokolle greifbar. In einer Gesprächsniederschrift kritisierte Seeberg die radikalen und demagogischen Tendenzen des Zentralverbandes, lotete aber auch Möglichkeiten der Zusammenarbeit aus. Siehe: Niederschrift. Zweites Gespräch zwischen Vertretern der Kirche und des Zentralverbandes der Vertriebenen vom 15.9.1950, LKA Hannover, N 14 Nr. 19 (Nachlass Friedrich Bartels).

spricht sicherlich der Tradition konservativer Kulturkritik.[137] Die Betonung von individueller Caritas lässt sich im Kontext traditioneller Vorstellungen von Diakonie verstehen.[138] Ebenso mag die gerade von Stella Seeberg vertretene Säkularisierungsthese insofern ein restauratives Moment beinhalten, als dass sie hier eine Verlustperspektive aufzeigte und das Säkularisierungsnarrativ mit den Ängsten vor dem sozialrevolutionären Potential der Vertriebenen verband. Solche Warnungen und Ängste waren typisch für die ersten Jahre des Integrationsprozesses und erklären sich vor dem Hintergrund der »Gründungskrise der Bundesrepublik.«[139] Krisensemantiken waren aber sicherlich nicht dazu geeignet, einen konstruktiven Beitrag zur Integration der westdeutschen Gesellschaft zu leisten.

Sozialrevolutionäre Befürchtungen bewahrheiteten sich trotz des großen Konfliktpotentials nicht. Das Säkularisierungsnarrativ ist im Denken Stella Seebergs bis zum Ende der 50er Jahre zwar weiterhin zu finden, die klassenkämpferische Aufladung verlor jedoch insgesamt an Bedeutung. Protestantische Akteure wie Albertz betonten hingegen schon früh die Legitimität materieller Interessen und nahmen damit eine sozial benachteiligte Gruppe samt ihrer Anliegen ernst. Das kann angesichts der vorherrschenden konservativen, antimaterialistischen Kulturkritik und harmonistischer Gesellschaftsauffassungen als innovativer Beitrag gelten. Die hier skizzierten Debatten können auch als Ausdruck sozialethischer und gesellschaftspolitischer Neuorientierungen im Protestantismus verstanden werden, die sich nicht mehr mit moralischen Appellen an die Nächstenliebe des Einzelnen begnügte, sondern einen gesellschaftlichen Gestaltungsanspruch auf einer strukturellen Ebene vertrat.[140] Insgesamt lassen sich restaurative Tendenzen und Neujustierungen anhand dieses Beispiels gleichermaßen zeigen; dies korrespondiert mit der

---

[137] Nolte verweist auf die Bedeutung der konservativen Kulturkritik als Anknüpfungspunkt für die Diskurse nach 1945. Siehe: NOLTE: Ordnung, S. 221. Zur Bedeutung von Vermassung für diese Denktradition siehe: Ebd. S. 304–306. Oelke weist auf die Prägekraft des »Jungen Konservatismus« auf das theologische Denken des jungen Lilje hin. Vgl. OELKE: Lilje, 1999, S. 140.

[138] Siehe oben. Vgl. außerdem den Beitrag von Sabrina Hoppe in diesem Band.

[139] HANS GÜNTER HOCKERTS: Integration der Gesellschaft. Gründungskrise und Sozialpolitik in der frühen Bundesrepublik, in: Zeitschrift für Sozialreform 32 (1986), S. 23–41, hier: 25. So machte beispielsweise der stark rezipierte Flüchtlingssoziologe Eugen Lemberg auf den Charakter des Klassenkampfes aufmerksam: EUGEN LEMBERG: Die Ausweisung als Schicksal und Aufgabe. Zur Soziologie und Ideologie der Ostvertriebenen, München 1949, S. 25 und S. 30 f.

[140] Einen Überblick über solche Neuorientierungen findet sich bei: JÄHNICHEN, FRIEDRICH: Sozialethik, 2000. Diese Überblicksdarstellung enthält zwar keine Konkretisierung sozialethischer Paradigmenwechsel im Hinblick auf die Vertriebenenproblematik, jedoch lassen sich Analogien in den Debatten des sozialen Protestantismus und den Integrationsdebatten zeigen.

historiographischen Auseinandersetzung mit den 50er Jahren.[141] Eine Leitfrage der weiteren Projektarbeit wird sein, inwieweit der »Modernisierungsschub unter konservativen Vorzeichen«[142], so der Soziologe Peter Waldmann über die Folgen der Integration der Vertriebenen, auch einen diskursgeschichtlichen Niederschlag in Form neuer Gesellschaftsvorstellungen fand. Die Neuorientierungen konnten freilich erst in der Abarbeitung an überkommenen Denktraditionen entwickelt werden. Welche Impulse oder Hemmungen vom Protestantismus hierfür ausgingen, bleibt an anderer Stelle zu klären.

---

[141] Vgl. ARNOLD SYWOTTEK: Wege in die 50er Jahre, in: Modernisierung im Wiederaufbau. Die westdeutsche Gesellschaft der 50er Jahre, hg. von AXEL SCHILDT und ARNOLD SYWOTTEK, Bonn 1993, S. 13–42. Zum Nebeneinander von Erneuerungsdruck und Restaurationsversuchen im protestantischen Milieu: CHRISTOPH KLESSMANN: Kontinuitäten und Veränderungen im protestantischen Milieu, in: Modernisierung im Wiederaufbau. Die westdeutsche Gesellschaft der 50er Jahre, hg. von AXEL SCHILDT und ARNOLD SYWOTTEK, Bonn 1993, S. 403–417. Schildt stellt Verschiebungen im intellektuellen Milieu und im Konservatismus dar, siehe: AXEL SCHILDT: Auf neuem und doch scheinbar vertrautem Feld. Intellektuelle Positionen am Ende der Weimarer und am Anfang der Bonner Republik, in: Rückblickend in die Zukunft. Politische Öffentlichkeit und intellektuelle Positionen in Deutschland um 1950 und 1930, hg. von DEMS. und ALEXANDER GALLUS, Göttingen 2011, S. 13–32. Auch Schwartz betont das Nebeneinander von Modernisierung und Restauration, siehe: MICHAEL SCHWARTZ: Vertriebene und Umsiedlerpolitik. Integrationskonflikte in den deutschen Nachkriegs-Gesellschaften und die Assimilationsstrategien in der SBZ / DDR 1945–1961, München 2004, S. 27.

[142] PETER WALDMANN: Die Eingliederung der ostdeutschen Vertriebenen in die westdeutsche Gesellschaft, in: Vorgeschichte der Bundesrepublik. Zwischen Kapitulation und Grundgesetz, hg. von JOSEF BECKER, THEO STAMMEN und PETER WALDMANN, München 1987, S. 165–198, hier: 190.

»Aber wir können doch nicht alle Leute, die zu diesen Dingen etwas zu sagen haben, mit heranziehen!«
Das Netzwerk Friedrich Karrenbergs als exemplarisches protestantisches Netzwerk in der frühen Bundesrepublik

Sabrina Hoppe

1. Einleitung

»Ich habe heute ein Schreiben von Eb. Müller bekommen, das mir völlig unverständlich ist. Können Sie sich denken, was hier überhaupt los ist? Ich habe wirklich keine Lust, mich ständig mit Eb. Müller zu reiben und wirklich auch etwas anderes zu tun.«[1]

So schreibt Friedrich Karrenberg, der Inhaber einer Nietenfabrik im rheinländischen Velbert und zugleich Vorsitzender des Sozialethischen Ausschusses der Evangelischen Kirche im Rheinland im Jahr 1954 an seinen Mitarbeiter Martin Donath.[2] Den Anlass für diesen Stoßseufzer Karrenbergs bildete ein Brief Eberhard Müllers, des Gründungsdirektors der Evangelischen Akademie Bad Boll, in dem dieser seinem Unmut Luft gemacht hatte: Nach einer Besprechung in der Arbeitsgruppe »Wirtschaft« des Kirchentages fühlte er sich von Karrenberg übergangen und düpiert. Diese Verstimmung blieb nicht die einzige im gespannten Verhältnis zwischen dem Soziologen, Wirtschaftswissenschaftler und Unternehmer Karrenberg und dem Theologen und Pfarrer Müller. Zahlreiche Briefe haben sie sich geschrieben – jedoch mehr aus sachlichen Zwängen als aus persönlicher Zuneigung. Beide saßen gemeinsam in den wichtigsten kirchlichen

---

[1] Brief Karrenbergs an Martin Donath, 3.3.54, AEKR, Nachlass Karrenberg, 7 NL 005, A18.

[2] Martin Donath (1904–1966) Volkswirt, tätig in diversen Firmen als kaufmännischer Direktor, 1948–1952 Geschäftsführer der Wirtschaftsgilde in Bad Boll. Nach erheblichen Differenzen mit Akademiedirektor Eberhard Müller wechselt er 1952 ins Rheinland, wo er Friedrich Karrenberg als Sozialreferent unterstützt und hauptamtlicher Geschäftsführer des Sozialethischen Ausschusses wird. Er ist außerdem in der Evangelischen Akademie Mülheim/Ruhr beschäftigt. Karrenberg äußert sich im Verlauf der Jahre kritischer zu Donath, er handle zu eigenmächtig und sei nicht teamfähig (vgl. Karrenberg an Held, undatiert, AEKR, HA Held). 1956 wechselt er als Sozialreferent in die Evangelische Kirche in Baden.

Gremien der Nachkriegszeit und koordinierten die soziale Arbeit ihrer beiden Landeskirchen. So arbeiteten sie zusammen in der Arbeitsgruppe »Wirtschaft« des Deutschen Evangelischen Kirchentags sowie in der Kammer der EKD für soziale Verantwortung und waren innerhalb ihrer jeweiligen Landeskirchen die unangefochtenen Drahtzieher und Initiatoren im Bereich des sogenannten Sozialen Protestantismus. Sowohl die Evangelische Akademie Bad Boll, die bereits kurz nach dem Kriegsende im Jahre 1945 ihre erste Tagung veranstaltete,[3] als auch der Sozialethische Ausschuss der Evangelischen Kirche im Rheinland können als diejenigen Institutionen des Nachkriegsprotestantismus gelten, die das Engagement des kirchlichen wie auch des öffentlichen Protestantismus in der bundesrepublikanischen Gesellschaft maßgeblich geformt und geprägt haben.[4] So verschieden die persönlichen Hintergründe der beiden ›Antipoden‹ Friedrich Karrenberg und Eberhard Müller waren und so unterschiedlich sie ihre Arbeit gestalteten, so eng waren sie doch verbunden in ihrem Bemühen, als Protestanten und Vertreter ihrer Kirche einen Beitrag zur sozialen Verständigung, zu einem demokratischen Gemeinwesen und einer gerechten Wirtschaftsordnung in der jungen Bundesrepublik zu leisten. Die bereits erwähnten protestantischen Initiativen wie der Deutsche Evangelische Kirchentag und die Evangelischen Akademien, ebenso wie die beratenden Kammern der EKD lassen sich als »institutionalisierte Dauerreflexion«[5] im gesamtprotestantischen Raum beschreiben und als unterschiedlicher Ausdruck protestantischen Gestaltungswillens in der Nachkriegszeit begreifen.

Die spannungsvolle Beziehung zwischen Friedrich Karrenberg und Eberhard Müller wurde bereits in einigen Veröffentlichungen zur Industrie- und Sozialarbeit, sowie zum Sozialen Protestantismus nach 1945 thematisiert, besonders um die unterschiedlichen Herangehensweisen an die im weitesten Sinne ›sozialethische praktische Arbeit‹ der beiden Drahtzieher in Nordrhein-Westfalen und Baden-Württemberg zu beschreiben.[6]

---

[3] Von 29.9. bis 12.10.1945 fand die erste Tagung für »Männer des Rechts und der Wirtschaft« in Bad Boll unter der Leitung von Eberhard Müller statt.

[4] Siehe dazu die Aufzählung der für die Arbeit der Sozialkammer relevanten Institutionen, an deren erster Stelle der Sozialethische Ausschuss genannt wird, vgl. GÜNTER RIEDNER: Die Kammer für Soziale Ordnung der Evangelischen Kirche in Deutschland. Über den Versuch, aus christlicher Verantwortung die Sozial- und Wirtschaftspolitik der Bundesrepublik mitzugestalten (Europäische Hochschulschriften, Reihe 23, 510), Frankfurt am Main 1994, S. 53 f.

[5] Vgl. der gleichlautende Beitrag Schelskys, der einen durchaus kritischen Blick auf die ›Dauerreflexion‹ wirft: HELMUT SCHELSKY: Ist die Dauerreflexion institutionalisierbar? Zum Thema einer modernen Religionssoziologie, in: Zeitschrift für Evangelische Ethik 1 (1957), S. 153–174.

[6] Vgl. HEINRICH VOKKERT: Entwicklung und Wandlung der Industrie- und Sozialpfarrämter in den westdeutschen Landeskirchen von 1945 bis Ende der 60er Jahre. Diss. masch., Münster 1973; REINHARD VELLER: Theologie der Industrie- und Sozialarbeit. Zur Theologie der evangelischen Industrie- und Sozialarbeit (Gesellschaft, Kirche, Wirtschaft 2), Köln 1974; JÖRG HÜBNER: Nicht nur Markt und Wettbewerb. Friedrich Karrenbergs wirtschaftsethischer

Warum aber werden die Dissonanzen der beiden Antipoden hier noch einmal dezidiert zur Sprache gebracht? Schließlich handelt es sich bei ihnen auf den ersten Blick um nicht mehr als amüsante Anekdoten jener Art, wie sie durch historische Quellen immer wieder ans Licht gebracht werden. Doch ich möchte ihnen noch einen zweiten, etwas genaueren Blick widmen: Die in beider Korrespondenz konstant zu findenden gegenseitigen Ressentiments und Unmutsäußerungen können ein Anlass sein, die Form der Zusammenarbeit und die Genese der Beziehungen sowohl der beiden Protagonisten als auch ihrer Mitarbeiter genauer unter die Lupe zu nehmen. Es wird sich bei diesem genaueren Hinsehen ein vielschichtiges Geflecht persönlicher Beziehungen und wissenschaftlich-thematischer Auseinandersetzungen zeigen, das das Engagement Karrenbergs und Müllers in den protestantischen Initiativen zur Gestaltung der bundesrepublikanischen Gesellschaft miteinander verbindet. Und schließlich wird ein dritter Blick es erlauben, diese Netzwerke, die beide um sich und ihre Wirkungsorte knüpften, zu identifizieren und auf ihre wichtigen Knoten, Beziehungsstränge und Handlungsmotive hin zu untersuchen. Diese drei Hinsichten sollen im Folgenden zusammengeführt werden. Sie schließen an neuere Diagnosen der Protestantismusforschung an, die dem »deutsche[n] evangelische[n] Milieu«[7] bereits für die Zwischenkriegszeit »eine starke Neigung zur inneren Fragmentierung sowie zur Ausbildung eines ausgeprägten Vereins-und Verbandswesens« bescheinigen.[8] Organisationen, Schulen, Kongresse, Gruppen, Kreise und Bünde,[9] die ihre Wurzeln in der Jugendbewegung[10] und anderen sozialen Bewegungen wie den Studentenverbindungen haben, bildeten personale Netzwerke, die sowohl die wissenschaftliche Theologie an den Universitäten, als auch den kirchlichen

---

Beitrag zur Ausgestaltung der sozialen Marktwirtschaft (SWI ... außer der Reihe 16), Bochum 1993.

[7] HANS-CHRISTOF KRAUS: Die Furche. Zur Entwicklung einer evangelischen Zeitschrift zwischen Kaiserreich und Nationalsozialismus, in: Das evangelische Intellektuellenmilieu in Deutschland, seine Presse und seine Netzwerke (1871–1963), hg. von MICHEL GRUNEWALD, UWE PUSCHNER und HANS-MANFRED BOCK, Bern 2008, S. 313–338, hier: 313.

[8] Ebd.

[9] Vgl. nur RICHARD FABER und CHRISTINE HOLSTE: Kreise – Gruppen – Bünde. Zur Soziologie moderner Intellektuellenassoziation, Würzburg 2000; MICHEL GRUNEWALD, UWE PUSCHNER und HANS-MANFRED BOCK (Hgg.): Das evangelische Intellektuellenmilieu in Deutschland, seine Presse und seine Netzwerke (1871–1963), Bern 2008.

[10] Die Bedeutung der Jugendbewegung für die Bildung protestantischer Netzwerke kann hier nicht näher ausgeführt werden, es ist jedoch zu vermuten, dass Gründungen wie die Michaelsbruderschaft und die unten näher erläuterte Neuwerk-Bewegung in ideeller Nähe zu den Motiven der Jugendbewegung standen. Vgl. zur historischen Einordnung der Jugendbewegung u. a. BARBARA STAMBOLIS: Mythos Jugend. Leitbild und Krisensymptom. Ein Aspekt der politischen Kultur im 20. Jahrhundert (Edition Archiv der deutschen Jugendbewegung 11), Schwalbach 2003. Die Fragen nach der Bedeutung der Jugendbewegung für die Genese protestantischer Netzwerke berühren sich mit dem Ansatz der Generationenforschung, der u. a. von Jürgen Reulecke für den hier relevanten Zeitraum angewandt wird, vgl. JÜRGEN REULECKE (Hg.): Generationalität und Lebensgeschichte im 20. Jahrhundert, München 2003.

und freien Protestantismus in Deutschland durchzogen. Während die Rede von
›theologischen Schulen‹ in der Moderne spätestens seit der Rezeption der sogenannten Ritschl-Schule[11] geläufig ist, wurde die Bedeutung personaler Netzwerke, die von theologischen Schulen zu unterscheiden sind, für den Protestantismus bisher nur selten dezidierter Gegenstand wissenschaftlicher Untersuchungen.[12] Besonders für die unmittelbare Nachkriegszeit fehlt es an Untersuchungen zur Netzwerkbildung innerhalb des Protestantismus, während die Zeit der
›langen 60er Jahre‹ wieder vermehrt zur Folie solcher Untersuchungen wurde,
nicht zuletzt aufgrund des Aufkommens der ›Neuen Sozialen Bewegungen‹ und
der Studentenbewegung der 68er-Generation.[13] Dieses Forschungsdesiderat für
die Nachkriegszeit verwundert besonders angesichts der Tatsache, dass die neugegründeten Einrichtungen im Raum der Evangelischen Kirche in Deutschland,
wie die Evangelischen Akademien, der Kirchentag, die kirchlichen Kammern
und Gremien, sowie evangelische Tages- und Wochenzeitungen, durchweg auf
die Initiativen engagierter Protestanten zurückgingen.[14] Diese haben sich jedoch

---

[11] Eingezeichnet in die Schulbildungen in der evangelischen Theologie des 19. Jahrhunderts (Vermittlungstheologie, Erweckungstheologie, konfessionelle Theologie, spekulative
Theologie) bemühte sich Albrecht Ritschl (vgl. zu Ritschl hier nur: ULRICH BARTH: Das ge-
brochene Verhältnis zur Reformation. Bemerkungen zur Luther-Deutung Albrecht Ritschls,
in: DERS.: Aufgeklärter Protestantismus, Tübingen 2004, S. 125–148) besonders um eine neue
Wesensbestimmung des Protestantismus, die sogenannten Ritschl-Schüler verorten sich bald
in unterschiedlichen theologischen Richtungen, zu ihnen werden gemeinhin u. a. Wilhelm
Herrmann, Ernst Troeltsch und Julius Kaftan gezählt. Joachim Weinhardt zeigte bereits die
Grenzen einer solchen Schulenzuordnung auf und verweist auf die Bedeutung des »individuellen Gepräge[s] der einzelnen Theologen« (JOACHIM WEINHARDT: Wilhelm Herrmanns Stellung in der Ritschlschen Schule [Beiträge zur historischen Theologie 97], Tübingen 1996, S. 7).

[12] Eine Ausnahme bilden hier die Untersuchungen von MICHEL GRUNEWALD, UWE PUSCH-
NER und HANS-MANFRED BOCK (Hgg.): Das evangelische Intellektuellenmilieu in Deutschland, seine Presse und seine Netzwerke (1871–1963), Bern 2008.

[13] Vgl. z. B. die Beiträge in SIEGFRIED HERMLE, CLAUDIA LEPP und HARRY OELKE (Hgg.):
Umbrüche. Der deutsche Protestantismus und die sozialen Bewegungen in den 1960er und
70er Jahren (Arbeiten zur kirchlichen Zeitgeschichte, Reihe B: Darstellungen 47), Göttingen
2007; KLAUS FITSCHEN u. a. (Hgg.): Die Politisierung des Protestantismus, Göttingen 2010.

[14] Der gegenwärtige Forschungsstand sowohl zur Bedeutung der Evangelischen Akademien als auch zu weiteren protestantischen (Laien-)Initiativen mit dem Anspruch einer Gestaltung von Gesellschaft und Politik in der frühen Bundesrepublik weist dabei drei Schwerpunkte auf. So haben sich *erstens* insbesondere Traugott Jähnichen, Günter Brakelmann und
Jörg Hübner, man könnte hier bereits von einer ›Bochumer Schule‹ sprechen, einer detaillierten Analyse des Sozialen Protestantismus gewidmet. Vgl. dazu nur: TRAUGOTT JÄHNI-
CHEN (Hg.): Auf dem Weg in »dynamische Zeiten«. Transformationen der sozialen Arbeit
der Konfessionen im Übergang von den 1950er zu den 1960er Jahren (Bochumer Forum zur
Geschichte des sozialen Protestantismus 9), Berlin 2007; TRAUGOTT JÄHNICHEN und NOR-
BERT FRIEDRICH (Hgg.): Gesellschaftspolitische Neuorientierungen des Protestantismus in
der Nachkriegszeit (Bochumer Forum zur Geschichte des sozialen Protestantismus 3), Münster 2002. *Zweitens* sind in den letzten Jahren diverse Einzelstudien zu den Evangelischen Akademien und ihnen nahestehenden Kreisen erschienen, vgl. insbesondere RULF JÜRGEN TREI-
DEL: Evangelische Akademien im Nachkriegsdeutschland. Gesellschaftspolitisches Engage-

nicht als Einzelkämpfer an die Arbeit des Wiederaufbaus der evangelischen Kirche gemacht – ein solches Bild wollen zeitgenössische Darstellungen gerne vermitteln.[15] Sondern ihr Engagement wurde vor allem von persönlichen Beziehungen getragen und vermittelt, die wiederum zu nützlichen Kontakten an den Schnittstellen von Kirche, Politik und Öffentlichkeit führten. Die Bedeutung dieser informellen Netzwerke für die Gestaltungsversuche engagierter Protestanten in der bundesdeutschen Gesellschaft kann nicht hoch genug eingeschätzt werden.

2. ›The strength of weak ties‹[16] – Voraussetzungen einer netzwerkanalytischen Perspektive auf den Protestantismus in der frühen Bundesrepublik

Den persönlichen und wissenschaftlichen protestantischen Netzwerken in der jungen Bundesrepublik soll hier eine eigene Analyse gewidmet werden. Welche Stellung nehmen sie in den diversen politischen und ethischen Debatten

---

ment in kirchlicher Öffentlichkeitsverantwortung (Konfession und Gesellschaft 22), Stuttgart / Berlin / Köln 2001; THOMAS SAUER: Westorientierung im deutschen Protestantismus? Vorstellungen und Tätigkeit des Kronberger Kreises (Ordnungssysteme. Studien zur Ideengeschichte der Neuzeit 2), München 1999; THOMAS MITTMANN: Kirchliche Akademien in der Bundesrepublik (Geschichte der Religion in der Neuzeit 4), Göttingen 2011. *Drittens* kann auf diverse Darstellungen analytisch-sozialwissenschaftlichen Charakters zurückgegriffen werden, die sich streckenweise mit dem Phänomen des Protestantismus als gesellschaftlicher Deutungsmacht beschäftigen, vgl. besonders JOCHEN-CHRISTOPH KAISER (Hg.): Christentum und politische Verantwortung. Kirchen im Nachkriegsdeutschland (Konfession und Gesellschaft 2), Stuttgart / Berlin / Köln 1990; MICHAEL KLEIN: Westdeutscher Protestantismus und politische Parteien. Anti-Parteien-Mentalität und parteipolitisches Engagement von 1945 bis 1963 (Beiträge zur historischen Theologie 129), Tübingen 2005; MORTEN REITMAYER: Elite. Sozialgeschichte einer politisch-gesellschaftlichen Idee in der frühen Bundesrepublik (Ordnungssysteme. Studien zur Ideengeschichte der Neuzeit 28), München 2009.

[15] Vgl. nur Titel wie: JÜRGEN BACHMANN (Hg.): Zum Dienst berufen. Lebensbilder leitender Männer der Evangelischen Kirche in Deutschland (Zeitnahes Christentum 29), Osnabrück 1963; HEINRICH VOGEL, JOACHIM BECKMANN und JOHANNES JÄNICKE (Hgg.): Männer der Evangelischen Kirche in Deutschland. Eine Festgabe für Kurt Scharf zu seinem 60. Geburtstag, Berlin 1962.

[16] MARK GRANOVETTER: The Strength of Weak Ties, in: American Journal of Sociology 78 (1973), S. 1360–1380. In seinem aufsehenerregenden Aufsatz betont Granovetter erstmals die Bedeutung ›schwacher Beziehungen‹, z. B. loser Bekanntschaften, im Gegenüber zu ›starken Beziehungen‹, wie Freundschaften und Liebesbeziehungen. In seiner Dissertation »Getting a Job« hat er seine Überlegungen auf den Arbeitsmarkt übertragen (MARK S. GRANOVETTER: Getting a job. A study of contacts and careers, Cambridge (Mass.) 1974). Aufgenommen wurden Granovetters Überlegungen z. B. von Christian Stegbauer: CHRISTIAN STEGBAUER: Weak und Strong Ties – Freundschaft aus netzwerktheoretischer Perspektive, in: Netzwerkanalyse und Netzwerktheorie. Ein neues Paradigma in den Sozialwissenschaften, hg. von DEMS., Wiesbaden 2008, S. 105–119.

in Deutschland ein? Wer sind ihre Protagonisten, Sprecher und Hintermänner? Wie und wo werden sie publizistisch tätig? Wie kommunizieren sie ihre Inhalte? Ist es angebracht, für die 50er Jahre tatsächlich von einer »protestantischen Mafia«[17] zu sprechen, wie ein Bonmot Dahrendorfs es andeutet? Bereits Ernst Troeltsch beschrieb die kulturprägende Kraft des Protestantismus, sowie die Wechselwirkungen zwischen der modernen Kultur und dem Protestantismus im Zusammenhang einer kulturprotestantischen Wirklichkeitsdeutung.[18] So lässt sich auch die Frage stellen: Welche Rückwirkungen der Gesellschaft auf den bundesdeutschen Protestantismus gibt es zu verzeichnen? Christian Albrecht formuliert diesbezüglich: »[...] so verstärkt sich inzwischen jedoch zunehmend auch eine gegenläufige Blickrichtung, die den Protestantismus zugleich als Produkt der modernen Kultur erscheinen läßt, gewissermaßen also das kulturelle Erbe wieder in den Protestantismus überführt.« Und weiter, und das führt nun thematisch und zeitlich auf die junge Bundesrepublik zurück: »Zwar ist diese Perspektive in den kulturprotestantischen Wechselwirksamkeitstheoremen immer schon mitbedacht und mit einkalkuliert gewesen. Doch in der Nachkriegsentwicklung haben diese Einflüsse der modernen Kultur auf den Protestantismus eine zugespitzte Gestalt gewonnen, die eine systematische Rekonstruktion nötig erscheinen läßt.«[19] Eine solche Rekonstruktion der Einflüsse der modernen Kultur auf den Protestantismus sowie deren Wechselwirkungen soll im Folgenden anhand einer als exemplarisch zu betrachtenden Fallstudie versucht werden. Die Rekonstruktion erfolgt hier methodisch anhand der Analyse protestantischer Netzwerke in der Bundesrepublik, die in ihrer Beteiligung an diversen gesellschaftlichen Debatten sichtbar werden.

Der Versuch, protestantische Netzwerke in der frühen Bundesrepublik sichtbar werden zu lassen, um nach der Formatierung des Protestantismus jenseits theologischer Schulen, politischer Grabenkämpfe und kirchenpolitischer Frontstellungen zu fragen, verdankt sich einer frühen Einsicht aus der Geburtsstunde der Soziologie. Sie wurde jedoch nicht etwa von Max Weber oder Ernst Troeltsch geäußert, sondern von Georg Simmel. Soziologie ist für Simmel die

---

[17] Vgl. einen Ausspruch Ralf Dahrendorfs, der damit das Netzwerk einflussreicher Protestantinnen und Protestanten in der Bundesrepublik beschreibt, er zählt dazu u. a. die Weizsäcker-Familie, Marion Gräfin Dönhoff und Ludwig Raiser, vgl. DER SPIEGEL, Nr. 32 (15.01.1997).

[18] Vgl. bes. ERNST TROELTSCH: Die Bedeutung des Protestantismus für die Entstehung der modernen Welt. Vortrag, gehalten auf der IX. Versammlung deutscher Historiker zu Stuttgart am 21. April 1906, München und Berlin 1906.

[19] CHRISTIAN ALBRECHT: Protestantische Identität in moderner Lebenskultur. Der Ort des Religiösen in einer kulturbezogenen Hermeneutik, in: Die Kunst des Auslegens. Zur Hermeneutik des Christentums in der Kultur der Gegenwart, hg. von REINER ANSELM und KLAUS TANNER, Frankfurt am Main 1999, S. 201–224, hier: 207–208.

»Geometrie« sozialer Beziehungen.[20] Soziale Beziehungen beschreibt er als »Formen regelhafter und verfestigter Interaktionen«[21], die zwischen Individuen verlaufen und von ihnen initiiert werden, ihren ursprünglichen Handlungsintentionen jedoch nicht entsprechen müssen, sich also »selbstständig machen«. Die Qualität der Relationen, die Art der Beziehungen zwischen den Akteuren ist es somit nach Simmel, die die Geometrie der Gesellschaft strukturieren, sie stellen die Form der Vergesellschaftung dar. Simmel geht sogar so weit, Individualität als das Ergebnis aus der »Kreuzung sozialer Kreise«[22] zu bezeichnen, eine moderne, gleichsam konstruktivistische Deutung der Genese von Individualität und Individualisierung.[23] Soziale Strukturen, die als Netzwerke im weitesten Sinne bezeichnet werden können, bilden damit in der Gesellschaft den »Modus zwischen sozialer Differenzierung und gesellschaftlicher Vereinheitlichung«[24], sie stellen die Form der »Wechselwirkungen« zwischen Individuen dar. Der Begriff der Wechselwirkung bei Simmel ist damit anders konnotiert als in seiner Verwendung bei Troeltsch und Albrecht (vgl. Anm. 19). So besagt er bei Simmel, »dass die Wahrnehmung, die Erwartungshaltung und das Handeln eines Akteurs von dem abhängt, was ein anderer Akteur in einer gemeinsamen sozialen Situation wahrnimmt, erwartet und/oder tut.«[25] Diese Wechselwirkungen innerhalb der sozialen Beziehungen zwischen Menschen werden für Simmel zum »Letztelement in der Erklärung sozialer Sachverhalte«.[26] Die Strukturierung gesellschaftlicher Prozesse durch relationale Beziehungen und das Anerkennen des Potentials gesellschaftlicher Dynamik durch die Kommunikation in Netzwerken gehören zu den Grundannahmen einer netzwerkanalytischen Betrachtungsweise der Gesellschaft. Die Netzwerkanalyse nahm und nimmt immer wieder für sich in Anspruch, eine Theorie zu sein, nicht nur eine Methode zur Analyse sozialer Struk-

---

[20] GEORG SIMMEL: Soziologie. Untersuchungen über die Formen der Vergesellschaftung, Berlin 1908.
[21] SIMMEL: Soziologie, 1908, S. 7, zitiert nach: BETINA HOLLSTEIN: Strukturen, Akteure, Wechselwirkungen. Georg Simmels Beiträge zur Netzwerkforschung, in: Netzwerkanalyse und Netzwerktheorie. Ein neues Paradigma in den Sozialwissenschaften, hg. von CHRISTIAN STEGBAUER, Wiesbaden 2008, S. 91–103, hier: 93.
[22] GEORG SIMMEL: Über sociale Differenzierung. Sociologische und psychologische Untersuchungen (Staats- und socialwissenschaftliche Forschungen 10, 1), Leipzig 1890, S. 100 ff.
[23] In diesem Band beschäftigen sich Reiner Anselm, Sarah Jäger und Hendrik Meyer-Magister mit Individualisierungsprozessen als Referenzpunkt theologisch-ethischer Orientierung in der Bundesrepublik.
[24] DIETER BÖGENHOLD und JÖRG MARSCHALL: Weder Methode noch Metapher. Zum Theorieanspruch der Netzwerkanalyse bis in die 1980er Jahre, in: Handbuch Netzwerkforschung, hg. von CHRISTIAN STEGBAUER und ROGER HÄUSSLING, Wiesbaden 2010, S. 281–289, hier: 281.
[25] ROGER HÄUSSLING: Relationale Soziologie, in: Handbuch Netzwerkforschung, hg. von DEMS. und CHRISTIAN STEGBAUER, Wiesbaden 2010, S. 63–87, hier: 64.
[26] HÄUSSLING: Relationale Soziologie, 2010, S. 63.

turen.²⁷ Während hier nicht näher auf die Legitimität dieses Theorieanspruch der (sozialen) Netzwerkanalyse eingegangen werden kann, führt er doch zu einer für diese Untersuchung relevanten Frage: Inwiefern kann eine hier vorzulegende historische Netzwerkanalyse die Erkenntnisse eines netzwerkanalytischen Ansatzes für sich fruchtbar machen und wo liegen die Grenzen einer solchen methodischen Herangehensweise? Das »Eingebettet-sein« (Embeddedness)²⁸ von Menschen in soziale Strukturen, familiäre Bindungen und gesellschaftliche und individuelle Wertvorstellungen ist grundlegend für eine historische Analyse, betrachtet sie doch nie isoliert die »Handlungen einer Person, sondern auch [...] deren Handlungsspielraum unter Berücksichtigung der jeweiligen politischen, ökonomischen und sozialen Umstände.«²⁹ Somit ist Morten Reitmayer und Christian Marx zuzustimmen, wenn sie betonen, dass Historikerinnen und Historiker »sich eher je nach Bedarfslage pragmatisch und eklektisch in unterschiedlichen methodischen »Werkzeugkästen« bedienen.³⁰ Eine solche Herangehensweise ist auch für die hier vorzunehmende Analyse protestantischer Kommunikation in Netzwerken in der frühen Bundesrepublik sinnvoll: Geleitet von einem akteursorientierten Ansatz sollen die Kommunikationsbedingungen protestantischer

---

²⁷ Mit dieser Streitfrage beschäftigen sich vornehmlich für den deutschen Sprachraum ausführlich: BORIS HOLZER und JOHANNES F. K. SCHMIDT: Theorie der Netzwerke oder Netzwerk-Theorie?, in: Soziale Systeme 15 (2009), S. 227–242. Vgl. dazu auch die weiteren Beiträge in diesem Heft, sowie BÖGENHOLD und MARSCHALL: Weder Methode noch Metapher, 2010.

²⁸ MARK GRANOVETTER: Economic Action and Social Structure. The Problem of Embeddedness, in: American Journal of Sociology 91 (1985), S. 451–510.

²⁹ MARTEN DÜRING und LINDA KEYSERLINGK: Netzwerkanalyse in den Geschichtswissenschaften. Historische Netzwerkanalyse als Methode für die Erforschung historischer Prozesse, in: Prozesse. Formen, Dynamiken, Erklärungen, hg. von RAINER SCHÜTZEICHEL und STEFAN JORDAN, erscheint 2015. Vorab abrufbar unter http://www.academia.edu/449150/Netzwerkanalyse_in_den_Geschichtswissenschaften._Historische_Netzwerkanalyse_als_Methode_fur_die_Erforschung_von_historischen_Prozessen (zuletzt abgerufen am 01.07.2014).

³⁰ MORTEN REITMAYER und CHRISTIAN MARX: Netzwerkansätze in der Geschichtswissenschaft, in: Handbuch Netzwerkforschung, hg. von CHRISTIAN STEGBAUER und ROGER HÄUSSLING, Wiesbaden 2010, S. 869–880, hier: 869. Zwei weitere analytische Aufsätze aus der anwachsenden Literatur zur historischen Netzwerkanalyse seien stellvertretend genannt: WOLFGANG NEURATH und LOTHAR KREMPEL: Geschichtswissenschaften und Netzwerkanalyse. Potentiale und Beispiele, in: Transnationale Netzwerke im 20. Jahrhundert. Historische Erkundungen zu Ideen und Praktiken, Individuen und Organisationen (ITH-Tagungsberichte 42), hg. von BERTHOLD UNFRIED, Leipzig 2008, S. 59–79; CHRISTOPH BOYER: Netzwerke und Geschichte. Netzwerktheorien und Geschichtswissenschaften, in: Transnationale Netzwerke im 20. Jahrhundert. Historische Erkundungen zu Ideen und Praktiken, Individuen und Organisationen (ITH-Tagungsberichte 42), hg. von BERTHOLD UNFRIED, Leipzig 2008, S. 47–58. Markus Wriedt weist in seinem Online-Artikel darauf hin, dass der Begriff des »Netzwerks« in historischen Analysen als »Schlüsselmetapher« gelten kann, vgl. MARKUS WRIEDT: Christliche Netzwerke in der Frühen Neuzeit, http://www.ieg-ego.eu/wriedtm-2011-de (zuletzt abgerufen am 02.07.2014).

Netzwerke in ihrer Einbettung in bestehende und entstehende Deutungszusammenhänge herausgearbeitet werden. Dabei sollen sowohl das »soziale Kapital« (Bourdieu)[31], das den Mehrwert solcher Netzwerke bildet, als auch die konkreten historischen Umstände protestantischer Kommunikation in den Blick genommen werden: Wo liegen die Knoten (nodes) der Netzwerke (Personen, Organisationen, Schriften, Verlage), wie sind die Kanten (ties) der Netzwerke beschaffen? Es ist unnötig zu betonen, dass soziale Netzwerke grundsätzlich offen und fließend im Übergang zu anderen, ähnlich oder unterschiedlich strukturierten Netzwerken stehen. Auch der hier vorgelegte Versuch ist im Ganzen darauf angelegt, das Wachsen und die Dynamik unterschiedlicher protestantischer Netzwerke zu ergründen, wenngleich in dieser Fallstudie nur ein exemplarischer Überblick über *ein* Netzwerk gegeben werden kann. Die Schnittmengen der zu erhebenden Netzwerke können als besonders gewinnbringend für die Erforschung des Protestantismus in der frühen Bundesrepublik gelten: Sie bestehen, das zeigen bereits erste Ergebnisse, jenseits der eingespielten Grenzziehungen zwischen Lutheranern, Refomierten, Liberalen, Barthianern und formatieren so die eingestellten Blickwinkel auf den Protestantismus neu.

Der vorliegende Beitrag illustriert und verdeutlicht die Beobachtung, dass eine Analyse der protestantischen Netzwerke in der jungen Bundesrepublik eine neue Perspektive auf die protestantischen Gestaltungsbeiträge und die ihnen sichtbar werdende Selbstreflexion des Protestantismus bieten kann. An dieser Stelle soll die Entstehung des Netzwerks des engagierten protestantischen Unternehmers Friedrich Karrenberg nachgezeichnet und seine charakteristischen Züge skizziert werden. Dem Netzwerk Karrenbergs eignet insofern ein exemplarischer Charakter, als dass Karrenberg in allen oben genannten Institutionen aktiv war und darüber hinaus mit zahlreichen Persönlichkeiten aus Gesellschaft, Kirche und Politik korrespondierte und zusammenarbeitete. Die hier vorliegende Fallstudie möchte durch eine konkrete Analyse eines historischen protestantischen Netzwerkes in der Bundesrepublik einen Beitrag zu einer protestantischen Kulturhermeneutik leisten. In darüber hinaus noch zu leistenden Forschungen können weitere solcher Netzwerke, wie beispielsweise dasjenige Eberhard Müllers, identifiziert und in ähnlicher Weise analysiert werden.

Die folgende Darstellung orientiert sich chronologisch am Wachstum des Netzwerks Friedrich Karrenbergs. Die Stationen seines Lebens, an denen er relevante Kontakte und Beziehungen für seine spätere Arbeit aufbaute, werden als Gliederungsschritte verwendet. Während in den beiden folgenden Abschnitten Karrenbergs Prägungen in der Neuwerk-Bewegung und in der Ökumene beschrieben werden, wird in einem dritten Schritt die Gründung des Sozialethischen Ausschusses der Evangelischen Kirche im Rheinland dargestellt. Die

---

[31] PIERRE BOURDIEU: Ökonomisches Kapital – Kulturelles Kapital – Soziales Kapital, in: Soziale Ungleichheiten, hg. von REINHARD KRECKEL, Göttingen 1983, S. 183–198.

Mitarbeiter dieses Ausschusses waren maßgeblich an der Genese des »Evangelischen Soziallexikons« beteiligt, dessen Entstehung und Bedeutung als Programmschrift in einem vierten Abschnitt vorgestellt wird. Daran anknüpfend wird der Blick auf das Netzwerk Karrenbergs durch ausgewählte exemplarische Vergleiche mit dem Engagement Eberhard Müllers geschärft und der Ertrag einer netzwerkanalytischen Betrachtungsweise herausgestellt. Abschließend werden die Überlegungen zusammengefasst und in ihrer Bedeutung für die Protestantismusforschung zugespitzt.

3. Ein »verlorener Haufen«? – Die religiös-sozialistische Prägung Karrenbergs in der Neuwerk-Bewegung

Friedrich Karrenberg, geboren am 16. April 1904, wuchs in Velbert auf, einer von der Metallindustrie geprägten Stadt in Nordrhein-Westfalen. Seinem Vater gehörte eine Schrauben- und Fassondreherei in Velbert, ein Betrieb, in dem der junge Karrenberg später sein theoretisches Wissen über Volkswirtschaft und seine Ansichten über Ausbildungsgestaltung und Mitbestimmung im Betrieb in der Praxis erproben konnte. Friedrich Karrenberg blieb zeit seines Lebens Unternehmer, Kaufmann, Wirtschafter – eine Besonderheit innerhalb der evangelischen Laienschaft, die er für seine Zwecke, aber vor allem für seine Ideale einzusetzen wusste: Sein gelegentlicher Spott über die Naivität und die Unwissenheit der Theologen in wirtschaftlichen und sozialwissenschaftlichen Fragen rührte nicht zuletzt daher, dass er mit Leidenschaft Wirtschaftswissenschaftler war. Er war seit jungen Jahren der Überzeugung, die wirtschafts- und sozialethischen Äußerungen der Evangelischen Kirche in Deutschland müssten auf einen soliden Grund gestellt werden – den der wissenschaftlichen Kenntnis und der praktischen Erfahrung. Als Schüler jedoch ließ sich Karrenberg mitreißen von der jugendbewegten Stimmung der 20er Jahre: Enttäuscht von der pietistischen Schülerbibelarbeit im Niederbergischen Land, die sich sozialethischer und politischer Überlegungen enthielt[32], schlossen er und seine Freunde sich dem Velberter Neuwerks-Kreis an. Geleitet von Nikolaus Ehlen (1886—1965), einem katholischen Lehrer und Pazifisten, wurde er für Karrenberg zu einer prägen-

---

[32] Es dürfte sich bei diesem Schülerbibelkreis (vgl. HANNS MEYER: Vita Friedrich Karrenberg, in: Christliche Gemeinde und Gesellschaftswandel. Professor D. Dr. Friedrich Karrenberg zur Vollendung des 60. Lebensjahres, hg. von JOACHIM BECKMANN und GERHARD WEISSER, Stuttgart / Berlin 1964, S. 344–347, hier 344) um einen Ableger der Bibelkreise der Deutschen Christlichen Studentenvereinigung (DCSV) gehandelt haben. Vgl. zur DCSV HAEJUNG HONG: Die Deutsche Christliche Studenten-Vereinigung (DCSV) 1897–1938. Ein Beitrag zur Geschichte des protestantischen Bildungsbürgertums, Marburg 2001; HEINZ-WERNER KUBITZA: Geschichte der Evangelischen Studentengemeinde Marburg (Marburger wissenschaftliche Beiträge 1), Marburg 1992, S. 9–56.

den Gemeinschaft. Die Pfingsttreffen der deutschlandweit verteilten Neuwerk-Kreise auf dem Habertshof[33] im hessischen Schlüchtern wurden zu einem Sammelpunkt des Religiösen Sozialismus. Es würde der Neuwerk-Bewegung somit nicht gerecht, wenn man sie lediglich als eine von vielen religiösen Jugendbewegung zu dieser Zeit verbuchen würde. Sie war vielmehr ein Nährboden für religiös-sozialistische Gedanken, die bei vielen ihrer Mitglieder zu einer weiteren aktiven Beteiligung in politischen Auseinandersetzungen führen sollten.[34] Der Habertshof, ein Bauernhof in Schlüchtern, der von einer idealistischen jungen freideutschen Siedler-Gruppe als Lebensort ausgesucht wurde, um dort in Lebens- und Gütergemeinschaft eine neue Gesellschaft zu errichten, wurde maßgeblich von Max und Maria (geb. Geiger) Zink geleitet. Die Eltern des später in der Friedensbewegung sowie in der Rundfunkarbeit aktiven evangelischen Theologen Jörg Zink gründeten den Habertshof im Jahr 1919,[35] er wurde zu einer der drei Wurzeln der Neuwerk-Bewegung[36]. Als zweite Wurzel und maßgebliches Publikationsorgan, sowie späteres Zentrum der Bewegung kann die Zeitschrift »Neuwerk« gelten.[37] Die dritte Wurzel der Neuwerk-Bewegung, die später zu einem eigenen Zweig wurde, ist die Gruppe um Eberhard Arnold, einem ursprünglich aus der DCSV stammenden, missionarischen Hallenser Theologen, der sich vom radikalen Täufertum angezogen fühlte.[38]

Günther Dehn beschreibt in seiner Autobiographie die »Neuwerker« als einen »verlorenen Haufen«, der »lediglich durch die Zeitschrift ›Neuwerk‹ [...]

---

[33] Zum Habertshof als Ort der Arbeiterheimvolkshochschule, die 1924 vor allem auf Initiative Emil Blums entstand, vgl. den Zeitzeugenbericht des Schweizer Pfarrers Emil Blum: EMIL BLUM: Der Habertshof. Werden und Gestalt einer Heimvolkshochschule, Kassel 1930; sowie ANTJE VOLLMER: Die Neuwerk-Bewegung 1919–1935. Ein Beitrag zur Geschichte der Jugendbewegung, des Religiösen Sozialismus und der Arbeiterbildung, Berlin 1973, S. 170 ff.

[34] Vgl. bspw. den »Fall Dehn« (dazu KLAUS SCHOLDER: Die Kirchen und das Dritte Reich. Vorgeschichte und Zeit der Illusionen 1918–1934 [Die Kirchen und das Dritte Reich 1], Frankfurt am Main 1977, S. 216–224). Zur Einordnung der Neuwerk-Bewegung in andere Jugendbewegungen: VOLLMER: Die Neuwerk-Bewegung 1919–1935, 1973.

[35] Vgl. A.a.O.

[36] STEPHAN WEHOWSKY: Religiöse Interpretation politischer Erfahrung. Eberhard Arnold und die Neuwerkbewegung als Exponenten des religiösen Sozialismus zur Zeit der Weimarer Republik, Göttingen 1980, S. 67.

[37] Bei ihrer Gründung 1919 erschien sie unter dem Titel »Der Christliche Demokrat«, später wurde sie in »Das Neue Werk« umbenannt und erschien schließlich als »Neuwerk. Ein Dienst am Werdenden« von 1919–1923 im Neuwerk-Verlag in Kassel. Herausgeber waren in den ersten Jahren der hessische Pfarrer Otto Erpel, sowie Georg Flemming, der aus Schlüchtern stammte. Später übernahm Hermann Schafft die Herausgeberschaft. Vgl. zu Hermann Schafft: LUKAS MÖLLER: Hermann Schafft – pädagogisches Handeln und religiöse Haltung. Eine biografische Annäherung (Klinkhardt Forschung), Bad Heilbrunn 2013.

[38] Eberhard Arnold (1883–1935); Arnold war von 1915 bis 1920 literarischer Leiter des Furche-Verlags in Berlin, sowie Herausgeber der Zeitschrift »Die Furche«. Er bezog mit einer Gruppe von Anhängern einen Hof in dem kleinen Dorf Sannerz im Kreis Schlüchtern. 1919 fand dort die erste Pfingsttagung Arnolds mit Marburger Studenten statt, später wurde

und durch örtliche oder regionale Zusammenkünfte vereinigt«[39] war: »Politisch standen sie alle links, aber mit Bevorzugung der radikalen sozialistischen Richtung. Das politische Moment stand aber nicht im Vordergrund, vielmehr die Idee des gemeinsamen Lebens, aus welcher sie die christliche Existenz zu verwirklichen gedachten.«[40] Paul Tillich, Günther Dehn, Otto Piper[41] und Wilhelm Wibbeling[42] lasen dort Leonhard Ragaz und den Römerbrief-Kommentar des jungen Karl Barth und begeisterten ihre jungen Schüler für die Soziale Frage sowie für die »Bewährung des christlichen Glaubens in der modernen Gesellschaft.«[43] Karrenbergs Interesse für politische und religiöse Gesellschaftsentwürfe wurzelte im Neuwerk-Kreis und nicht zuletzt Günther Dehn hinterließ einen bleibenden Eindruck bei dem jungen Schüler. So hielt Karrenberg in einer späteren Rezension in der Zeitschrift für Evangelische Ethik (ZEE) zu Dehns Autobiographie fest: »Wenn man der Sache stärker nachgehen würde, könnte man wahrscheinlich bis in unsere Tage nicht geringe Spuren dieser Bewegung feststellen«[44]. Bei dieser Feststellung dürfte Karrenberg

---

der Habertshof die Basis der Neuwerk-Bewegung sowie des Verlags und vor allem der Ort der Pfingsttagungen, an denen auch Friedrich Karrenberg teilnahm. Zum Wirken Eberhard Arnolds und der späteren Abspaltung der Arnold-Bewegung vgl. WEHOWSKY: Religiöse Interpretation politischer Erfahrung, 1980. Zu den Anfängen der Neuwerk-Bewegung siehe außerdem EMIL BLUM: Die Neuwerk-Bewegung. 1922–1933 (Kirche zwischen Planen und Hoffen, Heft 10), Kassel 1973.

[39] GÜNTHER DEHN: Die alte Zeit, die vorigen Jahre. Lebenserinnerungen, München 1962, S. 234.

[40] A.a.O.

[41] Otto Piper, 1891–1982, Mitglied des Bundes Religiöser Sozialisten in Deutschland (BRSD), Mitherausgeber der Zeitschrift ›Neuwerk‹. Piper wendet sich nach der Tambacher Konferenz 1921, wohl inspiriert von Barths Vortrag »Der Christ in der Gesellschaft«, zunehmend vom Religiösen Sozialismus ab und tritt in die SPD ein. Ausführlich zum theologischen Wirken Pipers vgl. FRIEDRICH WILHELM GRAF: Lutherischer Neurealismus. Eine Erinnerung an Otto Piper, in: DERS.: Der heilige Zeitgeist. Studien zur Ideengeschichte der protestantischen Theologie in der Weimarer Republik, Tübingen 2011, S. 329–342.

[42] Wilhelm Wibbeling, 1891–1966, Jugendfreund Karrenbergs und Mitglied des Velberter Neuwerk-Kreises, seit 1946 Propst in Hanau. Verfasser des Artikels »Bauernkrieg« in der 1. Auflage des Evangelischen Soziallexikons 1954.

[43] MEYER: Vita Friedrich Karrenberg, 1964, S. 344.

[44] FRIEDRICH KARRENBERG: Rezension zu: »Dehn, Günter: Die alte Zeit, die vorigen Jahre«, in: Zeitschrift für Evangelische Ethik 7 (1963), S. 120–122, hier: 121. Zur Neuwerk-Bewegung siehe insbesondere: VOLLMER: Die Neuwerk-Bewegung 1919–1935, 1973. Antje Vollmers Beschäftigung mit der Neuwerk-Bewegung ist bereits per se aufschlussreich: Die spätere Grünen-Politikerin und Bundestagsvizepräsidentin wurde mit dieser Arbeit 1973 an der FU-Berlin bei Helmut Gollwitzer promoviert. Sie verweist darauf, dass die kirchengeschichtliche Tradition, in der die Neuwerkbewegung steht, »von der heutigen theologischen Diskussion nicht ohne Schaden« vernachlässigt werden kann. Das Interesse Vollmers an der Neuwerk-Bewegung fand bei Gollwitzer seinen rechten Ort, ebenso wie das Habilitationsprojekt F. W. Marquardts (FRIEDRICH-WILHELM MARQUARDT: Theologie und Sozialismus. Das Beispiel Karl Barths [Gesellschaft und Theologie 7], München 1972), der schließlich nicht an der konservativeren KiHo Berlin, sondern bei Gollwitzer an der FU Berlin promoviert wurde.

nicht zuletzt an seine eigene Geschichte und die Spuren, die die Diskussionen im Neuwerk bei ihm hinterlassen haben, gedacht haben. Seine religiös-soziale Prägung und die Begegnung mit der frühen dialektischen Theologie führten zu einer grundsätzlich positiven Einstellung gegenüber sozialistischen Gedanken.[45]

4. Erste Schritte auf dem ökumenischen und evangelisch-sozialen Parkett – Karrenbergs wirtschaftsethische Lehrjahre

Der Neuwerk-Kreis war für Karrenberg eine erste Annäherung an das Engagement des christlichen Glaubens für eine gerechte Wirtschafts- und Sozialordnung. Zwar hatte seine Beteiligung an den politischen und religiösen Debatten der Neuwerker Karrenbergs Wahrnehmung der Sozialen Frage geschärft. Seine wissenschaftliche Beschäftigung mit dem Sozialismus hingegen, insbesondere unter dem Einfluss seiner Lehrer Heinz Marr[46] und Paul Arndt[47], führte ihn jedoch auch zu einer wissenschaftlich-kritischen Auseinandersetzung mit dem Sozialismus als Staats-, Wirtschafts- und Gesellschaftsform. Karrenberg begriff es zunehmend als seine Aufgabe, die Anfragen, die der Sozialismus an das christliche Menschenbild stellte, auf seine wirtschaftlichen Implikationen hin zu befragen und einer kritischen sozialethischen Prüfung zu unterziehen. Karrenbergs

---

In ihren »Erinnerungen an Helmut Gollwitzer« beschreibt Vollmer die Neuwerk-Bewegung als »sozialistisch-pazifistische christliche Gruppe der Jugendbewegung, die 1935 verboten wurde« (HELMUT GOLLWITZER und EVA BILDT: Ich will Dir schnell sagen, dass ich lebe, Liebster. Briefe aus dem Krieg 1940–1945, München 2008, S. 319). Der Rekurs der Theologiestudentin der 68er Jahre auf die Neuwerk-Bewegung war somit nicht zufällig, sondern zieht eine Linie von den religiösen Sozialisten des ›Neuwerks‹ hin zum kämpferischen Linksprotestantismus der 60er Jahre – die Bekennende Kirche und dabei ihre bruderrätliche, radikalere Seite bildet einen weiteren Meilenstein in der Erinnerungskultur des bundesrepublikanischen Linksprotestantismus dieser Jahre, wie sie sich beispielsweise in der Zeitschrift »Junge Kirche« manifestiert.

[45] Vgl. dazu die in 5. geschilderte Auseinandersetzung Karrenbergs mit Müller um die Auswirkungen des Sozialismus auf die Persönlichkeit.

[46] Heinz Marr (1876–1940) deutscher Soziologe und seit 1930 Professor an der Universität Frankfurt. Zur Stellung Marrs im Nationalsozialismus vgl. IRENE RAEHLMANN: Arbeitswissenschaft im Nationalsozialismus. Eine wissenschaftssoziologische Analyse, Wiesbaden 2005, sowie CARSTEN KLINGEMANN: »Da bekanntlich die Soziologie unter dem nationalsozialistischen Regime in keiner Weise gefördert wurde ...«. Max Graf zu Solms' Stellung zur Soziologie im Dritten Reich, in: Verschüttete Soziologie. Zum Beispiel Max Graf zu Solms, hg. von ROLF FECHNER und HERBERT CLAAS, Berlin 1996, S. 159–170. 1916–1934 ist Marr Geschäftsführer des Sozialen Museums Frankfurt (gegr. 1903), einer sozialpolitischen Forschungsinstituts und Vorgängereinrichtung der Soziologischen Fakultät der Universität Frankfurt, vgl. NOTKER HAMMERSTEIN: Die Johann-Wolfgang-Goethe-Universität Frankfurt am Main, Neuwied / Frankfurt am Main 1989, S. 126.

[47] Paul Arndt (1870–1942), Wirtschafts-, Rechts- und Staatswissenschaftler und seit 1914 Professor an der Universität Frankfurt.

von Heinz Marr betreute Dissertation »Christentum, Kapitalismus und Sozialismus. Darstellung und Kritik der Sozsiallehre des Protestantismus und Katholizismus in Deutschland seit der Mitte des 19. Jahrhunderts«, erschienen 1932 im renommierten Berliner Verlag Juncker und Dünnhaupt, schloss sein wirtschafts- und sozialwissenschaftliches Studium an der Universität Frankfurt ab und kann als Ergebnis seiner Überlegungen gelten: »Es wäre viel erreicht, wenn es gelänge, die streitenden Parteien zu einer nüchternen und sachlichen Würdigung der gegnerischen Leistungen und der eigenen Grenzen zu erziehen. Vielleicht wäre die Folge davon, dass die Flut gutgemeinten, aber dilettantischen Geschwätzes über die soziale Frage, gerade auch aus Theologenkreisen, aufhörte und die Diskussion wenigstens etwas zuchtvoller geführt würde als bisher.«[48]

Die Soziale Frage hatte bereits die Neuwerker bewegt, dies betont Antje Vollmer in Bezugnahme auf die in der Zeitschrift »Neuwerk« publizierten Beiträge, sowie mit Blick auf die »Arbeiterheimvolkshochschule« Blums auf dem Habertshof. Sie schlussfolgert daraus, dass es diese »Information über die ungerechten sozialen Verhältnisse in Deutschland wie in der Welt« war, die die »lebenslange Beschäftigung mit sozialpädagogischer und sozialpolitischer Arbeit« in der »beruflichen Entwicklung der Neuwerkler« hervorgerufen hat.[49] Für Friedrich Karrenberg und seine weitere Beschäftigung mit der Sozialen Frage kann das bestätigt werden: Er hat sich nach seinem Studium sowohl im Evangelischsozialen Kongress als auch in der Studienarbeit zur Vorbereitung der Oxforder Konferenz für Praktisches Christentum engagiert und somit bereits vor seiner Zeit als Vorsitzender des Sozialethischen Ausschusses im Rheinland Erfahrungen in der wissenschaftlichen sozialethischen Arbeit gesammelt. Die kirchlichsoziale Arbeit im deutschen Verbandsprotestantismus und die ökumenische Bewegung ›Life and Work‹ können als zwei erste Knotenpunkte des ökumenischsozialethischen Netzwerks Karrenbergs verstanden werden, welches nach 1945 noch weiter anwachsen sollte.

Doch wie gelangte Karrenberg in Kontakt zur Evangelisch-Sozialen Bewegung und zur ökumenischen Studienarbeit? Die Entstehung dieser Kontakte Karrenbergs und die Relevanz der wirtschaftsethischen Studienarbeit auf ökumenischer Ebene möchte ich im Folgenden erläutern, da sie den Hintergrund für Karrenbergs Tätigkeit in der Evangelischen Kirche im Rheinland nach 1945 bilden.

Durch seinen Doktorvater Heinz Marr machte Karrenberg Bekanntschaft mit Wilhelm Menn[50], der seit 1921 hauptamtlicher Sozialpfarrer im Rheinland

---

[48] FRIEDRICH KARRENBERG: Christentum, Kapitalismus und Sozialismus. Darstellung und Kritik der Sozsiallehre des Protestantismus und Katholizismus in Deutschland seit der Mitte des 19. Jahrhunderts, Berlin 1932, S. 314, zitiert in: HÜBNER: Nicht nur Markt und Wettbewerb, 1993, S. 22.

[49] Vgl. VOLLMER: Die Neuwerk-Bewegung 1919–1935, 1973, S. 164 ff.

[50] Wilhelm Menn (1888–1956), vgl. zu Menn: KORDULA SCHLÖSSER-KOST: Wilhelm Menn

war. Das Sozialpfarramt nahm unter der sozial-liberalen Prägung Menns Abstand von den sozial-konservativen Kreisen der evangelischen Arbeitervereine.⁵¹ Er war führendes Mitglied im Evangelisch-sozialen Kongress (ESK) und veröffentlichte seine Ausführungen zur evangelischen Sozialarbeit unter anderem in Zeitschriften wie der ›Sozialen Praxis‹ und in ›Neuwerk‹, außerdem suchte er Kontakt zur Arbeiterschaft, sowie der Gewerkschaftsbewegung. Wohl angeregt durch Menn wurde Karrenberg 1933 Mitglied des ESK, gleichzeitig nahm er an den Veranstaltungen des Kirchlich-Sozialen Bundes teil, einer Abspaltung des ESK. Dabei erschloss sich ihm das gleichzeitige Bestehen beider Bewegungen nicht – er sah die Differenzen zwischen beiden Verbänden als nicht trennend an.⁵² Das Engagement des Evangelisch-sozialen Kongresses ist als protestantischer Gestaltungsbeitrag der sogenannten »bürgerlichen Sozialreform« zu verstehen.⁵³ Als Träger der bürgerlichen Sozialreform können in Deutschland besonders der ›Verein für Socialpolitik‹ sowie die ›Gesellschaft für Soziale Reform‹ (GfSR) gelten, deren literarischer Ertrag sich sowohl in der gleichnamigen Schriftenreihe als auch in der Zeitschrift ›Soziale Praxis‹ niederschlägt.⁵⁴ Generalsekretär der GfSR zwischen 1919 und 1931 war der protestantische Ökonom und Sozialwissenschaftler Ludwig Heyde⁵⁵, er war damit gleichzeitig Herausgeber der ›Sozialen Praxis‹. Die Hinwendung von Teilen des Bürgertums zur Arbeiterschaft zielte im Zuge der bürgerlichen Sozialreform »auf die Verbesserung der materiellen und rechtlichen Situation und auf diesem Wege auf eine homogene Eingliederung der Arbeiterschaft in den Staat.« Dabei sollten nicht zuletzt »bürgerliche Werte« wie »Selbstverantwortung, Sparsamkeit, ökonomi-

– Der erste Sozialpfarrer des deutschen Protestantismus. Kirche im Wohlfahrtsstaat von Weimar, in: Protestantismus und Soziale Frage. Profile in der Zeit der Weimarer Republik, Bd. 1, hg. von TRAUGOTT JÄHNICHEN und NORBERT FRIEDRICH, Münster 2000, S. 29–40.

⁵¹ Menns Gegenspieler in Westfalen war der konservative Sozialpfarrer Reinhard Mumm, vgl. NORBERT FRIEDRICH: Reinhard Mumm – Westfälischer Sozialpfarrer und konservativer Reichstagsabgeordneter, in: Protestantismus und Soziale Frage. Profile in der Zeit der Weimarer Republik, Bd. 1, hg. von DEMS. und TRAUGOTT JÄHNICHEN, Münster 2000, S. 41–50.

⁵² Der Kirchlich-Soziale Bund hatte sich als »Kirchlich-Soziale Konferenz« 1897 unter Adolf Stoecker vom ESK abgespalten und kann als konservative Spielart des evangelisch-sozialen Verbandsprotestantismus begriffen werden.

⁵³ Vgl. zur ›bürgerlichen Sozialreform‹: RÜDIGER VOM BRUCH (Hg.): Weder Kommunismus noch Kapitalismus. Bürgerliche Sozialreform in Deutschland vom Vormärz bis zur Ära Adenauer (Bücher zur Sozialgeschichte und sozialen Bewegung), München 1985.

⁵⁴ Die Gründung des »Vereins für Socialpolitik« in den Jahren 1872/73 wird von Lutz Raphael in die erste Phase einer »Verwissenschaftlichung des Sozialen« eingeordnet, die die »dauerhafte Präsenz humanwissenschaftlicher Experten« im Bereich des Sozialen konstatiert (LUTZ RAPHAEL: Die Verwissenschaftlichung des Sozialen als methodische und konzeptionelle Herausforderung für eine Sozialgeschichte des 20. Jahrhunderts, in: Geschichte und Gesellschaft. Zeitschrift für historische Sozialwissenschaft 22 [1996], S. 165–193, hier: 166).

⁵⁵ Ludwig Heyde (1888–1961), Ökonom, Mitglied im Redaktionsausschuss des ESL und Bekannter Friedrich Karrenbergs, außerdem Mitglied der Sozialkammer der EKD von 1951–1961.

scher Zeiteinsatz«[56] vermittelt werden. Ludwig Heyde selbst war aktives Mitglied des ESK, ebenso Wilhelm Menn. Von den Mitgliedern des ESK und der GfSR bestanden außerdem enge Kontakte zur internationalen ökumenischen Bewegung. In der ökumenischen Bewegung hatte sich seit der 1927 in Stockholm stattfindenden 1. Konferenz für Praktisches Christentum (Life and Work) eine intensive Auseinandersetzung mit wirtschaftsethischen Fragen entwickelt, die sich keineswegs nur von sozialromantischem Utopismus leiten ließ. Vielmehr wurde in Stockholm in enger Kooperation mit der zeitgenössischen Ökonomie eine Verbindung von Social Gospel und realisierbarer Wirtschaftsreformierung versucht. Damit einher ging ein großes Interesse an interdisziplinär ausgerichteter ökonomischer Forschung. Zu diesem Zweck richtete man 1928 das Internationale Sozialwissenschaftliche Institut (ISWI) in Genf ein, dessen Leitung Adolf Keller[57] übernahm. Ständiger Mitarbeiter der Forschungsabteilung wurde Hans Schönfeld[58]. Schönfelds Doktorvater Ludwig Heyde und Vorsitzender der GfSR veröffentlichte dessen Dissertation 1926 wiederum in der Schriftenreihe der GfSR, gleichzeitig lieferte Heyde regelmäßig Beiträge für die Zeitschrift »Stockholm«, das Publikationsorgan des ISWI. Auch Karrenberg nahm in dieser Zeit an den Veranstaltungen des Evangelisch-sozialen Kongresses und der Stockholmer Bewegung teil. Er kann zu der jungen Generation der Reformökonomen gezählt werden, nach deren Ansicht man die »Fragen nach Produktionsbzw. Wirtschaftsordnung in der Ausrichtung auf einen weitgehend fürsorgerisch verstandenen Arbeiterschutz vernachlässigt [hatte]. [...] Am Ende der 20er Jahre hatte die Krise [der Sozialpolitik] dazu geführt, daß die für die bürgerliche Sozialreform charakteristische Verbindung von Sozialer Frage und Arbeiterfrage sich auflöste.«[59] In seinem sozial-liberalen Mentor Wilhelm Menn fand Karrenberg in der Beurteilung der Sozialen Frage einen Gleichgesinnten und bekam außerdem die Gelegenheit, die in seiner Dissertation entfalteten Gedanken zur Soziallehre vor einem größeren Publikum vorzutragen. Auf der Expertenkonferenz 1933 im rheinländischen Rengsdorf fand, entsprechend der nun an-

---

[56] WOLFRAM STIERLE: Chancen einer ökumenischen Wirtschaftsethik. Kirche und Ökonomie vor den Herausforderungen der Globalisierung, Frankfurt am Main 2001, S. 185.

[57] Adolf Keller (1872–1963), zu Keller vgl. MARIANNE JEHLE-WILDBERGER: Adolf Keller (1872–1963): Pionier der ökumenischen Bewegung, Zürich 2008; sowie den einflussreichen Aufsatz Kellers in der Zeitschrift Stockholm »Der kirchliche Ausdruck einer neuen sozialen Gesinnung« (1928), S 85–88, 175–186.

[58] Hans Schönfeld (1900–1954), evangelischer Theologe und Ökonom, unterhielt während der NS-Zeit Kontakte zum Kreisauer Kreis sowie zu Eugen Gerstenmaier; 1948 bis 1950 war er im Kirchlichen Außenamt der EKD tätig.

[59] STIERLE: Chancen einer ökumenischen Wirtschaftsethik, 2001, S. 186. Vgl. zur ›Krise der deutschen Sozialpolitik‹ GÜNTHER SCHULZ: Bürgerliche Sozialreform in der Weimarer Republik, in: Weder Kommunismus noch Kapitalismus. Bürgerliche Sozialreform in Deutschland vom Vormärz bis zur Ära Adenauer, hg. von RÜDIGER VOM BRUCH, München 1985, S. 181–218.

gestrebten gesamtgesellschaftlichen Sozialpolitik, eine Auseinandersetzung der ökumenischen Bewegung mit den sozialistischen Theorien Eduard Heimanns[60] und Adolph Lowes[61] statt, die dem Berliner Kairos-Kreis um Paul Tillich nahe standen.[62] Die Konferenz trug das Thema »Die Kirche und das Problem der Gesellschaftsordnung« und führte das intendierte Umdenken der Sozialpolitik, deren Ziel nicht mehr paternalistische Fürsorge, sondern eine Neustrukturierung der Wirtschafts- und Sozialordnung war, somit im Titel. Nach einer theologischen Session referierte Karrenberg als Mitglied des ESK seine ›Thesen zum Liberalismus‹, im Anschluss betraten Eduard Heimann und Hans Schönfeld das Podium. Auch an den Vorarbeiten zur 2. Konferenz für Praktisches Christentum 1937 in Oxford konnte Karrenberg sich beteiligen. Diese beschäftigte sich mit dem Thema »Kirche, Volk und Staat« und steht in der Geschichte der ökumenischen Bewegung für eine erstmalige breite Auseinandersetzung mit der bestehenden Wirtschaftsordnung. Sie zeichnete sich vor allem durch eine gründliche und intensive wissenschaftliche Vorbereitung aus, für die maßgeblich Joseph Houldsworth Oldham[63] verantwortlich war. Für die Vorarbeiten zur Sektion III »Kirche, Volk und Staat in ihrer Beziehung zur Wirtschaftsordnung« war auch Karrenberg gebeten worden, er steuerte drei Gutachten bei. Der im Nachgang veröffentlichte Bericht dieser Sektion III ist später als Durchbruch für die ökumenische Sozialethik bezeichnet worden.[64]

Ebenfalls im Zuge der Vorarbeiten für die Konferenz fand ein Vorbereitungstreffen der deutschen Studiengruppe der Bekennenden Kirche 1937 in Berlin-Dahlem statt. Karrenberg und Menn trafen in der Arbeitsgruppe »Kirche und Wirtschaft« mit den Wirtschaftswissenschaftlern Walter Eucken und Constantin von Dietze sowie mit Dietrich Bonhoeffer zusammen. Ihre Ergebnisse wurden als »Dahlemer Thesen« veröffentlicht.[65] Constantin von Dietze, der seit 1937 eine Professur an der Universität Freiburg inne hatte, kann als Begründer des

---

[60] Eduard Heimann (1889–1967), deutscher Sozialwissenschaftler, vgl. zu Heimann: AUGUST RATHMANN: Eduard Heimann (1889–1967), in: Vor dem Vergessen bewahren. Lebenswege Weimarer Sozialdemokraten, hg. von PETER LÖSCHE, MICHAEL SCHOLING und FRANZ WALTER, Berlin 1988, S. 121–144.

[61] Adolf Löwe (in den USA: Adolph Lowe) (1893–1995), deutscher Sozialwissenschaftler und Ökonom.

[62] Vgl. zum Kairos-Kreis: ALF CHRISTOPHERSEN: Kairos. Protestantische Zeitdeutungskämpfe in der Weimarer Republik (Beiträge zur historischen Theologie 143), Tübingen 2008.

[63] Joseph Houldsworth Oldham (1874–1969), Ökumeniker.

[64] Vgl. JOHN C. BENNETT: Breakthrough in ecumenical social ethics. The legacy of the Oxford Conference on Church, Community, and State (1937), in: The ecumenical review 40 (1988), S. 132–146. Zur durchaus amüsanten Entstehungsgeschichte des Berichtes vgl. STIERLE: Chancen einer ökumenischen Wirtschaftsethik, 2001, S. 132.

[65] FRANZ SEGBERS: Die Dahlemer Thesen zu »Theologie und Wirtschaftordnung« und die »Freiburger Denkschrift« (1943) aus dem Geist der Barmer Theologischen Erklärung. Eine unbeachtete Ursprungslinie der Sozialen Marktwirtschaft, in: Zeitschrift für Evangelische Ethik 55 (2011), S. 83–95.

sogenannten Freiburger Bonhoeffer-Kreises gelten, zu dessen Mitgliedern Walter Eucken, Adolf Lampe, Gerhard Ritter, Franz Böhm, Ernst Wolf, Friedrich Delekat und Helmut Thielicke zählten.[66] Aus dem Kontakt Karrenbergs zu Constantin von Dietze sollte sich eine jahrelange Zusammenarbeit entwickeln, von Dietze war sowohl Autor des von Karrenberg herausgegebenen Soziallexikons, als auch Mitglied der Sozialkammer der EKD. Er kann als Vermittler der Prinzipien des Ordoliberalismus Walter Euckens auf den Beratungen der Vollversammlung 1948 in Amsterdam gelten. Das dort diskutierte Leitbild der ›Verantwortlichen Gesellschaft‹ ist unter anderem durch die Vorbereitungen Dietzes im Auftrag der Vorläufigen Leitung der Bekennenden Kirche beeinflusst worden.

Ich habe versucht deutlich zu machen, dass die wirtschaftsethische Entwicklung Friedrich Karrenbergs in besonderem Maße durch die ökumenische Bewegung sowie die Auseinandersetzung mit dem Sozialismus, den Vertretern der bürgerlichen Sozialreform und durch den Austausch mit den maßgeblichen Architekten des Freiburger Ordoliberalismus geprägt worden ist. Die sozialliberale Einstellung Karrenbergs hat hier ihre Wurzeln. Jörg Hübner verortet die »protestantischen Beiträge zur Sozialen Marktwirtschaft in der ökumenischen Bewegung zwischen Oxford (1937) und Amsterdam (1948) […] in Form einer tiefen Durchdringung von liberaler Orientierung in der Ökonomie und bürgerlichen Sozialreform in der kirchlichen Praxis und Theologie […]« und

---

[66] Die Bedeutung und der Einfluss der sog. Freiburger Kreise kann hier nicht im Einzelnen erläutert werden, vgl. dazu CHRISTINE BLUMENBERG-LAMPE: Das wirtschaftspolitische Programm der ›Freiburger Kreise‹ (Volkswirtschaftliche Schriften 208), Berlin 1973. Vgl. als Quellenschrift: HELMUT THIELICKE: In der Stunde Null. Die Denkschrift des Freiburger »Bonhoeffer-Kreises«. Politische Gemeinschaftsordnung. Ein Versuch zur Selbstbesinnung des christlichen Gewissens in den politischen Nöten unserer Zeit, Tübingen 1979. Zur wichtigen Rolle Constantin von Dietzes vgl. JÖRG HÜBNER: »Der Dialog zwischen Ökonomie und Theologie darf keine Ausnahmeerscheinung bleiben!«. Einblicke in das Lebenswerk Constantin von Dietzes, in: Protestanten in öffentlicher Verantwortung – Biographische Skizzen aus der Anfangszeit der Bundesrepublik (Schriften der Hans-Ehrenberg-Gesellschaft 14), hg. von GÜNTER BRAKELMANN, NORBERT FRIEDRICH und TRAUGOTT JÄHNICHEN, Waltrop 2005, S. 95–117. Von den Mitgliedern des Freiburger Kreises bestehen insbesondere durch Helmut Thielicke auch Kontakte zu Wilhelm Simpfendörfer (1888–1973), der diesem nach dem Krieg vorübergehend zu einer Unterkunft in seinem Heimatort Korntal verhalf und ihn in seiner Familie aufnahm (vgl. HELMUT THIELICKE: Zu Gast auf einem schönen Stern. Erinnerungen, Hamburg 1984, S. 196 ff.). Thielicke deponierte bei Simpfendörfer ein Exemplar der geheimen Denkschrift des Freiburger Kreises und inspirierte des Weiteren den jungen Werner Simpfendörfer (1927–1997) zum Theologiestudium. Werner Simpfendörfer wurde später Mitarbeiter Eberhard Müllers in der Evangelischen Akademie Bad Boll, ebenso wie sein Bruder Jörg. Ihre Mutter Helene, geb. Kallenberger, hatte bereits Jahre zuvor die Bekanntschaft der Familie Müller gemacht: Sie hatte als Kindermädchen den kleinen Eberhard gehütet (vgl. WERNER SIMPFENDÖRFER, unveröffentlichtes Manuskript »Anfänge – Evang. Akademie Bad Boll – 29.9.1994, zitiert nach KARL-HEINZ DEJUNG und HANS-GERHARD KLATT: Werner Simpfendörfer: Leben als Lernreise – ein Porträt (Online-Texte der Evangelischen Akademie Bad Boll 2007). Die Tätigkeit Werner Simpfendörfers in Bad Boll thematisiert der Beitrag von Philipp Stoltz in diesem Band.

sieht das Ergebnis dieser Durchdringung in der Konzeption der Sozialen Marktwirtschaft. In diesem Sinne versteht er auch das von Karrenberg initiierte Soziallexikon als ein »Plädoyer für das Wirtschafts- und Sozialkonzept der Sozialen Marktwirtschaft.«[67] Es ist fraglich, ob die Zusammenarbeit Karrenbergs mit zweien der Väter der Sozialen Marktwirtschaft, von Dietze und Eucken, bereits einen hinreichenden Grund dafür liefert, die Konzeption der Sozialen Marktwirtschaft als das Leitbild des Evangelischen Soziallexikons zu behaupten, zumal das Stichwort »Soziale Marktwirtschaft« im Lexikon selbst keine eigene Würdigung erfährt. Während die Freundschaften und beruflichen Kontakte Karrenbergs zu Ludwig Heyde und Constantin von Dietze mit Sicherheit in diesem Kontext entstanden sind, müssen weitere Forschungen zeigen, ob über diese formale Verbindung hinaus auch inhaltlich und wissenschaftlich eine gegenseitige Bereicherung und ein Austausch stattfand, der es rechtfertigen würde, das Soziallexikon als ein Plädoyer für die Soziale Marktwirtschaft anzusehen. Und doch: Das wissenschaftliche Netzwerk protestantischer Ökonomen, wirtschaftlich interessierter Theologen und theologisch versierter Sozialwissenschaftler, das Karrenberg hier knüpfte, wird sich in der Liste der Mitarbeiterinnen und Mitarbeiter am Evangelischen Soziallexikon wiederfinden – nur eine inhaltliche Analyse der Beiträge aber kann zeigen, ob der vielbeschworene interdisziplinäre Austausch die evangelische Wirtschafts-und Sozialethik nach 1945 auch inhaltlich vorangebracht hat.

Ich möchte an dieser Stelle an Karrenbergs Abneigung gegen jedes zwar »gutgemeinte, aber dilettantische Geschwätz« erinnern, die er in seiner Dissertation zum Ausdruck brachte. Sie findet sich, und das unterstreicht die Kontinuität des Wirkens Karrenbergs, im Wortlaut fast identisch, bereits 1929 im Editorial der Zeitschrift »Stockholm«: »Wenn die Facharbeiter-Konferenz und die wissenschaftlichen Arbeiter dafür sorgen, daß von der Arbeit des Instituts jeder gutgemeinte Dilettantismus fern gehalten wird und auf einem neuen Gebiete eine Verbindung zwischen christlichem und wissenschaftlichem Geiste geschaffen wird, so werden die Kirchen andererseits dafür zu sorgen haben, daß solcher Arbeit heiliges Feuer nicht erlischt.« Friedrich Karrenberg sorgte mit seiner Arbeit im Sozialethischen Ausschuss nach 1945 dafür, dieses »heilige Feuer« nicht erlöschen zu lassen. Der Ausschuss kann mit Fug und Recht als lokale Nachfolgeorganisation des ISWI begriffen werden. Ausgehend von der Aufgabe der »praktische[n] Hilfestellung bei der Koordination und Konzeption kirchlicher Sozialarbeit«, wahrgenommen durch das Sozialpfarramt und die Sozialsekretäre, über einen »vernetzende[n] Informationsdienst zum internationalen sozialethischen Engagement der Kirchen« , verwirklicht durch die Schriftenreihe »Kirche im Volk«, bis hin zu einer »theoretische[n] interdisziplinäre[n] Forschung

---

[67] Jörg Hübner: Protestantische Wirtschaftsethik und Soziale Marktwirtschaft, in: Zeitschrift für Theologie und Kirche 109 (2012), S. 235–269, hier: 267.

als Grundlage eines sozialethischen Engagements der Kirchen«[68], die ihren Niederschlag im Evangelischen Soziallexikon findet – die Sozialarbeit der evangelischen Kirche im Rheinland kann durch die Erfahrungen Karrenbergs auf ein solides wissenschaftliches Fundament und nicht zuletzt auf ein funktionierendes personales Netzwerk zurückgreifen.

5. »... daß solcher Arbeit heiliges Feuer nicht erlischt« – Die Gründung des Sozialethischen Ausschusses der Evangelischen Kirche im Rheinland

Friedrich Karrenberg und Wilhelm Menn hatten ihre Korrespondenz zur Notwendigkeit eines von der Kirchenleitung weitgehend unabhängigen Arbeitskreises, der sich mit sozialpolitischen, wirtschaftlichen und sozialethischen Fragestellungen beschäftigen sollte, seit 1945 wieder aufgenommen. Während Karrenberg sich mit diesem Anliegen bereits persönlich an Heinrich Held[69] gewandt und Menn ein Gutachten ›Zur sozialen Aufgabe der Kirche heute‹ an Held gesandt hatte, kam es auf der 44. rheinischen Provinzialsynode im September 1946 in Velbert zur faktischen Gründung des für die evangelische Industrie- und Sozialarbeit richtungsweisenden Ausschusses. Die Verantwortung für den Umgang mit der ›sozialen Frage‹ für die evangelische Kirche lag seit Wichern in den Händen der Inneren Mission. Da sich die Einschätzung der sozialen Lage und die Beurteilung der sozialen Aufgabe der Kirche nach 1945 jedoch grundlegend gewandelt hatte, kam es zu einer Neuverteilung der Aufgaben und einer neuen Zuweisung der Kompetenzen innerhalb der rheinischen Provinzialsynode. So war ursprünglich der Ausschuss für Kirchenfragen und mit ihm Otto Ohl[70], der

---

[68] So die Aufgabenbeschreibung des ISWI, die Stierle vornimmt (STIERLE: Chancen einer ökumenischen Wirtschaftsethik, 2001, S. 44).

[69] Heinrich Held (1897–1957), rheinischer Pfarrer und führendes Mitglied der Bekennenden Kirche, nach 1945 Bevollmächtigter der vorläufigen Leitung der Ev. Kirche der Rheinprovinz mit dem Titel eines Oberkirchenrates. 1948 wurde er zum ersten Präses der nun von der evangelischen Kirche in Preußen unabhängigen rheinischen Landeskirche gewählt. Vgl. zu Held u. a.: HEINZ JOACHIM HELD: Heinrich Held (1897–1957). Der Präses, der Gemeindepastor, der Mensch und Christ, in: Monatshefte für evangelische Kirchengeschichte des Rheinlandes 45/46 (1996/97), S. 511–528.

[70] Otto Ohl (1886–1973), rheinischer Pfarrer, von 1912 bis 1963 Geschäftsführer des rheinischen »Provinzial-Ausschusses für Innere Mission« mit Sitz in Langenberg (Velbert) seit 1957 Vorsitzender der Diakonischen Konferenz sowie stellvertretender Vorsitzender des Diakonischen Rates. Vgl. zu Ohl: KORDULA SCHLÖSSER-KOST: Evangelische Kirche und soziale Fragen 1918–1933. Die Wahrnehmung sozialer Verantwortung durch die rheinische Provinzialkirche (Schriftenreihe des Vereins für Rheinische Kirchengeschichte 120), Köln / Bonn 1996; VOLKMAR WITTMÜTZ: Otto Ohl (1886–1973). 50 Jahre Geschäftsführer der Rheinischen Inneren Mission, in: Christen an der Ruhr, Bd. 3, hg. von REIMUND HAAS und JÜRGEN BÄRSCH, Münster 2006, S. 174–188.

Geschäftsführer der Inneren Mission im Rheinland, von der Provinzialsynode damit beauftragt worden, ein ›Wort zur politischen und sozialen Situation‹ zu verfassen – dieses, die karitative Zuwendung zum Einzelnen betonende Wort[71] ließ jedoch heftige Kritik ausbrechen: Mehrere Mitglieder bemängelten die »fehlenden sozialpolitischen und ethischen Implikationen scharf«[72], so dass Karrenberg schließlich ein überarbeitetes ›Wort zum Dienst der Kirche am Volk‹ verfasste – eines der Gründungsdokumente des Sozialethischen Ausschusses.

In dieser Kontroverse zeigt sich zum einen eine Neubewertung der sozialen Frage, in der Hinsicht, dass sich diakonisches Handeln nicht mehr in einem Liebesdienst am Nächsten erschöpft, sondern vielmehr konstruktive und strukturelle gesellschaftliche Veränderungen erstrebt und diese sozialethisch begleiten will.[73] Zum anderen kündigt sich hier, und das scheint mir noch bedeutsamer zu sein, die beginnende Auseinandersetzung zwischen den Vertretern der Inneren Mission und den Befürwortern und Sachverwaltern des von Eugen Gerstenmaier ins Leben gerufenen Evangelischen Hilfswerks an.[74] Diese warfen der Inneren Mission und im Rheinland namentlich Otto Ohl vor, das Ausmaß und die Dimension der sozialen Not des Volkes nicht adäquat zu erfassen.[75] Im Anschluss an diesen Vorfall wurde der später so genannte »Sozialethische Ausschuss der Evangelischen Kirche im Rheinland« gegründet, zu dessen prominenten Mitgliedern unter anderem Günther Dehn, Oskar Hammelsbeck, Gustav Heinemann,

---

[71] Siehe den Duktus den »Wortes«: »Wir werden die Fülle dieser Not nicht aufheben und beseitigen können [...] Das wird unser Volk in seiner Not und Hoffnungslosigkeit nicht fassen, wenn nicht etwas davon sichtbar wird, daß unsere Gemeinschaft in Christo eine Gemeinschaft nicht nur des Glaubens, sondern auch der Liebe ist; der Liebe, die hilft und trägt [...] die in Christus größer ist als alle Not, auch stärker als der Tod.« Ein Wort der Provinzialsynode zum Dienst der Kirche am Volk (Vorlage des 5. Ausschusses), S. 2, zitiert nach HÜBNER: Nicht nur Markt und Wettbewerb, 1993, S. 28.

[72] UWE KAMINSKY: Innere Mission und Hilfswerk – das Beispiel des Rheinlands, in: Auf dem Weg in »dynamische Zeiten«. Transformationen der sozialen Arbeit der Konfessionen im Übergang von den 1950er zu den 1960er Jahren (Bochumer Forum zur Geschichte des sozialen Protestantismus 9), hg. von TRAUGOTT JÄHNICHEN, Berlin 2007, S. 193–219, hier: 127.

[73] Mit der Neubewertung der sozialen Frage und der Rolle Heinrich Albertz' in dieser Debatte beschäftigt sich in diesem Band auch Felix Teuchert.

[74] Vgl. dazu: JOHANNES MICHAEL WISCHNATH: Kirche in Aktion. Das Hilfswerk der EKD 1945–1957 und sein Verhältnis zu Kirche und Innerer Mission, Arolsen 1983.

[75] Gleichzeitig befürchtete Ohl wohl zu Recht das Schmieden einer gegen ihn gerichteten Allianz, bestehend aus Meyer, Echternacht, Held und Karrenberg, die ihn vor dem Ausschuss bloß stellen und seine Position schwächen wollten (vgl. Ohl an Superintendent Harney vom 21.9.1946, AEKR, NL Held 229, zitiert nach a.a.O., Anm. 14). Ohls Haltung zur Bekennenden Kirche während des Nationalsozialismus blieb distanziert, die Innere Mission versuchte er neutral und von Beeinflussungen der Nationalsozialistischen Volkswohlfahrt (NSV) frei zu halten. Die Haltung der die Provinzialsynode dominierenden bruderrätlichen Kreise Ohl gegenüber dürfte somit zumindest kritisch gewesen sein.

Friedrich Karrenberg, Wilhelm Menn, Otto Ohl und Hermann Schlingensiepen gehörten.[76]

Der Ausschuss verfolgte in Abgrenzung zur Inneren Mission eine doppelte Stoßrichtung. Zum einen sollten wirtschaftliche, soziale und politische aktuelle Fragestellungen aufgegriffen und aus unterschiedlichen Fachrichtungen und Perspektiven heraus wissenschaftlich fundiert diskutiert werden. Zur Information und Orientierung dienten dabei Referate von Mitgliedern und Gästen, thematische Tagungen und Diskussionen. Der gemeinsame Austausch und die bewusst interdisziplinäre Aufstellung des Ausschusses sollten dabei zu profunder Sachkenntnis und informiertem Engagement verhelfen. Zum anderen bildete sich mit dem Ausschuss ein Gremium, das die Soziale Arbeit der Evangelischen Kirche im Rheinland koordinieren und mit dem Engagement anderer Landeskirchen und weiterer Einzelinitiativen vernetzen sollte. Zu nennen sind hier exemplarisch die Zusammenarbeit mit den Evangelischen Akademien, der Kammer für soziale Ordnung der EKD sowie der Sozialakademie Friedewald. Dass Friedrich Karrenberg als Vorsitzender des Ausschusses sowohl in der Sozialkammer als auch beim Kirchentag mitarbeitete und in engem persönlichen und brieflichen Austausch mit den Vertretern der evangelischen Sozialarbeit in Deutschland stand, versteht sich fast von selbst.

Der ehrenamtlich für den Ausschuss tätige Karrenberg schuf aus seiner Position heraus ein enges persönliches und wissenschaftliches Netzwerk, durch das er versuchte, das Nachdenken über sozial- und wirtschaftspolitische Fragen auf einer breiten Basis zu verankern und einer interessierten Öffentlichkeit, z. B. auf Seminaren in den Akademien und in Arbeitsgruppen auf dem Kirchentag, zugänglich zu machen. Die in unterschiedlichen Kontexten beheimateten Politiker, Unternehmer und Wissenschaftler ermöglichten die Implementierung sozialethischer Fragen in ihren jeweiligen Arbeitsbereichen. Auch zu den Gewerkschaften und ihren führenden Vertretern unterhielt der Sozialethische Ausschuss gute Kontakte, darunter zur Sozialakademie Dortmund[77] und der Hochschule für Ar-

---

[76] Vgl. Beschreibung zum Bestand 1OB 001 des AEKR, abrufbar unter http://www.archiv-ekir.de/index.php/2011-07-15-13-53-26/2011-07-18-07-07-11/bestandsbeschreibungen/77-1ob-001 (zuletzt abgerufen am 21.4.2014); die Vorgang der Besetzung dieses Ausschusses ist noch nicht erforscht, eine genauere Analyse dieses Netzwerks ist jedoch unumgänglich und verspricht gewinnbringende Erkenntnisse – vor allem auch zu den Entstehungsumständen des »Evangelischen Soziallexikons«, an dem die Mitarbeiter des Ausschusses maßgeblich beteiligt waren. Die Rekonstruktion wird durch das Fehlen der Unterlagen zum SEA aus den Jahren 1946–1951 erheblich erschwert. Eine Mitgliederliste aus dem Jahr 1951 verzeichnet zusätzlich zum Vorsitzenden Karrenberg 45 Mitglieder aus dem Rheinland, sowie weitere 12 »korrespondierende Mitglieder« (AEKR, 1OB 001).

[77] Zur Sozialakademie vgl. HERMANN-ULRICH KOEHN: Protestantismus und Öffentlichkeit im Dortmunder Raum 1942/43–1955/56. Zur Interdependenz von Protestantismus und öffentlichem Leben in einer Zeit grundlegender politischer und gesellschaftlicher Umbrüche, Bochum 2007, S. 305 f.

beit, Politik und Wirtschaft in Wilhelmshaven (Apowi)[78], die sich besonders für die Weiterbildungs- und Studienmöglichkeiten von Arbeiterinnen und Arbeitern einsetzten.

6. »Hinführung zu echter Verantwortung für alle wesentlichen Bereiche des täglichen Lebens« – Das Evangelische Soziallexikon als Programmschrift eines Netzwerks

Karrenberg verfolgte mit seinem Ausschuss das Ziel, es allen Pfarrern und kirchlich engagierten Laien in der sozialen Arbeit zu ermöglichen, sich in sozialen Fragen fortzubilden und auf verlässliche Bildung und Information zurückgreifen zu können. Dieses Ideal verkörperte das von ihm konzipierte und herausgegebene »Evangelischen Soziallexikon« (ESL), das 1954 zum ersten Mal im Kreuz-Verlag Stuttgart erschien.[79] Die für eine Rekonstruktion protestantischer Netzwerke im Sozialen Protestantismus höchst aufschlussreiche Entstehungsgeschichte des Soziallexikons, wie zum Beispiel die genaue Genese der Auswahl der Artikel und Mitarbeitenden, ist noch nicht Gegenstand ausführlicher Forschungen gewesen.[80] Dieses Desiderat kann hier nur in Ansätzen eingelöst werden, aber ich möchte zumindest einen ersten Einblick in die Lexikonpolitik des ersten evangelischen Nachschlagewerkes für eine angewandte Sozialethik geben.

Den ersten Anstoß zur Konzeption eines solchen Lexikons gab 1951 Martin Donath mit einer Rezension von 1951 in der im Rheinland erscheinenden Zeitschrift »Kirche in der Zeit«. Darin betont er die Notwendigkeit eines »evangelischen Sozialkatechismus«, in dem sozialethische Fragen »richtpunktartig geordnet und beantwortet und in einer klaren und allgemeinverständlichen Form für die Breit der Laienschaft griffig gemacht werden«[81] sollten. Diese Anregung Donaths griff Karrenberg auf. Er war zu dieser Zeit bereits Herausgeber der

---

[78] Die ›Apowi‹ ist kaum Gegenstand neuerer historischer Forschungen gewesen, vgl. aber UTA GERHARDT: Die Wiederanfänge der Soziologie nach 1945 und die Besatzungsherrschaft, in: Soziologie an deutschen Universitäten: gestern, heute, morgen, hg. von BETTINA FRANKE und KURT HAMMERICH, Wiesbaden 2006, S. 31–114; sowie GERD DIERS: Die Hochschule für Arbeit, Politik und Wirtschaft (Hochschule für Sozialwissenschaften) in Wilhelmshaven-Rüstersiel. Diss. masch., Göttingen 1972.

[79] MARTIN HONECKER, HORST DAHLHAUS und JÖRG HÜBNER (Hgg.): Evangelisches Soziallexikon, Stuttgart 2001. Eine neue Ausgabe soll 2015 zum Kirchentag in Stuttgart erscheinen. Die Auflagen 1–3 (1954, 1956, 1958) wurden jeweils nur geringfügig überarbeitet, so wurden z. B. Beschwerden von Lesern eingearbeitet, die neubearbeitete 4. Auflage gab Karrenberg 1963 heraus.

[80] Vgl. dazu jedoch den kurzen und informativen Artikel Jörg Hübners: JÖRG HÜBNER: Das Evangelische Soziallexikon, in: Monatshefte für evangelische Kirchengeschichte des Rheinlandes 53 (2004), S. 113–131.

[81] MARTIN DONATH: Herders Sozialkatechismus, in: Kirche in der Zeit 6 (1951), S. 292.

vom Bruderrat verantworteten Zeitschrift »Stimme der Gemeinde«[82], sowie leitender Mitarbeiter der sozialethischen Schriftenreihe »Kirche im Volk«[83] und hatte somit einen festen Stand in der protestantisch-publizistischen Landschaft. Allerdings entsprach es Karrenbergs sozialwissenschaftlicher Herkunft, sowie seinem liberalen Bildungsverständnis, dass er als Referenzprojekt nicht, wie Donath, Weltys Sozialkatechismus sondern Oswald von Nell-Breunings »Wörterbuch der Politik«[84] vor Augen hatte, wie er in seinem ersten Brief an Held bezüglich dieser Idee schrieb.[85] Präses Held griff Karrenbergs Idee begeistert auf und beteiligte sich rege an der Ausarbeitung der Pläne.

Das »Evangelische Soziallexikon« sollte einen breit angelegten Versuch einer »ideologiefreien Auseinandersetzung mit der gesellschaftlichen Wirklichkeit«[86] bilden und Karrenberg wollte diesen Anspruch bereits in der Auswahl seiner Mitarbeiter umsetzen. Das Soziallexikon sollte dem Vorwort Karrenbergs zur ersten Auflage gerade nicht das Werk einer bestimmten Schule oder einer gewissen »Richtung« sein. Es sollte vielmehr den Versuch darstellen, »über alle konfessionellen und politischen Unterschiede hinweg« ein »hohes Maß an Übereinstimmung« in den sozialethischen Herausforderungen der Zeit darzulegen: Das Lexikon »will den evangelischen Standpunkt zu den verschiedenen Fragen

---

[82] ›Stimme der Gemeinde‹, 1949–1989, Zeitschrift des Bruderrates der Bekennenden Kirche. Herbert Mochalski, Geschäftsführer des Bruderrates und langjähriger Mitherausgeber, gab hier besonders Gustav Heinemann ein publizistisches Forum, der 1951 selbst Mitherausgeber wurde, vgl. KLEIN: Westdeutscher Protestantismus und politische Parteien, 2005, S. 267.

[83] ›Kirche im Volk‹, Schriftenreihe der Evangelischen Kirche im Rheinland (in Verbindung mit der Evangelischen Kirche von Westfalen), Essen 1946–1949, Mülheim 1950–1953, Stuttgart (Kreuz-Verlag) 1954–1962.

[84] OSWALD VON NELL-BREUNING: Wörterbuch der Politik. Gesellschaft – Staat – Wirtschaft – soziale Frage, Freiburg im Breisgau 1947–1951. Jörg Hübner weist darauf hin, dass Karrenberg hier insbesondere an das 5. Heft (1951) des Wörterbuchs denkt, in dem die Beiträge erstmals alphabetisch geordnet und von einem größeren Kreis von Mitarbeitern verantwortet werden, vgl. JÖRG HÜBNER: Protestantische Wirtschaftsethik und Soziale Marktwirtschaft, in: Zeitschrift für Theologie und Kirche 109 (2012), S. 235–269, hier: 241. Demgegenüber ist Weltys Sozialkatechismus das Werk eines einzelnen Autors und will dezidiert kein Nachschlagewerk sein. So analysiert es auch keine wissenschaftlichen Auseinandersetzungen, sondern unterrichtet in Fragen und Lehrstücken eine »Ethik des Sozialen«. Auch widmet es sich – im Gegensatz zum Soziallexikon – nicht spezifischen Gegenwartsfragen.

[85] Vgl. Brief Karrenbergs an Held, 22.12.1951, AEKR, Handakte Held, Heft 36. Nell-Breuning und Karrenberg werden von Hübner beide als Vertreter eines sog. »christlichen Sozialismus« bezeichnet (a.a.O.). In diese Reihe ist ebenso Gerhard Weisser (1898–1989) zu stellen. Er hatte seit 1950 den Lehrstuhl für Sozialpolitik und Genossenschaftswesen an der Universität Köln inne und war gemeinsam mit Karrenberg Mitglied des SEA sowie der Sozialkammer der EKD und gründete 1965 mit ihm gemeinsam das »Forschungsinstitut für Gesellschaftspolitik und beratende Sozialwissenschaft e. V.« mit Sitz in Göttingen. Für das ESL verfasste er einschlägige Artikel u. a. zu »Wirtschaftspolitik«.

[86] JÖRG HÜBNER: »Wir widersetzen uns einer Ideologie des totalen Marktes«. Zur Aktualität des Wort zur wirtschaftlichen Ordnung von 1948, in: Monatshefte für evangelische Kirchengeschichte des Rheinlands 47/48 (1998/1999), S. 93–100.

des sozialen Lebens deutlich machen. [...] Es ging uns um die Sache. [...] Die Sache heißt: Klärung der Fronten, Auflösung von Vorurteilen, Erkenntnis der Aufgaben und Hinführung zu echter Verantwortung für alle wesentlichen Bereiche des täglichen Lebens.«[87]

Inwiefern aber wurde dieser Vorsatz eingehalten? Besser gesagt: Ist ein solcher Anspruch in einer lexikalischen Darstellung einer gegenwärtigen Sozialethik überhaupt erfüllbar? Die bleibende Spannung zwischen möglichen unterschiedlichen Positionierungen in Sachfragen bei ebenso unterschiedlichen theologischen Begründungen bildet die bleibende Herausforderung einer evangelischen Sozialethik, die das Gewissen und die Urteilsbegründung des Einzelnen in den Mittelpunkt stellt. Mit dem Bemühen um ein besonders hohes Maß an Übereinstimmung wird hier versucht, die Pluralität des Protestantismus zugunsten einer Klärung der Fronten einzuebnen. Das geschieht mit dem Ziel, die Aufgaben, das heißt, die Anforderungen, die die moderne Gesellschaft an den evangelischen Christen stellt zu erkennen und gemeinsam Verantwortung zu tragen – es sollen ideologiefreie, gemeinsame Antworten auf die unterschiedlichen Fragen gegeben werden, die durch die Auseinandersetzung mit der Wirklichkeit aufgeworfen werden. Woher rührt dieses Bemühen um eine Einigkeit und Einheit des Protestantismus in den ethischen Debatten der jungen Bundesrepublik? Die thematisch überaus breite Anlage des Soziallexikons lässt vermuten, dass den Herausgebern und besonders Karrenberg daran gelegen war, das breite Spektrum der modernen Gesellschaft, die zahlreichen ethischen Anfragen und Herausforderungen zu sammeln, mit denen die evangelische Sozialethik konfrontiert wurde. Dem entspricht die von den Verfassern genannte erste Aufgabe des Lexikons, nämlich die, »zu informieren. Eine sachliche Entwicklung und Stand der Diskussion zu bestimmten Fragen ist die erste Voraussetzung zur eigenen Urteilsbildung.«[88] Dem entspricht auch das hohe wissenschaftliche Niveau des Großteils der Artikel. Noch einmal: Verfolgt das Soziallexikon tatsächlich das Ziel, die Pluralität des Protestantismus zugunsten einer »Uniformität der Meinungen bis in alle Einzelheiten«[89] aufzuheben? Das Vorwort widerspricht dieser Vermutung deutlich. Dennoch zielt das Unternehmen darauf ab, den Vorwurf einer Richtungslosigkeit des Protestantismus zu entkräften und den gesellschaftlichen Gestaltungsbeitrag des Protestantismus zu konturieren. Doch wie ging man nun mit unterschiedlichen theologischen und politischen Positionierungen um? Für den Herausgeber Karrenberg stellte sich diese Frage bereits bei der Auswahl der Mitarbeitenden. Dabei zeigen die die ersten Besprechungen in einem kleinen redaktionellen Kreis, dass die Auswahl der Mitarbeitenden und die Zuordnung der Artikel besonders auf persönlichen Empfehlungen, Freundschaf-

---

[87] Vorwort zur 1. Auflage des ESL, Stuttgart 1954, verfasst von Friedrich Karrenberg.
[88] Ebd.
[89] Ebd.

ten sowie persönlichen Zuneigungen und Abneigungen beruhte. So schreibt Karrenberg zum Beispiel an Präses Held: »Jetzt müssen Sie mir mal einen guten Rat geben. Ich hatte bis jetzt vermieden, Herrn Dr. Schweitzer-Friedewald[90] zur Mitarbeit an dem Soziallexikon heranzuziehen. Heute bietet er sich selbst an und zwar mit den süssesten Tönen [...] Was soll ich da machen? Ich habe nun wirklich keine Lust, ausgerechnet Herrn Dr. Schweitzer das grundsätzliche Referat zum Thema ›Lutherische Sozialethik‹ zu übertragen. Ich fürchte ja überhaupt, dass sich hinterher noch mancher beschweren wird, daß wir ihn nicht herangezogen haben. Aber wir können doch nicht alle Leute, die zu diesen Dingen etwas zu sagen haben. [sic!] mit heranziehen.«[91] Schweitzer bekommt schließlich die beiden Artikel zu den Themen »Soziale Frage und Innere Mission« und »Arbeiterbildung« übertragen. Karrenberg entscheidet dies in der folgenden Sitzung des Redaktionsausschusses[92] eigenmächtig.[93] Das Studium der Quellen belegt die Vermutung, dass nicht nur wissenschaftliche Expertise das Kriterium für die

---

[90] Carl Gunther Schweitzer (1889–1965), evangelischer Theologe, Schüler Friedrich Brunstäds. 1923 wird er einer der Direktoren des »Central-Ausschusses« (CA) der Inneren Mission, er ist Gründer und Leiter der Apologetischen Centrale (AC) für Weltanschauungsfragen beim CA mit Sitz in Berlin-Dahlem (seit 1926 im Evangelischen Johannesstift Berlin-Spandau) bis 1932, sein Nachfolger dort ist Walter Künneth; von 1949–1954 ist Schweitzer Leiter der »Evangelischen Sozialschule Friedewald« (1950 umbenannt in »Sozialakademie«) bei Siegen. Die Sozialakademie will die Tätigkeit der Evangelisch-Sozialen Schule in Berlin-Spandau fortsetzen. Schweitzers Nachfolger in Friedewald ist Gerhard Heilfurth (1909–2006). Sowohl Schweitzer, als auch Heilfurth und deren Wirken in Friedewald werden von Karrenberg misstrauisch beobachtet.

[91] Brief Karrenbergs an Held vom 13.2.1953, AEKR HA Held, H.37.

[92] Vgl. Protokoll der 1. Sitzung zur Vorbereitung des ESL am 10./11.1.1953 im Haus der Begegnung in Mülheim/Ruhr. In dieser Sitzung wurden in den Redaktionsausschuss gewählt: Friedrich Karrenberg (Leitung), Ludwig Heyde, Martin Donath (beide Sozialwissenschaftler), Paul Wiel (Nationalökonom), Hans Heinrich Wolf (Theologe), Erich Thier (Theologe), Hansjürg Ranke (Jurist) und Siegfried Palmer (Agrarwissenschaftler) – das Protokoll vermerkt dazu, dass die Wahl nach »für die Bearbeitung des Lexikons erforderlichen Sachgebieten, sowie nach der räumlichen Entfernung der angegebenen Herren« erfolgte (Protokoll der 1. Sitzung zur Vorbesprechung der Herausgabe eines Soziallexikons vom 10./11.1.1953, AEKR, HA Held). Im veröffentlichten Werk werden folgende weitere Mitarbeiter und Mitarbeiterinnen (!) verzeichnet: Klaus von Bismarck, Gerhard Heilfurth, Fritz Ottel, Elisabeth Schwarzhaupt, Stella Seeberg, Siegfried Wendt, Arnold Dannenmann, Friedrich Delekat, Heinrich Greeven, Heinz-Horst Schrey, Ernst Wolf. Dieser erweiterte Redaktionsausschuss bildet zum einen die »sozialethische Landschaft« des Protestantismus ab, zum anderen ist hier einigen Personen und Einrichtungen diplomatisch Rechnung getragen worden. Einige gehören zum engeren Netzwerk und näheren Umfeld Karrenbergs, dazu zählen in jedem Fall Klaus von Bismarck, Siegfried Wendt und Ernst Wolf.

[93] Letztendlich zeichnet Schweitzer jedoch für folgende Artikel verantwortlich: Arbeiterbewegung, evangelische; Arbeiterbewegung im Ausland, evangelische; Betriebskern; Erwachsenenbildung; Sozialakademie, Evangelische; Stoecker, Adolf. Der Artikel zur Inneren Mission wird von Otto Ohl übernommen, die »Soziale Frage« wird in diversen Artikeln aus unterschiedlichen Perspektiven beleuchtet. Zwischenzeitlich sollte der Artikel zur Arbeiterbewegung noch von Gerhard Heilfurth, dem Nachfolger Schweitzers in Friedewald, übernommen

Vergabe eines Artikels an den jeweiligen Wissenschaftler darstellte. Der Kreis der Mitarbeitenden setzte sich vor allem aus dem bereits bestehenden Netzwerk Karrenbergs zusammen, welches sukzessive um weitere empfohlene Autoren erweitert wurde. Der Redaktionsausschuss betreute die Artikel schließlich und nicht zuletzt Karrenberg selbst behielt sich redaktionelle Änderungen vor.

Für die Herausgabe des Lexikons zeichnete der Deutsche Evangelische Kirchentag (DEKT) verantwortlich, vertreten durch seinen Präsidenten Reinold von Thadden-Trieglaff[94], der den Kirchentag in seinem Geleitwort zur ersten Auflage des ESL als ein »Sammelbecken« beschrieb, »[...] in dem alles zusammenströmt, was an den verschiedenen Stellen der evangelischen Laienbewegung unserer Tage lebendig ist.«[95] Auch die Worte des Kirchentagspräsidenten unterstreichen den oben genannten Anspruch des Soziallexikon nach der Information und Bildung der Laien durch ausgewiesene Experten. Der Kirchentag als »Herausgeber« sollte das Lexikon nach Ansicht des Redaktionsausschusses davor bewahren, als Sammlung »autoritativer Aussagen der Kirche« zu erscheinen, da es sich bei ihm um eine »stark von Laien bestimmte Institution« handle, in der außerdem mehrere Mitglieder des Redaktionsausschusses in Arbeitsgruppen des Kirchentages tätig seien.[96] Auch hier zeigt sich wieder das Bemühen der Herausgeber, bei Wahrung der Pluralität ein Sprachrohr des gesellschaftlich engagierten Protestantismus zu sein.

Der Kirchentag war auch in die Wahl des Verlages miteingebunden, namentlich durch eine Initiative des Generalsekretärs des Kirchentags, Heinrich Giesen:[97] Während Karrenberg zunächst noch in Verhandlungen mit dem Verlag Quelle und Meyer[98] stand, brachte Giesen in einem Anruf bei Karrenberg den Kreuz-Verlag ins Gespräch.[99] Der Kreuz-Verlag, gegründet 1945

---

werden. Aus dieser komplizierten Artikelvergabe lässt sich bereits erkennen, dass für diese Belange ein hohes Maß diplomatischen Geschicks erforderlich war.

[94] Reinold von Thadden-Trieglaff (1891–1976), Begründer der Evangelischen Wochen und des DEKTS, außerdem 1937–1946 Vizepräsident der DCSV.

[95] Geleitwort Reinolds von Thadden in der 1. Auflage des ESL, 1954.

[96] Protokoll der 1. Sitzung zur Vorbesprechung der Herausgabe eines Soziallexikons vom 10./11.1.1953, AEKR, HA Held.

[97] Heinrich Giesen (1910–1972), evangelischer Theologe, gemeinsam mit Hans Hermann Walz ist er ab 1950 Generalsekretär des neugegründeten Kirchentags.

[98] Verlag Quelle und Meyer, gegr. 1906 in Leipzig durch Richard Quelle und Dr. Heinrich Meyer; empfohlen wurde dieser Verlag von Ludwig Heyde, dessen »Abriß der Sozialpolitik« 1920 hier erschienen war.

[99] Vgl. Brief Karrenbergs an Held am 25.6. 1953, AEKR, HA Held. Auch der Furche-Verlag, vertreten von Heinrich Rennebach (1888–1971), hatte bereits von dem engagierten Projekt gehört und über Martin Donath, der bis zu seiner Tätigkeit im Rheinland an der Evangelischen Akademie Bad Boll beschäftigt war, wo Eberhard Müller wiederum eng mit dem Furche-Verlag zusammengearbeitet hatte, sein Interesse an der Herausgabe des Lexikons bekundet. Dieser Vorschlag wurde von Karrenberg abgelehnt mit dem Verweis darauf, dass ein Werk wie das ESL nicht in einem dezidiert christlichen Verlag erscheinen sollte. Es darf

in Stuttgart von Erich Breitsohl[100], hatte bis dahin vor allem durch die Herausgabe der Kirchentags-Publikationen[101] Geltung erlangt, weiterhin wurden Bibelkommentare und theologische Studien verlegt. Die genauen Umstände, wie dieser kleine Verlag und die anfangs ebenso kleine bald rasch wachsende Laienbewegung zusammenkamen, sind noch nicht hinreichend erforscht. Es kann jedoch vermutet werden, dass es die guten Beziehungen Breitsohls zum CVJM in Württemberg, sowie zu Heinrich Giesen[102] und wohl auch Theophil Wurm waren, die diese durchaus lukrative und richtungsweisende Geschäftsbeziehung zwischen Kreuz-Verlag und Kirchentag entstehen ließen. Mit der Herausgabe des Soziallexikons wagte sich der Verlag auf ein unbekanntes Terrain vor. Noch nie zuvor war ein ähnliches lexikalisches Projekt auf dem Gebiet der evangelischen Sozialethik erschienen. Die erste Auflage war nach drei Wochen bereits vergriffen, die zweite Auflage erschien bereits nach zwei Jahren – das Wagnis hatte sich gelohnt. Der Kreuz-Verlag konnte 1966 mit dem Evangelischen Staatslexikon an seinen Erfolg aus dem Jahr 1954 anknüpfen und wurde zu einem für das evangelische Laienpublikum renommierten Verlag.

---

bezweifelt werden, dass diese Aussage der vollen Wahrheit entspricht: Der traditionsreiche evangelische Verlag (gegründet 1916), der eng mit der DCSV, Eberhard Müller und Hanns Lilje verbunden war, stand der bruderrätlichen Linie der Rheinländer fern, auch die Nähe des Furche-Verlags zur Akademie in Bad Boll sah man kritisch.

[100] Die Verlagslizenz erhält Breitsohl in der amerikanischen Besatzungszone in Stuttgart für das Gebiet Theologie, und Jugendliteratur, sie ist datiert auf den 18.12.1945. In Stuttgart entstehen zu dieser Zeit gleichzeitig mehrere Verlage, die sich auf (fromme) Jugendliteratur spezialisieren (ERNST UMLAUFF: Der Wiederaufbau des Buchhandels. Beiträge zur Geschichte des Büchermarktes in Westdeutschland nach 1945, Frankfurt am Main 1978, Sp. 1691). Erich Breitsohl (1905–1978), gelernter Verlagsbuchhändler, vor 1945 war er beim Ostdeutschen Evangelischen Jungmännerwerk (sog. Ostwerk des CVJM) tätig, sein Vorgesetzter und Freund war der spätere CJD-Gründer Arnold Dannenmann (1907–1993), der ebenfalls Mitglied des Redaktionsausschusses des ESL wurde (vgl. Anm. 49). Eventuell war Dannenmann auch bei der Gründung des Kreuz-Verlags beteiligt (HARTMUT HÜHNERBEIN und JÖRG MÖLLER: Keiner darf verloren gehen! Das Leben des CJD-Gründers Arnold Dannenmann, Holzgerlingen 2008, S. 59). Breitsohl, der während des Nationalsozialismus in Gestapo-Gefangenschaft geriet, galt für die Alliierten 1945 als vertrauenswürdig und erhielt sehr schnell eine Verlagslizenz.

[101] Die Reihe »Der Deutsche Evangelische Kirchentag in Wort und Bild«, erschien bis dahin von 1951–1954 bei Kreuz.

[102] Ich bedanke mich für diese persönliche Auskunft bei Theo Breitsohl, dem Sohn Erich Breitsohls, der meine Forschungen tatkräftig unterstützt.

7. »Die Grenzen von Netzwerken sind Netzwerke«[103] – Eine Konturierung des Netzwerks Karrenbergs anhand der Rolle Eberhard Müllers

Trotz aller Beteuerungen der Herausgeber, man wolle mit dem Soziallexikon keine theologische Frontenbildung betreiben, wurde es doch als ein Produkt des Sozialethischen Ausschusses der Evangelischen Kirche im Rheinland wahrgenommen. Sowohl in der Evangelischen Kirche im Rheinland als auch in Westfalen waren die beiden Sozialämter in Velbert und Villigst zuständig für die Koordination der sozialen Arbeit der Landeskirchen. Anders war diese Arbeit in der Württembergischen Landeskirche organisiert, wo die Evangelische Akademie in Bad Boll und als ihr Gründungsdirektor Eberhard Müller diese Arbeit begründet hatte und weiter begleitete. Müller bemühte sich von Anfang an, die soziale Arbeit in den verschiedenen Landeskirchen stärker zusammenzubinden und organisatorisch zu verknüpfen, während Karrenberg die Initiativen lieber selbstständig arbeiten ließ und so mehr Eigenständigkeit – auch für seine eigene Arbeit – zulassen wollte.

In der zeitgenössischen Forschung wurde die ungleiche Entwicklung der kirchlichen Industrie- und Sozialarbeit auch als eine Folge der unterschiedlichen Lebensläufe ihrer »Pioniere« gesehen. So urteilt Joachim Matthes im Jahr 1964: »[...] Denn es ist unverkennbar, daß weitaus die meisten der neuen kirchlichen Arbeitsformen, die damals anfingen, sich zu entwickeln, gewissermaßen biographischen Ursprungs sind. Ohne die vielfältigen Charismen, die Lebenserfahrungen und die persönlichen Impulse aus der vorhergegangen Zeit des Kirchenkampfes sind die meisten Neuanfänge kirchlicher Arbeit in dieser ersten Nachkriegszeit nicht verständlich und erklärbar [...] all das wäre undenkbar ohne den persönlichen Einsatz und den Ideenreichtum einer Generation, die sich in aller Schärfe mit der Fragwürdigkeit der *Welt* ebenso wie der *Kirche* konfrontiert gefunden hatte.«[104] Zuzustimmen ist Matthes hier insofern, als dass sich die neuen kirchlichen Arbeitsformen tatsächlich deutschlandweit unterschiedlich entwickelt haben, was nicht zuletzt an den Biografien ihrer Initiatoren lag – hinzuzufügen ist dem, dass es sich bei den Initiatoren nicht um Einzelpersonen mit ihrer persönlichen Signatur handelte, sondern um

---

[103] ATHANASIOS KARAFILLIDIS: Entkopplung und Kopplung. Wie die Netzwerktheorie zur Bestimmung sozialer Grenzen beitragen kann, in: Grenzen von Netzwerken, Bd. 3, hg. von ROGER HÄUSSLING, Wiesbaden 2009, S. 105–131, hier: 106. Auf die Frage, worin die Grenzen von Netzwerken bestehen und inwiefern Netzwerke selbst Grenzen darstellen, kann hier nicht näher eingegangen werden, vgl. dazu die Beiträge im genannten Band von Roger Häußling.
[104] JOACHIM MATTHES: Die Emigration der Kirche aus der Gesellschaft, Hamburg 1964, S. 44.

unterschiedliche Netzwerke, die unverkennbar eigene Kommunikations- und Handlungsstrukturen pflegten.

Betrachtet man das bisher in groben Zügen skizzierte Netzwerk Karrenbergs, so ist zunächst auffällig, wer darin fehlt. Schon der rasche Blick auf die für den Nachkriegsprotestantismus relevanten Akteure im Bereich des kirchlichsozialen Engagements zeigt, dass Personen wie Hanns Lilje, Eugen Gerstenmaier, Horst Bannach und Martin Fischer eher im hier nicht genauer zu bestimmenden Netzwerk Eberhard Müllers zu finden sind. Sei es verbunden durch die gemeinsame DCSV-Vergangenheit, durch den Furche-Verlag, das Sonntagsblatt oder den Kronberger Kreis – das Netzwerk Eberhard Müllers zu beschreiben ist eine weitere lohnende Aufgabe. Da diese Beschreibung hier nicht in Gänze geleistet werden kann, werden im Folgenden die oben angedeuteten Überschneidungen mit dem Netzwerk Karrenbergs knapp beschrieben. Sie sind vornehmlich in folgenden Bereichen zu finden: in der Arbeit am Soziallexikon, in der Arbeitsgruppe »Wirtschaft« des Kirchentages und in der Sozialkammer. Im Folgenden werden Unterschiede und Gemeinsamkeiten der Arbeit der ›Pioniere‹[105] skizziert.

Sowohl Müller als auch Karrenberg waren intensiv publizistisch tätig, wenn auch in unterschiedlichen Foren und Formaten. Während Eberhard Müller in Bad Boll sich schon 1945 um den Wiederaufbau des ehemaligen DCSV-Verlags »Furche« bemühte[106], sowie ein eigenes Zeitungsprojekt initiieren wollte[107], nicht zuletzt um eine größere deutsche Öffentlichkeit zu erreichen, gab Friedrich Karrenberg gemeinsam mit Gustav Heinemann und Herbert Werner die linksprotestantische »Stimme der Gemeinde«, die Zeitschrift des Bruderrates, heraus, wobei Karrenberg für den wirtschaftspolitischen Teil zuständig war. Außerdem war er seit 1946, später gemeinsam mit Klaus von Bismarck, dem Leiter des Sozialamts von Westfalen in Villigst, Herausgeber der Zeitschrift »Kirche im Volk«. Beide strebten somit an, öffentliche ethische Debatten mitzugestalten und zur Meinungsbildung beizutragen. Während Müller jedoch zu politischer Lobbyarbeit durchaus bereit war und damit die politische und wirtschaftliche Westintegrati-

---

[105] Vgl. VOKKERT: Entwicklung und Wandlung der Industrie- und Sozialpfarrämter in den westdeutschen Landeskirchen von 1945 bis Ende der 60er Jahre, 1973, S. 27. Vokkert spricht von »pionierhaften Einzelgängern« und rechnet dazu Friedrich Karrenberg, Klaus von Bismarck, Harald Poelchau, Horst Symanowski, Eberhard Müller und Carl G. Schweitzer.

[106] Müller ist seit 1945 gemeinsam mit Ewald Katzmann, Reinold von Thadden-Trieglaff, Hanns Lilje, Bischof D. Samuel Bauder (Herrnhut), Franz Irmer und Heinrich Rennebach Gesellschafter des Furche-Verlages (vgl. HANS WIDMANN: Tübingen als Verlagsstadt (Contubernium 1), Tübingen 1971, S. 195).

[107] Vgl. zu den Zeitungsplänen Müllers, die er zunächst gemeinsam mit Eugen Gerstenmaier und Hanns Lilje verfolgt: SAUER: Westorientierung im deutschen Protestantismus?, 1999, S. 261.

on[108] der Bundesrepublik unterstützen wollte, kam es Karrenberg mehr darauf an, in Sachfragen zu informieren und wirtschafts- sowie sozialethische Debatten publizistisch zu begleiten und in Gesprächsgruppen sowie auf dem Kirchentag zu diskutieren. Doch auch Karrenberg engagiert sich zunächst parteipolitisch, zumindest in den Jahren 1946–1949 ist er immer wieder auf den Evangelischen Tagungen[109] der CDU anwesend, wo er Vorträge hält, zum Beispiel zum Thema »Möglichkeiten und Grenzen einer christlichen Partei«. Im ›Parteienstreit‹ über die Möglichkeit und Legitimität einer Partei, die das Christliche im Namen trägt, positioniert sich Karrenberg gemeinsam mit Hans Emil Weber[110], einem Vertrauten und wissenschaftlich gleichgesinnten Gesprächspartner, im Gegenüber zu seinen Freunden Oskar Hammelsbeck, Martin Niemöller und Günther Dehn. Diese sehen in der Etablierung der CDU eine »verhängnisvolle Täuschung« über die Möglichkeiten einer »Verchristlichung der Gesellschaft«.[111] Karrenberg hingegen sieht den Gewinn einer christlichen Partei darin, dass sie theologischen Laien die Möglichkeit gibt, ihren christlichen Glauben auf seine gesellschaftliche Relevanz hin zu befragen. Er attestiert den Theologen Hammelsbeck, Niemöller und Dehn eine »Überheblichkeit [...], mit der sie die Versuche der Laien christlich im Alltagsleben zu handeln, als unerheblich betrachten.«[112] So dechiffriert Karrenberg eine Machtstruktur innerhalb des Linksprotestantismus, der – unter Rückgriff auf Barths Ablehnung jeglicher Bindestrich-Theologie – ein Deutungsmonopol in der Anwendung theologischer Topoi auf die Politik für sich zu beanspruchen scheint. Demgegenüber sieht Karrenberg die emanzipierende Funktion einer christlichen Partei darin, auch Laien ein Forum zu bieten, die Möglichkeiten und Grenzen einer solchen Anwendung zu diskutieren und zu erproben. Damit wären sie in der Lage, so möchte man frei nach einem Diktum Barths hinzufügen, »mit der Bibel in der einen und der Zeitung in der anderen Hand«[113], gesellschaftliche Debatten zu begleiten.

---

[108] Vgl. zu den protestantischen Beiträgen zur Westorientierung die Veröffentlichungen der Forschungsgruppe »Westernization. Forschungen zur politischen und kulturellen Entwicklung in Westdeutschland bis zum Ende 1960er Jahre«, veröffentlicht u. a. in: ANSELM DOERING-MANTEUFFEL: Wie westlich sind die Deutschen?, Göttingen 1999. Sowie mit besonderer Relevanz für Müller: SAUER: Westorientierung im deutschen Protestantismus?, 1999.

[109] Von Jörg Hübner werden diese Tagungen nicht ganz korrekt als Tagungen des Evangelischen Arbeitskreises (EAK) der CDU bezeichnet (HÜBNER: Nicht nur Markt und Wettbewerb, 1993, S. 31), der sich jedoch erst 1952 gründete (vgl. zur Gründung des Arbeitskreises: PETER EGEN: Die Entstehung des Evangelischen Arbeitskreises der CDU/CSU, Bamberg 1971). Zu Bedeutung und politischem Einfluss des Arbeitskreises vgl. den Beitrag von Stefan Fuchs in diesem Band, S. 135–144.

[110] Hans Emil Weber (1882–1950), evangelischer Theologe, u. a. Professor für Systematische Theologie in Bonn.

[111] Brief von Weber an Karrenberg vom 8.12.1947, zitiert nach HÜBNER: Nicht nur Markt und Wettbewerb, 1993, S. 30.

[112] A.a.O.

[113] Vgl. Brief von Barth an Thurneysen vom 11. November 1918, in: Karl Barth – Eduard

Wie sich an dieser Frage der politischen Ethik zeigt, konnte ein Machtgefälle zwischen Theologen und Laien in der evangelischen Industrie- und Sozialarbeit nicht ausbleiben. Der Wirtschafts- und Sozialwissenschaftler Karrenberg fand sich darüber hinaus auch in einigen theologischen Auseinandersetzungen wieder, in denen er Seitenhieben auf seinen laienhaften Sachverstand ausgesetzt war. Dafür setzte er sich vehement für eine Sicherung der Beteiligung der Laien in der Sozialkammer der EKD ein und betonte die Notwendigkeit, bei der Berufung neuer Mitglieder deren berufliche Herkunft zu berücksichtigen.[114] Das geschah zum einen, um eine gesellschaftlich ausgewogene Besetzung zu erreichen, zum anderen aber, um einen fachlich fundierten Austausch zu ermöglichen.

Wie hoch Karrenbergs Beitrag an ethischen Debatten und sein wissenschaftliches Denken jedoch auch in Theologenkreisen geschätzt wurden, zeigt sich an einer Anfrage, die Helmut Thielicke 1954 an ihn richtete: Er lud Karrenberg ein, sich an der Gründung einer neuen sozialethischen Zeitschrift zu beteiligen.[115] Es handelte sich um die schließlich 1957 gegründete »Zeitschrift für Evangelische Ethik« (ZEE). Karrenbergs Erstaunen, zur Mitwirkung an diesem engagierten Projekt aufgefordert zu werden, hatte zwei Gründe: Zum einen hatte er äußerst kritisch auf Thielickes Ausführungen zur politischen Ethik reagiert, woraufhin es zu einer schriftlichen Auseinandersetzung zwischen beiden gekommen war.[116] Zum anderen wunderte sich Karrenberg über die Tatsache, dass die Auswahl der Mitarbeitenden ungewohnt positionenübergreifend erfolgt war und brachte dies in einem Brief an Held zum Ausdruck: »Auch von unseren Freunden ist niemand für die Mitarbeit vorgesehen, weder Gollwitzer, noch Wolf, noch Iwand, noch Schrey. Es ist mir immer noch rätselhaft, wie Thielicke gerade an mich kommt. [...] Wenn die Sache eine so einseitige Richtung bekommt, dann bin ich daran nicht interessiert.«[117] Karrenbergs Erstaunen ob Thielickes schulenübergreifender Einladung mutet etwas seltsam an, denkt man an sein leidenschaftliches Plädoyer im Vorwort des ESL, »nicht zuerst auf den Namen des Verfassers zu blicken«[118], das etwa zeitgleich entstanden sein muss. Er sagte seine Mitarbeit nach ausführlichen Besprechungen mit Thielicke schließlich 1956 zu, zuvor betonte er noch einmal, dass aus der Zeitschrift »keine so einseitige Sache« werden solle, sondern ein »Gesprächsorgan, an dem alle Kreise, die im Bereich der evan-

---

Thurneysen. Briefwechsel, Bd. 1: 1913–1921 (Karl Barth: Gesamtausgabe, V. Briefe), bearb. und hg. von EDUARD THURNEYSEN, Zürich 1973, S. 299–301, hier: 300.

[114] Vgl. RIEDNER: Die Kammer für Soziale Ordnung der Evangelischen Kirche in Deutschland, 1994, S. 56.

[115] Vgl. Karrenberg an Held am 29.6.1954, AEKR, HA Held.

[116] Es handelte sich um Thielickes Schrift »Die evangelische Kirche und die Politik«, Stuttgart 1953; vgl. Karrenberg an Held am 18.6.1953, AEKR, HA Held.

[117] Karrenberg an Held am 4.8.1954, AEKR, HA Held.

[118] Vorwort zur 1. Auflage des ESL, Stuttgart 1954, verfasst von Friedrich Karrenberg.

gelischen Kirche an diesen Dingen arbeiten, beteiligt sind.«[119] Karrenberg verfasste von 1957–1967 31 Artikel für die ZEE, davon 19 Rezensionen und nutzte die Zeitschrift als wissenschaftliches Forum. Auch die Tatsache, dass Karrenberg 1955 von der Evangelisch-Theologischen Fakultät Bonn ehrenpromoviert wurde und 1961 eine Honorarprofessur mit einem Lehrauftrag für Sozialethik an der Universität Köln annahm, zeigt, dass Karrenberg im Gegensatz zu Müller als theologischer Gesprächspartner auf breitem Raum ernst genommen wurde.

Auch Eberhard Müller war an zahlreichen Initiativen, die über Bad Boll hinausgingen, beteiligt, oft gemeinsam mit Friedrich Karrenberg. An der Abfassung des Soziallexikons wirkte Müller ebenfalls mit, jedoch wurde er von Karrenberg nicht in die Planungen miteinbezogen, was zu einigen Verstimmungen führte. Dementsprechend bildete die Frage der Ankündigung des Lexikons nur vordergründig den Anlass für einen Brief Karrenbergs an Müller im März 1953. Vielmehr erhoffte Karrenberg sich von Müller Auskunft über eine von der Aktionsgemeinschaft für Arbeiterfragen (AkfA), deren Initiator und spiritus rector Müller war, geplante Publikationsreihe, die dem Unternehmen des Soziallexikons im Weg stehen könnte.[120] In seiner Antwort äußerte Müller seinen Unmut

---

[119] Karrenberg an Held am 2.7.1955, AEKR, HA Held. Die Genese des Herausgeberkreises der Zeitschrift für Evangelische Ethik (ZEE) ist noch nicht wissenschaftlich aufgearbeitet worden. Eine schriftliche Korrespondenz von Hans Hermann Walz und Friedrich Karrenberg aus dem August des Jahres 1955 belegt, dass Karrenberg sich vor seiner Zusage an Thielicke mit Freunden und Gleichgesinnten über eine Mitarbeit als Herausgeber beraten hat. In diesem Zuge reifte wohl auch die Idee, eine eigene sozialethische Zeitschrift zu gründen, die sich an Laien richten und als Korrespondenzorgan zwischen den Kirchentagen und den in den dortigen Arbeitsgruppen stattfindenden Diskussionen dienen sollte (vgl. EZA 71/1636, Walz an Karrenberg, 29.8. 55). Auch in der am 24. und 25.11.55 in Mülheim/Ruhr stattfindenden Sitzung des Redaktionsausschusses des Soziallexikons wird die Debatte um Karrenbergs Mitarbeit bei der späteren ZEE nochmal geführt: Karrenberg kann berichten, dass Wolfgang Schweitzer nun anstelle von Thielicke der Herausgeber der Zeitschrift sein soll und auf der Suche nach Mitarbeitern sei. Bereits zugesagt hätten dabei die Herren Heinz-Horst Schrey, Nils H. Søe, Reinhold Niebuhr, Paul Tillich und John C. Bennett, die Zeitschrift solle im Bertelsmann-Verlag erscheinen (vgl. EZA 71/434). Eben diese Namen finden sich – bis auf Søe – als Mitarbeiter in den ersten Jahrgängen der ZEE 1957 wieder – wobei gerade Schrey ja von Karrenberg 1954 gegenüber Held als potentieller Mitarbeiter genannt wurde, der nicht zur Mitarbeit gebeten worden sei (vgl. AEKR, HA Held, Karrenberg an Held am 4.8.1954). Das Vorwort des ersten Heftes bezieht sich wiederum positiv auf die bereits im Evangelischen Soziallexikon erprobte und bewährte Interdisziplinarität der Mitarbeitenden: »Lebhaft begrüßen wir, daß sich wie beim ›Evangelischen Soziallexikon‹ und vielen Stellen in der evangelischen Christenheit – Theologen, Juristen, Mediziner, Sozialpolitiker, Politiker, Philosophen sowie Männer der Wirtschaft und der Technik zur Mitarbeit bereit gefunden haben.« (ZEE 1 [1957], Vorwort). Die Herausgeber der ZEE 1957 waren letztlich Klaus von Bismarck, Friedrich Karrenberg, Hendrik van Oyen, Wolfgang Schweitzer, Helmut Thielicke und Heinz-Dietrich Wendland.

[120] Die Rede ist von einer Schriftenreihe von 100 Heften der AkfA, die als Beihefte der Zeitschrift »Die Mitarbeit«, herausgegeben von Gerhard Heilfurth an der Sozialakademie Friedewald, erscheinen sollen. Da Donath, Thier und von Bismarck, die sowohl Mitglied der AkfA

darüber, nicht früher zu den Vorbereitungen zum ESL hinzugezogen worden zu sein, hätte doch zumindest die AkfA als gewichtiger Faktor der evangelischen Sozialarbeit anerkannt werden sollen.[121] Die eindringliche Einladung Müllers an Karrenberg, an den Sitzungen der AkfA künftig doch selbst teilzunehmen, ignoriert dieser.

Weitere Streitpunkte zwischen Müller und Karrenberg entstanden bei der Formulierung des Artikels »Persönlichkeit«, den Eberhard Müller für das ESL beisteuerte und in dem er dem Sozialismus attestierte, zu einer Zerstörung der Persönlichkeit zu führen und ihn in einem Atemzug mit dem Faschismus nennt. Karrenberg wies diese Ausführungen vehement zurück. Müllers Argumentation ist ihm zu undifferenziert und nicht auf dem aktuellen Stand der sozialwissenschaftlichen Überlegungen.[122] In den Auseinandersetzungen zwischen Müller und Karrenberg sind theologische Differenzen und politische Meinungsverschiedenheiten oft nicht deutlich zu unterscheiden, wenngleich grundsätzlich festgehalten werden kann, dass Eberhard Müller theologisch von der DCSV und der missionarischen Schülerbibelarbeit geprägt war, während dem im Neuwerk religiös-sozial geprägten Karrenberg eine gewisse Sympathie für die bruderrätliche Theologie der Bekennenden Kirche zueigen war. Streitigkeiten hinsichtlich der Besetzung der Arbeitsgruppe ›Wirtschaft‹ des Kirchentags, Missverständnisse und Meinungsverschiedenheiten über deren Themenwahl, Verstimmungen aus Anlass der Integration namhafter Experten – es sind nicht zuletzt Personalfragen, die die Gemüter erhitzen. Eine Analyse der Kommunikationsbedingungen und -strukturen der unterschiedlichen Akteure im Bereich des Sozialen Protestantismus unter netzwerktheoretischer Perspektive ist demnach lohnend.

8. Zusammenfassende Überlegungen

Ich habe das Netzwerk Friedrich Karrenbergs als ein exemplarisches Netzwerk im deutschen Nachkriegsprotestantismus beschrieben. Karrenberg als Person eignet sich auch aus quellenkritischer Sicht in besonderem Maße für diese Darstellung, da er als akademisch gebildeter Laie, eingebunden in zahlreiche Initiativen und kirchliche Gremien, über eine hohe theologische Allgemeinbildung

---

sind, als auch bei der Planung des ESL beteiligt sind, von einem solch großen Umfang nichts wissen, erkundigt sich Karrenberg schließlich an oberster Stelle bei Müller, vgl. Karrenberg an Müller am 10.3.1953, Archiv der Evangelischen Akademie Bad Boll (AEABB), AZ 22.

[121] Müller an Karrenberg am 13.3.1953, AEABB, AZ 22.

[122] Vgl. die Korrespondenz zwischen Karrenberg und Müller zwischen 12.5. und 21.5.1954, AEABB, AZ 22. Dass weiterhin ein gewisser Respekt unabhängig der theologischen Standpunkte besteht, zeigt die am 15.6. 1954 von Karrenberg geäußerte Bitte, Eberhard Müller möge ihm ein Bild für sein persönliches »Poesiealbum« mit »Bildern von Damen und Herren [...] die mir aus der kirchlichen, sozialethischen und politischen Arbeit nahe stehen« schicken. Müller kommt der Bitte gerne nach.

verfügt, die es ihm ermöglicht, seine eigene Stellung und sein eigenes Profil innerhalb des Protestantismus zu reflektieren. In zahlreichen Korrespondenzen und Veröffentlichungen werden seine persönlichen Motive, sich an der kirchlichen Sozialarbeit und damit an den ethischen Debatten der Bundesrepublik zu beteiligen, deutlich. In der Sozialkammer wird unter Karrenbergs Mitwirkung die Eigentumsdenkschrift verfasst, die erste förmliche Denkschrift der EKD. In der Arbeitsgruppe ›Wirtschaft‹ des Kirchentags werden Fragen der Mitbestimmung im Betrieb, der Rolle der Frau in der Gesellschaft[123] und die Bildung der Jugend erörtert, im Sozialethischen Ausschuss der Evangelischen Kirche im Rheinland wird zur Kriegsdienstverweigerung[124] Stellung genommen und im Evangelischen Soziallexikon die Integration der Vertriebenen thematisiert[125], um nur einige Debattenfelder zu nennen. Somit ermöglicht eine Analyse dieses protestantischen Netzwerkes nicht nur eine Beschreibung der personalen und strukturellen Zusammenhänge im Sozialen Protestantismus, sondern zugleich eine Beschreibung der Rolle des Protestantismus in den ethischen Debatten der jungen Bundesrepublik. Jedoch verfolgt die vorliegende Forschungsperspektive ein darüber noch hinaus gehendes Ziel. Sie will beschreiben, was als ›protestantischer Gestaltungswille‹ und weiter als ›der Protestantismus‹ in der Bundesrepublik verstanden werden kann. Um was geht es dem Protestantismus in seiner Beteiligung an ethischen Debatten und gesellschaftlichen Diskursen? Was ist ›die Sache‹, um die es den Herausgebern des Soziallexikons ging – »Klärung der Fronten, Auflösung von Vorurteilen, Erkenntnis der Aufgaben und Hinführung zu echter Verantwortung für alle wesentlichen Bereiche des täglichen Lebens«[126]? Werden die Motive protestantischer Gesellschaftsdeutung und -gestaltung damit hinreichend beschrieben? Und warum liegt den Herausgebern des Soziallexikons soviel an der Einmütigkeit des evangelischen Standpunktes zu den »verschiedenen Fragen des sozialen Lebens«?[127] Diesen Fragen nachzugehen muss weiteren Forschungen vorbehalten bleiben. So erfolgte die hier exemplarisch angerissene Analyse eines protestantischen Netzwerks nicht um ihrer selbst willen, sondern soll sich an der Beantwortung der Frage beteiligen, was den bundesrepublikanischen Protestantismus und sein Engagement in ethischen Debatten antreibt. Der Protestantismus kommuniziert nicht nur *etwas*, seine Einstellung und Haltung zu den Fragen der modernen Gesellschaft, sondern immer auch *sich selbst*: In der Art, wie der Protestantismus auf öffentliche und ethische Debatten Einfluss nimmt, sowie in der Art und Weise, wie Kommunikationsstrukturen innerhalb protestantischer Netzwerke gestaltet werden, gibt der Protestantismus Auskunft über sein Selbstverständnis. So kann die Kommu-

---

[123] Vgl. zu dieser Debatte den Beitrag von Sarah Jäger in diesem Band, S. 295–326.
[124] Vgl. dazu im vorliegenden Band den Beitrag von Hendrik Meyer-Magister, S. 327–367.
[125] Diesem Thema widmet sich der Beitrag von Felix Teuchert in diesem Band, S. 169–198.
[126] Vorwort zur 1. Auflage des ESL, Stuttgart 1954, verfasst von Friedrich Karrenberg.
[127] Ebd.

nikation ethischer Optionen des Protestantismus hinsichtlich ihrer gesellschaftsgestaltenden Absichten zugleich als Ausdruck kritischer Selbstreflexion der gesellschaftlichen Modernität des Protestantismus beschrieben werden.

Kommunikation des Protestantismus
Wirkungen und Rückwirkungen von Rundfunkkommentaren zum Kirchentag 1969 auf das mediale Bild des Protestantismus

TERESA SCHALL

Die Erweiterung des medialen Ensembles aus Presse, Hörfunk und Film durch das Fernsehen und sein Aufstieg zum Leitmedium prägten die Medienlandschaft der frühen Bundesrepublik. Waren es im Jahr 1957 noch etwa eine Million angemeldeter Fernsehgeräte, stieg ihre Zahl bis in die 1970er Jahre kontinuierlich um 1 bis 1,5 Millionen Geräte pro Jahr an. Ende der 1960er Jahre hatten drei von vier Haushalten ein Fernsehgerät. Das Radio, das mehr und mehr in die Rolle eines »Begleitmediums« gedrängt wurde, blieb aber vorerst das zeitlich meistgenutzte Medium.[1] So verlagerte sich die Berichterstattung über Großereignisse und Debatten von den Printmedien in die Medien des Rundfunks. Das galt auch für Veranstaltungen wie den Deutschen Evangelischen Kirchentag.

Für den Protestantismus bedeutete die Ausbreitung des Rundfunks in den 1950er Jahren mehr als ein Déjà-vu der Expansion des Pressewesens in den Jahrzehnten zuvor. Die neue Herausforderung bestand in den Besonderheiten der Medien Hörfunk und Fernsehen – in ihrer höheren Reaktionsgeschwindigkeit, ihrer größeren Spontaneität, ihrer stärkeren Verbindung von Wort und Bild bzw. von Wort und Hören und ihrer Neigung zu größerer Zuspitzung. Die protestantischen Ansichten über den angemessenen Umgang mit dem neuen Medium Fernsehen zeigen die gesamte Bandbreite zwischen bejahender Annahme des Mediums als »Chance« für die Verstärkung einer gesellschaftlichen Präsenz des Protestantismus und ablehnender Bewertung als »Gefahr« für einen die Kontrolle über seine öffentliche Wahrnehmung verlierenden Protestantismus.[2] Nach

---

[1] Vgl. NICOLAI HANNIG: Die Religion der Öffentlichkeit. Kirche, Religion und Medien in der Bundesrepublik 1945–1980, Göttingen 2010, S. 149 f.

[2] Einen Überblick über die Geschichte der Evangelischen Publizistik bieten: CHRISTIAN ALBRECHT: Evangelische Publizistik, in: Religion und Medien. Vom Kultbild zum Internetritual (Vorlesungen des Interdisziplinären Forums Religion der Universität Erfurt, Bd. 4), hg. von JAMAL MALIK, Münster 2007, S. 153–164; KARL WERNER BÜHLER: Die Kirchen und die Massenmedien. Intentionen und Institutionen konfessioneller Kulturpolitik in Rundfunk, Fernsehen, Film und Presse nach 1945 (Konkretionen, Bd. 4), Hamburg 1968; AXEL SCHWA-

Hans Dieter Bastian[3] waren die Protestanten v. a. durch ihr Selbstbild blockiert, sich auf die neuen Medien einzulassen. »Im theologischen Verständnis galt die Kirche nicht als Organisation, wo Information, Medien und Meinung den Verkehr regulieren, sondern als Gemeinschaft, in der natürliche Sitte, Harmonie und geistliche Autorität aus sich selbst wirken. Von der Presse bis zum Fernsehen wurde jedes neue Medium mit theologischem Argwohn, wenn nicht mit Ablehnung empfangen.«[4]

Der Deutsche Evangelische Kirchentag hatte sich aufgrund seines eher progressiven Verständnisses vom eigenen spezifischen Öffentlichkeits- und Gestaltungsauftrag schon früh entschlossen, den Rundfunk für sich zu nutzen. Von Anfang an gehörten Übertragungen der Gottesdienste, Eröffnungs- und Schlussfeiern, teils live, teils in kürzeren Sequenzen, sowohl im Hörfunk als auch im Fernsehen zum Kirchentag dazu. Den Verantwortlichen des Kirchentags war bewusst, dass es »nicht zuletzt die Rundfunk- und Fernsehanstalten sind, die die großen Ereignisse der Kirche in das öffentliche Bewusstsein rücken«,[5] daher war eine Kooperation mit ihnen für sie unerlässlich. Zugleich zeigt sich in den Debatten der Kirchentagsverantwortlichen um den geeigneten Umgang mit dem neuen Medium und vor allem mit den professionellen Akteuren der Sendeanstalten die ambivalente Haltung des Protestantismus zum Rundfunk wie in einem Brennspiegel.

Der Kirchentag als medial vermitteltes Ereignis stellt kommunikative Anforderungen in zwei grundsätzlich unterschiedlichen Dimensionen. Zum einen werden *durch* den Kirchentag Themen, Fragestellungen und Probleme, mit denen sich der Protestantismus auseinandersetzt und zu denen er Stellung nimmt, nach außen, in eine gesellschaftlich-kulturelle Öffentlichkeit hinein, kommuniziert. Zum anderen findet in Berichten, Kommentaren und Live-Übertragungen in Funk und Fernsehen Kommunikation *über* den Kirchentag statt. Mit allen Chancen auf Öffentlichkeit des Protestantismus, zugleich aber mit allen Risiken einer sich der Kontrolle entziehenden Berichterstattung über den Protestantismus müssen die protestantischen Akteure angesichts der schnellen Verbreitung des Fernsehens umzugehen lernen – insbesondere dann, wenn sie, wie die Verantwortlichen für den Kirchentag, selbst durch diese Medien kommunizieren wollen bzw. die Berichterstattung über den Protestantismus in diesen Medien beeinflussen wollen. So kann die Kommunikation des Protestantismus in den

---

NEBECK (Hg.): Kirche und Massenmedien. Eine historische Analyse der Intentionen und Realisationen evangelischer Publizistik, München 1990.

[3] Hans Dieter Bastian (*1930) hatte von 1961–1995 den Lehrstuhl für Evangelische Religionspädagogik in Bonn inne.

[4] HANS DIETER BASTIAN: Kommunikation. Wie christlicher Glaube funktioniert, Stuttgart 1972, S. 138.

[5] ROBERT GEISENDÖRFER: Information des Fernsehbeauftragten Nr. 60. 5/1969, S. 1, LKA Kiel 11.02/584.

öffentlich-rechtlichen Medien und durch sie als exemplarischer Verdichtungspunkt der Frage nach der Mitwirkung des Protestantismus im öffentlichen Leben[6] und nach dem Verständnis eines protestantischen Gestaltungsauftrags in der frühen Bundesrepublik gesehen werden. Dem entsprechend kann die Frage gestellt werden, ob der Protestantismus durch solche Veranstaltungen und die Berichterstattung darüber nicht erst erfahrbar wird.

Im Folgenden soll diese Beobachtung anhand eines konkreten Beispiels in einer Fallstudie illustriert werden. Sie widmet sich den »Kommentaren zum Tage«[7], die im Hörfunk des Süddeutschen Rundfunks zum Stuttgarter Kirchentag 1969 gesendet wurden und geht der Frage nach den Wirkungen und Rückwirkungen medialer Kommunikation des Protestantismus am Beispiel dieser Laienversammlung in den politisch, kulturell und kirchlich höchst bewegten späten 1960er Jahren nach. Über die exemplarische Analyse der »Kommentare« wird eine Form protestantischer Präsenz im Rundfunk dargestellt, die vertiefte Einsichten in das Selbstverständnis des deutschen Protestantismus in den ethischen Debatten der Bundesrepublik Deutschland 1949–1989 ermöglicht, weil sie die Äußerungen selbst, aber auch die selbstreflektierende Rezeption der »Kommentare« innerhalb des Protestantismus in den Blick nimmt. Daraus können Schlussfolgerungen zum Öffentlichkeitsverständnis und den Medienstrategien des Protestantismus, die dabei teils implizit leitend sind, teils explizit ausgebildet werden, gezogen werden.

Die Fallstudie zur Frage nach der Kommunikation des Protestantismus in öffentlich-rechtlichen Medien ist dabei im Kontext neuerer Studien zum Verhältnis von Christentum und Medien in der Geschichte zu verorten, wie sie etwa in der Bochumer DFG-Forschergruppe »Transformation der Religion in der Moderne«[8] um Frank Bösch und Lucian Hölscher geleistet wurden. Die dort durchgeführten Forschungen werden hier aber durch die Verschränkung der Themenfelder Ethik und Medien ergänzt. Hinzu kommt, dass Studien zur medialen Präsenz des Kirchentags ihren Fokus bislang zumeist auf Zeitungsberichte[9] legten. Weil sich die charakteristischen innerprotestantischen Debatten im Untersuchungszeitraum aber vor allem am relativ neuen Medium des öffentlich-rechtlichen Rundfunks entzündeten, konzentrieren die Überlegungen sich hierauf; die Berichterstattung in den Printmedien bleibt einstweilen ausgeklammert.

---

[6] Vgl. Hans Hermann Walz: Das protestantische Wagnis, Stuttgart 1958, S. 11.
[7] LKA Stuttgart. A 226, Nr. 4075. 81.51. 1967–1969.
[8] Vgl. dazu: Hannig: Die Religion der Öffentlichkeit, 2010; Frank Bösch und Lucian Hölscher (Hg.): Kirchen – Medien – Öffentlichkeit. Transformationen kirchlicher Selbst- und Fremddeutungen seit 1945 (Geschichte der Religion in der Neuzeit 2), Göttingen 2009.
[9] So z.B. Marlies Findeisen: Das Bild der evangelischen Kirche in der medialen Öffentlichkeit. Dargestellt und analysiert anhand der Zeitungsberichte über den 19. Deutschen Evangelischen Kirchentag Hamburg 1981, Göttingen 1991.

In den nachfolgenden Schritten werde ich erstens den Kirchentag 1969 in seinen gesellschaftspolitischen Kontext einordnen, seinen Verlauf skizzieren und auf seine Besonderheiten in Inhalt und Struktur hinweisen, zweitens die Erwartungen an den Kirchentag anhand der Darstellung des Publizistenempfangs erläutern, drittens die »Kommentare zum Tage« als ein Beispiel für die Kommentierung des Kirchentags im Hörfunk besprechen, viertens den Kirchentag aus Sicht der Publizisten anhand des Publizistischen Echos[10] der Pressereferentin des Kirchentags analysieren, im fünften Abschnitt die sich aus der Presseresonanz ergebenden Konsequenzen für kommende Kirchentage darlegen und sechstens die Herausforderungen der Kommunikationsbedingungen aufzeigen.

1. »Hungern nach Gerechtigkeit« – Der Kirchentag 1969 in Stuttgart[11]

Der 14. Deutsche Evangelische Kirchentag fand vom 16. bis zum 20. Juli 1969 in Stuttgart statt, damit war er zum zweiten Mal seit der Neugründung des Kirchentags durch Reinold von Thadden-Trieglaff im Jahre 1949 in der baden-württembergischen Landeshauptstadt zu Gast. Er stand unter der an Matthäus 5,6 angelehnten Losung »Hungern nach Gerechtigkeit«. Gesellschaftspolitisch lässt sich der Stuttgarter Kirchentag einordnen in die Zeit des Bundestagswahlkampfs, der in die Bildung der sozial-liberalen Koalition unter Bundeskanzler Willy Brandt im Herbst 1969 mündete und der Studentenbewegungen, die sich u. a. gegen den Krieg in Vietnam, den Hunger in Biafra, Ungerechtigkeit und Rassismus richteten. An der Hauptversammlung nahmen, wie bereits in Hannover 1967, ca. 40 000 Menschen teil, die Zahl der Dauerteilnehmer war, im Vergleich zum Kirchentag in Hannover, von 12 299 auf 17 155 gestiegen, so dass der Kirchentag seinen vorläufigen Tiefpunkt, was die Teilnehmerzahlen betrifft, überwunden hatte.[12]

Der Stuttgarter Kirchentag ging als einer der turbulentesten Kirchentage in die Geschichtsbücher ein. Geprägt war er durch heftige Auseinandersetzungen in den Diskussionen, von Protesten einer kritischen und aufbegehrenden Ju-

---

[10] CAROLA WOLF: Das Echo auf Stuttgart 1969. Kirchentag Stuttgart aus Sicht der Publizisten. Vortrag vor der Konferenz der Landesausschüsse des Deutschen Evangelischen Kirchentages am 2. Dezember 1969 in Düsseldorf, in: EPD-Dokumentation Nr. 55/1969, S. 9–16.

[11] Zur Geschichte des Kirchentags in den 1960er und 70er Jahren: HARALD SCHROETER-WITTKE: Der Deutsche Evangelische Kirchentag in den 1960er und 70er Jahren – eine soziale Bewegung?, in: Umbrüche. Der deutsche Protestantismus und die sozialen Bewegungen in den 1960er und 70er Jahren (Arbeiten zur Kirchlichen Zeitgeschichte, Reihe B: Darstellungen 47), hg. von SIEGFRIED HERMLE, CLAUDIA LEPP und HARRY OELKE, Göttingen 2007, S. 213–225.

[12] Einen Überblick über die Besucherzahlen gibt: CAROLA WOLF und HANS HERMANN WALZ (Hg.): Hören, handeln, hoffen. 30 Jahre Deutscher Evangelischer Kirchentag, Stuttgart 1979.

gend und einer spontan beschlossenen Großdemonstration gegen das neue Ordnungsrecht. Hitzig diskutiert wurde besonders in der Arbeitsgruppe »Demokratie«, die an Turbulenz nur von der Arbeitsgruppe »Gerechtigkeit in einer revolutionären Welt« übertroffen wurde. Kurzfristig stellten sich Hanns Martin Schleyer von Daimler-Benz und Hans L. Merkle von Bosch für Diskussionen um privat-wirtschaftliche Investitionen in Entwicklungsländern zur Verfügung. Daneben standen die Themen Hunger und Weltwirtschaft, Macht und Ohnmacht in einer revolutionären Welt, Entwicklung und Solidarität, die unterentwickelte öffentliche Meinung, Kirchenstruktur und Entwicklungsaufgaben, Interessenkonkurrenz, Wahlrücksichten, Ressortdenken im Angesichts des Hungers.[13] Die Bekenntnisbewegung »Kein anderes Evangelium« stand Vertretern moderner Theologie und den engagierten jugendlichen Protestanten gegenüber. Dass sie überhaupt zum Kirchentag gekommen war, ist als Erfolg der vorausgehenden Planungen und Gespräche zu werten, war die Bewegung dem hannoverschen Kirchentag doch noch fern geblieben.

Die neuen demokratischen Methoden, wie die Möglichkeit zum Verabschieden von Resolutionen, zur Änderung von Programmen und zur Abwahl von Diskussionsleitern, haben den Teilnehmern die Chance gegeben, sich in die Praxis demokratischer Willensbildung einzuarbeiten, so Dietrich von Oppen, der an der Vorbereitung der Arbeitsgruppe »Demokratie« beteiligt war.[14] Wie kontrovers diese neue Demokratisierung diskutiert wurde, werden die nachfolgenden Ausführungen zeigen.

Die Ausstattung der Hallen mit Mikrophonen, dank derer sich jede und jeder zu den jeweiligen Themen äußern konnte, war ein weiteres Novum dieses Kirchentags. Um die Diskussionen einigermaßen lenken zu können, wurde vor dem Kirchentag eine »Anleitung zur Diskussion in den Hallen« verfasst, die sich im Großen und Ganzen auch bewährt hat. So konnten aus »Kirchentagsbesuchern« in diesem Jahr »Kirchentagsteilnehmer« werden.[15] Dieser zeitgenössischen Darstellung des Kirchentags kann mit Blick auf die neuen demokratischen Verfahren, die in Stuttgart zum ersten Mal praktiziert wurden, gefolgt werden. Der Wandel der Kommunikationsformen im Sinne einer veränderten Gesprächskultur und Arbeitsgruppen- und Dialogstruktur[16] lässt sich auch auf anderen Gebieten, in denen der Protestantismus aktiv ist, erkennen. Beispielhaft können

---

[13] Vgl. RÜDIGER RUNGE und MARGOT KÄSSMANN: Kirche in Bewegung. 50 Jahre Kirchentag, Gütersloh 1999, S. 112 f.
[14] Vgl. DIETRICH VON OPPEN: Vom Publikum zu Partnern. Gespräche über den 14. Deutschen Evangelischen Kirchentag, in: Evangelische Kommentare 8 (1969), S. 462.
[15] HANS JÜRGEN SCHULTZ: Vom Publikum zu Partnern. Gespräche über den 14. Deutschen Evangelischen Kirchentag, in: Evangelische Kommentare 8 (1969), S. 464.
[16] TRAUGOTT JÄHNICHEN: Kirchentage und Akademien. Der Protestantismus auf dem Weg zur Institutionalisierung der Dauerreflexion?, in: Gesellschaftspolitische Neuorientierungen des Protestantismus in der Nachkriegszeit, hg. von NORBERT FRIEDRICH und TRAUGOTT JÄHNICHEN, Münster 2002, S. 127–144, hier 133.

hier die Debatten um den Kirchenbau in den Evangelischen Akademien in den 1960er Jahren genannt werden.[17]

Die im Allgemeinen positive publizistische Beurteilung des hannoverschen Kirchentags werde sich auch auf den Kirchentag in Stuttgart vorteilhaft auswirken, hoffte Generalsekretär Hans Hermann Walz.[18] Und das Interesse der Journalisten an diesem Kirchentag sei im Vergleich zu Hannover sogar noch einmal erheblich gewachsen.[19]

Der Stuttgarter Kirchentag bekam in seiner Berichterstattung, vor allem in Funk und Fernsehen, Konkurrenz durch die Übertragung der Landung des ersten Menschen auf dem Mond, die ein mediales Ereignis vom Start am 16. Juli bis zur Landung am letzten Tag des Kirchentags, dem 20. Juli, war. Der Tag der Mondlandung wurde eine große Herausforderung für die Sendeanstalten: schließlich entschloss man sich, zunächst die Schlussfeier des Kirchentags zu übertragen, ihr auch die nötige Sendezeit zu gewähren, und im Anschluss die Mondlandung zu zeigen.[20]

2. Erwartungen an den Kirchentag – Der Publizistenempfang

Der Publizistenempfang, erstmals auf dem Kirchentag in Essen 1950 abgehalten, findet traditionell und bis heute am Vorabend der Eröffnung eines jeden Kirchentags statt und dient dazu, Vertreter sowohl von Funk und Fernsehen als auch der Printmedien über das Thema des jeweiligen Kirchentags zu informieren, das Programm vorzustellen und einen Einblick in die Geschichte des Kirchentags zu geben. Verbunden ist dies immer mit einem Dank an die Publizisten für die Arbeit, die sie vor dem Kirchentag schon geleistet haben und während des Kirchentags und danach noch leisten werden.

Veranstaltet wird der Empfang vom Publizistischen Ausschuss des Kirchentags, der zwei bis drei mal jährlich tagt, um Pläne für eine Medienstrategie zum Kirchentag auszuarbeiten und für die publizistische Begleitung des Kirchentags sorgt. Hervorgegangen ist der Publizistische Ausschuss im Jahre 1964 aus dem Publizistischen Arbeitskreis.

Das publizistische Auftreten des Kirchentags 1963 in Dortmund gab den Anstoß für die Erkenntnis, dass eine strukturelle Veränderung in der publizistischen Arbeit des Kirchentags nötig war. Da die auf den Kirchentag zukommenden Aufgaben immer vielfältiger und vielseitiger wurden, war es wichtig,

---

[17] Vgl. hierzu den Beitrag von Philipp Stoltz in diesem Band, S. 265–293.
[18] HANS HERMANN WALZ, in: Deutscher Evangelischer Kirchentag Stuttgart 1969. Dokumente, hg. vom Präsidium der DEKT, Stuttgart 1970, S. 18.
[19] CAROLA WOLF: Sitzung des Publizistischen Ausschusses am 29.5.1969 in Frankfurt/Main, EZA 71/723.
[20] Sitzung des Publizistischen Ausschusses am 29.5.1969 in Frankfurt/Main, EZA 71/723.

diesen Herausforderungen so professionell wie möglich zu begegnen. Um eine bessere Zusammenarbeit mit den Sendeanstalten und Redaktionen der Zeitungen garantieren zu können und Rundfunk, Presse und Film für die Arbeit des Kirchentags zu gewinnen, wurden die Aufgabenbereiche innerhalb des Publizistischen Ausschusses spezifiziert. Die Unterrichtung der Öffentlichkeit über den Deutschen Evangelischen Kirchentag gehörte ebenso dazu wie die Vorbereitung, Durchführung und Auswertung der Kirchentage. Neben der Reduzierung der Mitgliederzahl war die Vergabe von Themenbereichen an einzelne Mitarbeiter die Konsequenz der Strukturveränderung, was eine Kompetenzfokussierung möglich machte. Der Publizistische Ausschuss konnte so weiterhin als beratendes Gremium der Kirchentagsleitung sowohl auf eigene Initiative, wie auf Bitten der Leitung tätig sein.

Im Presse- und Publizistenempfang des Stuttgarter Kirchentags am 15. Juli 1969 sah der Publizistische Arbeitskreis eine wichtige Möglichkeit, gezielt Vorinformationen weiterzugeben und den Kirchentag an einem zusätzlichen Tag in der allgemeinen Berichterstattung zu präsentieren.[21]

Die nachfolgend aufgeführten Redner Richard von Weizsäcker, Erich Eichele und Hans Hermann Walz vertraten den Kirchentag und die württembergische Landeskirche vor den Vertretern aus Presse und Rundfunk an diesem Nachmittag des 15. Juli 1969.

Der Präsident des Kirchentags, Richard von Weizsäcker, stellte in seinem einleitenden Vortrag den Publizisten und Medienvertretern den kommenden Kirchentag vor. Er hatte die Vorstellung, dass die Publizisten »den Gang der Kirchentage einer breiteren Öffentlichkeit vermitteln und die Ereignisse kritisch begleiten und kommunizieren«.[22]

Der Deutsche Evangelische Kirchentag 1969 werde sich, so von Weizsäcker, im Anschluss an die Weltkirchenkonferenz in Uppsala 1968, mit Problemstellungen der Gerechtigkeit beschäftigen. Uppsala stand unter dem Motto »Gerechtigkeit in einer revolutionären Welt« mit dem Schwerpunkt auf der Politik. So werde auch in Stuttgart »von den Ursachen der Lage im armen Teil der Welt die Rede sein, von der Einbahnstraße weltwirtschaftlicher Abhängigkeiten, von politischen Fehlleistungen der reichen Länder und von revolutionären Spannungen in der Dritten Welt.«[23] Dies sollte vor allem in der Arbeitsgruppe »Gerechtigkeit in einer revolutionären Welt« diskutiert werden. Der Stuttgarter Kirchentag wollte »bewusst den Weg der Hinwendung zur konkreten Sache, der Information und Diskussion« gehen, nicht aber den »Weg voreiliger Entlastung von den Sachen durch Bewegung und Gefühl.«[24] Der Kirchentagspräsident erwarte-

---

[21] Sitzung des Publizistischen Ausschusses, 16.1.1969 in Frankfurt/Main, EZA 71/723.
[22] RICHARD VON WEIZSÄCKER, in: Deutscher Evangelischer Kirchentag Stuttgart 1969, 1970, S. 21.
[23] A.a.O., S. 22 f.
[24] A.a.O., S. 23.

te kontroverse Standpunkte in den Diskussionen der sachlichen Arbeit ebenso wie bei den theologisch-kirchlichen Themen und im politisch-gesellschaftlichen Bereich.[25] Die Kommunikation werde in Stuttgart zur wesentlichen Aufgabe werden, Kommunikation über die Themen und Kommunikation zwischen den unterschiedlichen Gruppen, wie sie auf dem Kirchentag aufeinander treffen würden. Demnach sei es die Bestimmung des Kirchentags, diese Kommunikation zustande zu bringen, Kontroversen eingeschlossen. Der Frage danach, wie die erwarteten großen Diskussionen und Debatten gelenkt und geleitet werden können, wurde im Vorfeld des Kirchentags ausgesprochen große Aufmerksamkeit geschenkt. So wurde, was im Nachgang zum hannoverschen Kirchentag 1967 geäußert und gewünscht wurde, umgesetzt, und in Stuttgart gab es dann die Möglichkeit, Entschließungen, also Resolutionen zu verfassen und zu diskutieren.[26] Mit möglichen Störungen rechnete der Kirchentagspräsident von Anfang an. »Wir leben in einer turbulenten Zeit, und oft beunruhigt uns auch diese Turbulenz. Aber im Hinblick auf den Kirchentag ist sie keine Entmutigung. Sie ist für uns ganz im Gegenteil Ansporn, der Kommunikation unter den Menschen und ihren Gruppen in der Kirche und für die Welt zu dienen.«[27]

Landesbischof Erich Eichele aus Stuttgart fasste als nächster Redner überwiegend die Erwartungen zusammen, die aus Baden-Württemberg an den Kirchentag in der Landeshauptstadt herangetragen wurden, und musste besonders auf den in Württemberg stark vertretenen Pietismus eingehen. Er hob dabei anerkennend hervor, dass sich die pietistischen Kreise dazu entschlossen hätten, im Gegensatz zum vorangegangenen Kirchentag in Hannover 1967, wieder am Kirchentag teilzunehmen. Daneben werde auch die Jugend Gelegenheit haben, zum Ausdruck zu bringen, was sie bewege und beschäftige, womit er die beiden entgegengesetzten Pole dieses Kirchentags genannt hatte und daraufhin den Kirchentag mit dem Terminus »Kontrovers-Kirchentag«[28] versehen konnte. Dass nun die jugendlichen Protestanten eine so große Rolle spielten und sie Gelegenheit haben sollten, ihre Ziele und Wünsche artikulieren zu können, war für Eichele auch deswegen Gewinn, weil das die Möglichkeit eröffnete, »die Kirche aus einer gewissen Selbstgenügsamkeit herauszuholen und ihr den Blick zu schärfen für Dinge, die der älteren Generation noch nicht so auf den Nägeln und auf der Seele brennen«[29]. Optimistisch stellte er, wie auch von Weizsäcker es tat, die Bitte an die Jugend, von bloßen Störungen und Demonstrationen abzusehen. Der Verlauf des Kirchentags zeigt, dass dieser Wunsch nicht zur Gänze erfüllt wurde und sehr optimistisch war.

---

[25] A.a.O., S. 24.
[26] A.a.O., S. 24.
[27] A.a.O., S. 25.
[28] ERICH EICHELE, in: Deutscher Evangelischer Kirchentag Stuttgart 1969, 1970, S. 27.
[29] Ebd.

Es mag verwundern, dass Eichele die »ökumenische Weite der Christenheit«[30], die auf diesem Kirchentag seiner Meinung nach sichtbar werden solle, so hoffnungsvoll betonte, obwohl schon dem Programm zu entnehmen war, dass die katholisch-evangelische Ökumene auf diesem Kirchentag eine eher untergeordnete Rolle spielen und sich nur auf zwei gemeinsame Gottesdienste beschränken werde. Nach Vorankündigungen dieser Art seitens der Leitung ist es hingegen nicht überraschend, dass einige Publizisten und Teilnehmer diese Ökumene vermisst haben.

Eichele schloss mit seinen Ausführungen zur Wahl des Leitthemas »Gerechtigkeit« ebenfalls an Uppsala an: »Kirche nicht nur in der Welt, sondern Kirche für die Welt«[31] und machte auf die besonderen gesellschaftlichen Umstände und Umbrüche in den Jahren um »68« aufmerksam. Er nahm auch schon die Fragen vorweg, die sich Konservative auf der einen und jugendliche Liberale auf der anderen Seite vor und während des Kirchentags stellten: Einerseits wurde befürchtet, dass von diesem Kirchentag nicht viel Kirchliches zu erwarten sei, sondern alles von gesellschaftspolitischen, wirtschaftlichen und sozialen Problemen überspielt werden könnte, so dass vom »Glaubensgrund der Kirche« wohl nur wenig zu hören sein dürfte. Andererseits standen große Erwartungen, was der Kirchentag an Ergebnissen sowohl aus kirchlicher wie aus gesellschaftspolitischer Sicht bringen werde.[32]

Abschließend hatte Generalsekretär Hans Hermann Walz das Wort, der diesen Kirchentag den »Kirchentag der Kommunikation«[33] nannte. Um der Kommunikation gerecht zu werden, seien neue Methoden der Diskussion ausgearbeitet worden, die nun zum ersten Mal auf einem Kirchentag ausprobiert werden sollten. Vorgesehen war die Disputation zweier Kontrahenten, das Podiumsgespräch und die offene Hallendiskussion sowie das Hearing, das Tribunal und die Mikrophone in den Hallen, die jedem die Möglichkeit geben sollten, sich zu äußern.

Walz hob hervor, dass der Kirchentag kein einheitliches Bild bieten werde, weder was die Erwartungen und die Hintergründe seiner Teilnehmer betreffe, noch das Programm. Dies mache die Arbeit für die Journalisten nicht einfacher. Wolle der Kirchentag »Forum des Protestantismus« sein, was nach wie vor sein erklärtes Ziel sei, müsse er sich bewusst sein, »dass das Evangelium nicht ohne Welt zu haben und die Welt nicht ohne Evangelium zu heilen ist. Solange er in dieser Grundspannung ausgespannt bleibt, kann der Kirchentag dann wohl auch so etwas wie ein Forum des Protestantismus sein.«[34] Walz vereinte hier die bei-

---

[30] A.a.O., S. 28.
[31] A.a.O., S. 26.
[32] Ebd.
[33] Hans Hermann Walz, in: Deutscher Evangelischer Kirchentag Stuttgart 1969, 1970, S. 30.
[34] A.a.O., S. 29.

den äußersten Standpunkte, die den Kirchentag prägen sollten: »Erwartungen, die etwa der württembergische Pietismus in Bezug auf den Stuttgarter Kirchentag hat, [...] wie die Hoffnung derer, die sich vom Kirchentag eine stärkere Öffnung der Gemeinden für den Dienst an den nicht mehr traditionell gebundenen Menschen und an der werdenden Weltgesellschaft versprechen.«[35] Man müsse sich aber der Gefahr bewusst sein, dass, wenn man sich gewissenhaft an alle bestehenden Erwartungen hielte, ein »Sammelsurium nach dem Motto ›Für jeden etwas‹ würde«.[36] Um darzustellen, wie alle Positionen auf diesem Kirchentag zusammenhängen, müsse sich ein Dreieck aus Kirche, Gesellschaft und Einzelner formieren.

Hans Hermann Walz vermutete das Hauptproblem des Stuttgarter Kirchentags darin, dass dort Menschen versammelt seien, die nicht im selben Jahrhundert oder auch nur im selben Jahrzehnt lebten und man sich daher fragen müsse, wie diese Menschen anzusprechen seien. Man helfe den einen und stoße dabei die anderen vor den Kopf und umgekehrt.[37]

3. »Kommentare zum Tage«: Kritik im Rundfunk

Die »Kommentare zum Tage« wurden an jedem Abend der vier Tage des Kirchentags mit einer Dauer von jeweils zehn bzw. fünfzehn Minuten im Hörfunk des SDR gesendet. Sie reflektierten, kommentierten, kritisierten und interpretierten die Ereignisse des Tages. Die Meinungsbeiträge waren, wie es in der Natur eines Kommentars liegt, subjektive Reaktionen von engagierten Protestanten, wie die Kommentatoren Waldemar Besson und Johann Christoph Hampe sich verstanden.

Waldemar Besson (1929–1971) war Professor für Neuere Geschichte an der Universität Konstanz, engagierte sich in der CDU und wollte für das Amt des ZDF-Fernsehintendanten kandidieren. Zur Wahl konnte er sich nicht mehr stellen, er verstarb kurz zuvor mit nur 41 Jahren.

Sich selbst als »württembergischen protestantischen Liberalen«[38] bezeichnend, war Besson mehr Situationsethiker als Gesinnungsethiker, der einer Grundüberzeugung von Mensch und Welt anhing, auf die sich sowohl seine Person als auch sein Handeln gründeten: »protestantisches Christentum in

---

[35] A.a.O., S. 18.
[36] Ebd.
[37] HANS HERMANN WALZ: Sitzung des Publizistischen Ausschusses, Frankfurt/Main 16.1.1969, EZA 71/723.
[38] WALDEMAR BESSON: »Wie ich mich geändert habe«, in: Vierteljahreshefte für Zeitgeschichte 19 (1971), S. 401. Ebenso gesendet im Süddeutschen Rundfunk in der Sendereihe »Wie ich mich geändert habe« am 23./24. Dezember 1970.

einer enger Dogmatik wie blindem Modernismus gleichermaßen abholden Ausprägung.«[39]

»Die Energie, ja Impetuosität seines Redens«[40], die ihm von vielen Seiten zugeschrieben wurde und die er als persönliches Stilmerkmal pflegte, sollte sich auch in seinen Formulierungen in den Kommentaren zeigen. Er war unter anderem als freier Mitarbeiter beim ZDF, beim Süddeutschen und beim Bayerischen Rundfunk tätig. Für den BR machte er sich zwischen 1963 und 1969 als regelmäßiger politischer Kommentator einen Namen.

Johann Christoph Hampe (1913–1991), der zweite Kommentator, war Pfarrer in Bremen und von 1954–1962 Redakteur beim Deutschen Allgemeinen Sonntagsblatt in Hamburg. In der Zeit von 1962–1965 war er als Konzilsbeobachter in Rom tätig. Neben theologischen Sachbüchern schrieb Hampe lyrische Werke und Meditationsbücher. Besondere Beachtung fanden seine Bücher *Sterben ist doch anders – Erfahrungen mit dem eigenen Tod* (1975) und *Was wir glauben. Taschenbuch zum Evangelischen Erwachsenenkatechismus* (1977). Später war er als Pfarrer im Ruhestand als freier Schriftsteller tätig.[41]

Noch wenige Wochen zuvor war, wie dem Protokoll einer Sitzung des Publizistischen Ausschusses im Juni 1969 zu entnehmen ist, Klaus Scholder, Professor für Kirchengeschichte in Tübingen, als Kommentator neben Waldemar Besson eingeplant.[42] Da Klaus Scholder kurzfristig erkrankte, konnte er diese Aufgabe nicht wahrnehmen. Als Vertretung wurde der Pfarrer Johann Christoph Hampe engagiert.[43]

Die »Kommentare zum Tage«, verantwortet von der Kirchenfunk-Abteilung des SDR, folgten an jedem Tag dem gleichen Schema: zuerst schilderte Waldemar Besson seine Eindrücke vom Geschehen und woraufhin Johann Christoph Hampe, teils zustimmend, teils differenzierend, antwortete.

Auffällig in den »Kommentaren« ist vom ersten Tag an die Enttäuschung der Kommentatoren über den Kirchentag in Stuttgart 1969, der ihre Erwartungen ganz offensichtlich nicht erfüllt. Ihre Kritik richtet sich zum einen gegen die Wahl der aufgenommenen Themen der Veranstaltungen und Diskussionen,

---

[39] FRANZ GEORG MAIER: Waldemar Besson, in: Tradition und Reform in der deutschen Politik. Gedenkschrift für Waldemar Besson, hg. von GOTTHARD JASPER, Frankfurt am Main u. a. 1976, S. 9–13, hier: 13.
[40] Ebd. S. 11.
[41] Vgl. DETLEV BLOCK: Hampe, Johann Christoph, in: »Wer ist wer im Gesangbuch?«, hg. von WOLFGANG HERBST, Göttingen ²2001, S. 130 f.
[42] Rundfunk- und Fernsehübertragungen anlässlich des 14. DEKT in Stgt. Stand 9. Juni, EZA 71/3960.
[43] In einer Notiz der Sendeleitung, Historisches Archiv SWR. Bestand 16617. Kirche und Gesellschaft. 14. Deutscher Evangelischer Kirchentag 16.07.1969 – 20.07.1969. Manuskripte Korrespondenz. A: 01.01.1969. E: 31.12.1969. Hinzuzufügen ist, dass der Publizistische Ausschuss nicht in der Verantwortung war, die Kommentatoren einzusetzen. Dies war Aufgabe der Kirchenfunkabteilung, also des Süddeutschen Rundfunks.

außerdem bemängeln sie die falsche Behandlung dieser Themen, woran ein Protestantismus Schuld trage, der sich selbst nicht mehr kenne.[44]

Besson kritisierte, dass die aufgenommenen ethischen Themen, die zugleich die gesellschaftspolitischen Diskussionen der Zeit bestimmten, durchaus nicht die wesentlichen Probleme der Gegenwart seien und von der Leitung des Kirchentags zu sehr beachtet und berücksichtigt würden: »Der Kirchentag hat erst begonnen, aber eines kann man schon feststellen. Er nimmt den Kinderkreuzzug unserer Jugend und ihrer Flucht aus der Realität sehr ernst, vielleicht zu sehr ernst. Zum Glück umschließen Biafra, das Ordnungsrecht und der Militärseelsorgevertrag, bevorzugte Themen der jungen Protestanten, nicht alle Sorgen der Menschen von heute.«[45] Diese Themen waren im Anschluss an die Erfahrungen des Kirchentags 1967 in Hannover und der 4. Vollversammlung des Ökumenischen Rats der Kirchen 1968 in Uppsala vom Präsidium und den vorbereitenden Gremien ausgewählt worden. Das Urteil, dass diese Inhalte nicht die richtigen für die Diskussionen eines Kirchentags seien, wurde im Laufe der Kommentare der folgenden Tage weiter von beiden Kommentatoren bekräftigt und gleichzeitig finden sich immer wieder, im Modus einer Früher-war-alles-besser-Rhetorik, Beschwörungen der guten alten Nachkriegskirchentage, auf denen Choralgesang, Bibelarbeiten und »die große theologische Rede auf hohem Niveau«[46] ihren festen Platz hatten.

Insbesondere seien diese Themen, so kritisiert Besson, von nur einem kleinen Teil der Kirchentagsteilnehmer gewünscht worden, was dazu führe, dass der Kirchentag 1969 in zwei Kirchentage zu zerfallen drohe. Zum einen in die »Burg der Frommen und bewährten Gäste vieler Kirchentage, die erbaut werden, mehr und Besseres über Jesus, Gott und die Kirche, aber auch über die Mikroethik von Familie und Nachbarschaft erfahren wollen« und daneben in »das Heerlager der Jungen, engagierten Neulinge,« die an »der Welt und der Mikroethik der Gesellschaft, an einer glaubwürdigeren Politik, am Völkerfrieden, am Gespräch zwischen Kapitalismus und Marxismus interessiert« sind.[47] Von einem »Zerrbild des kirchlichen Pluralismus«, das geboten werde, war die Rede. Wie Besson stellte auch Hampe fest, dass es zunächst einmal, bevor der »ganze Welthorizont« in den Blick genommen würde und durch großes Engagement die »Allerfernsten zu den Allernächsten« werden, angebracht sei, sich der eigenen Probleme in Land und Gesellschaft bewusst zu werden. »Soziale Phantasie«, wie er es despektierlich bezeichnet, »wird in die Ferne schweifen dürfen, wenn in der Nähe

---

[44] Kommentare zum Tage. Hampe, So. 20.7, LKA Stuttgart. A 226, Nr. 4075. 81.51. 1967–1969.
[45] Kommentare zum Tage. Besson, Do. 17.7., LKA Stuttgart. A 226, Nr. 4075. 81.51. 1967–1969.
[46] Ebd. Besson, Fr. 18.7.
[47] Ebd. Hampe, Fr. 18.7.

alles getan ist.«[48] Weiterhin machten die Kommentatoren darauf aufmerksam, dass in Frage zu stellen sei, inwieweit die »Kirche immer nur auf fahrende Züge springen« müsse, also jedem Trend an Diskussion und Debatten nacheifern solle, oder ob es nicht auch »eine christliche Pflicht zum Bremsen gibt, wo wir zu Opfern unserer eigenen euphorischen Bewegungen werden könnten.«[49]

Abgesehen von der Auswahl der Themen sei es problematisch, dass jene falschen Themen dazu noch einer falschen Behandlung unterzogen werden, was den Protestantismus am Ende nicht von Gesellschaft und Politik unterscheide, die dieselbe Hilflosigkeit zeigen und ebenfalls nicht in der Lage seien, der Jugend Antworten auf ihre Fragen zu geben. Der Unterschied besteht darin, dass dem Kirchentag eine ungleich größere Toleranz im Umgang mit seinen jugendlichen Teilnehmern bescheinigt wird.

Drei Argumentationsreihen lassen sich in dieser Kritik ausmachen. *Erstens* forderten die Kommentatoren eine höhere Sachkundigkeit in den protestantischen Stellungnahmen, keine Agitation, kein Stammtischgerede. *Zweitens* gelinge dem Protestantismus aufgrund fehlender Übung keine akzeptable Kommunikation. Und *drittens*, und dies ist zugleich die Konsequenz aus den beiden zuerst genannten Aspekten, lässt sich in den Kommentaren trotz einzelner Beschwörungen demokratischer Traditionen eine entschiedene Demokratieskepsis ausmachen, die zwei Seiten hat: einmal wird die Demokratie als ganze als suspekt dargestellt, daneben seien demokratische Verfahren, wie sie auf dem Kirchentag praktiziert wurden, keine die der protestantischen Meinungsbildung angemessen wären.[50]

Die genannten Aspekte sollen im Folgenden genauer erläutert werden.

Erstens: Der Kirchentag nehme sich Thematiken an, für die ihm die ausgewiesene Sachkunde fehle. Es scheine, »als lägen Sachlichkeit und Fanatismus miteinander im Streit auf dieser Massenversammlung« und es komme in den nächsten Tagen darauf an, ob sich Christen als »Zuhörer und phantasievolle Anreger« bewähren können. Da Theologie und Sachgespräch zu diesem Zeitpunkt nicht vereinbar wären, könnten und sollten politische Fragestellungen, wie die Debatte um Entwicklungshilfe, nicht auf einem Kirchentag behandelt werden. Zunächst müsse man klären, inwieweit überhaupt »Christus und christlicher Glaube benötigt« werden, um »Entwicklungshilfe so zu treiben, dass sie nicht wiederum und weiterhin nur zur noch kräftigeren Bereicherung der Reichen führt?«[51] Die von der Kirchentagsleitung gelobte detaillierte Vorbereitung der Studentengemeinden auf die Fragestellungen, die die Dritte Welt und Entwicklungshilfe betreffen, ist Hampe entweder nicht bewusst, oder er sieht sie als nicht ausreichend an.

---

[48] Ebd. Hampe, Sa. 19.7.
[49] Ebd. Besson, So. 20.7.
[50] Zum Verhältnis von Protestantismus und Demokratie vgl. den Beitrag von Georg Kalinna in diesem Band, S. 369–384.
[51] Ebd. Hampe, Do. 17.7.

Zweitens: Ein »Kirchentag der Kommunikation« war vom Präsidium gewünscht und erwartet worden, tatsächlich könne man aber nur in der Arbeitsgruppe »Streit um Jesus« von einer in Ansätzen gelungenen Kommunikation sprechen. Ansonsten zeige sich, dass kaum vernünftige Kommunikation zwischen den zwei extremen Polen der Kirchentagsteilnehmer gelinge und die Verantwortlichen des Kirchentags mit der Leitung der Diskussionen überfordert seien. Einzig das »Tribunal zur Ermittlung des Glücks« erhielt von Waldemar Besson das Prädikat »gelungen«, nicht zuletzt aufgrund der hervorragenden Führung der Debatten durch Bundesrichter Helmut Simon. Besson sieht darin, und das verbindet ihn mit dem von ihm ansonsten heftig kritisierten Kirchentagspräsidenten von Weizsäcker, eine Form, an der sich weitere Kirchentage orientieren könnten.[52]

Drittens: Trotz vereinzelter Beschwörungen demokratischer Traditionen lässt sich doch durchgängig durch die Kommentare eine große Demokratieskepsis ausmachen. Vor allem die demokratischen Verfahren wie Resolutionen, Anträge auf Änderung der Geschäftsordnung, Hallenmikrophone usw., wie sie auf einem Kirchentag zum ersten Mal praktiziert wurden, seien nicht angebracht, wenn es darum gehe, wichtige Entscheidungen zu treffen.

Grundsätzlich sei gegen die neuen Elemente der Demokratisierung wie Podiumsdiskussionen, Wechselgespräche zwischen Experten und Laien, Plenum und Kirchentagsleitung, das Tribunal der Anklage, Hearings, Sit-ins und Teach-ins oder die Politischen Nachtgebete nichts einzuwenden, doch vermutet Besson dahinter eine Gefahr, dies alles könnte zum »bloßen politischen Kampfmittel entarten«. Ihm erschließt sich der Vorwand nicht, es geschehe alles »zur höheren Ehre der Demokratie«,[53] da bei einer Massenveranstaltung, wie der Kirchentag es ist, das Risiko der Willkür stets mit einbezogen werden müsse. »Unnötiger demokratischer Firlefanz«, und daher nicht passend, sei es, Geschäftsordnungen und Abstimmungen zur Klärung von Sachverhalten zu verwenden.[54] Nach der Ansicht Bessons können Reformen nur gelingen, wenn die Tradition dabei nicht ignoriert wird. Tatsächlich seien Traditionen und Reformen nicht voneinander zu trennen, das eine könne nicht ohne das andere existieren. Das gilt wohl insbesondere für den Deutschen Evangelischen Kirchentag.[55]

Hampe sieht gar die Deutschen als nicht demokratiefähig und unterstellt auch

---

[52] Ebd. Besson, Sa. 19.7.
[53] Ebd. Besson, Fr. 18.7.
[54] Ebd. Besson, Do. 17.7.
[55] GOTTHARD JASPER und HANS MOMMSEN: Engagierte Wissenschaft. Zum Gedenken an Waldemar Besson, in: Tradition und Reform in der deutschen Politik. Gedenkschrift für Waldemar Besson, hg. von GOTTHARD JASPER, Frankfurt am Main u. a. 1976, S. 7.

den Kirchentagsverantwortlichen die fehlende Fähigkeit zu einer »demokratischen Leitung der Massen«[56].

Vergegenwärtigt man sich im Gegensatz die Programmformel Willy Brandts »mehr Demokratie wagen«[57], die er in seiner Regierungserklärung vom 28. Oktober 1969 formulierte und die zum Leitsatz einer ganzen Generation werden sollte, lässt sich eine positive Grundstimmung gegenüber neuen demokratischen Verfahren und Prozessen erkennen.

Grundsätzlich kritisch und als überzogen wird die Form der Resolutionen von den Kommentatoren beurteilt. Sie seien weltfremd und nur ein Ausdruck von Ermüdungserscheinungen der Außerparlamentarischen Opposition, die einsehe, dass sie zwar nicht mehr »sprengen« könne, dann aber durch Deklarationen Aufmerksamkeit erlangen wolle.[58] Mit »zufälligen Mehrheiten« verabschiedet und »über den Daumen gepeilt«, seien die Resolutionen und die permanente Meldung zur Geschäftsordnung zu einer Art »Lieblingswaffe zur Selbstbestimmung« geworden.[59] Der Deutung, Demokratie als Sieger dieses Kirchentags anzusehen und zu feiern, wie es von Seiten des Präsidiums und anderer Journalisten getan wurde, wollten beide Kommentatoren nicht folgen.

Die Form der repräsentativen Demokratie, wie sie auch für die Bundesrepublik Deutschland gilt und lange Tradition des Kirchentags war, werde durch eine direkte und plebiszitäre Demokratie ersetzt, was nicht nur der Verfassung der Bundesrepublik widerspreche, sondern gleichzeitig ein Misstrauen des Menschen gegen den Menschen vermissen lasse, »zu dem uns doch die geschichtliche Erfahrung so viel Grund gibt.«[60] Die »Stilelemente der plebiszitären Massendemokratie«, die der Kirchentag eingeführt habe, seien leicht zu manipulieren, da letztendlich nur der gehört werde, der am lautesten rede, der die Ellbogen am stärksten einsetze.[61] Die unbestrittene Besonderheit dieses Kirchentags sei die Diskussion und, wie Hans Hermann Walz auf einer Informationsveranstaltung für den Publizistischen Arbeitskreis des Kirchentags bekräftigte, gehörten zum Wesen des Kirchentags seit jeher Debatten, die zur protestantischen Meinungsbildung und der Ausbildung eines Problembewusstseins verhelfen und beitragen.[62] Den Mehrwert solch großer Diskussionen sahen beide Kommentatoren aber nicht.

---

[56] »Kommentare zum Tage«. Hampe, Fr. 18.7., LKA Stuttgart. A 226, Nr. 4075. 81.51. 1967–1969.
[57] Die großen Regierungserklärungen der deutschen Bundeskanzler von Adenauer bis Schmidt. Eingeleitet und kommentiert von KLAUS VON BEYME, München / Wien 1979, S. 251–281.
[58] Ebd. Besson, Sa. 19.7.
[59] Ebd. Besson, So. 20.7.
[60] Ebd. Besson, So. 20.7.
[61] Ebd. Besson, Fr. 18.7.
[62] HANS HERMANN WALZ, in: Deutscher Evangelischer Kirchentag Stuttgart 1969, 1970, S. 14.

Das Selbstverständnis des Kirchentags, evangelische Zeitansage und Spiegel der Gesellschaft zu sein, wie es schon mehrfach auch auf den vorangegangenen Kirchentagen zum Ausdruck kam, wurde von Waldemar Besson dezidiert abgelehnt. Die Generation der 40-Jährigen, der Besson selbst angehört, sei auf diesem Kirchentag nur schwach vertreten gewesen. »Diejenigen, die heute in Staat und Gesellschaft die Geschäfte betreiben oder an sie herankommen. Sie müssten doch die natürlichen Partner einer Theologie zwischen Revolution und Restauration[63] sein«, da sie nicht nur als mittlere, sondern auch als vermittelnde Generation auftreten könnten. Und weil in jener Generation, der Mittleren, weder »utopische Kritik noch restaurative Behaglichkeit dominieren«, die die zwei Extreme dieses Kirchentags bilden, könne nicht von einem »Spiegelbild der Gesellschaft« gesprochen werden.[64]

Die drei dargestellten Argumentationsreihen wurden von den Kommentatoren durch weitere Kritikpunkte ergänzt. Sie betrafen zum einen die Fülle der Veranstaltungen und Themen: »Deutlicher als dies am Anfang bemerkbar war, erkennt man jetzt die Breite seiner Anlage und seiner Konzeption. Wer Lust an der Fülle hat, kommt voll auf seine Kosten.«[65] War noch von Hans Hermann Walz auf dem Publizistenempfang versprochen worden, eine zu große Anzahl an Themen und Veranstaltungen vermeiden zu wollen, da man allen Erwartungen sowieso nicht gerecht werden könne, sah Besson das Gegenteil eingetreten.

Johann Christoph Hampe, der als Berichterstatter beim 2. Vatikanischen Konzil in Rom gewesen war, vermisste in Stuttgart, und daran schlossen sich auch die besorgten katholischen Journalisten und Kommentatoren an, eine Arbeitsgruppe »Ökumene«, die noch in Hannover ausdrücklich gewünscht wurde. Die Kirchentagsleitung begründete dies damit, dass das Thema »Gerechtigkeit« unverhältnismäßig viel Raum auf diesem Kirchentag eingenommen habe und dass man sich deshalb darauf konzentrieren wollte, die Teilnehmer nicht mit zu vielen Arbeitsgruppen zu überfordern. Die Kritik an dieser Argumentation ist aber mehr als berechtigt, wurde doch von allerorts das erste Ökumenische Pfingsttreffen in Augsburg, das zwei Jahre später stattfand, genannt und hervorgehoben, so dass es kaum zu verstehen ist, warum die Ökumene so wenig Beachtung fand.

Im Blick auf die kritisch aufbegehrende Jugend beschränkte sich die Kritik

---

[63] Vgl. hierzu auch TRUTZ RENDTORFF: Christentum zwischen Revolution und Restauration. Politische Wirkungen neuzeitlicher Theologie, München 1970. Das Diktum von »Revolution und Restauration« prägte Trutz Rendtorff dahingehend, dass »die politische Dimension von Theologie, Kirche und Glaube« zur »wesentlichen und zukunftsbestimmenden Dimension geworden,« sei, da die »wahre und weltgeschichtliche Situation des Christentums tatsächlich zwischen Restauration und Revolution« liege. Ebd. S. 138.

[64] »Kommentare zum Tage«. Besson, Sa. 19.7., LKA Stuttgart. A 226, Nr. 4075. 81.51. 1967–1969.

[65] Ebd. Besson, Fr. 18.7.

der Kommentatoren nicht auf deren wohlwollende Behandlung durch die Kirchentagsleitung. Mit scharfen, zum großen Teil abwertenden Formulierungen, wurden die jungen Protestanten bedacht. Ihnen wurde die Absicht unterstellt, die Kirche zum Instrument der sozialen Revolution umgestalten zu wollen. Ihr einziges Vorhaben sei es, so lautete der Vorwurf, den eigentlichen und wahren Kirchentag zu stören.

Die Kommentatoren gaben in ihren Erläuterungen neben der Kritik aber auch eine Erklärung für den ihrer Meinung nach misslungenen Verlauf. Im Großen und Ganzen wurde das »Experiment des offenen Kirchentags«,[66] der zugleich den Blick des Protestantismus auf sich selbst leisten sollte, für gescheitert erklärt, weil der Protestantismus sich selbst nicht mehr kenne. Die Kirche habe sich zwar geöffnet, was als positiv zu bewerten sei, werde dieser Öffnung aber aufgrund ihrer mangelnden Erfahrung und ihrer diesbezüglichen Naivität nicht mehr Herr. Das Kirchentagspräsidium wollte, wie vielfach in unterschiedlichen Situationen geäußert, durch einen Lernprozess gehen und sich dabei vor allem der Jugend öffnen. Da den Jugendlichen zu viel Aufmerksamkeit geschenkt werde, seien sie es, die den Gang und Verlauf des Kirchentags beherrschen. Gleichzeitig werde aber vom Präsidium die von der Mehrzahl der Kirchentagsbesucher beklagte »Glaubensnot«[67] übersehen, so die Kommentatoren. Eine unbegrenzte Offenheit führe zwangsläufig zur Selbstzerstörung, auch in einer Kirche müsse es Grenzen der Toleranz geben. Der Protestantismus sei angesichts der ethischen Fragestellungen, die vorwiegend von der Jugend der Welt an Politik, Gesellschaft und Kirche gestellt werden, und ihrer Behandlung ebenso rat- und hilflos wie der Rest der Gesellschaft. Im Detail wird eine Polarisierung des Kirchentags beklagt, aufgrund derer er sich in zwei Kirchentage zu spalten drohe. Diesen gegensätzlichen Standpunkten zu begegnen und ihnen gleichberechtigt Raum auf dem Kirchentag zu geben, werde die entscheidende Herausforderung für die folgenden Laienversammlungen sein, sollte es weitere geben. Daneben sei die Disparität des Kirchentags zugleich ein Spiegel für die Polarisierung des Protestantismus in Deutschland insgesamt.

Über die Diagnosen hinaus finden sich auch Ideale, Wünsche und Erwartungen, die an diesen und an die möglicherweise folgenden Kirchentage formuliert werden. Erwartet und gehofft wurde, dass die Kirche ein Ort sei, an dem man »unterschiedlich denkt und doch eines Sinnes sei« und an dem man Zutrauen zur »eigenen doch nicht nur negativen Tradition« haben könne. Ob aus den unterschiedlichen Positionen »Glieder einer Kirche« werden können und die »Offen-

---

[66] Ebd. Besson, Do. 17.7.
[67] Ebd. Hampe, Sa. 19.7.

heit der Diskussion auch Gemeinschaft unter Menschen schafft«[68] bleibt Frage und Wunsch für die weiteren Tage des Stuttgarter Kirchentags.

»Neue Impulse« sollten von diesem Kirchentag ausgehen, so war es der Wunsch nicht nur der Kommentatoren, sondern auch der Kirchentagsleitung und der Teilnehmer. Doch sei man, und das zeige sich schon an der uninspirierten Eröffnungsveranstaltung, »sichtlich um sie verlegen«.[69]

Die Lösung liege aber praktisch auf der Hand: je mehr der Kirchentag wieder auf die mittlere Generation eingehe, je mehr er sich wieder auf die Mitte zwischen den auf diesem Kirchentag dominierenden Extremen konzentriere, »umso mehr nähert er sich denen, die zwar keine Resolutionen fassen, aber an jedem Tag immer aufs Neue zwischen Hoffnung und Scheitern die menschliche Gesellschaft erhalten und fortentwickeln.« Hier müsste ein nächster Kirchentag, sollte es ihn geben, ansetzen.[70]

Gab es aber das, was Besson und Hampe als »Manöverkritik des Kirchentagspräsidiums«[71] einforderten? Dies soll im Folgenden anhand der protestantischen Reaktion auf die Kommentare analysiert werden.

4. Beurteilung der Berichterstattung aus Sicht des Kirchentags

Carola Wolf, von 1962 bis 1996 Pressereferentin des Deutschen Evangelischen Kirchentags, referierte vor der Konferenz der Landesausschüsse des Deutschen Evangelischen Kirchentags am 2. Dezember 1969 in Düsseldorf über die Beachtung des Kirchentags in Stuttgart in der Publizistik. Sie konzentrierte sich hierbei auf die Stellungnahmen und Kommentare in Presse und Hörfunk, die sie aufgrund der hohen Anzahl von über 8000 Dokumenten und Manuskripten nur überblicksartig analysieren konnte. Auch musste sie die Berichte, die vor dem Kirchentag entstanden waren, außer Acht lassen. Neben ihrer Analyse formulierte sie ferner Konsequenzen, die sich aus den Geschehnissen und Berichten über die Ereignisse sowohl für den Kirchentag als auch für die Publizistik aus protestantischer Sicht ergaben. Mit dieser expliziten Innenperspektive auf die Berichterstattung über den Kirchentag lassen sich die Aufnahme der medialen Beachtung und zugleich die Rückwirkung auf den Kirchentag in den Blick nehmen.

Carola Wolf folgt in ihrer Argumentation fünf Linien, die von der Einforderung objektiver Berichterstattung und der Kritik an den »Kommentaren zum Tage« über die Verteidigung des Kirchentags aus ihrer Sicht und einer damit verbundenen positiven Selbsteinschätzung bis hin zur Selbstkritik reicht.

---

[68] Ebd. Besson, Do. 17.7.
[69] Ebd. Hampe, Do. 17.7.
[70] Ebd. Besson, Fr. 18.7.
[71] Ebd. Hampe, So. 20.7.

Erstens: Die Referentin bemängelte grundsätzlich, dass nur selten neutral und beobachtend berichtet wurde, sondern »persönliche Empfindlichkeiten [...] quer durch die deutsche Publizistik abreagiert«[72] wurden. Man müsste sich daher um die Leser und Hörer sorgen, die auf eine objektive Berichterstattung angewiesen waren.[73] Für die am Kirchentag nicht unmittelbar beteiligte bzw. Anteil nehmende Öffentlichkeit sei es dementsprechend schwer gewesen, sich ein Bild des Geschehens zu machen, hörte sie doch nur eindeutig positionierte Kommentare, die die gesamte Bandbreite von Lob bis Tadel aufwiesen. Carola Wolf beanstandete dies deshalb, weil eine umfassende Information, auf die der Hörer das uneingeschränkte Recht habe, so nicht gewährleistet werden konnte.

Einseitigkeit in der Berichterstattung unterstellte sie vor allem dem ›Spiegel‹ und der Springerpresse. In diesen Berichten dominiere eine Kritik am Kirchentag, wie sie auch Hampe und Besson in ihren Kommentaren äußern: man sorge sich um eine »kaputte Kirche«, über das »wachsende gesellschaftspolitische Engagement des Kirchentags«[74] und teile die Antipathie gegenüber den sich für eine Demokratisierung einsetzenden Jugendlichen.

Jedoch unterstellte Carola Wolf der Mehrzahl der negativen Stimmen, dass sie vom Interesse bestimmter Pressegruppierungen geleitet waren: entweder von der Springerpresse oder von den konservativen, der Bekenntnisbewegung verbundenen Journalisten. Als bemerkenswert beurteilte sie, dass sich die Stimmen von ganz links wie von ganz rechts in ihrem Tenor erstaunlich ähnlich seien.

Die von Wolf geforderte Neutralität in der Berichterstattung entspricht auch dem, was die Kirchentagsleitung auf den Publizistenempfängen als Wunsch gegenüber den Journalisten äußerte: eine möglichst umfassende, neutrale und informative Berichterstattung für all diejenigen, die am Kirchentag nicht persönlich teilnehmen können aber gerne würden. Dass Berichte über ein Ereignis, sei es in Rundfunk oder Presse, ebenso wenig neutral sein können, wie es auch wiederum die Bewertung derselben von den Verantwortlichen des Kirchentags ist, darf nicht außer Acht gelassen werden. Dies liegt in der Natur der Berichte, vor allem aber in der der Kommentare. Der gewünschten informativen und neutralen Berichterstattung muss hingegen ein entsprechend ausführlicher Informationsgang von der Kirchentagsleitung über die Publizisten bis hin zu den Adressaten vorausgehen. Mängel in der Kommunikation wurden nach dem Kirchentag zwar eingestanden, aber auch noch Ende der 1980er Jahre von dem Pfarrer und Journalisten K. Rüdiger Durth diskutiert.[75]

---

[72] Wolf: Echo, 1969, S. 10.
[73] Ebd.
[74] A.a.O., S. 9.
[75] Vgl. K. Rüdiger Durth: Kundige Information ist gefragt. Der Deutsche Evangelische Kirchentag und die Medien, in: Lutherische Monatshefte 25 (1986), S. 163–166. »Im Blick auf Frankfurt [Kirchentag 1987, Anm. T.S.] sollte die Kirchentagsleitung ernsthaft überlegen, wie sie im Vorfeld und während der fünf Veranstaltungstage selbst den Medienleuten anders als

Zweitens: Auf die Kommentare von Waldemar Besson und Johann Christoph Hampe nahm Wolf explizit Bezug, wie sich an einigen Zitaten erkennen lässt. Sie griff daneben aber auch auf Stellungnahmen zurück, wie sie von ihnen in anderen Rundfunk- und Zeitungskommentaren zum Ausdruck kamen.[76] »Der immer wiederkehrende Eindruck, der Kirchentag habe ein ›fatales Bild der Konfusion im deutschen Protestantismus‹ hinterlassen«, prägte nicht nur die Kommentare Bessons und Hampes, sondern hatte, so Wolf, Auswirkung auf das Bild des Kirchentags in der Gesellschaft. Diese subjektiven Erörterungen zum Kirchentag, wie sie die »Kommentare zum Tage« beinhalteten, führten angeblich zu einer Orientierungslosigkeit des »armen Durchschnittslesers und -hörers«[77], die vom Kirchentag nicht gewünscht war und die den Verlauf der Ereignisse des Kirchentags nicht korrekt wiedergaben.

Die »Kommentare« mussten v. a. dafür herhalten, das negative Bild der Jugendlichen in der Berichterstattung darzustellen. So zitiert Wolf beispielsweise die Aussage von Johann Christoph Hampe, »dass die Christen ohne Religion lebten, dass irre oder halbirre junge Menschen mit Demokratisierungsversuchen die Mehrheit Gutwilliger terrorisierten«.[78] Dass es dazu kommen konnte, so die Meinung Hampes, liege an der »Jahrmarktskonzeption« des Kirchentags.

Die Demokratisierungsprozesse, die Besson und Hampe so sehr kritisierten, beherrschten auch andere Berichte und wurden dort ebenfalls ausführlich erläutert. Dass die Resolutionen, die erst am vorletzten Tag des Kirchentags verabschiedet wurden, solch große Beachtung in der Berichterstattung fanden, erstaunte die Pressereferentin. Welche Problematik um die Verbindlichkeit der Resolutionen herrschte, waren sich sowohl die Kirchentagsleitung wie auch der Großteil der Berichterstatter bewusst, doch Wolf verurteilte die Stimmen, wie sie an unterschiedlicher Stelle laut wurden, die die Resolutionen z. B. als »Stammtischaussagen in modernerer und subtilerer Gestalt« (vgl. Besson) oder als »Futter für den Ofen«[79] bezeichneten. Sie wollte sich dagegen Urteilen anschließen, wie sie beispielsweise in den Evangelischen Kommentaren laut wurden, die die Resolutionen als Repräsentation des Ergebnisses eines Kommunikationsvorgangs bezeichneten und die den Beginn eines theoretischen und praktischen Lernprozesses einläuteten, der vom Kirchentagspräsidium gewünscht

---

bislang begegnen kann – mit mehr Zeit, besseren Informationen, mit genügend Arbeitsmöglichkeiten, ausreichenden Kommunikationsmitteln und mehr kleinen Gesten, die viel bewirken.« A.a.O., S. 166.

[76] Hier sei beispielhaft auf die Kommentare in der Wochenzeitung »Publik«, in der Hannoverschen Allgemeinen Zeitung und im Deutschlandfunk verwiesen.

[77] WOLF: Echo, 1969. S. 10.

[78] Ebd.

[79] KARL-ALFRED ODIN, zitiert nach: WOLF: Echo, 1969, S. 12.

war.⁸⁰ Darin konnte die Vertreterin des Kirchentags die zumindest teilweise Erfüllung eines der Ziele für diesen DEKT wiedererkennen.

In einem Votum waren sich die Berichterstatter hingegen einig, und zwar in der Enttäuschung über die ökumenische Zurückhaltung in Stuttgart. Hampe, selbst engagiert in der Ökumene, »ließ keine seiner vielen Gelegenheiten ausgehen, um darauf hinzuweisen, dass der Kirchentag in Stuttgart fatalerweise konfessionell unter sich blieb und dass dies nichts Gutes für 1971 verheiße.«⁸¹ Die katholischen Reaktionen klangen ähnlich.

Drittens: In ihrer entsprechenden Apologie »ihres« Kirchentags wies Carola Wolf darauf hin, dass der Kirchentag einen politisch-gesellschaftlichen Auftrag habe, den er auch auf den vorangegangenen Kirchentagen nie geleugnet habe. Einzig das »Ausmaß der Offenheit«⁸² sei in Stuttgart auffällig groß gewesen und das habe bei vielen Journalisten und Kommentatoren zu anerkennenden Reaktionen geführt. Demokratie sei nun einmal kein Zustand, sondern ein Prozess und dieser Kirchentag würde als Beispiel für viele weiterwirken.⁸³ Ihr war es v. a. wichtig, dass Demokratie und diese neuen praktizierten demokratischen Verfahren ganz im Geiste der Zeit standen und daher als der große Gewinn für den Kirchentag selbst, aber auch für die Gesellschaft angesehen werden sollten.

Viertens: In ihrer Manöverkritik sahen Carola Wolf wie auch Hans Jürgen Schultz (SDR) neben aller positiven Bewertung die Gefahr der demokratischen Prozesse und Verfahren und gestanden im Nachhinein die Anfälligkeit der Resolutionen für Manipulationen ein. Oftmals seien sie mit großer Mehrheit zwar beschlossen, aber nicht ausführlich besprochen worden. In einigen wenigen Fällen wurden sie auch tatsächlich nicht diskutiert, sondern manipuliert, was ihre Wirkung letztendlich beeinträchtigte. Hans Jürgen Schultz bemerkte, dass man »gegenüber Rattenfängern jedweder Provenienz viel widerstandsfähiger werden«⁸⁴ müsste, wenn »Demokratisierung« vollständig gelingen sollte.

Das Misstrauen gegen die Institution Kirchentag, gegen das Establishment, das nur einen »pluralistisch angelegten Kirchentag ermögliche«⁸⁵ und das in so vielen Berichten und Kommentaren, auch bei Besson und Hampe, laut wurde, könnte die Kirchentagsleitung nicht einfach ignorieren, so Wolf.⁸⁶ Ernst zu nehmen seien die Stimmen, und hier müsste die Nachbearbeitung anschließen, so Wolf, die auf die nicht immer erfolgreichen Verbindung von Bibel- und Sacharbeit zielten, auf die viel zu knappen Impulse verwiesen, die vom Leitmotiv

---

⁸⁰ Vgl. Vom Publikum zu Partnern. Gespräche zum 14. Deutschen Evangelischen Kirchentag, in: Evangelische Kommentare 8 (1969), S. 461–464.
⁸¹ WOLF: Echo, 1969, S. 13.
⁸² Ebd. S. 11.
⁸³ Frankfurter Rundschau, zitiert nach: WOLF: Echo, 1969, S. 11.
⁸⁴ SCHULTZ: Vom Publikum zu Partnern, 1969, S. 464.
⁸⁵ WOLF: Echo, 1969, S. 12.
⁸⁶ Ebd.

»Gerechtigkeit« ausgingen und auf die nicht immer gelungene Kommunikation aufmerksam machten. Vor allem die nicht geglückte Kommunikation müsste noch einmal gesondert betrachtet werden, war doch dieser Stuttgarter Kirchentag auf den ihm vorangehenden Veranstaltungen als »Kirchentag der Kommunikation«[87] angekündigt worden, als ein Kirchentag, auf dem die »Kommunikation über die Themen zur zentralen Aufgabe werden«[88] werden würde. Dies müsste bei der Vorbereitung des nächsten Kirchentags beachtet werden.

Fünftens: Dass eine positive Selbsteinschätzung in einem solchen Vortrag von einer an der Vorbereitung und Durchführung des Kirchentags unmittelbar beteiligten Person, wie es die Pressereferentin ist, nicht ausbleiben konnte, ist nur verständlich. Als besonders lobenswert galt für Carola Wolf das Engagement der jugendlichen Teilnehmer, die wohl fast 50 Prozent aller Besucher ausmachten. Das hätte in der Berichterstattung aber nicht unterschiedlicher beurteilt werden können. Nach Wolf gehörte dieser Kirchentag der Jugend, »wenn sie auch mancherorts unbesonnen, intolerant und fanatisch agierte.«[89] Der jungen Generation wurden von unterschiedlichen Seiten große Verdienste um den Kirchentag und einer so entstehenden notwendigen neuen Mündigkeit zugeschrieben, die sich auch in ihrer offenbaren Sachkenntnis zeigte. Hinter den überwiegend positiven Urteilen traten die negativen, wie sie von Hampe und Besson geäußert wurden, nach Meinung Wolfs zurück. Sie widersprach Johann Christoph Hampe ausdrücklich, der in einem Kommentar im Deutschlandfunk[90] das Lob von Seiten der Kirchentagsleitung kritisierte; er nämlich sah den Erfolg der Jugendlichen nur darin begründet, dass es den Verantwortlichen nicht gelungen war, sich des Ansturms der Aktivitäten der Jugendlichen zu erwehren. Dass die sachlichen Argumente der jugendlichen Protestanten vor deren Störmanövern rangierten, schrieb die Pressereferentin hingegen der geglückten Vorbereitung des Kirchentags und der Beteiligung der Evangelischen Studentengemeinden (ESG) an ihr zu. Schon in einem frühen Stadium der Vorbereitungsarbeit wurden die Studentengemeinden mit einbezogen, allen voran die ESG Tübingen, und mit ihnen gemeinsam Programm und Veranstaltungen besprochen. Die ESG sagten zu, sich kritisch beteiligen zu wollen, aber weder der Boykott noch ein Aufruf zu »handgreiflichen Aktionen« sei geplant gewesen. Von den vorbereitenden Gremien wurden sie als konstruktiv-kritische Mitarbeiter gesehen, nicht zuletzt deshalb, weil sie sich intensiv mit Fragen der Demokratie und der Dritten Welt befassten und daher mit sachkundigen Beiträgen zu rechnen gewesen sei.[91] Die Kritik an

---

[87] HANS HERMANN WALZ, in: Deutscher Evangelischer Kirchentag Stuttgart 1969, 1970, S. 30.
[88] RICHARD VON WEIZSÄCKER: Dokumente, Stuttgart 1969, S. 25.
[89] A.a.O., S. 13.
[90] Hampe: Kommentar im DF, zitiert nach: WOLF: Echo, 1969, S. 13.
[91] GERHARD SCHNATH: Sitzung des Publizistischen Ausschusses am 29.5.1969 in Frankfurt/Main, EZA 71/723.

dem jugendlichen Engagement verdeutlicht den dahinterstehenden Generationenkonflikt, der mit der 68er Bewegung einen Höhepunkt erreichte. Betrachtet man die Argumente hier genauer, so kann, anschließend an Norbert Elias, gesagt werden, dass es sich weniger um eine inhaltliche Auseinandersetzung handelt, als um eine Machtfrage, die ausgefochten wird.[92] Waldemar Besson z. B. brachte in seinem Kommentar auch seine grundsätzliche Kritik am Verhalten der Jugendlichen in dieser Zeit – als Professor an der Universität Konstanz war er selbst von den Studentenprotesten betroffen – zum Ausdruck.

Das Gesamturteil über den Stuttgarter Kirchentag könnte kaum gegensätzlicher sein, was nach dem Verlauf auch nicht anders zu erwarten war. Die Urteile spiegeln ein breites Spektrum an Meinungen, das von Zustimmung und Lob bis zu scharfer Kritik und Anfeindungen reichte. Carola Wolf zog letztendlich eine positive Bilanz des Kirchentags – ihrer Rolle als Pressesprecherin, und damit für das Marketing des Kirchentags Mitverantwortliche – entsprechend. Die Demokratisierung und die Zuwendung zur Zukunft, wie sie die Diskussionen der Arbeitsgruppen zeigten, die leidenschaftliche und engagierte Beteiligung nicht nur der jugendlichen Protestanten und der daraus folgenden steigenden Mündigkeit der Teilnehmer zählte sie zum großen Verdienst dieses 14. Deutschen Evangelischen Kirchentags.[93]

5. Rückblick und Schlussfolgerungen aus der Presseresonanz

Sollten sich diese Tendenzen der Demokratisierung und Öffnung durchsetzen, »dann könnte der Kirchentag werden, was er bisher nicht war, eine Bewegung des deutschen Protestantismus, die von unten getragen wird«, so sah ein Kommentator im Deutschlandfunk die Chancen, die sich aus dem Kirchentag in Stuttgart für die protestantische Laienbewegung ergeben könnten. Es komme darauf an, sich mehr auf die Zukunft als auf die Traditionen zu konzentrieren, gegenteilig zu dem, was sich Hampe und Besson erhofft hatten.[94]

Dass der Stuttgarter Kirchentag Enttäuschungen hervorgerufen hat, wie sie die Kommentatoren des SDR formulierten, konstatiert Carola Wolf. Doch ebenso sehr habe er Hoffnungen geweckt, dass der Kirchentag in Zukunft Aktionen auslösen werde, »die zu einem befruchtenden Verhältnis von Kirche und Gesellschaft führen unter Beteiligung einer zur Verantwortung bereiten jungen Generation.«[95] Wie nur wenige andere Kirchentagsbeobachter setzte Carola Wolf

---

[92] NORBERT ELIAS: Der bundesdeutsche Terrorismus – Ausdruck eines sozialen Generationenkonflikts, in: DERS.: Studien über die Deutschen. Machtkämpfe und Habitusentwicklung im 19. und 20. Jahrhundert, Frankfurt am Main 1992, S. 300–389.
[93] WOLF: Echo, 1969, S. 15.
[94] WOLF: Echo, 1969, S. 16.
[95] WOLF: Echo, 1969. S. 15.

Hoffnung in die jugendlichen Protestanten und mutete ihnen die Verantwortung für die Zukunft des Kirchentages zu.

Neben Wünschen und Erwartungen, die im Anschluss an Stuttgart 1969 an den Kirchentag formuliert wurden, ergaben sich auch Konsequenzen für die kommenden Kirchentage, deren Zustandekommen von der Kirchentagsleitung selbst nie in Frage gestellt wurde, und für den Umgang mit Berichterstattung und Berichterstattern.

Auch vier Jahre später hielt Hans Hermann Walz den Stuttgarter Kirchentag nach wie vor für gelungen und dessen Ergebnisse für wichtig, wie er auf dem Publizistenempfang zum Düsseldorfer Kirchentag 1973 den Presse- und Rundfunkvertretern zur Kenntnis gab. Doch seien konservativere Vertreter von den jugendlichen Teilnehmern erschreckt worden, »die mit offensichtlicher Sachkunde von Problemen redeten, die ihnen selbst noch fremd waren.«[96] Der hier angepriesene Sachverstand wurde von den Kommentatoren Besson und Hampe allerdings, wie oben gezeigt, seinerzeit vehement bestritten. Gewinn des Kirchentags war es daneben, so Walz, dass die in Stuttgart diskutierten Themen wie die Entwicklungspolitik dazu geführt hätten, dass erkannt wurde, dass es sich hierbei nicht nur um Hilfe für Ärmere handelte, »sondern auch erfordert, dass sich einiges bei uns selbst und in unseren wirtschaftlichen, kulturellen und kirchlichen Strukturen ändert.«[97]

Friedebert Lorenz, langjähriger Studienleiter des Kirchentages, stellte während der Nachbereitungen im Blick auf alle weiteren Kirchentage fest, dass die Probleme der Kommunikation in Vorbereitung und Durchführung eines Kirchentags durch die aktive Teilnahme der Besucher immer schwieriger und größer werden würden und dass dies eine der Herausforderungen für die Planung und Durchführung der kommenden Großveranstaltungen sein werde.[98]

Dass, neben aller positiven Beurteilung des Kirchentags durch Presse, Funk und Fernsehen, auch einiges Unbehagen über die Kirchentagsberichterstattung aufgekommen sei, schreibt Wolf der Verbreitung einseitiger Informationen durch einzelne Tageszeitungen, aber auch den Kommentaren im Hörfunk zu, womit auch die »Kommentare zum Tage« im Besonderen gemeint sein müssten. Als ausgesprochen gelungen nennt sie aber die Magazinsendungen, die der Süddeutsche Rundfunk gesendet hat.[99]

---

[96] Hans Hermann Walz, in: Deutscher Evangelischer Kirchentag Düsseldorf 1973. Dokumente, hg. vom Präsidium der DEKT, Stuttgart 1973, S. 21.

[97] Ebd.

[98] Friedebert Lorenz: Sitzung des Publizistischen Arbeitskreises am 6.11.1969, EZA 71/723.

[99] Die Analyse dieser Sendungen kann hier nicht geleistet werden. Festzuhalten ist jedoch, dass diese Sendungen den Kirchentag nicht nur in negativem Licht präsentierten, sondern eine ausgewogene Mischung aus kritischem Kommentar, neutraler Berichterstattung und Live-Übertragung boten. Daher werden sie Gegenstand nachfolgender Forschungen sein.

Konsequenzen müssten sich aus Sicht der Pressereferentin in zweierlei Hinsicht für die publizistische Arbeit des Kirchentags ergeben. Einmal fragte sie, ob »die Eigeninitiative der Sender künftig weiterhin mit gutem Gewissen einer einheitlichen Kirchenfunkphalanx zum Opfer fallen darf« und zweitens müsste sich der Kirchentag noch deutlicher bewusst machen, welcher Informationspflicht er unterliege und wie er sie zukünftig gegenüber den Medien noch stärker wahrnehmen könnte.[100] Dass mit der Öffnung des Kirchentags ein größeres öffentliches Interesse einhergehe, sei nur folgerichtig, dementsprechend müsse man sich vorbereiten und verhalten.

Anschließend an das Referat Carola Wolfs über die Berichterstattung, wurde auch auf einer Sitzung des Publizistischen Arbeitskreises im November 1969 darüber diskutiert, wie in Zukunft Pressekonferenzen gestaltet werden sollten. Sie sollten so kurz und knapp wie möglich gehalten werden und sachlichen Fragen vorbehalten sein. Informationsfähige Mitarbeiter des Kirchentags sollten zur Verfügung stehen, um richtige und sinnvolle Informationen weitergeben zu können. Ludwig Harms, Mitglied des Publizistischen Ausschusses, formuliert seine Auffassung einer Pressekonferenz dahingehend, dass für ihn Pressekonferenzen nicht der Ort sein sollten, »grundsätzliche Kritik am Kirchentag vorzutragen«. Es wäre sogar zu überlegen, »ob der Kreis der Teilnehmer an Pressekonferenzen nicht enger zu beschränken sei«.[101]

Nach den Erfahrungen in Stuttgart sollte schon vor dem Ökumenischen Pfingsttreffen in Augsburg 1971 bewusst Wert darauf gelegt werden, dass die Vorbereitungsprozesse so transparent wie möglich gemacht werden, um für die Öffentlichkeit die Geschehnisse nachvollziehbar zu machen.[102] Die »Manöverkritik« wie sie die Kommentatoren Besson und Hampe fordern, gab es in den Nachbereitungen des Kirchentags in diesem Sinne, dass man einsah, schon die Vorbereitungen zum Stuttgarter Kirchentag hätten transparenter und öffentlicher sein müssen, dann wären nachträgliche Erklärungen zum Verlauf und den Ereignissen, so die Meinung der Verantwortlichen, nicht nötig gewesen. Die Demokratisierungsprozesse, die so bezeichnend für den Kirchentag 1969 waren, wurden in Düsseldorf 1973 in der Weise weitergeführt, dass noch weitere demokratische Elemente eingebaut wurden. Beispielsweise wurde Arbeitsgruppenleitungen die Vorbereitung und Durchführung der thematischen Sacharbeit

---

[100] WOLF: Echo, 1969, S. 16. Die Debatte um den Einfluss kirchlicher Institutionen auf die Sendeanstalten war auch auf einigen Sitzungen des Publizistischen Ausschusses Thema (EZA 71/723). Dieser Problematik soll aber an dieser Stelle nicht weiter nachgegangen werden.
[101] LUDWIG HARMS: Sitzung des Publizistischen Arbeitskreises am 6.11.1969, EZA 71/723.
[102] CAROLA WOLF: Sitzung des Publizistischen Arbeitskreises am 29.10.1970, EZA 71/720.

übertragen, die mit Hilfe eines allgemeinen und öffentlichen Ausschreibungsverfahrens gebildet wurden.[103]

Es darf jedoch nicht vergessen werden, dass der 15. Deutsche Evangelische Kirchentag in Düsseldorf den absoluten Tiefpunkt in der Anzahl der Dauerteilnehmer markiert. Hier dürften mehrere Gründe zusammenkommen: einerseits die Reaktion von evangelikalen Gruppen und am traditionellen Kirchentag Interessierten auf den vorangegangenen Kirchentag in Stuttgart, andererseits eingetretene Ermüdungserscheinungen in den Gemeinden und der Bevölkerung solche Großereignisse betreffend.

6. Herausforderungen der Kommunikationsbedingungen

Der Kirchentag sieht sich in Stuttgart 1969 in ganz besonderer Weise mit der Herausforderung konfrontiert, als medial rezipiertes Ereignis sein Selbstverständnis öffentlich zu formulieren und auf mediale Kritik zu reagieren. Die Reaktionen auf die »Kommentare zum Tage« machen das exemplarisch deutlich. Und auch über das Ereignis Kirchentag hinaus galt es für den Protestantismus, sich eine eigene Stellung und einen reflektierten Umgang mit den Massenmedien zu erarbeiten.[104]

Die besondere Herausforderung der »Kommunikation des Evangeliums«, die in den 60er und 70er Jahren insbesondere eine Neuorientierung in der Predigtlehre nach sich zog, konnte auch von den Mitwirkenden des Kirchentags nicht ignoriert werden.[105] Sie wurde hier vielmehr zugespitzt: Während Kanzel und Altar das gewohnte Kommunikationsumfeld der Verkündigung des Evangeliums bildeten, sollte das befreiende Wort Gottes nun in Podiumsdiskussionen und Arbeitsgruppen zu Gehör gebracht werden. Die mediale Begleitung des Kirchentags ließ diese Spannung noch deutlicher zu Tage treten.

So folgert der Praktische Theologe Hans Dieter Bastian mit Blick auf die veränderten Kommunikationsbedingungen, in denen Kirche und Verkündigung Anfang der 1970er Jahre stünden, dass »der mundpublizistische Zentralwert ›Verkündigung‹« weiterhin das Feld beherrsche und sich deshalb »alle Meinungsmedien«[106] unterordnen wolle. »Folgerichtig erscheinen dann die vertrauten,

---

[103] FRIEDEBERT LORENZ, in: Deutscher Evangelischer Kirchentag Düsseldorf 1973, 1973, S. 5.

[104] Eine institutionelle Annäherung des Protestantismus an die Massenmedien lässt sich auf unterschiedlichen Ebenen beobachten. Mit dem publizistischen Ausschuss des Kirchentags und der Einrichtung des Amts des Fernsehbeauftragten der EKD sind nur zwei genannt.

[105] Vgl. ERNST LANGE: Versuch einer Bilanz, in: DERS.: Kirche für die Welt. Aufsätze zur Theorie kirchlichen Handelns, hg. von RÜDIGER SCHOLZ, München 1981 (Erstveröffentlichung Stuttgart 1965).

[106] BASTIAN: Kommunikation, 1972, S. 140.

hauseigenen Mittel unverändert in den Massenmedien: Gottesdienste in Funk und Fernsehen, dazu Andacht, Gebet, Kirchenlied und der gefilmte Hochaltar.«[107] Die Eindimensionalität einer Predigt, die den Menschen das Wort Gottes auf den Kopf zusagen will, die von zeitgenössischen Predigtentwürfen erstmals problematisiert wird, wird hier eklatant. Das kommunikative Defizit, mit dem sich Gottesdienstgemeinden konfrontiert sehen, wird für die »Kirchentagsgemeinde« ebenso spürbar. Die mediale Kritik, die eben diese Schieflage wahrnimmt und schmerzlich deutlich werden lässt, lässt dieses zunächst »interne« Problem auch für die Außenwahrnehmung der evangelischen Kirche wirksam werden. Der Deutsche Evangelische Kirchentag, der sich doch als »öffentlichkeitswirksames Forum«[108] versteht, das nicht nur unter sich bleiben will, sondern eine gesellschaftliche Mitgestaltung anstrebt, sieht sich damit in der schwierigen Lage, sich zum einen auf die Eigengesetzlichkeiten der Medien einzustellen und zum anderen für sich selbst eine Medienstrategie auszuarbeiten, die es ihm möglich macht, nicht Gegenspieler der Massenmedien, sondern gleichberechtigter Akteur in den Medienlandschaft zu sein – ohne dabei die genuine Herausforderung der Kommunikation des Evangeliums aus dem Blick zu verlieren.[109]

Dieser »Verkündigungskrise« sollte durch eine Neuausrichtung des Kirchenfunks entgegengewirkt werden. Verantwortlich für den Kurswechsel waren neue Führungskräfte in den Kirchenfunkabteilungen, so zum Beispiel bei SDR und NDR. So stand insbesondere Hans Jürgen Schultz, Chefredakteur Kultur beim Süddeutschen Rundfunk, für einen säkularen Kirchenjournalismus.[110] Sein Ziel war es, einen »kritischen Religionsjournalismus«[111] zu konstituieren, der nichts mehr mit dem »kirchlichen Verlautbarungsorgan«[112] der vorangegangenen Jahrzehnte zu tun hatte und demnach nicht mehr aus einer Binnenperspektive heraus über kirchliche Angelegenheiten berichten, »sondern als eine Instanz kritischer Fremdwahrnehmung«[113] fungieren sollte. Derart diagnostizierte auch Schultz 1963, dass der Protestantismus mit seinen »mundpublizistischen Mitteln« unfähig sei, die durch die neuen Massenmedien

---

[107] A.a.O., S. 138.
[108] ARNULF VON SCHELIHA: Protestantische Ethik des Politischen, Tübingen 2013, S. 198.
[109] Die Kommunikationssituation auf dem Kirchentag ähnelt in diesem Fall auch der besonderen Herausforderung einer Kasualpredigt. Vgl. dazu die Baalisierung der Kasualpredigt, Rudolf Bohren vs. Ernst Lange, wenn man die Frage betrachtet, wann sich die Kirche angesichts der Erwartungen der Gesellschaft, hier besonders der Medien, verbiegt und verleugnet. RUDOLF BOHREN: Unsere Kasualpraxis – eine missionarische Gelegenheit? (Theologische Existenz heute, Neue Folge 147), München ³1968.
[110] NICOLAI HANNIG: Die Religion der Öffentlichkeit, Göttingen 2010, S. 132.
[111] THOMAS GROSSBÖLTING: Der verlorene Himmel. Glaube in Deutschland seit 1945, Göttingen 2013, S. 188.
[112] HANNIG: Religion der Öffentlichkeit, 2010, S. 131.
[113] A.a.O., S. 188.

entstehende Öffentlichkeit zu bewältigen und sich daher die »vertikal laufende Anweisungspublizistik« zur »dialogfähigen Meinungspublizistik« wandeln müsse.[114] Die »neue Öffentlichkeit« war durch die Etablierung des Fernsehens als Massenmedium und der technischen Verbesserungen in den Sendeanstalten, der neueren Radiogeräte und daher gesteigerten Qualität der Hörfunkübertragungen entstanden. Die so vergrößerte Reichweite der übertragenen Sendungen barg neue Herausforderungen für den Protestantismus: man hatte es nunmehr nicht mit einem Kreis von Adressaten zu tun, der sich, wie es noch für die Leser theologischer Fachzeitschriften galt, durch ein spezifisches Interesse an der Materie und Bildung in theologischen und kirchlichen Fragen auszeichnete. Auch innerprotestantische Differenzen konnten über die neuen Medien nicht oder nur in geringem Maße ausgetragen werden, zu breit war der potentielle Kreis der Hörerinnen und Hörer. Ganz im Gegenteil: Ein einheitliches protestantisches Profil schien gefragt zu sein, musste man sich doch gegenüber der medialen Präsenz der katholischen Kirche abgrenzen.

Mit den Veränderungen in der Senderlandschaft stieg allerdings auch der Konkurrenzdruck der Sendeanstalten untereinander. Bedingt durch den Wettstreit um Hörer- und Zuschauerquoten musste der Fokus der Berichterstattung auf dem Unerwarteten, den Pointen und Skandalen von Veranstaltungen liegen, von denen der Deutsche Evangelische Kirchentag nicht ausgenommen war. Die Skandalisierung der Medien nahm zu – Konflikte und Auseinandersetzungen ließen sich besser verkaufen als positive Berichterstattungen. Nur nachrichtenwürdige Ereignisse, die im Falle des Kirchentags 1969 neben dem Suizid eines ehemaligen SS-Mannes hauptsächlich die Auseinandersetzungen der jugendlichen Protestanten mit den konservativen älteren Teilnehmern darstellten, schafften es in die Schlagzeilen und auf die Titelblätter. Nun waren dies nicht die Themen, die die Kirchentagsleitung im Vorfeld als zentral und besonders beachtenswert deklariert hatte – diese wiederum fanden in den medialen Darstellungen keine oder nur geringe Beachtung. Dass die Medien selbst als Agenda-Setter fungierten und sich nicht mehr nur als Debattenforum sondern mindestens ebenso als eigener Faktor in der Gesellschaft sahen, war für andere Akteure in der Medienlandschaft schwer anzuerkennen und zu akzeptieren.[115]

Eine »objektive Berichterstattung«, wie sie von der Pressereferentin des Kirchentags gefordert wurde, lag den Eigengesetzlichkeiten der Medien fern. Es gilt nach wie vor, dass die Fernsehkamera weder das wirkliche Geschehen in Bildern einfängt, noch der Radioreporter im Ton. Jedem Bericht geht eine selektive Auswahl der zu zeigenden Begebenheiten voraus. So werden Akteure und Ereignisse durch das Weglassen von Aussagen, durch den Zusammenschnitt von Bildern

---

[114] Hans Jürgen Schultz, zitiert nach: Bastian: Kommunikation, 1972, S. 147.

[115] Die Auseinandersetzungen in den Evangelischen Akademien (v. a. in der Ev. Akademie Bad Boll) zu ihrem Selbstverständnis als »Forum und Faktor« sind ebenfalls in diesem Kontext zu betrachten. Vgl. dazu den Beitrag von Philipp Stoltz in diesem Band, S. 265–293.

oder durch das Anfügen von Kommentaren geprägt und gleichsam interpretiert. »Wie die menschliche Wahrnehmung ist auch die technische Medienkommunikation bewusste oder unbewusste Sinngebung.«[116] Am offensichtlichsten zeigt sich dies im Sendeformat der »Kommentare«.

Der Theologe und Journalist K. Rüdiger Durth sah im Kirchentag ein Ereignis, das die Publizistik vor Rätsel stellte: »Die Massenmedien machen sich mehr Sorgen um den Kirchentag als der Kirchentag selbst. Da sie mit dem Phänomen nicht fertig werden, daß 100 000 junge Menschen fünf Tage lang freiwillig zu einer intellektuell anstrengenden Kirchenveranstaltung fahren, in Turnhallen schlafen, um morgens Bibelstunden zu besuchen, muß dieses Treffen ›aufbereitet‹ werden – sensationell mit Randerscheinungen, politisch linkslastig für rechte Blätter, theologisch vernichtend für kirchlich-konservative Medien. Erstaunlich ist nur, daß der Deutsche Evangelische Kirchentag bei soviel Fürsorge noch nicht erstickt ist.« Demnach kann konstatiert werden, dass sowohl Kritik wie auch Zustimmung in den Berichten zum Kirchentag interessengeleitet waren.

Auf welch große Resonanz die mediale Berichterstattung zum Kirchentag 1969 innerhalb des kirchlich verfassten Protestantismus stieß, zeigt sich daran, dass die Manuskripte der »Kommentare zum Tage« auf Anregung des Rates der Evangelischen Kirche in Deutschland an die Leitungen sämtlicher Gliedkirchen der EKD gesandt wurden. Ein solches Vorgehen war vollkommen neu. Oberkirchenrat Wilkens[117], der selbst nicht am Kirchentag teilnehmen konnte, hatte bei Waldemar Besson nach den Manuskripten gefragt, da er die »Kommentare« zwar als »kritisch, aber hilfreich« verstand. In einer Sitzung des Rats der EKD hatte er auf die »Kommentare« verwiesen und wollte daher den Wortlaut den Ratsmitgliedern zukommen lassen.[118] Es darf die Hypothese gewagt werden, dass es Oberkirchenrat Wilkens darum ging, den Blick der Gliedkirchen der EKD, die außerhalb des Sendegebiets des SDR lagen, darauf zu lenken, welche Rolle der Kirchentag in den Medien gespielt hat und um die Sensibilität dafür zu schärfen, inwieweit Äußerungen in den Medien, in diesem Fall im Hörfunk, verarbeitet und kommentiert wurden und mit welchen Folgen demnach zu rechnen war.

Der Stuttgarter Kirchentag sollte ein Lernprozess in vielerlei Hinsicht werden – bezüglich seines Umgangs mit dem Rundfunk hatte der Kirchentag seine Hausaufgaben nach Wahrnehmung seiner Kritiker aber noch nicht zufriedenstellend absolviert.

---

[116] BASTIAN: Kommunikation, 1972, S. 141.
[117] Erwin Wilkens (1914–2000) war Oberkirchenrat der Landeskirche Hannover und bis 1974 Presse- und Öffentlichkeitsreferent der Kirchenkanzlei der EKD.
[118] In einem Brief von Wilkens an Besson vom 28.07.1969, Historisches Archiv SWR. Bestand 16617. Kirche und Gesellschaft. 14. Deutscher Evangelischer Kirchentag 16.07.1969–20.07.1969. Manuskripte Korrespondenz. A: 01.01.1969. E: 31.12.1969.

7. Schluss

Die kritische Selbstreflexion des Protestantismus über seine Rolle in der Gesellschaft, die mit dem Verständnis eines eigenen Gestaltungsauftrags einhergeht und über protestantische Foren, wie beispielsweise dem Kirchentag kommuniziert wird, konnten anhand der dargestellten Berichterstattung und ihrer Kommentierung eruiert und aufgezeigt werden.

Um ein vollständiges Bild über die Kommunikation des Protestantismus in öffentlich-rechtlichen Medien am Beispiel des Kirchentags 1969 zu erhalten, erscheint es lohnend, die zahlreichen weiteren Sendungen, Kommentare, Berichte und Diskussionen auszuwerten. Daneben können die Reaktionen von Hörern und Zuschauern und deren Annahme durch die Kirchentagsverantwortlichen darüber Aufschluss geben, inwieweit Rückwirkungen auf nicht nur den kirchlich verfassten Protestantismus zu verzeichnen sind und in welchem Maß sie Auswirkungen auf die folgenden Kirchentage und die Beteiligung des Protestantismus in den ethischen Debatten der Bundesrepublik Deutschland in den Medien des Rundfunks hatten. So ist K. Rüdiger Durth zuzustimmen, wenn er konstatiert: »Hier öffnet sich ein interessantes Thema für die protestantische Kommunikationsforschung.«[119]

---

[119] DURTH: Kundige Information ist gefragt, 1986, S. 163.

Tische statt Huthaken

Werner Simpfendörfers Konzeption des »Baulichen Provisoriums« als Modell protestantischer Verantwortung in der Gesellschaft

PHILIPP STOLTZ

Auf der Tagung »Gottesdienst und Gottesdienstraum«, die vom 8. bis 10. Februar 1965 in der Evangelischen Akademie Bad Boll stattfand, hielten der Akademiemitarbeiter Werner Simpfendörfer und der Architekt Eberhard Weinbrenner einen Doppelvortrag mit dem Titel »Prognosen für das gottesdienstliche Leben - fordern sie das bauliche Provisorium?«. Bereits im Vorfeld waren beide maßgeblich an dem Bau des ursprünglich als »Akademiekapelle« geplanten »Festsaals« in Bad Boll beteiligt. Rede und Bauprojekt wurden rasch Gegenstand kontroverser Debatten und entfalteten einen deutlichen Einfluss auf das kirchliche Bauwesen und die Entwicklung des evangelischen Gemeindezentrums.[1]

---

[1] Zur zeitgenössischen Diskussion siehe unter anderem: WERNER SIMPFENDÖRFER: Profanität und Provisorium. Thesen zum Kirchenbau, in: Kirchen in nachsakraler Zeit, hg. von HANS-ECKEHARD BAHR, Hamburg 1968, S. 106–113; EBERHARD WEINBRENNER: Fordert das gottesdienstliche Leben ein bauliches Provisorium?, in: Kunst und Kirche 28 (1965), S. 114–117; LOTHAR KALLMEYER: Neue Tendenzen im Kirchenbau, in: Tradition und Aufbruch in evangelischen Kirchenbau. Evangelische Kirchenbautagung in Hannover 1966, hg. von HARTMUT JOHNSEN, Hamburg 1967, S. 102–116; ULRICH CONRADS: Krise im Sakralbau?, in: Bauen für die Gemeinde von morgen. Evangelische Kirchenbautagung in Darmstadt 1969, hg. von HARTMUT JOHNSEN, Hamburg 1969, S. 14–29, hier: 28; Die Unterlagen dieser Tagung und auch zum Bauprojekt befinden sich im Archiv der Evangelischen Akademie Bad Boll unter Kennziffer 26, Chronik 23/65. Auch an den deutlich später erschienenen Darstellungen involvierter Mitarbeiter ist die Härte der Auseinandersetzungen nach wie vor ablesbar, denn die Texte der beiden Protagonisten wurden ohne Vermittlungsversuch direkt hintereinander abgedruckt: WERNER SIMPFENDÖRFER und WOLFGANG BÖHME: Der Boller »Kapellenstreit«, in: 50 Jahre Evangelische Akademie Bad Boll. Aufbruch zum Dialog, hg. von MANFRED FISCHER, Stuttgart 1995, S. 286–288; Gottfried Rothermundt, der für den Bau der neuen Akademiekapelle in den 90er Jahren verantwortlich war, schildert in seiner Darstellung den Diskurs und bezieht selbst Position: GOTTFRIED ROTHERMUNDT: Die obsolete Akademiekapelle. Ein Exempel säkularer Theologie, in: Religion als Lebensmacht. Eine Festgabe für Gottfried Küenzlen, hg. von THOMAS BOHRMANN und JOCHEN BOHN, Leipzig 2010, S. 275–283.

In der Forschungsliteratur wird die Tagung darum besonders hervorgehoben und häufig als ein entscheidendes Datum des protestantischen Kirchenbaus im 20. Jahrhundert benannt, vor allem aus kunst- und kirchengeschichtlicher Perspektive.[2] Kerstin Wittmann-Englert identifiziert die Tagung als Schlüsselstelle der »Entsakralisierungsdebatte der späten 60er Jahre«[3], deren Resultat »ein Plädoyer für den radikal erweiterten, multifunktionalen Raum bar jeden Repräsentationscharakters«[4] war und die dadurch den Bautyp Gemeindezentrum entscheidend mitprägte.

Hier soll nun der Versuch unternommen werden, durch einen raumanalytischen[5] Zugang diese Forschungen um einen wichtigen Aspekt zu erweitern: Der Fall »Bad Boll« prägte den Kirchbau des 20. Jahrhunderts so entscheidend mit, da in den Tagungsbeiträgen und den Auseinandersetzungen um den Festsaal auch die Grundlinien eines räumlichen Modells protestantischer Verantwortung in der Gesellschaft, bezogen auf die Frage nach deren baulicher Umsetzung, verhandelt und teilweise auf die Spitze getrieben wurden. Bad Boll wird damit zum Exempel einer Auseinandersetzung über das Fremd- und Selbstverständnis des Protestantismus in seiner gesellschaftlichen Gestaltungskraft und Geprägtheit.

Im Folgenden werde ich zunächst den Kontext der räumlichen Vorstellungen und Herausforderungen der Arbeit der Evangelischen Akademien als »Dritter Ort« umreißen und ein Lösungskonzept vorstellen, das später von Simpfendörfer aufgegriffen wurde. Anschließend stelle ich die Vorträge der Tagung »Gottesdienst und Gottesdienstraum« ausführlich vor und erläutere sie im Hinblick darauf, welche ethischen Vorstellungen sich darin niederschlagen. Die im dritten Abschnitt geschilderte Planung des »Festsaals« hatte zwar bereits im Vorfeld begonnen, im Rückblick erweist sie sich jedoch als aussagekräftiges Beispiel für die Frage der Umsetzbarkeit der auf der Tagung entwickelten Konzepte. Abschließend soll die Relevanz der Akademie Bad Boll für die Fragestellung nach

---

[2] Beispielsweise: HORST SCHWEBEL, Moderner Kirchenbau (ab 1919), in: TRE XVIII, S. 514–528, hier: 524; CHRISTIAN FREIGANG: Kirchenbau. 20./21. Jahrhundert, in: RGG⁴ IV, Sp. 1122–1143, hier: 1137; HORST SCHWEBEL: Reformen und Regulative. Die Botschaft der Kirchen nach dem Zweiten Weltkrieg, in: Tà katoptrizómena 58 (2009), S. 117–125 (auch online verfügbar, URL: http://www.theomag.de/58/hs10.htm).

[3] KERSTIN WITTMANN-ENGLERT: Zelt, Schiff und Wohnung. Kirchenbauten der Nachkriegsmoderne, Lindenberg 2006, S. 113, zur Bad Boller Tagung S. 117–125.

[4] WITTMANN-ENGLERT: Zelt, Schiff und Wohnung, 2006, S. 117.

[5] Zur Methode der Raumanalyse siehe unter anderem SUSANNE RAU: Räume (Historische Einführungen 14), Frankfurt am Main 2013; JÖRG DÜNNE: Raumtheorie (Suhrkamp-Taschenbuch Wissenschaft 1800), Frankfurt am Main ⁷2012; SUSANNE HAUSER, CHRISTA KAMLEITHNER und ROLAND MEYER (Hgg.): Architekturwissen. Grundlagentexte aus den Kulturwissenschaften, Bd. 2: Zur Logistik des sozialen Raumes (Architekturen 2), Bielefeld 2013; FRANK BÖSCH und LUCIAN HÖLSCHER (Hgg.): Jenseits der Kirche. Die Öffnung religiöser Räume seit den 1950er Jahren, Göttingen 2013; SUSANNE RAU und GERD SCHWERHOFF (Hgg.): Topographien des Sakralen. Religion und Raumordnung in der Vormoderne, München 2008.

der »Kommunikation ethischer Themen durch Architektur« nochmals zusammengefasst werden.

Der »Dritte Ort« und die »Raumschaft«

Die 1945 von Landesbischof Theophil Wurm und Eberhard Müller gegründete erste Evangelische Akademie in Bad Boll hatte sich in den ersten Jahrzehnten der Bundesrepublik schnell als Tagungshaus etabliert. Weitere Akademiegründungen hatten ein regelrechtes Netzwerk protestantischer Bildungseinrichtungen unter kirchlicher Trägerschaft entstehen lassen.[6]

Bei aller Verschiedenheit der einzelnen Akademien[7] bestand das gemeinsame Anliegen dieser Einrichtungen in der Förderung des freien Austauschs, ihrem Selbstverständnis nach waren sie vor allem Orte des gemeinschaftsfördernden Gesprächs als »Stätte der Begegnung«[8]. Nicht nur der Dialog einzelner Leitungsträger sollte dabei ermöglicht werden, sondern vor allem das Gespräch gesellschaftlicher Gruppen untereinander und mit der Kirche. Als relevante Zielgruppen solcher »Begegnungstagungen«, »Querschnittstagungen« etc. galten dabei Gemeinschaften, die durch funktionelle Zusammenhänge, gemeinsame Interessen oder Probleme, vergleichbare Lebenssituationen oder vor allem den ge-

---

[6] Zu den Evangelischen Akademien und Eberhard Müller siehe auch die Beiträge von Sabrina Hoppe und Felix Teuchert in diesem Band. Außerdem: EBERHARD MÜLLER: Art. Akademien, Evangelische, in: Evangelisches Sozziallexikon, Sp. 14–15; WERNER SIMPFENDÖRFER: Art. Akademie, Evangelische, in: Praktisch-theologisches Handbuch, hg. von GERT OTTO, Hamburg 1970, S. 57–63; WOLFGANG BÖHME: Art. Akademien, kirchliche, I. Evang. A.en, in: Evangelisches Staatslexikon, hg. von HERMANN KUNST und SIEGFRIED GRUNDMANN, Stuttgart 1966, S. 27; MANFRED FISCHER (Hg.): 50 Jahre Evangelische Akademie Bad Boll. Aufbruch zum Dialog, Stuttgart 1995; FRIEDRICH MARTINY: Die evangelischen Akademien. Kirche zwischen Anpassung und Parteilichkeit. Ein Beitrag zum Problem des gesellschaftlichen Handelns der Kirche (Europäische Hochschulschriften, Reihe 23, 97), Frankfurt am Main 1977; RULF JÜRGEN TREIDEL: Evangelische Akademien im Nachkriegsdeutschland. Gesellschaftspolitisches Engagement in kirchlicher Öffentlichkeitsverantwortung (Konfession und Gesellschaft 22), Stuttgart 2001; TRAUGOTT JÄHNICHEN: Kirchentage und Akademien. Der Protestantismus auf dem Weg zur Institutionalisierung der Dauerreflexion?, in: Gesellschaftspolitische Neuorientierungen des Protestantismus in der Nachkriegszeit, hg. von DEMS. und NORBERT FRIEDRICH, Münster 2002, S. 127–144; AXEL SCHILDT: Konservatismus in Deutschland. Von den Anfängen im 18. Jahrhundert bis zur Gegenwart, München 1998.

[7] Je nach lokalen Gegebenheiten, Zeitumständen und vor allem den Anliegen der jeweiligen Leiter und MitarbeiterInnen bestanden doch deutliche Unterschiede in den Selbstverständnissen der Akademien. Diese feinen Unterschiede werden beispielsweise auch im Vergleich zu dem von Felix Teuchert in diesem Band geschilderten Profil der Hermannsburger Akademie deutlich. Siehe auch TREIDEL: Evangelische Akademien im Nachkriegsdeutschland, 2001, S. 38 f.

[8] Der Dienst der Evangelischen Akademien im Rahmen der kirchlichen Gesamtaufgabe. Denkschrift eines vom Rat der Evangelischen Kirche in Deutschland eingesetzten Ausschusses, in: Zeitschrift für evangelische Ethik 7 (1963), S. 375–384, hier: 375.

meinsam erlebten Alltag geprägt waren, wobei bewusst auch die kirchenfernen Kreise im Fokus der Akademien standen. Damit entsprachen sie auch dem – im vom Rat der EKD veröffentlichten »Wort zur Verantwortung der Kirche für das öffentliche Leben« artikulierten – protestantischen Anspruch »auf die Gestaltung des öffentlichen Lebens und insbesondere der politischen Gemeinschaft einzuwirken«[9]. In der »Gruppenseelsorge«[10] an diesen Gemeinschaften in ihrer Alltagswelt erkannte vor allem die Evangelische Akademie Bad Boll ihren gesellschaftsdiakonischen und sozialethischen Auftrag mit dem Ziel einer Verständigung und Versöhnung der gesellschaftlichen Verantwortungsgruppen untereinander.[11]

In dieser verbindenden Rolle verstanden sich die Akademien als »Dritter Ort«:[12] Kirchliche Strukturen hatten sich bisher am Parochialsystem orientiert, also den geographischen Raum in Zuständigkeitsbereiche von Kirchengemeinden eingeteilt, um eine flächendeckende seelsorgerliche Versorgung sicherzustellen. Die Gemeinde entstand also durch die räumliche Nähe des Wohnorts (»Erster Ort«). Die Akademie adressierte jedoch Gruppen, die erstens tendenziell kirchenfern waren und zweitens nicht durch einen gemeinsamen Wohnort, sondern durch andere Zusammenhänge wie einen gemeinsamen Arbeitsplatz oder gemeinsame Interessen (»Zweiter Ort«) konstituiert wurden, deren »Gruppenseelsorge« also nicht durch die klassische räumliche Organisation kirchlicher Seelsorge abzudecken war: »Es ist, als wäre auf der Landkarte dieser technischen Gemeinschaften die Kirche der Wohnwelt nicht eingetragen und als käme im Koordinatensystem der Ortskirchengemeinde der technische Betrieb nicht vor – selbst wenn er auf dem Areal einer Parochie läge.«[13] An dem »Dritten Ort« der Akademie sollten darum die inneren Bezüge und Strukturen der Arbeits- und Alltagswelt dieser Gruppen rekonstruiert, reflektiert und somit transzendiert werden. Zwischen Wohnbereich und Arbeitsplatz, zwischen Kirchengemeinde und Gesellschaft wurde so die Akademie als eigenständiger idealer Diskursraum konzipiert, in dem neue Formen des Dialogs möglich werden sollten.

Doch diese neue, gewissermaßen künstlich geschaffene Struktur war nur schwer mit den klassischen kirchlichen Raumkonzepten zu vermitteln. Virulent

---

[9] MARTIN GRESCHAT: Der Protestantismus in der Bundesrepublik Deutschland (1945–2005), Leipzig 2011, S. 15.

[10] Vgl. WOLFGANG BÖHME: Die Aufgaben der Seelsorge am Einzelnen und an der Gemeinschaft, in: Seelsorge in der modernen Gesellschaft. Erfahrungen und Perspektiven, hg. von HANS STROH und EBERHARD MÜLLER, Hamburg 1964, S. 141–167.

[11] Vgl. MARTINY: Die evangelischen Akademien, 1977, S. 85; Der Dienst der Evangelischen Akademien, 1963.

[12] HANS STROH: Die Zusammenführung am dritten Ort, in: Seelsorge in der modernen Gesellschaft. Erfahrungen und Perspektiven, hg. von HANS STROH und EBERHARD MÜLLER, Hamburg 1964, S. 169–192.

[13] A.a.O., S. 172.

wurde dieses Problem in der Frage der Tagungs-Nachbearbeitung: Denn nach der punktuellen Begegnung auf der Tagung selbst riss der Kontakt zur Akademie und damit auch die Möglichkeit einer kontinuierlichen Betreuung häufig ab. Die Akademie gründete darum schon früh vereinzelt Hauskreise oder unternahm Versuche überparochialer Arbeitsgruppen und modellhafter Kooperationen, beispielsweise mit Gemeinden in Sindelfingen und Leonberg-Ramtel unter maßgeblicher Beteiligung des Kirchenreformers und Bad Boller Pressesprechers Werner Simpfendörfer.[14] Dennoch konnten die Impulse der Akademietagungen im Allgemeinen nicht ohne weiteres an die Ortsgemeinden weitergegeben werden.[15] Auch lag es nicht im Interesse der Akademien, »Paragemeinden«[16] in Konkurrenz zu den Ortsgemeinden zu gründen. So blieb das Problem der Inkompatibilität der Strukturen des »Ersten Ortes« und »Dritten Ortes« vorerst bestehen und führte zu Spannungen, die mit dazu führten, dass Werner Simpfendörfer zu Beginn der sechziger Jahre von einer »Krise der Akademie-Arbeit«[17] sprach.

Hans Stroh, Studienleiter der Akademie Bad Boll, erarbeitete als Lösungsvorschlag das Modell der »Raumschaft«.[18] Diese Hybride aus »Landschaft« und »Siedlungsraum« übernahm er aus der kommunalen Planung der Region Stuttgart, die damit eine Größe zwischen Land und Einzelgemeinde einführte:[19] »Ähnlich wie der Bezirk werden ›Region‹ bzw. ›Raumschaft‹ definiert als ›soziographische Einheit, die auf der Vielfalt in wechselseitiger Abhängigkeit stehender heterogener Teile basiert‹. In dieser ›soziographischen Einheit‹ ist die verloren gegangene unmittelbare örtliche Einheit von Arbeitswelt und Wohnwelt und den Bereichen der Freizeit und der Politik wieder hergestellt.«[20] Auf diese Einheit sollte sich der kirchliche Dienst parallel zur kommunalen Raumplanung künftig beziehen: »Denn der Seelsorger sieht schwer daran hin, wenn der Mensch mehr und mehr ein Wesen wird, das überall und nirgends zu

---

[14] Beispielsweise die Zusammenarbeit Werner Simpfendörfers mit Siedlungspfarrern und auch dessen Mitarbeit im Modellversuch einer Gemeindebezogenen Akademiearbeit in Leonberg-Ramtel, vgl. KARL-HEINZ DEJUNG und HANS-GERHARD KLATT: Werner Simpfendörfer. Ein Leben in der Ökumene, Berlin 2010, S. 55 ff.; WERNER SIMPFENDÖRFER und PAUL-GERHARD SEIZ: Leonberg-Ramtel: Reform durch Kooperation, in: Fantasie für die Welt. Gemeinden in neuer Gestalt, hg. von GERHARD SCHNATH, Stuttgart / Berlin 1967, S. 70–83.

[15] Vgl. SIMPFENDÖRFER: Art. Akademie, Evangelische, 1970, S. 63.

[16] Der Dienst der Evangelischen Akademien, 1963, S. 382.

[17] SIMPFENDÖRFER: Art. Akademie, Evangelische, 1970, S. 60.

[18] HANS STROH: Gemeinde in der Raumschaft, in: Seelsorge in der modernen Gesellschaft. Erfahrungen und Perspektiven, hg. von DEMS. und EBERHARD MÜLLER, Hamburg 1964, S. 238–257. Der Begriff taucht in den Protokollen einschlägiger Tagungen in Bad Boll bereits seit den späten 50er Jahren auf und wurde von Stroh schließlich in ein Konzept überführt.

[19] STROH: Gemeinde in der Raumschaft, 1964., 241; siehe auch DOROTHEA HOKEMA: Landschaft im Wandel? Zeitgenössische Landschaftsbegriffe in Wissenschaft Planung und Alltag, Wiesbaden 2013, S. 199.

[20] MARTINY: Die evangelischen Akademien, 1977, S. 167.

Hause ist, das sich immer neuen Kontakten öffnet, die entsprechend flüchtig bleiben, so daß die Erfahrungen unausweichlicher Verantwortung seltener und flacher werden. Eine erhöhte Nächstenschaft ist erwünscht; wenn schon nicht im kleinen Raum der Ortsgemeinden, der seine Geschlossenheit so rasch einbüßt, dann doch wenigstens in dem Lebenszusammenhang der Raumschaft.«[21] Diese Seelsorge sollte nicht in Konkurrenz zur Ortsgemeinde stehen, sondern arbeitsteilig und kooperativ erfolgen, beispielsweise in Wochenendveranstaltungen und Tagungen oder in zielgruppenbezogenen Dienstgruppen auf der Verwaltungsebene des Kirchenbezirks, freilich in Zusammenarbeit mit den Akademien.

Die Tagung »Gottesdienst und Gottesdienstraum«

Vom 8. bis 10. Februar 1965 veranstaltete die Evangelische Akademie Bad Boll unter der Leitung der beiden bereits erwähnten Mitarbeiter Werner Simpfendörfer und Hans Stroh die Tagung »Gottesdienst und Gottesdienstraum«.[22] Anlass der Tagung war wohl einerseits die beschriebene Grundproblematik der räumlichen Diskrepanz parochialer und überparochialer Dienste, andererseits das konkrete Bauprojekt des neuen gottesdienstlichen Raumes an der Akademie selbst. In der Tagungsankündigung bezogen sich Stroh und Simpfendörfer auf die Herausforderung des kirchlichen Bauens durch die moderne Architektur und monierten das Fehlen eines theologisch fundierten Kirchbau- und Gottesdienstverständnisses, dem diese Tagung entgegenwirken sollte. Damit griffen sie die Rhetorik einer »Krise des Kirchenbaus« auf: Diese Argumentation tauchte seit Ende der fünfziger Jahre vor allem auf den Evangelischen Kirchbautagen verstärkt auf. Man klagte darüber, dass der zu rasche Wideraufbau und der Bauboom in der jungen Bundesrepublik auf Kosten der architektonischen und theologischen Qualität und Reflexion des Kirchenbaus gegangen sei.[23]

Im Eingangs-Referat sprach der Neutestamentler Eduard Schweizer über »Gottesdienst im Neuen Testament« und erläuterte so das Gottesdienstverständnis der Tagung. Er tat dies eingangs unter Verweis auf die Bibelstelle Röm 12,1 f., die er selbst als »ethische Zusammenfassung des Römerbriefs« be-

---

[21] STROH: Gemeinde in der Raumschaft, 1964, S. 247.
[22] Die Unterlagen dieser Tagung befinden sich im Archiv der Evangelischen Akademie Bad Boll unter Protokolldienste 1965/23 und unter Materialdienste 1965/2–4. Auf diese Unterlagen beziehen sich die folgenden Zitate. Zu dem Lichtbildvortrag von Lothar Kallmeyer und der »Stunde der Besinnung« von Hans Stroh sind keine Quellen erhalten.
[23] Beispielsweise: ULRICH CONRADS: Krise im Sakralbau?, in: Bauwelt 60 (1969), Sp. 1204–1216; SÖHNGEN: Der Weg des Kirchbautages von Hannover 1946 bis Erfurt 1954, in: Evangelische Kirchenbautagung Erfurt 1954 / Karlsruhe 1956, hg. von WALTHER HEYER, Berlin 1957, S. 31; Vgl. WITTMANN-ENGLERT: Zelt, Schiff und Wohnung, 2006, S. 126.

zeichnete. Gottesdienst sollte also zunächst weder dogmatisch als Versammlung der Gemeinde um Wort und Sakrament, noch praktisch-theologisch, sondern dezidiert ethisch bestimmt werden. Leben und Dienst der Gemeinde im Alltag sei im Neuen Testament als Gottesdienst verstanden worden, nicht die heutige sonntägliche Versammlung. Vorrangiger Zweck von Versammlungen sei in der frühen Christenheit auch nicht die Erbauung gewesen, sondern der Gemeindeaufbau und die Stärkung der Gemeinschaft abseits jeder zu starren Institutionalisierung als ›Ein Leib in Christus‹ mit den Gaben aller Mitglieder. In diesem Sinne seien die Versammlungsräume konzipiert worden. Auch die Unterscheidung sakral-profan sei in der frühen Christenheit nicht vorhanden gewesen: »Nichts ist im Neuen Testament heilig im Gegensatz zu einem profanen Bezirk bzw. besser gesagt, alles ist heilig, nichts mehr ist profan, weil Gott die Welt gehört und weil die Welt der Ort ist, an dem man Gott preisen und Gott Dank erweisen soll.«[24] Konkret ging Schweizer auch auf das Abendmahl ein, bei dem entgegen jedem heutigen »Sakramentalismus« der gemeinschaftliche Aspekt im Vordergrund gestanden habe, weshalb er sich wohl bewusst provokativ unter Verweis auf 1.Kor 11 für ein modernes Agapemahl mit Bratwurst und Kartoffelsalat aussprach. Zusammenfassend forderte Schweizer darum einen in doppelter Weise offenen Gottesdienstraum: »Einmal so, daß all die Dienste, die in der Gemeinde gegenseitig erfolgen, weiterleben müssen die ganze Woche hindurch. [...] Das andere Offensein ist dies, daß man bei den Diensten, die die Gemeindeglieder einander leisten, immer daran denkt, daß der Gemeinderaum offen sei für die Randsiedler oder für die Heiden und daß sie das letzte Kriterium sind.«[25] In Kontrast zu diesem progressiven Ansatz fielen die gestalterischen Konsequenzen, die Schweizer für den modernen Kirchenbau zog, beispielsweise die Verwendung großer Fensterflächen, überraschend zurückhaltend und an überkommenen Formen orientiert aus.[26]

Anschließend sprach Architekt Otto Senn zu »Kirchbau als Verkündigung?«.[27] Gegenwärtig würden im Kirchbau vor allem Fragen des Baustils, des Bautyps oder der symbolischen Ausgestaltung diskutiert, doch eine Erneuerung könne nur geschehen, wenn man sich zuvor über die Strukturen der Verkündigung und des gottesdienstlichen Lebens klar würde, dem die Strukturen des gottesdienstlichen Raums und des Kirchbaus entsprechen sollten. Senn distanzierte sich kritisch von überkommenen Traditionen des Kirchbaus, forderte zugleich eine Rückbesinnung auf das reformatorische Verständnis

---

[24] EDUARD SCHWEIZER: Gottesdienst im neuen Testament, Bad Boll 08.02.1965, Archiv der Evangelischen Akademie Bad Boll: Materialdienste 1965/2, S. 3.
[25] A.a.O., S. 12.
[26] Vgl. WITTMANN-ENGLERT: Zelt, Schiff und Wohnung, 2006, S. 119.
[27] OTTO SENN: Kirchbau als Verkündigung?, Bad Boll 08.02.1965, Archiv der Evangelischen Akademie Bad Boll: Protokolldienst 1965/23.

und eine Neubesinnung auf die theologische Erkenntnis von heute. Unter Bezugnahme auf Ernst Wolf stellte Senn fest, dass das Gegenüber der Kirche nicht mehr die Institution Staat, sondern die moderne, entklerikalisierte und entsakralisierte Gesellschaft sei. Auch seien an die Stelle starrer Institutionen mobile Organisationsformen getreten und im Gottesdienst habe anstelle des Verweises auf das Jenseits nun der Bezug des Einzelnen zu Gott und zum Nächsten als Ich-Du-Beziehung an Gewicht gewonnen: »Strukturell bedeutet das, daß an die Stelle des distanziert, bildhaft erlebten Raums der verpflichtend umfangende Raum tritt.«[28]

Es folgte der Doppelvortrag von Werner Simpfendörfer und Eberhard Weinbrenner »Prognosen für das gottesdienstliche Leben – fordern sie das bauliche Provisorium?«, der diese Tagung in Bad Boll so bekannt machen sollte.[29] In seinem Teil der Rede entwarf Werner Simpfendörfer in zehn Thesen ein provokantes Manifest des radikal profanen Kirchenraums.

Als Grundvoraussetzung des kirchlichen Handelns griff Simpfendörfer in seiner ersten These den damals wie heute viel diskutierten Begriff der »Säkularisierung« auf. Diesen gebrauchte er jedoch nicht, um eine Klage über zunehmenden Bedeutungsverlust der Kirche anzustimmen, sondern charakterisierte ihn im Gegenteil als »die nachfolgebedingte Weltwerdung der Kirche, ihr dienstbares Eingehen in die Gestalten menschlichen Daseins und menschlicher Not«, als Folge des göttlichen Missionsbefehls und damit als Teil des »unaufhaltsamen« Heilsgeschehens. Aus diesem Grund sei die »herkömmliche Trennung von Welt und Kirche, von Fanum und Profanum« aufzuheben. Diese Argumentation unterstrich er weiter durch Anspielungen auf die – unter Bezugnahme auf Dietrich Bonhoeffer geprägte – Redewendung der »Kirche für andere« und auf die erste der 95 Thesen Martin Luthers.

Vor dem Hintergrund dieser »Profanität des gottesdienstlichen Lebens« solle die Gemeinde – so die zweite These – ihre göttliche Mission in der Diaspora der Welt als »serving presence« verstehen. Dies solle nach der dritten These außerdem dem Kirchenbau zugrunde gelegt werden, dessen Grundpfeiler demnach Gemeinschaftlichkeit und »Konfrontation mit der Wirklichkeit« seien. Laut der vierten These seien Zielgruppe und Maßstab jeder Konkretion solcher Grundlagen dabei einzig die Gäste des Kirchenbaus, die Simpfendörfer in Anlehnung an 1.Kor 14 als »idiotes« oder »Randsiedler« bezeichnete. Diese Ausrichtung auf den »Randsiedler« der Kirche war das Kennzeichen auch anderer Konzepte des Gemeindezentrums, wurde hier jedoch besonders deutlich geäußert.

---

[28] A.a.O., S. 4. Senn bezog sich in seinen Ausführungen ausdrücklich auf Eduard Schweizer, Dietrich Bonhoeffer und Martin Buber.

[29] WERNER SIMPFENDÖRFER und EBERHARD WEINBRENNER: Prognosen für das gottesdienstliche Leben, Archiv der Evangelischen Akademie Bad Boll: Materialdienste 1965/3. Der Teil von Simpfendörfer wurde später auch veröffentlicht als: SIMPFENDÖRFER: Profanität und Provisorium. Thesen zum Kirchenbau, 1968.

In den Thesen 5 bis 8 kam Werner Simpfendörfer nun auf die Folgerungen eines solchen Konzeptes zu sprechen und griff dabei ganz deutlich die Raumvorstellungen der Evangelischen Akademie auf. Nach der sechsten These habe sich die Vielfalt der Versammlungsmöglichkeiten an der Vielfalt der sich versammelnden Gruppen zu orientieren. Das sollte heißen: Die herkömmlichen, parochial organisierten Gemeinden und Gruppen seien nur noch »bedingt sinnvoll«, stattdessen solle »das gottesdienstliche Versammlungsleben ergänzt und d. h. ganz erheblich erweitert werden durch Versammlungsgruppierungen von Menschen, die in weltlich bestimmten Zusammenhängen auf örtlicher oder überörtlicher Ebene zusammenleben und zusammenleben sollen.« Hier übertrug Simpfendörfer also die eingangs beschriebene Spannung zwischen parochialen und überparochialen Strukturen auf Gemeindearbeit und Kirchenbau. Letzterer habe sich der Vielfalt der Gruppen anzupassen und entsprechend wandelbar zu sein; Simpfendörfer forderte einen multifunktionalen Raum. Nach der siebten These sei die Versammlung einer dieser vielfältigen Gruppen in diesem multifunktionalen Raum durch die gemeinsame »Besinnung auf Gottes Willen im Blick auf die Lage der anderen« als »gottesdienstlich« gekennzeichnet. Noch stärker als Schweizer verzichtete Simpfendörfer völlig auf eine dogmatische oder liturgische Bestimmung des Gottesdienstes, weshalb auch im Titel des Vortrags nicht vom Gottesdienst, sondern vom »gottesdienstlichen Leben« die Rede war. Derartige gottesdienstliche Versammlungen seien vor allem kleine Gruppen, die hauptsächlich Diskussionen, Textarbeiten und gemeinsame Besinnungen zu treiben hätten. Dazu sei meist Material notwendig, »darum wären für mich in künftigen Gottesdiensträumen Tische wichtiger als Huthaken.« In der Gestaltung habe sich ein solcher Raum auf Wort und Welthaftigkeit zu konzentrieren, weshalb Simpfendörfer »weltentrückte« Gestaltungselemente wie Paramentik, Bildmaterial und auch explizit das Kreuz hinterfragte, womit die Kritik am sakralen Gottesdienstraum wohl auf die Spitze getrieben war: »Wen regt eigentlich heute noch das Kreuz auf? Sind es nicht in unseren Wochen und Monaten viel mehr die Krematoriumschlote von Auschwitz, die daran erinnern könnten, was eine Hinrichtungsstätte ist.« In seiner achten These griff Simpfendörfer nochmals die Frage des Standorts auf: Kirchliches Bauen solle sich nicht länger an »kirchlichen Versorgungsbedürfnissen«, sondern an »weltlichen Verantwortungsräumen« und der gesellschaftlichen Gesamtplanung orientieren. Simpfendörfer schlug darum eine neue Struktur kirchlicher Bauplanung in drei Verantwortungsräumen vor: Region, Raumschaft und Nächstenschaft. Unter der Nächstenschaft als kleinster Einheit verstand Simpfendörfer »sowohl die geographischen Nachbarschaften [...] als auch sich evtl. bildende Funktionalgruppen«, also eine Einheit, die im Gegensatz zur Parochie deutlich kleiner und nicht nur durch den gemeinsamen Wohnort geprägt war und dem Namen nach eine geniale Verbindung von soziologischen und theologischen Kriterien darstellte.

Mit diesen Begriffen hatte Simpfendörfer das von Hans Stroh entwickelte Konzept[30] direkt übernommen und in sein Programm integriert.

Einzelne konkrete Punkte umriss Simpfendörfer in seiner neunten These: Die kirchliche Bauplanung habe sich an den weltlichen Verantwortungsräumen zu orientieren und ihre Räume entsprechend dezentral zu organisieren. Die Planung solle flexibel verfahren und besonders in ihren kleinsten Einheiten der Nächstenschaft schnell an bevölkerungspolitische Fluktuationen anpassbar sein, darum sei hier das »bauliche Provisorium« gefordert. Mit »Provisorium« war dabei erstens gemeint, dass das Gebäude möglichst ephemär, also als vorübergehend und ablösbar zu errichten sei, und zweitens, dass es als Multifunktionsraum zu konzipieren sei, der eine innere Mobilität und vielseitige Nutzbarkeit je nach aktuellem Bedarf ermöglichen sollte. Eine weitere wichtige Forderung Simpfendörfers war der Verzicht auf Repräsentativität im Kirchenbau. Darin solle sich eine »Verlagerung des Schwergewichts im kirchlichen Leben und im kirchlichen Bauen von der Öffentlichkeits- und Lehrkirche zur Dienstkirche« widerspiegeln.

Resümmierend fasste Simpfendörfer in seiner zehnten These zusammen: »Weltheiligung als Grundthema des gottesdienstlichen Lebens verlangt Räume, in denen Menschen miteinander jene Einübung vornehmen können, die sie befähigt, die Welt ihres alltäglichen Lebens ›dem Herrn zu heiligen‹.« Was Simpfendörfer hier präsentierte war mehr als nur ein Konzept zum Kirchenbau: Es war das Programm einer Kirchenreform, konkretisiert auf dessen bauliche Konsequenzen.

Werner Simpfendörfer, der in der evangelischen Brüdergemeinde Korntal aufgewachsen war, hatte vor allem bei Helmut Thielicke und Karl Barth studiert.[31] Auf Vermittlung Eberhard Müllers war er nach dem Vikariat seinem Bruder Jörg Simpfendörfer 1956 nach Bad Boll gefolgt, und hatte sich dort zu einem Protagonisten der Ökumene- und der Kirchenreform-Bewegung entwickelt: Er war Mitglied einer ökumenischen Arbeitsgruppe um Johannes C. Hoekendijk[32], die zwischen 1962 und 1965 die Studie des Ökumenischen Rats der Kirchen »Die Kirche für andere« erarbeitete.[33] In diesem Text wurde, ausgehend von einem ähnlichen »Säkularisierungs«-Verständnis wie dem Simpfendörfers, das Festhalten an den überkommenen Strukturen als »morphologischer Fun-

---

[30] Siehe oben, S. 269.
[31] DEJUNG, KLATT: Werner Simpfendörfer, 2010, S. 47. Siehe auch den Beitrag von Sabrina Hoppe in diesem Band, S. 216, Anm. 66, dort finden sich auch Hinweise zur Verbindung der Familie Simpfendörfer mit der Familie Müller und mit Helmut Thielicke. Höchstwahrscheinlich hatte die pietistische Prägung Korntals einen prägenden Einfluss auf Simpfendörfers Vorstellung einer Gemeinde als gelebter Gemeinschaft.
[32] JOHANNES CHRISTIAAN HOEKENDIJK: Die Zukunft der Kirche und die Kirche der Zukunft, Stuttgart 1964.
[33] ÖKUMENISCHER RAT DER KIRCHEN (Hg.): Die Kirche für andere und Die Kirche für die Welt. im Ringen um Strukturen missionarischer Gemeinden, Genf 1967, S. 61. ROTHERMUNDT: Die obsolete Akademiekapelle, 2010, S. 279.

damantalismus«³⁴ gegeißelt. Für den Kirchbau sei darum eine Architektur, die die Besucher zu Introvertiertheit und Weltflucht verführe und sie übersehen ließe, »dass der Himmel nur dort wirklich auf die Erde kommt, wo die Beziehungen zwischen Menschen im täglichen Leben innerhalb und ausserhalb der Gemeinde geheilt werden«³⁵, als »häretisches Bauprogramm« abzulehnen. Andere Kontakte Simpfendörfers weisen in eine ähnliche Richtung: Er hatte unter anderem das einflussreiche Buch »The secular City. Secularization and Urbanization in Theological Perspective« von Harvey Cox für den Kreuz-Verlag ins Deutsche übersetzt³⁶ und war mit Ernst Lange, dessen Biographie er später verfasste und der sich ganz ähnlich zur Kirchenreform äußerte,³⁷ freundschaftlich verbunden.³⁸ Besonders wichtig für den Kontext seines Bauprogramms war Simpfendörfers Engagement in der Kirchenreform-Bewegung:³⁹ Hier forderte er eine Auflösung der festgefahren Strukturen kirchlicher Institutionen und eine stärkere Orientierung an der »Tagesordnung der Welt«:⁴⁰ Die Kirche werde ihrer gesellschaftlichen Aufgabe der Verkündigung der Gottesherrschaft nicht gerecht, wenn sie für sich die Position eines »prophetischen Amts« außerhalb der Welt proklamiere: »Ansage der Gottesherrschaft als prophetisches Wort muß politisches, welt- und gesellschaftsbezogenes Wort sein, das nur aus der kritisch verantwortlichen Teilnahme an der politischen Gestaltung der Welt heraus gesprochen werden kann und darf.«⁴¹ Eine kritische Kirche habe sich daran zu messen, inwiefern sie – entsprechend dem vielbemühten Bonhoeffer-Diktum – eine »Kirche für andere«⁴² sei.

Im Anschluss an Simpfendörfer sprach im zweiten Teil des Doppelvortrags »Prognosen für das gottesdienstliche Leben – Fordern sie das bauliche Provisorium?« Eberhard Weinbrenner aus Nürtingen, der Architekt des »Festsaals« in Bad Boll. Er griff die Thesen Simpfendörfers und vor allem dessen Raumkon-

---

³⁴ ÖKUMENISCHER RAT DER KIRCHEN (Hg.): Die Kirche für andere und Die Kirche für die Welt, 1967, S. 22.
³⁵ A.a.O. S. 32.
³⁶ HARVEY COX: Stadt ohne Gott?, Stuttgart 1967.
³⁷ WERNER SIMPFENDÖRFER: Ernst Lange. Versuch eines Porträts, Berlin ²1997.
³⁸ Vgl. beispielsweise ERNST LANGE: Ein anderes Gemeindebild. Erwägungen zum Problem »Kirche und Gesellschaft«, in: Kirche für die Welt. Aufsätze zur Theorie kirchlichen Handelns, hg. von RÜDIGER SCHLOZ, München 1981, S. 178–194.
³⁹ DEJUNG, KLATT: Werner Simpfendörfer, 2010, S. 51 ff.; Besonders hervorzuheben ist in diesem Kontext die fünfbändige Reihe »Kirchenreform«, die zwischen 1968 und 1970 unter der Mitherausgeberschaft Simpfendörfers im Calwer Verlag Stuttgart erschien.
⁴⁰ WERNER SIMPFENDÖRFER (Hg.): Die Gemeinde vor der Tagesordnung der Welt (Kirchenreform 1), Stuttgart 1968.
⁴¹ WERNER SIMPFENDÖRFER: Wozu ist die Kirche da »da«?, in: Fantasie für die Welt. Gemeinden in neuer Gestalt, hg. von GERHARD SCHNATH, Stuttgart / Berlin 1967, S. 113–120, hier: 115.
⁴² WERNER SIMPFENDÖRFER: Offene Kirche, kritische Kirche. Kirchenreform am Scheideweg, Stuttgart / Berlin 1969, S. 106.

zept auf, um es auf die bauliche Umsetzung hin zu konkretisieren. Zunächst versuchte Weinbrenner sein Konzept in der zeitgenössischen Diskussion um den Kirchenbau zu kontextualisieren und seine Grundlagen argumentativ darzulegen.

Einerseits berief er sich dabei auf die gängige Klage über eine »Krise des Kirchenbaus«[43]: Die Entwicklung im Kirchenbau der letzten Jahrzehnte sei vor allem von Architekten vorangetrieben worden, Kirche und Theologie hätten sich hingegen nicht geäußert und weder eine überzeugende theologische Grundlage vorgelegt noch ausreichende Strukturen wie ein Institut geschaffen, um Dialog und Kompetenzvermittlung zwischen Theologie und Architektur zu befördern.[44] So sei der Kirchbau nun an einer formalen Grenze angelangt. Derartige Krisenrhetorik war jedoch keineswegs neu, sondern gängiges Vokabular der theologischen Auseinandersetzungen jener Zeit.[45] Der Kirchbau der vergangenen Jahrzehnte hatte sehr wohl eine theologische Grundlage, nur eben eine aus Weinbrenners Sicht falsche. Implizit kritisierte er das vorherrschende Verständnis von Kirchenbau, das sich in Anlehnung an das 1906 von Cornelius Gurlitt geprägte Diktum »Bauherrin ist die Liturgie«[46] um eine Architektur bemühte, die der gottesdienstlichen Feier »gleichnishaft Gestalt geben«[47] sollte. Diesen Ansatz wollte Weinbrenner überwinden: »Wir alle hier im Raum geben uns doch wohl keiner Illusion hin über das, was auf dem Gebiet des Kirchenbaus seit dem 2. Weltkrieg bei uns hinsichtlich der architektonischen Qualität und des geistigen Gehalts entstanden ist. [...] Beschränken wir uns also auf das, was wir vielleicht unter dem Stichwort von Gurlitt ›Die Liturgie ist die Bauherrin‹ zusammenfassen können: Das *geistige Konzept* für unsere kirchlichen Bauten, dass wir das Wort

---

[43] Siehe oben, S. 270.

[44] Die EKD hatte 1961 an der Philipps-Universität Marburg wohl mit ähnlicher Begründung das Institut für Kirchenbau und kirchliche Kunst der Gegenwart gegründet. Der Evangelische Kirchbautag war bis 2005 institutionell an die UEK angegliedert. Es gab jedoch vielfältige Formen der Vernetzung beider Einrichtungen, beispielsweise über Rainer Volp, der ab 1972 in Personalunion die Leitung des Instituts und den Vorsitz der Kirchbautags inne hatte. Heute ist Thomas Erne Direktor des Instituts und für die Organisation der Evangelischen Kirchbautage zuständig.

[45] Vgl. TRUTZ RENDTORFF: Gesellschaft ohne Religion? Theologische Aspekte einer sozialtheoretischen Kontroverse (Luhmann/Habermas) (Serie Piper 117), München 1975; Auch Simpfendörfer hatte zuvor wohl mit ähnlicher Intention von einer »Krise der Akademiearbeit« gesprochen, siehe oben, S. 269.

[46] CORNELIUS GURLITT: Kirchen (Handbuch der Architektur 4), Stuttgart 1906.

[47] Grundsätze für die Gestaltung des gottesdienstlichen Raumes der evangelischen Kirchen. Auf Grund der Ergebnisse der Kirchenbautagungen in Hannover (1946), Bielefeld (1947), Berlin-Spandau (1948) und Lübeck (1949) erarbeitet vom Arbeitsausschuß des Evangelischen Kirchbautages, in: WALTHER HEYER (Hg.): Evangelische Kirchenbautagung Rummelsberg 1951, Berlin 1951, S. 159–164., 159; CURT HORN: Entwicklung der Leitbilder des evangelischen Kirchenbaues, in: Kirchen. Handbuch für den Kirchenbau, hg. von OTTO BARTNING und WILLY WEYRES, München 1959, S. 231–260, hier: 256 ff.; OTTO BARTNING: Vom neuen Kirchbau, Berlin 1919.

›Liturgie‹ wohl durch etwas anderes ersetzen sollten, dürfte spätestens nach dem vorausgegangenen Referat deutlich geworden sein.«[48]

Andererseits griff er einzelne Voten von Emil Sulze[49], Martin Elsässer[50] und Eberhard Stammler[51] auf, um seinen Ansatz in der Tradition einer – seines Erachtens nach zu unrecht verkannten – Strömung des Kirchbaus zu verorten, die auf Basis einer Vorstellung vom Priestertum aller Gläubigen konzeptionell bei der Gemeinde angesetzt und damit einen Weg aus der aktuellen Krise vorbereitet habe:[52] In diesen Gemeindehäusern seien »dehnbare« und flexible Nutzungsmöglichkeiten vorgesehen und vor allem die Ausrichtung des Baus auf einen abgetrennten Chorraum durch einen richtungslosen Zentralraum als Versammlungsort der Gemeinde ersetzt worden. Hingegen käme im längsgerichteten und starren Raum, der Trennung zwischen Pfarrer und »Volk« und dem »auf Vordermann« gestellten Gestühl, ein kirchliches Selbstverständnis zum Ausdruck, bei dem die Institution zum Selbstzweck geworden sei. Das neue »geistige Konzept« sollte künftig von anderen Grundlagen aus gedacht werden: »Wie wäre es, wenn wir nach dem Menschen fragen würden, wenn wir vom Menschen her dächten, von der Welt her, was für die Welt notwendig ist – vielleicht notwendig im wörtlichen Sinn: um eine Not zu wenden?«[53]

Weinbrenner und Simpfendörfer forderten nichts weniger als einen Paradigmenwechsel im Kirchbau. Nicht mehr die Liturgie sollte Bauherrin sein, auch nicht mehr die Institution Kirche, sondern der »Mensch« und die »Welt«. Damit war wohl das bisherige Gegenüber dieser Größen bezeichnet, entsprechend Simpfendörfers Umdeutung des Säkularisierungs-Begriffs als Entgrenzung von »Fanum und Profanum« und als Durchdringung des »Alltags der Welt« durch die »Dienstkirche«.[54] In der Forderung eines neuen geistigen Konzepts verbanden sich einerseits der bestehende Konflikt zwischen liturgie- und gemeindeori-

---

[48] SIMPFENDÖRFER, WEINBRENNER: Prognosen für das gottesdienstliche Leben, 1965, S. 8. Hervorhebung übernommen aus dem Original.
[49] EMIL SULZE: Die evangelische Gemeinde, Leipzig ²1912.
[50] Vgl. HORN: Entwicklung der Leitbilder des evangelischen Kirchenbaues, 1959, S. 257 f.
[51] EBERHARD STAMMLER: Protestanten ohne Kirche, Stuttgart 1960.
[52] Zu dieser Strömung und den Wurzeln des Gemeindezentrums um die Jahrhundertwende siehe HANNS CHRISTOF BRENNECKE; Protestantischer Kirchenbau an der Wende zum 20. Jahrhundert, in: Geschichte des protestantischen Kirchenbaues. Festschrift für Peter Poscharsky zum 60. Geburtstag, hg. von KLAUS RASCHZOK und REINER SÖRRIES, Erlangen 1994, S. 119–127.
[53] SIMPFENDÖRFER, WEINBRENNER: Prognosen für das gottesdienstliche Leben, 1965, S. 10.
[54] Diese Umdeutung war freilich nicht neu, sondern eine der möglichen Positionen des – auch auf dem Gebiet des Kirchenbaus breit geführten – Säkularisierungs-Diskurses, der sich nur schwer überblicken lässt. Beispielsweise deutete auch Friedrich Gogarten den Begriff ›Säkularisierung‹ zwar ähnlich, jedoch mit einer wohl antimodernistischen und damit ganz anderen Stoßrichtung, vgl. FRIEDRICH WILHELM GRAF: Friedrich Gogartens Deutung der Moderne, in: Zeitschrift für Kirchengeschichte 100 (1989),

entiertem Kirchbau[55] und andererseits das Ringen um die eigene Rolle in der bundesrepublikanischen Gesellschaft: Simpfendörfers Forderung einer Auflösung der Parochialstruktur und Weinbrenners Ablehnung der Selbstdarstellung und der hierarchisierenden Unterscheidung zwischen Chorraum und Kirchenschiff kritisierten die verstetigten (Raum-)vorstellungen der kirchlichen Institution fundamental und setzten dagegen die ephemere Konstellation »weltlicher Verantwortungsräume« und flexibler Gemeinderäume in einem »Baulichen Provisorium«. In diesen mit »Tischen statt Huthaken« ausgestatteten Räumen sollte die Gemeinde zur aktiven Teilnahme befähigt werden und eine Gemeinschaft unter ausdrücklicher Einbeziehung der »Randsiedler« bilden können. Das zentrale Element dieses nicht mehr liturgischen, sondern – bereits im Vortrag von Eduard Schweizer vorbereiteten – ethischen Konzepts des »gottesdienstlichen Lebens« war das Gespräch.

Dass ein derartiger Neuansatz den Kirchbau nicht nur in seiner überkommenen Form, sondern auch prinzipiell in Frage stellte, war Weinbrenner klar: »Wir [Architekten, Anm. d. Verf.] werden offensichtlich nicht mehr gefragt, ob wir

---

S. 169–230, hier: 226 ff. Zum Säkularisierungs-Diskurs siehe unter anderem: DETLEF POLLACK: Säkularisierungstheorie, Version 1.0, in: Docupedia-Zeitgeschichte, 7.3.2013, URL: http://docupedia.de/docupedia/images/0/07/Saekularisierungstheorie.pdf (zuletzt abgerufen am: 20.11.2013); HORST DREIER: Säkularisierung und Sakralität. Zum Selbstverständnis des modernen Verfassungsstaates (Fundamenta juris publici 2), Tübingen 2013; DETLEF POLLACK (Hg.): Nach dem Niedergang der Säkularisierungstheorie. Mit Kommentaren von Detelf Pollack, Thomas Großbölting, Thomas Gutmann, Marianne Heimbach-Steins, Astrid Reuter und Ulrich Willems sowie einer Replik von Peter L. Berger, Münster 2013; LUCIAN HÖLSCHER: Die Säkularisierung der Kirchen. Sprachliche Transformationsprozesse in den langen 60er Jahren, in: Soziale Strukturen und Semantiken des Religiösen im Wandel. Transformationen in der Bundesrepublik Deutschland 1949–1989, hg. von WILHELM DAMBERG, Essen 2011, S. 203–214; DETLEF POLLACK: Säkularisierung – ein moderner Mythos?, Tübingen 2003; MARTIN GRESCHAT: »Rechristianisierung« und »Säkularisierung«. Anmerkungen zu einem europäischen konfessionellen Interpretationsmodell, in: Christentum und politische Verantwortung. Kirchen im Nachkriegsdeutschland (Konfession und Gesellschaft 2), hg. von JOCHEN-CHRISTOPH KAISER und ANSELM DOERING-MANTEUFFEL, Stuttgart, Berlin / Köln 1990, S. 1–24; KURT NOWAK: Zur protestantischen Säkularismus-Debatte um 1930. Ein begriffsgeschichtlicher Rückblick in die Prägephase einer Verdammungskategorie, in: Pastoraltheologie. Monatsschrift für Wissenschaft und Praxis in Kirche und Gesellschaft 69 (1980), S. 37–51; WOLFGANG LÜCK: Das Ende der Nachkriegszeit. Eine Unters. z. Funktion d. Begriffs d. Säkularisierung in d. »Kirchentheorie Westdeutschlands 1945–1965, Bern 1976; HANS BLUMENBERG: Säkularisierung und Selbstbehauptung, Frankfurt am Main 1974; TRUTZ RENDTORFF: Zur Säkularisierungsproblematik. Über die Weiterentwicklung der Kirchensoziologie zur Religionssoziologie, in: Internationales Jahrbuch für Religionssoziologie 2 (1966), S. 51–70; HERMANN LÜBBE: Säkularisierung, Freiburg im Breisgau / München 1965.

[55] Diese Grundspannung des Kirchbaus im 20. Jahrhundert, deren Anfänge Weinbrenner mit den Anspielungen auf Sulze, Elsässer und Stammler andeutete, hatte sich spätestens seit den 50er Jahren deutlich zugespitzt. Vgl. SÖHNGEN: Der Weg des Kirchbautages von Hannover 1946 bis Erfurt 1954, 1957, S. 33 ff.; siehe auch: SCHWEBEL: Reformen und Regulative, 2009.

noch Kirchen bauen *können* [...], sondern ob wir noch Kirchen bauen *sollen*.«[56] Welche Konsequenzen also für den Kirchbau gezogen werden sollten und wie eine Orientierung an »Mensch« und »Welt« konkret umzusetzen sei, legte Weinbrenner im zweiten Teil seines Vortrags dar. Unter Bezugnahme auf seinen Vorredner und den Architekten Frei Otto[57] sprach er sich für das »Provisorium« aus, einen flexiblen Raum, der sich an variablen Planungskonzepten zu orientieren habe. Dabei übernahm er die benannten Verantwortungsräume Region, Raumschaft und Nächstenschaft:

Für die Region sah Weinbrenner zwei Gebäudetypen vor: Die Tagungsstätte und die »Kathedrale«. Dass Tagungsstätten notwendig seien und deren Bau »sauberste Profanität«[58] erfordere, war für Weinbrenner durch das bisher Gesagte und den Kontext der Veranstaltung evident. Ihn beschäftigten vielmehr Fragen der Umsetzung, vor allem, ob solche Häuser trotz ihrer Profanität auch »einen Kapellenraum oder dergl.«[59] haben sollten. Diesen Punkt hielt Weinbrenner ebenso offen wie seine weiteren Anregungen, beispielsweise inwiefern ein solcher Bau auch als Freizeitheim zu planen sei, um den unter Zeitmangel leidenden Führungskräften Erholungsmöglichkeiten und den – wegen weitgehender Arbeitszeitverkürzung unter »trostloser Langweile« leidenden – Normalbürgern Angebote zur körperlichen Betätigung zu bieten, oder ob auch Großstadttagungsstätten oder Meditationszentren denkbar wären. »Hier scheint es also vor allem um die klare Programmstellung zu gehen – bauen können wir das dann schon!«[60] Die »Kathedrale« setzte Weinbrenner wohl bewusst in Anführungszeichen, er definierte sie als Großraum für kirchliche Veranstaltungen. In ihnen sah er »keinerlei Bauaufgabe der Zukunft«, die bestehenden Großkirchen seien – unter Berücksichtigung der Denkmalpflege – an eine flexiblere Nutzung anzupassen, Neubauten seien undiskutabel, hier könnten gegebenenfalls für kirchliche Großveranstaltungen Sporthallen verwendet werden.

Auf dem Gebiet der Raumschaft sei nach Weinbrenner vor allem die schlechte Prognostizierbarkeit gesellschaftlicher Entwicklungen zu bedenken, er ging hier von einer hohen gesellschaftlichen Mobilität aus. Die kirchliche

---

[56] SIMPFENDÖRFER, WEINBRENNER: Prognosen für das gottesdienstliche Leben, 1965, S. 10, Hervorhebungen im Original.

[57] Frei Otto, der für seine zeltartigen Dachkonstruktionen, beispielsweise im Münchner Olympiastadion, bekannt ist, spricht sich auch heute für eine flexible, veränderbare Architektur und eine menschliche, nachhaltige, demokratische und ökologische Baukunst aus, vgl. FREI OTTO und CHRISTINA OSSOWSKI: Geplante Poesie. Ausgewählte Arbeiten von Frei Otto und seinen Teams 1955–2000. Ausstellung der Stadt Leonberg im Leonberger Galerieverein vom 11. November 2001 bis 6. Januar 2002, Leonberg 2001, S. 5–13.

[58] SIMPFENDÖRFER, WEINBRENNER: Prognosen für das gottesdienstliche Leben, 1965, S. 12.

[59] Hier spielte er wohl auf den Bau der Bad Boller Kapelle an, siehe unten, S. 289.

[60] SIMPFENDÖRFER, WEINBRENNER: Prognosen für das gottesdienstliche Leben, 1965, S. 13.

Planung habe darum »eine enge Fühlungsnahme zur Landesplanung« aufzunehmen und möglichst beweglich zu sein. Weinbrenner schlug darum »geistliche Versorgungszentren« als Stützpunkt einer flexiblen kirchlichen Förderung der Raumschaft vor: »Wenn der Gedanke der Aufgabe der Parochie Raum gewinnen sollte, wäre die Raumschaft die Stelle des »freien Angebots«, um die sich die kirchlichen Mitarbeiter sammeln, dort zugerüstet und für ihre speziellen Aufgaben ausgesandt werden.« Baulich sei dies einzulösen durch »grössere Gemeindezentren in Kombination mit kleineren Tagungsstätten«. Auch hier sollten möglichst die bestehenden Kirchenräume angepasst werden. In einem Exkurs ging er auf Musikkirchen und insbesondere auf Orgeln ein, die er als unwirtschaftlich kritisierte. Sollte trotz allem ein Neubau nötig werden, sei folgendes zu beachten: Der Raum solle möglichst vielseitig verwendbar sein, nicht nur für sonntägliche Gottesdienste, bei denen eine Vielzahl neuer Gottesdienstformen möglich sein sollte, sondern – durch lose Bestuhlung und bewegliche Prinzipalien – multifunktional für alle Bedürfnisse der Gemeinde, auch vorausschauend für zukünftige Aktionsgruppen. Dies erfordere einen mehrfach gerichteten Raum festlichen Charakters, der auf jeden »billigen Effekt einschließlich der theatralischen Lichtführungen«, aber nicht auf architektonische Qualität verzichten sollte. Weinbrenner zitierte in diesem Zusammenhang das gerade erschienene Pamphlet Siegfried Bachmanns »Zehn Thesen gegen unsere Sakralbauten«, das sakralen Baustil als »pathologisch« geißelte.[61] Für die Realisierung sah Weinbrenner vor allem zwei Schwierigkeiten: Einerseits machte er sich keine Illusionen darüber, dass es schwierig sein würde, eine Gemeinde zu finden, die den Mut aufbrächte ein derart radikales Konzept umzusetzen. Andererseits sei noch kein wirkliches Programm mit eindeutigen Forderungen oder ein Modellfall auf der Ebene der Raumschaft ausgearbeitet.[62]

Auf der Ebene der Nächstenschaft trieb Weinbrenner das Konzept schließlich auf die Spitze. In dieser kleinsten Einheit der von Simpfendörfer charakterisierten Verantwortungsräume rechnete Weinbrenner mit einer erheblichen gesellschaftlichen Fluktuation, darum benannte er als bauliche Möglichkeiten lediglich eine Reihe unterschiedlicher provisorischer Lösungen: Montage-Gemeindehäuser, gemietete Räume in Wohnblöcken als zeitlich begrenztes oder auch unbegrenztes Provisorium, Großraumgebäude mit vollständiger innerer Mobilität und Nutzung sowohl als Gemeinde- als auch als Geschäftszentrum, eine Gruppe mobiler Räume um einen fest gebauten Kern aus Wirtschaftsräumen oder einem Mehrzweckraum – der in Anführungszeichen gesetzte »Kirchenraum« zählte dabei zu den optionalen Zusatzräumen! – oder schließlich der vollständige Verzicht auf herkömmliche kirchliche Räume zugunsten eines »Sozi-

---

[61] Vgl. SIEGFRIED BACHMANN: Zehn Thesen gegen unsere Sakralbauten, in: Für Arbeit und Besinnung 19.3 (1965), S. 59–60.

[62] Der unten beschriebene »Festsaal« ist wohl als Modellprojekt einer Akademie zu verstehen, also der übergeordneten Einheit der Region.

alzentrums«. In diesem Kontext wies Weinbrenner auch auf den Stellenwert von Hausgemeinschaften hin und entfaltete unter Verweis auf Stefan Hirzel[63] die Vision einer massenmedialen Gemeinde, also eines virtuellen Gottesdienstraums einer *ecclesia invisibilis*: »Das Fernsehen habe seine eigene kirchliche Liturgie noch nicht entwickelt, aber wenn dies erst einmal der Fall sei, werde sich eine wachsende, doch unsichtbare, ja imaginäre – besser gesagt: latente Gemeinde bilden, die die Predigtkirche evtl. ausschalte.«

Ein derart zu Ende gedachtes Konzept wäre tatsächlich das Ende des Kirchbaus: »Wenn wir die echte Profanität der Gemeine wollen, wird dies zum Abschluss einer Epoche des Kirchbaus führen, zum Ende dessen, was wir unter gebauten Kirchen überhaupt verstehen.« Zugleich antizipierte Weinbrenner bereits die Kritik an diesem Konzept und räumte zum Schluss seines Vortrags ein, dass das Verlangen der Gläubigen nach einem Andachtsraum, das wohl angesichts einer derartigen Entwicklung bald aufkommen werde, nicht ignoriert werden dürfte.[64]

Entsprechend dem allgemeinen Tagungskonzept der Evangelischen Akademie waren nicht nur Theologen und Architekten, sondern Repräsentanten aller involvierten Gruppen nach Bad Boll eingeladen: Den Schluss-Vortrag »Kirchliches Bauen zwischen Evangelium und öffentlichen Erwartungen« hielt Pfarrer Karl Philippi aus Sindelfingen.[65] Werner Simpfendörfer hatte in der Kirchengemeinde der rapide wachsenden Industriestadt ein Pilotprojekt einer neuen Gemeindestruktur durchgeführt, bei dem in enger Zusammenarbeit mit den lokalen Betrieben, Institutionen und Behörden neue Dienstgruppen und Arbeitskreise zusätzlich zu den traditionellen Gemeindegremien aufgebaut wurden. Diese engagierten sich stark in ihrem kommunalen Umfeld und fanden darüber auch zu einem neuen Gottesdienstverständnis: »Neben die Versammlung der gläubigen Gemeinde in der Kirche um Wort und Sakrament tritt gleichrangig die Verantwortung der Glaubenden in ihrem Alltag, sei es in der Familie, der Nachbarschaft oder im Beruf: Der Gottesdienst im Alltag der Welt (Römerbrief 12,2).«[66] Erst kürzlich war unter der Beteiligung Philippis ein Gemeindezentrum in Sindelfingen errichtet worden.[67] Seine Erfahrungen aus dieser Arbeit brachte der Pfarrer nun in die Tagung ein: Der bisherige protestantische Kirchenbau sei bestimmt gewesen durch mittelalterliche, katholische und alttestamentliche Vorstellungen. Stattdessen habe sich ein heutiger Kirchenbau an Gemeinde, Öf-

---

[63] Vgl. STEPHAN HIRZEL: Kirchenbau in der Stadt von morgen, in: Kunst und Kirche 20 (1957), S. 110–115, hier: 115.
[64] Siehe unten, S. 291 f.
[65] KARL PHILIPPI: Kirchliches Bauen zwischen Evangelium und öffentlichen Erwartungen, Archiv der Evangelischen Akademie Bad Boll: Materialdienst 1965/4.
[66] DEJUNG, KLATT: Werner Simpfendörfer, 2010, S. 52.
[67] KARL PHILIPPI und ERNST-WOLFGANG MOREL: Stätte der Sammlung und Sendung. Das evangelische Gemeindezentrum Johanneskirche Sindelfingen, Sindelfingen 1963.

fentlichkeit und Evangelium zu orientieren. Unter Bezugnahme auf Luthers Rede zur Einweihung der Torgauer Schlosskirche 1544[68] warnte er vor der Versuchung, Kirchen als Ort einer besonderen göttlichen Präsenz misszuverstehen. Auch im Neuen Testament gebe es keine konkreten Aussagen zur Gestaltung des Gottesdienstraumes, da die Gemeinde nicht dort, sondern im gemeinsamen Leben und Dienst ihre Gestalt gewinnen solle. Diese Gemeinschaft habe jedoch in der modernen, pluralistischen Gesellschaft keine kirchliche Entsprechung, die sonntägliche Gemeinde zerfalle in die werktägliche Diaspora. Dem solle durch den Bau von Gemeindezentren entgegengewirkt werden. Um die öffentlichen Erwartungen an ein derartiges Projekt zu erheben, hatte der Pfarrer – entsprechend dem Konzept seiner Gemeindearbeit und wahrscheinlich im Vorfeld seines Bauprojektes – eine Umfrage unter politischen, wirtschaftlichen, gesellschaftlichen und kirchlichen Leitungsträgern aus dem Umfeld seiner Gemeinde durchgeführt. Das Ergebnis dieser Umfrage fiel für die Tagungsteilnehmer wohl etwas ernüchternd aus, denn die Befragten waren in ihren Erwartungen deutlich geprägt von den überkommenen Vorstellungen: Man wünschte sich ein klassisches, ins Stadtbild passendes »Gotteshaus mit Turm, Uhr und Geläute«, einer »würdigen« und modernen Gestaltung mit dem »gewissen Etwas«, jedoch der Vermeidung alles »Modischen«. Dieses Ergebnis machte – so wie auch schon die Andeutungen Weinbrenners im vorhergegangenen Vortrag – die »ambivalente Haltung jener Jahre zum Kirchbau«[69] nochmals deutlich, die Spannung zwischen den Ansprüchen der Gemeinden und den Intentionen der Planer sollte eines der größten Probleme der Gemeindezentren bleiben. In seinem Resümee warb Philippi dafür, derartige Bedürfnisse zu respektieren, jedoch nicht unreflektiert zu perpetuieren. Konkret sprach er sich darum beispielsweise dafür aus, den Gottesdienst nicht in einem Multifunktionsraum zu feiern, sondern aus Rücksicht auf die Gemeinde einen würdigen, aber nicht »sakralen« Gottesdienstraum als Hauptraum eines Gemeindezentrums zu entwerfen. Diese Zentren sollten als gesellschaftlicher Mittelpunkt der gesamten Siedlung auch für nichtkirchliche Veranstaltungen geöffnet sein: »Eigentlich sollte es mit unseren Gemeindehäusern ähnlich sein wie mit der Akademie. Hier in Bad Boll gehen weniger Menschen in die Kapelle zu den Andachten und Gottesdiensten, als zu den Tagungen. So sollte es für die Menschen einer Stadt an und für sich leichter sein, den Dienst der Kirche, der in einem Gemeindehaus geschieht, in Anspruch zu nehmen, als an ihren Gottesdiensten teilzunehmen. Dieses ›Haus der Begegnung‹, dieses ›Sozial-Zentrum‹ der Gemeinde kann eine wichtige missionarische Funktion erfüllen, wenn der Dienst, der darin geschieht, entsprechend gestaltet ist.«[70]

---

[68] WA 49, 590/91
[69] WITTMANN-ENGLERT: Zelt, Schiff und Wohnung, 2006, S. 124.
[70] PHILIPPI: Kirchliches Bauen zwischen Evangelium und öffentlichen Erwartungen, 1965, S. 13.

Die Evangelischen Akademien waren eingangs beschrieben worden als Stätten der Begegnung, an denen der gemeinschaftsfördernde Dialog der gesellschaftlichen Gruppen und dadurch eine protestantische Mitgestaltung des öffentlichen Lebens gefördert werden sollte. Allerdings standen die Akademien, ähnlich wie beispielsweise auch der Deutsche Evangelische Kirchentag,[71] vor dem Problem, dass die punktuellen Tagungen nur eine begrenzte Reichweite hatten, da sie nicht mit den übrigen Strukturen kompatibel waren: Diese neuen Formen des protestantischen Lebens setzten andere Raumvorstellungen als die überkommene kirchliche Parochialstruktur voraus, der Kirchentag das übergreifende Forum engagierter Laien, die Akademie den »Dritten Ort«. Derartig konstruierte, heterotope Räume lösten sich mit dem Ende der Veranstaltung wieder auf und konnten zwar vielleicht zyklisch wiederholt, jedoch nicht perpetuiert werden. Es war den Akademien also ein großes Anliegen, im – auf der Tagung so häufig bemühten – »Alltag der Welt« selbst stärker Fuß zu fassen. Zugleich kritisierte die mit den Akademien eng verbundene Kirchenreformbewegung, zu deren Protagonisten auch Werner Simpfendörfer gehörte, die überkommenen kirchlichen Strukturen und Institutionen, sie forderte eine größere Mitverantwortung und Mitwirkung der Gemeinden in Öffentlichkeit, Staat und Gesellschaft. Diese Strömungen hatten auf der Bad Boller Tagung zu einem neuen kirchlichen Raum- und Baukonzept gefunden. So überrascht es kaum, dass Weinbrenner in seinem Vortrag den klassischen Kirchbau radikal in Frage stellte und stattdessen den Bau weiterer Tagungsstätten forderte und dass Philippi resümierte: »Eigentlich sollte es mit unseren Gemeindehäusern ähnlich sein wie mit der Akademie.«[72] Denn was hier gebaut werden sollte, war im Grunde ein »Dritter Ort« vor Ort. In den von Simpfendörfer benannten Einheiten der Region, Raumschaft und Nächstenschaft sollte Akademie-Arbeit in kleinerem Format betrieben werden, und dazu bedurfte es der »Tische statt Huthaken«. Das von Simpfendörfer vorgelegte Modell war der Versuch, das Konzept der Evangelischen Akademie auszuweiten, die dort praktizierte Kultur des Gesprächs in bauliche Strukturen zu überführen und die Dauerreflexion zu institutionalisieren.[73]

Der »Festsaal« der Evangelischen Akademie Bad Boll

Vorausgegangen war der Tagung die Planung des »Festsaals« vor Ort in Bad Boll, an der sowohl Werner Simpfendörfer als auch Eberhard Weinbrenner stark beteiligt waren. Für den geplanten Erweiterungsbau der Akademie, der durch die

---

71 Zum Selbst- und Gesellschaftsverständnis des Deutschen Evangelischen Kirchentags siehe auch den Beitrag von Teresa Schall in diesem Band.
72 Siehe oben, S. 282.
73 Siehe HELMUT SCHELSKY: Ist Dauerreflexion institutionalisierbar? Zum Thema einer mo-

rapide angestiegene Zahl der Tagungen notwendig geworden war, hatte man ursprünglich auch einen Sakralraum vorgesehen, der die alte Akademiekapelle ersetzen sollte. Doch das Projekt geriet bereits im Winter 1963/64 erheblich ins Stocken, als unter den Mitarbeitern eine Kontroverse um die grundsätzliche Notwendigkeit eines sakralen Raumes entbrannte. Die Angelegenheit wuchs sich schließlich zu einem »Richtungsstreit über den Kurs der Akademiearbeit schlechthin«[74] aus, in dem bereits viele der später auf der Tagung geäußerten Argumentationen exemplarisch verhandelt wurden.

Die Protagonisten der beiden entgegengesetzten Auffassungen waren einerseits der stellvertretende Direktor Dr. Wolfgang Böhme[75] und andererseits Studienleiter Werner Simpfendörfer, offenkundig brachen diese Konfliktlinien zeitgleich auch andernorts in der Akademie auf.[76] Die Gruppe um Böhme unterstrich die Notwendigkeit eines gesonderten und angemessenen Raumes für das gottesdienstliche Geschehen, Böhme selbst waren geistliche Angebote an Akademien ein besonderes Anliegen.[77] Die Gegenseite problematisierte dagegen die Vorstellung von räumlich gebundener Sakralität und forderte stattdessen einen ›neutralen‹ Raum oder einen vollständigen Verzicht auf einen Kapellen-Neubau.[78] Begründet wurde diese Kritik mit dem Hinweis auf das Evangelium, in dem die als alttestamentlich bezeichnete Dichotomie sakral-profan aufgeho-

---

dernen Religionssoziologie, in: Zeitschrift für evangelische Ethik 1 (1957), S. 153–174; JÄHNICHEN: Kirchentage und Akademien, 2002.

[74] ROTHERMUNDT: Die obsolete Akademiekapelle, 2010, S. 276.

[75] Wolfgang Böhme, der nach dem Zweiten Weltkrieg zunächst als Studentenpfarrer an der Universität Frankfurt und nebenberuflich an der Evangelischen Akademie Arnoldshain arbeitete, war von 1959 bis 1967 Studienleiter in Bad Boll, bevor er 1967 Direktor der Evangelischen Akademie Bad Herrenalb wurde. Er war unter anderem zwischen 1955 und 1969 Herausgeber der Zeitschrift Zeitwende / Neue Furche. Siehe WOLFGANG BÖHME (Hg.): Dem Himmel treu. Plädoyer für das Ewige in der Zeit, Hamburg 1989.

[76] Als im Dezember 1963 der bereits erwähnte Hans Stroh nach Freudenstadt wechselte und die Position des stellvertretenden Direktors darum an Böhme übertragen werden sollte, akzeptierte ein Teil des Leitungskreises diese Entscheidung nur unter der Voraussetzung, dass zum Ausgleich Aufgabenbereich und Einfluss Simpfendörfers stark ausgeweitet werden sollten, vgl. EBERHARD MÜLLER: Aktennotiz über die Besprechungen des Leitungskreises zur Frage der Nachfolge von Pfarrer Hans Stroh, Bad Boll 10.12.1963, Archiv der Evangelischen Akademie Bad Boll.

[77] Beispielsweise holte Böhme im Oktober 1964, also während der Planungsphase des Festsaals, drei Brüder der Bruderschaft von Taizé nach Bad Boll, die dort bis Weihnachten wirkten und auch das Akademieleben mitgestalteten. Böhmes »Vision«, Akademiearbeit und die Arbeit von Taizé miteinander an einem Ort zu verbinden und neben Bad Boll von Taizé aus ein Zentrum der Stille und des Gebetes zu schaffen, ließ sich allerdings nicht verwirklichen,« wohl auch, da sie den Vorstellungen der Gruppe um Simpfendörfer diametral entgegenstand. Vgl. WOLFGANG BÖHME: Weltzugewandtheit und Spiritualität. Aus den Gründerjahren der Evangelischen Akademien, in: DERS.: Dem Himmel treu. Plädoyer für das Ewige in der Zeit, Hamburg 1989, S. 69–78, hier: 76 f.

[78] HEINZ CRÖNERT: Zur Frage eines etwaigen Kapellen-Neubaues der Akademie, Bad Boll 26.11.1963, Archiv der Evangelischen Akademie Bad Boll: Bauakten, Faszikel 23.

ben und die Gemeinde selbst an die Stelle des sakralen Raums getreten sei, schon die Geburt Jesu sei schließlich an unangemessener Stätte vonstatten gegangen. Außerdem würde ein solcher Sakralraum für die unkirchlichen Tagungsgäste befremdlich wirken, was der Grundintention der Akademiearbeit widerspräche: »In einer kirchlichen Kapelle verlieren die Arbeiter ihre Freiheit der Bewegung und Aufnahmefähigkeit«.[79]

Zur Klärung des Konfliktes trat im Januar 1964 ein ›Kapellen-Ausschuss‹ zusammen, der sich aus Vertretern beider Positionen zusammensetzte und in dem bereits Mitarbeiter des Architektenbüros Weinbrenner vertreten waren.[80] In der ersten Sitzung versuchte man sich in mehreren Diskussionsrunden zunächst in den grundsätzlichen Fragen einig zu werden. Dabei sprach sich trotz des Widerspruchs Einzelner schließlich der Großteil der Anwesenden für einen flexibel nutzbaren Mehrzweckraum und ausdrücklich gegen einen Kultraum aus, um jeden Bruch zwischen Welt und Andacht zu vermeiden: »Die Normalsituation darf nicht vor der gottesdienstlichen Ausnahmesituation verschwinden«[81]. Vielmehr habe der Raum laut Simpfendörfer ein »Entsprechungsraum« zum Vortrags- und Tagungsraum zu sein, allerdings mit »festlicherem« Charakter. Die nahtlose Verbundenheit mit der Umwelt sollte auch durch eine Glaswand zum Ausdruck gebracht werden, »so daß der zur Kirche Hinausgehende den Alltag als Aufgabe vor sich sieht.«[82] Gebrochen werden sollte außerdem mit dem »altlutherischen Lehrgegenüber« von Pfarrer und Gemeinde, mit Rücksicht auf die Tagungsteilnehmer, die Hauptadressaten des Raumes sein sollten. Mitarbeiter der Akademie sollten ohnehin die Gottesdienste der Bad Boller Dorfkirche besuchen, es läge nicht im Interesse der Akademie sich von der dortigen Gemeinde abzuspalten. Die Teilnehmer hingegen sollten nicht in den örtlichen Gottesdienst eingeübt werden, »sondern umgekehrt soll der parochiale Gottesdienst von hier Anregungen und Mut zur Vielgestaltigkeit erhalten.« Den Forderungen der Gruppe um Böhme nach einem Raum für Meditation, Andacht und vor allem Beichtgespräche[83] sollte durch eine besondere Ausgestaltung der Sakristei entsprochen werden. Abschließend regten die Architekten an, den Bau nicht als »Kapelle« zu bezeichnen, da er sich von der – in den Vorgesprächen noch gewünschten – typischen Form zu stark unterscheide.

---

[79] HARTENSTEIN: Protokoll der 1. Sitzung des Kapellen-Ausschusses, Bad Boll 23.01.1964, Archiv der Evangelischen Akademie Bad Boll: Bauakten, Faszikel 23.
[80] Ebd.
[81] HARTENSTEIN: Protokoll der 1. Sitzung des Kapellen-Ausschusses 23.01.1964, S. 2.
[82] Ebd. Hans-Joachim Thilo, der bei der Sitzung mit anwesend war, war zuvor als Pfarrer in der Berliner Gemeinde Lietzensee tätig gewesen, wo 1957–59 nach dem Entwurf von Paul Baumgarten eine Kirche mit vollverglaster Altarwand errichtet wurde, vgl. WITTMANN-ENGLERT: Zelt, Schiff und Wohnung, 2006, S. 119.
[83] Schon an der Evangelischen Akademie Arnoldshain hatte sich Böhme sehr für eine Wiederbelebung der Einzelbeichte engagiert, vgl. BÖHME: Weltzugewandtheit und Spiritualität, 1989, S. 71 f.

In der zweiten Sitzung stellte sich der Ausschuss der entscheidenden Frage »Wo ist die Grenze der Flexibilität?«[84] Die Architekten erhofften sich eingangs eine einfache Klärung der Frage, ob nun ein Profanbau oder ein Gottesdienstraum geplant werden solle und welche Veranstaltungen dort stattfinden sollten. Doch hierzu waren die Positionen einerseits von Werner Simpfendörfer und Vikar Hartenstein, die sich »eine gute Stube« wünschten, und andererseits von Heinz Crönert und Hans-Joachim Thilo, für die im Bau die »repräsentatio Christi« symbolisiert werden sollte, völlig disparat. Besonders umstritten war die Frage, ob in dem Raum ein Kreuz anzubringen sei. Die Partei um Thilo wünschte sich ein Kreuz, das »provozierend im Raum steht« und die Konfrontation »zwischen unserer Wirklichkeit und Gottes Wirklichkeit« leisten solle, wohingegen die Gegenseite für einen symbolfreien Raum, einen Kreis als Symbol der »Gemeinschaft der Christen« oder transportable und variable Symbole optierte. Als Thilo forderte: »Der Raum muß aber auf jeden Fall geschützt werden vor dem Abrutschen in einen Empfangssaal«, entgegnete Simpfendörfer: »Sicherlich. Aber das Kreuz ist ein zu religiös belastetes Symbol, so daß echte Experimente in einem so gekennzeichneten Raum erschwert oder unmöglich werden.«[85] Schließlich beauftragte man die Architekten damit, einen nicht gerichteten Raum zu entwerfen, in dem das Kreuz »mit drin« sei, ohne diese Formulierung genauer zu bestimmen. Auch für die übrigen kirchlichen Ausstattungsstücke wurden ähnliche Kompromisse oder Umschreibungen gefunden, die vom Bad Boller Freundeskreis gestiftete Orgel der alten Kapelle sollte nicht sichtbar in einer Nische aufgestellt werden, der Abendmahlstisch sollte transportabel und für die Feier von Agapemalen geeignet sein. Schließlich wünschte sich Simpfendörfer von den Architekten – wohl als Gegenstück zu der in der ersten Sitzung beschlossenen Sakristei als Meditationsraum – vor dem nun als »Festraum« bezeichneten Saal ein Foyer für Predigtdiskussionen und Zigarettenpausen, mit Getränkeautomat und ausliegenden Tageszeitungen.

Damit war die Arbeit des Ausschusses abgeschlossen, Simpfendörfer legte dem Bad Boller Leitungskreis seinen Abschlussbericht vor.[86] Dort wurde festgehalten, dass der Raum dem »gottesdienstlichen Leben im Rahmen der Tagungsarbeit der Akademie« zu dienen habe, dass er »füralle [sic!] denkbaren gottesdienstlichen Formen Spielraum bieten« solle und als »Entsprechungsraum« zu den Vortragssälen für festliche Anlässe zu definieren sei. Zusammenfassend: »Ein nicht gerichteter Raum festlichen Charakters, in dem das Kreuz steht.« In der Frage des Kreuzes sei keine Einmütigkeit hergestellt worden, zwei Mitglieder hätten sich kategorisch gegen ein solches ausgesprochen, die übrigen seien

---

[84] HARTENSTEIN: Protokoll der 2. Sitzung des Kapellen-Ausschusses, Bad Boll 30.01.1964, Archiv der Evangelischen Akademie Bad Boll: Bauakten, Faszikel 23.
[85] Ebd.
[86] WERNER SIMPFENDÖRFER: Bericht der Kapellen-Kommission, Bad Boll 10.02.1964, Archiv der Evangelischen Akademie Bad Boll: Bauakten, Faszikel 23.

darüber überein gekommen, dass das Kreuz »im Raum sein« solle, jedoch ohne ihm eine Richtung zu geben.

Der Abschlussbericht sollte nun mit dem Stuttgarter Oberkirchenrat Ströbel besprochen werden. Am Vorabend dieser Besprechung fand jedoch auf Initiative von Crönert und in Anwesenheit von Böhme eine Besprechung mit den Mitarbeiterinnen und Mitarbeitern des Hauses – die ursprünglich von der Planung ausgeschlossen waren – statt, deren Protokoll noch am selben Abend dem Oberkirchenrat per Eilbote zugespielt wurde.[87] Dieses sollte laut Präskript den Bericht der Kapellen-Kommission ergänzen, »um dabei nicht allein von diesem abhängig zu sein«. Der Kreis der Mitarbeiterinnen und Mitarbeiter wurde zunächst nach seinen Erwartungen an das Geistliche Leben im Haus befragt und anschließend mit dem Abschlussbericht konfrontiert. Laut Protokoll konnte in der unvorbereiteten Gruppe zunächst keine einheilige Meinung gefunden werden, schließlich hielt man jedoch fest, dass die Bezeichnung »Fest-Raum« irreführend sei, man sich einen »gottesdienstlichen Raum, der gerichtet ist und der Sammlung dient« wünsche und in der Planung neben der Akademiearbeit auch die »Ansprüche und Erwartungen der Mitarbeiterschaft« zu berücksichtigen seien. Der Raum solle auf einen Altar und ein großes Kreuz ausgerichtet sein. Augenscheinlich konnten sich diese Forderungen nicht durchsetzen und wurden auch in den folgenden Unterlagen nicht weiter erwähnt, sie zeigen jedoch exemplarisch die Widerstände traditionell geprägter Gemeinden gegen ein solches Baukonzept, besonders wenn sie übergangen werden. Böhme versuchte im Oktober noch einmal Einfluss auf das Projekt zu nehmen, indem er den Architekten einen Aufsatz eines Dr. Flückiger[88] zuschickte, dem jedoch Eberhard Müller in einem weiteren Schreiben an die Architekten widersprach, man wünsche keine klassische Kirche: »Ich bin mir klar darüber, dass die Aufgabe, die wir hier stellen, sehr schwierig ist, weil ein Mehrzweckraum ja immer leicht unbefriedigend wirkt. Aber das ist nun einmal die Lage, daß wir selbst noch nicht genau wissen, welche Formen von Gottesdienst wir in dieser Kirche machen wollen.«[89]

---

[87] SCHMIDT-HACKENBERG: Protokoll über eine Mitarbeiter-Beratung über den »Bericht der Kapellenkommission«, Bad Boll 25.02.1964, Archiv der Evangelischen Akademie Bad Boll: Bauakten, Faszikel 23. Siehe auch ROTHERMUNDT: Die obsolete Akademiekapelle, 2010, S. 276.

[88] Vermutlich handelte es sich um FELIX FLÜCKIGER: Moderner Kirchenbau und Gottesdienst, in: Reformierte Schweiz 21 (1964), S. 175–183. Flückiger begründete dort – der klassischen Argumentation der »Liturgie als Bauherrin« folgend – die Sakralität eines Kirchenraums mit der Sakralität des darin stattfindenden Geschehens der Selbstkundgabe Gottes an die Menschen, auf dieses solle die ungeteilte Aufmerksamkeit des »Predigtbesuchers« gelenkt werden. Mit theologischen, traditionellen und pragmatischen Begründungen sprach er sich für den gerichteten Zentralraum aus. Das Gemeindezentrum ohne deutlich erkennbaren Sakralraum lehnte er hingegen entschieden ab, denn: »Nicht das ›Gespräch‹ ist die eigentliche Aufgabe der Kirche, sondern die Verkündigung des Evangeliums.« (A.a.O., S. 180).

[89] EBERHARD MÜLLER: An Hellmut Kuby, Bad Boll 12.10.1964, Archiv der Evangelischen Akademie Bad Boll: Bauakten, Faszikel 23.

Im Dezember 1964 war der Entwurf für den Bau fertiggestellt: Die Architekten Kuby und Weinbrenner hatten einen kompakten, eingeschossigen Baukörper aus Sichtbeton entworfen. Die vier Arme des kreuzförmigen Grundrisses waren unterschiedlich breit und tief, so dass »das Kreuz mit drin«, der Raum jedoch zugleich ungerichtet war. Die Spannung zwischen der strukturierenden kassetierten Betondecke und dem unregelmäßigen Grundriss erzeugte ein dynamisches Raumempfinden.[90] Der Raum war multifunktional nutzbar, zwei der Arme waren erhöht und konnten so als Bühne genutzt werden. Von einem Kreuz oder anderen Symbolen war keine Rede. Wie gewünscht war eine Wand voll verglast, die Orgel konnte in einer Nische an einem Kreuzarm untergebracht werden, dahinter befand sich die Sakristei, ein rechtwinkliger, stimmungsvoll beleuchteter Raum. Der Bau war über einen breiten, foyerartigen Durchgang mit dem Hauptgebäude verbunden. Der Leitungskreis der Akademie nahm den Entwurf »geradezu mit Begeisterung«[91] an.

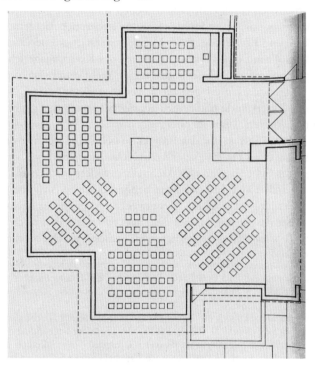

Abb. 1: Grundriss des Festsaals und Möblierungsplan für eine Form der gottesdienstlichen Nutzung. Quelle: Archiv der Evangelischen Akademie Bad Boll, Bauakten, Faszikel 23.

---

[90] Vgl. WITTMANN-ENGLERT: Zelt, Schiff und Wohnung, 2006, S. 123.
[91] EBERHARD MÜLLER: An die Herren Architekten Weinbrenner und Kuby, Bad Boll 23.12.1964, Archiv der Evangelischen Akademie Bad Boll: Bauakten, Faszikel 23.

Zwei Monate später fand in Bad Boll die oben beschriebene Tagung »Gottesdienst und Gottesdienstraum« statt. Ganz offensichtlich waren die gemeinsamen Erfahrungen des Projekts in den Doppelvortrag von Simpfendörfer und Weinbrenner und deren Vorstellungen eines »Baulichen Provisoriums« eingeflossen. Dieser ursprünglich als »Kapelle« bezeichnete Bau hatte mit einer traditionellen Kirche, wie sie beispielsweise in den Grundsätzen für die Gestaltung des gottesdienstlichen Raumes der evangelischen Kirche[92] (»Rummelsberger Ratschläge«) beschrieben wurde, nichts gemein. An seine Stelle war ein multifunktionaler Raum getreten, der abgesehen von dem Grundriss ohne jede christliche Symbolik oder »sakrale« Gestaltung auskam und ohne weiteres für andere »festliche« Veranstaltungen genutzt werden konnte. Durch die große Fensterfront, durch die man das Akademiegebäude sehen konnte, und das breite Foyer war der Raum ganz mit dem »Alltag der Welt« verbunden. Hier gab es keine »Huthaken«, dafür flexible Möglichkeiten, in neuen Gottesdienstformen oder auch anderen festlichen Veranstaltungen die Gemeinde – besonders die »Randsiedler« – in das gottesdienstliche Leben mit einzubeziehen.

Auf dem Evangelischen Kirchbautag, dem wichtigsten Forum für Kirchenbau in der Bundesrepublik,[93] im Juni 1966 in Hannover wurden der Entwurf Weinbrenners gezeigt und die Ergebnisse der Bad Boller Tagung von Lothar Kallmeyer in dessen Vortrag »Neue Tendenzen im Kirchenbau« referiert:[94] Der Gedanke eines Mehrzweckraumes anstelle einer Kirche sei alt und bereits von Otto Bartning angedacht worden, liege aber gegenwärtig besonders im Trend. Zugleich seien jedoch diejenigen Versuche, die eine sakrale Atmosphäre mit freier Multifunktionalität zu verbinden suchten, unbefriedigend und als »Cafédrale« verschrien. Der Ansatz aus Bad Boll hebe sich von dieser Fehlentwicklung durch seine kompromisslose Radikalität ab, die zwar abschrecke, jedoch dadurch zu einer Neubesinnung anrege. Hier sei es geboten, zwischen dem klassischen Kirchenbau und dessen Negation durch Bad Boll mögliche Grau-Abstufungen zu finden, wobei folgende Fragen leitend sein sollten: Welche Ansätze der kirchlichen Praxis einen multifunktionalen Raum bedingen könnten, wo im möglichen Spektrum an Veranstaltungen zwischen Gottesdienst und Tanzabend die Grenze gezogen werden müsse und welche Mittel und Stilrichtungen die Architektur zur Lösung biete.

Wohl aus pragmatischen Gründen[95] hatte sich der Baubeginn in Bad Boll

---

[92] WALTHER HEYER (Hg.): Evangelische Kirchenbautagung Rummelsberg 1951, Berlin 1951, S. 159 ff.

[93] RAINER BÜRGEL und ANDREAS NOHR (Hgg.): Spuren Hinterlassen. 25 Kirchbautage seit 1946, Hamburg 2005.

[94] KALLMEYER: Neue Tendenzen im Kirchenbau, 1967.

[95] Da der Bau in den Hang gesetzt werden sollte, waren zunächst Ausschachtungsarbeiten direkt neben dem Hauptgebäude nötig, die wahrscheinlich mit dem Tagungsprogramm koordiniert werden mussten.

noch bis zum Sommer 1966 verzögert. Verschiedene neue Entwicklungen machten es jedoch notwendig, im Leitungskreis der Akademie die Angelegenheit erneut grundsätzlich zu verhandeln:[96] Kirchenferne Tagungsteilnehmer täten sich mit dem Besuch einer Kapelle nach wie vor schwer. Eberhard Müller habe sich auf der letzten EKD-Synode dafür eingesetzt, dass »Gelder, die für kirchliche Bauten vorgesehen sind, nicht besser für die Überseearbeit verwendet würden«, besonders im Blick auf den Bau der Akademie in Kyoto. Andererseits sei das Projekt auf dem Kirchbautag als exemplarischer Beitrag für zeitgemäße kirchliche Bauten gelobt worden und müsse darum als ausstrahlungsfähiges Modell realisiert werden, außerdem sei der Bau eigentlich beschlossene Sache und die Baufirma bereits beauftragt. »Ferner fragt sich, ob es günstig wäre, wenn das neue Kuratorium seine Arbeit mit der Frage des Kapellenbaus beginnt.« In der Diskussion einigte man sich schließlich darauf, den Raum nicht nur für gottesdienstliche Zwecke, sondern auch als Tagungsraum zu nutzen und ihn keinesfalls als »Kapelle« zu bezeichnen. Die Sakristei kam laut Gottfried Rothermundt nicht zur Ausführung.[97] Andererseits wird das heutige Stuhllager des Festsaals, das auch dem Entwurf entspräche, noch heute von den Akademiemitarbeitern als »Sakristei« bezeichnet, dort ist auch an einer Wand hinter den aufgestapelten Stühlen das einzige Kreuz angebracht. Der Oberkirchenrat zeigte sich über diese Entwicklung nicht sonderlich erfreut, in den folgenden Wochen wurden verschiedene neue Bezeichnungen wie »Aula« oder »Neuer Saal« vorgeschlagen, die der Oberkirchenrat jedoch ablehnte, schließlich einigte man sich auf »Festsaal«. Als solcher wurde er am 1. April 1968 im Rahmen der internationalen Tagung »Verantwortliche Weltgesellschaft« eingeweiht.[98] So hatte dieses von Weinbrenner und Simpfendörfer geforderte »bauliche Provisorium« konsequenterweise bereits vor seiner Ingebrauchnahme schon begonnen sich aufzulösen.

Der Streit um den Festsaal konnte jedoch nicht beigelegt werden und so war es denn auch nur eine Frage der Zeit, bis das Thema erneut auf der Tagesordnung des Leitungskreises stand. 1993 nahmen Mitarbeiter um den Studienleiter Gottfried Rothermundt die Planung eines erweiterten Café- und Aufenthaltsbereichs zum Anlass für ein »Plädoyer für eine Kapelle im Hause«. Darin distanzierten sich diese von der »säkularen Theologie und ihren abstrusen Vorstellungen, der christliche Glaube habe nichts mit ›Religion‹ zu tun.«[99] Stattdessen sollten die Neuerungen auf den Gebieten der Meditation, der Liturgik und der ganz-

---

[96] HÖRRMANN: Protokoll der Sitzung des Leitungskreises der Evangelischen Akademie Bad Boll, Bad Boll 08.06.1966, Archiv der Evangelischen Akademie Bad Boll: Protokolle Leitungskreis.

[97] ROTHERMUNDT: Die obsolete Akademiekapelle, 2010, S. 277 f.

[98] EVANGELISCHE AKADEMIE BAD BOLL: Programm für die Einweihung des Festsaals der Evangelischen Akademie Bad Boll am Montag, 1. April 1968, 14.30 Uhr, Archiv der Evangelischen Akademie Bad Boll: Bauakten, Faszikel 23.

[99] ROTHERMUNDT: Die obsolete Akademiekapelle, 2010, S. 282 f.

heitlichen Anthropologie in einem neuen Bau mit eindeutig sakraler Gestaltung zum Ausdruck gebracht werden. Die Gruppe konnte sich mit diesen Forderungen durchsetzen. Die Stuttgarter Architektin Nike Fiedler entwarf unmittelbar gegenüber dem alten Festsaal eine Kapelle, die durch Anleihen der klassischen Tempelarchitektur, eine klare Ausrichtung auf die Prinzipalstücke und eine besondere Lichtgestaltung ganz eindeutig einen Sakralraum und somit eine genaue Umkehrung des Konzeptes von Simpfendörfer und Weinbrenner darstellte.[100] Die Kapelle wurde 1994 eingeweiht, »zum Missvergnügen von Werner Simpfendörfer, der als Pensionär inzwischen wieder in Bad Boll wohnte«.[101]

In der Festschrift zum fünfzigjährigen Jubiläum der Akademie Bad Boll von 1995 finden sich unter dem Titel »Der Boller Kapellenstreit« ein Text von Werner Simpfendörfer und eine Replik von Wolfgang Böhme, die unvermittelt hintereinander gedruckt wurden.[102] Rückblickend sah Simpfendörfer in den Auseinandersetzungen um den Festsaal einen Streit zwischen Vertretern einer »Kirche für andere« und denen einer »Kirche für Gott«. Der heutige Mehrzweckraum sei Ausdruck eines methodischen und theologischen Kompromisses zwischen diesen Polen, »mit dem wir uns am Ende alle versöhnen konnten.« Dem hielt Böhme entgegen, dass die »Kirche für andere« für Dietrich Bonhoeffer – den angeblichen Urheber dieses Konzeptes[103] – selbst nie einen Gegensatz zu einer »Kirche für Gott« dargestellt habe. Gottesdienst und Weltverantwortung seien vielmehr untrennbar verbunden. Darum seien schon seit der Gründung der Akademien Andachten ein selbstverständlicher Bestandteil der Tagungen gewesen. Doch der Mehrzweckraum habe dafür keinen geeigneten Rahmen geboten, zum Leidwesen von MitarbeiterInnen und TeilnehmerInnen.

Damit hatte Böhme nochmals ein Grundproblem des Konzeptes angesprochen, das bereits in dem Vortrag von Karl Philippi auf der Tagung und im Verlauf der Planungen immer wieder aufgetaucht war: Die Adressaten waren in das Projekt nicht mit einbezogen worden. Die MitarbeiterInnen der Akademie hatte Simpfendörfer bewusst übergangen, sein Antipode Böhme hatte sie in der überraschenden Sitzung am Vorabend der Besprechung mit dem Oberkirchenrat für seine Argumentation instrumentalisiert. Dem Wunsch nach einem traditionellen Andachtsraum und christlicher Symbolik wurde nicht entsprochen, das Kreuz sollte im Raum lediglich »mit drin« sein und fand sich schließlich nur in abstrakter Form im Grundriss wieder. Denn man glaubte zu wissen: »In einer kirchlichen Kapelle verlieren die Arbeiter ihre Freiheit der Bewegung und Aufnahmefähigkeit.«[104] Das breite Foyer lud dagegen ein zum geselligen Gespräch über die ausliegenden Tageszeitungen. »Architektur richtet Situationen ein, sie

---
[100] WITTMANN-ENGLERT: Zelt, Schiff und Wohnung, 2006, S. 170.
[101] ROTHERMUNDT: Die obsolete Akademiekapelle, 2010, S. 283.
[102] SIMPFENDÖRFER, BÖHME: Der Boller »Kapellenstreit«, 1995.
[103] Der wohl, wie so häufig, von beiden Seiten überstrapaziert wurde.
[104] HARTENSTEIN: Protokoll der 1. Sitzung des Kapellen-Ausschusses 23.01.1964.

lenkt Materialflüsse und Kommunikationsprozesse und bestimmt darüber die Verteilung und Wahrnehmbarkeit von Körpern, Dingen und Praktiken.«[105] Der »Richtungsstreit über den Kurs der Akademiearbeit schlechthin«[106], das Verhältnis von persönlicher Andacht und gemeinschaftsförderndem Gespräch wurde hier mit architektonischen Mitteln ausgefochten, wobei beide Seiten den durchaus paternalistischen Anspruch vertraten, durch die architektonische Lenkung, Verdrängung und Beförderung von Praktiken den betreffenden Gruppen einen diakonischen Dienst zu erweisen.[107] Ob sich die so übergangenen NutzerInnen mit dem späteren Bau der neuen Akademiekapelle endlich selbst einen Raum für ihre religiösen Bedürfnisse erstritten oder hier nur ein weiteres Kapitel des – mit architektonischen Mitteln geführten – Richtungsstreits aufschlugen bleibt abzuwarten.

Kommunikation ethischer Themen durch Architektur

Das auf der Tagung »Gottesdienst und Gottesdienstraum« vorgestellte und im »Festsaal« realisierte Kirchbauprogramm war nur eine Episode in der Geschichte der Akademie Bad Boll und auch der deutschen Nachkriegsarchitektur, jedoch eine, die über sich hinausweist: Exemplarisch wurde hier das Ringen der Akteure um eine angemessene Darstellung und materielle Konkretion eines theologischen Programms deutlich. Dass sich in diesem Fall die Protagonisten dieser Aufgabe verwehrten und stattdessen das »Ende des Kirchbaus« ausriefen, kennzeichnet die Radikalität des hier vorgestellten Ansatzes, der letztlich an sich selbst und an den Beharrungskräften der übergangenen Gemeinde scheiterte. Doch es wäre verkürzt, hier nur die destruktiven Kräfte des Konzepts zu betonen. Die Forderung nach »Tischen statt Huthaken«, also die Auflösung verstetigter Konstellationen zugunsten eines flexiblen Provisoriums, der Verzicht auf jede repräsentative oder symbolische Formensprache – die nicht einmal vor dem Kreuz halt machte – und die Entgrenzung von sakralem und profanen Raum hatten letzten Endes das Ziel, neue Freiräume für eine christliche Lebensfüh-

---

[105] SUSANNE HAUSER, CHRISTA KAMLEITHNER und ROLAND MEYER: Das Wissen der Architektur, in: Architekturwissen. Grundlagentexte aus den Kulturwissenschaften, Bd. 2: Zur Logistik des sozialen Raumes (Architekturen 2), hg. von DENS., Bielefeld 2013, S. 9–13, hier: 9. Dieser ethische Grundaspekt von Architektur lässt sich auch andernorts beobachten. Verwiesen sei hier beispielsweise auf Wirken und Selbstverständnis Le Corbusiers, siehe CHRISTIAN ALBRECHT: Le Corbusier. Welterlösung nach Plan, in: Religionsstifter der Moderne. Von Karl Marx bis Johannes Paul II., hg. von ALF CHRISTOPHERSEN und FRIEDEMANN VOIGT, München 2009, S. 208–220.
[106] ROTHERMUNDT: Die obsolete Akademiekapelle, 2010, S. 276.
[107] Ganz im Gegensatz zu dem Vorgehen, das Pfarrer Philippi in seinem Tagungsbeitrag vorgestellt hatte. Dieser hatte sich für eine stärkere Berücksichtigung der Anliegen der Betroffenen ausgesprochen.

rung zu schaffen, die sich ganz uneingeschränkt in der Welt entfalten und diese vollständig durchdringen sollte: »Weltheiligung als Grundthema des gottesdienstlichen Lebens verlangt Räume, in denen Menschen miteinander jene Einübung vornehmen können, die sie befähigt, die Welt ihres alltäglichen Lebens ›dem Herrn zu heiligen‹.«[108] Eine Schlüsselfunktion sollte dabei das Gespräch übernehmen. In der Integration des – ursprünglich in der kommunalen Raumplanung entwickelten – Modells der Raumschaft in das eigene Konzept, wie auch in der prinzipiellen Aufwertung des gemeinschaftsfördernden Gesprächs, wird der Wille zur Anpassung an gewandelte gesellschaftliche Verhältnisse erkennbar, die über eine bloße Strukturangleichung hinausgeht: Hier fand eine protestantische Ethik ihren baulichen Ausdruck, die sich nicht als Gegenüber, sondern als integraler Bestandteil der Gesellschaft verstand und diese durch die Schaffung und Institutionalisierung eines »Dritten Ortes« »gesellschaftsdiakonisch« mitgestalten wollte.

---

[108] Zehnte These des Vortrags von Werner Simpfendörfer.

Individualisierung als Herausforderung
Der Protestantismus vor Fragen von Sittlichkeit, Sexualethik und Geschlecht in den fünfziger und sechziger Jahren

Sarah Jäger

1. Einleitung und Fragestellung

»Kaum eine Frage wird für die weitere Gestaltung des innerdeutschen Lebens, für die deutsche Kultur und Gesittung, für ihre Wiedereingliederung in die Kultur der Welt so wichtig sein, wie die Frage nach den Beziehungen der Geschlechter zueinander.«[1]

So schildert die Protestantin Agnes von Zahn-Harnack, Lehrerin, Schriftstellerin und aktiv in der bürgerlichen Frauenbewegung, 1946 ihren Blick auf die deutsche Nachkriegssituation.

Im Folgenden werden ethische Debatten um Sittlichkeit und Sexualethik im Protestantismus in den Blick genommen. Dabei stellt sich auch die Frage, welche Rolle Geschlecht in diesem Debattenfeld spielt. Welche Geschlechtervorstellungen werden mitgeführt, gebraucht oder instrumentalisiert? Die Diskussionsprozesse verlaufen dabei keineswegs einlinig, sie weisen vielmehr Ambivalenzen und Ungleichzeitigkeiten auf. Aufgrund der Mehrlinigkeit dieser Auseinandersetzungen in den fünfziger und sechziger Jahren stellen Überlegungen zu der modernitätsspezifischen beschleunigten Individualisierung[2] einen weiterführenden Zugriff auf dieses Debattenfeld dar.

Zur Einordnung der Diskussionsprozesse von Sittlichkeit und Sexualethik steht am Beginn meines Beitrages eine kurze Einführung in die Begriffe Indivi-

---

[1] Agnes von Zahn-Harnack: Um die Ehe (1946), in: Dies.: Schriften und Reden 1914 bis 1950, hg. von Marga Anders und Ilse Reiche, Tübingen 1964, S. 49. Vgl. zum Leben von Agnes von Zahn-Harnack: Gisa Bauer: Kulturprotestantismus und frühe bürgerliche Frauenbewegung in Deutschland: Agnes von Zahn-Harnack (1884–1950) (Arbeiten zur Kirchen- und Theologiegeschichte 17), Leipzig 2006.
[2] Vgl. Ulrich Beck: Risikogesellschaft. Auf dem Weg in eine andere Moderne, Frankfurt am Main 1986, S. 113 ff. Ulrich Beck: Jenseits von Stand und Klasse? Soziale Ungleichheiten, gesellschaftliche Individualisierungsprozesse und die Entstehung neuer sozialer Formationen und Identitäten, in: Soziale Ungleichheiten (Soziale Welt: Sonderband 2), hg. von Reinhard Kreckel, Göttingen 1983, S. 35–74, 54 ff.

dualisierung, Geschlecht und Sexualität, wie sie für die nachfolgenden Darstellungen wichtig werden (Abschnitt 2).

Die gesellschaftlichen Auseinandersetzungsprozesse zu Fragen der Sexualität und Sexualethik lassen sich nur verstehen vor dem Hintergrund der sich wandelnden Geschlechterverhältnisse in der Bundesrepublik in den beiden Nachkriegsjahrzehnten (Abschnitt 3).

Die Sittlichkeitsbewegung (Abschnitt 4), der protestantische Kampf gegen »Schmutz und Schund« und hier besonders die »Aktion Saubere Leinwand« setzen sich aus einzelnen Akteurinnen und Akteuren, Vereinen und Verbänden zusammen, die zunächst keine direkte Anbindung an die Institution der Evangelischen Kirche in Deutschland haben. Die Bundesprüfstelle für jugendgefährdende Schriften markiert dann ein Beispiel kirchlichen Engagements in einer Körperschaft des öffentlichen Rechts. In der Denkschrift für Sexualethik schließlich (Abschnitt 5) verhält sich die Institution der Evangelischen Kirche zu gesellschaftlichen Individualisierungs- und Pluralisierungsprozessen. Alle aufgezeigten Diskurse und Bewegungen versuchen auf ihre Weise, auf die Herausforderung der Individualisierungsprozesse und auf Veränderungen im Frauen-, Ehe- und Familienleitbild zu reagieren. Hier wird exemplarisch deutlich, wie sich die Lebensplanung und die Lebensgestaltung von Männern und Frauen, alleine und in Beziehungen, verändert haben.

Nur wenig erforscht ist bis in die Gegenwart, welche Auswirkungen alle diese Veränderungen für das Bild und die Konstruktion von Männlichkeit hatten.[3] Dies lässt sich vor allem über Abgrenzungen von dem, was als weiblich definiert wurde, erkennen, besonders deutlich zeigt sich dies in der Debatte um Kriegsdienstverweigerung.[4]

2. Individualisierung und Geschlecht als Zugriffsmöglichkeiten auf das Themenfeld von Sittlichkeit und Sexualität

In den Diskursen um Sittlichkeit und Sexualethik des Protestantismus der fünfziger und sechziger Jahre zeigen sich auch Reaktionen und Auseinandersetzungen mit der modernitätsspezifischen Individualisierung. Dieser Theorieansatz soll daher hier kurz eingeführt werden. Ulrich Beck selbst unterscheidet zwischen einer Ersten Moderne, die er im Zuge der Individualisierung im 19. Jahrhundert verortet, und einer Zweiten Moderne ab der Mitte des 20. Jahrhunderts, diese ist für die weitere Untersuchung relevant. Der Prozess der Individualisierung des 20. Jahrhunderts verläuft dabei keineswegs einlinig und die entsprechenden

---

[3] Vgl. TILL VAN RAHDEN: Sanfte Väter braucht das Land. Nach 1950 begann die Suche nach neuer Männlichkeit, in: Katholisches Sonntagsblatt Nr. 31 (30. Juli 2006), S. 34–35.

[4] Vgl. den Beitrag von Hendrik Meyer-Magister in diesem Band, S. 327–367.

Theorien dazu folgen keinem Modernisierungsparadigma. »Individualisierung meint erstens die Auflösung und zweitens die Ablösung industriegesellschaftlicher Lebensformen durch andere, in denen die einzelnen ihre Biographie selbst herstellen, inszenieren, zusammenschustern müssen, und zwar ohne die einige basale Fraglosigkeit sichernden, stabilen sozial-moralischen Milieus, die es durch die gesamte Industriemoderne hindurch immer gegeben hat und als »Auslaufmodelle« immer noch gibt.«[5] Für die nachfolgende Untersuchung werden sich diese Ambivalenz und Gleichzeitigkeit von Herauslösung und Wiedereingliederung deutlich zeigen.

Durch veränderte Gesellschaftslagen kommen so Prozesse der Diversifizierung und Individualisierung von Lebenslagen und Lebenswegen in Gang, die das Hierarchiemodell sozialer Klassen und Schichten unterlaufen. Dabei verläuft der Prozess der Vergesellschaftung durchaus widersprüchlich: Individualisierung lässt sich zum einen als Folge gesellschaftlicher Veränderungen verstehen, zum anderen führt sie zu einer Art »kollektiv individualisierten Existenzweise«[6]. »Individualisierung ist sozusagen der »Überunterbau«, eben die paradoxe ›Sozialstruktur‹ der modernen Gesellschaft.«[7]

Die Diagnose des kulturellen Codes der Individualisierung ist untrennbar verbunden mit der gesellschaftlichen Beurteilung als reflexive Modernisierung. Reflexive Modernisierung meint nun, »daß industrielle Modernisierung in den hochentwickelten Ländern industrielle Modernisierung in ihren Rahmenbedingungen und Grundlagen verändert«[8]. Es handelt sich also um eine »reflexive Modernisierung« als Modernisierung der Moderne.[9]

Traditionale Sozialformen werden nicht wirklich außer Kraft gesetzt, sie treten nur in den Hintergrund und machen Platz für andere Lebenslagen. Damit verbindet sich auch ein verändertes Lebenslaufregime. Der/die Einzelne tritt zwar heraus aus traditionalen Vorgaben, aber gerät nun zunehmend in ein institutionelles Lebenslaufmuster, das etwa die Existenz in Bildungssystem und Arbeitswelt regelt. Dadurch werden Biographien selbstreflexiv und jeder und jede erlebt auch ein zunehmend hohes Maß von Standardisierung im eigenen Leben.

---

[5] ULRICH BECK und ELISABETH BECK-GERNSHEIM: Nicht Autonomie, sondern Bastelbiographie. Anmerkungen zur Individualisierungsdiskussion am Beispiel des Aufsatzes von Günter Burkart, in: Zeitschrift für Soziologie 22 (1993), S. 178–187, hier: 179.
[6] MARC-ANSGAR SEIBEL: Eigenes Leben? Christliche Sozialethik im Kontext der Individualisierungsdebatte, Paderborn 2005, S. 96.
[7] ULRICH BECK: Das Zeitalter des »eigenen Lebens«. Individualisierung als »paradoxe Sozialstruktur« und andere offene Fragen, in: Aus Politik und Zeitgeschichte 29 (2001), S. 3–6, hier: 3.
[8] ULRICH BECK: Die Erfindung des Politischen. Zu einer Theorie reflexiver Modernisierung, Frankfurt am Main 1993, S. 13.
[9] Vgl. BECK: Risikogesellschaft, 1986, S. 14 f.

Ulrich Beck unterscheidet drei Dimensionen[10] des Individualisierungsprozesses, die auf je verschiedenen Ebenen beobachtet werden können[11] und hilfreiche Erklärungsansätze sozialer Phänomene bilden. Die erste Dimension, die Freisetzungsdimension, ist gekennzeichnet durch die Herauslösung aus historisch vorgegebenen Sozialformen und -bindungen im Sinne traditionaler Herrschafts- und Versorgungszusammenhänge. Es handelt sich also um Veränderungen, die vor allem auf der Ebene der Struktur stattfinden.

Die zweite Dimension, die Entzauberungsdimension, bedeutet den Verlust von traditionalen Sicherheiten im Hinblick auf Handlungswissen, Glauben und leitende Normen, Veränderungen also im Bereich der Kultur.

Neue Arten der sozialen Einbindung, wie etwa der sozialstaatliche Wohlfahrtsstaat, werden in der dritten Dimension, der Kontroll- bzw. Reintegrationsdimension, dargestellt. Aufgrund der individuellen und kollektiven Erfahrung auf diesen drei Ebenen ist der einzelne Mensch in dem Bereich der persönlichen Autonomie[12] in verstärkter Weise zur Gestaltung des eigenen Lebens herausgefordert. Individualisierung als ein »Ensemble gesellschaftlicher Entwicklungen und Erfahrungen« bei Ulrich Beck und Elisabeth Beck-Gernsheim lässt sich in zweifacher Weise fassen: in der Auflösung vorgegebener sozialer Lebensformen durch Brüchigwerden von Kategorien wie Klasse, Stand, Geschlechterordnung oder Familie und im Zusammenbruch »staatlich verordneter Normalbiographien, Orientierungsrahmen und Leitbilder«[13].

Obwohl in Theorietexten zur Individualisierungsthese die fünfziger und sechziger Jahre häufig nur holzschnittartig dargestellt werden[14] und gleichsam nur die Folie für die Veränderungsprozesse ab der Mitte der sechziger Jahre bilden, lässt sich doch auch schon für die Nachkriegszeit eine historische Rückbindung von Individualisierungsprozessen untersuchen. Auch bedingt durch den eigenen Anspruch, eine maßgebliche Rolle bei der Gestaltung von Gesellschaft zu übernehmen, sieht sich der Protestantismus nun dazu herausgefordert, zu den Individualisierungstendenzen in den ethischen Diskursen der Zeit um Sittlichkeit und Sexualethik Stellung zu beziehen und eigene Positionen zu erarbeiten. Dabei lassen sich signifikante Verschiebungen in der Auseinandersetzung mit diesen Prozessen feststellen. Die Frage nach Individualisierungsprozessen lässt sich dann auch mit der einer Individualisierung von Frauen setzt eine bestimmte

---

[10] Vgl. ebd., S. 206.
[11] Vgl. THOMAS KRON und HEIDI HORÁČEK: Individualisierung, Bielefeld 2009, S. 8 ff.
[12] Vgl. KRON, HORÁČEK: Individualisierung, 2009, S. 9.
[13] ULRICH BECK und ELISABETH BECK-GERNSHEIM: Individualisierung in modernen Gesellschaften – Perspektiven und Kontroversen einer subjektorientierten Soziologie, in: Riskante Freiheiten. Individualisierung in modernen Gesellschaften, hg. von ULRICH BECK und ELISABETH BECK-GERNSHEIM, Frankfurt am Main 1994, S. 10–39, hier: 11.
[14] Vgl. ULRICH BECK und ELISABETH BECK-GERNSHEIM: Das ganz normale Chaos der Liebe, Frankfurt am Main 1990, S. 135.

Konstruktion von Geschlecht als Differenzkriterium inhärent voraus. Bevor historische Prozesse auf die Thematik von Individualisierung hin befragt werden können, gilt es die Frage zu klären, welche Vorstellungen von Weiblichkeiten und Männlichkeiten dem zugrunde liegen.

Für moderne Gesellschaften ist Geschlecht dabei ein grundlegendes Strukturierungsprinzip, dadurch werden Geschlechter unabhängig von ihrem individuellen Wollen in soziale Gestaltungsprinzipien eingebunden.[15] Für das untersuchte Material heißt das auch: »Die überlieferten Text- und Bildquellen müssen als Teilstücke der über Sprache, Bilder und Zeichen vermittelten kommunikativen Konstruktion von Geschlechtswirklichkeiten entschlüsselt und dekonstruiert werden.«[16] In den fünfziger und sechziger Jahren wurden mit neuer Dringlichkeit gesellschaftliche Ordnungssysteme auch im Protestantismus diskutiert. Das Gegensatzpaar Chaos – Ordnung wurde dabei auch in Abgrenzung zur Zeit des Nationalsozialismus verortet, für diese Zeit wurde eine beträchtliche Lockerung heterosexueller Sitten angenommen.[17] Für die Wiederherstellung und Aufrechterhaltung gesellschaftlicher Ordnung und Normalität schienen auch bestimmte, klar definierte Geschlechterrollen nötig. Dazu musste eine traditionelle Sexualordnung (re)konstruiert werden, die nur wenig Raum für Abweichungen und Andersartigkeit kannte. »Doch in den Nachkriegsdebatten über Sexualität wurden nicht nur die vermeintlich aus dem Lot geratenen Geschlechterbeziehungen, sondern auch das Deutschsein an sich zu ›normalisieren‹ versucht. Gerade in Diskussionen über scheinbar so profane Themen wie sexuelle Funktionsstörungen und die Sehnsucht nach privatem Glück wurden die zentralen Aspekte der traumatischen, schambesetzten Vergangenheit angesprochen.«[18]

Für die Zeit der fünfziger und sechziger Jahre bekam das Konzept der Zweigeschlechtlichkeit nun besondere Bedeutung, es liegt allem protestantisch-ethischen Argumentieren zugrunde. Dass es Männer und Frauen gibt, dass diese voneinander unterschiedene Aufgaben und Fähigkeiten haben, steht auch dann noch außer Frage, wenn andere Zuordnungen, wie etwa die von Ehe, im Falle alleinstehender Frauen, oder Einkommensabhängigkeiten, im Falle von erwerbstätigen Ehefrauen und Müttern, ins Wanken geraten. Damit wurde in besonderer Weise die »sozial wirksame Unterscheidung« von Geschlechtern deutlich. Die Unterscheidung zwischen männlich und weiblich und die daran

---

[15] Vgl. URSULA BEER: Geschlecht, Struktur, Geschichte. Soziale Konstituierung des Geschlechterverhältnisses, Frankfurt am Main 1990, S. 9.

[16] KARIN HAUSEN: Die Nicht-Einheit der Geschichte als historiographische Herausforderung. Zur historischen Relevanz und Anstößigkeit der Geschlechtergeschichte, in: DIES: Geschlechtergeschichte als Gesellschaftsgeschichte. Kritische Studien zur Geschichtswissenschaft, Göttingen 2012, S. 371–391, hier: 378.

[17] Vgl. ADOLF BUSEMANN: Aufgaben sexueller Erziehung in der Gegenwart, in: Die Kirche in der Welt 3, Nr. 70 (1949), S. 436.

[18] DAGMAR HERZOG: Die Politisierung der Lust. Sexualität in der deutschen Geschichte des zwanzigsten Jahrhunderts, München 2005, S. 92.

gekoppelten Aufgaben und Zuordnungen tragen einen wichtigen Teil zur Stabilisierung von Gesellschaft bei. Dabei zeigt sich auch: Je vielfältiger und zum Teil auch widersprüchlicher Bilder und Anforderungen von Geschlecht in einer Gesellschaft diskutiert werden, desto größer erscheint auch die Notwendigkeit, sie durch Vorstellungen und Vorgaben zu begrenzen.[19]

Fragen nach Sexualität, nach angemessenen Ausdrucksformen von Begehren und nach dem, was als sittlich gilt, stellen auch einen Zusammenhang zwischen Normen und Ordnungsvorstellungen her. Mit diesen Fragestellungen verbindet sich immer auch die Suche nach moralischen und kulturellen Werten, nach der inneren Verfassung eines Landes und der Geschlechterordnung. Es geht also in der Debatte um Sexualität um den Kernbereich gesellschaftlicher Ordnung.[20]

3. Geschlechterverhältnisse und Familienbilder in den fünfziger und sechziger Jahren: rechtliche, wirtschaftliche, politische und kulturelle Fakten in Kürze

»Es gibt keine Frauenfrage mehr. Von diesem Satz muß jede Untersuchung, die es mit dem Thema der Gleichberechtigung von Mann und Frau zu tun hat, ausgehen. Die Gleichberechtigung ist kein bloßes Problem mehr, sondern ein Faktum.«[21] So optimistisch beurteilte der Theologe Hermann Ringeling die Situation von Frauen und Männern zu Beginn der sechziger Jahre.

Aus heutiger Sicht scheint ein differenzierterer Blick auf die Lage von Männern und Frauen im Nachkriegsdeutschland, in Kirche und Gesellschaft, nötig. Im Bereich der rechtlichen Situation sieht Hermann Ringeling ohne Frage viel Richtiges:

3.1 Gleichberechtigung vor dem Gesetz

Die rechtliche Lage von Frauen und Männern in der Bundesrepublik ist zunächst durch Artikel 3, Absatz 2 des Bonner Grundgesetzes (»Männer und Frauen sind gleichberechtigt«) geregelt. Doch dieser Artikel warf eine Reihe von Problemen für die Ehe- und Familiengesetzgebung auf, die noch aus dem

---

[19] Vgl. GUNILLA-FRIEDERIKE BUDDE: »Tüchtige Traktoristinnen« und »schicke Stenotypistinnen«. Frauenbilder in den deutschen Nachkriegsgesellschaften – Tendenzen der »Sowjetisierung« und »Amerikanisierung«?, in: Amerikanisierung und Sowjetisierung in Deutschland 1945–1970, hg. von KONRAD JARAUSCH und HANNES SIEGRIST, Frankfurt am Main / New York 1997, S. 243–273, hier: 244.

[20] Vgl. SYBILLE STEINBACHER: Wie der Sex nach Deutschland kam. Der Kampf um Sittlichkeit und Anstand in der frühen Bundesrepublik, München 2011, S. 8.

[21] HERMANN RINGELING: Die Frau zwischen gestern und morgen. Der sozialtheologische Aspekt ihrer Gleichberechtigung (Studien zur Evangelischen Sozialtheologie und Sozialethik), Hamburg 1962, S. 9.

19. Jahrhundert stammte. Erst am 3. Mai 1957 vollzog sich schließlich eine erste Umgestaltung all jener Gesetze, die von Artikel 3 des Grundgesetzes betroffen waren.[22]

Fragen des Familienrechts wurden von Anfang an interessiert und engagiert von Evangelischer Kirche und Theologie diskutiert. Die »Eherechtskommission der Evangelischen Kirche in Deutschland« unter Vorsitz von Professor D. Friedrich Karl Schumann beschäftigte sich mit Fragen der Familienrechtsreform und nahm zu den verschiedenen Gesetzesentwürfen Stellung. Fragt man nach der Konstruktion von Geschlecht, zeigt sich, dass in allen Stellungnahmen vehement und entschieden an der Wesensverschiedenheit beider Geschlechter festgehalten wird. Bei dieser zeitlich frühen Konfrontation Evangelischer Kirche mit (weiblicher) Individualisierung wird deutliche Zurückhaltung, eine beinahe restriktive Haltung erkennbar.

Hier wird deutlich, wie stark die Evangelische Kirche auf informelle Art und Weise auf die Gesetzgebung Einfluss nehmen konnte. Die beiden Kirchen konnten für sich durchaus noch in Anspruch nehmen, die Bevölkerung in moralischen Fragen zu vertreten.[23]

3.2 Der Protestantismus und die »Frauenfrage«

Insgesamt vollzieht sich nach 1945 ein tiefgreifender Wandel auch im gesellschaftlichen Frauenbild. In Deutschland lebten deutlich mehr Frauen als Männer, Deutschland erschien Zeitgenossinnen und Zeitgenossen als »Land der Frauen«[24]. Die erste Bevölkerungszählung, die 1946 durchgeführt wurde, wies aus, dass auf 146 Frauen nur 100 Männer kamen.[25] Diese Zahlenverhältnisse nach dem Krieg stoßen dabei durchaus auch einen Wandel von Rollenvorstellungen mit an.

Doch der Blick auf ethische Auseinandersetzungen der Zeit mit Problemen der Gleichberechtigung der Frau im Allgemeinen zeigt, dass die »Frauenfrage« im gesellschaftlichen, sozialen und kulturellen Bereich keineswegs gelöst

---

[22] Vgl. UTE FREVERT: Umbruch der Geschlechterverhältnisse? Die 60er Jahre als geschlechterpolitischer Experimentierraum, in: Dynamische Zeiten. Die 60er Jahre in den beiden deutschen Gesellschaften (Hamburger Beiträge zur Sozial- und Zeitgeschichte. Herausgegeben von der Forschungsstelle für Zeitgeschichte in Hamburg, Darstellungen 37), hg. von AXEL SCHILDT, DETLEF SIEGFRIED und KARL CHRISTIAN LAMMERS, Hamburg ²2003, S. 642–660, hier: 643.

[23] Vgl. REINER ANSELM: Jüngstes Gericht und irdische Gerechtigkeit. Protestantische Ethik und die deutsche Strafrechtsreform, Stuttgart 1994, S. 133.

[24] GABRIELE STRECKER: Überleben ist nicht genug. Frauen 1945–1950, Freiburg im Breisgau 1981, S. 53.

[25] Vgl. HERMANN KORTE: Bevölkerungsstruktur und -entwicklung, in: Die Geschichte der Bundesrepublik Deutschland, aktualisierte u. erweiterte Neuausgabe in 4 Bänden, Bd. 3, hg. von WOLFGANG BENZ, Frankfurt am Main 1985, S. 11–34, bes. 15.

war. Evangelische Theologie tat sich sowohl mit der Frage des Dienstes von Frauen im Pfarramt schwer als auch mit jener nach der Rolle der Frau in der Gesellschaft. So schildert Anna Paulsen eindrücklich das Ende der Arbeit vieler Vikarinnen nach Kriegsende und Rückkehr männlicher Kollegen.[26] Die Geschlechterstereotypen zeitgenössischer Ethiken von Paul Althaus, Werner Elert oder Emil Brunner prägen durchaus noch die Entscheidungsbildung der fünfziger Jahre. Auch in ihnen spiegelt sich die gesellschaftliche Grundstimmung »keine Experimente« wider, verknüpft mit vermeintlich tradierten bürgerlichen Verbindungen von Weiblichkeit mit »Schwäche, Passivität, Emotionalität und damit Bestimmung zu nicht-öffentlichem Leben«[27]. Doch gerade Hermann Ringeling zeigt auch, dass an einigen Stellen Stereotype der Vorkriegszeit bereits aufbrechen, so weist er etwa auf vorsichtige »Auflockerungen«[28] in der Ethik Karl Barths bei Fragen der Gleichberechtigung hin.

3.3 Familienbilder und Geschlecht

Die Frage nach Geschlecht, nach Männlichkeit und Weiblichkeit, ist immer auch mit dem gesellschaftlichen Blick auf Familien verbunden, da die Konstruktion von Geschlecht eng mit der Konstruktion von Familie in einer Gesellschaft verknüpft ist.[29] Wesentliche Schnittpunkte von Familien- und Geschlechterkonstruktion liegen dabei in den Diskursen zu Mütterlichkeit und Väterlichkeit. Deutlich zeigen sich hier Wechselwirkungen: Verändern sich weibliche und männliche Lebenszusammenhänge, etwa durch neue Formen der Erwerbsarbeit, hat dies auch Auswirkungen auf Strukturen und Aufgabenverteilungen innerhalb der Familie. Umgekehrt gilt jedoch auch, dass andere Zuschreibungen und Bewertungen von Familie sich in veränderten Agitationsmöglichkeiten und Bewegungsmöglichkeiten gerade auch für Frauen niederschlagen. Die Art und Weise, wie die Beziehung zwischen Eltern und Kindern aufgebaut ist, wie sie als Partner interagieren und wer für welche Bereiche der Lebensführung zu-

---

[26] Vgl. ANNA PAULSEN: Die Vikarin (Der Dienst der Frau in den Ämtern der Kirche I), Gelnhausen und Berlin-Dahlem, 1956, S. 9 f.
[27] KARIN STIEHR: Aspekte der gesellschaftlichen und politischen Situation von Frauen in den 50er Jahren, in: Verdeckte Überlieferungen. Weiblichkeitsbilder zwischen Weimarer Republik, Nationalsozialismus und Fünfziger Jahren (Arnoldshainer Texte 68), hg. von BARBARA DETERMANN, ULRIKE HAMMER und DORON KIESEL, Frankfurt am Main 1991, S. 119–134, hier: 120.
[28] RINGELING: Die Frau zwischen gestern und morgen, 1962, S. 23.
[29] Vgl. Elisabeth BECK-GERNSHEIM: Vom »Dasein für andere« zum Anspruch auf ein Stück »eigenes Leben«. Individualisierungsprozesse im weiblichen Lebenszusammenhang, in Soziale Welt 34 (1983), S. 307–340, hier: 307.

ständig ist, prägt die Wahrnehmung und Ausgestaltung der Geschlechterrollen grundlegend.[30]

Hier fügt sich auch das gesellschaftliche Bild von Weiblichkeit ein, das in den fünfziger Jahren auch von dem Ideal einer bürgerlichen »Normalfamilie«[31] geprägt war, für die es ein Zeichen von Wohlstand war, dass die Ehefrau nicht erwerbstätig sein musste, sondern sich ganz den Pflichten als Hausfrau und Mutter widmen konnte. Inbegriff dieser Normalität wurde dabei das bürgerliche Familienideal, das auf einem ausgesprochenen Harmoniebedürfnis beruhte.[32] Dabei scheint zu gelten, was Ulrich Beck und Elisabeth Beck-Gernsheim beobachten: »Die vorgegebenen Geschlechtsrollen sind Basis der Industriegesellschaft und nicht etwa ein traditionales Relikt, auf das zu verzichten ein leichtes wäre. Ohne Trennung von Frauen- und Männerrolle keine traditionale Kleinfamilie. Ohne Kleinfamilie keine Industriegesellschaft in ihrer Semantik von Arbeit und Leben.«[33]

Deutlich zeigt sich, dass die bürgerliche Kleinfamilie mitnichten für alle Frauen die eigene Lebensrealität abbildete. Auch aufgrund des Zahlenverhältnisses von Männern und Frauen in Deutschland zeigte sich: »Unter den insgesamt 15,4 Millionen Haushalten, die die Bevölkerungszählung von 1950 in Westdeutschland ermittelte, waren immerhin 1,7 Millionen Haushalte alleinstehender Frauen und in weiteren 2,1 Millionen Fällen standen Frauen einem Haushalt von mehr als einer Person vor.«[34] Bereits hier zeigten sich also in der faktischen Vielfalt von Lebensformen Prozesse der Pluralisierung und (unfreiwilliger) Individualisierung, ohne dass diese gesellschaftlich thematisiert werden.

Gerade in den fünfziger Jahren lässt sich der Abschluss eines relativ lang andauernden, aber fortschreitenden Übergangsprozesses beobachten, »innerhalb dessen die Vielfalt vormoderner Familienformen seit dem 19. Jahrhundert in eine gesellschaftsweite Dominanz der auf spezifische Weise arbeitsteilig organisierten bürgerlichen Kleinfamilie bis zur Mitte des 20. Jahrhunderts übergeht, die auch institutionell ihren Niederschlag findet.«[35] Diese bürgerliche Kleinfamilie wurde nun ideell und institutionell restauriert.

---

[30] Vgl. SARAH FENSTERMAKER BERK: The Gender Factory. The Apportionment of Work in American Households. New York 1985.

[31] Vgl. ROSEMARIE NAVE-HERZ: Kontinuität und Wandel in der Bedeutung, in der Struktur und Stabilität von Ehe und Familie in der Bundesrepublik Deutschland, in: Wandel und Kontinuität der Familie in der Bundesrepublik Deutschland (Der Mensch als soziales und personales Wesen 8), hg. von DERS., Stuttgart 1988, S. 61–94, hier: 65.

[32] Vgl. URSULA A. J. BECHER.: Geschichte des modernen Lebensstils. Essen, Wohnen, Freizeit, Reisen, München 1990, S. 65.

[33] BECK, BECK-GERNSHEIM: Das ganz normale Chaos der Liebe, 1990, S. 36.

[34] Vgl. Statistisches Bundesamt, Die Frau im wirtschaftlichen und sozialen Leben der Bundesrepublik (1956), S. 4, 6 f.

[35] JOHANNES HUININK und MICHAEL WAGNER: Individualisierung und die Pluralisierung

Ab Mitte der sechziger Jahre wurde dann jedoch auch ein Anstieg der Scheidungszahlen deutlich. So diagnostizierten Zeitgenossen in den sechziger Jahren häufig eine »Krise der Familie«[36].

3.4 Frauen und Männer im Erwerbsleben

In den fünfziger Jahren verändert sich, nach einer Phase der Konsolidierung, auch die Situation von Männern und Frauen im Erwerbsleben. Ulrich Beck spricht in diesem Zusammenhang von einer Arbeitsmarktindividualisierung,[37] bei der Stand und Klasse in einer Bewegung der Freisetzung auch auf dem Arbeitsmarkt durchlässiger wurden und das Familieneinkommen zunehmend nicht mehr alleine vom Ehemann bestritten wurde.

Schon am Ende der fünfziger Jahre machte es der florierende Arbeitsmarkt nötig, die »stille Reserve« nicht erwerbstätiger Frauen zu mobilisieren. Es zeigte sich jedoch, dass die Integration der Frauen ins Erwerbsleben schwächer war als es zunächst wahrgenommen wurde. War 1950 jede vierte Mutter mit Kindern unter 15 Jahren erwerbstätig, so war es 1961 jede dritte.[38] Sehr schnell entstand das Modell der Teilzeitarbeit, für die, etwa bei Bahlsen in Hannover, spezielle »Hausfrauenschichten« eingerichtet wurden.[39]

»Das Erwerbsmodell Teilzeitarbeit stellte einen gesamtgesellschaftlich tragfähigen Kompromiß zur Frage der Ehefrauenerwerbsarbeit bereit. Einerseits konnte das Recht der Frauen auf (Teilzeit)Arbeit trotz ihrer familiären Verpflichtungen eingefordert werden; andererseits ließ die Teilzeitarbeit eine Wertehierarchie unberührt, die verheiratete Frauen zuallererst auf ihre ›natürlichen‹ Pflichten als Gattinnen und Mütter verwies.«[40] Es kommt hier zu dem, was Beck mit »Freisetzung« beschreibt. Durch ihre eigene Erwerbstätigkeit treten Frauen aus der Abhängigkeit von ihrem Ehemann heraus. Es veränderten sich ebenso Einstellungen zu weiblicher Erwerbstätigkeit: Wurde Erwerbstätigkeit von Frauen zunächst vor allem als eine Übergangssituation im weiblichen Leben begriffen, wurde sie nun üblicher Teil weiblicher Biographie, sie schuf für Frauen

---

von Lebensformen, in: Die Individualisierungs-These, hg. von JÜRGEN FRIEDRICHS, Opladen 1998, S. 85–106, 95.

[36] CHRISTIANE KULLER: Familienpolitik im föderativen Sozialstaat. Die Formierung eines Politikfeldes in der Bundesrepublik 1949–1975 (Studien zur Zeitgeschichte 67), München 2004, S. 46 ff.

[37] BECK: Risikogesellschaft, 1986, S. 113 f.

[38] Vgl. INGRID N. SOMMERKORN: Die erwerbstätige Mutter in der Bundesrepublik: Einstellungs- und Problemveränderungen, in: Wandel und Kontinuität der Familie in der Bundesrepublik Deutschland (Der Mensch als soziales und personales Wesen 8), hg. von ROSEMARIE NAVE-HERZ, Stuttgart 1988, S. 115–144, hier: 117.

[39] CHRISTINE VON OERTZEN: Teilzeitarbeit und die Lust am Zuverdienen. Geschlechterpolitik und gesellschaftlicher Wandel in Westdeutschland 1948–1969, Göttingen 1999, S. 289.

[40] VON OERTZEN: Teilzeitarbeit und die Lust am Zuverdienen, 1999, S. 32.

ein »Stück eigenes Leben«[41], ja, wurde neu bestimmt als »persönliches Bedürfnis verheirateter Frauen nach Erwerbsarbeit«[42]. Dabei lässt sich ein Wandel von der Normal- zur Wahlbiographie feststellen.[43] Auch für Frauen wurde über den Arbeitsmarkt nun zunehmend der eigene Lebenslauf standardisiert und institutionalisiert.

Die Evangelische Kirche reagierte in offiziellen Stellungnahmen schon in den sechziger Jahren relativ positiv auf dieses neue Phänomen und scheint damit ein Stück weit auch ein konstruiertes Familien- und Geschlechterideal aufzugeben.[44] Prägend wurde für diese Veränderungen der Wechsel von einem Zwei- zum Drei-Phasenmodell,[45] das mit einer erneuten Erwerbstätigkeit der Frau nach der Phase der aktiven Kindererziehung rechnet.

Deutlich zeigen sich in den dargestellten Bereichen Wellenbewegungen und Ambivalenzen: Der kulturelle Konservativismus mit seiner faktischen Geschlechtersegregation bricht auch schon in den fünfziger Jahren auf, Wandel und Persistenz treten nebeneinander. Es zeigen sich erste Individualisierungstendenzen, etwa im Bereich der Frauenerwerbstätigkeit, hier allerdings auch als Nebenfolge wirtschaftlicher Notwendigkeiten. Geschlechterrollen werden in einzelnen Bereichen erneut festgeschrieben, in anderen flexibilisiert. Dies bildet nun den gesellschaftlichen Hintergrund, um die Diskussionen um Sittlichkeit einordnen und verstehen zu können. Sie stellen ein anderes Feld dar, auf dem der Protestantismus um Regulierung und Aufrechterhaltung (scheinbar) überlieferter Sexualnormen und Geschlechtervorstellungen rang.

---

[41] Vgl. BECK-GERNSHEIM: Vom »Dasein für andere« zum Anspruch auf ein Stück »eigenes Leben«, 1983, S. 307–340.
[42] VON OERTZEN: Teilzeitarbeit und die Lust am Zuverdienen, 1999, S. 76.
[43] Vgl. ELISABETH BECK-GERNSHEIM: Auf dem Weg in die postfamiliale Familie – Von der Notgemeinschaft zur Wahlverwandtschaft, in: Riskante Freiheiten. Individualisierung in modernen Gesellschaften, hg. von ULRICH BECK und ELISABETH BECK-GERNSHEIM, Frankfurt am Main 1994, S. 115–138, hier: 120. Zum Begriff der »Normalbiographie« vgl. weiter: KATHARINA LEY: Von der Normal- zur Wahlbiographie? Interpretation erzählter Lebensgeschichten von Frauen, in: Biographie und soziale Wirklichkeit. Neue Beiträge und Forschungsperspektiven, hg. von MARTIN KOHLI und GÜNTHER ROBERT, Stuttgart 1984, S. 239–260.
[44] Vgl. Gutachten des Ausschusses für Zusammenarbeit von Mann und Frau in Kirche, Familie und Gesellschaft 1964, in: Die Mitarbeit. Zeitschrift zur Gesellschafts- und Kulturpolitik 14 (1965), S. 88; Denkschrift der Evangelischen Kirche in Deutschland zur Teilzeitarbeit von Frauen vom 10. Juli 1965, in: Die Mitarbeit. Zeitschrift zur Gesellschafts- und Kulturpolitik 14 (1965), S. 89–96.
[45] Vgl. ALVA MYRDAL und VIOLA KLEIN: Die Doppelrolle der Frau in Familie und Beruf, Köln und Berlin 1960, S. 55 u. ö.

4. Die protestantische Sittlichkeitsbewegung

In dem Bemühen, Ordnung nach der Zeit des Nationalsozialismus und des Krieges wiederherzustellen und Orientierung zu bieten, setzte sich der Protestantismus sowohl in seiner institutionellen Gestalt als auch in Form von Vereinen und Bewegungen sehr schnell wieder mit Fragen von Sexualität und Sittlichkeit auseinander. Sexualität wurde dabei eine wichtige gesellschaftliche Funktion zugeschrieben. Die Familie, und hier besonders die Intimbeziehung zwischen Mann und Frau, konnte als Keimzelle der Gesellschaft verstanden werden. Sexualität wurde funktional auf Gesellschaft bezogen. Abweichende Formen des Zusammenlebens oder Begehrens drohten, die gesamte gesellschaftliche Ordnung zu gefährden. Daher erschien eine Normierung von Geschlecht und Begehren dringend nötig. Der Rückkehr zu sexueller Zurückhaltung lag »die Überzeugung zu Grunde, dass zwischen der Verlockung zu Verbrechen und der Verlockung zum sexuellen Vergnügen in der NS-Zeit ein Zusammenhang bestanden hatte«[46].

Da Sexualität einen Zusammenhang zwischen Normen und Ordnungsvorstellungen herstellt, lassen sich auf diesem Feld die Auseinandersetzungen zwischen Regulierung und Individualisierung besonders deutlich nachzeichnen. Diese Auseinandersetzungen sollen im Folgenden beispielhaft am Kampf gegen Schmutz und Schund vorgestellt werden, der sich sowohl gegen Romane, Magazine und Comics (Abschnitt 4.2) als auch gegen Kinofilme (Abschnitt 4.3) richtete. Gerade letztere können als eine Art Leitmedium der fünfziger Jahre begriffen werden.[47] Exemplarisch sei hier der Pädagoge Fritz Stückrath angeführt: »In der Geschichte der Zivilisation gibt es keine Erfindung, die Geist und Gemüt der Menschen so tiefgreifend verändert hätte wie der Film.«[48]

Nach 1945 lagen die beiden christlichen Kirchen in Fragen der Sittlichkeit auf einer Linie und besaßen wie keine andere Organisation innere Mobilisierungs- und Organisationskraft. Der Kampf gegen Schmutz und Schund lässt sich auch in den Auseinandersetzungsprozess des Protestantismus mit einer zunehmenden Medialisierung als »Prozeß der wechselseitigen Stimulierung von Medien- und Gesellschaftsentwicklung«[49] einordnen. Medien- und Gesellschaftsveränderungen scheinen Hand in Hand zu gehen, sie wurden häufig als Herausforderung erlebt und erforderten jeweils neu ein Reagieren von Seiten der Kirche.

Dabei lässt sich dem Protestantismus durchaus keine generelle Abwertung von Geschlechtlichkeit zuordnen. Vielmehr verband sich mit der geschilderten

---

[46] HERZOG: Die Politisierung der Lust, 2005, S. 95.
[47] Vgl. AXEL SCHILDT: Moderne Zeiten. Freizeit, Massenmedien und »Zeitgeist« in der Bundesrepublik Deutschland der 50er Jahre, Hamburg 1995.
[48] FRITZ STÜCKRATH: Der Film als Erziehungsmacht, Hamburg 1953, S. 8 f.
[49] FRANK BÖSCH und NORBERT FREI: Die Ambivalenzen der Medialisierung. Eine Einführung, in: Medialisierung und Demokratie im 20. Jahrhundert, hg. von DENS., Göttingen 2006, S. 7–24, hier: 9.

Hochschätzung der Ehe auch eine grundsätzliche Aufgeschlossenheit für eine gelingende und beglückende Sexualität von Männern und Frauen in ihrer Bezogenheit aufeinander. So wiederholte Theodor Bovet, ein evangelischer Arzt aus der Schweiz, der viel in Deutschland publizierte und dort außerordentlich populär war, dass es »für den Christen keinen Gegensatz zwischen Eros und göttlicher Liebe«[50] gebe. Das verbindende Thema in nahezu allen jenen christlichen Schriften war deshalb auch die Heiligkeit der Ehe. So stellt Bovet klar: »Glückliche Liebe [ist] nur in der Ehe möglich.«[51] Diese Zentrierung auf sexuelle Beziehungen in der Ehe bleibt bis in die siebziger Jahre für protestantische Sexualethik leitend.

4.1 Sittlichkeit und Protestantismus – Traditionslinien

Viele Motive der Sittlichkeitsbewegung sind nicht neu, sondern lassen sich bis ins Kaiserreich zurückverfolgen. Schon um die Jahrhundertwende formierte sich erstmals eine christliche Sittlichkeitsbewegung. Der Einsatz für Sittlichkeit war dabei keine Frage der Konfession und verband sich häufig mit vielfältigen Ängsten und Antimodernisierungstendenzen. Die Sittlichkeitsbewegung sah vielfältige Gestalten der Unsittlichkeit: Prostitution, »sittliche Gefahren des Seemanns- und Studentenlebens (außerehelicher Geschlechtsverkehr und Geschlechtskrankheiten), die Homosexuellenfrage, die Rolle und Aufgabe der Frau, Großstadt und Unsittlichkeit, Schmutz- und Schundliteratur, Theater und öffentliche Belustigungen, Kellnerinnenfrage, ledige Mütter und uneheliche Kinder, Geburtenrückgang«[52]. Häufig wurde auch das Bild einer bedrohlichen Krankheit gebraucht, die den »Volkskörper« zu befallen drohte.[53] Zu Beginn des zwanzigsten Jahrhunderts wurde der Begriff der »Sittlichkeit« ganz auf den Bereich des Geschlechtlichen und der Sexualität zugespitzt. Dem lag ein christlich grundiertes Verständnis von Naturrecht zugrunde, das an der ausschließlichen Legitimität von Sexualität zur Familiengründung und Fortpflanzung festhielt. »Sittlichkeit erhielt normierende Kraft, stand für übergesetzliche Werte und für ein gottgewolltes, gleichsam naturgegebenes, zeitloses Regelwerk.«[54] Bereits in der Weimarer Republik war gerade die Innere Mission stark am »Schmutz- und

---

[50] THEODOR BOVET: Die Ehe, ihre Krise und Neuwerdung, in: Universitas 2, Nr. 2 (1947), S. 161.
[51] THEODOR BOVET: Die werdende Frau, Bern 1962, S. 20 f. Vgl. auch, besonders zu Fragen der Eugenik: THEODOR BOVET: Von Mann zu Mann. Eine Einführung ins Reifealter für junge Männer, Tübingen 1955, S. 47.
[52] Vgl. ISABELL LISBERG-HAAG: Die Unzucht – das Grab der Völker, in: Die Macht der Nächstenliebe. Einhundertfünfzig Jahre Innere Mission und Diakonie. Im Auftrag des Deutschen Museums und des Diakonischen Werkes der Evangelischen Kirche in Deutschland, hg. von URSULA RÖPER und CAROLA JÜLLIG, Stuttgart ²1998, S. 130–137, hier: 132.
[53] Vgl. a.a.O., S. 130.
[54] STEINBACHER: Wie der Sex nach Deutschland kam, 2011, S. 23.

Schundkampf« beteiligt.⁵⁵ Dies lässt sich auch als Reaktion auf gesellschaftliche Veränderungsprozesse im Feld der Normen- und Wertebildung verstehen.⁵⁶ Der Gegensatz »Schmutz versus Sauberkeit« rief einen Subtext auf, der auf der Angst vor dem Zusammenbruch der Ordnung durch Sinnlichkeit und Hemmungslosigkeit beruhte.⁵⁷ Anliegen des Protestantismus war es, Sexualität funktional auf Gesellschaft zu beziehen, das Intime erschien als öffentliche Regulierungsfrage, Geschlecht wurde zum Untermechanismus von Ordnung und Chaos. Damit verbunden waren auch Befürchtungen vor dem Aufbruch traditionell weiblicher Rollen und Verhaltensweisen, die drohten, die bürgerliche Familie und die bürgerliche Geschlechterordnung in ihren Grundfesten zu erschüttern. Dies lässt sich auch mit dem Beckschen Begriff der Freisetzung aus überlieferten Institutionen wie etwa der Familie beschreiben.⁵⁸

4.2 Der protestantische Kampf gegen Schmutz und Schund in der Literatur nach 1945 und die Bundesprüfstelle für jugendgefährdende Schriften

Schon bald nach Ende des Krieges wurden innerhalb des Protestantismus wieder Themen der Sittlichkeit wichtig. So rief die Landessynode der Evangelisch-Lutherischen Kirche schon 1945 in Oldenburg zur Abkehr von der Gottlosigkeit des Nationalsozialismus auf und formulierte: »Laßt uns die Ehe heilig halten. Wacht in euren Städten und Dörfern darüber, daß Zucht und Sitte wieder einkehren und unser Volk nicht durch Zuchtlosigkeit seiner Frauen und Männer zum Gespött der fremden Völker werde.«⁵⁹

Die Ziele der katholischen und evangelischen Vereine der Sittlichkeitsbewegung waren auch nach 1945 nahezu identisch. Verbindend war dabei die Annahme, dass der Kampf für die Sittlichkeit die Probleme der Gegenwart lösen und sämtliche negativen Zeiterscheinungen bekämpfen und überwinden könne.⁶⁰ Wie bereits gezeigt, war dabei auch eine vermeintliche Abgrenzung zur

---

⁵⁵ Vgl. MATTHIAS PÖHLMANN: Publizistischer »Angriffskrieg«, Die Macht der Nächstenliebe, in: Einhundertfünfzig Jahre Innere Mission und Diakonie. Im Auftrag des Deutschen Museums und des Diakonischen Werkes der Evangelischen Kirche in Deutschland, hg. von URSULA RÖPER und CAROLA JÜLLIG, Stuttgart ²1998, S. 206–215, 231 f.

⁵⁶ Vgl. NINA DEGELE: Individualisierung intersektionalisieren, in: Individualisierungen. Ein Vierteljahrhundert »jenseits von Stand und Klasse«?, hg. von PETER A. BERGER und RONALD HITZLER, Wiesbaden 2010, S. 177–190, hier: 182.

⁵⁷ Vgl. KASPAR MAASE: Schundkampf und Demokratie, in: Prädikat wertlos. Der lange Streit um Schmutz und Schund, hg. vom Ludwig-Uhland-Institut für Empirische Kulturwissenschaften der Universität Tübingen, Tübingen 2001, S. 8–17, hier: 8.

⁵⁸ Vgl. BECK: Risikogesellschaft, 1986, S. 206.

⁵⁹ Wort der ausserordentlichen Landessynode der Evangelisch-Lutherischen Kirche in Oldenburg an die Gemeinden Oktober 1949, in: Kirchliches Jahrbuch für die evangelische Kirche in Deutschland 1945–1948, hg. von Joachim Beckmann, Gütersloh 1950, S. 43–45, hier: 43 und 45.

⁶⁰ Vgl. STEINBACHER: Wie der Sex nach Deutschland kam, 2011, S. 31.

Zeit des Nationalsozialismus leitend. Die Sittlichkeitsbewegung in den frühen fünfziger Jahren knüpfte verstärkt an Linien aus der Zeit der Weimarer Republik an: »Auch nach dem Zweiten Weltkrieg stand Sittlichkeit für einen gesellschaftlichen Zustand, an dem soziale und kulturelle Phänomene gemessen wurden. Die Ausrichtung an der Sittlichkeit als Ordnungsbegriff und Leitidee sozialer Vorstellungen hatte dabei Ende der vierziger Jahre vielerlei Funktionen: Dazu zählten der Schutz vor den kulturellen ›Auswüchsen‹ der Gegenwart ebenso wie die Sehnsucht nach Schaffung Gemeinschaft stiftender Interessen.«[61]

Im Grundgesetz selbst war von Fragen der Sittlichkeit nicht die Rede. Grundlegend stellte sich hier das Problem, wie eine Erhaltung (christlicher) Werte und eine freiheitlich-demokratische Grundordnung miteinander vermittelt werden konnten. Der Ausschuss für Grundsatzfragen des Parlamentarischen Rates erstellte im Laufe des Septembers 1948 eine Vorlage, die eine einschlägige Bestimmung enthielt und vorsah, die Presse- und Meinungsfreiheit zugunsten des Jugendschutzes zu beschneiden.

Einen Versuch der Vermittlung dieser beiden Absichten stellt die Freiwillige Selbstkontrolle der Filmwirtschaft (FSK) dar, die seit Sommer 1949 die Filmzensur in den drei westlichen Zonen ablöste und aus Vertreterinnen und Vertretern der Filmwirtschaft und der Öffentlichen Hand, d.h. der Länder und des Bundes, der beiden christlichen Kirchen und der jüdischen Kultusgemeinde sowie des Bundesjugendrings bestand. Auf sie wird unter 4.4 noch einzugehen sein.

Im Oktober 1949 wurde der erste Antrag auf ein »Gesetz gegen Schmutz und Schund« gestellt, unterschrieben war er von rund 24 Mitgliedern der CDU/CSU-Fraktion, darunter allen elf Frauen. Doch schon im März 1950 wurde schnell deutlich, dass die breite parlamentarische ebenso wie die öffentliche Unterstützung für ein entsprechendes Gesetz geschwunden war.[62]

Das »Gesetz über den Vertrieb jugendgefährdender Schriften«, wie es dann bezeichnet wurde, zog einen langen Diskussionsgang nach sich, trat aber schließlich 1953 doch in Kraft. In der Bevölkerung und in den Beratungshilfen wurde es jedoch zumeist weiterhin das »Schmutz- und Schund-Gesetz« genannt.

Als »jugendgefährdende Schriften« bestimmte das Gesetz solche, »die geeignet sind, Jugendliche sittlich zu gefährden«. Dazu gehören »vor allem Unsittlichkeit sowie Verbrechen, Krieg und Rassenhaß verherrlichende Schriften«.[63] Wie offen diese Bewertungsmaßstäbe waren, zeigt dann die Praxis der Bewertung. So wurde besagte Literatur etwa als »Unterwertige[s] Schrifttum«[64] bezeichnet. »Unter Schmutz- und Schundliteratur versteht man herkömmlich die in großer

---

[61] A. a. O., S. 30.
[62] A.a.O., S. 66.
[63] Gesetz über die Verbreitung jugendgefährdender Schriften in der Fassung der Bekanntmachung vom 09. Juni 1953 (BGBl. I, 377–379), S. 377.
[64] WALTER BECKER: Wie schützen wir unsere Jugend vor Schmutz und Schund?, Gütersloh ²1959.

Masse produzierte, kolportagemäßig in Heften vertriebene und literarisch wertlose Literatur, die einerseits auf den sexuellen Trieb (Schmutz) und andererseits auf das triebmäßige Verlangen nach abenteuerlicher Sensation und geistloser Unterhaltung (Schund) spekuliert.«[65]

Zur Umsetzung dieses Gesetzes nahm die Bundesprüfstelle für jugendgefährdende Schriften im Juli 1954 ihre Arbeit auf. Chef der Bundesprüfstelle wurde der katholische Staatsanwalt Robert Schilling, der zuvor das Sonderdezernat zur Bekämpfung unzüchtiger Schriften, Bilder und Inserate geleitet hatte. Dabei hatte er auch mit dem katholischen Volkswartbund zusammengearbeitet,[66] der sich intensiv am Schmutz- und Schundkampf beteiligte.

Schilling erklärte schon in seiner Antrittsrede, seine Behörde gehe aus »von einer verbindlichen Sittlichkeit, die den ethischen Kern der abendländischen Kultur darstellt«[67].

Die Bundesprüfstelle zählte zu den Bundesbehörden; sie bestand aus 54 ehrenamtlich tätigen Personen, darunter auch Vertreter der beiden großen Kirchen.[68] Initiativen aus der Bevölkerung zur Unterstützung der Bundesprüfstelle blieben fast vollkommen aus. »Der ausbleibende gesellschaftliche Rückhalt zeigte besonders sinnfällig, wie sehr der Sittlichkeitskampf ein Vorhaben kleiner, wortmächtiger Kreise blieb.«[69]

Neu war in den fünfziger Jahren ein »Paradigmenwechsel im Jugendschutz«[70]. So wurden im 19. Jahrhundert unter Jugendschutz auch noch Maßnahmen zur Verbesserung des Arbeitsschutzes oder der Gesundheitsfürsorge verstanden. Erst ab etwa 1950 lässt sich eine Verschiebung der zentralen Gefahrenquellen feststellen: »In der Tradition der bürgerlichen Modernekritik erschienen nunmehr die soziokulturellen Folgen der Moderne als größte Gefahr für Jugendliche.«[71]

Unmittelbar betroffen vom »Gesetz über den Vertrieb jugendgefährdender Schriften« waren nur Klein- und Kleinstverlage, die Erotikheftchen produzierten. Viele von ihnen änderten hier ihre Geschäftsstrategie und stellten sich besonders auf Leihbüchereien ein. Diese waren zumeist Teil eines anderen Ladengeschäftes, etwa eines Schuhmachers oder eines Friseurgeschäftes und er-

---

[65] RICHARD BAMBERGER und WALTER JAMBOR: Die unterwertige Lektüre, Wien 1965, zitiert in: HANNES AMSCHL, Lutz HOLZINGER, und JULIUS MENDE: Schmutz & Schund im Unterricht, Darmstadt 1973, S. 14.
[66] Vgl. Bundesprüfstelle für jugendgefährdende Schriften, EZA 2/3171.
[67] ROBERT SCHILLING: Aus der bisherigen Entscheidungspraxis der Bundesprüfstelle, in: Jugendliteratur 1 (1955), S. 39–42, hier: 40.
[68] Vgl. STEINBACHER: Wie der Sex nach Deutschland kam, 2011, S. 206.
[69] Ebd.
[70] JÜRGEN KNIEP: »Keine Jugendfreigabe!« Filmzensur in Westdeutschland 1949–1990 (Moderne Zeiten. Neue Forschungen zur Gesellschafts- und Kulturgeschichte des 19. und 20. Jahrhunderts XXI), Göttingen 2010, S. 69.
[71] A.a.O., S. 71.

möglichten den Inhabern zusätzliche Einnahmen. Ein Teil des »Schmutz- und Schundkampfes« richtete sich deshalb auch ausdrücklich gegen diese Leihbüchereien.[72]

Trotz des Aktionismus des katholischen Volkswartbundes agierte die Bundesprüfstelle durchaus maßvoll. So berichtet der Schriftsteller Otto Brües, der von 1954 bis 1963 Beisitzer der Bundesprüfstelle war: »In den neun Jahren, in denen ich zu den Sitzungen der Bundesprüfstelle fuhr, sind keine Bücher von Rang indiziert worden. Nach dem Eid, den die Beisitzer ablegen mußten, waren die Verhandlungen geheim, und ich kann daher nicht erzählen, welch große Mehrheit jeweils die wenigen, die wirklichen Kunstwerke, die von übereifrigen Freunden der Jugend uns eingereicht worden waren, vor dem Index schützte; größer als sie jeweils war, konnte sie kaum sein.«[73]

Nur gut die Hälfte der 172 Druckschriften, die bis Mitte 1955 als jugendgefährdend angezeigt wurden, erschienen dann auch tatsächlich auf dem Index.[74] In der Prüfung potentiell jugendgefährdender Schriften konzentrierte man sich vor allem auf gewalttätige oder explizit sexuelle Passagen. Dem lag dann häufig auch die Auffassung zugrunde, dass heranwachsende Männer eher vor roher Gewalt, junge Frauen dagegen eher vor sexuellen Darstellungen zu schützen seien.[75]

Gesellschaftliche Rollenvorstellungen und protestantisch-ethische Bestimmungen waren sich in diesem Bereich sehr nahe. Es wurde an einer grundlegenden »geschlechtlichen Differenzierung«[76] des Menschen festgehalten. Männern und Frauen wurde eine je unterschiedliche Natur zugeordnet, die schon in der Schöpfungsordnung festgeschrieben ist[77] und die sich dann auch in unterschiedlichen Erlebens- und Handlungsebenen im Sexuellen und in entgegengesetzten Geschlechterrollen äußerte. Es wurde eine Kontextualisierung dieser Geschlechterrollen über Natur und Tradition vorgenommen, die in der Retrospektive als Versuch einer Problembewältigung erscheint, die sich dazu einer bestimmten Konstruktion ethischer Tradition bediente. Das geschlechtliche Verhalten junger Männer und Frauen wurde durchaus unterschiedlich bewertet. Sexuelle Bedürfnisse junger Männer wurden ernst genommen, sie müssten lediglich in geordnete Bahnen gelenkt werden, für junge Frauen dagegen vollzog sich jegliche erotische oder sexuelle Aktivität in Abhängigkeit von ihrem Ehemann. Deutlich trat auch die größere Schutzbedürftigkeit weiblicher

---

[72] Vgl. STEINBACHER: Wie der Sex nach Deutschland kam, 2011, S. 207.
[73] OTTO BRÜES: Auszug aus dem Buch »... und immer sang die Lerche (Mercator-Verlag Duisburg, Gert Wohlfahrt), S. 342–344, Seite 4, EZA 2/3172.
[74] Vgl. STEINBACHER: Wie der Sex nach Deutschland kam, 2011, S. 208.
[75] Vgl. EZA 2/3175.
[76] HELMUT THIELICKE: Sex. Ethik der Geschlechtlichkeit, Tübingen 1966, S. 1.
[77] Vgl. a.a.O., S. 157.

Adressatinnen zutage, da ihnen eine schnellere Gefährdung unterstellt wurde und für sie deshalb striktere Normen gelten müssten.

All dies zeigt sich exemplarisch an der Indizierung zweier Schriften aus dem Verlag Franz Decker Nachf. mit sehr parallelen Titeln im Jahre 1967: »Sex und ledige Männer«, verfasst von Dr. Albert Ellis, und »Sex und ledige Mädchen«, verfasst von Helen Gurley Brown. Die Begründungsmuster für die jeweilige Listung unterscheiden sich dabei stark: So wird Helen Gurley Brown vor allem ein unangemessener Umgang mit der Ehe in Form ihrer Bagatellisierung vorgeworfen.[78] Zudem wird »Anpreisung des Geschlechtsverkehrs ohne eine tatsächliche oder vermeintliche feste Bindung, also eine ›hwg‹-Einstellung (häufig wechselnder Geschlechtsverkehr), die zu den Verwahrlosungserscheinungen zählt«[79], kritisiert. Außerdem werde jede sexualethische Grenze verneint, wenn das »Zentrale im Wesen und Verhalten junger Mädchen und Frauen ausschließlich die Erotik und Sexualität«[80] sei.

Die Begründung der Indizierung von »Sex und ledige Männer« liest sich demgegenüber etwas anders: Grundsätzlich seien Sexualaufklärungsschriften »wünschenswert«[81] und »dringend erforderlich«[82]. Kritisch bemerkt wurden, in der sehr ausführlichen und deutlich differenzierteren Stellungnahme, nun vor allem die mangelnde Erziehung zur Askese und Möglichkeiten der Sublimation: »Sie [die Schrift] muß daher den im Durchschnitt noch wenig kritikfähigen Jugendlichen sittlich gefährden, weil sie in ihm anhand von Betrachtungsweisen, bei denen die sexuelle Begegnung zum alleinigen Maßstab genommen, Sublimierung abgelehnt und Promiskuität als Voraussetzung zur Lebenserfüllung gilt, eine sozial- und sexualethische Begriffsverwirrung und damit eine Fehlentwicklung auslösen.«[83]

Für den männlichen Adressaten sei also eine sexuelle Aufklärung, auch ohne explizite Nennung der Ehe, unbedingt geboten, lediglich die Art und Weise der Umsetzung erscheint als verfehlt, für junge Frauen jedoch muss sich sexuelles Erleben allein auf die Ehe konzentrieren, jegliche Hinweise auf vor- oder außereheliche Sexualität werden als sittlich gefährdend begriffen.

In den Zusammenhang einer höheren Alarmbereitschaft bei sexuellen Inhalten gehört auch der Kommentar von Alex Comfort anlässlich des gesellschaftlichen Aufruhrs in England um die Erscheinung von D. H. Lawrences »Lady Chatterley«: »Wäre sie von einem Lustmörder – unter weniger deutlichen Um-

---

[78] Vgl. Bundesprüfstelle für jugendgefährdende Schriften, Pr. 195/66, Bad Godesberg, den 3. Januar 1967, Seite 4, EZA 2/3175.
[79] Ebd.
[80] Ebd.
[81] Bundesprüfstelle für jugendgefährdende Schriften, Pr. 129/67, Bad Godesberg, den 2. Juni 1967, Entscheidung Nr. 1865, Seite 5, EZA 2/3175.
[82] Ebd.
[83] A.a.O., S. 9.

ständen – abgeschlachtet worden, so hätte niemand etwas gegen das Buch einzuwenden – ihr offen dargestelltes Liebesleben aber verdirbt uns.«[84]

4.3 Weitere Initiativen im protestantischen Kampf gegen »Schmutz und Schund«

Der protestantische »Schundkampf« war dann vor allem von privaten Initiativen und Vereinen getragen. So war der Protestant Dr. Walter Becker zugleich langjähriger Vorsitzender der Bundesarbeitsgemeinschaft Jugendschutz und Leiter des Evangelischen Arbeitskreises für Jugendschutz.[85] Der Evangelische Arbeitskreis für Jugendschutz gab 1959 eine Broschüre mit dem Titel »Die Verantwortung der Kirche für den Jugendschutz« heraus, die allen evangelischen Pfarrämtern zuging. Hier stand die Kritik an der modernen Konsumgesellschaft im Mittelpunkt, die auch Sexualität zur Ware degradiere.[86]

1964 gründete sich die Aktion »Sorge um Deutschland«, die sich den Einsatz »für die geistliche und charakterliche Gesundung unseres Volkes«[87] auf die Fahnen geschrieben hatte. Die Initiative hierzu war von der Evangelischen Marienschwesternschaft in Darmstadt ausgegangen und richtete sich besonders darauf, gerade junge Mädchen zu schützen. Die Aktionen konzentrierten sich vor allem auf den Druck und die Verteilung von Flugblättern. So wurde in den Darstellungen stets auf das Klima in der Öffentlichkeit und besonders die »Sex-Situation«[88] in Deutschland Bezug genommen.

Alle diese Gründungen lassen sich auch als Reaktion auf veränderte Normen deuten, so diagnostizierte es etwa Kirchenrat D. Dr. Kurt Hutten, Leiter der Evangelischen Zentralstelle für Weltanschauungsfragen.[89] Diese Erfahrung der »Entzauberung« überlieferter Normen war immer auch mit Angst, etwa vor dem Zusammenbruch der heterosexuellen Familie im Falle von abweichenden sexuellen und geschlechtlichen Handlungsmustern, verbunden.[90] Doch auch schon in ihrer Zeit fanden derartige Bemühungen einen sehr unterschiedlichen Widerhall. So weist Gyula Barczay darauf hin, dass die protestantische Kirche bis in die Gegenwart hinein in Fragen der Sittlichkeit versagt und diese zu eindeutig

---

[84] ALEX COMFORT: Der aufgeklärte Eros, München 1964, S. 96.
[85] Vgl. ALEXANDRA KAISER: Protestantischer Schundkampf in der Nachkriegszeit, in: Prädikat wertlos. Der lange Streit um Schmutz und Schund, hg. vom Ludwig-Uhland-Institut für Empirische Kulturwissenschaften der Universität Tübingen, Tübingen 2001, S. 30–44, hier: 31.
[86] Vgl. a.a.O., S. 33.
[87] Brief vom Vorstand der Aktion Sorge um Deutschland vom 16.3.1965 an den Ev. Landesbischof Eichele, in: LA; Bestand A 126, N. 1310, zitiert bei a.a.O., S. 35.
[88] Aktion Sorge um Deutschland Eilnachricht, Betrifft: SuD-Interview in der Fernsehsendung REPORT am Freitag, 17. Mai 1968: Sex in Deutschland, vom 13. Mai 1968, EZA 81/3 Nr. 213.
[89] Vgl. KURT HUTTEN: Die sexuelle Revolution, in: Kirche in der Zeit 21 (1966), S. 109–115.
[90] Vgl. BECK: Die Erfindung des Politischen, 1993, S. 28.

negativ bewertet hätte, ein Mangel, den die Theologie jedoch nun erkannt hätte.[91] Dazu führt er auch ein Zitat von Theodor W. Adorno an: »»Angesichts der aktuellen und potentiellen Schäden, die gegenwärtig der Menschheit von ihren Verwaltern angetan werden, hat das sexuelle Schutzbedürfnis etwas Irres, aber die Zahl derer ist geringer, die es wagen, das offen zu sagen, als selbst derjenigen, welche gegen so hoch ansehnliche gesellschaftliche Einrichtungen wie den bakteriologischen und den atomaren Krieg protestieren.«[92]

4.4 Aktion Saubere Leinwand

Einen weiteren Schwerpunkt und öffentlichkeitswirksamen Höhepunkt fand der Kampf gegen »Schmutz und Schund« in der sog. »Aktion Saubere Leinwand«, die gegen sittlich gefährdende und die Gesellschaft verrohende Kinospielfilme eintrat. Diese Gefährdung der »sittlichen Ordnung« auf der Leinwand war schon seit der Jahrhundertwende ein Thema, also seitdem »die Bilder laufen lernten«.[93] Das Kino galt als typisches Medium der Moderne. Der Kinobesuch sei dabei sowohl milieu- als auch geschlechtsabhängig. »Frauen unterstellte man, empfindlicher und empfänglicher für die Beeinflussung des Films zu sein, was im Umkehrschluss eine strengere Kontrolle nötig machte.«[94] Angstauslösend wirkte auch die hohe Emotionalität und die scheinbar direkte Einwirkung auf eine größere Gruppe Menschen gleichzeitig, oft auch verbunden mit dem Wissen um die Möglichkeiten der Massenmanipulation im Nationalsozialismus.[95] Besonders provozierend wirkten auch hier – ähnlich wie in den Printmedien – explizite Darstellungen von Sexualität und Gewalt. Mit der Kritik am Medium Film verband sich dann oft auch Kritik an dem sozialen und kulturellen Einfluss von Modernisierung, Industrialisierung und Urbanisierung.[96]

Die beiden Kirchen kommentierten bisher das Filmgeschehen hauptsächlich durch ihre beiden Filmzeitschriften: der katholische Film-Dienst (gegründet 1947) und der Evangelische Filmbeobachter (gegründet 1948).

---

[91] Vgl. GYULA BARCZAY: Revolution der Moral? Die Wandlungen der Sexualnormen als Frage an die evangelische Ethik, Zürich / Stuttgart 1967, S. 46.

[92] THEODOR W. ADORNO: Sexualtabus und Recht heute, in: Sexualität und Verbrechen. Beiträge zur Strafrechtsreform, hg. von Fritz Bauer u. a., Frankfurt am Main 1963, S. 299–325, hier: 310.

[93] Vgl. PHILIPP VON HUGO: »Eine zeitgemäße Erregung«. Der Skandal um Ingmar Bergmans Film »Das Schweigen« (1963) und die Aktion »Saubere Leinwand«, in: Zeithistorische Forschungen/Studies in Contemporary History, Online-Ausgabe, 3 (2006) H. 2, http://www.zeithistorische-forschungen.de/16126041-vHugo-2-2006 (abgerufen am 09.05.2014), Abschnitt 2.

[94] KNIEP: »Keine Jugendfreigabe!«, 2010, S. 94.

[95] Vgl. HEIDE FEHRENBACH: Cinema in Democratizing Germany. Reconstructing national identity after Hitler, Chapel Hill and London 1995, S. 4.

[96] Vgl. a.a.O., S. 2.

In den fünfziger Jahren hatte Willi Forsts »Die Sünderin« Proteste ausgelöst.[97] Besonderen Anstoß nahmen sowohl protestantische wie katholische Aktive an der drohenden »Entsittlichung«[98], der Inszenierung von Prostitution als möglichem Ausweg aus einer Notsituation, der Darstellung einer unehelichen Beziehung und den Themen Suizid und Sterbehilfe. Dieser Film brach in gewisser Weise mit vorherrschenden weiblichen Geschlechtervorstellungen und stellte ein ehezentriertes Sexualideal in Frage. Im Zuge der Freigabe des Films durch die FSK legte der evangelische Vertreter Pfarrer Werner Heß sein Amt in der FSK aus Protest nieder.[99] Damit verbunden war aber wohl auch die Hoffnung, auf diese Weise den kirchlichen Einfluss in der FSK zu vergrößern. Auf längere Sicht hatte dieses Vorgehen auch durchaus Erfolg, die »öffentliche Hand« erhielt die Parität in den Prüfausschüssen, dies kam vor allem den Kirchen entgegen.[100]

Die katholische Kirche begann unmittelbar nach der Entscheidung der FSK mit Mobilisierungsmaßnahmen, in Form von Stellungnahmen in Zeitungen, Eingaben bei Behörden und Protestschreiben an Regierungsstellen. Hieran beteiligten sich häufig auch Protestantinnen und Protestanten.[101] Auch im Rahmen jener Aktionen wurde oft der Terminus »Schmutz und Schund«[102] verwendet, die Einflussnahme auf das Medium Film bildete sich also als zweite Säule des (protestantischen) Schmutz- und Schundkampfes aus.

Jürgen Kniep macht jedoch darauf aufmerksam, dass das Ausmaß und die Reichweite der Proteste in der Forschungsliteratur oft überschätzt würden.[103] Allerdings konnte auch hier »nicht verhindert werden, dass der Film ein Erfolg wurde – denn nicht zuletzt wegen der Skandalisierung war er 1951 ein Kassenschlager.«[104]

Die Selbstzensur der Filmindustrie sorgte ebenso wie eine straffe staatliche Kontrolle dafür, dass dann keine weiteren anstößigen Filme ihren Weg auf die Leinwand fanden.[105] Hier scheint es, dass individuelle Entscheidungen der einzelnen Zuschauerinnen und Zuschauer gerade verhindert werden sollten. Die konfessionellen Filmbeauftragten in der FSK verstanden sich daher als »Wäch-

---

[97] Vgl. KLAUS-JÖRG RUHL (Hg.): Frauen in der Nachkriegszeit, München 1988, S. 107.

[98] Boykottaufruf des Katholikenausschuß der Stadt Köln, in: Kölnische Rundschau, 04.03.1951.

[99] Vgl. KIRSTEN BURGHARDT: Werk, Skandal, Exempel. Tabudurchbrechung durch fiktionale Modelle: Willi Forsts Die Sünderin (diskurs film BIBLIOTHEK 11), München 1996, S. 17.

[100] Vgl. JÜRGEN KNIEP: Die Kirchen und die Filmzensur, in: Kirchen – Medien – Öffentlichkeit. Transformationen kirchlicher Selbst- und Fremddeutungen seit 1945 (Geschichte der Religion in der Neuzeit 2), hg. von FRANK BÖSCH und LUCIAN HÖLSCHER, Göttingen 2009, S. 115–143, hier: 122 f.

[101] Vgl. BURGHARDT: Werk, Skandal, Exempel, 1996, S. 23 f.

[102] Vgl. a.a.O., S. 18 f.

[103] KNIEP: Die Kirchen und die Filmzensur, 2009, S. 121.

[104] VON HUGO: »Eine zeitgemäße Erregung«, 2006, Abschnitt 4.

[105] Vgl. HERZOG: Die Politisierung der Lust, 2005, S. 175.

ter und Gestalter«[106], damit verband sich die Annahme, dass eine Lenkung und Erziehung der Menschen nötig sei.

Zwei weitere Filme zogen dann in den sechziger Jahren Empörung und Aktionen nach sich: Ingmar Bergmans »Das Schweigen« und »491« von Vilgot Sjöman.

An diesen zwei Filmen zeigen sich deutlich die beiden Parameter, die gesellschaftliche Ordnungen infrage zu stellen schienen: Sexualität im Falle von »Das Schweigen« und Gewalt im Falle von »491«, verbunden mit einem Anzweifeln christlicher Weltdeutung. »Das Schweigen« bildet nach »Wie in einem Spiegel« und »Licht im Winter« den abschließenden Teil einer Trilogie (auch »Glaubenstrilogie« genannt).[107] Das in schwarz-weiß gedrehte Filmdrama beschreibt die Erfahrungen zweier Schwestern, Anna und Ester sowie Annas Sohn Johan, die auf der Heimreise nach Schweden in der Stadt Timoka stranden, deren Landessprache sie nicht verstehen. Ester, die Ältere, ist sterbenskrank und sehnt sich offenbar nach einem lesbischen Verhältnis zur jüngeren Anna. Diese jedoch stürzt sich, angewidert von den latenten, zu keiner Zeit ausgesprochenen, Lüsten der Älteren in sexuelle Abenteuer mit einem Fremden. Der Film feierte im Januar 1964 in Deutschland Premiere. Die FSK entschied sich einstimmig für eine Freigabe des Filmes ab 18 Jahren und billigte ihm zu, ein Film von »allerhöchstem künstlerischen Rang«[108] zu sein.

Schnell regte sich massiver Protest, vor allem von katholischer, aber auch von evangelischer Seite.[109] Insgesamt richtete sich die Kritik vor allem gegen drei Szenen expliziten sexuellen Inhaltes, die insgesamt eine Länge von 118 Sekunden hatten. Auch die Tatsache, dass hier weibliche, ein Stück weit selbstbestimmte, Sexualität im Mittelpunkt stand, scheint die Proteste angeheizt zu haben. Ein weiteres Problem ergab die Zuordnung zu besagter Trilogie, diese erlaubte die Deutung, dass »Das Schweigen« letztlich eine Welt schildere, in der es Gott nicht mehr gebe.[110]

---

[106] WERNER HESS: Die evangelische Kirche und der Film, in: Kirche und Film. Ein Zeitproblem. Sonderdruck des Filmpost Archiv, hg. von HELMUT MÜLLER, Frankfurt am Main / Büdingen 1948, S. 19–24, 24.

[107] Vgl. The Silence, auf der Webseite der Ingmar-Bergman-Stiftung, http://ingmarbergman.se/en/production/silence(abgerufen am 09.05.2014). Vgl. HANS-DIETER ROSS: Wer hat Angst vor Ingmar Bergman, in: Süddeutsche Zeitung, 03. Februar 1964, abgedruckt in: GERT H. THEUNISSEN: Das Schweigen und sein Publikum. Eine Dokumentation, Köln 1964, S. 48–51.

[108] Archiv der Freiwilligen Selbstkontrolle der Filmwirtschaft (FSK), »Das Schweigen«, Prüf.-Nr. 31307, Protokoll der Prüfsitzung vom 10.12.1963, zitiert in: GERT H. THEUNISSEN: Das Schweigen und sein Publikum. Eine Dokumentation, Köln 1964, S. 18 f.

[109] Vgl. Auseinandersetzungen in: Christ und Welt, 28. Februar 1964, abgedruckt in: GERT H. THEUNISSEN: Das Schweigen und sein Publikum. Eine Dokumentation, Köln 1964, S. 98–105.

[110] Vgl. GEORG RAMSEGER: Kunstwerk oder Pornografie? Bergmans »Schweigen« und die

Im September 1964 wurde dann die erste »Saubere Leinwand« entrollt: In Schweinfurt wurde zur ersten »Aktion Saubere Leinwand« aufgerufen. Grundsätzlich wurde der »Mißbrauch der Freiheit durch die Massenmedien«[111] beklagt und auf die Einhaltung scheinbar eindeutiger moralischer Standards gepocht. Der Wortlaut des Aufrufs lautete: »Wir Bürger der Stadt [...] wollen sittlich saubere und moralisch vertretbare Filme. Wir verwahren uns dagegen, daß unter dem Deckmantel einer Kunst mit der Unmoral Geschäfte gemacht werden. Wir bitten den Herrn Bundespräsidenten und den Herrn Ministerpräsidenten, ihre Autorität dafür einzusetzen, daß die bestehende Freiheit nicht zum Schaden der Allgemeinheit mißbraucht wird, [...].«[112] Der Aufruf fand Nachahmer in vielen anderen Städten.

In dieser gesellschaftlichen Stimmung traf das Buß- und Bettagswort des Rates der Evangelischen Kirche in Deutschland ins Schwarze. Es wurde an alle evangelischen Pfarrämter gesandt und war zur Verlesung von der Kanzel gedacht. Obwohl die Auffassungen innerhalb des Protestantismus zum »Schmutz- und Schundkampf« sehr unterschiedlich waren, zeigte sich hier doch keine Vermittlungsposition, sondern vielmehr eine eher restriktive Positionierung.

Mit harten Worten wurde die gesellschaftliche Lage beurteilt: »Die Zeichen moralischer Entartung in unserem öffentlichen und privaten Leben mehren sich in erschreckender Weise. Es erscheinen Aufsätze und Bilder in Illustrierten, auch Bücher, die – zuweilen unter dem Deckmantel der Sozialkritik oder angeblicher moralischer Entrüstung – Vorgänge des geschlechtlichen Lebens, ja abartige menschliche Triebe unter Verletzung der Scham behandeln. Filme zerren Intimstes an die Öffentlichkeit oder überbieten einander in der Darstellung von Grausamkeiten. [...] Uns Christen, unsere Gemeinden und Kirchen beschämen diese Tatsachen tief, weil sie Zeichen der Wirkungslosigkeit unserer Verkündigung und Erziehung sind und unsere Passivität auf vielen Gebieten unseres öffentlichen Lebens enthüllen. Wir sind in der Gefahr, unter die Diktatur der Unanständigkeit zu geraten. [...] Wir haben die Pflicht, nicht nur uns selbst, sondern auch unsere Umgebung, vor allem unsere Kinder, unser Dorf und unsere Stadt, unser Land und Volk vor Fäulnis zu bewahren, den Mißbrauch der Freiheit, die Verwirrung der Gewissen, die Entehrung der Frau, die Verletzung der Menschenwürde furchtlos beim Namen zu nennen und zum Widerstand gegen die Verwüstung der Seelen aufzurufen.«[113]

Moral – Der Ruf nach dem Zensor, in: Die Welt, Hamburg, 23. November 1963, abgedruckt in: THEUNISSEN: Das Schweigen und sein Publikum, 1964, S. 32–36, hier: 34.

[111] Bittschrift an den Bundestag. 33.000 Unterschriften bei der Bürgeraktion für gute Filme und Illustrierte, in: Westfälische Nachrichten, 13.01.1966.

[112] Saubere Leinwand, Glocken geläutet, in: DER SPIEGEL 21/1965 (19.05.1965), S. 37.

[113] Wort des Rates der Evangelischen Kirche in Deutschland zum Buß- und Bettag 1964 (18. November 1964), in: Kirchliches Jahrbuch für die Evangelische Kirche in Deutschland 1964, Gütersloh 1966, S. 113 f.

»Droht eine Diktatur der Unanständigkeit? «[114], so betitelte der Spiegel ein Interview mit dem Bundestagsabgeordneten Prof. Dr. Adolf Süsterhenn,[115] der sich für eine Änderung des Grundgesetzes einsetzte. Im Interview beruft sich Süsterhenn wörtlich auf das Wort der EKD – »dann ist das doch nicht irgend etwas, was aus der Luft gegriffen ist. Der Rat der Evangelischen Kirche, der ja auch seine künstlerischen, filmischen und sonstigen Sachverständigen hat, der über die Erfahrungen seiner Gemeindepfarrer und seiner Landesbischöfe und Kirchenpräsidenten verfügt, hatte sicherlich Gründe, das auszusprechen.«[116] Das Interview nahm dabei auch auf Süsterhenns Artikel im Rheinischen Merkur vom 30. April 1965 Bezug, in dem er eine Gesetzesinitiative der CDU/CSU vorstellte, die die Bindung der Kunst an das Sittengesetz sicherstellen sollte.[117] Diese Gesetzesinitiative, die auf eine Grundgesetzänderung abzielte, hatte jedoch letztlich keinen Erfolg. Es sagt einiges über gemeinsame Positionen evangelischer und katholischer Kirche dieser Zeit aus, dass der bekennende Katholik Süsterhenn sich ausdrücklich auf ein EKD-Papier beruft. Es zeigen sich gemeinsame Ängste und verbindende sittliche Vorstellungen, wie sie auch in der ganzen Aktion »Saubere Leinwand« zutage treten. Die Aktion wurde Anfang 1966 schließlich offiziell für beendet erklärt.[118] Insgesamt blieb sie weit hinter ihren eigenen Zielvorgaben zurück.

Im Oktober 1965 fand unter dem Titel »Kunst, Moral und Kirche. Diktatur der Unanständigkeit?« eine Diskussion in der Akademie Bad Boll statt. Hier wurde vor allem auch über die Rolle der Kirche im »Schmutz- und Schundkampf« diskutiert. Wie die Evangelische Welt im Anschluss berichtete, war die Haltung der EKD zu dieser Frage deutlich differenzierter: »Wenn auch das obligate »Aber« gegenüber der Kunst als vermeintlicher gelegentlicher ›Schrittmacherin‹ nicht sonderlich anständiger Dinge‹ keineswegs unterdrückt wurde, so blieb das Bestreben der etablierten Kirche, nicht als eine Art von verlängertem, autoritär-klerikalen Arm der ›Aktionen‹ von ›Sauberer Leinwand‹ und ›Sorge um

---

[114] Droht eine Diktatur der Unanständigkeit? Spiegel-Gespräch mit dem CDU-Bundestagsabgeordneten Professor Dr. Adolf Süsterhenn über die Freiheit der Kunst, vom 19.05.1965.

[115] Prof. Dr. Adolf Süsterhenn (1905–1974) war Staatsrechtler und politisch in unterschiedlichsten Funktionen aktiv, etwa als Mitglied des Parlamentarischen Rates, als Präsident des Oberverwaltungsgerichts und Vorsitzender des Verfassungsgerichtshofs von Rheinland-Pfalz. Zu seinem Leben und Werk vgl. CHRISTOPH VON HEHL: Adolf Süsterhenn (1905–1974). Verfassungsvater, Weltanschauungspolitiker, Föderalist (Forschungen und Quellen zur Zeitgeschichte 62), Düsseldorf 2012.

[116] Droht eine Diktatur der Unanständigkeit?, 1965, S. 42.

[117] ADOLF SÜSTERHENN: Gegen die Diktatur der Unanständigkeit, in: Rheinischer Merkur 18 (30.04.1965).

[118] Vgl. Die »Saubere Leinwand« wird »eingerollt«. Ende der Aktion – Wenig Anklang bei der Bevölkerung, in: Rhein-Zeitung, Koblenz, 03.01.1966.

Deutschland‹ mißverstanden zu werden, dennoch während der gesamten Tagung in wohltuender Weise spürbar.«[119]

5. Die Denkschrift für Sexualethik

Dieses geschilderte breite konservative Bündnis von Aktionen wie »Saubere Leinwand« oder »Sorge um Deutschland« stellte jedoch nur einen Strang der Diskussion dar. Andere Stimmen suchten nach Reaktionsmöglichkeiten auf das veränderte Klima in sexuellen Fragen in der Bundesrepublik. Hatte der Film »Das Schweigen« noch die beschriebenen heftigen Kontroversen auslösen können, wirkten solche Auseinandersetzungen Ende der sechziger Jahre schon gleichsam »aus der Zeit gefallen«. Der öffentliche und mediale Umgang mit Sexualität hatte sich innerhalb kürzester Zeit rapide verändert. Damit verband sich eine Pluralisierung von Geschlechterrollen.

Innerhalb der Evangelischen Kirche setzte sich der zuvor vorgestellte Diskussionsstrang noch in der ökumenischen Zusammenarbeit zur Schrift »Das Gesetz des Staates und die sittliche Ordnung« fort, die das Ehe- und Strafrecht diskutierte und bewusst konservativ argumentierte. »In scharfer Abgrenzung zu den Pluralismuserscheinungen der Zeit gingen die Verfasser in einer Art Naturrechtsdenken davon aus, dass es sittliche Wertvorstellungen gebe, die dem Gesetzgeber bindend vorgegeben seien.«[120] Am 28. Dezember 1970 wurde die Schrift dann veröffentlicht. Sie wurde vielfältig verbreitet, ging unter anderem auch allen evangelischen und katholischen Pfarrämtern zu. Da sie zudem mit einem Vorwort des EKD-Ratsvorsitzenden D. Hermann Dietzfelbinger veröffentlicht wurde, nahm sie die Öffentlichkeit auch als offizielle protestantische Denkschrift (»Orange Denkschrift«) wahr.

Die Reaktionen innerhalb der EKD waren sehr kontrovers, letztlich erklärte sich der Rat jedoch nicht mit der Veröffentlichung solidarisch. Stellungnahmen jüngerer Theologen zeigen deutlich, wie sich das Leitbild des Protestantismus hin zur Hochschätzung des/der Einzelnen verändert hat, der Versuch der »Orangen Denkschrift«, Veränderungen im Frauen- und Familienleitbild aufzuhalten, wurde scharf kritisiert.[121]

Im Zuge jenes größeren Trends zu einer gesellschaftlichen Liberalisierung entstanden die Neue Linke, die APO und die Studentenbewegung sowie die ers-

---
[119] Geistlicher Austausch. Kann der Teufel malen? In Bad Boll: Gespräch über »Kunst, Moral und Kirche«, in: Evangelische Welt, Jg. 19, Nr. 20 vom 16. Oktober 1965, 622, EZA 87/1107.
[120] SIMONE MANTEI: Nein und Ja zur Abtreibung. Die evangelische Kirche in der Reformdebatte um § 218 StGB (1970–1976), Göttingen 2004, S. 66.
[121] Vgl. ANSELM: Jüngstes Gericht und irdische Gerechtigkeit, 1994, S. 152 ff. Exemplarisch vgl. SIEGFRIED KEIL: Ist Sex des Teufels?, in: Die Zeit, 11.06.1971.

ten Frauengruppen, die alle begannen, Fragen um die Geschlechterbeziehungen radikal zu politisieren.

So fragte etwa auch die Evangelische Konferenz für Familien- und Lebensberatung nach neuen Formen des Umgangs mit Ehe und Beziehungen und sah sich mit den Debatten um eine sexuelle Befreiung konfrontiert.[122] Auch als Reaktion auf diese gesellschaftlichen Diskussionsprozesse beschloss der Rat der EKD die Erarbeitung einer »Denkschrift zu Fragen der Sexualethik« durch eine Kommission von Juristen, Medizinern, Pädagogen, Psychologen, Psychotherapeuten, Soziologen und Theologen. Hier waren sowohl Vertreterinnen und Vertreter der Aktion »Sorge um Deutschland« als auch die Evangelische Konferenz für Familien- und Lebensberatung vertreten.

Vorsitzender des Ausschusses wurde Dr. med. Karl Horst Wrage, Leiter des Sozialmedizinischen Amtes der Evangelisch-lutherischen Landeskirche Hannovers, er war auch geschäftsführender Vorsitzender der Konferenz für Evangelische Familien- und Lebensberatung. Die Kommission trat im Januar 1966 zum ersten Mal zusammen. Zur gleichen Zeit bildete sich in der DDR unter Vorsitz des Studentenpfarrers Hansjürgen Schulz auch eine sexualethische Kommission. Auch wenn sich die Zusammenarbeit zwischen beiden Kommissionen nicht so intensiv gestaltete wie zunächst erhofft, standen beide Ausschüsse und besonders ihre Vorsitzenden doch in regem Austausch miteinander. Die Arbeit des DDR-Ausschusses, die sich vor allem auf Fragen der Ehe und der verantwortlichen Elternschaft konzentrierte, erschien 1969 unter dem Titel »Chancen der Ehe heute« und wurde gemeinsam mit der Denkschrift zu Fragen der Sexualethik 1971 auch in der Bundesrepublik veröffentlicht.

Die Zusammenarbeit in der westdeutschen Kommission verlief ausgesprochen intensiv und immer wieder auch kontrovers. Dies ist der Denkschrift auch an einigen Stellen anzumerken. Die Denkschrift wurde im Januar 1971 veröffentlicht, der Rat der EKD stimmte der Veröffentlichung zu, ohne sie sich selbst anzueignen. Es wurde festgehalten, dass ein großes Bedürfnis nach »einer evangelischen Äußerung zur Sexualität«[123] bestünde, die Denkschrift aber gleichwohl keine uneingeschränkte Zustimmung in der Kommission finden könne.

Der Anfang der Denkschrift beschreibt, folgt man den Kategorien Ulrich Becks, die zunehmenden gesellschaftlichen Pluralisierungs- und Individualisierungstendenzen: »Wir erleben heute einen besonders starken allgemeinen Wandel in den zwischenmenschlichen Beziehungen und ihrer Bedeutung für den einzelnen und die Gesellschaft. Auch das Verhältnis der Geschlechter zueinander hat eine grundlegende Veränderung erfahren. [...] Herkömmliche Ordnungen,

---

[122] Vgl. GUIDO N. GROEGER, JOACHIM SCHARFENBERG u. a.: Stellungnahme zur Aktion Sorge um Deutschland ..., in: Wege zum Menschen 3 (1965), Beilage: Praxis der Familienberatung, S. 353–355.
[123] Denkschrift zu Fragen der Sexualethik, Vorwort, Gütersloh ²1971, S. 5.

die zu Beginn unseres Jahrhunderts noch als verbindlich angesehen wurden, haben ihre allgemeine Anerkennung verloren oder einen Wandel erfahren.«[124]

Dieser Wandel verbindlicher Ordnungen lässt sich in der Denkschrift für Sexualethik exemplarisch an der Beurteilung der Lebensform der Ehe und der Gestaltung menschlicher Sexualität nachzeichnen:

Die Denkschrift bestimmt Mann und Frau in ihrer grundsätzlichen Verwiesenheit aufeinander.[125] Sexualität und sexuelle Begegnung bleiben, ganz dem zeitgenössischen Diskurs folgend, in diese geschlechtliche Polarität der Zweigeschlechtlichkeit eingebunden.[126] Sexuelles Verhalten wird dabei jedoch auch als traditionsabhängig und wandlungsfähig beschrieben. Die Ehe bleibt der einzige Ort, an dem das geschlechtliche Leben seine Erfüllung findet.[127] Deutlich erkennbar bemüht die Denkschrift sich darum, auch Herausforderungen für die Ehe in der Gegenwart in den Blick zu nehmen, auch die Möglichkeit einer Ehescheidung wird zugestanden. In besonderer Weise stünden Ehe und Gesellschaft in Wechselwirkung zueinander: »Deshalb haben gesellschaftliche Veränderungen Einfluß auf die Ehe. Andererseits sollten aber auch spezifisch menschliche Erfahrungen, wie sie in der Ehe gewonnen werden können, für eine bewußte Gestaltung gesellschaftlicher Veränderungen fruchtbar gemacht und als Gegengewicht gegen eine kritiklose Anpassung eingesetzt werden.«[128] Eine Möglichkeit zur gesellschaftlichen Mitgestaltung evangelischer Christinnen und Christen wird also in einer bewussten und verantwortlichen Gestaltung von Ehe gesehen. Hier lässt sich eine Verschiebung im ethischen Diskurs konstatieren, aus der eigenen persönlichen Lebensführung heraus scheint gesellschaftliche Einflussnahme möglich.

Es wird folgerichtig ein bedingtes Ja zu Wohngemeinschaften mit Kleinfamilien und Alleinstehenden ausgesprochen, die entstehenden Kommunen werden jedoch abgelehnt.[129] Letzteres Thema wurde auch sonst im zeitgenössischen protestantischen Ethik-Diskurs in ähnlicher Weise diskutiert.[130] Auch Ehelosigkeit wird als eine Möglichkeit menschlicher Lebensgestaltung festgehalten, die »nicht allein schicksalhafte Beschränkung menschlicher Möglichkeiten«[131], sondern auch eigene Chancen in sich berge. Zumindest kurz klingt auch die schwierige Situation lediger Frauen in evangelischen Gemeinden an, ohne jedoch vertieft zu werden.

---

[124] A.a.O., S. 9.
[125] Vgl. a.a.O., S. 17 ff.
[126] Vgl. THIELICKE: Sex. Ethik der Geschlechtlichkeit, 1966, S. 1 ff.
[127] Vgl. Denkschrift zu Fragen der Sexualethik, ²1971, S. 20.
[128] A.a.O., S. 20 f.
[129] Vgl. a.a.O., S. 24.
[130] Vgl. KLAUS FRANKE: Nicht Gemeinschafts-Familien, sondern Familien-Gemeinschaften, in: Wege zum Menschen 22 (1970), S. 193–201.
[131] Denkschrift zu Fragen der Sexualethik, ²1971, S. 24 f.

Ausgesprochen umstritten war der Abschnitt V. »Sexualverhalten in der Jugend«, hier fanden sich sehr unterschiedliche Meinungen in der Kommission. Trotz des Festhaltens am Primat der Ehe wird vorsichtig auch der Geschlechtsverkehr »verlobter oder fest befreundeter Paare«[132] zugelassen. Die Entscheidung dafür wird in die Hände des jeweils betroffenen Paares gelegt. »Die Entscheidung über die Aufnahme einer sexuellen Beziehung wird aus dem Regelungsbereich der kirchlichen Moral und des staatlichen Rechts in die Verantwortung der Partner gelegt – und damit vollzieht sich m. E. auf evangelischer Seite der Übergang von einer legalistisch-kasuistischen Sexualmoral zu einer Ethik der personalen Verantwortung.«[133] Trotzdem gelingt es der Denkschrift nicht, den Vorwurf, den Leslie Clements gegenüber zeitgenössischen sexualethischen Darstellungen in diesem Feld erhebt, zu überwinden: »Allen Lippenbekenntnissen zum Trotz, man habe die Leibfeindlichkeit früherer Jahrhunderte über Bord geworfen, geht man in der Diskussion fast ausschließlich von der Frage der körperlich-sexuellen Beziehungen aus und fragt nach ihrer ethischen Erlaubtheit.«[134]

Für die Wahl von Verhütungsmitteln wird auf eine sachgemäße Beratung verwiesen. Auch hier erhebt die Evangelische Kirche nicht den Anspruch, entsprechende Anweisungen vorzugeben. Bei dem Thema Homosexualität gingen Einschätzungen noch von einem völlig anderen medizinischen Kenntnisstand aus.[135] So wird diese auf ein gestörtes Verhältnis zur eigenen Geschlechterrolle oder zum eigenen Geschlecht zurückgeführt und letztendlich als »sexuelle Fehlform«[136] verurteilt. Hier lassen sich deutlich die Grenzen des Denkbaren im zeitgenössischen ethischen Diskurs erkennen, Begehren und Geschlecht werden noch in eindeutiger Weise miteinander verbunden, Heteronormativität bleibt für die Einschätzung unterschiedlicher Beziehungsformen leitend. Trotzdem rückt nun stärker als zuvor die Auseinandersetzung mit pluralistischen Lebenskonzepten in den Vordergrund: »Das Rollenmodell des sozialen Lebens, nach dem das eigene Leben als Kopie nach der Vorgabe traditioneller Blaupausen gelebt werden konnte, läuft aus. Individualisierung ersetzt die Kopisten-Existenz durch

---

[132] Vgl. a.a.O., S. 27.

[133] SIMONE MANTEI: Protestantismus und sexuelle Revolution in Westdeutschland – ein Schlaglicht, in: Umbrüche. Der deutsche Protestantismus und die sozialen Bewegungen in den 1960er und 70er Jahren (Arbeiten zur Kirchlichen Zeitgeschichte, Reihe B: Darstellungen 47), hg. von SIEGFRIED HERMLE, CLAUDIA LEPP und HARRY OELKE, Göttingen 2007, S. 163–175, hier: 170.

[134] LESLIE CLEMENTS: Ehe und eheähnliche Situationen, in: Wege zum Menschen 22 (1970), S. 456–478, hier: 475.

[135] Vgl. SIEGFRIED KEIL: Was wir damals noch nicht schreiben durften/konnten – Die sexualethische Denkschrift von 1971 in der Rückschau eines Beteiligten, in: Evangelische Theologie 73 (2013), S. 353–363, hier: 358 f.

[136] Denkschrift zu Fragen der Sexualethik, ²1971, S. 40.

die dialogische Existenz, dialogische Imagination, in welcher die Gegensätze der Welt im eigenen Leben ausgehalten, überbrückt werden müssen.«[137]

Für die Zeit ihrer Entstehung lässt sich die Denkschrift durchaus als progressiv verstehen. Sie fällt damit auch in die Zeit, in der die Evangelische Kirche nach einem neuen Selbstverständnis und nach möglichen Reaktionsweisen auf den gesellschaftlichen Wandel suchte. So schilderte Gottfried Niemeier die kirchliche Situation mit deutlichen Worten: »Die Welt, in der wir leben, ist auf dem Weg an einen neuen geschichtlichen Ort, von dem die Futurologen sagen, daß er eine ›Zukunft ohne Vorbild‹ darstelle. [...] Auch die Kirche ist genötigt, den Exodus aus dem Gestern und Heute mit zu vollziehen und sich auf das einzustellen und auszurichten, was als ›Zukunft ohne Vorbild‹ auch auf sie zukommt und dem sie entgegengeht.«[138]

Dies zeigen auch die zeitgenössischen Pressestimmen. »Der Versuch von Großfamilien soll gefördert werden, Partnertausch wird abgelehnt«, so titelt Die Welt.[139] Als »humane Erotik« bezeichnet das Deutsche Allgemeine Sonntagsblatt die Denkschrift.[140] Die Kirchenzeitung »Der Weg« schließlich charakterisiert die Denkschrift als »vorurteilsfreien Beitrag zum Sexualproblem«.[141]

6. Fazit

Fokussiert durch die Beobachtungskategorien der Individualisierungsprozesse und der Frage nach Geschlecht können ethische Debatten um Familie, Sittlichkeit und Sexualität unter einem neuen Blickwinkel beleuchtet werden.

Es lassen sich – auf einer strukturell, empirisch zu untersuchenden Ebene – für die fünfziger bis sechziger Jahre in all diesen drei Bereichen massive strukturelle Veränderungen feststellen. Zugleich aber verändern sich Denkbewegungen und Denkmuster, Konventionen und Vorstellungswelten. Der Prozess der Individualisierung zeigt sich zunächst in einem strukturellen Wandel von Geschlechterzuordnungen, etwa im Bereich der gesetzlichen Gleichberechtigung von Mann und Frau, in veränderten Bildungsmöglichkeiten auch von Frauen oder einer Veränderung der Arbeitswelt mit Zunahme weiblicher Erwerbstätig-

---

[137] BECK: Das Zeitalter des »eigenen Lebens«, 2001, S. 4.
[138] GOTTFRIED NIEMEIER: Kirchliche Zeitgeschichte 1970. I. Die Evangelische Kirche in Deutschland. Vorbemerkung: Kirche in Anfechtung und Engagement, in: Kirchliches Jahrbuch für die Evangelische Kirche in Deutschland 1970, Gütersloh 1972, S. 1–3, hier: 1.
[139] Vgl. EKD legt eine Denkschrift zur Ehe- und Sexualmoral vor, in: Die Welt Nr. 47, 25. Februar 1971, S. 7.
[140] Vgl. Humane Erotik. Eine neue Denkschrift der EKD, in: Deutsches Allgemeines Sonntagsblatt Nr. 10, 7. März 1971, S. 11.
[141] Vgl. WOLFGANG FRANK: EKD-Denkschrift zu Fragen der Sexualethik. Vorurteilfreier Beitrag zum Sexualproblem, in: Der Weg Nr. 11, 14. März 1971, S. 5.

keit. Dies hat dann auch Auswirkungen auf den Bereich der Werte - und Normenbildung, auf ihre »Ver-Innerlichung und Subjektivierung«[142].

Die Diskursverläufe in den ethischen Debatten des Protestantismus der Nachkriegszeit machen deutlich, wie sich die beschleunigte modernitätsspezifische Individualisierung auch im Protestantismus niederschlägt. In den fünfziger und sechziger Jahren erlebte der Protestantismus Individualisierungsprozesse als Herausforderung, an die Institution, aber auch an das eigene Rollenverständnis. Diese Individualisierungsprozesse verbanden sich auch häufig mit der Frage nach Geschlechterkonstruktionen. Überlieferte institutionelle Bindungen begannen sich ebenso aufzulösen wie verbindliche moralische Normen, die bis dahin unwidersprochen schienen.

Es lässt sich daher von einer Doppelbewegung sprechen: Der Protestantismus positioniert sich zum einen zu gesellschaftlichen Individualisierungsprozessen und zu veränderten Geschlechterrollenzuschreibungen, zum anderen aber hat diese Position auch Auswirkungen auf die grundsätzliche Art und Weise ethischer Entscheidungsfindungen.

Von einer ursprünglich stark restriktiven Position, die an der Festschreibung oder sogar Wiedergewinnung einer patriarchalisch geprägten Rollenverteilung in Ehe und Familie interessiert war, kommt es zu einer zunächst nur vorsichtig einsetzenden, dann aber sich immer mehr beschleunigenden Liberalisierung der eigenen Positionen. Deutlich tritt dabei auch ein Zusammenhang zwischen essentialisierten und zum Teil auch stereotypisierten Geschlechterrollen und einer Normierung von Begehren hervor. Dies lässt sich gerade in den fünfziger Jahren noch deutlich beobachten, gleichwohl auch hier schon gegenläufige Tendenzen sichtbar werden. Die Verknüpfung von Ordnungsvorstellungen und Regulierung von Sexualität macht eine Zweiteilung von Geschlecht mit entsprechenden Zuordnungen und Zuweisungen an Männlichkeit und Weiblichkeit nötig.

Grundlegend lassen sich dabei in der ethischen Urteilsfindung zwei Verschiebungen erkennen: Zum einen handelt es sich um die Verschiebung von einer normativen Setzung zur eigenen Entscheidung von jedem und jeder Einzelnen und zum anderen um einen Wandel vom Schutz vor Unsittlichkeit und sexualisierten Darstellungen zur Begleitung und zum eigenen verantwortungsvollen Umgang. Es scheint, als bemühe sich ethische Urteilsfindung nun auch in verstärktem Maße darum, menschliche Lebensrealität zur Kenntnis zu nehmen. Damit verbunden ist auch eine Billigung der Pluralisierung und Flexibilisierung von Geschlechterrollen. Der Protestantismus wird in dem gesellschaftlichen Trend zur sexuellen Liberalisierung[143] eine wichtige hörbare Stimme, diesen Verände-

---

[142] MONIKA WOHLRAB-SAHR: Individualisierung: Differenzierungsprozesse und Zurechnungsmodus, in: Individualisierung und Integration. Neue Konfliktlinien und neuer Integrationsmodus?, hg. von ULRICH BECK und PETER SOPP, Opladen 1997, S. 23–36, hier: 30.

[143] Zur Diskussion, wie die gesellschaftliche Liberalisierung in sexuellen Fragen, auch als Teil der deutschen Vergangenheitsbewältigung, einzuordnen und zu werten ist, vgl. etwa:

rungen wird nicht mehr nur negativ begegnet, vielmehr werden sie nun aktiv mitzugestalten versucht.

Diese beiden Phänomene bleiben jedoch in sich ambivalent, es wird die »Gleichzeitigkeit des Ungleichzeitigen« sichtbar. So hielten beispielsweise Ende der sechziger Jahre noch Vertreter und Vertreterinnen der »Aktion Sorge um Deutschland« an einem Kampf um Sittlichkeit und an der ausschließlichen Konzentration auf die Ehe fest, während zeitgleich bereits die Sexualethische Kommission mit der Ausarbeitung der Denkschrift befasst war. Diese gegenläufigen Strömungen lassen sich vielfältig beobachten und weisen einmal mehr auf die Pluralität des Protestantismus in seinen verschiedenen Erscheinungsformen hin.

So sah sich der Protestantismus mit einer Diversität von weiblichen und männlichen Verhaltensweisen konfrontiert, die auch medial inszeniert wurden und Reaktionen und Rekurse auf Traditionen erforderten.

Rege wurde in den sechziger Jahren auch im Protestantismus die Frage diskutiert, ob es sich bei den beobachteten gesellschaftlichen Veränderungen um eine sexuelle Revolution handele. So formulierte der Soziologe und Theologe Prof. Dr. Siegfried Keil, der auch in der Sexualethischen Kommission der EKD mitarbeitete: »Statt von einer sexuellen Revolution zu sprechen, sollten wir versuchen, die gewandelten Formen des Sexualverhaltens im Zusammenhang eines allgemeinen gesellschaftlichen Wandels von der patriarchalisch, hierarchisch geordneten vorindustriellen Gesellschaft zur liberalisierten und demokratisierten Industriegesellschaft unserer Tage zu verstehen.«[144] Deutlich wird in jedem Fall, dass die Diskussionsprozesse innerhalb des Protestantismus ihren Ort auch im zeitgenössischen Diskurs haben, ihn aufnehmen und für sich je neu besetzen. Es ist Simone Mantei zuzustimmen[145], wenn sie davon ausgeht, dass die sexuelle Revolution weder von den Frauen ausgelöst wurde, noch allein weibliche Sexualität betraf.[146]

Man kann sehen, wie männliche und weibliche Sexualität voneinander getrennt und dann auch so thematisiert werden und nur wenig aufeinander bezogen gedacht werden.

DAGMAR HERZOG: »Sexy Sixties«? Die sexuelle Liberalisierung der Bundesrepublik zwischen Säkularisierung und Vergangenheitsbewältigung, in: Wo »1968« liegt. Reform und Revolte in der Geschichte der Bundesrepublik, hg. von CHRISTINA VON HODENBERG und DETLEF SIEGFRIED, Göttingen 2006, S. 79–112.

[144] SIEGFRIED KEIL: Fragen der Sexualmoral – Zum Stand der sexualethischen Diskussion in Theologie und Kirche (1969), wiederabgedruckt in: Protestantische Positionen. Beiträge zur Sexualethik und Familienpolitik (Festschrift für Siegfried Keil), hg. von PETER BORSCHEID, Marburg 2004, S. 127–161, hier: 132.

[145] Vgl. MANTEI: Protestantismus und sexuelle Revolution, 2007, S. 164.

[146] Anders: HUTTEN: Die sexuelle Revolution, 1966, S. 109. Dieser nimmt an, dass die sexuelle Revolution durch die weibliche Emanzipation und den Frauenüberschuss ausgelöst worden sei.

Es ist zu erwägen, ob nicht Gegnerinnen und Gegner einer sexuellen Revolution in der sich neu gründenden evangelikalen Bewegung eine Heimat fanden.[147]

Und doch zeigen sich gerade in den sechziger Jahren im Protestantismus deutliche Veränderungen in der Konstruktion von Geschlecht, von Weiblichkeiten und Männlichkeiten. Zunehmend wächst die Einsicht darin, dass menschliche Lebensrealitäten und Geschlechterbeziehungen vielfältiger sind als nur auf die (heterosexuelle) Ehe konzentriert. Eine »Pluralisierung von Lebensformen«[148] wird wahr- und ernstgenommen.

Gerade die Denkschrift für Sexualethik bemüht sich darum, Möglichkeiten einer kinderlosen Ehe oder des Alleinlebens von Männern und Frauen Rechnung zu tragen. So wie in der Stilisierung von Ehe und Familie eindimensionale und häufig auch einengende Vorstellungen gerade von weiblichen Geschlechterrollen transportiert wurden, zeigen jüngere kirchliche Stellungnahmen und theologische Diskurse, dass Pluralismus und Diversität im geschlechtlich markierten Verhalten von Menschen wahrgenommen und gewürdigt werden.

---

[147] Vgl. WOLFGANG RAU: Konservativer Widerstand und soziale Bewegung. Problemverständnis und Weltauslegung von Lebensrechtsgruppen (Europäische Hochschulschriften Reihe 22, 111), Frankfurt am Main / Bern / New York 1985.
[148] WOHLRAB-SAHR: Individualisierung, 1997, S. 27.

Individualisierung als Nebenfolge
Das Engagement des Protestantismus für die Kriegsdienstverweigerung in den 1950er Jahren

Hendrik Meyer-Magister

»Wenn man einen Blick auf die heutige Einstellung der christlichen Kirche zu den Fragen des Krieges und der Kriegsbeteiligung der Christen wirft, so fällt zunächst auf, daß die Situation reichlich verworren ist und es eigentlich keine Einheitlichkeit der Stellungnahme gibt. Vielleicht gibt es heute keine Frage, an der sich die Geister mehr scheiden, als die Stellung zu Krieg und Kriegsdienst.«[1]

Mit dieser Feststellung leitet der evangelische Theologe Heinz-Horst Schrey seine Abhandlung in dem Bändchen »Evangelische Stimmen zur Frage des Wehrdienstes« ein, das in der Reihe des Stuttgarter Kreuz-Verlages »Kirche im Volk« im Jahre 1956 herausgegeben wurde.

Dieser Beitrag verfolgt davon ausgehend die These, dass es im Rahmen der bundesdeutschen Wehrdienstverweigerungsdebatte in den 1950er Jahre zu einem Individualisierungsschub innerhalb der protestantischen Friedensethik kam. Wie näher zu erläutern sein wird, war dafür die von Schrey schon zeitgenössisch wahrgenommene Scheidung protestantischer Geister in der Frage des Kriegs- oder Wehrdienstes ein wichtiger Katalysator und entfaltete eine Dynamik, die hier als ›Individualisierung als Nebenfolge‹ beschrieben werden soll.

Im Hintergrund steht dabei die Grundannahme des Forschungsprojekts zum Engagement des Protestantismus in der Frage der Kriegsdienstverweigerung, aus dessen ersten Überlegungen und Ergebnissen dieser Beitrag entstanden ist, dass die Debatte um die Wehrdienstverweigerung und den Zivildienst ein zentrales materialethisches Themenfeld darstellt, in dem sich sowohl für den Protestantismus und seine Ethik als auch für die gesamtgesellschaftliche Entwicklung aufschlussreiche Individualisierungsprozesse analysieren lassen. Genauer wird

---

[1] Heinz-Horst Schrey: Wandlungen des kirchlichen und theologischen Denkens im Blick auf Krieg und Kriegsdienst des Christen, in: Evangelische Stimmen zur Frage des Wehrdienstes (Kirche im Volk 19), hg. von Friedrich Karrenberg und Klaus von Bismarck, Stuttgart 1956, S. 70–87, hier: 70.

angenommen, dass sich auch im Bereich der Kriegsdienstverweigerungsdebatte jene Individualisierungsdynamik beobachten lässt, die nach dem Soziologen Ulrich Beck Westdeutschland in der zweiten Hälfte des 20. Jahrhunderts erfasste und die die grundlegende Fragestellung und Theorieperspektive des gesamten Teilprojekts darstellt.[2]

Die Individualisierungstheorie wird in einem ersten Schritt knapp skizziert und für die folgenden Überlegungen operationalisiert. Anschließend wird das Recht auf Kriegsdienstverweigerung aus dezidierten Gewissensgründen, wie es in Art. 4 Abs. 3 GG verfassungsrechtlich festgeschrieben ist, als archimedischer Punkt der Debatte dargestellt und der Gewissensbegriff als Zentralbegriff der protestantischen Beschäftigung mit der Frage der Kriegsdienstverweigerung etabliert. Im nächsten Schritt wird an ausgewählten Publikationen darauf geblickt, wie das Recht auf Kriegsdienstverweigerung von unterschiedlichen protestantischen Akteuren und Gruppierungen in der ersten Hälfte der 1950er Jahre diskursiv verarbeitet und kontrovers diskutiert wurde. Darauf aufbauend wird in einer Miniaturstudie nachvollzogen, wie die innerprotestantischen Kontroversen und Spannungen in der Sache des Wehrdienstes im Jahr 1956 im Anschluss an die außerordentlichen Tagung der zweiten Synode der Evangelischen Kirche in Deutschland (EKD) einen vorläufigen Höhepunkt erreichen und den Protestantismus an den Rand der Spaltung brachten. Schließlich wird vor diesem Hintergrund für die protestantische Antwort auf die Frage nach dem Wehrdienst und seiner Verweigerung die These einer ›Individualisierung als Nebenfolge‹ herausgearbeitet, die als Reaktion des Protestantismus auf die massiven, die kirchliche Einheit gefährdende Spannung zwischen den innerkirchlichen Lagern Ende der 1950er Jahre zu verstehen ist, die in der Kriegsdienstverweigerungsdebatte offenbar wurden.

Individualisierungsprozesse als grundlegende Fragestellung

Wie bereits einleitend deutlich geworden ist, geht es in der Theorieperspektive der Individualisierung nicht einfach um eine Dokumentation protestantischen Engagements in der Frage der Kriegsdienstverweigerung. Es soll vielmehr nach spezifischen Individualisierungsdynamiken dieser Beteiligung gefragt werden. Dafür müssen noch einige theoretische Vorannahmen sowohl zur Individualisierungstheorie der neueren Soziologie an sich als auch zum Motiv einer ›Individualisierung als Nebenfolge‹ erläutert werden.

---

[2] Vgl. in diesem Zusammenhang die Beiträge von Reiner Anselm und Sarah Jäger in diesem Band, S. 95–104 und S. 295–326.

Zur Individualisierungstheorie

Unter dem Stichwort ›Individualisierung‹ wird grundsätzlich auf die jüngere soziologische Individualisierungstheorie Bezug genommen, die vor allem von Ulrich Beck in den frühen 1980er Jahren skizziert[3] und ab Mitte der 1980er Jahre weiter ausgebaut wurde.[4] Ihre Begriffe, Grundannahmen, Thesen und Ergebnisse bilden den theoretisch-hermeneutischen Rahmen, um am Engagement des bundesdeutschen Protestantismus in der Frage der Kriegsdienstverweigerung Aspekte herauszuarbeiten, die ohne diesen Rahmen nicht ohne Weiteres ersichtlich wären.

Ulrich Becks Grundthese lautet: »In allen reichen westlichen Industrieländern – besonders deutlich in der Bundesrepublik Deutschland – hat sich in der wohlfahrtsstaatlichen Modernisierung nach dem zweiten Weltkrieg ein *gesellschaftlicher Individualisierungsschub* von bislang unerkannter Reichweite und Dynamik vollzogen.«[5] Diesen Individualisierungsschub schlüsselt Beck in drei Dimensionen auf, nämlich in die von ihm so genannte »Freisetzungsdimension«, die »Entzauberungsdimension« und die »Kontroll- bzw. Reintegrationsdimension«.[6] Dabei legt Beck den Fokus seiner Ausführungen erkennbar auf die Dimension der Freisetzung. Es steht die Beobachtung im Zentrum, »daß wir Augenzeugen eines Gesellschaftswandels innerhalb der Moderne sind, in dessen Verlauf die Menschen aus den Sozialformen der industriellen Gesellschaft – Klasse, Schicht, Familie, Geschlechtslagen von Männern und Frauen – *freigesetzt* werden«.[7] Beck hat damit einen Umbau der bundesdeutschen Sozialstruktur vor Augen, in dem Gesellschaft und Individuen »sozusagen *direkt* kurzgeschlossen«[8] werden. In diesem Prozess werden die sozialen Institutionen auf der sozialen »Meso-Ebene«,[9] etwa Klasse und Schicht, überbrückt und fallen in ihren zwischen Gesellschaft und

---

[3] Vgl. ULRICH BECK: Jenseits von Stand und Klasse? Soziale Ungleichheiten, gesellschaftliche Individualisierungsprozesse und die Entstehung neuer sozialer Formationen und Identitäten, in: Soziale Ungleichheiten (Soziale Welt Sonderband 2), hg. von REINHARD KRECKEL, Göttingen 1983, S. 35–74 (leicht überarbeitet wieder abgedruckt in: Riskante Freiheiten. Individualisierung in modernen Gesellschaften, hg. von ULRICH BECK und ELISABETH BECK-GERNSHEIM, Frankfurt am Main 1994, S. 43–60).

[4] Vgl. vor allem: ULRICH BECK: Risikogesellschaft. Auf dem Weg in eine andere Moderne, Frankfurt am Main 1986.

[5] A.a.O., S. 116, Hervorhebung im Original.

[6] Vgl. a.a.O., S. 206.

[7] A.a.O., S. 115, Hervorhebung im Original.

[8] BECK: Jenseits von Stand und Klasse?, 1983, S. 57, Hervorhebung im Original.

[9] Vgl. ULRICH BECK: Die »Individualisierungsdebatte«, in: Soziologie in Deutschland. Entwicklung, Institutionalisierung und Berufsfelder, theoretische Kontroversen, hg. von BERNHARD SCHÄFERS, Opladen 1995, S. 185–197, hier: 191; vgl. hierzu auch die Analyse eines Mehrebenenmodells im Werk Ulrich Becks bei: JÜRGEN FRIEDRICHS: Die Individualisierungs-These. Eine Explikation im Rahmen der Rational-Choice-Theorie, in: Die Individualisierungs-These, hg. von DEMS., Opladen 1998, S. 33–47, hier: 37 f.

Individuum vermittelnden Funktionen aus: Eine »neue Unmittelbarkeit von Individuum und Gesellschaft«[10] entsteht. Wiederholt hat Beck diese Entwicklung im Bild von Matrjoschka-Puppen beschrieben,[11] bei der die innere Puppe, das Individuum, nach und nach aller seiner schützenden Umhüllungen entkleidet wird und fortan selbst seine Rechte, Pflichten, Ansprüche, Chancen und Risiken direkt mit der Gesamtgesellschaft auszufechten hat.[12]

Dieser sozialstrukturelle Freisetzungsprozess wird begleitet von einer Entzauberung, mit der Beck einen »*Verlust von traditionalen Sicherheiten* im Hinblick auf Handlungswissen, Glauben und leitende Normen«[13] meint. Mit der sozialstrukturellen Überbrückung der Institutionen der Meso-Ebene gehen auch die von Ulrich Beck und Elisabeth Beck-Gernsheim so genannten »Meso-Sicherheiten« dieser Institutionen verloren.[14] Handlungsorientierungen und -routinen brechen weg,[15] oder um mit dem schönen Begriff Ralf Dahrendorfs zu sprechen: die »Ligaturen« des Lebens, kulturelle Bindungen, wie auch die Religion, die als Koordinaten bei der Wahl von Optionen helfen, zerbrechen.[16]

»Chancen, Gefahren, Unsicherheiten der Biografie, die früher im Familienverband, in der dörflichen Gemeinschaft, im Rückgriff auf ständische Regeln oder soziale Klassen vordefiniert waren, müssen nun von den einzelnen selbst wahrgenommen, interpretiert, entschieden und bearbeitet werden. Die Folgen – Chancen oder Lasten – verlagern sich auf die Individuen, wobei diese freilich angesichts der hohen Komplexität der gesellschaftlichen Zusammenhänge, vielfach kaum in der Lage sind, die notwendig werdenden Entscheidungen fundiert treffen zu können, im Abwägen von Interesse, Moral und Folgen.«[17]

Individuen erleben Individualisierung so als »Zumutungs-Individualisierung«,[18] bei der ihnen selbst nun gesellschaftlich zugemutet wird, zum »Planungsbüro«

---

[10] Beck: Risikogesellschaft, 1986, S. 117.
[11] Vgl. Ulrich Beck: Die Erfindung des Politischen. Zu einer Theorie reflexiver Modernisierung, Frankfurt am Main 1993, S. 150; Beck, Individualisierungsdebatte, 1995, S. 191; sowie Ulrich Beck und Elisabeth Beck-Gernsheim: Nicht Autonomie, sondern Bastelbiographie. Anmerkungen zur Individualisierungsdiskussion am Beispiel des Aufsatzes von Günter Burkart, in: Zeitschrift für Soziologie 22/3 (1993), S. 178–187, hier: 185.
[12] Vgl. Beck: Individualisierungsdebatte, 1995, S. 185.
[13] Beck: Risikogesellschaft, 1986, S. 206, Hervorhebung im Original.
[14] Vgl. Beck, Beck-Gernsheim: Bastelbiographie, 1993, S. 179.
[15] Vgl. Ulrich Beck und Elisabeth Beck-Gernsheim: Individualisierung in modernen Gesellschaften – Perspektiven und Kontroversen einer subjektorientierten Soziologie, in: Riskante Freiheiten. Individualisierung in modernen Gesellschaften, hg. von Dens., Frankfurt am Main 1994, S. 10–39, hier: 17 f.
[16] Vgl. Ralf Dahrendorf: Das Zerbrechen der Ligaturen und die Utopie der Weltbürgergesellschaft, in: Riskante Freiheiten. Individualisierung in modernen Gesellschaften, hg. von Ulrich Beck und Elisabeth Beck-Gernsheim, Frankfurt am Main 1994, S. 421–436, hier: 422 f.
[17] Beck, Beck-Gernsheim: Bastelbiographie, 1993, S. 179.
[18] Vgl. Lutz Leisering: Individualisierung und »sekundäre Institutionen« – der Sozialstaat

des eigenen Lebens zu werden.[19] Dabei können sie sich nicht weiter an einem überwölbenden »Sinn-Dach« orientieren,[20] was die, in dieser Hinsicht, prekäre Lage des Individuums in der Zweiten Moderne nur noch potenziert.

Im Anschluss an Ulrich Becks Theorieanstöße ist es der wichtige Beitrag Monika Wohlrab-Sahrs zur Debatte, darauf hingewiesen zu haben, dass hier neben die sozialstrukturelle Komponente eine kulturelle und diskursive Komponente von Individualisierung tritt. Dabei geht es um eine »Veränderung des gesellschaftlichen Zurechnungsmodus« mit dem Handlungsverantwortung und -orientierung nun dem Individuum verstärkt zugeschrieben werden.[21]

Freisetzung und Entzauberung treffen sich in der mit ihnen tendenziell verbundenen sozialen Desintegration durch den strukturellen und kulturellen Bedeutungsverlust vermittelnder und sinnstiftender sozialer Institutionen. Ulrich Beck verwahrt sich aber gegen die Kritik, eine Theorie der sozialen Desintegration zu vertreten und weist darauf hin, dass »die albern schlichte Formel ›Individualisierung = Autonomie‹«[22] nicht stimme. Dies liegt an der dritten, reintegrativen Dimension seiner Überlegungen. Als wesentliche Motoren der Individualisierung sieht Beck vor allem den Arbeitsmarkt und den Wohlfahrtsstaat an, die das Individuum nun direkt, an anderen Institutionen vorbei, mit ihren Leistungen und Ansprüchen adressieren.[23] Damit einher geht aber auch eine neue Standardisierung aller Individuen durch diese von Beck als »sekundär« bezeichneten Institutionen.[24] Die Individuen werden »durch und durch (arbeits)marktabhängig.«[25] Individualisierung, wie Beck sie denkt, muss daher immer als ein »historisch widersprüchlicher *Prozeß der Vergesellschaftung* verstanden«

---

als Voraussetzung des modernen Individuums, in: Individualisierung und Integration. Neue Konfliktlinien und neuer Integrationsmodus, hg. von ULRICH BECK und PETER SOPP, Opladen 1997, S. 143–159, hier: 145.

[19] Vgl. BECK: Jenseits von Stand und Klasse?, 1983, S. 59; vgl. auch: BECK: Risikogesellschaft, 1986, S. 216 f.

[20] Vgl. RONALD HITZLER und ANNE HONER: Bastelexistenz. Über subjektive Konsequenzen der Individualisierung, in: Riskante Freiheiten. Individualisierung in modernen Gesellschaften, hg. von ULRICH BECK und ELISABETH BECK-GERNSHEIM, Frankfurt am Main 1994, S. 307–315, hier: 307 f.

[21] Vgl. MONIKA WOHLRAB-SAHR: Individualisierung: Differenzierungsprozesse und Zurechnungsmodus, in: Individualisierung und Integration. Neue Konfliktlinien und neuer Integrationsmodus, hg. von ULRICH BECK und PETER SOPP, Opladen 1997, S. 23–36, besonders 28, Zitat: ebd.

[22] BECK: Individualisierungsdebatte, 1995, S. 190.

[23] Vgl. BECK: Jenseits von Stand und Klasse?, 1983, S. 44, 47–49 und 64; BECK: Risikogesellschaft, 1986, S. 143–151; vgl. auch: LEISERING: sekundäre Institutionen, 1997, S. 147.

[24] Vgl. BECK: Risikogesellschaft, 1986, S. 211.

[25] A.a.O., S. 210.

werden und zeigt dabei das janusköpfige »Doppelgesicht *institutionenabhängiger Individuallagen.*«[26]

In den folgenden Überlegungen wird es vor allem um die zweite Dimension gehen, nämlich die diskursive Entzauberung institutioneller Handlungsorientierung sowie der damit einhergehenden kulturellen Zuschreibung von Entscheidungs- und Handlungsverantwortung an das Individuum im und durch den Protestantismus. Denn wenn der Eindruck richtig ist, dass sich »in der evangelischen Ethik zwischen 1945 und 1989 ein Umschwung von normativer Ethik hin zu einer größeren Sensibilität für konkrete Situation und für die betroffenen Individuen feststellen« lässt,[27] wie sie in der in den 1950er Jahren aufkommenden Situationsethik aufscheint und letztlich in ethischen Entwürfen wie etwa der stark am Individuum orientierten ethischen Theologie Trutz Rendtorffs zu Anfang der 1980er Jahre kumuliert, die den einzelnen Menschen als ethisches Entscheidungssubjekt zum »Fluchtpunkt der Ethik« erklärt,[28] dann lässt sich annehmen, dass dies auch als Folge der Auseinandersetzung mit gesamtgesellschaftlichen Individualisierungsschüben der Nachkriegsepoche und entsprechenden Anpassungsprozessen protestantischer Ethik zu deuten ist. Und weitergehend lässt sich überlegen, ob der Protestantismus nicht auch selbst zu Individualisierungsprozessen beigetragen hat, allerdings ohne dies immer zu beabsichtigen, sondern bisweilen als ›Nebenfolge‹ eigener Anpassungsprozesse.[29]

Zur Figur einer Individualisierung als Nebenfolge

In der Soziologie werden unter ›Nebenfolgen‹ nicht-intendierte Folgen individuellen oder institutionellen Handelns verstanden.[30] Mit Boris Holzer lassen sich ›emergente‹, ›latente‹, ›perverse‹ und ›externe‹ Nebenfolgen unterscheiden: Während emergente Nebenfolgen lediglich die Intentionen der Handelnden übersteigen und, wie in Mandevilles Bienenfabel, zu nicht-intendierten sozialen Emer-

---

[26] Vgl. a.a.O., S. 119 und 210, Zitate: ebd., Hervorhebungen im Original; vgl. auch: BECK: Individualisierungsdebatte, 1995, S. 189.

[27] Siehe den Beitrag von Reiner Anselm in diesem Band, S. 100.

[28] TRUTZ RENDTORFF: Ethik I. Grundelemente, Methodologie und Konkretionen einer ethischen Theologie (Theologische Wissenschaft 13,1), Stuttgart 1980, S. 24; vgl. weitergehend: REINER ANSELM: Ethische Theologie. Zum ethischen Konzept Trutz Rendtorffs, in: Zeitschrift für evangelische Ethik 36 (1992), S. 259–275.

[29] Vgl. den Beitrag von Reiner Anselm in diesem Band, S. 95–100; vgl. zum hier zu Grunde liegenden Verständnis religiöser Anpassungsprozesse: HELMUT SCHELSKY: Ist die Dauerreflexion institutionalisierbar? Zum Thema einer modernen Religionssoziologie, in: Zeitschrift für evangelische Ethik 1 (1957), S. 153–174, hier: 155–158.

[30] Vgl. ULRICH BECK, BORIS HOLZER und ANDRÉ KIESERLING: Nebenfolgen als Problem soziologischer Theoriebildung, in: Die Modernisierung der Moderne, hg. von ULRICH BECK und WOLFGANG BONSS, Frankfurt am Main 2001, S. 63–81, hier: 69.

genzeffekten führen, kommt bei latenten Nebenfolgen noch zwingend das Unwissen oder die fehlende Absehbarkeit dieser Folgen hinzu. Perverse Nebenfolgen wiederum verkehren die ursprünglichen Intentionen der Handlung während externe Nebenfolgen sich vor allem dadurch auszeichnen, andere Individuen oder Institutionen als die Handelnden selbst zu betreffen.[31]

Nachdem Nebenfolgen bereits für die Väter der Soziologie, besonders für Émile Durkheim und Max Weber, ein wichtiges Motiv sozialer Entwicklung dargestellt hatten, gerieten sie Mitte des 20. Jahrhunderts zunächst wieder aus dem Blick einer nun fortschrittsoptimistischen Soziologie, bevor es in Ulrich Becks soziologischer Gesellschaftsbeschreibung geradezu zu einer »Renaissance des Nebenfolgentheorems« kommt.[32] Allerdings spielt das Motiv weniger in Becks Überlegungen zur Individualisierung eine Rolle, als vielmehr in seiner, diesen systematisch übergeordneten Theorie reflexiver Modernisierung, die »die Frage nach den Nebenfolgen zu einem zentralen Motiv der Gesellschaftstheorie«[33] erhebt. Konkret sind es die in der industriellen Moderne mitproduzierten Risiken, also ungewollte, latente Nebenfolgen der Reichtumsproduktion, deren Bewusstmachung den Übergang von der einfachen in die reflexive Moderne vorantreibt.[34] So werden bei Beck gerade Nebenfolgen zur Triebkraft gesellschaftlicher Entwicklung: »Als Motor der Gesellschaftswandels gilt nicht länger die Zweckrationalität, sondern die Nebenfolge: Risiken, Gefahren, Individualisierung, Globalisierung. Also: was nicht gesehen wird, was nicht reflektiert wird, summiert sich zu dem Strukturbruch, der die industrielle von anderen Modernen trennt.«[35]

Soweit ich sehe, ist dies zugleich auch das einzige Mal, dass Ulrich Beck Individualisierung selbst als Nebenfolge bezeichnet. Im Anschluss an Beck haben zwar Stefan Böschen, Nick Kratzer und Stefan May darauf hingewiesen,[36] dass die Individualisierungsdynamik an sich als Nebenfolge der wohlfahrtsstaatlichen

---

[31] Vgl. BORIS HOLZER: Denn sie wissen nicht, was sie tun? Nebenfolgen als Anlass soziologischer Aufklärung und als Problem gesellschaftlicher Selbstbeschreibung, in: Nebenfolgen. Analysen zur Konstruktion und Transformation moderner Gesellschaften, hg. von STEFAN BÖSCHEN, NICK KRATZER und STEFAN MAY, Weilerswist 2006, S. 39–64, hier: 40–53.

[32] Vgl. STEFAN BÖSCHEN, NICK KRATZER und STEFAN MAY: Einleitung: Die Renaissance des Nebenfolgentheorems in der Analyse modernen Gesellschaften, in: Nebenfolgen. Analysen zur Konstruktion und Transformation moderner Gesellschaften, hg. von DENS., Weilerswist 2006, S. 7–38, hier: 10–24, Zitat: 8.

[33] HOLZER: Nebenfolgen, 2006, S. 39.

[34] Vgl. BECK: Risikogesellschaft, 1986, S. 25–26 und 45.

[35] ULRICH BECK: Das Zeitalter der Nebenfolgen und die Politisierung der Moderne, in: Reflexive Modernisierung. Eine Kontroverse, hg. von DEMS., ANTHONY GIDDENS und SCOTT LASH, Frankfurt am Main 1996, S. 19–112, hier: 40.

[36] Alle drei Autoren waren Mitarbeitende des unter anderem von Ulrich Beck geleiteten SFB 536 »Reflexive Modernisierung – Analysen der Transformation der industriellen Moderne« der im Juni 2009 abgeschlossen wurde. Vgl. http://gepris.dfg.de/gepris/projekt/5483766, abgerufen am: 7. Juli 2014.

Entwicklung der Bundesrepublik Deutschland in den Nachkriegsjahren verstanden werden kann.[37] Anders als in der Theorie reflexiver Modernisierung spielt das Nebenfolgentheorem aber zunächst für die Beck'sche Individualisierungstheorie insgesamt keine prominente Rolle.

Bei Ulrich Beck findet sich allerdings in der Reintegrationsdimension von Individualisierung noch ein weiterer Ansatzpunkt für eine Rede von der ›Individualisierung als Nebenfolge‹: Wenn, wie beschrieben, sekundäre Institutionen und Individuen in der reflexiven Moderne direkt miteinander gekoppelt sind und Erstere Letztere sozial reintegrieren und kontrollieren, sind es auch die Individuen, die in ihrer eigenen Biographie unmittelbar die teilweise widersprüchlichen Ansprüche der neuen Institutionen zu spüren bekommen und bearbeiten müssen.[38] Diese Ansprüche und Anforderungen bedeuten für Beck nun eine »Institutionalisierung, institutionelle Prägung und damit: politische Gestaltbarkeit von Lebensläufen und Lebenslagen. Deren Formung erfolgt meist ›ungesehen‹, als ›latente Nebenwirkung‹ von Entscheidungen, die explizit auf Innerbetriebliches bezogen sind (Bildungssystem, Arbeitsmarkt, Erwerbsarbeit usw.).«[39] In der individualisierten Gesellschaft kommt es damit zu externen, teilweise auch latenten Nebenfolgen institutionellen Handelns, die direkt auf die Individuen einwirken.

Diese Theoriefigur aus der Reintegrationsdimension von Individualisierung lässt sich aber auch noch einmal auf Individualisierung an sich anwenden: Dann kommt in den Blick, dass Individualisierungsprozesse in allen ihren Dimensionen der Freisetzung, Entzauberung und Reintegration durch Handlungen sozialer Institutionen in Gang gesetzt und verstärkt werden können, die nicht *per se* auf Individualisierung zielen, sondern ganz andere Zwecke haben, etwa die interne Reorganisation der Institution selbst. Individualisierung wird dabei als latente oder externe Nebenfolge mitproduziert oder in Kauf genommen. In diesem Sinne wird hier von ›Individualisierung als Nebenfolge‹ gesprochen.

Die Kriegsdienstverweigerung aus Gewissensgründen in Art. 4 Abs. 3 GG

»Nach dem Zweiten Weltkrieg und der nationalsozialistischen Diktatur war in großen Teilen der deutschen Bevölkerung eine antimilitaristische und pazifisti-

---

[37] Vgl. BÖSCHEN, KRATZER, MAY: Nebenfolgetheorem, 2006, S. 30.
[38] Vgl. BECK: Risikogesellschaft, 1986, S. 211–219.
[39] A.a.O., S. 212 f. Nach Boris Holzers späterer Klassifizierung von Nebenfolgen sollte hier, gegen Becks eigene Terminologie, wohl besser von emergenten bzw. externen Nebenfolgen statt von latenten Nebenfolgen gesprochen werden, denn es leuchtet nicht unmittelbar ein, dass Selbststeuerungsprozesse von Institutionen Nebenfolgen für Individuen immer ungesehen aus sich heraussetzen. Vgl. HOLZER: Nebenfolgen, 2006, S. 40–52.

sche Grundstimmung zu verzeichnen.«[40] Auf die Frage des EMNID-Instituts: »Würden Sie es für richtig halten, wieder Soldat zu werden, oder dass Ihr Sohn oder Ihr Mann wieder Soldat werden?« antworteten entsprechend im Dezember 1949 74,6 % der Befragten mit »Nein«.[41] Auch die große Zahl von etwa 20 000 faktischen Kriegsdienstverweigerern, die während der NS-Zeit wegen »Desertion« und »Wehrkraftzersetzung« hingerichtet worden waren, trug sicherlich zu dieser Einstellungen der Bevölkerung bei.[42]

Es verwundert daher nicht, dass dem Ausschuss für Grundsatzfragen des Parlamentarischen Rates während seiner Beratungen über das Grundgesetz zahlreiche Eingaben aus der Bevölkerung zugingen, die ein Recht auf Kriegsdienstverweigerung einforderten.[43] Dabei reagierte der Ausschuss allenfalls zögerlich auf diese Eingaben: Der spätere Bundespräsident Theodor Heuss etwa bemerkte in der 15. Sitzung vom 27. Oktober 1948, »wie außerordentlich taktvoll« er es fände, »daß keiner von den Anwesenden auf die Geschichte losgegangen ist.«[44] Noch in der selben Sitzung brachte der SPD-Abgeordnete August Zinn dennoch eine entsprechende Formulierung für ein Verweigerungsrecht aus Gewissensgründen ein, die aber zunächst nicht weiterverfolgt wurde.[45] In den Entwurf des Grundgesetzes aufgenommen wurde die Kriegsdienstverweigerung letztlich durch einen erneuten Antrag, der am 30. November 1948 in der 26. Sitzung des Ausschusses für Grundsatzfragen durch die SPD-Abgeordnete Friederike Nadig gestellt wurde. In der insgesamt recht kurzen Aussprache stand vor allem

---

[40] NORMAN CIEZKI: Für das Recht auf Kriegsdienstverweigerung. Einfluß und Bedeutung der »Zentralstelle für Recht und Schutz der Kriegsdienstverweigerer aus Gewissensgründen e. V.« (agenda Frieden 32), Münster 1999, S. 22; vgl. auch: DIRCK ACKERMANN: Kontroversen um die deutsche Wiederbewaffnung nach 1949. Impulse der Evangelischen Kirche für die Friedensethik im 20. Jahrhundert, in: Friedensethik im 20. Jahrhundert (Theologie und Frieden 42), hg. von VOLKER STÜMKE und MATTHIAS GILLNER, Stuttgart 2011, S. 29–47, hier: 30–33.

[41] Vgl. EMNID. INSTITUT FÜR MARKFORSCHUNG UND MEINUNGSFORSCHUNG: Westdeutsche Öffentlichkeit zeigt wenig Neigung für Wiederbewaffnung. Eine Befragung im Bundesgebiet, Bielefeld 1950, EZA 626/II17,9.

[42] Vgl. PATRICK BERNHARD: Zivildienst zwischen Reform und Revolte. Eine bundesdeutsche Institution im gesellschaftlichen Wandel 1961–1982, München 2005, S. 11 f.

[43] Vgl. DER PARLAMENTARISCHE RAT 1948–1949. Akten und Protokolle, Bd. 5/I: Ausschuss für Grundsatzfragen, hg. vom DEUTSCHEN BUNDESTAG und dem BUNDESARCHIV, bearb. von EBERHARD PIKART und WOLFRAM WERNER, Boppard am Rhein 1993, S. XL. Reiner Anselm hat in diesem Zusammenhang herausgearbeitet, dass die Kriegsdienstverweigerung nicht zu den zentralen Anliegen bei kirchlichen Eingaben an den Parlamentarischen Rat zählte. Vgl. REINER ANSELM: Verchristlichung der Gesellschaft? Zur Rolle des Protestantismus in den Verfassungsdiskussionen beider deutschen Staaten 1948/49, in: Christentum und politische Verantwortung. Kirchen im Nachkriegsdeutschland (Konfession und Gesellschaft 2), hg. von JOCHEN-CHRISTOPH KAISER und ANSELM DOERING-MANTEUFFEL, Stuttgart / Berlin / Köln 1990, S. 63–87, hier besonders: 69.

[44] PARLAMENTARISCHER RAT: Protokolle 5/I, 1993, S. 417.

[45] Vgl. a.a.O., S. 417–422 und 473.

zur Diskussion, ob die Bestimmung in den Kontext der Religionsfreiheit aufgenommen werden sollten. Ein wichtiges Argument dafür war, hier in den Worten des Abgeordneten Hans Wunderlich, »daß häufig religiöse Gründe zur Kriegsdienstverweigerung führen. Denken wir an die Bibelforscher. (Dr. Heuss: die Mennoniten!)«.[46]

In den Protokollen wird insgesamt deutlich, dass den Abgeordneten vor allem der Schutz von Mitgliedern religiöser Minderheiten in Deutschland vor Augen stand, deren Überzeugungen das Töten von Menschen strikt verboten und die wegen der Verweigerung des Kriegsdienstes unter der NS-Herrschaft heftigen Verfolgungen ausgesetzt gewesen waren.[47] Letztlich erschien es als eine für alle Ausschussmitglieder annehmbare Lösung, das Recht auf Kriegsdienstverweigerung mit der Formulierung »Niemand darf gegen sein Gewissen zum Kriegsdienst mit der Waffe gezwungen werden« in Art. 5 Abs. 5, den späteren Art. 4 Abs. 3. GG, nach der Religions- und Gewissensfreiheit einzufügen,[48] auch wenn Theodor Heuss im Hauptausschuss noch einen Versuch der Streichung unternahm.[49]

Art. 4 Abs. 3 GG bildete fortan den archimedischen Punkt der bundesdeutschen Debatte um die Kriegsdienstverweigerung. Dass mit ihm, anders als in allen westdeutschen Landesverfassungen, die vor dem Grundgesetz erlassen worden waren und die eine Bestimmung zur Kriegsdienstverweigerung enthielten,[50] die Verweigerung des Dienstes an der Waffe an das persönliche Gewissen gekoppelt wurde, wird in der Literatur verschiedentlich als eine erste Einschränkung eines weitergehenden allgemeinen Rechts interpretiert und dem Umstand zugeschrieben, dass sich durch den mittlerweile begonnenen Kalten Krieg die Ausgangsbedingungen für ein solches Recht auf Bundesebene verschoben hätten.[51] Allerdings blieb gerade die Interpretation des Gewissensbegriffs in der juristi-

---

[46] Vgl. DER PARLAMENTARISCHE RAT 1948–1949. Akten und Protokolle, Bd. 5/II: Ausschuss für Grundsatzfragen, hg. vom DEUTSCHEN BUNDESTAG und dem BUNDESARCHIV, bearb. von EBERHARD PIKART und WOLFRAM WERNER, Boppard am Rhein 1993, S. 760–762; Zitat: 762. Vgl. in diesem Zusammenhang zur Gruppe der Bibelforschern bzw. Zeugen Jehovas: HANS-HERMANN DIRKSEN: »Dann wäre der Krieg gleich zu Ende!« – Zur Geschichte der Wehrdienstverweigerung der Zeugen Jehovas im 20. Jahrhundert, in: Ich dien' nicht! Wehrdienstverweigerung in der Geschichte, hg. von CHRISTIAN TH. MÜLLER und DIERK WALTER, Berlin 2008, S. 97–126, hier besonders: 105–116 und 120–124.

[47] Vgl. PARLAMENTARISCHER RAT: Protokolle 5/I, 1993, S. 420; vgl. auch: ALESSANDRA FERRETTI und PATRICK BERNHARD: Pazifismus per Gesetz? Krieg und Frieden in der westdeutschen Verfassungsdiskussion, 1945–1949, in: Militärgeschichtliche Zeitschrift 66/1 (2007), S. 45–70, 66.

[48] Vgl. PARLAMENTARISCHER RAT: Protokolle 5/II, 1993, S. 762 und 878.

[49] Vgl. BERNHARD: Zivildienst, 2005, S. 29.

[50] Vgl. dazu ausführlich: FERRETTI, BERNHARD: Pazifismus per Gesetz, 2007, S. 46–58.

[51] Vgl. PAULUS ANDREAS HAUSMANN: Kriegsdienstverweigerung als Rechtsproblem, in: Konflikte zwischen Wehrdienst und Friedensdiensten. Ein Strukturproblem der Kirche (Studien zur Friedensforschung 3), hg. von ULRICH DUCHROW und GERTA SCHARFFENORTH, Stutt-

schen wie auch in der öffentlichen Debatte fraglich,[52] schließlich wurde nicht festgelegt, »was man unter ›Gewissen‹ bzw. ›Gewissensgründen‹ zu verstehen habe.«[53] Mit Ernst-Wolfgang Böckenförde kann der Gewissensbegriff damit zu den juristisch »nicht ausdeutbaren Schleusenbegriffen« gerechnet werden, »die sich ›objektiv‹ aus sich heraus, niemals abschließend definieren lassen, vielmehr offen sind für das Einströmen sich wandelnder staats- und verfassungstheoretischer Vorstellungen und damit auch verschiedenartiger Konkretisierungen«.[54]

Das Grundgesetz gab der bundesdeutschen Kriegsdienstverweigerungsdebatte der folgenden Jahre damit einen juristisch offenen Begriff mit auf den Weg, der allerdings dem Protestantismus gut vertraut war: Spätestens seit Karl Holl und der Lutherrenaissance beschrieb dieser sich selbst programmatisch als »Gewissensreligion«.[55] Für den Protestantismus stehen, etwa für Friedrich Wilhelm Graf, »Gewissen« und »Individualisierung« als programmatische Leitbegriffe.[56] Für Gerhard Ebeling kann das Gewissen geradezu als »*principium individuationis*« gelten.[57]

In dieser engen Verquickung von Protestantismus, Gewissen und Individualisierung wird gerade der offene Gewissensbegriff des Grundgesetzes zu einem interessanten und zentralen Begriff, wenn hier aus einer Individualisierungsperspektive auf das protestantische Engagement in der Frage der Verweigerung des Wehrdienstes geblickt wird. Wie ging der Protestantismus in der Folge mit der juristischen Setzung einer Verweigerung aus dezidierten Gewissensgründen um? Wie deutete der Protestantismus in der Debatte den Gewissensbegriff aus?

Die protestantische Debatte über die Kriegsdienstverweigerung aus Gewissensgründen in der ersten Hälfte der 1950er Jahre

Wenn sich hier auf die Darstellung der protestantischen Diskussion in den 1950er Jahren beschränkt wird, die einen starken Bezug zu den verfassten

---

gart / München 1970, S. 178–194, 179; FERRETTI, BERNHARD: Pazifismus per Gesetz, 2007, S. 66; BERNHARD: Zivildienst, 2005, S. 27–29; sowie CIEZKI: Zentralstelle, 1999, S. 27.

[52] Vgl. HAUSMANN: Kriegsdienstverweigerung als Rechtsproblem, 1970, S. 179. Zur Gewissensfreiheit vgl. auch den Beitrag von Tobias Schieder in diesem Band, S. 149–168.

[53] CIEZKI: Zentralstelle, 1999, S. 27.

[54] ERNST-WOLFGANG BÖCKENFÖRDE: Entstehung und Wandel des Rechtsstaatsbegriffs (1969), jetzt in: DERS.: Recht, Staat, Freiheit, erweiterte Ausgabe, Frankfurt am Main 2006, S. 143–169, hier: 143 f.

[55] Vgl. KARL HOLL: Was verstand Luther unter Religion? (1917), jetzt in: DERS.: Gesammelte Aufsätze zur Kirchengeschichte I: Luther, ⁶1932, S. 1–110, hier besonders: 35–107; vgl. weiterführend: ANNEGRET FREUND: Gewissensverständnis in der evangelischen Dogmatik und Ethik im 20. Jahrhundert, Berlin 1994, S. 9–17.

[56] Vgl. FRIEDRICH WILHELM GRAF: Der Protestantismus. Geschichte und Gegenwart, München 2010, S. 73 f.

[57] Vgl. GERHARD EBELING: Theologische Erwägungen über das Gewissen (1962), jetzt

Landeskirchen aufweist, so soll zumindest der Hinweis vorangestellt werden, dass es daneben auch ein sehr intensives protestantisches Engagement zur Wehrdienstverweigerung in nicht primär kirchlichen Kontexten gab. Ein Beispiel ist etwa das Wirken des evangelischen Theologen und Pfarrers Friedrich Siegmund-Schulze, der als Mitbegründer und späterer Präsident des Internationalen Versöhnungsbundes bereits Ende der 1940er Jahre auch Präsident der Arbeitsgemeinschaft Deutscher Friedensverbände wurde und 1953 zudem den Vorsitz des neu gegründeten Deutschen Ausschusses für Fragen der Kriegsdienstverweigerung aus Gewissengründen übernahm. Siegmund-Schulze verhandelte in diesen Funktionen intensiv mit dem Amt Blank über die Ausgestaltung des Rechtes auf Wehrdienstverweigerung unter dem Eindruck der sich langsam aber sicher abzeichnenden Wiederbewaffnung der Bundesrepublik.[58]

Die EKD erklärte sich bereits 1950 auf der Synode von Weißensee sowie erneut 1952 auf der Synode von Elbingerode für einen prinzipiellen Schutz von Kriegsdienstverweigerern,[59] was etwa von Johanna Vogel bereits als ein bemerkenswerter Fortschritt im Vergleich zur früheren Haltung der Kirche interpretiert wird.[60] Gleichwohl blieb die Wehrdienstverweigerungsfrage für die Kirche zunächst, zumal es auch bis zum Wehrpflichtgesetz von 1956 keine Wehrpflicht in der Bundesrepublik gab, ein »Nebenprodukt der innerkirchlichen Auseinandersetzungen um die Frage, wie sich die EKD gegenüber der drohenden Wiederaufrüstung der Bundesrepublik verhalten solle.«[61] Anfangs beschäftige sich die Kammer für öffentliche Verantwortung mit der Problematik, bevor schließlich 1955, unter dem unmittelbaren Eindruck der Vorbereitungen des Wehrdienstgesetzes, auf der Synode von Espelkamp ein Ausschuss zur Vorbereitung eines

---

in: Das Gewissen in der Diskussion (Wege der Forschung 37), hg. von JÜRGEN BLÜHDORN, Darmstadt 1976, S. 142–161, hier: 158.

[58] Vgl. CIEZKI: Zentralstelle, 1999, S. 30–68; Friedrich Siegmund-Schultze, 1885–1969. Begleitbuch zur einer Ausstellung anläßlich seines 100. Geburtstags veranstaltet vom Evangelischen Zentralarchiv in Berlin, mit einem Vortrag gehalten bei einer Gedenkfeier am 14. Juni 1985 in Soest von Klaus Rehbein (Veröffentlichungen des Evangelischen Zentralarchivs in Berlin 2), hg. vom EVANGELISCHEN ZENTRALARCHIV, bearb. von CHRISTA SACHE, Berlin 1985, hier besonders: S. 9–12 und 102–110.

[59] Vgl. »Was kann die Kirche für den Frieden tun?« Wort der Synode der Evangelischen Kirche in Deutschland, Weißensee 1950, abgedruckt in: Kirche und Kriegsdienstverweigerung. Ratschlag zur gesetzlichen Regelung des Schutzes der Kriegsdienstverweigerer, hg. vom RAT DER EVANGELISCHEN KIRCHE IN DEUTSCHLAND, München 1956, S. 33–36; sowie Zur Lage unseres Volkes. Wort der Synode der Evangelischen Kirche in Deutschland, Elbingerode 1952, abgedruckt in: Kirche und Kriegsdienstverweigerung. Ratschlag zur gesetzlichen Regelung des Schutzes der Kriegsdienstverweigerer, hg. vom RAT DER EVANGELISCHEN KIRCHE IN DEUTSCHLAND, München 1956, S. 37.

[60] Vgl. JOHANNA VOGEL: Kirche und Wiederbewaffnung. Die Haltung der Evangelischen Kirche in Deutschland in den Auseinandersetzungen um die Wiederbewaffnung der Bundesrepublik 1949–1956 (Arbeiten zur kirchlichen Zeitgeschichte, Reihe B: Darstellungen 4), Göttingen 1978, S. 113 und 223.

[61] A.a.O., S. 222.

Ratschlags zur gesetzlichen Regelung des Schutzes der Kriegsdienstverweigerer gegründet wurde, der im Dezember 1955 vorgelegt wurde.[62] Die Evangelische Arbeitsgemeinschaft zur Betreuung der Kriegsdienstverweigerer entstand erst 1956 als Unterausschuss der Evangelischen Jugend Deutschlands.[63]

Dennoch gab es unterhalb der gesamtkirchlichen Ebene früh eine »Flut von Stellungnahmen kirchlicher Gruppen, Synoden und Einzelpersonen zu dieser Frage«.[64] Dabei muss zunächst in Erinnerung gerufen werden, was schon in dem einleitenden, zeitgenössischen Zitat angesprochen wurde und in der Forschung zu Recht angemerkt wird: Kaum ein anderer Fragenkomplex als der einer deutschen Wehrbeteiligung war in dieser Zeit umstrittener und diente in ähnlicher Weise als Katalysator für die Verfestigung derjenigen theologie- und kirchenpolitischen Kontroversen, die bereits die Handlungsfreiheit des Protestantismus im Kirchenkampf eingeschränkt hatten.[65] Martin Greschat bemerkt pointiert: »Unverhüllt traten jetzt erneut [...] die Fronten zu Tage, die sich im ›Kirchenkampf‹ in der evangelischen Kirche gebildet hatten, mitsamt den nicht nur theologischen und kirchenpolitischen Gegensätzen, sondern auch den hiermit verwobenen menschlichen Animositäten und Aversionen.«[66] Vereinfacht kann dabei zwischen Vertretern der lutherischen Zwei-Reiche-Lehre und reformiert-barthianisch geprägten Vertretern einer Königsherrschaft Christi unterschieden werden.[67] Allerdings wird in Georg Kalinnas Beitrag zur Obrigkeitsdebatte in diesem Band erkennbar, dass diese Aufteilung des Protestantismus für die Analyse seiner Ethik des Politischen im Nachkriegsdeutschland eigentlich zu grob ist.[68] Gleichwohl ist die Unterscheidung dieser Lager auch historisch als zeitgenössische Wahrnehmung und Strukturierung der Debatte belegbar. Als Beispiel mag ein Vortrag von Alfred Adam von der Kirchlichen Hochschule Bethel auf einer Tagung für ehemalige Soldaten der Evangelischen Akademie in Hessen und Nassau unter dem Titel »Wehrbeitrag und christliches Gewissen« dienen, die im März 1952 stattfand. Adam unterschied die »beiden völlig entgegengesetz-

---

[62] Vgl. ebd.; sowie Einleitung, in: Kirche und Kriegsdienstverweigerung. Ratschlag zur gesetzlichen Regelung des Schutzes der Kriegsdienstverweigerer, hg. vom RAT DER EVANGELISCHEN KIRCHE IN DEUTSCHLAND, München 1956, S. 7–8, hier: 7.

[63] Vgl. NEIN zu Krieg und Militär – JA zu Friedensdiensten. 50 Jahre evangelische Arbeit für Kriegsdienstverweigerer, hg. von der EVANGELISCHE ARBEITSGEMEINSCHAFT ZUR BETREUUNG DER KRIEGSDIENSTVERWEIGERER (EAK), Bremen 2006, S. 39.

[64] VOGEL: Wiederbewaffnung, 1978, S. 222.

[65] Vgl. CLAUDIA LEPP: Entwicklungsetappen der Evangelischen Kirche, in: Evangelische Kirche im geteilten Deutschland (1945–1989/90), hg. von DERS. und KURT NOWAK, Göttingen 2001, S. 46–93, hier: 49.

[66] MARTIN GRESCHAT: Der Protestantismus in der Bundesrepublik Deutschland. 1945–2005, Leipzig 2011, S. 37.

[67] Vgl. ANKE SILOMON: Verantwortung für den Frieden, in: Evangelische Kirche im geteilten Deutschland (1945–1989/90), hg. von CLAUDIA LEPP und KURT NOWAK, Göttingen 2001, S. 135–160, hier: 137.

[68] Vgl. den Beitrag von Georg Kalinna in diesem Band, S. 369–384.

ten theologischen Grundhaltungen zur Frage des Wehrbeitrags heute«, nämlich die eines »theologischen Aktualismus (Reichsbruderrat der Bekennenden Kirche, Kreis um die ›Stimme der Gemeinde‹)« und die der lutherischen Theologen.[69]

Wie äußerten sich diese protestantischen Parteiungen in den 1950er Jahren nun zur Kriegsdienstverweigerung aus Gewissensgründen? Unter der Annahme, dass die Remilitarisierung Deutschlands unweigerlich zum Krieg zwischen den West- und Ostmächten führe,[70] heißt es in einer frühen Handreichung zur Wiederaufrüstung aus dem bruderrätlichen Lager, die als Flugblatt unter dem Titel »An die Gewehre? Nein!« veröffentlicht und sogleich heftig debattiert wurde,[71] unmissverständlich: »Niemand im Osten oder im Westen Deutschlands kann bei der Teilnahme an diesem Krieg der Weltmächte ein gutes Gewissen haben.«[72] Gleich zu Beginn der Handreichung wird zudem hervorgehoben: »Die Entscheidung ist [...] so ernst, daß die Gemeinden sich nicht einfach dem schwachen oder starken Gewissen des einzelnen auf dem versuchungsreichen Kampffeld der öffentlichen Diskussion anheimstellen dürfen. [...] Wir bitten die Pfarrer, die Gewissen zu unterrichten und zu stärken, denn die Versuchung ist groß.«[73] Nur, so die Aussage des Dokuments, wer sich durch Kriegsdienstverweigerung der zu erwartenden militärischen Konfrontation entziehe, treffe die einzig vertretbare christliche Gewissensentscheidung. Die Entscheidung dürfe auch nicht einfach dem einzelnen, bisweilen schwachen Christen überlassen werden, sondern müsse durch die Pfarrer und Gemeinden in die richtige Richtung gelenkt werden.[74]

Entsprechend heißt es auch im Klappentext des 1952 in der Schriftenreihe der Bekennenden Kirche erschienenen Büchleins »Krieg, Kriegsdienst und Kriegsdienstverweigerung nach der Botschaft des Neuen Testaments« des Kölner Pfarrers und späteren Gründers und Leiters der dortigen Melanchthon-Akademie, Walther Bienert: Die Kirche sei »den Gemeinden eine Antwort schuldig, denn diese warten geradezu darauf, daß ihnen in ihren Gewissensnöten geholfen werde und sie nicht im Kreuzfeuer der Meinungen ratlos bleiben.«[75] In

---

[69] Vgl. ALFRED ADAM: Die Christenheit und der Wehrdienst. Eine theologische Besinnung, in: Wehrbeitrag und christliches Gewissen. Protokoll der Tagung für ehemalige Soldaten, 14. bis 16, [sic!] März 1952 im Heim der Evangelischen Akademie Schloß Assenheim / Oberhessen, hg. von der EVANGELISCHEN AKADEMIE IN HESSEN UND NASSAU, Frankfurt am Main 1952, S. 2–9, hier besonders: 4–9, Zitate: 4.

[70] Vgl. An die Gewehre? Nein! Handreichung an die Gemeinden zur Wiederaufrüstung, hg. von HERBERT MOCHALSKI, Frankfurt am Main 1950, S. 2 f.

[71] Vgl. dazu: VOGEL: Wiederbewaffnung, 1978, S. 130–138.

[72] MOCHALSKI: An die Gewehre, 1950, S. 3.

[73] A.a.O., S. 1.

[74] Vgl. VOGEL: Wiederbewaffnung, 1978, S. 137.

[75] WALTHER BIENERT: Krieg, Kriegsdienst und Kriegsdienstverweigerung nach der Botschaft des Neuen Testaments (Schriftenreihe der Bekennenden Kirche), Stuttgart 1952.

ganz ähnlicher Weise gingen auch im Jahre 1954 insgesamt 110 Pfarrer und Gemeindeglieder der kirchlichen Bruderschaften im Rheinland mit gutem Beispiel voran und erklärten, »unter den gegenwärtigen Umständen einer Einberufung zum Wehrdienst nicht folgen zu können.« Ihre so genannte »Leverkusener Erklärung« schließt mit dem Appell: »Wir fragen unsere Brüder im Amt, ob sie nicht um ihres Dienstes am Evangelium willen mit uns die gleiche Entscheidung treffen sollten.«[76]

Auf der eher lutherisch geprägten Gegenseite gründete sich bald der sogenannte »Kronberger Kreis« um den Akademieleiter in Bad Boll, Eberhard Müller, als Reaktion auf die lautstarke Agitation der bruderrätlichen Kreise in der Wehrdienstfrage. Die erste, gleich viel beachtete Kundgebung des Kreises überhaupt erschien zum Thema »Wehrbeitrag und christliches Gewissen« im Februar 1952. Darin betrachten, in der Formulierung Thomas Sauers, die Unterzeichner gerade die »Haltung der Wiederbewaffnungsgegner [...] als einem ›irrenden Gewissen‹ entspringend«,[77] schließlich, so die Kundgebung, sei »es nicht Aufgabe der Kirche, sondern eine Sache der zuständigen Organe des Staates [...], über die Aufstellung deutscher Wehrverbände zu entscheiden«.[78] Eberhard Müller ließ in einem späteren Beitrag einen christlichen Gewissenskonflikt in der Frage des Wehrdienstes entsprechend auch nur dann gelten, wenn »für eine ungerechte Sache zu den Waffen gerufen werde«.[79] Daher, so seine im Vergleich zu den Bruderräten vollkommen gegensätzliche Schlussfolgerung, sei ein Gewissenskonflikt im bundesdeutschen Nachkriegsdeutschland sehr selten anzutreffen, da sich die Menschen im Falle eines Krieges über die wahren Kriegszwecke durch die freien Massenmedien gut informieren könnten. Eine Beeinflussung der Menschen oder eine gezielte propagandistische Falschinformation über die Kriegszwecke sei so schlechter möglich als in Ländern ohne freie Presse, wobei Müller offensichtlich die DDR im Blick hatte, wo es entsprechend häufiger zu einem Gewissenskonflikt kommen könne. Generell komme es zur Verhinderung

---

[76] Vgl. Erklärung von 110 theologischen und nichttheologischen Mitgliedern der kirchlichen Bruderschaften im Rheinland, abgedruckt in: Junge Kirche 15 (1954), S. 551 f., Zitate: 552.

[77] Vgl. THOMAS SAUER: Der Kronberger Kreis. Christlich-konservative Positionen in der Bundesrepublik Deutschland, in: Katholiken und Protestanten in den Aufbaujahren der Bundesrepublik (Konfession und Gesellschaft 21), hg. von DEMS., Stuttgart 2000, S. 121–147, hier: 124–126, Zitat: 125. Sauer bezieht sich auf den Entwurf der Denkschrift »Wehrdienst und christliches Gewissen«, deren endgültige, publizierte Fassung diese Aussage wieder abmildert.

[78] EBERHARD MÜLLER u. a.: Wehrbeitrag und christliches Gewissen. Kundgebung eines Kreises westdeutscher Kirchenführer und einer Anzahl im öffentlichen Leben stehender Laien, Februar 1952, abgedruckt in: Kirche und Kriegsdienstverweigerung. Ratschlag zur gesetzlichen Regelung des Schutzes der Kriegsdienstverweigerer, hg. vom RAT DER EVANGELISCHEN KIRCHE IN DEUTSCHLAND, München 1956, S. 40–41, hier: 41.

[79] EBERHARD MÜLLER: Friedens- und Wehrbereitschaft der Christen, in: Evangelische Stimmen zur Frage des Wehrdienstes (Kirche im Volk 19), hg. von FRIEDRICH KARRENBERG und KLAUS VON BISMARCK, Stuttgart 1956, S. 5–23, hier: 18.

des Krieges aber ohnehin nicht auf die persönliche Verweigerung an, die allenfalls das »Gewissen salvieren« könne, sondern darauf, durch die Erfüllung der »Pflicht im Rahmen der politischen Gesamtverantwortung« in der bestehenden Ordnung für den Frieden zu arbeiten.[80]

Dies liegt ganz auf der Argumentationslinie lutherischer Ordnungstheologie, wie sie auch von Walter Künneth in dezidierter Abgrenzung zur Leverkusener Erklärung und ihren »pseudotheologischen Behauptungen« prominent vertreten wurde.[81] Vor dem Hintergrund der Zwei-Reiche-Lehre erklärt auch er die Fragen der Wiederaufrüstung und des Wehrdienstes zu »politischen Ermessensfragen«, die durch die Vernunft und nicht durch den Glauben und das Gewissen zu entscheiden seien. Auch wenn Künneth daher zugestehen kann, dass diese Fragen »von Christen eine ganz verschiedene Beantwortung finden, ohne daß diese Entscheidungen ihren christlichen Glauben tangieren«,[82] empfiehlt er doch, sorgfältig »zu prüfen, ob Wiederaufrüstung und Wehrdienst als eine Verpflichtung gegenüber der Erhaltungsordnung Gottes und damit als Dienst am Nächsten begriffen werden müssen.«[83] Noch deutlicher wird dies bereits in Künneths politischer Ethik von 1954, die die Kriegsdienstverweigerung nur als »Spezialfall innerhalb der Problemkreise des Gehorsams«[84] betrachtet. Hier wird klar gestellt, dass »die Kriegsdienstpflicht als ein gehorsamer Dienst an Gottes Ordnung zu erfüllen ist.«[85] Im deutlichen Gegensatz zu den zitierten bruderrätlichen Stellungnahmen ist Künneth folglich der Meinung, dass ein genereller Aufruf zur Kriegsdienstverweigerung »biblisch-ethisch eine Unmöglichkeit«[86] darstellt. Insgesamt bezeichnet er den Wehrdienst als »Regelfall« und postuliert die »schlichte Gehorsamspflicht des Christen ›ohne Wenn und Aber‹, in dem Bewusstsein zum Werk der Erhaltung gerufen zu sein.«[87] Es sei gerade nicht in das »Belieben« der einzelnen Person gestellt, über den Wehrdienst zu entscheiden. Allenfalls in sehr eng umgrenzten Ausnahmefällen sei eine Verweigerung aus Gewissensgründen zuzulassen, die dann aber als »überzeugendes Zeichen«, die Leidensbereitschaft bis zur Inkaufnahme des Martyriums für diese Entscheidung mit sich bringen müsse.[88]

An den Beispielen wird zunächst deutlich, dass auf beiden Seiten des innerkirchlichen Grabens zwischen reformierten Bruderräten und Lutheranern in der Frage der Wiederbewaffnung und der Wehrdienstverweigerung grundsätz-

---

[80] Vgl. a.a.O., S. 18–20, Zitate: 19 und 20.
[81] Vgl. WALTER KÜNNETH: Theologische Thesen zur Frage der Wiederaufrüstung und des Wehrdienstes, in: Junge Kirche 16,9/10 (1955), S. 201–207, hier: 202.
[82] A.a.O., S. 205.
[83] A.a.O., S. 204 f.
[84] WALTER KÜNNETH: Politik zwischen Dämon und Gott, Berlin 1954, S. 388.
[85] A.a.O., S. 389.
[86] Ebd.
[87] KÜNNETH: Thesen zur Frage der Wiederaufrüstung, 1955, S. 206.
[88] Vgl. a.a.O., S. 206 f.; vgl. auch: KÜNNETH: Politik, 1954, S. 391 f.

lich mit dem auf Art. 4 Abs. 3 GG basierenden Gewissensbegriff argumentiert wurde. Gestritten wurde aber darum, ob die Wehrdienstfrage überhaupt eine Gewissensfrage sei und sodann, wie die rechte christliche Entscheidung lauten müsse. Wie gesehen argumentierten die Bruderschaften mit der Anfälligkeit und Schwäche der individuellen Gewissen, weswegen eine starke normative und eindeutige Orientierung durch kirchliche Autoritäten für die Glaubens- und Gewissensentscheidung zur Verweigerung nötig sei. Die Lutheraner akzeptierten das Gewissen als Entscheidungsinstanz in der für sie eigentlich politischen Frage des Wehrdienstes nur in sehr begrenztem Maße, konnten damit aber immerhin den Bruderräten entgegenhalten, dass prinzipiell auch anders lautende Entscheidungen toleriert werden müssten.[89] Aber auch die lutherischen Ethiker ließen letztlich keinen Zweifel daran aufkommen, dass die einzig richtige Entscheidung für den Christen gerade im Gehorsam und der Erfüllung der Pflicht in Gottes Ordnungen liege, was in der Regel die Ableistung des Wehrdienstes bedeute, während die grundgesetzlich ermöglichte Verweigerung desselben aus Gewissensgründen nur als sehr seltener Grenz- und Ausnahmefall zugestanden wurde.

Auch wenn sich in den kirchlichen Stellungnahmen bis Mitte der 1950er Jahre durchaus Formulierungen finden, dass letztlich der einzelne Christ im Gewissen zu entscheiden habe,[90] mochte offenbar keine der beiden protestantischen Großgruppierungen dem einzelnen Christen eine wirklich autonome, individuelle Entscheidung zugestehen. Von einer Freisetzung der Individuen oder einer Entzauberung der Institutionen im Sinne einer diskursiv-kulturellen Zuschreibung von Entscheidungsoptionen an das Individuum unter Zurücknahme institutioneller Vorgaben, wie es für die Individualisierungsthese Ulrich Becks charakteristisch ist, kann nach diesem Befund hier gerade nicht gesprochen werden. Im Gegenteil wurde von beiden Lagern unter dem Eindruck ihrer »prak-

---

[89] Vgl. KÜNNETH: Thesen zur Frage der Wiederaufrüstung, 1955, S. 202.
[90] So etwa in der Kundgebung der Synode von Weißensee, 1950: »Wir legen es jedem auf das Gewissen, zu prüfen, ob er im Falle eines solchen Krieges [zwischen West- und Ostdeutschland, H.M.-M.] eine Waffe in die Hand nehmen darf.« Vgl. EKD: Was kann die Kirche für den Frieden tun, 1950, S. 35. Johanna Vogel hat dazu herausgearbeitet, wie sehr diese Formulierung unter dem Vorzeichen der besonderen Situation in Deutschland, der verlorenen nationalen Einheit und des drohenden Bruderkrieges steht. Es handelt sich weniger um eine generelle Freigabe der Entscheidung über den Wehrdienst, sondern lediglich um einen Appell zur sorgfältigen Prüfungen ›im Falle eines *solchen* Krieges‹, wie es in der Kundgebung heißt. [Hervorhebung, H.M.-M.]. Vogel schreibt: »Wenn man für die Interpretation den formalen Aufbau des Textes heranzieht, legt sich der Gedanke nahe, daß den Verfassern als ein denkbarer Gewissengrund in erster Linie eben das nationale Motiv vor Augen schwebte. Derjenige Kriegsdienstverweigerer, der nicht mit seiner Regierung dem Wahn verfällt, der deutschen Not könne durch einen Krieg abgeholfen werden, hat Gewissen. Den Verfassern wahrscheinlich unbewußt, hat in der formalen Einbettung des Passus über den Kriegsdienstverweigerer also wiederum die Bruderkriegsideologie Pate gestanden.« Vgl. VOGEL: Wiederbewaffnung, 1978, S. 103–116, Zitat: 114.

tisch nicht kompatiblen friedensethischen Auffassungen«[91] versucht, die jeweils als richtig erachtete Entscheidung in der Frage der Kriegsdienstverweigerung und die jeweils bevorzugte friedenspolitische Option dem Individuum normativ vorzugeben und diskursiv durchzusetzen. Es kam zu Auseinandersetzungen darüber, welches kirchliche Lager mit seinen friedenspolitischen Vorstellungen die Deutungshoheit über die Gewissen der evangelischen Christen in der bundesdeutschen Kriegsdienstverweigerungsdebatte beanspruchen konnte. In der Individualisierungsperspektive kann man darin den Versuch sehen, durch eine starke institutionelle Prägung sichere Handlungsorientierungen und starke leitende Normen anzubieten.

Dass dies seitens der betroffenen Laien durchaus nachgefragt wurde, wird exemplarisch an einem Wortbeitrag des Essener Bergmanns und rheinischen Synodalen Jung auf der außerordentlichen Synodentagung in Berlin im Juni 1956, von der noch ausführlich die Rede sein wird, deutlich:[92] Zunächst stellt er fest, er sei strikt gegen die Einführung einer Wehrpflicht. Für sein Gewissen wie für die Gewissen seiner Kumpel sei es entsprechend »nach dem klaren Worte Gottes unmöglich, Waffendienst zu leisten.«[93] Mit Hinblick auf die Verhandlungen Synode fügt Jung schließlich hinzu:

»Die Menge meiner Brüder aus dem Bergarbeiterstand blickt mit Verlangen nach dieser Synode in der Erwartung eines befreienden, hilfreichen Wortes aus dem göttlichen Wort, welches klar und nicht zwiespältig ist. [...] Es ist ein unbarmherziges Wort, zu einem 18jährigen zu sagen: Das muß jeder mit seinem Gewissen selbst abmachen. Sollten wir in dieser entscheidenden, wichtigen Frage des Schutzes des Gewissen diesmal allein gelassen werden, so weise ich darauf hin, daß unsere evangelische Kirche, und zwar diesmal wohl endgültig, das Vertrauen unserer Arbeiter verlieren wird, welches sie seit Beginn der Arbeiterbewegung ohnehin schon weitgehend verloren hat.«[94]

Zu einer nicht an kollektive Normen rückgebundenen, individuellen Gewissensentscheidung wurden von Protestanten noch länger erhebliche Vorbehalte formuliert. So unterschied 1956 der Mainzer Theologieprofessor Friedrich Delekat in einer Ausarbeitung über den Gewissensbegriff im Grundgesetz das »persönliche Gewissen« vom »individuellen Gewissen« und schrieb dazu:

»Der Anruf Gottes ergeht zwar an den einzelnen persönlich, gilt aber in den seltensten Fällen nur für ihn allein und ihm besonders. [...] Der Begriff des individuellen Gewissens setzt die schmerzliche Erfahrung voraus, daß unter Umständen Gewissen gegen Gewissen stehen kann. Daraus ergibt sich dann erst jene relativistische und subjektivis-

---

[91] SILOMON: Verantwortung, 2001, S. 137.
[92] Vgl. zu Jung: Berlin 1956. Bericht über die außerordentliche Tagung der zweiten Synode der Evangelischen Kirche in Deutschland vom 27. bis 29. Juni 1956, hg. von der KIRCHENKANZLEI DER EVANGELISCHEN KIRCHE IN DEUTSCHLAND, Hannover 1956, S. 196.
[93] A.a.O., S. 87.
[94] A.a.O., S. 88.

tische Auffassung vom Gewissen, derzufolge jeder seine eigene Glaubensüberzeugung haben und ›nach seiner Fasson selig werden kann‹. Aber das ist unbefriedigend.«[95]

Auch hier spiegelt sich nicht die beschriebene, enge positive Kopplung von Individualisierung und Gewissen wider, wie sie für den Protestantismus doch charakteristisch sein soll. Delekat versucht vielmehr über den Begriff des persönlichen Gewissens, den er dem individuellen Gewissen entgegensetzt, eine vor individueller Beliebigkeit geschützte und kollektiv rückgebundene Gewissenauffassung zu etablieren, die sich in einer inhaltlich einheitlichen Ansprache Gottes an die einzelnen persönlichen Gewissen ausdrückt. Sodann findet sich allerdings in der auf Helmut Gollwitzer zurückgehenden Begründung des EKD-Ratschlags zur gesetzlichen Regelung des Schutzes der Kriegsdienstverweigerer aus dem Dezember 1955 ein erster Beleg, dass Gewissen und Individualisierung diskursiv miteinander verknüpft und affirmativ aufeinander bezogen wurden. Dort heißt es:

»Das Gewissensphänomen, wie wir es hier beschreiben, ist Ergebnis eines Individualisierungsprozesses, es gehört in eine Menschheitsperiode, in der die Umklammerung und Durchdringung des Einzellebens vom Leben und Denken des Stammes oder der Polis sich gelockert hat und die Möglichkeit einer Konkurrenz der Kollektivforderungen zu den Forderungen, die ich in meinem Selbstgespräch mir selbst vorhalte, in den Bereich der Vorstellung getreten ist. [...] Je intensiver der Mensch das Gewissens-Selbstgespräch führt, desto unabhängiger wird er von den Normen des ›Man‹, von der Autorität des Kollektivs, desto mehr wird er individualisiert. Im Gewissen sagt der einzelne Mensch in entscheidender Weise: ›Ich selbst‹.«[96]

Während sich der Protestantismus mit der Idee einer Gewissenentscheidung des einzelnen Christen in der Frage der Wehrdienstverweigerung als voll individuelle und unvertretbare Entscheidung, wie gesehen, lange schwertat, bildet sich hier im Kontext des Ratschlags der EKD zum bevorstehenden Wehrdienstgesetz die Aussage aus, dass die Verweigerung des Wehrdienstes aus Gewissensgründen unweigerlich mit der Frage nach Individualisierungsprozessen und damit verbundenen Freisetzungen und Entzauberungen verknüpft ist, bei denen sich der Einzelne von kollektiven, normativen Ansprüchen zu lösen beginnt.

---

[95] FRIEDRICH DELEKAT: Was hat die evangelische Kirche zur Verwendung des Gewissensbegriffs in Art. 4,3 GG zu sagen?, in: Evangelische Stimmen zur Frage des Wehrdienstes (Kirche im Volk 19), hg. von FRIEDRICH KARRENBERG und KLAUS VON BISMARCK, Stuttgart 1956, S. 24–42, hier: 25 f.
[96] Begründung, in: Kirche und Kriegsdienstverweigerung. Ratschlag zur gesetzlichen Regelung des Schutzes der Kriegsdienstverweigerer, hg. vom RAT DER EVANGELISCHEN KIRCHE IN DEUTSCHLAND, München 1956, S. 12–24, hier: 17.

Die außerordentliche Synode in Berlin vom 27.–29. Juni 1956

Am 5. Mai 1955 traten die Pariser Verträge in Kraft, die den Abschluss der Westintegration der jungen Bundesrepublik bedeuteten und gleichzeitig die Blockbildung und dauerhafte Teilung Deutschlands besiegelten. Teil der Verträge war auch ein westdeutscher Verteidigungsbeitrag, womit auch die Wiederbewaffnung der Bundesrepublik beschlossen war. Bereits im November 1955 nahmen die ersten freiwilligen 101 Soldaten den Dienst in der neuen Bundeswehr auf.[97] Damit wurde einerseits auch die Einführung der Wehrpflicht in der Bundesrepublik konkret und die Debatte um die nun beschlossene Wiederbewaffnung verlagerte sich stärker in das Feld der noch nicht umgesetzten Einführung der Wehrpflicht. Andererseits gerieten die ostdeutschen Mitgliedskirchen der EKD durch diese politischen Entwicklungen unter massiven Druck der DDR-Regierung, bedeutete die gesamtdeutsche Kirche für die DDR nach der nun auf Dauer gestellten Teilung Deutschlands doch ein erhebliches Sicherheitsrisiko. So stellten die politischen Entwicklungen auch unmittelbar die Einheit der Kirche in Ost und West in Frage. Die EKD reagierte mit der Einberufung einer außerordentlichen Tagung zum Thema »Raum für das Evangelium in Ost und West«, die das Ziel hatte, die Einheit der Kirche in beiden deutschen Staaten zu betonen.[98]

Die Ereignisse und Beschlüsse auf der Synode

Da die neue politische und kirchliche Situation unmittelbar mit der Aufstellung westdeutscher Truppen zusammenhing, war es »kein Wunder, daß die Frage, wie die evangelische Kirche zur allgemeinen Wehrpflicht stehe, trotz der bemühten Beschränkung der Referenten auf das Thema der Synode immer wieder durchdrang.«[99] So vertrat der rheinische Pfarrer und Synodale Benjamin Locher aus Wuppertal[100] im Plenum einen Antrag der Kirchlichen Bruderschaften im Rheinland,[101] der bereits mit einem Brief vom 8. Juni 1956 im Vorfeld der Synode allen Synodalen übersandt worden war und auf einen Synodenbeschluss gegen die Einführung einer Wehrpflicht in West- und Ostdeutschland zielte.[102] Der

---

[97] Vgl. EDGAR WOLFRUM: Die geglückte Demokratie. Geschichte der Bundesrepublik Deutschland von ihren Anfängen bis zur Gegenwart (2006), Bonn 2007, S. 129–133.
[98] Vgl. VOGEL: Wiederbewaffnung, 1978, S. 208–211.
[99] A.a.O., S. 212.
[100] Vgl. zu Locher: KIRCHENKANZLEI: Bericht, 1956, S. 196.
[101] Vgl. a.a.O., S. 85 f.
[102] Vgl. KIRCHLICHE BRUDERSCHAFTEN IM RHEINLAND: Brief an die Mitglieder der Synode der Evangelischen Kirche in Deutschland vom 8. Juni 1956, EZA 71/970. Das Anliegen wurde im Vorfeld von weiteren Briefen kirchlicher Laienvereinigungen an die Synode unterstützt. Vgl. BEZIRKSFRIEDENSRAT MAGDEBURG: Brief an die Synode der Evangelischen Kirche in Deutschland vom 15. Juni 1956, EZA 4/83; BEZIRKSFRIEDENSRAT TEMPLIN: Brief an die

Antrag wurde zur Beratung in den Ausschuss III »Einheit des Volkes« überwiesen,[103] in dem unter dem Vorsitz von Ludwig Raiser neben Pfarrer Locher auch so prominente protestantische Persönlichkeiten wie Joachim Beckmann, Klaus von Bismarck, Walter Bauer, Eugen Gerstenmaier, Gustav Heinemann, Walter Künneth, Eberhard Müller und Reinold von Thadden-Trieglaff über den Antrag befinden sollten.[104]

Am Vormittag des dritten Verhandlungstages stellte Ludwig Raiser die Ergebnisse des Ausschusses im Plenum vor. Der Ausschuss habe leidenschaftlich diskutiert, den Antrags Lochers aber letztlich verworfen und stattdessen eine eigene Beschlussvorlage erarbeitet: Die Synode solle eine Delegation zur Bundesregierung und zum Bundestag entsenden, um diese »von den schweren Besorgnissen in Kenntnis zu setzen, die von Synodalen über die Rückwirkungen der Einführung einer Wehrpflicht auf die Verhältnisse in der Deutschen Demokratischen Republik geäußert worden sind«, sowie zudem bei der DDR-Regierung gegen einen faktischen Zwang zum Eintritt in die Streitkräfte vorzusprechen. Raiser bat das Plenum, diese Vorlage ohne Aussprache anzunehmen und vor allem die Wehrpflicht nicht noch einmal zu diskutieren.[105]

Dieser Bitte kam das Plenum nicht nach. Martin Niemöller äußerte Kritik am Begriff der »Rückwirkungen«: Er sei einerseits unklar, andererseits trage er einen »sinistren Unterton«. Freiherr von Hodenberg ergänzte, die Beschlussvorlage messe die Bundesrepublik und die DDR mit zweierlei Maß.[106] Auch Helmut Gollwitzer meldete Bedenken gegen die Formulierung des Ausschusses an,[107] woraufhin sich Pfarrer Locher ermutigt sah, seinen ursprünglichen Antrag wieder ins Plenum der Synode einzubringen, um noch einmal »das Vorrecht wahrzunehmen, daß wir die Gewissen wachrufen, schützen und warnen. Wenn die Kirche es darf, soll sie es auch tun.«[108] Eberhard Müller reagierte wiederum erkennbar verärgert darüber, dass Locher nun im Plenum entgegen den Absprachen des Ausschusses die Diskussion um seinen Antrag neu aufrollte.[109] Walter Künneth unterstrich die Bedenken der Lutheraner mit den Worten, eine Zu-

---

Synode der Evangelischen Kirche in Deutschland vom 25. Juni 1956, EZA 4/83; CHRISTLICHE MÄNNER UND FRAUEN DES BEZIRKS BERLIN-PRENZLAUER BERG: Brief an die Generalsynode der Evangelischen Kirche in Deutschland vom 27. Juni 1956, EZA 4/493; sowie GEORG WILHELM PREHN: Brief an die Generalsynode der Evangelischen Kirche in Deutschland vom 28. Juni 1956, EZA 4/493.

[103] Vgl. KIRCHENKANZLEI: Bericht, 1956, S. 83 f.
[104] Vgl. a.a.O., S. 202.
[105] Vgl. a.a.O., S. 132, Zitat: ebd.
[106] Vgl. a.a.O., S. 146–149, Zitat: 147.
[107] Vgl. a.a.O., S. 151–154.
[108] Vgl. a.a.O., S. 160–162, Zitat: 161.
[109] Vgl. a.a.O., S. 162 f.

stimmung der Synode zum Antrag Locher bedeute »einen glänzenden Sieg der Sowjetpolitik hier in der EKD«.[110]

Letztlich regten der rheinische Präses Heinrich Held und Martin Niemöller einen inhaltlichen Änderungsvorschlag der Beschlussfassung an,[111] über den sich ein kleiner Kreis Synodaler, bestehend aus Raiser, Bauer, Held und Müller, vor der Tür verständigte, während das Plenum über die sonstigen Vorlagen aus den übrigen Ausschüssen beriet.[112] Schließlich beschloss die Synode den Wortlaut, der in dieser Runde ausgehandelt worden war und der im Wesentlichen dem Änderungsantrag entsprach. Der Antrag Locher war damit erledigt und wurde zurückgezogen.[113]

Der Auftrag an die Delegation zur Konsultation in Bonn lautete nun, »Bundesregierung und Bundestag der Bundesrepublik Deutschland von den Gesichtspunkten und Besorgnissen in Kenntnis zu setzen, die von Synodalen über Auswirkungen einer Wehrpflicht geäußert worden sind.«[114] Damit war einerseits die Schwere der Besorgnisse milder formuliert worden als in der Beschlussvorlage des Ausschusses, andererseits aber die Besorgnisse über Auswirkungen der Wehrpflicht vom Bezug auf die DDR gelöst und verallgemeinert worden, womit der Beschluss Raum ließ für eine Kritik der Verhältnisse auch in der Bundesrepublik.

Die Delegation unter der Leitung des Greifswalder Bischofs Friedrich-Wilhelm Krummacher hatte bereits am 3. Juli 1956 Gelegenheit, die Bedenken der Synode bei den entsprechenden Stellen in der Bundesrepublik vorzutragen. Wie aus einem fünfseitigen Vermerk Krummachers über den Besuch hervorgeht, wurde die Delegation am Morgen von Vizekanzler Blücher, Innenminister Schröder, Verteidigungsminister Blank und Bundesminister von Merkatz empfangen. Danach wurden sie von Bundestagspräsident Eugen Gerstenmaier willkommen geheißen, der ironischerweise als Synodaler und Mitglied des Ausschusses III maßgeblich an der Entsendung der Delegation mitgewirkt hatte, die er jetzt selbst empfing. Gerstenmaier hatte im Anschluss an die Unterredung ein Frühstück organisiert, bei dem die Delegationsmitglieder informell mit Vertretern aller Fraktionen sowie Abgeordneten aus sich mit der Frage befassenden Bundestagsausschüssen zusammenkamen. Am Abend wurden die Kirchenvertreter noch vom Bundespräsidenten empfangen und trugen auch ihm die Bedenken der Synode vor. Wie ernst diese kirchliche Stimme am Vortag der für den 4. Juli angesetzten zweiten Lesung des Wehrpflichtgesetzes genommen wurde, zeigt der Umstand, dass die SPD-Fraktion den Besuch der

---

[110] A.a.O., S. 168.
[111] Vgl. a.a.O., S. 169–171.
[112] Vgl. a.a.O., S. 172 f.
[113] Vgl. a.a.O., S. 171 und 179.
[114] A.a.O., S. 178.

Delegation zum Anlass nahm, noch einmal eine Verschiebung der Debatte erreichen zu wollen.[115]

Das Nachspiel der Synode

Das eigentliche, später so genannte »Nachspiel«[116] der Synode entzündete sich allerdings an einem Vorgang auf der Synode, der sich nicht in den offiziellen Protokollen findet,[117] zu dem aber das Präsidium später einen eigenen Bericht anfertigte, der, weil er in Abstimmung mit den Kontrahenten der Debatte in persönlichen Gesprächen auf dem Frankfurter Kirchentag im August 1956 ausgehandelt wurde,[118] vielleicht noch das nüchternste und ausgewogenste Bild des hoch umstrittenen Vorgangs widerspiegelt:[119] Während der Aussprache am dritten Tag der Synode wurden im Plenum auf Initiative Helmut Gollwitzers, Gustav Heinemanns und des Berliner Theologieprofessors Heinrich Vogel[120] Unterschriftenlisten herumgegeben, die zur Unterstützung des Anliegens der Delegation gedacht waren und ausdrücken sollten, dass nicht nur wenige, sondern zahlreiche Synodale die Bedenken teilten, von denen in Bonn und Berlin berichtet werden sollte.[121] Die Bögen wurden durch die Reihen gereicht, teilweise

---

[115] Vgl. FRIEDRICH-WILHELM KRUMMACHER: Vermerk zum Besuch der Synodenkommission bei den Organen der BRD am 3. Juli 1956, EZA 2/1085. In diesen Vorgängen zeichnet sich ein bemerkenswertes Gewicht der Kirchen in der politischen Sphäre der 1950er Jahre ab. Nur wenige Tage nach dem Synodenbeschluss war es den Kirchenvertretern kurzfristig möglich, einen vollen Tag von hohen Ministern, Fraktions- und Ausschussvorsitzenden, dem Bundestagspräsidenten und schließlich dem Bundespräsidenten selbst empfangen zu werden und in ausführlichen Gesprächen ihre Interessen, Wertüberzeugungen und moralischen Forderungen vorzutragen. Vgl. zu einer entsprechenden politikwissenschaftlichen Sicht auf die Kirchen als Interessenverbände: ULRICH WILLEMS: Kirchen, in: Interessenverbände in Deutschland, hg. von DEMS. und THOMAS VON WINTER, Wiesbaden 2007, S. 316–340, besonders 321 f. Vgl. auch den Beitrag von Stefan Fuchs in diesem Band, S. 121–148.
[116] Vgl. die entsprechende Überschriften in: JOACHIM BECKMANN: Kirchliche Zeitgeschichte, in: Kirchliches Jahrbuch für die Evangelische Kirche in Deutschland 83 (1956), S. 1–230, hier: 74; sowie Junge Kirche 17 (1956), S. 400.
[117] Vgl. BECKMANN: Kirchliche Zeitgeschichte, 1956, S. 20.
[118] Vgl. CONSTANTIN VON DIETZE: Bericht des Präsidiums der Synode der Evangelischen Kirche in Deutschland über die bei der ausserordentlichen Synodaltagung 27.–29.6.56 veranstaltete Unterschriftensammlung und ihre Verwendung vom 11. August 1956, EZA 86/31.
[119] Vgl. BECKMANN: Kirchliche Zeitgeschichte, 1956, S. 109.
[120] Vgl. zu Vogel: LUTZ HOETH: Die Wiederbewaffnung Deutschlands in den Jahren 1945–1958 und die Haltung der Evangelischen Kirche, Norderstedt 2008, S. 411.
[121] Der Wortlaut dieser Unterschriftensammlung wird im Frankfurter Bericht nicht erwähnt. Er lautete wohl: »Die Unterzeichnenten schließen sich den Bedenken gegen die Einführung der allgemeinen Wehrpflicht bzw. gegen Zwangsmethoden bei der Werbung für Wehrdienst an, die durch die von der Synode beauftragte Delegation in Bonn und Ostberlin vorgetragen werden.« Vgl. BECKMANN: Kirchliche Zeitgeschichte, 1956, S. 74. Vgl. auch mit einer kleinen Abweichung: Die Delegation der Synode der Evangelischen Kirche in Bonn, in: Die Stimme der Gemeinde 8/15 (1956), Sp. 475 f.

wurden auch Synodale direkt angesprochen, aber klar ist auch, dass nicht alle Synodalen im Plenum von den Listen erreicht wurden und offensichtlich gerade diejenigen, von denen keine Unterschrift zu erwarten war, nicht angesprochen wurden. Auf einzelnen Wunsch hin wurde während der Sammlung zugesichert, die Namen der Unterzeichnenden geheim zu halten. Als 62 Unterschriften unter den 120 Synodalen, von denen allerdings nicht mehr alle anwesend waren, zusammengekommen waren, wurde die Aktion abgebrochen. In der Zwischenzeit fand die geschilderte Aussprache und die Beratung im kleinen Kreis zur Beschlussvorlage des Ausschusses statt, die durch die Unterschriftenaktion unterstützt werden sollte. Weder Eberhard Müller oder Walter Bauer noch der Präses der Synode, Constantin von Dietze, wurden dabei von der laufenden Sammlung in Kenntnis gesetzt. Erst auf der folgenden Pressekonferenz wurde von Dietze von einem Pressevertreter nach der Unterschriftenaktion gefragt, der offensichtlich durch einen unbekannten Synodalen über Wortlaut des Dokuments und die Anzahl der Unterschriften informiert war.[122]

Besonders brisant wurde die Unterschriftensammlung vor allem durch ihre öffentliche Rezeption. Erstens berichtete gerade die Presse in der DDR ausführlich über die Synode und sprach immer wieder mit Bezug auf die 62 Unterschriften von einer »Mehrheit« auf der Synode, die sich gegen eine Wehrpflicht ausgesprochen hätte, was einen entsprechenden Beschluss der Synode suggerierte.[123] Aber auch in der westdeutschen Presse fanden sich in den Tagen nach der Synode Formulierungen, die sich im Sinne eines Votums der Synode gegen die allgemeine Wehrpflicht verstehen ließen.[124] Zweitens wurde dieser Eindruck auch von Synodalen und Kirchenvertretern selbst geschürt oder zumindest nicht zerstreut, die in Artikeln in Zeitschriften wiederholt von einer solchen Mehrheit gegen eine allgemeine Wehrpflicht auf der Synode

---

[122] Von Dietze: Bericht des Präsidiums, 1956.

[123] Vgl. »Christen verlangen Ablehnung der Wehrpflicht. Zur außerordentlichen Synode der Evangelischen Kirche«, in: Neues Deutschland vom 29. Juni 1956; »Bedenken gegen die Wehrpflicht. Abschluß der Außerordentlichen Synode der EKD«, in: Neue Zeit vom 30. Juni 1956; »Umstrittener Beschluß der Synode«, in: Berliner Zeitung vom 30. Juni 1956, alle EZA 4/83; Otto Nuschke: »Kompromiß«, in: Neue Zeit vom 1. Juli 1956; Otto Nuschke: »Kompromittierender Kompromiß«, in: Sozialistische Volkszeitung vom 3. Juli 1956; »Synodenmehrheit gegen Wehrpflicht«, in: Neue Zeit vom 5. Juli 1956; sowie »In Front gegen die Synode«, in: Neues Deutschland vom 6. Juli 1956, alle EZA 55.6/205.

[124] Vgl. »Kirche über Wehrpflicht besorgt. Beratungen der EKD-Synode abgeschlossen«, in: Bremer Nachrichten vom 30. Juni 1956; »Kirche gegen Wehrpflicht«, in: Welt am Sonntag vom 01. Juli 1956; »Evangelische Kirche warnt. Bedenken gegen Wehrpflicht – Vergeblicher Appell Ollenhauers«, in: Telegraf vom 4. Juli 1956; »Unüberhörbare Mahnung der Kirche«, in: Westdeutsches Tagblatt vom 4. Juli 1956; sowie »Die Evangelische Kirche warnte vor den Folgen der Wehrpflicht«, in: Deutsche Woche vom 11. Juli 1956, alle EZA 55.6/205. Auch der Pressedienst der SPD meldete am 2. Juli 1956, eine klare Mehrheit der Synode sei gegen die Wehrpflicht. Vgl. Pressestelle der VELKD: Synode der EKD und Wehrpflicht, Juli 1956, EZA 71/970.

sprachen und dabei die Information, dass es sich nicht um einen formalen Beschluss der Synode handelte, nicht eigens erwähnten.[125] Und drittens spielte eine entscheidende Rolle, dass auch in der unmittelbar auf die Synode und den Delegationsbesuch beim Bundestag folgenden Lesung des Wehrpflichtgesetzes im Bundestag explizit auf die Unterschriftensammlung Bezug genommen wurde, wobei zwischen SPD- und CDU-Abgeordneten sowohl über den Status der Unterschriftenaktion als auch über die Mehrheitsverhältnisse mit Bezug auf die Bedenken gegen eine Wehrpflicht debattiert wurde.[126]

Der Widerspruch aus dem lutherischen Lager gegen die Sammlung ließ nicht lange auf sich warten. Superintendent und EKD-Synodaler Johannes Schulze aus Hannover verwahrte sich in einem Brief an Präses von Dietze, der auch allen sonstigen Teilnehmenden der Synode zugestellt wurde, scharf gegen die geheim gehaltene Unterschriftenaktion an sich sowie ihre öffentliche Verwendung und Interpretation: »So etwas darf in einer Synode der Ev. Kirche in Deutschland nicht geschehen. […] Ich stelle fest, daß hier mit Mitteln gearbeitet ist, die die von uns ersehnte und festzuhaltende Einheit der Ev. Kirche in Deutschland in schwerster Weise erschüttern.«[127] Martin Niemöller antwortete in einem ebenfalls öffentlichen Brief mit »Überraschen und Kopfschütteln« auf Schulzes Protest. Es hätten mit der Sammlung lediglich die von der Kommission vorzutragenden Bedenken zahlenmäßig untermauert werden sollen. Er schloss mit den spitzen Worten: »Im übrigen ein guter Rat: Ich habe es in einem langen Leben mit vielen Enttäuschungen gelernt, ein guter Verlierer zu sein, lernen Sie das doch auch einmal. Ich glaube, Sie werden es in den kommenden Jahren reich-

---

[125] Vgl. »Ein bedeutungsvoller Schritt«. PROBST GRÜBER zur Reduzierung der Nationalen Streitkräfte. Interview der Neuen Zeit mit dem Bevollmächtigten der EKD bei der Regierung der DDR, in: Neue Zeit vom 3. Juli 1956; »Die Kirche darf nicht schweigen«. Interview mit HEINRICH VOGEL, in: Neue Zeit vom 4. Juli 1956; »Jeden Schritt zur Entspannung versuchen!«, in: Neue Zeit vom 6. Juli 1956, alle EZA 55.6/205; GUSTAV HEINEMANN: Synode gegen Wehrzwang, in: Deutsche Universitätszeitung 13/14 vom 19. Juli 1956 (ebenfalls abgedruckt in: Junge Kirche 17 [1956], S. 400 f.); GUSTAV HEINEMANN: »Der Wehrpflichtstreit in der evangelischen Kirche«, in: Westfälisches Tagblatt vom 27. Juli 1956, abgedruckt in: Junge Kirche 17 (1956), S. 422 f. Bei dieser Darstellung bleibt es auch noch bis 1957, als Kurt Müller in der ersten Ausgabe der neugegründeten, SPD-nahen protestantischen Zeitschrift »Politischen Verantwortung« erneut von einer Mehrheit der Synodalen sprach und die Rede von einer kirchlichen Minderheit als CDU-Propaganda benannte. Vgl. KURT MÜLLER: »Die kleine, aber aktive Gruppe«, in: Politische Verantwortung 1/1 (1957).
[126] Vgl. BECKMANN: Kirchliche Zeitgeschichte, 1956, S. 50; sowie 2. DEUTSCHER BUNDESTAG: 159. Sitzung. Bonn, Freitag den 6. Juli und Sonnabend, den 7. Juli 1956, verfügbar unter: http://dipbt.bundestag.de/doc/btp/02/02159.pdf, zuletzt am: 16.7.2014, S. 8773 f. und 8807–8818.
[127] Vgl. JOHANNES SCHULZE: Brief an Constantin von Dietze vom 12. Juli 1956, EZA 2/1085, Zitat: ebd. (ebenfalls abgedruckt in: BECKMANN: Kirchliche Zeitgeschichte, 1956, S. 75; Junge Kirche 17 [1956], S. 401 f.; sowie Die Stimme der Gemeinde 8/15 [1956], Sp. 471a–472).

lich nötig haben.«[128] Ein weiterer Protestbrief ging auch vom Landeskirchenrat der bayerischen Landeskirche ein.[129] Darüber hinaus erhoben einige Synodale aus Bayern um Walter Künneth noch einmal gesonderten Einspruch gegen die Aktion und ihre öffentliche Rezeption: »Da unser Vertrauen zur EKiD *schwer* erschüttert ist, behalten wir uns für die Zukunft alle weiteren Schritte vor.«[130] Im Rheinischen Merkur erschien am 20. Juli ein Artikel Heinz Beckmanns, der in der Aktion nicht nur eine »Verletzung der Brüderlichkeit, sondern der primitivsten Fairneß« ausmachte und sie als »Kampfmittel der Kommunisten« geißelte.[131] In einer weiteren Zuschrift an von Dietze wurde empfohlen, die betroffenen Synodalen sollten zurücktreten oder die ganze Synode sich am besten gleich auflösen, denn es gehe nicht an, dass sich die Kirche »von jener kleinen Gruppe von Aktivisten tyrannisieren lässt«.[132]

Helmut Gollwitzer, Gustav Heinemann und Heinrich Vogel traten als Initiatoren der Unterschriftensammlung in einem gemeinsamen Brief an den Präses der Synode diesen Vorwürfen entgegen und betonten, die Unterschriftenaktion sei rein privat und kirchenrechtlich vollkommen unbedenklich gewesen. Sie habe lediglich die Anzahl der Synodalen feststellen sollen, die die Bedenken teilten, von denen die Delegation in Bonn und Pankow berichten sollte, der dann auch die Listen ausgehändigt worden seien. Dass eine solche Sammlung sinnvoll und wichtig gewesen sei, zeige wiederum die in ihrer Auffassung tendenziöse Berichterstattung etwa des Evangelischen Pressedienstes, die suggeriere, nur einige wenige Synodale hätten diese Bedenken gehabt. Dass von Dietze nicht informiert worden sei, habe sich im Nachhinein nicht als Versäumnis sondern sogar als gut erwiesen, denn so habe die Aktion ihren privaten Charakter behalten.[133]

---

[128] Vgl. MARTIN NIEMÖLLER: Brief an Johannes Schulze vom 16. Juli 1956, abgedruckt in: Junge Kirche 17 (1956), S. 402, Zitate: ebd. (ebenfalls abgedruckt in: Die Stimme der Gemeinde 8/15 [1956], Sp. 474).

[129] Vgl. LANDESKIRCHENRAT DER EVANGELISCH-LUTHERISCHEN LANDESKIRCHE IN BAYERN: Brief an die Kirchenkanzlei der Evangelischen Kirche in Deutschland vom 14. Juli 1956, EZA 2/1085.

[130] Vgl. WALTER KÜNNETH u. a.: Brief an Constantin von Dietze, den Landeskirchenrat und den Landessynodalausschuss der Evangelisch-Lutherischen Kirche in Bayern vom 21. Juli 1956, EZA 71/970, Zitat: ebd., Hervorhebung im Original (ebenfalls abgedruckt in: BECKMANN: Kirchliche Zeitgeschichte, 1956, S. 75–76).

[131] Vgl. HEINZ BECKMANN: Christliche Unterschriften, in: Rheinischer Merkur vom 20. Juli 1056, in Abschrift EZA 71/970, Zitate: ebd.

[132] Vgl. Brief an Constantin von Dietze vom 17. Juli 1956, EZA 2/1085, Zitat: ebd. Der Name des nur handschriftlich vermerkten Verfassers ist nicht zweifelsfrei zu entziffern, er lautet vermutlich »Asmussen.«

[133] Vgl. HELMUT GOLLWITZER, GUSTAV HEINEMANN und HEINRICH VOGEL: Brief an Constantin von Dietze aus dem Juli 1956, EZA 86/31 (ebenfalls abgedruckt in: BECKMANN: Kirchliche Zeitgeschichte, 1956, S. 76 f.; Junge Kirche 17 [1956], S. 403 f.; sowie Die Stimme der Gemeinde 8/15 [1956], Sp. 474). Vgl. in diesem Kontext weiter auch: GUSTAV HEINEMANN: Brief an Constantin von Dietze vom 21. Juli 1956; sowie CONSTANTIN VON DIETZE: Brief an Gustav Heinemann vom 24. Juli 1956, beide EZA 86/31.

Der Konflikt, der sich hier in den zum Teil giftigen Formulierungen im Nachgang der Synode bereits abzeichnet, eskalierte schließlich anlässlich eines Vortrags Eberhard Müllers am Abend des 23. Juli 1956 in Bonn. Eingeladen hatten einige Gemeindeglieder und Presbyter aus der evangelischen Kirchengemeinde Bonn-Mitte zu einem Vortragsabend ins Bonner Stern-Hotel. Der Abend stand unter dem Thema »Unsere Sorge um den Weg der Kirche – Zur Generalsynode von Berlin«.[134] Wie aus einem Schreiben des Bonner Oberkirchenrats und Presbyters der Gemeinde Bonn-Mitte Hansjürg Ranke an den Präsidenten der Kirchenkanzlei Heinz Brunotte hervorgeht, wurden die Einladungen allerdings von der Geschäftsstelle des Evangelischen Arbeitskreises (EAK) der CDU gedruckt und versandt, wobei der genau Einladungstext zumindest einem der unterzeichnenden Gemeindeglieder nicht einmal wörtlich bekannt war.[135] Insofern kann mit Lutz Hoeth durchaus von einer »als ›Gemeindeveranstaltung‹ kaschierten Veranstaltung«[136] des EAK gesprochen werden. Der Vortragsabend erlebte einen solchen Ansturm, dass er spontan vom Stern-Hotel in die Bonner Kreuzkirche verlegt wurde, wo schließlich ungefähr 600 Menschen dem Vortrag Müllers unter dem Titel »Die Verfälschung der Synode« lauschten. Dabei sprach Müller, angeblich wegen der Schwerhörigen in der Kirche, von der Kanzel.[137]

---

[134] Vgl. Einladung zum Vortragsabend »Unsere Sorge um den Weg der Kirche – Zur Generalsynode von Berlin« vom 17. Juni 1956, EZA 71/970, (ebenfalls abgedruckt in: BECKMANN: Kirchliche Zeitgeschichte, 1956, S. 77 f.; Junge Kirche 17 [1956], S. 405; sowie Kirche in der Zeit 11/8 [1956], S. 183).

[135] Vgl. OKR RANKE: Brief betreffend »Versammlung in der Kreuzkirche zu Bonn am 23.7.1956« an Heinz Brunotte vom 30. Juli 1956, EZA 2/1085.

[136] HOETH, Wiederbewaffnung, 2008, S. 413.

[137] Vgl. KARL LOHMANN: Bericht über ein Referat von Dr. Eberhard Müller, Bad Boll, vom 24. Juli 1956, EZA 2/1085. Ob Eberhard Müller mit dem Begriff der »Verfälschung« der Synode bewusst auf ostdeutsche Pressemitteilungen reagierte, die Anfang Juli von einer »Verfälschung« der Synode durch die CDU, die ihr nahe stehenden Synodalen und die Westpresse berichtet hatten, lässt sich nur vermuten, aber nicht belegen. Vgl. »EKD-Delegation trug Bedenken vor. Abgeordnete der West-CDU versuchten Entscheidung der Synode zu verfälschen«, in: Neue Zeit vom 5. Juli 1956; »Die Verfälschung wird fortgesetzt. Eine Presseschau«, in: Neue Zeit vom 6. Juli 1956; sowie »D. Held gegen die Verfälschung. Interview der ›Neuen Zeit‹ mit dem Präses der Synode«, in: Neue Zeit vom 7. Juli 1956, alle EZA 55.6/205. Der Vortrag wurde in zusammengefasster Form noch im Juli in der Zeitschrift des EAK »Evangelische Verantwortung« gedruckt. Vgl. EBERHARD MÜLLER: Verfälschung der Synode, in: Evangelische Verantwortung 4/7 (1956), S. 1–4 (ebenfalls abgedruckt in: BECKMANN: Kirchliche Zeitgeschichte, 1956, S. 78–83; sowie Kirche in der Zeit 11/8 [1956], S. 183–185). Herbert Mochalski berichtet, Müller habe den Vortrag bei der Veranstaltung zudem an die Presse verteilt. Die Ausgabe der »Evangelischen Verantwortung« sei bereits vier Tage nach dem Vortrag allen evangelischen Pfarrern zugeschickt worden, sodass sie ebenfalls schon gedruckt gewesen sein müsse, als Müller den Vortrag hielt. Vgl. HERBERT MOCHALSKI: Die Regierungspfarrer des Westens, in: Die Stimme der Gemeinde 8/15 (1956), Sp. 469 f., hier: 469a. Müller selbst verschickte den Vortrag als Schreibmaschinen-Manuskript in der Folge an bekannte Protestanten, etwa an Reinold von Thadden-Trieglaff. Vgl. EZA 71/970.

Anlass für Müller, sich zu den Vorgängen auf der Synode zu äußern, war, dass am 7. Juli 1956 auf einer Akademieveranstaltung ein von ihm nicht näher genannter Synodaler in seiner Anwesenheit erneut behauptet hätte,[138] die Synode habe sich mehrheitlich gegen die Wehrpflicht ausgesprochen. Durch das Betreiben aus dem »Kreis um die ›Stimme der Gemeinde‹« um den Darmstädter Studentenpfarrer Herbert Mochalski sei generell der öffentliche Eindruck entstanden, »als ob die maßgeblichen kirchlichen Gremien aus christlicher Verpflichtung den Wehrdienst in der Bundesrepublik ablehnen«.[139] Dabei handele es sich aber lediglich um eine kirchliche Minderheitenmeinung, die gegen die Mehrheit durchgesetzt werden solle. Da »dies auf direktem Wege regelmäßig misslingt, wird jedes Mal der Umweg über mehrdeutige Formulierungen gewählt, die dann in der Öffentlichkeit – entgegen den Absichten der beschlußfassenden Organe – politisch ausgewertet werden.« Das sei nun auch wieder auf der Synode geschehen, auf der es zu »Machenschaften gekommen ist, die im kirchlichen Raum sonst kaum denkbar sind.«[140]

Im Ausschuss III sei der Antrag Locher »nach kurzer Debatte mit großer Mehrheit abgelehnt« worden. Die erste Beschlussvorlage des Ausschusses habe sehr bewusst nur von den Auswirkungen einer Wehrpflicht auf die DDR gesprochen und sei damit »rein seelsorgerisch« gewesen: »Es sollte unter allen Umständen der Eindruck verhindert werden, als habe die Kommission den Auftrag, namens der Synode gegen die Einführung der Wehrpflicht grundsätzliche Bedenken vorzubringen«.[141] Dem Änderungsantrag des rheinischen Präses Held, den exklusiven Bezug auf die Situation in der DDR zu streichen, zugestimmt zu haben, bedauert Müller im Nachhinein, denn zeitgleich lief bereits die Unterschriftenaktion Heinemanns, von der Müller nicht unterrichtet wurde und bei der ohnehin alle diejenigen Synodalen, von denen keine Unterschrift oder gar die Aufdeckung der Aktion zu erwarten gewesen wäre, von vorneherein übergangen wurden. Für Müller liegt daher »die Frage nahe, ob nicht durch die Kürzung des offiziellen Beschluß-Antrages der Sinn der Unterschriftensammlung nachträglich *bewußt* verändert worden ist.«[142] Schließlich hätten die Synodalen zu einem Zeitpunkt der Aussprache unterschrieben, als in der Beschlussvorlage, der durch die Unterschrift unterstützt werden sollte, noch ausschließlich von den Verhältnissen in der DDR gesprochen wurde. Zumindest Heinemann hätte sich als Jurist über die Auswirkungen des von Held eingebrachten Änderungs-

---

[138] Aus den Anlagen des Berichts über die »Synode der EKD und Wehrpflicht« des Lutherischen Kirchenamtes der VELKD, der mit Schreiben vom 12. Juli 1956 an Reinold von Thadden-Trieglaff geschickt wurden, ist zu vermuten, dass es sich bei diesem Synodalen um Heinrich Vogel selbst handelte. Vgl. Pressestelle der VELKD: Synode, 1956.
[139] Müller: Verfälschung der Synode, 1956, S. 2.
[140] Vgl. a.a.O., S. 1 f., Zitate: 2.
[141] Ebd.
[142] A.a.O., S. 3, Hervorhebung im Original.

antrags auf die Unterschriftenliste bewusst sein müssen. Da Held neben Heinemann gesessen habe, sei ohnehin zu mutmaßen, dass beide sich abgesprochen hätten. Damit habe Heinemann nicht nur Müller getäuscht, sondern auch die Unterzeichner seiner eigenen Verlautbarung.[143] Nach der Synode habe Heinemann vor der Pressekonferenz, wie durch einen anonymen Synodalen beobachtet, den Wortlaut und die Zahlen an die Presse weitergegeben. »Dr. Heinemann hat damit sein gegenüber Bischof Dibelius wenige Stunden zuvor gegebenes Wort, daß keine Veröffentlichung beabsichtigt sei, selbst gebrochen.«[144] Diese Ereignisse seien »beschämend«, denn »[a]uch in Synoden müssen Minderheiten es in brüderlicher Geduld ertragen lernen, wenn ihre Meinung nicht zum Zuge kommt.«[145] Damit standen heftige Vorwürfe Müllers vor allem gegen Gustav Heinemann aber auch gegen Heinrich Held im Raum, nämlich die bewusste Täuschung der Synode und der Wortbruch gegenüber dem Ratsvorsitzenden der EKD.

Man muss davon ausgehen, dass Müller sich der möglichen Reichweite und Wirkung dieser Vorwürfe bewusst war, denn einer der Initiatoren der Unterschriftensammlung, Helmut Gollwitzer, ebenfalls Bonner Theologieprofessor und Presbyter, war genauso anwesend wie sein Kollege Hans Joachim Iwand. Beide widersprachen Müller in der Diskussion des Vortrags sofort und grundlegend. Iwand hielt Müller dabei entgegen, den Wehrpflichtgedanken in der evangelischen Kirche zu personifizieren und die Akademie zu einem Sammelbecken Gleichgesinnter gemacht zu haben.[146] Eine anschauliche Beschreibung der Stimmung während des Vortrags und der Diskussion findet sich im Brief Rankes an

---

[143] Vgl. ebd.
[144] Vgl. a.a.O., S. 3 f., Zitat: ebd. Hintergrund dieser Bemerkung ist, dass in der Zwischenzeit bekannt geworden war, dass auch der amtierende Ratsvorsitzende Otto Dibelius die Liste unterschrieben hatte. Offenbar wurde die Nachricht zuerst vom SPD-Pressedienst verbreitet, bevor die »Frankfurter Allgemeine Zeitung« und »Die Welt« jeweils am 6. Juli 1956 entsprechende Schlagzeilen veröffentlichten. Vgl. Pressestelle der VELKD: Synode, 1956; »Auch Bischof Dibelius gegen die Wehrpflicht. Die Mehrheit der evangelischen Synode hinter ihm / Teilnehmer widersprechen dem Bulletin«, in: Frankfurter Allgemeine Zeitung vom 6. Juli 1956; »Dibelius gegen Wehrpflicht«, in: Die Welt vom 6. Juli 1956; sowie »Dibelius gegen Wehrpflicht«, in: Der Morgen vom 7. Juli 1956, alle EZA 55.6/205. Dibelius gab über Hermann Kunst sofort eine Richtigstellung an die Presse, er habe mit seiner Unterschrift nur die Kommissionsbedenken unterstützen, sich aber nicht gegen die Einführung der Wehrpflicht an sich aussprechen wollen. Vgl. »Dibelius stellt richtig«, in: Die Welt vom 7. Juli 1956; »Dibelius wehrt sich gegen Unterstellungen«, in: Der Tagesspiegel vom 7. Juli 1956; »Prälat Kunst stellt richtig«, in: Der Tag vom 7. Juli 1956, alle EZA 55.6/205.
[145] Müller: Verfälschung der Synode, 1956, S. 4.
[146] Vgl. »Wehrpflicht-Streit in der Evangelischen Kirche. Müller: Die Unterschriftensammlung verfälscht / Gollwitzer: Abwegiger Vorwurf«, in: Frankfurter Allgemeine Zeitung vom 25. Juli 1956, EZA 55.6/205. Vgl. auch die Verwahrungen gegen diesen Vorwurf durch Eberhard Müller: Eberhard Müller: Brief an die evangelische Kirchenleitungen, die Mitglieder der Kirchenkonferenz und die Mitglieder der Synode der Evangelischen Kirche in Deutschland vom 25. Juli 1956, EZA 71/970, (ebenfalls abgedruckt in: Beckmann: Kirchliche Zeitge-

die Kirchenkanzlei: Während »sich der ältere Teil der Anwesenden (überwiegend Bundesbedienstete) ruhig« verhielt und nur einmal Müller zaghaft applaudierte, kam es gerade durch die anwesenden Studierenden zu Unruhe und Tumulten im Plenum, die nur darauf warteten, »es werde durch die Herren Prof. Gollwitzer und Iwand eins ausgewischt werden und spontan jeweils nach den Reden der beiden Professoren mit Füßen und Händen gegen die Kirchenbänke trommelten«, was für Ranke einer Kirche nicht würdig war.[147]

Zwei erste Reaktionen auf Müllers Vortrag kamen sodann auch von studentischer Seite. Der Konvent des Evangelisch-theologischen Stifts in Bonn erklärte, Müller gefährde den weiteren Weg der Kirche dadurch, die Kirche zu »parteipolitischen Zwecken mißbrauchen« zu wollen, und mit der CDU einer Partei das Wort zu reden, die die Spaltung der Kirche in Gruppen vorantreibe.[148] Dies war auch in der ostdeutschen Presse zu hören.[149] Die Konvente der evangelischen Theologiestudenten im Rheinland äußerten ähnliche Kritik.[150]

Die angegriffenen Gustav Heinemann und Heinrich Held reagierten mit Gegendarstellungen, in denen sie im Detail die Anschuldigungen widerlegten.[151] Es fällt auf, dass Müller schon bald gegenüber Held postalisch zugestand, durch eigene Gedächtnislücken einige Ungenauigkeiten gerade über die Rolle Helds in die Welt gesetzt zu haben.[152] Held merkte in einer erneuten Antwort an, es habe ihn »große Überwindung gekostet«, den Brief Müllers aufgrund dessen Tons überhaupt »nach mehreren vergeblichen Ansätzen bis zum Ende zu lesen.«[153] Später dann entschuldigte Müller sich durch mehrere Briefe in erstaunlich konziliarem Ton beim Präses der rheinischen Kirche, die er ihm in den Urlaub in die Schweiz schickte und teilweise noch per Telegramm ankündigte. Held reagier-

---

schichte, 1956, S. 84–86); sowie den Brief des Mitarbeitervertreters der Bad Boller Akademie: HENRY LILLICH: Brief an Heinz Joachim Iwand vom 1. August 1956, EZA 2/1085.

[147] Vgl. RANKE: Brief an Burnotte, 30. Juli 1956, Zitate: ebd.

[148] Vgl. Stellungnahme des Konvents des Ev.-theol. Stifts: »Verfälschung der Synode« – durch wen?, abgedruckt in: Kirche in der Zeit 11/8 (1956), S. 185, Zitat: ebd.; BECKMANN: Kirchliche Zeitgeschichte, 1956, S. 83; sowie Junge Kirche 17 (1956), S. 424.

[149] Vgl. »Adenauer-CDU will EKD spalten. SPD-Pressedienst zu Verleumdungen gegen Synode«, in: Der Morgen vom 28. Juli 1956, EZA 55.6/205.

[150] Vgl. Erklärung der Konvente der evangelischen Theologiestudenten im Rheinland an der Universität Bonn, abgedruckt in: BECKMANN: Kirchliche Zeitgeschichte, 1956, S. 84; Kirche in der Zeit 11/8 (1956), S. 186; sowie Junge Kirche 17 (1956), S. 425.

[151] Vgl. GUSTAV HEINEMANN: Stellungnahme, abgedruckt in: Kirche in der Zeit 11/8 (1956), S. 186; BECKMANN: Kirchliche Zeitgeschichte, 1956, S. 87 f.; sowie Junge Kirche 17 (1956), S. 411–413; HEINRICH HELD: Offener Brief an D. Dr. Müller vom 27. Juli 1956, abgedruckt in: Kirche in der Zeit 11/8 (1956), S. 187–190; BECKMANN: Kirchliche Zeitgeschichte, 1956, S. 89–96; sowie Junge Kirche 17 (1956), S. 414–421.

[152] Vgl. EBERHARD MÜLLER: Brief an Heinrich Held vom 2. August 1956, EZA: 71/970 (ebenfalls abgedruckt in: BECKMANN: Kirchliche Zeitgeschichte, 1956, S. 96–102).

[153] HEINRICH HELD: Brief an Eberhard Müller vom 8. August 1957, abgedruckt in: BECKMANN: Kirchliche Zeitgeschichte, 1956, S. 102–107.

te erneut unwirsch und war unwillig, sich auch im Urlaub mit der Angelegenheit und mit Eberhard Müller beschäftigen zu müssen. Er bestand auf einer öffentlichen Entschuldigung Müllers bei Heinemann und ihm selbst, die Müller in der Folge allerdings nicht geben wollte.[154] Bei seinen Anschuldigungen gegenüber Heinemann blieb Müller unnachgiebig: Dieser habe die Synode hintergangen, unter Vorspielung falscher Tatsachen Unterschriften erschlichen, die Öffentlichkeit getäuscht und offenen Wortbruch begannen.[155]

Um die Vorgänge auf der Synode entspann sich so ein Hin und Her privater und öffentlicher Briefe, Artikel, Stellungnahmen und Richtigstellungen aus beiden Lagern, das sich letztlich sogar bis 1958 hinzog.[156] »Der Spiegel« kommentierte das mit spitzer Feder: »Geistliche Herren schrieben einander Offene Briefe, in denen sie sich kriminelle Delikte vorwarfen und – je nach politischer Einstellung – entweder die Unterschriftensammlung oder die Müllersche Kritik an dieser Sammlung herabsetzten.«[157] Insgesamt lassen sich viele Details der Vorgänge um die Unterschriftenaktionen nicht mehr rekonstruieren und abschließend beurteilen. Stattdessen steht hier oftmals die eine gegen die andere Aussage, etwa darüber, ob Held überhaupt neben Heinemann gesessen habe und ob auf einer Mitgliederliste die Namen derjenigen Synodalen vorab markiert worden seien, die zur Unterzeichnung angesprochen werden sollten, oder ob dies erst im Nachhinein zur Kontrolle der Unterschriften geschehen sei.[158] Schließlich fanden Anfang August 1956 auf dem Frankfurter Kirchentag Gespräche zwischen den Kontrahenten und dem Präses der Synode statt, aus denen der so genannte »Frankfurter Bericht« des Präsidiums der Synode über die Unterschriftenaktion resultierte. Ihm merkt man deutlich an, wie er allen Seiten gerecht zu werden und die Positionen auszugleichen versucht. Dabei konnten die Initiatoren der Unterschriftensammlung ihre Version der Ereignisse in vielen Punkten durchsetzen, etwa in der Frage der Häkchen auf der Mitgliederliste. Die guten Intentionen aller Beteiligten wurden gewürdigt, die dann aber auf allen Seiten über das Ziel hinausgeschossen seien.[159] Am 13. August des Jahres äußerte sich

---

[154] Vgl. EBERHARD MÜLLER: Brief an das Präsidium der Synode der Evangelischen Kirche in Deutschland vom 16. Oktober 1956, EZA 86/31. Müller legt dem Schreiben den Briefwechsel mit Heinrich Held aus dem August und September bei, offenbar um seine Versöhnungsbereitschaft zu belegen und zu zeigen, dass Held derjenige sei, der sich unversöhnlich zeige und seine Entschuldigung nicht akzeptiere.

[155] Vgl. MÜLLER: Brief an Held, 2. August 1956.

[156] Vgl. dazu die Darstellungen der Streitigkeiten vor allem bei: BECKMANN: Kirchliche Zeitgeschichte, 1956, S. 74–117; sowie GOTTFRIED NIEMEIER: Kirchliche Zeitgeschichte, in: Kirchliches Jahrbuch für die evangelische Kirche in Deutschland 84 (1957), S. 1–135, hier: 67–72.

[157] »Eberhard der Plötzliche«, in: DER SPIEGEL 32/1956 vom 8. August 1956.

[158] Vgl. MÜLLER: Verfälschung der Synode, 1956, S. 3; sowie HEINEMANN: Stellungnahme, 1956, S. 186.

[159] Vgl. VON DIETZE: Bericht des Präsidiums, 1956.

dann auch der Rat der EKD in einer Erklärung, die vor allem festhielt, es habe keine Abstimmung über die Wehrpflicht auf der Synode gegeben, und weiter den öffentlichen Schaden für die Kirche bedauerte, der durch die Unterschriften entstanden sei,[160] was umgehend von Helmut Gollwitzer wieder als tendenziöse Darstellung und Rückfall hinter die Frankfurter Einigung kritisiert wurde: »Es muss dem Rat [...] bewusst sein, welch äusserstes Mass von Selbstbeherrschung er damit denjenigen Synodalen zumutet, die sich durch seine Erklärung aufs neue in der Öffentlichkeit in eine schiefe Lage gebracht sehen.«[161]

Es soll hier auch nicht um eine exakte Aufklärung und Bewertung der Vorgänge selbst gehen, sondern es interessiert vielmehr der bisweilen scharfe Ton der Auseinandersetzung, der schon deutlich geworden ist und in dem die Debatte nach Eberhard Müllers Vortrag erst recht weiter geführt wurde. So warf Heinrich Held Müller in Reaktion auf dessen Vortrag vor, mit seinen »Entstellungen, Verdächtigungen und Verleumdungen« gegen das Gebot, wider seinen Nächsten nicht falsch Zeugnis zu reden, verstoßen zu haben und dies noch dazu in aller Öffentlichkeit und nicht, wie es sich nach Matthäus 18 zur Klärung einer Meinungsverschiedenheit gehöre, in brüderlicher Gemeinschaft.[162] Der westfälische Präses Ernst Wilm, der schon auf der Synode den ursprünglichen Antrag Lochers unterstützt hatte,[163] sprang seinem rheinischen Kollegen zur Seite, indem er die »Schmähungen und Angriffe« Müllers als »ungeheuerlich«, »untragbar« und »unhaltbare Beleidigungen« qualifizierte.[164] August Roth, ein an den Vorgängen interessierter, sich selbst als Vertreter des »christlichen Volkes« generierender Laie, der sich in mehreren Briefen zu Müllers Vortrag äußerte,[165] schrieb an Müller, dass er umgehend von seinem Posten enthoben werden solle: »Herr Pfarrer Müller, dann halten sie auch fernerhin den Mund und schweigen Sie.«[166]

---

[160] Vgl. RAT DER EVANGELISCHE KIRCHE IN DEUTSCHLAND: Erklärung vom 13. August 1956, EZA 4/83 und 2/1085 (ebenfalls abgedruckt in: BECKMANN: Kirchliche Zeitgeschichte, 1956, S. 107 f.).

[161] Vgl. HELMUT GOLLWITZER: Brief an Otto Dibelius vom 15. August 1956, EZA 86/31, Zitat: ebd.; vgl. auch: HERBERT MOCHALSKI: »Der Rat der EKD bedauert die Unterschriftenaktion«, in: Die Stimme der Gemeinde 8/17 (1956), Sp. 533 f. Diese Kritik wurde dadurch befeuert, dass der Frankfurter Bericht zwar in die Beratungen des Rates einbezogen wurde, aber erst deutlich nach der Erklärung des Rates im Oktober veröffentlicht wurde. Vgl. BECKMANN: Kirchliche Zeitgeschichte, 1956, S. 109; vgl. weiter dazu: HERBERT MOCHALSKI: Rat und Präsidium der Synode der EKD sind eine Antwort schuldig, in: Die Stimme der Gemeinde 8/20 (1956), Sp. 629 f.; sowie den Abdruck des Berichts in: Stimme der Gemeinde 8/21 (1956), Sp. 667–674, sowie in: BECKMANN: Kirchliche Zeitgeschichte, 1956, S. 109–115.

[162] Vgl. HELD: Brief an Müller, 27. Juni 1956, S. 187 und 190, Zitat: 187.

[163] Vgl. KIRCHENKANZLEI: Bericht, 1956, S. 64.

[164] Vgl. ERNST WILM: Erklärung, abgedruckt in: Junge Kirche 17 (1956), S. 422.

[165] Vgl. AUGUST ROTH: Brief an Constantin von Dietze vom 28. Juli 1956; sowie AUGUST ROTH: Brief an die Kirchenkanzlei der Evangelische Kirche in Deutschland vom 31. Juli 1956, beide EZA 2/1085.

[166] AUGUST ROTH: Brief an Eberhard Müller vom 25. Juli 1956, EZA 2/1085.

Der von Müller angegriffene Herbert Mochalski reagierte nach übereinstimmenden Presseberichten aus Ost- und Westdeutschland noch gereizter, indem er zu Müllers Vortrag zu Protokoll gab, »in Deutschland sei der evangelische Glaube außer im Dreißigjährigen Krieg und unter den Nationalsozialisten noch nie so mißachtet worden wie in der Debatte durch die Redner der Adenauer-CDU«[167] und Müller mit einer Klage wegen übler Nachrede drohte.[168] In der »Stimme der Gemeinde« schob Mochalski einen Artikel nach, der, wohl nicht ganz zu Unrecht, beweisen sollte, dass die ganze Bonner Veranstaltung in Wirklichkeit eine vom EAK der CDU organisierte und von langer Hand geplante politische Aktion gewesen sei. Der Artikel lief in der Aussage aus:

»Das Vorgehen Müllers ist einzigartig in der Geschichte der Evangelischen Kirche seit 1945. Wir hatten gemeint, die Trümmer von 1945 hätten endgültig auch die Versuche begraben, die evangelische Kirche einer Partei dienstbar zu machen und sie gleichschalten zu wollen. Wir haben uns geirrt. Die wenigen ›fortschrittlichen Pfarrer‹ im Osten haben als Kollegen zahlreiche Regierungspfarrer im Westen.«[169]

Entsprechend verglichen Artikel in der ostdeutschen Presse Eberhard Müller mit dem NS-Reichsbischof Ludwig Müller und bezichtigten ihn, mit Methoden der Deutschen Christen die Kirche der Adenauer-Regierung gefügig machen zu wollen: »Schon einmal zog ein Pfarrer Müller aus, um die evangelische Kirche den herrschenden Gewalten dienstbar zu machen, und erlitt kläglich Schiffbruch.«[170]

Die Sorge um die Einheit der Kirche

Bei der Schwere dieser gegenseitigen persönlichen Anschuldigungen ist es nicht verwunderlich, dass die Streitigkeiten, die sich gar nicht auf einer inhaltlichen Ebene abspielten, sondern sich um vermeintlich läppische Verfahrensformen auf der Synode drehten, als einschneidend für die Kirche wie für die Akteure wahrgenommen wurden. Joachim Beckmann nannte das Nachspiel in seinem Blick auf die kirchlichen Ereignisse des Jahres 1956 »ein Trauerspiel [...]. Daß es

---

[167] »Auch Pfarrer Mochalski stellt richtig. Scharfe Zurückweisung der von Dr. Müller erhobenen Vorwürfe«, in: Neue Zeit vom 27. Juli 1956; vgl. auch: »Attacke gegen ›Kriegspfarrer‹. Streit in der Evangelischen Kirche verschärft sich«, in: Der Mittag vom 26. Juli 1956; »Scharfe Kritik Mochalskis«, in: Neue Zeit vom 27. Juli 1956; »Evangelischer Zwist um Wehrpflicht. Heinemann weist Vorwürfe gegen die Stellungnahme der Synode zurück«, in: Süddeutsche Zeitung vom 27. Juli 1956, alle EZA 55.6/205.
[168] Vgl. WILHELM KARL GERST: »Sprengstoff in der Kirche«, in: Berliner Zeitung vom 27. Juli 1956, EZA 55.6/205.
[169] Vgl. MOCHALSKI: Regierungspfarrer, 1956, Sp. 469a–470, Zitat: 470.
[170] »Präsidium der Synode einberufen«, in: Neue Zeit vom 28. Juli 1956; vgl. auch: »Adenauer-CDU will EKD spalten. SPD-Pressedienst zu Verleumdungen gegen Synode«, in: Der Morgen vom 28. Juli 1956; »West-CDU fürchtet Verlust ihrer evangelischen Anhänger«, in: Neue Zeit vom 29. Juli 1956, alle EZA 55.6/205.

so verlief, weist auf eine tiefe Vertrauenskrise in der EKD hin, die in den letzten Jahren unter den verantwortlichen Männern entstanden ist.«[171] Dies kam auch in der »Bruchsaler Rundschau« vom 25. Juli 1956 zum Ausdruck, wo es hieß, dass der Streit die Kirche dauerhaft belasten werde, ungeachtet dessen, wie er ausginge.[172] Eberhard Müller bezeichnet die Vorgänge um die Synode von 1956 in seiner Autobiographie als »Zündmechanismus«, der seine »ganze kirchliche Wirksamkeit beeinträchtigte.«[173]

Hatte die Berliner Synode das Ziel gehabt, die Einheit der Kirche in Ost und West zu erhalten, kam das Thema der Einheit der Kirche nun neu formatiert auf die kirchliche und öffentliche Agenda. »Die Welt« kommentierte die Vorgänge um die Synode mit den Worten: »nun sind die Zeitungen voll von Erklärungen und Gegenerklärungen, und zu der Sorge um die äußere Einheit der evangelischen Kirche scheint stärker noch die Sorge um die innere Einheit dieser Kirche getreten zu sein.«[174] Bereits der Konvent des evangelischen Stifts in Bonn hatte nach Müllers Vortrag bemerkt, durch die CDU-Agitation drohe die Spaltung der Kirche.[175] Auch die »Kasseler Post« sah die Einheit der Kirche in Gefahr, allerdings genau aus der entgegengesetzten Richtung: Eine solche öffentliche Auseinandersetzung, hieß es, habe »die Evangelische Kirche in dieser Schroffheit und Schonungslosigkeit seit Menschengedenken nicht erlebt«. Die Kirche habe sich gerade durch die Wehrpflichtgegner »an einen Abgrund drängen lassen. Jede weitere Duldung gegenüber den Unduldsamen gefährdet ihre Existenz.«[176] Auf der Seite dieser ›Unduldsamen‹ ließ wiederum Oskar Hammelsbeck im September 1956 mit Bezug auf Eberhard Müllers Vorwürfe verlauten: »Unsere Geduld ist auf schlimme Weise angenagt von der Frage, wann es unausweichlich werde, wie 1934 uns aus der ›offiziellen‹ Kirche auszuklammern.«[177] Im Weiteren mahnte er zur Einheit und zum Vertrauen, rief aber vor allem Müller und seiner Seite zu: »Tut Buße!«[178]

»Tatsächlich führte diese Auseinandersetzung zu einer massiven Belastung für die Einheit der EKD. Noch über Jahre hinweg schwelte der peinliche Streit über die Interpretation der Vorgänge auf der Berliner Synode.«[179] Der Frankfur-

---

[171] BECKMANN: Kirchliche Zeitgeschichte, 1956, S. 116.
[172] Vgl. »Eine böse Angelegenheit«, in: Bruchsaler Rundschau vom 25. Juli 1956, EZA 55.6/205.
[173] EBERHARD MÜLLER: Widerstand und Verständigung. 50 Jahre Erfahrungen in Kirche und Gesellschaft 1933–1983, Stuttgart 1987, S. 133.
[174] »Die Drecksline«, in: Die Welt vom 27. Juli 1986, EZA 55.6/205.
[175] Vgl. KONVENT DES EV.-THEOL. STIFTS: Verfälschung der Synode, 1956.
[176] »Bedrohte Zuflucht« in: Kasseler Post vom 27. Juli 1956, EZA 55.6/205.
[177] OSKAR HAMMELSBECK: Organisierte Unbußfertigkeit?!, in: Die Stimme der Gemeinde 8/18 (1956), Sp. 553–556, hier: 553 f.
[178] Vgl. a.a.O., 554–556, Zitat: 556.
[179] UWE WALTER: Welt in Sünde – Welt in Waffen. Der Streit um die Wiederbewaffnung der Bundesrepublik und die Evangelische Akademie Bad Boll, Online-Texte

ter Bericht des Präsidiums der Synode schloss daher nicht von ungefähr mit der »Betonung der Pflicht, in der Evangelischen Kirche in Deutschland beieinander zu bleiben.«[180]

Der Streit zeigte nicht zuletzt auch Wirkung auf der Ebene der evangelischen Gemeindeglieder und Laien. In einem selbstverfassten Presseartikel »Nur Streit der Synodalen?«, den der Militäroberstleutnant Joachim Hasper Anfang August 1956 an den Rat übersandte,[181] vertrat er die Meinung, durch den Synodenstreit habe die Autorität und der Vertretungsanspruch der Kirchen stark gelitten. Prinzipiell sei es ohnehin schon »nutzlos« und »überflüssig«, dass sich die Kirche überhaupt zur Wehrfrage äußere, denn die Kirche habe in weltlichen Fragen schon lange keine Bedeutung mehr: »Mag sein, dass sich auf dem Lande hier oder da einmal ein junger Mensch mit dem Dorfpfarrer über dies oder jenes unterhält, aber die Allgemeinheit bildet sich in der Gegenwart ihre eigene Meinung und entscheidet selbstständig.« Das öffentliche Bild der zerstrittenen Synode habe diesen Bedeutungsverlust der Institutionen nur noch verstärkt: »Der Evangelische geht längst seinen Weg – an der Kirche vorbei.«[182]

Individualisierung als Nebenfolge – Die Heidelberger Thesen

Bisher ist erstens deutlich geworden, dass die unterschiedlichen Lager im deutschen Protestantismus in der Frage der Wiederbewaffnung und Wehrpflicht vor dem Hintergrund ihrer grundlegend unterschiedlichen und konfligierenden friedensethischen und politischen Optionen die grundgesetzlich geforderten Gewissengründe für die Kriegsdienstverweigerung unterschiedlich bearbeiteten und interpretierten. An den geschilderten Vorgängen um die Unterschriftenaktion auf der Synode in Berlin von 1956 ist zweitens exemplarisch deutlich geworden, wie ernst auch die persönlichen Verwerfungen der in dieser Frage aktiven protestantischen Akteure waren, so dass einer der Punkte erreicht war, an dem der evangelischen Kirche über die Fragen der Wiederbewaffnung und des Wehrdienstes eine Spaltung drohte.[183]

Es verwundert daher nicht, dass sich auch die EKD-Synode von Berlin-Spandau im Jahre 1958 unter dem Eindruck der mittlerweile aufgekommen Atombewaffnungsdebatte lediglich auf die dann so genannten »Ohnmachts-

---

der Evangelischen Akademie Bad Boll, verfügbar unter: http://www.ev-akademie-boll.de/fileadmin/res/otg/06-11-Walter.pdf, zuletzt: 13.06.2014, S. 10.

[180] VON DIETZE: Bericht des Präsidiums, 1956.

[181] Vgl. JOACHIM HASPER: Brief an den Rat der Evangelischen Kirche in Deutschland vom 2. August 1956, EZA 2/1085.

[182] Vgl. JOACHIM HASPER: »Nur Streit der Synodalen?«, EZA 2/1085, Zitate: ebd. Ob der Artikel publiziert wurde, ist nicht bekannt.

[183] Vgl. LEPP: Entwicklungsetappen, 2001, S. 49.

formel« einigen konnte.[184] Sie lautet: »Die unter uns bestehenden Gegensätze in der Beurteilung der atomaren Waffen sind tief. [...] Wir bleiben unter dem Evangelium zusammen und mühen uns um die Überwindung dieser Gegensätze. Wir bitten Gott, er wolle uns durch sein Wort zur gemeinsamen Erkenntnis und Entscheidung führen.«[185]

Auf dieser Formel aufbauend argumentieren auch die viel beachteten »Heidelberger Thesen« über Krieg und Frieden im Atomzeitalter, die von einer Kommission der Forschungsstätte der Evangelischen Studiengemeinschaft e.V. (FEST) in Heidelberg ab 1957 erarbeitet wurden.[186] Die erste These setzt wie folgt ein: »In der verworrenen Debatte über das Atomproblem suchen die Menschen mit Recht nach einer einfachen Aussage, die zum Leitfaden des Handelns werden könnte. Wir glauben, daß diese Einfachheit nicht in Regeln gefunden werden kann, welche einzelne Handlungen gebietet oder verbietet, wohl aber im Ziel des Handelns.«[187] Als dieses Ziel wird dann die Herstellung und Erhaltung des Weltfriedens proklamiert.[188] Die sechste These formuliert schließlich die so genannte »Komplementaritätsthese« nach der beide, Wehrdienst- und Ersatzdienstleistender, ihren je eigenen, komplementären Dienst zu diesem Frieden beitrügen:[189] »Wir müssen versuchen, die verschiedenen im Dilemma der Atomwaffen getroffenen Gewissensentscheidungen als komplementäres Handeln zu verstehen.«[190] Die elfte These ergänzt noch einmal unmissverständlich: »Nicht jeder muss dasselbe tun, aber jeder muss wissen, was er tut.«[191]

In diesen Thesen wird ein verändertes Argumentationsmuster im Vergleich zu den zitierten Stellungnahmen in den frühen 1950er Jahren deutlich. Weder wird einem ›Regelfall‹ der Wehrpflicht noch einem klaren ›Nein!‹ auf die Frage ›An die Gewehre?‹ das Wort geredet. Stattdessen wird ein gemeinsamer christlicher Fluchtpunkt definiert, der Weltfriede, auf den jeder Christ mit seiner Ent-

---

[184] Vgl. GERTA SCHARFFENORTH: Konflikte in der Evangelischen Kirche in Deutschland 1950–1969 im Rahmen der historischen und ökumenischen Friedensdiskussion, in: Konflikte zwischen Wehrdienst und Friedensdiensten. Ein Strukturproblem der Kirche (Studien zur Friedensforschung 3), hg. von DERS. und ULRICH DUCHROW, Stuttgart 1970, S. 17–115, hier: 51 f.

[185] Berlin 1958. Bericht über die dritte Tagung der zweiten Synode der Evangelischen Kirche in Deutschland vom 26. bis 30. April 1956, hg. von der KIRCHENKANZLEI DER EVANGELISCHEN KIRCHE IN DEUTSCHLAND, Hannover 1958, S. 456.

[186] Vgl. GÜNTER HOWE: Vorwort, in: Atomzeitalter, Krieg und Frieden (Forschungen und Berichte der Evangelischen Studiengemeinschaft), hg. von DEMS., Witten / Berlin 1959, S. 9–11.

[187] Atomzeitalter, Krieg und Frieden (Forschungen und Berichte der Evangelischen Studiengemeinschaft), hg. von GÜNTER HOWE, Witten / Berlin 1959, S. 226.

[188] Vgl. ebd.

[189] Vgl. weitergehend dazu: SCHARFFENORTH: Konflikte, S. 58–65.

[190] HOWE: Atomzeitalter, 1959, S. 230.

[191] A.a.O., S. 235.

scheidung für oder gegen den Wehrdienst zielen müsse. Welche Option er allerdings wählt, wird nun in seine Entscheidungsgewalt gestellt. Die konkrete Entscheidung für oder gegen den Wehrdienst erhält damit die Qualität einer unvertretbaren, individuellen Gewissenentscheidung, die nicht mehr von kirchlichen oder protestantischen Autoritäten normativ perforiert werden sollte. Vielmehr sollte fortan jede Entscheidung akzeptiert werden, solange sie aus der Motivation heraus getroffen werde, dem Frieden zu dienen. Erinnert man noch einmal an den schon zitierten Wortbeitrag des Synodalen Jung von der Berliner Synode 1956, sprach der Protestantismus nun das vermeintlich unbarmherzige Wort, ›das muss jeder mit seinem Gewissen selbst abmachen‹.

Während man in den evangelischen Kirchen der DDR ab 1965 von einem deutlicheren Zeichen für den Frieden in der Verweigerung sprach,[192] war mit der Komplementaritätsthese im Westen im Wesentlichen die Position erreicht, bei der es im bundesrepublikanischen Protestantismus langfristig bleiben sollte. Auf dem Hannoveraner Kirchentag im Jahre 1967 wurde in diesem Sinne die wirkmächtige Formel vom »Friedensdienst mit und ohne Waffen« geprägt.[193] Ebenso formulierte noch 1989 die Kammer für Öffentliche Verantwortung der EKD in ihrem Papier über »Wehrdienst oder Kriegsdienstverweigerung? Anmerkungen zur Situation des Christen im Atomzeitalter«: »Im Dilemma [...] ist die Kirche nicht in der Lage, einem der angebotenen Wege zur Erhaltung des Friedens und zum Schutz des Lebens des Nächsten den Vorzug zu geben und die von manchen gewünschte eindeutige Entscheidung für einen generellen Gewaltverzicht im Sinne der historischen Friedenskirchen zu fällen.« Bezogen auf die Entscheidung des Einzelnen heißt es kurz darauf: »Junge Männer müssen heute eine individuelle Entscheidung für Wehrdienst oder Kriegsdienstverweigerung treffen. Aufgabe der Kirche ist es, darauf hinzuweisen, daß diese Entscheidung in beiden Fällen vor dem Gewissen zu verantworten ist.«[194]

---

[192] Vgl. SILOMON: Verantwortung, 2001, S. 148.

[193] Vgl. SCHARFFENORTH: Konflikte, S. 70–81. Horst Scheffler hat in diesem Zusammenhang allerdings den dynamischen und asymmetrischen Charakter der Komplementarität in den Heidelberger Thesen hervorgehoben: Der Waffendienst ist demnach nur noch für eine Übergangszeit eine Möglichkeit der Friedenssicherung, die aber überwunden werden müsse. Scheffler kommt so zu dem Schluss, dass »die bekannte Formel vom ›Friedensdienst mit und ohne Waffen‹ [...] gegenüber der Ethik der Heidelberger Thesen ein deutlicher Rückschritt« sei und stattdessen die Handreichung der Evangelischen Kirchen der DDR mit ihrer Rede vom ›deutlicheren Zeichen‹ auf der argumentativen Linie der Heidelberger These läge. Vgl. HORST SCHEFFLER: Evangelische Militärseelsorge und Kriegsdienstverweigerung, in: Ich dien' nicht! Wehrdienstverweigerung in der Geschichte, hg. von CHRISTIAN TH. MÜLLER und DIERK WALTER, Berlin 2008, S. 149–163, hier: 154–159, Zitat: 156.

[194] KAMMER DER EKD FÜR ÖFFENTLICHE VERANTWORTUNG: Wehrdienst oder Kriegsdienstverweigerung? Anmerkungen zur Situation des Christen im Atomzeitalter (1989), in: Die Denkschriften der Evangelischen Kirche in Deutschland, Bd. 1: Frieden, Menschenrechte, Weltverantwortung, Teil 3, hg. vom KIRCHENAMT DER EVANGELISCHEN KIRCHE IN DEUTSCHLAND, Gütersloh 1993, S. 138–152, hier: 146 und 147.

Die neue Argumentationsfigur von der Komplementarität in den Heidelberger Thesen, die damit einen Begriff aus der Atomphysik aufgriffen,[195] war dabei nicht einfach nur eine theologische Innovation, sondern muss vor dem geschilderten Hintergrund der innerprotestantischen Spannung interpretiert werden. Erhellend ist in diesem Zusammenhang die Begründung der sechsten Heidelberger These: Diese wird eigentlich nicht inhaltlich begründet, sondern im Wesentlichen damit, dass es nach der Ohnmachtsformel der Spandauer Synode auch in der Kommission nach wie vor nicht gelungen sei, die divergierenden friedensethischen Auffassungen zu vermitteln und dies in absehbarer Zeit auch nicht gelingen werde.[196] Die Komplementaritätsthese ist damit, so Bernd W. Kubbig, »eine glänzende, harmonisierende Kompromissformel«,[197] die eine drohende Kirchenspaltung verhindern sollte.[198] Denn indem nun in der Frage des Wehrdienstes die Gewissensentscheidung des Einzelnen, wie sie durch das Grundgesetz vorgegeben war, zur eigenen, geteilten kirchlichen Position gemacht und das friedenspolitische Votum des Protestantismus von konkreten militärischen Optionen im Kalten Krieg auf das abstraktere Ziel der Friedensbewahrung verschoben wurde, konnte die Sprengkraft der divergierenden theologischen und politischen Überzeugungen entschärft und die Gefahr einer Spaltung des Protestantismus abgewendet werden. Im Bereich der Kriegsdienstverweigerungsdebatte wurde es erst mit der Komplementaritätsthese faktisch möglich, die Forderung der Spandauer Synode umzusetzen, ›unter dem Evangelium zusammenzubleiben‹.

Man mag, wie Johanna Vogel in ihrer Untersuchung zur Wiederbewaffnung in den 1950er Jahren, die Komplementaritätsthese als ein Scheitern des selbstgewählten protestantischen Anspruchs auf ein Wächteramt in der Gesellschaft verstehen.[199] Ohne dieser Deutung zwangsläufig zu widersprechen, lässt sie sich vor dem Hintergrund der Individualisierungstheorie aber auch noch anders interpretieren: Es kam durch die Komplementaritätsthese zu einer ›Individualisierung als externe Nebenfolge‹, denn das Ziel, den eigenen institutionellen Zusammenhalt zu sichern, konnte nur damit erkauft werden, das christliche Individuum in eine größere ethische Entscheidungsautonomie zu entlassen, als es ihm noch in der ersten Hälfte der 1950er Jahre von beiden kirchlichen Lagern zugesprochen worden war. Dem Einzelnen und seinem Gewissen wurde fortan die individuelle Entscheidung über Wehr- oder Ersatzdienst als Dienst am Frieden zugeschrieben. Mit Ulrich Beck lässt sich dieser Prozess als ein unin-

---

[195] Vgl. BERND W. KUBBIG: Kirche und Kriegsdienstverweigerung, Stuttgart 1974, S. 50.
[196] Vgl. HOWE: Atomzeitalter, 1959, S. 230.
[197] KUBBIG: Kriegsdienstverweigerung, 1974, S. 51.
[198] Vgl. VOLKER STÜMKE: Der Streit um die Atombewaffnung im deutschen Protestantismus, in: Friedensethik im 20. Jahrhundert (Theologie und Frieden 42), hg. von DEMS. und MATTHIAS GILLNER, Stuttgart 2011, S. 49–69, hier: 59–61.
[199] Vgl. VOGEL: Wiederbewaffnung, 1956, S. 224–229.

tentionaler Selbstentzauberungsprozess der Institution Kirche deuten, in dem sie ihre eigenen normativen und handlungsleitenden Orientierungsangebote der frühen 1950er Jahre abbaute und Entscheidungskompetenzen stattdessen dem Individuum selbst zurechnete und überantwortete. Alle Risiken, Unsicherheiten, Chancen und Entscheidungslasten in der Frage der Wehrdienstverweigerung wurden bei den jungen Männern selbst abgeladen und ihnen zugemutet, motiviert durch das christliche Ziel der Friedensbewahrung in der Situation des Kalten Krieges die richtige Gewissensentscheidung zu treffen.

Auf diese Weise diente die Heidelberger Kompromissformel als Katalysator für eine beständig fortschreitende Individualisierung im Sinne einer ethischen Freisetzung christlicher Individuen von kirchlicher Normierung. Damit kam es nicht zuletzt zu einer »Pluralisierung theologischer und politischer Positionen in einer ethischen Grundsatzfrage«[200] und damit letztlich der protestantischen Ethik selbst. Während der Protestantismus in den Aufbaujahren eher zögerlich auf Individualisierungstendenzen der öffentlichen Debatte reagiert hatte, trug er damit nun selbst zu den Individualisierungsdiskursen bei, indem er in der Frage der Kriegsdienstverweigerung nun plakativ für die Autonomie der Gewissensentscheidung des Wehrpflichtigen eintrat.

Fazit

Der Beitrag Heinz-Horst Schreys zur Wehrdienstdebatte, aus dem bereits in der Einleitung zitiert wurde, schließt unter anderem mit den folgenden Worten:

»Immerhin werden wir damit rechnen müssen, daß im anderen Lager auch Menschen guten Willens und ernsten Ringens um den Frieden stehen, selbst wenn sie den Weg anders sehen als viele von uns. Es kann in unserer Lage also nicht um Aussschließlichkeit gehen, daß ein Standpunkt über den anderen Herr wird und den anderen mit oder ohne Gewaltanwendung zum Schweigen bringt. Das wäre das Ende christlicher und nationaler Gemeinschaft unter uns!«[201]

In der Tat geriet die EKD über die Fragen der Wiederbewaffnung und Kriegsdienstverweigerung in eine tiefe Krise, die eine Spaltung drohen ließ. Der vorliegende Beitrag hat nachgezeichnet, wie in der ersten Hälfte der 1950er aus beiden Lagern des Protestantismus, also von reformierten Bruderräten und lutherischen Theologen, in der Frage der Wehrdienstverweigerung mit gegensätzlichen, sich ausschließenden Positionen argumentiert wurde. Während die Einen die

---

[200] Vgl. FRANZ-MICHAEL KUHLEMANN: Nachkriegsprotestantismus in Westdeutschland. Religionssoziologische und mentalitätsgeschichtliche Perspektiven, in: Kirche, Staat und Gesellschaft nach 1945. Konfessionelle Prägungen und sozialer Wandel (Beiträge zur westfälischen Kirchengeschichte 21), hg. von BERND HEY, Bielefeld 2001, S. 23–59, hier: 51.
[201] SCHREY: Krieg und Kriegsdienst der Christen, 1956, S. 87.

grundgesetzlich mögliche Verweigerung aus Gewissengründen als einzig mögliche christliche Gewissensentscheidung darstellten, verwiesen die Anderen die Entscheidung in den Bereich der Politik und mahnten aus einem ordnungstheologischen Muster heraus zur Pflichterfüllung, dem Staat den Wehrdienst zu leisten. Dabei wurde durchaus durch direkte argumentative Konfrontation versucht, ›über den anderen Herr zu werden‹ und ihn ›zum Schweigen zu bringen‹, wie es Schrey so treffend für seine Zeit beobachtet. Insgesamt lässt sich in den Beiträgen der frühen 1950er auf beiden Seiten das Bestreben zeigen, das Gewissen des Einzelnen durch eine starke Normierung für die jeweils eigene friedenspolitische Option zu gewinnen, also gewissermaßen auch dem Gewissen des einzelnen Christen ›Herr zu werden‹. So kann nach diesem Befund in der Individualisierungsperspektive noch nicht von einer Freisetzung des Einzelnen und einer Zuschreibung von Handlungsentscheidungen an den Einzelnen oder gar von einer Entzauberung der normierenden Institution gesprochen werden.

Die Spannungen in der Frage der Wiederbewaffnung und Wehrpflicht unter den deutschen Protestanten setzten sich in der zweiten Hälfte der 1950er Jahre fort. »Mehr als einmal gelangte die evangelische Kirche hierbei an den Rand der Spaltung.«[202] Wie gesehen war ein solcher Punkt nach der außerordentlichen Synode in Berlin 1956 erreicht. Die am Nachspiel der Synode beteiligten Akteure griffen sich über Monate mit harten Vorwürfen an, sodass eine Spaltung entlang der Front zwischen Bruderräten und Lutheranern innerhalb der EKD über die Fragen der Wiederbewaffnung und der Wehrpflicht drohte. Das hätte in der Tat das Ende der ›christlichen und nationalen Gemeinschaft‹ der Christen in Deutschland unter dem Dach der EKD bedeutet.

Die Komplementaritätsformel der Heidelberger Thesen kann unter diesen Bedingungen, nämlich grundsätzlich gegensätzliche Positionen der kirchlichen Parteiungen zu Wiederbewaffnung, Wehrpflicht und Wehrdienstverweigerung sowie bis ins persönliche gespannte innere Verhältnisse über diese Fragen, die die Einheit der Kirche gefährdeten, als Kompromissformel gesehen werden, die den institutionellen Zusammenhalt der Kirche sichern sollte. Als externe Nebenfolge dieser, auf institutionelle Einheit gemünzten Argumentationsfigur wurde jedoch das Individuum in der Frage der Wehrdienstverweigerung aus der Umklammerung durch Bruderräte und Lutheraner in eine größere Entscheidungsautonomie freigesetzt und ihm selbst nun die Entscheidung über den Dienst am Frieden diskursiv zugeschrieben. Es kam, im Sinne der Individualisierungstheorie Ulrich Becks, zur Entzauberung der Kirche als sinnvermittelnde und handlungsorientierende Institution auf der gesellschaftlichen Meso-Ebene.

Durch die Theorieperspektive der Individualisierung ist so der Deutung der Komplementaritätsformel und des kirchlichen Agierens Ende der 1950er als ein Scheitern des Wächteramts der Kirche an deren eigener Pluralität eine Deu-

---

[202] Lepp: Entwicklungsetappen, 2001, S. 49.

tung zu Seite gestellt worden, die den Protestantismus und seine Ethik in die gesellschaftlichen Individualisierungsschübe einzubinden vermag, die nach Ulrich Beck die Bundesrepublik vor allem dann ab den 1960er Jahren durchliefen.[203] Darüber hinaus lassen sich die beschriebenen Dynamiken in die These des Historikers Franz-Michael Kuhlemanns einzeichnen, der gegen die verbreitete Wahrnehmung der 1950er Jahre als »bleiernde Zeit« den »Protestantismus zwischen 1945 und dem Beginn der 1960er Jahre in einem weitreichenden Umbruch verorte[t], einer Zeit der Gärung gewissermaßen.«[204] Teil dieser Gärung in den 1950er Jahren waren auch Individualisierungsdynamiken und -ansätze in der protestantischen Ethik, die im Bereich der Kriegsdienstverweigerungsdebatte durch den Schleusenbegriff des Gewissens im Grundgesetz angelegt waren, aber erst in den innerkirchlichen Spannungen der zweiten Hälfte der 1950er als Nebenfolge kirchlichen Handelns einsetzten.

Damit können die Ergebnisse auch zu einer stärkeren Rückbindung der zwar historisch abgeleiteten, aber letztlich an Gegenwartsfragen interessierten Individualisierungstheorie Ulrich Becks an historisches Material beitragen,[205] die dieser selbst eingefordert hat:[206] Exemplarisch wird an der Frage nach dem Engagement des Protestantismus in der Kriegsdienstverweigerungsdebatte deutlich, dass sich bereits in den Aufbaujahren der Bundesrepublik Individualisierungstendenzen und -prozesse beobachten lassen, die den massiven Individualisierungsschub der 1960er vorbereiteten und anbahnten.

---

[203] Vgl. BECK: Individualisierung, 2002, S. 228.
[204] Vgl. KUHLEMANN: Nachkriegsprotestantismus, 2001, S. 25 f., Zitat: 26; vgl. auch: WOLFRUM: Die geglückte Demokratie, 2007, S. 72 f.
[205] Vgl. BECK: Risikogesellschaft, 1986, S. 12 f.
[206] Vgl. ULRICH BECK: »Individualisierung«, in: Wörterbuch der Soziologie, hg. von GÜNTER ENDRUWEIT und GISELA TROMMSDORFF, Stuttgart ²2002, S. 227–229, hier: 227; sowie BECK, HOLZER, KIESERLING: Nebenfolgen, 2001, S. 79–81.

Von Gottes Gnaden?
Das evangelische Staatsverständnis in der Bundesrepublik der 1950er und 1960er Jahre zwischen Wandel und Beharrung

GEORG KALINNA

»Obrigkeit – das ist ein schönes Wort. In dem Wort ist Seele und Gemüt. Es ist etwas von väterlicher Autorität darin [...]. Die Obrigkeit findet man vor, wenn man zur Welt kommt. Man kann sie sich nicht machen, ebensowenig, wie man sich seinen Vater selber machen kann. Sie steht da, von Gott gesetzt. Sie mag von guten oder schlechten Menschen dargestellt werden [...] – sie ist da, und wir müssen uns ihr willig beugen. Und dahinter steht, durch alles hindurchscheinend Gottes Wille. ›Wilhelm, von Gottes Gnaden König von Preußen, Kurfürst von Brandenburg...‹ Das ist Obrigkeit! Es war begnadetes Sprachgefühl, das dies Wort gewählt hat. Nur – die Sache, die das Wort bezeichnete, die gibt es heute in Deutschland nicht mehr. [...] Es ist kein Zufall, daß das Wort praktisch aus unserer Sprache verschwunden ist. [...] Das Wort ist verschwunden, weil die Sache verschwunden ist.«[1]

Mit diesen Sätzen beschrieb Otto Dibelius im August 1959 das Verhältnis der lutherischen Obrigkeitslehre zu den politisch-gesellschaftlichen Gegebenheiten in den beiden deutschen Staaten. Der zu diesem Zeitpunkt 79-jährige Ratsvorsitzende der EKD und Landesbischof der Evangelischen Kirche in Berlin-Brandenburg stellte so die Leistungskraft einer fünfhundertjährigen Tradition in Frage. Dibelius' Äußerungen und die sich daran anschließende Debatte[2] verdeutlichen anschaulich ein Grundproblem religiöser Traditionen. Theologische Deutungsmuster sind stets eingebettet in einen sich wandelnden

---

[1] OTTO DIBELIUS: »Obrigkeit? Eine Frage an den 60jährigen Bischof anlässlich des 60. Geburtstages von Landesbischof D. Lilje«, in: Kirchliches Jahrbuch 1959, S. 123–129, hier: 125.

[2] Die neueste Darstellung der Obrigkeitsdebatte bietet MARTIN GRESCHAT: Römer 13 und die DDR. Der Streit um das Verständnis der ›Obrigkeit‹ (1957–1961), in: Zeitschrift für Theologie und Kirche 105 (2008), S. 63–93. Weitere Darstellungen finden sich in: ROBERT STUPPERICH: Otto Dibelius. Ein evangelischer Bischof im Umbruch der Zeiten, Göttingen 1989, S. 539–567; MARTIN GRESCHAT: Protestantismus im Kalten Krieg. Kirche, Politik und Gesellschaft im geteilten Deutschland 1945–1963, Paderborn und München 2010, S. 225–240, insb. S. 235 ff.; MICHAEL J. INACKER: Zwischen Transzendenz, Totalitarismus und Demokratie. Die Entwicklung des kirchlichen Demokratieverständnisses von der Weimarer Republik bis

politischen, wirtschaftlichen und sozialen Kontext. Im Falle der politischen Bedingungen nach 1945 war die Wandlung des Kontextes eine besonders drängende Herausforderung für die evangelische Theologie in Deutschland, da sich der deutsche Protestantismus nach 1918/19 mehrheitlich der konstruktiven Deutung des demokratischen Staatswesens verweigert hatte und so 1949 vor der nur rudimentär vorbereiteten Aufgabe stand, die gewandelten Gegebenheiten des neuen Staatswesens theologisch zu begreifen.[3] Dibelius' breit diskutierte und politisch umstrittene Äußerungen dienen im Folgenden als Ausgangspunkt für die Anfrage an die Leistungskraft der theologischen Obrigkeitstradition angesichts der Demokratie, da er die Radikalität des Wandels »besonders deutlich« zum Ausdruck gebracht hat.[4]

In der akademischen Theologie, die Dibelius' Vorschlag einhellig ablehnte,[5] fand zu jener Zeit eine lebhafte Diskussionen darüber statt, wie christliche Tradition und politisch-soziale Wirklichkeit miteinander ins Verhältnis zu setzen sind. Die Reaktionen auf das Geburtstagsschreiben des Bischofs zeigen die intensiven Anstrengungen der damaligen Theologie, die reformatorische Tradition produktiv aufzunehmen angesichts der Fragwürdigkeit der überkommenen Deutungsmuster. Diese Anstrengungen sollten nicht als defizitäre Vorgeschichte zu den 70er Jahren oder gar erst zur Demokratiedenkschrift beschrieben werden.[6] Sie lassen sich auch nicht einfach als polarisierendes Gegenüber von passivem Obrigkeitsdenken auf der einen und verantwortlichem Freiheitsimpetus auf der anderen Seite begreifen.[7] Auch wenn eine kritische Sichtung der politisch-ethischen Richtungen des Protestantismus in den 50er Jahren nicht antreten sollte, die ›Demokratietauglichkeit‹ dieser Entwürfe apologetisch zu behaupten, darf

---

zu den Anfängen der Bundesrepublik (1918–1959) (Historisch-theologische Studien zum 19. und 20. Jahrhundert 8), Neukirchen-Vluyn 1994, S. 321–343. Dokumentationen der anschließenden Debatte finden sich in den einschlägigen Kirchlichen Jahrbüchern der Jahre 1959 und 1960 sowie bei HERBERT MOCHALSKI und HERBERT WERNER (Hgg.): Dokumente zur Frage der Obrigkeit. »Violett-Buch« zur Obrigkeitsschrift von Bischof D. Dibelius, Darmstadt 1960.

[3] Vgl. ARNULF VON SCHELIHA: Protestantische Ethik des Politischen, Tübingen 2013, S. 167–178; INACKER: Transzendenz, Totalitarismus und Demokratie, 1994, S. 35–101.

[4] Vgl. zu diesem Urteil EILERT HERMS: Art. »Obrigkeit«, in: TRE XXIV (1994), S. 723–759, hier: 753.

[5] Vgl. exemplarisch die Äußerungen von Ernst Wolf, Hans Joachim Iwand, Helmut Thielicke und Walter Künneth in: Dokumente zur Frage der Obrigkeit. »Violett-Buch« zur Obrigkeitsschrift von Bischof D. Dibelius, hg. von HERBERT MOCHALSKI und HERBERT WERNER, Darmstadt 1960, S. 78–96.

[6] Vgl. als Beispiele für solche Darstellungen FALK WAGNER: Protestantische Kirchen zwischen Demokratie und Demokratisierung, in: DERS.: Zur gegenwärtigen Lage des Protestantismus, Gütersloh 1995, S. 158—179, und HANS GERHARD FISCHER: Evangelische Kirche und Demokratie nach 1945. Ein Beitrag zum Problem der politischen Theologie (Historische Studien 407), Lübeck und Hamburg 1970.

[7] So WOLFGANG HUBER: Protestantismus und Demokratie, in: Positionen und Profile im Nachkriegsdeutschland, hg. von DEMS., München 1990, S. 11–36, hier: 28 f. Auf der einen Seite habe die konstruktive Ethik der Vertreter einer Königsherrschaft Christi gestanden, auf der

es auch nicht das Ziel sein, die damalige Staatsethik pauschal abzuwerten. Stattdessen sollte eine erneute Wahrnehmung dieser theologiegeschichtlichen Epoche die Motivlagen und Interessen der unterschiedlichen Entwürfe aufschlüsseln. Dies soll im Folgenden exemplarisch durchgeführt werden. Eine knappe Darstellung von Dibelius' Obrigkeitsschrift soll sowohl die Reichweite des Problems als auch die (kirchen-)politische Brisanz der mangelnden Erschließungskraft überkommener theologischer Traditionen verdeutlichen (I). Darauf folgen zwei Positionen der akademischen Theologie, die sich ausdrücklich in die Obrigkeitsdebatte eingeschaltet haben: Helmut Thielicke und Ernst Wolf (II). Ersterer steht traditionell für das Luthertum der Nachkriegszeit, während letzterer der Theologie Karl Barths verpflichtet war. Jeder von ihnen hat auf seine Art eine Umdeutung der Tradition unternommen, um den Gegebenheiten der frühen Bundesrepublik Rechnung zu tragen. In einem Fazit sollen die Anliegen und Motive der beiden Entwürfe so zur Geltung kommen, dass sie als komplementäre Entwürfe zu sehen sind, die beide die gegenwärtigen sozialen Gegebenheiten theologisch bearbeiten (III). Abschließend soll ein Ausblick Folgerungen für die künftige Erforschung der Geschichte der Staatsethik der Nachkriegszeit ziehen (IV).

I.

Zum 60. Geburtstag des hannoverschen Landesbischofs D. Lilje am 20. August 1959 stellte Otto Dibelius Bischof Lilje in einem Gratulationsschreiben zu dessen 60. Geburtstag die Frage, wie das dreizehnte Kapitel des Römerbriefes zu übersetzen sei.[8] In der damals üblichen Fassung der Lutherbibel (1912) hieß es: »Jedermann sei untertan der Obrigkeit, die Gewalt über ihn hat. Denn es ist keine Obrigkeit außer von Gott; wo aber Obrigkeit ist, die ist von Gott angeordnet« (Röm 13,1). Dibelius zufolge treffe der Begriff »Obrigkeit« jedoch

---

anderen Seite die beharrenden Kräfte einer Ordnungstheologie (S. 31 f.). ARNULF VON SCHELIHA: Protestantische Ethik des Politischen, 2013, S. 199, Anm. 201, urteilt hierüber zurecht, dass diese Einteilung »ideenpolitisch zwar gut motiviert sein« möge, aber nicht historisch belegbar sei. »Faktisch mussten die Theologen aller Lager immense Interpretationsanstrengungen aufwenden, um die reformatorische Sozialethik auf Demokratie, Rechts- und Sozialstaatlichkeit einzustellen«, nicht zuletzt da alle theologischen Lager »unter eher konservativen theologischen Vorzeichen« Theologie betrieben.

[8] Das Schreiben ist abgedruckt in DIBELIUS: Obrigkeit?, 1959, S. 123–129 und MOCHALSKI, WERNER (Hgg.): Dokumente zur Frage der Obrigkeit, 1960, S. 21-31a. Der Sache nach hatte Dibelius seine Gedanken bereits in einer Veröffentlichung aus dem Jahre 1949 geäußert: OTTO DIBELIUS: Grenzen des Staates, Tübingen 1949, S. 24: »Es ist nichts Positiv-Metaphysisches am modernen Staat, nichts Heiliges, wirklich gar nichts! Der Staat ist ein Apparat, eine Organisation«. Der Begriff der Obrigkeit sei obsolet, da der Staat nicht mehr »Autorität für den Staatsbürger«, sondern umgekehrt der Bürger »Autorität für seinen Staat« sei (S. 29).

die staatlichen Verhältnisse der frühen Bundesrepublik nicht mehr.[9] Er betonte damit den radikalen Unterschied zwischen den gedanklichen Voraussetzungen des 16. Jahrhunderts zu der politisch-sozialen Realität seiner Gegenwart. Den Grund hierfür sah Dibelius in der Abhängigkeit der Regierung von der Parlamentsmehrheit, da die ›Obrigkeit‹ nunmehr faktisch von der Parlamentsmehrheit ›eingesetzt‹ werde. Die Opposition arbeite legitimerweise auf die Abwahl des jeweiligen Machthabers hin.[10] Die entscheidende Herausforderung für die Theologie sei für Deutschland deshalb bereits mit dem Ende der Monarchie 1918 entstanden.[11] Mittlerweile seien nicht mehr nur die Machthaber für die Beherrschten verantwortlich, sondern die Bürger seien dafür verantwortlich, was für Machthaber sie hätten. In der Demokratie habe der Bürger – im Unterschied zur Monarchie – das Recht oder gar die Pflicht, die ›Obrigkeit‹ im Rahmen von Wahlen abzusetzen. Dadurch unterscheide sich das politische System einer Demokratie aber fundamental vom Herrschaftsmodell der frühen Neuzeit. Willy Brandt etwa, damals Regierender Bürgermeister von Berlin, sei nicht zu vergleichen mit dem kursächsischen Kanzler Brück (1484–1557), da der ›Sturz‹ Willy Brandts eine legitime Option sei.[12] Die entscheidende Herausforderung für die Auslegung von Römer 13 sei allerdings nicht die parlamentarische Demokratie, sondern das Phänomen des totalen Staates, da es auf übergriffige Art und Weise alle Lebensbereiche mitbestimme.[13] Dibelius schlug dementsprechend vor, Römer 13,1 zu übersetzen mit: »Jeder füge sich in die Ordnungen ein, die von der

---

[9] Vgl. DIBELIUS: Obrigkeit?, 1959, S. 125.

[10] Vgl. a.a.O., S. 126.

[11] MOCHALSKI, WERNER (Hgg.): Dokumente zur Frage der Obrigkeit, 1960, S. 54. Anderer Ansicht war der damals in Berlin lehrende Politikwissenschaftler Otto Heinrich von der Gablentz in seiner Reaktion auf Dibelius' Schrift: OTTO HEINRICH VON DER GABLENTZ: Von Kaiser Nero bis Ulbricht, in: Die Zeit, 6. November 1959. Nr. 45, S. 3: Aus staatsrechtlicher Sicht sei das Gottesgnadentum bereits 1848 erloschen. Das eigentliche Ende von ›Obrigkeit‹ sei nicht das Aufkommen von Parteien, sondern das Auftreten des weltanschaulich neutralen Staates.

[12] Vgl. DIBELIUS: Obrigkeit?, 1959, S. 126. Dibelius bekräftigte dieses Beispiel 1963 in abgewandelter Form anhand von Regierung und Opposition im englischen Parlament. Vgl. OTTO DIBELIUS: Obrigkeit, Stuttgart / Berlin 1963, S. 64.

[13] Die Problematik der DDR liege, so Dibelius, nicht in der Verfolgung der Kirche, sondern darin, dass »eine neue Ordnung der Werte das gesamte sittliche Denken und Fühlen« umgestalten solle (DIBELIUS: Obrigkeit?, 1959, S. 127). Um als legitime Obrigkeit gelten zu können, reiche es auch nicht, elementare Ordnungsfunktionen zu gewährleisten, denn in einem totalitären Staat existiere aus christlicher Sicht überhaupt kein ›Recht‹, sondern lediglich »Gesetzlichkeit«, die, anders als im demokratischen Rechtsstaat, keine metaphysischen Bindungen anerkenne und lediglich aus Machtinteresse erlassen würden. ›Recht‹ könne demgegenüber nur das heißen, was »bewußt oder unbewußt« durch die Gebote Gottes bestimmt sei und ausnahmslos für alle gelte (vgl. a.a.O., S. 129). Das entscheidende, aus heutiger Sicht problematische, Kriterium Dibelius' zwischen den westlichen Demokratien und den Staaten des Ostblocks liegt in einem vom Dekalog her bestimmten, christlich imprägnierten Naturrecht, das als Kriterium für ›Rechtsstaatlichkeit‹ dient.

rechtmäßigen Gewalt gesetzt sind« oder »[r]echtmäßige Gewalt soll bei jedermann Gehorsam finden«[14].

Dibelius sprach auf diese Art und Weise in aller Deutlichkeit aus, dass die traditionelle Kategorie der Obrigkeit nicht mehr imstande war, die Gegenwart zu erschließen.[15] Seine Infragestellung der traditionellen Kategorien traf jedoch auf eine bereits lebhaft geführte Debatte in der akademischen Theologie darüber, wie christliche Tradition und politisch-soziale Wirklichkeit miteinander ins Verhältnis zu setzen sind. Der Bonner Theologe Hans Joachim Iwand kritisierte dementsprechend, dass Dibelius' Obrigkeitsschrift »souverän an der ernsten und differenzierten theologischen Debatte vorüber[geht], die wir nun schon seit mehr als 20 Jahren um das rechte Verstandnis von Röm XIII führen.«[16] Im Folgenden sollen deshalb zwei profilierte Sozialethiker der Zeit daraufhin befragt werden, wo sie den bleibenden Wert der Obrigkeitstradition sehen, wo gegebenenfalls ein Traditionsabbruch für notwendig gehalten wird und wie sich die jeweilige Entscheidung für die Einschätzung des Prinzips der Volkssouveränität auswirkt. Beide haben sich ausdrücklich zur Obrigkeitsschrift zu Wort gemeldet.

II.

Der in Hamburg lehrende wortmächtige Lutheraner *Helmut Thielicke* (1908–1986) äußerte sich als Redner und Prediger sowie in zahlreichen Publikationen

---

[14] Vgl. a.a.O., S. 129. Hiermit beschränkte Dibelius die christliche Anerkennung faktisch auf die Bundesrepublik und entfachte so eine monatelange, hitzig geführte Debatte über das Verhältnis des Christen zur DDR, die hier nicht weiter dargestellt werden soll. Dibelius hatte zwar zum Ende seines Schreibens betont, dass er sich nicht mit der Frage des *Verhaltens* des Christen befasst habe. *Wie* der ›Gehorsam‹ gegenüber rechtmäßigen oder unrechtmäßigen Gewalten praktisch auszusehen habe, sei eine Frage, die es im Anschluss zu beantworten gelte, aber nicht im Horizont seines Schreibens liege (vgl. ebd.). Doch das verhinderte nicht die naheliegende Interpretation, dass Dibelius *faktisch* zum Widerstand der Christen in der DDR aufrufe, indem er ihr die Legitimität abspreche. Äußerst kritisch äußerten sich Stimmen aus der DDR und der Bruderräte; vgl. Peter Meinhold: Römer 13. Obrigkeit, Widerstand, Revolution, Krieg, Stuttgart 1960, insb. S. 9–45; sowie die Überblicksdarstellungen über die Obrigkeitsdebatte (vgl. Anm. 2).

[15] Freilich nimmt Dibelius damit keine theologisch-liberale Position ein. Unhinterfragte Autorität ist für Dibelius das Wort der Heiligen Schrift. Die Korrekturen, die Dibelius vornimmt, verstehen sich deshalb als ein ›Zurück‹ hinter Luther zur autoritativen Quelle des Neuen Testaments: »Es wird nichts anderes übrigbleiben, als zurückzufinden zu dem, was Römer 13 mit griechischen Worten geschrieben steht. [...] [E]s [wäre] – um der biblischen Wahrheit willen! – das Richtigste, zu einer Radikalkur zu greifen, in der Bibelübersetzung das Wort ›Obrigkeit‹ zu streichen und zu dem zurückzukehren, was der Urtext sagt« Vgl. hierzu Dibelius: Obrigkeit, 1963, S. 65 f.

[16] Iwand: Weihrauch, 1959, S. 3.

zu diversen Gegenwartsfragen.[17] Zwar teilte Thielicke mit Barth die Ablehnung jeder Form von natürlicher Theologie. Dennoch fühlte er sich in seinem Werk den lutherischen Grundeinsichten verpflichtet. So kritisierte er etwa das Entmythologisierungsprogramm Bultmanns und seiner Schüler.[18] Thielicke gehörte dem westorientierten Kronberger Kreis an und fühlte sich, obwohl parteilos, der CDU verbunden. Thielickes Entwurf einer Politischen Ethik ist Teil seiner eindrücklichen »Theologischen Ethik«, die mit rund 3 000 Seiten seiner Zeit als eines der bedeutendsten Werke theologischer Ethik galt.[19] Ein Jahr vor dem Geburtstagsschreiben Bischof Dibelius' war der dritte Teilband, die »Ethik des Politischen«, erschienen, die alleine über 700 Seiten umfasst und als eine der profiliertesten Werke über die Politische Ethik der evangelischen Theologie in den 50er Jahren angesehen werden kann.

Thielicke stellt bereits zu Beginn seiner »Ethik des Politischen« die entscheidende Frage für den hier untersuchten Zusammenhang: »Ist der Begriff ›Obrigkeit‹ im Rahmen des westlich-demokratischen Staatsverständnisses nicht ein antiquierter Begriff, ein Fremdkörper also, der sich einfach dem modernen Denken nicht einfügt und den eben nur noch die Theologen gebrauchen?«[20] Die entscheidenden Unterschiede zwischen der Obrigkeit des 16. Jahrhunderts und den staatlichen Gegebenheiten seiner Zeit sieht Thielicke in dem Repräsentationsgedanken, dem Prinzip der Volkssouveränität und der Säkularität des Staates. In der Demokratie sei jeder Bürger als Wähler eine »partielle Obrigkeit«, bei der sich Beherrschen und Beherrschtwerden nur noch funktionell und nicht mehr personal voneinander unterschieden.[21] Es gebe damit keine ständische Trennung mehr zwischen Regierenden und Regierten. In der Identität von Subjekt und Objekt der Herrschaftsgewalt äußere sich die nunmehr vorhandene »Autonomie des Volkes«[22]. Die entscheidende Frage sei deshalb, ob die Beauftragung durch das souveräne Volk an die Stelle der Schöpferrolle Gottes trete oder ob beides

---

[17] Vgl. Norbert Friedrich: Helmut Thielicke. Ein protestantischer ›Staatsethiker‹ in der Adenauer-Ära oder evangelischer ›Erweckungsprediger‹?, in: Protestanten in öffentlicher Verantwortung – Biographische Skizzen aus der Anfangszeit der Bundesrepublik, hg. von Günter Brakelmann, Norbert Friedrich und Traugott Jähnichen, Waltrop 2005, S. 23–60.

[18] Vgl. Helmut Thielicke: Theologie der Anfechtung, Tübingen 1949.

[19] In einer zeitgenössischen Rezension zu Thielickes Ethik hieß es: »Hier hat ein denkerisches und in letzter Linie auch schriftstellerisches Werk seine Vollendung gefunden, das zu den bedeutendsten Arbeits- und Erkenntnisleistungen unserer Tage gehört.«, Joachim Günther: Nicht nur für Geistliche. Der dritte Band von Helmut Thielickes »Theologischer Ethik« – über Gesellschaft, Recht, Sexualität und Kunst, in: Frankfurter Allgemeine Zeitung, 10.11.1964, S. 32. Bereits zuvor hatte Thielicke einen kurzen Band zur politischen Ethik veröffentlicht: Helmut Thielicke: Die evangelische Kirche und die Politik. Ethisch-politischer Traktat über einige Zeitfragen, Stuttgart 1953.

[20] Helmut Thielicke: Theologische Ethik, Bd. 2/2: Ethik des Politischen, Tübingen 1958, S. 6.

[21] Vgl. ebd.

[22] Vgl. a.a.O., S. 7.

zusammengedacht werden könne. Thielicke unternimmt sodann den Versuch, den Gedanken einer göttlichen Einsetzung mit dem Prinzip der Volkssouveränität zu verbinden.[23]

Zunächst stellt Thielicke fest, dass beide Gedanken nicht miteinander verträglich wären, wenn man den Staat als Ergebnis eines menschlichen Entschlusses begreifen würde. Abzulehnen seien deshalb die Vertragsmodelle von Hobbes und Rousseau.[24] Stattdessen müsse man den Staat zwar als »institutionelle Objektivierung« des »sittlichen Bewußtseins« des Menschen begreifen, also als menschlich ausgestaltetes Gebilde, jedoch nicht so, dass der Mensch dieses ›hervorbringe‹.[25] Um beides zu gewährleisten, die Gestaltbarkeit und die Vorgegebenheit politischer Strukturen, führt Thielicke die Unterscheidung zwischen *Staatlichkeit* und *Staat* ein. Während Staatlichkeit das »Phänomen der Obrigkeit« meine, das sich in Über- und Unterordnungsstrukturen durch alle staatlichen Ausprägungen hindurch durchhalte, stehe der konkrete historische Staat menschlicher Gestaltung offen.[26] Das Volk könne »Staatsträger« sein, ohne dadurch die »Ordnung der Staatlichkeit als solche« hervorzubringen.[27] Staatlichkeit sei in diesem Sinne ein »Faktum«, das den Menschen als »*Idee obrigkeitlicher Ordnung*« transzendiere. Vertragstheoretische Überlegungen seien deshalb nur sinnvoll, wenn sie Staatlichkeit »*als Urphänomen des gesellschaftlichen Miteinander[s] und der darin auftauchenden Über- und Unterordnungsverhältnisse*«[28] anerkennten. Diese vom Menschen nicht bewirkte »Gegebenheit« sei das, was theologisch mit ›Wille Gottes‹ gemeint sei. Hierdurch aber ergibt sich für Thielicke die Möglichkeit, auch die Demokratie als ›Obrigkeit‹ zu begreifen. Da die Einsetzung der Staatlichkeit unabhängig von der jeweiligen Ausgestaltung sei, gelte der Gedanke der Unverfügbarkeit auch für die Demokratie. Damit eröffnet Thielicke der Obrigkeitslehre einen Raum, in dem sie ihm zufolge ihre Relevanz beibehalten kann. Der Anwendungsbereich der Obrigkeitslehre bezieht sich dann aber nicht auf die konkrete Ausgestaltung staatlicher Institutionen, also auf die empirisch vorfindliche Gestalt des Staates, sondern auf das Konzept von Staatlichkeit.

Die göttliche ›Einsetzung‹ bestehe darin, dass die Politik an die menschliche Vernunft delegiert sei und so die konkrete Ausführung als »*Mandat*« empfange.[29] Die Delegationsfigur erfüllt bei Thielicke eine entideologisierende Funktion. Die im Politischen tätige Vernunft solle nämlich als verliehene, ›delegierte‹, Vernunft nicht für sich beanspruchen, »Grund, Ziel und Sinn alles Seienden« zu

---

[23] Vgl. a.a.O., S. 15.
[24] Vgl. a.a.O., S. 16.
[25] Vgl. a.a.O., S. 19.
[26] Vgl. a.a.O., S. 19.
[27] Vgl. a.a.O., S. 15.
[28] Vgl. a.a.O., S. 20.
[29] Vgl. a.a.O., S. 24.

bestimmen, d. h. »Weltanschauungen und andere Letztwerte«.[30] Demokratie sei demnach aus christlicher Sicht eine legitime Fortführung und Weiterentwicklung von Staatlichkeit, sofern das Bewusstsein herrsche, dass der Staat zur Verfügung gestellt werde.[31] Die menschliche Vernunft *empfange* den Staat und gehe mit diesem Empfangenen gestalterisch um.[32]

Das Wesen des Staates beschreibt Thielicke im Einzelnen anhand von Relationen des Staates zum Einzelnen, zu Sittlichkeit und Recht sowie zum Phänomen der Macht.[33] Entscheidend ist hierbei die Legitimität und die Begrenzung von Macht, die Thielicke biblisch als Verhältnis von Macht und Liebe beschreibt, deren Konsequenz lautet, dass christliche Ethik stets für ein »Minimum an Staatlichkeit« eintrete: »*Man soll nicht verstaatlichen, was man verstaatlichen kann, sondern was man verstaatlichen muß*«[34].

Damit sind die Grundanliegen Thielickes angedeutet, die er auch in der Debatte um Dibelius' Obrigkeitsschrift geltend machte. Bei ›Obrigkeit‹ müsse es sich um etwas handeln, das sich in verschiedenen Staatsformen manifestieren könne und mit der sozialen Gestaltbarkeit politischer Strukturen vereinbar sei. Es sei ein »Fehlgriff«, wenn man wie Dibelius den Begriff der Obrigkeit mit dem monarchischen Gottesgnadentum identifiziere und der Demokratie verweigere.[35] Wenn der Wille des Volkes die göttliche Stiftung abgelöst habe, könne der demokratische Rechtsstaat nicht mehr »theologischen Ursprungs« sein.[36] Demgegenüber sei festzuhalten, dass Staatlichkeit, d. h. der »Bereich geordneten Zusammenlebens, klarer Über- und Unterordnungsverhältnisse und verschiedener

---

[30] Vgl. ebd.

[31] Die kritische Stoßrichtung Thielickes liegt ähnlich wie bei Dibelius darin, DDR und Nationalsozialismus möglichst nah aneinanderzurücken, um beiden die Legitimität abzusprechen. Für den totalen Staat gelte nämlich, dass es sich bei ihm schon gar nicht um einen ›Staat‹, und damit auch nicht um ›Obrigkeit‹ handele, sondern um eine »Pseudokirche«; vgl. a.a.O., S. 27–87.

[32] Vgl. a.a.O., S. 26.

[33] Vgl. a.a.O., S. 173–314.

[34] Vgl. a.a.O., S. 314.

[35] Vgl. HELMUT THIELICKE: Der Staat als Pseudokirche, in: Die Zeit, 6. November 1959, Nr. 45, S. 3.

[36] 1963 hat Dibelius seine These von der Unvereinbarkeit von Demokratie und Obrigkeitstradition abgemildert. Dass das Volk sich jetzt selber sein »Regiment« auf Zeit einsetze, brauche nicht in Widerspruch zur göttlichen Anordnung der Obrigkeit stehen, denn: »Der Glaube nimmt auch das, was Menschen bewirkt haben, aus Gottes Hand. Und was in der Welt nun einmal vorhanden ist, ist, direkt oder indirekt, von Gott«; DIBELIUS: Obrigkeit, 1963, S. 63. Gleichwohl hält Dibelius an dem Grundgedanken fest, indem er abermals auf den Unterschied zwischen ›absoluter‹ und ›relativer‹ Autorität hinweist. Entscheidend sei, dass das Verhältnis von Untertan und Obrigkeit nicht mehr als Vater-Kind-Verhältnis gedacht werden könne. Heute sei niemand mehr verpflichtet, »sich den Anordnung einer Obrigkeit ohne weiteres zu unterwerfe«. Stattdessen könne der Bürger den Rechtsweg beschreiten und ähnliche Mittel gegen den Staat ergreifen. »Mit der Losung, daß jedermann sich zu unterwerfen habe, kann allenfalls eine Diktatur zu regieren versuchen«; a.a.O., S. 64 f.

Verantwortungen«, als »gottverordnete Institution« zu verstehen sei. Das Gegenüber dieser göttlich verordneten Obrigkeit sei nicht, wie von Dibelius insinuiert, die Demokratie, sondern vielmehr die Anarchie. Demokratie sei demgegenüber »eine der legitimen Spielarten, innerhalb deren die Staatlichkeit Form gewinnen kann«. Das aktive Wahlrecht hebe keineswegs die »Unverfügbarkeit der staatlichen Ordnung« auf. Kurz: »Obrigkeit und Demokratie [sind] nicht gegeneinander auszuspielen«.[37]

Ernst Wolf (1902–1971) führte die Anliegen Karl Barths vor allem in ihren sozialethischen Konsequenzen fort. Mit einem Bonmot seines Fakultätskollegen, Wolfgang Trillhaas, lässt sich Wolf wie folgt charakterisieren: »Er war unter den Freunden und Genossen Karl Barths der kompetente Theologie- und Kirchenhistoriker. Man muß diesen Satz sofort umkehren: Er war unter den Theologie- und Kirchenhistorikern seiner Generation der entschiedene Barthianer«[38]. Wolf kann als einer der einflussreichsten Theologen in den bruderrätlichen Kreisen gelten, wo er durch vielfältige Voten zu Wort kam. Darüber hinaus wirkte Ernst Wolf als Herausgeber einiger der wichtigsten Publikationsorgane der damaligen Theologie, u. a. »Evangelische Theologie« und »Verkündigung und Forschung«. Anders als Thielicke trat Wolf nicht mit einem geschlossenen systematischen Entwurf hervor, sondern durch Einzelveröffentlichungen und Aufsätze. Wolfs Äußerungen zu der Anfrage des politischen Systems der Bundesrepublik an die theologische Tradition lassen sich deshalb nur angemessen in den Blick nehmen, wenn man mehrere Beiträge berücksichtigt.[39] Im Folgenden soll es besonders auf zwei davon ankommen: »Die Königsherrschaft Christi und der Staat« (1958) und »Der Rechtsstaat – Angebot und Aufgabe. Eine Anfrage an Theologie und Christenheit heute« (1964), die beide in der Reihe »Theologische Existenz heute« erschienen sind.

In einem Referat vor den Kirchlichen Bruderschaften in Rheinland und Westfalen, veröffentlicht 1958 unter dem Titel »Die Königsherrschaft Christi und der Staat«, kritisierte Wolf jeden Versuch, den Staat als göttliche Stiftung zu interpretieren.[40] Stattdessen sei es Aufgabe der Theologie, die Entmachtung der dämonischen Mächte durch Christus zu betonen. Durch diese Entmachtung werde der Mensch dazu befreit, den Staat als ein weltliches Gebilde aufzufassen, in man sich mit seinem Handeln zu bewähren habe.[41] Entgegen dem Versuch, den

---
[37] Ebd.
[38] WOLFGANG TRILLHAAS: Aufgehobene Vergangenheit. Aus meinem Leben, Göttingen 1976, S. 215.
[39] Posthum erschien 1975 seine Sozialethik, in der Wolfs Vorlesung zur Sozialethik veröffentlicht ist, die er zwischen 1959 und 1969 gehalten hat. Vgl. ERNST WOLF: Sozialethik. Theologische Grundfragen (Göttinger theologische Lehrbücher), Göttingen 1975.
[40] Vgl. ERNST WOLF: Die Königsherrschaft Christi und der Staat, in: Königsherrschaft Christi. Der Christ im Staat (Theologische Existenz heute, Neue Folge 64), hg. von DEMS. und WERNER SCHMAUCH, München 1958, S. 20–61, hier: 22.
[41] Vgl. a.a.O., S. 23 f.

Staat als göttlich eingesetzte, durch Macht charakterisierte, Institution zu verstehen, komme es darauf an, darzustellen, wie sich ein Christ im Bereich staatlicher Wirklichkeit *verhalten* solle.[42] Zur Beschreibung des Staates genügten Staatsrecht(-slehre) und Sozialwissenschaft.[43] Das schließe zwar nicht aus, dass die Theologie den Staat »existenzerhellend« interpretieren könne, doch erstens sei eine solche Interpretation gegenüber der nach dem Verhalten des Christen sekundär und zweitens müsse das Thema einer solchen Interpretation Sinn und Zweck bzw. die Funktion des Staates sein und nicht die metaphysische Ergründung seines ›Wesens‹.[44] Deshalb sei von den Staatsfunktionen auszugehen, nämlich der Herrschaft, der Gesetzesbindung und der Gerichtsbarkeit.[45] Die drei Gewalten seien als Funktionsbereiche staatlicher Herrschaft in »persönlich-sittlicher Verantwortung« zu gestalten. Wolf unterscheidet zwischen der Stiftung und der Annahme einer Institution. Während die von ihm abgelehnte protestantische Staatslehre die Stiftung betont habe, sei die vordringliche Aufgabe die Annahme: »Hier ist der eigentliche Ort einer politischen Ethik«[46]. Anstelle einer evangelischen ›Staatsmetaphysik‹ fordert Wolf deshalb eine evangelische Tugendlehre des Politischen, die sich mit dem »konkreten Verhalten[] zur jeweiligen staatlichen Wirklichkeit«[47] befasse.[48] Hierdurch werde es zur Aufgabe der Kirche, die »moralische[n] Voraussetzungen« für die Demokratie zu befördern.[49] Die Kirche trage damit zur Schaffung eines »moralischen Klimas der Demokratie« bei.

Während Wolf 1958 die ›existenzerhellende Interpretation‹ des Staates noch als sekundär zurückgewiesen hat, wandte er sich sechs Jahre später dieser Fragestellung zu.[50] Der Staat werde im Rahmen der lutherischen ›Staatsmetaphysik‹ von dem Schema »Obrigkeit und Untertan« her gedacht bzw. »der Autorität und der Machtbefugnis«.[51] Wolf sieht in der positivistischen Grundrechtsdogmatik der Weimarer Republik und in der Schule Carl Schmitts die rechtswissenschaftliche Parallele zu diesem Denken. Die Weimarer Reichsverfassung sei gekennzeichnet gewesen durch das »Legalitätsprinzip«, in dem die Grundrechte keine vorstaatlichen Freiheiten, sondern Gewährleistungen des Staates gewesen sei-

---

[42] Vgl. a.a.O., S. 39.
[43] Vgl. a.a.O., S. 41.
[44] Vgl. ebd.
[45] Vgl. a.a.O., S. 53.
[46] Vgl. ebd.
[47] Vgl. a.a.O., S. 54.
[48] Vgl. a.a.O., S. 53.
[49] Vgl. a.a.O., S. 59.
[50] ERNST WOLF: Der Rechtsstaat – Angebot und Aufgabe. Eine Anfrage an Theologie und Christenheit heute (Theologische Existenz heute, Neue Folge 119), München 1964, S. 28–63. Im Folgenden zitiert nach der erneuten Veröffentlichung unter dem Titel: Die rechtsstaatliche Ordnung als theologisches Problem, in: Kirche und moderne Demokratie (Wege der Forschung 205), hg. von THEODOR STROHM und HEINZ-DIETRICH WENDLAND, Darmstadt 1973, S. 257–304.
[51] Vgl. a.a.O., S. 261.

en.⁵² Das Bonner Grundgesetz verstehe dagegen die Grundrechte als vorstaatliche Rechte, die der Staat zu gewährleisten habe und nicht selbst gewähre.⁵³ Angemessener sei die Interpretation Rudolf Smends und seiner Schüler, wonach die Grundrechte »übergesetzliche[] Werte«⁵⁴ seien. Hier könne die theologische Urteilsbildung ansetzen, indem sie den vorpositiven Wert der Menschenwürde produktiv aufgreifen und theologisch reflektieren könne. Die theologische Mitarbeit am demokratischen Rechtsstaat erfolge deshalb *erstens* im Rahmen der Bestimmung der Menschenwürde als Ziel des Staates, *zweitens* als Forderung nach der Sicherung der Staatlichkeit des Staates durch die Menschenwürde und *drittens* in der Etablierung eines »apriorischen« Rechtsbegriffs.⁵⁵

In Dibelius' Schrift sah Wolf deshalb lediglich einen weiteren Versuch, Römer 13 als »Staatsmetaphysik« und als »Lehre vom Wesen des Staates« zu verstehen, um dem Christen ein Kriterium in die Hand zu geben, den Staat darauf hin zu beurteilen, ob er ihm Gehorsam schulde oder nicht.⁵⁶ Bereits Paulus aber interessiere sich nicht für das »Wesen« des Staates, sondern nur für das »Verhalten des Christen in seinem jeweiligen bürgerlichen Dasein«⁵⁷. Insbesondere ergebe sich die Autorität des Staates nicht aus der Struktur eines vorfindlichen Staates. Deshalb sei das Gottesgnadentum keineswegs eine legitime Ausprägung des reformatorischen Obrigkeitsgedankens.⁵⁸

III.

Helmut Thielicke und Ernst Wolf stehen exemplarisch für die Anstrengungen der akademischen evangelischen Theologie, das Christentum in einem politischen System zu verorten, das keine ›Obrigkeit‹ in Gestalt eines Gottesgnadentums mehr kennt. Beide befassen sich intensiv mit einer Aktualisierung oder möglichen Beseitigung der lutherischen Obrigkeitstradition angesichts von Volkssouveränität und Repräsentativität. Beide vollziehen jedoch diese Transformationsleistung in unterschiedlicher Weise.

Thielicke ist bestrebt, Volkssouveränität und göttliche Einsetzung nicht gegeneinander auszuspielen, sondern beide miteinander in Einklang zu bringen. Das Motiv ist hierbei, den demokratischen Rechtsstaat nicht aus dem ›theologi-

---

⁵² Vgl. a.a.O., S. 269.
⁵³ Vgl. a.a.O., S. 271.
⁵⁴ A.a.O., S. 280.
⁵⁵ Vgl. a.a.O., S. 282–289.
⁵⁶ Vgl. ERNST WOLF: Die Stellung des Christen zum modernen Staat, in: Dokumente zur Frage der Obrigkeit. »Violett-Buch« zur Obrigkeitsschrift von Bischof D. Dibelius, hg. von HERBERT MOCHALSKI und HERBERT WERNER, Darmstadt 1960, S. 87–93, hier: 88.
⁵⁷ A.a.O., S. 89.
⁵⁸ Vgl. a.a.O., S. 90.

schen Blick‹ zu verlieren. Der Bundesrepublik soll theologische Legitimität und Dignität zugesprochen werden, indem der Begriff der Obrigkeit auch auf sie zutrifft, ein Bestreben, das auch in Thielickes Kritik an Dibelius anklingt: Die positive Wertschätzung der Bundesrepublik darf aus christlicher Sicht der göttlichen Einsetzung nicht entbehren.[59] Deshalb ist Thielicke daran gelegen, den Begriff der Obrigkeit auf den demokratischen Rechtsstaat der Bundesrepublik anzuwenden, ihn aber dem Sozialismus der DDR vorzuenthalten, den er als ›Pseudoreligion‹ deutet. Zur konstruktiven Anverwandlung verändert er hierfür die Reichweite des Obrigkeitsbegriffs, indem er den Gedanken einer göttlichen Einsetzung von der empirisch vorfindlichen Wirklichkeit abkoppelt und zwischen Staatlichkeit und Staat unterscheidet.[60] ›Eingesetzt‹ ist aus dieser Perspektive nur das Phänomen ›Staatlichkeit‹, das sich in unterschiedlichen Ausformungen manifestieren kann. Hierdurch muss sich der konkrete Staat in seinen empirisch vorfindlichen Institutionen nicht als ›göttlich‹ ausweisen. Lediglich die dahinter stehende ›Staatlichkeit‹ bleibt ein ›göttliches‹ Phänomen, dessen weitere Ausgestaltung an die Vernunft delegiert ist. Die konkrete Verfassung ist insofern als Ergebnis menschlicher Gestaltung zu sehen und wird von Thielicke auch als »Symbol der Staatlichkeit«[61] bezeichnet. Die Vernunft wiederum ist in der Konsequenz der Anerkennung göttlicher Einsetzung eine sich selbst bescheidende, gewissermaßen ehrfürchtige Vernunft. Göttliche Einsetzung wird so zu einer Chiffre für einen Akt von Selbstbeschränkung und Demut gegenüber menschlichen Herrschaftsverhältnissen, deren Ambivalenz stets auszutarieren ist. Gerade das aber findet Thielicke nur in den westlichen Demokratien verwirklicht. Ist man auf den ersten Blick geneigt, in Thielickes Unterscheidung von Staatlichkeit und Staat die Fortschreibung einer spezifisch lutherischen ›Äquidistanz‹ zu verschiedenen Staatsformen zu sehen, zeigt sich bei genauerer Betrachtung, dass diese Einschätzung zu kurz greift. Das Abgrenzungspotential zu nicht-rechtsstaatlich und nicht-demokratisch organisierten politischen Systemen ergibt sich jedoch nicht aus unterschiedliche Ausgestaltungen von ›Staatlichkeit‹, denn sobald von

---

[59] Vgl. auch FERDINAND FRIEDENSBURG: Die Lehren des 20. Juli, in: Die Zeit, 6. November 1959. Nr. 45, S. 3. Friedensburg, Mitglied des Deutschen Bundestages für die CDU, kritisierte Dibelius dafür, dass er der Demokratie den Titel der Obrigkeit vorenthalten wolle, denn »der demokratische Staat, vielleicht sogar gerade er, ist Obrigkeit im edelsten und ernstesten Sinne«, da er sich darum bemühe, »das sittliche Wollen seiner Bürger und nicht irgendeinen Machtanspruch zu verwirklichen« (ebd.).

[60] In ähnlicher Weise hat bereits Richard Rothe soziale Gestaltbarkeit und Vorgegebenheit institutioneller Strukturen einander zugeordnet. So heißt es in seiner Theologischen Ethik: »*Daß* es einen Staat gebe und mithin auch eine Obrigkeit, und zwar unter der *richtigen* Form, d. h. unter derjenigen, die dem jedesmaligen geschichtlichen Entwickelungsstande des betreffenden Volkes genau angemessen ist, und folglich unter einer ihrem Begriff selbst nach vielfältigst *veränderlichen* Form [...].« RICHARD ROTHE: Theologische Ethik, Bd. 2, Wittenberg ²1869, S. 460, zitiert nach VON SCHELIHA: Protestantische Ethik des Politischen, 2013, S. 133.

[61] Vgl. THIELICKE: Ethik des Politischen, 1958, S. 411.

Staatlichkeit und Staat die Rede ist, geht es Thielicke nur um westlich liberale Demokratien. Faschistische und sozialistische Systeme können ihm zufolge gar nicht als ›Staat‹ gelten, sondern fallen unter die Begriffe ›ideologische Tyrannis‹ bzw. ›Pseudoreligion‹.

Wolf lehnt demgegenüber den Gedanken einer göttlichen Einsetzung zunächst einmal ab und betont die Weltlichkeit staatlicher Institutionen. Jeder Gedanke einer göttlichen Einsetzung fällt bei ihm unter das Verdikt der ›Staatsmetaphysik‹. Demgegenüber betont Wolf die Bedeutung der Ethik für das Handeln christlicher Akteure und Institutionen im Bereich des vorfindlichen Staates, der seinerseits in staatsrechtlichen Kategorien hinreichend beschrieben wird. In gewisser Weise setzt Wolf damit am konsequentesten die Anfrage Dibelius' um: Die reformatorische Kategorie einer göttlichen Einsetzung hat ausgedient und findet im demokratischen Rechtsstaat keinen Platz mehr. Göttliches Handeln ist nur denkbar in Gestalt menschlicher Beteiligung an sozialen Prozessen. Dennoch bleibt der Gehalt der göttlichen Einsetzung nicht gänzlich außen vor. Die Betonung der Menschenwürde lässt sich bei Wolf als Reformulierung des Einsetzungsgedankens verstehen. Die Anerkennung des demokratischen Rechtsstaates erfolgt hier nicht über die religiöse ›Weihe‹ des politischen Systems der Bundesrepublik, sondern über die Menschenwürde und die Überpositivität des Rechts. Der Aspekt des ›Vorstaatlichen‹, des ›Überpositiven‹ am Menschenwürdebegriff und an den staatsrechtlichen Bemühungen der Schule um Rudolf Smend, aus dem Menschenwürdesatz ein ›Wertsystem der Grundrechte‹ abzuleiten, gibt Wolf den Anker- und Einsatzpunkt für die theologische Ethik.[62]

Hierin liegt das verbindende Anliege von Thielicke und Wolf: Beiden geht es darum, die konkrete Ausgestaltung politischer Strukturen in überpositiven, der Geschichte enthobenen, Normen abzusichern.[63] Bei Thielicke deutet sich dieses Anliegen darin an, dass er die Selbstbescheidung des Menschen angesichts vorgegebener staatlicher Strukturphänomene fordert. Bei Wolf handelt es sich um die Anerkennung vorgegebener Werte, insbesondere des Menschenwürdesatzes, und deren Bestätigung durch das Bonner Grundgesetz. Demgegenüber verfängt weder die Bewertung Thielickes als Vertreter einer quietistischen Staatsbejahung noch der Bewertung Wolfs als Vertreter eines religiös-christologischen Offenbarungspositivismus. Beide versuchen, die jüngste Vergangenheit, sowohl die

---

[62] Vgl. WOLF: Rechtsstaat, 1973, S. 283.
[63] Vgl. die Parallele zu RUDOLF SMEND: Das Problem der Institutionen und der Staat – Staat als Beruf, in: Recht und Institution. Arbeitsberichte und Referate aus der Institutionenkommission der Evangelischen Studiengemeinschaft (Forschungen und Berichte der Evangelischen Studiengemeinschaft 24), hg. von HANS DOMBOIS, Stuttgart 1969, S. 66–82, hier: 74: »Und jedenfalls liegt auch der Staat nicht in jenem Bereich des Habens, Verfügens, Veranstaltens, in den ihn das mechanische und auch das formaljuristische Denken verlegt, sondern in dem einer uns umgreifenden Vorgegebenheit«.

Epoche der Weimarer Republik als auch die Erfahrung des Nationalsozialismus, zu verarbeiten, um auf dieser Grundlage die Staatslehre neuen Gestaltungsmöglichkeiten zuzuführen. Thielicke will hierfür dezidiert am Obrigkeitsgedanken festhalten, schwächt ihn in seiner Reichweite für Handlungsorientierung aber ab und beschränkt ihn auf einen vorpositiven Bereich. Demgegenüber tritt bei ihm die theologische Reflexion über die Notwendigkeit von Machtausübung sowie der Machtbegrenzung in den Vordergrund. Der pragmatische Zweck der Obrigkeitstradition liegt in der Anerkennung des demokratischen Rechtsstaates der Bundesrepublik auf der einen und in der Abgrenzung zu expandierenden staatlichen Institutionen im sowjetischen Machtbereich auf der anderen Seite. Ernst Wolf sucht demgegenüber dezidiert den Anschluss an die Staatsrechtslehre seiner Zeit in Gestalt der Schule seines Göttinger Kollegen Rudolf Smend. Sie liefert ihm den entscheidenden Schnittpunkt zwischen Theologie und Grundgesetz. Dieser Schnittpunkt liegt in der Betonung der Überpositivität der Menschenwürde und der Grundrechte sowie in der Interpretation der Verfassung als objektives Wertesystem.[64] So zeigt sich, dass beide Seiten intensiv darum gerungen haben, die eigene Tradition für die gegenwärtige Situation fruchtbar zu machen. Beide zeugen davon, dass geteilte Erfahrungen entscheidend die jeweilige Theoriebildung beeinflusst und teilweise weitreichende Revisionen der Tradition zur Folge hatten. Beide gehen davon aus, dass feste, der vermeintlichen Willkür enthobene, Bindungen notwendig sind, um Machtmissbrauch zu verhindern.

IV.

Diese kurz gehaltenen Ausführungen sollen Anstoß sein zu einem erneuten Blick auf die staatsethischen Debatten der evangelischen Ethik in der frühen Bundesrepublik. Entscheidend dürfte hierbei *erstens* sein, dass der Kontext der theologischen Debatten konsequenter in den Vordergrund rückt. Besonders die Staatsrechtslehre und die Politikwissenschaft der damaligen Zeit wären notwendig, um unterscheiden zu können, was in den staatsethischen Entwürfen auf dem gesellschaftlichen Konsens der damaligen Zeit beruhte und was im Gegenteil besonders war.[65] Dies würde vor pauschalen Urteilen bewahren. Neben dieser synchronen Kontextualisierung ließe sich *zweitens* fragen, was der Maßstab

---

[64] Vgl. zur parallelen Abwertung des Positivismus in der Rechtswissenschaft der Nachkriegszeit MICHAEL STOLLEIS: Staats- und Verwaltungsrechtswissenschaft in West und Ost 1945–1990, München 2012, S. 200.

[65] Vgl. CHRISTOPH MÖLLERS: Der vermisste Leviathan. Staatstheorie in der Bundesrepublik, Frankfurt am Main 2008; STOLLEIS: Staats- und Verwaltungsrechtswissenschaft, 2012; JÖRG ERNST: Politikwissenschaft in der Bundesrepublik Deutschland. Die Entwicklung ihres Selbstverständnisses im Spiegel der Einführungswerke, Münster 1994; WILHELM BLEEK: Geschichte der Politikwissenschaft in Deutschland, München 2001.

für die Bewertung einer protestantischen Staatsdeutung sein sollte. Vor dem Hintergrund ausgearbeiteter Demokratietheorien[66] erscheinen die sozialethischen Entwürfe notwendigerweise als defizitär und theoretisch unterbestimmt. Dieses Verhältnis lässt sich jedoch nicht als Defizit, sondern als Perspektivendifferenz verstehen. Evangelische Sozialethik ist zunächst einmal *theologische* Kommunikation in einem *theologischen* Kontext. Sicher muss die Theologie die vorfindlichen Phänomene in ausreichender Komplexität begreifen und ihrer eigenen Theoriebildung zugrundelegen. Sie muss aber keine politisch-theoretischen Debatten führen, da sie andere Frage- oder Problemstellungen bearbeitet. Ihr geht es nicht in erster Linie um die Begründung oder Beschreibung eines politischen Systems, sondern um die Verortung des Christentums innerhalb eines politischen Systems, sowohl im Hinblick auf den einzelnen Christen als auch in Bezug auf die Institution der Kirche.[67]

In einem kürzlich erschienenen Sammelband zum Thema Politik und Religion schreibt der ehemals in München lehrende Theologe Friedrich Wilhelm Graf: »Wie es zu einem [...] demokratiekompatiblen religiösen Lernprozeß kommt, weiß ich nicht. Entscheidend dürfte dabei weniger sein, was jemand glaubt, sondern wie er es glaubt – etwa ob er oder sie Elemente reflexiver Selbstbegrenzung in seine oder ihre Überzeugungen zu integrieren vermag. Wenn dies zutrifft, werden viele Debatten über ›Religion und Demokratie‹, ›Christentum und Demokratie‹ und speziell ›Islam und Demokratie‹ falsch, weil allzu essentialistisch geführt. Keine Religion ist als solche demokratienah, gewiß auch die diversen Christentümer nicht. Und keine ist als solche demokratiefern«[68]. Angesichts dessen ist eine »gelassene Historisierung«[69] sinnvoll, die sowohl die berechtigten Anliegen aller theologischen Lager als auch die Verflechtung politisch-sozialer Gegebenheiten und Theologie berücksichtigt, um die Lernprozesse zu beleuchten, die zu einem produktiven Wechselverhältnis von politisch-sozialem Umfeld und theologischer Tradition geführt haben. Eine derartige gelassene Historisie-

---

[66] So explizit INACKER: Transzendenz, Totalitarismus und Demokratie, 1994, S. 280.
[67] Die Betonung der Selbstständigkeit der (christlichen) Religion (und ihrer Theologie) lässt sich verschieden ausbuchstabieren. Die klassisch theologisch-liberale Begründung der Selbstständigkeit religiöser Vollzüge bietet FRIEDRICH DANIEL ERNST SCHLEIERMACHER: Der christliche Glaube nach den Grundsätzen der evangelischen Kirche im Zusammenhange dargestellt. Zweite Auflage (1830/31), herausgegeben von ROLF SCHÄFER, Berlin 2008, §§ 1–31, insb. §§ 3–6. In anderer Weise hat die Wort-Gottes-Theologie die Selbstständigkeit des Christentums herausgearbeitet. Vgl. KARL BARTH: Die kirchliche Dogmatik, Bd. 1/1: Die Lehre vom Worte Gottes, Prolegomena zur kirchlichen Dogmatik (Studienausgabe), Zürich 1987. Vgl. darüber hinaus die verschiedenen religionssoziologischen Ansätze, die die Besonderheit des religiösen Bereichs betonen. Vgl. NIKLAS LUHMANN: Die Religion der Gesellschaft, Frankfurt am Main 2002, und NIKLAS LUHMANN: Die Funktion der Religion, Frankfurt am Main 1982.
[68] FRIEDRICH WILHELM GRAF: Einleitung, in: Politik und Religion. Zur Diagnose in der Gegenwart, hg. von DEMS. und HEINRICH MEIER, München 2013, S. 7–41, hier: 40.
[69] A.a.O., S. 18.

rung sollte das Ziel der Untersuchung theologischer Deutungen des Politischen in der Bundesrepublik sein. Hierdurch lassen sich womöglich auch Potentiale für gegenwärtige religiöse Deutung des Politischen gewinnen, die ein fruchtbares Miteinander von Religion und Politik befördern.

IV. Ausblick

Der bundesdeutsche Nachkriegsprotestantismus: Erste Umrisse

Christian Albrecht und Reiner Anselm

Stand am Anfang der Untersuchungen zunächst ein programmatisch offener Protestantismusbegriff, so lassen sich auf der Grundlage der vorstehenden Beiträge erste Umrisse zu einer Theorie des bundesdeutschen Protestantismus formulieren. Diese Theorie hat nicht nur eine heuristische, sondern auch eine normative Funktion. Sie erlaubt es zum einen, den Protestantismus in der Vielzahl seiner Spielarten und Aktionsformen genauer zu beschreiben, sie ermöglicht es aber auch, protestantische Akteure gegenüber anderen gesellschaftlichen Akteuren abzugrenzen und zu einer inhaltlichen Bestimmung protestantischen Engagements zu gelangen. Um dieses Ziel zu erreichen, gilt es zunächst, die für diese Zielsetzung maßgeblichen Einsichten aus den Studien dieses Bandes zu bündeln und sodann in einem zweiten Schritt zu einer Theorieskizze zu verdichten.

1. Wenn von ›dem Protestantismus‹ und seinem Beitrag zu den ethischen Debatten der Bundesrepublik die Rede ist, so ist dies nur die abkürzende Rede für protestantische Akteure. ›Der‹ Protestantismus ist nur als das Ensemble individueller Akteure greifbar. Das bedeutet auch, dass es ihn stets nur in durch die jeweiligen Akteure vertretenen und dabei mit individuellen Prägungen versehenen Formen gibt. Diese Akteure rezipieren damit nicht nur, gewissermaßen passiv, eine anderweitig formulierte Vorstellung von Protestantismus – sei es durch die Kirchen, sei es durch die akademische Theologie –, sie gestalten unweigerlich ihre individuelle Form des Protestantismus. Dabei verstehen sie sich primär als Protestanten in teilnehmender Zeitgenossenschaft, ihre Positionierung ergibt sich häufig aus ihrer spezifischen Wahrnehmung der jeweiligen politischen Situation. Diese Wahrnehmung kann durchaus unterschiedlich sein, die Bandbreite der in den Debatten vertretenen Positionen ist hoch. Allerdings spielen unterschiedliche theologische Schulzugehörigkeiten hier eine recht geringe Rolle; überhaupt ist der Rückgriff auf theologische Argumentationsmuster eher selten. Eine dominantere Rolle scheint dagegen die Verortung innerhalb des kirchlichen Organisationsrahmens oder innerhalb der bruderrätlichen Traditionen zu spielen. Dass trotz dieser unterschiedlichen Zugangsweisen der Pluralismus innerhalb der verschiedenen protestantischen Positionen auch in den schärfsten

Auseinandersetzungen nicht zu einem lähmenden Antagonismus wurde, dürfte vor allem daran liegen, dass der Kreis derer, die sich als Protestanten an den ethischen Debatten der Bundesrepublik maßgeblich beteiligten, relativ klein war; zudem waren in der Regel dieselben Akteure in den verschiedenen Debatten aktiv. Die durch die gemeinsame Zeitgenossenschaft etablierten Netzwerke blieben auch dort stabil, wo sich entgegengesetzte Positionen gegenüberstanden.

Für die vergleichsweise geringe Bedeutung der Theologie liegen die Gründe auf der Hand: Zur Aufgabe der Theologie, gerade der Systematischen Theologie, gehört es auch, die je eigene zeitgenössische Situation in die Christentumsgeschichte einzuzeichnen und damit die Verbindung zwischen dem Ausgangspunkt und der eigenen Gegenwart herzustellen. Die theologischen Theoriebildungen und Auseinandersetzungen der Nachkriegszeit sind dementsprechend stark geprägt von dem Bemühen, die Ereignisse des Nationalsozialismus und der Nachkriegszeit theologisch zu deuten, sie sind aber kaum anschlussfähig an konkrete ethische Debattenlagen. Gerade bei den intensiven Bemühungen um ein theologisches Begreifen der Geschichte handelt es sich unzweifelhaft auch um Auseinandersetzungen über das Verständnis der eigenen Gegenwart. Da es dabei um das Verhältnis zwischen Christentum und Marxismus auf der einen, um das Verhältnis zum Volk Israel, den alttestamentlichen Traditionen und zur Gestalt des historischen Jesus als einem Mitglied des jüdischen Volkes auf der anderen Seite geht, bergen diese Debatten durchaus das Potenzial für kontroverse Auseinandersetzungen. Allerdings stellen die entsprechenden Diskurse eher Selbstverständigungsprozesse im Blick auf eine Hintergrundtheorie bundesrepublikanischer Identität dar und finden – zumal sie nicht im Zusammenhang konkreten politischen Entscheidungsbedarfs entwickelt wurden – kaum den Weg in eine breiter getragene ethische Debatte. In ähnlicher Hinsicht gilt für zahlreiche weiteren Themen der theologischen Theoriebildung, dass hier versucht wurde, die gesellschaftlichen Transformationen, die sich mit der Etablierung eines liberaldemokratischen Verfassungsstaats sowie der Westintegration der Bundesrepublik ergeben hatten, in ihrer Bedeutung für Theologie und Kirche auszudeuten und die eigenen Traditionen für diese neuen Verhältnisse umzuformen. Dazu gehören auch die Fragen nach der internationalen Ökumene und der bleibenden Bedeutung der konfessionellen Differenzen, und zwar sowohl der innerprotestantischen, als auch, im Umfeld des zweiten vatikanischen Konzils, derjenigen im Verhältnis zur römisch-katholischen Kirche.

Führt man sich vor Augen, in welchem Maß die akademische Theologie sich angesichts der Ereignisse im Umfeld der Katastrophe und des Neubeginns nach 1945 auf die Deutung der eigenen Gegenwart konzentrieren musste und vergegenwärtigt man sich, in welch hohem Maße die Kirchen, besonders auch die EKD, damit beschäftigt war, die eigene Position in der bundesrepublikanischen Gesellschaft zu klären – gerade auch angesichts der Tatsache, dass bis zur Abspaltung des Bundes der evangelischen Kirchen in der DDR die EKD die einzig verbliebene gesamtdeutsche Organisation darstellte –, so kann es kaum verwundern, dass wesentliche Impulse für die Formierung des Protestantismus in der bundesdeutschen Nachkriegsgesellschaft vom bruderrätlichen Protestantismus ausgegangen sind. Die programmatische Distanz dieses Teils des Protestantismus zur Kirchenorganisation sowie die faktische Distanz zur akademischen Theologie kamen ihm hier zugute. Die Beiträge dieses Bandes zeigen zudem, dass der Eindruck, die 1950er Jahre seien eine Epoche der Restauration gewesen, allenfalls für den landeskirchlichen Protestantismus, kaum aber für den gemeindlichen und bruderrätlichen Protestantismus zutrifft. Hier und im Umfeld der diesen Strömungen verbundenen protestantischen Akteure werden durchaus die Entwicklungen vorgebildet, die dann in den 1960er Jahren in einen umfassenden gesellschaftlichen Wandel führen. Das bedeutet zugleich, dass das Bild protestantischer Akteure in den ethischen Debatten zwischen 1949 und 1989 unvollständig und verzerrt wäre, würde man nur den landeskirchlichen oder nur den bruderrätlichen Protestantismus in den Blick nehmen. Allein im Gegenüber und nur in der gegenseitigen Kontrastierung beider Spielarten zeigt sich das Gesamtgefüge des Protestantismus. Allerdings zeigt das Beispiel der Jugendbewegung und auch des Kirchentags, dass die Charakterisierung als restaurativ oder progressiv weder durch einen Rekurs auf das jeweilige Verhältnis zur Kirchenorganisation noch auch zur eigenen Tradition bereits hinreichend erklärt werden kann. Vielmehr gibt es auch hier Veränderungsprozesse, die aus der Aufnahme zeitgenössischen Gedankenguts resultieren dürften. So agierten die Vertreter, die aus der Jugendbewegung kamen, zunächst eher restaurativ, unter dem Eindruck der 1968er aber änderte sich dieses nachhaltig: Jetzt werden die kirchlichen Jugendverbände zu Trägern einer kirchlich wie gesellschaftlich progressiven Position.

Betrachtet man den Protestantismus in seiner ganzen Breite, dann wird deutlich, dass Protestanten schon früh die Herausforderungen der jungen Bundesrepublik annahmen. Zum einen bemühten sie sich um eine angemessene Gesellschaftsgestaltung gerade auch unter den neuen politischen Rahmenbedingungen. Zum anderen verstanden sie die Herausforderungen aber auch als Aufgabe zum eigenen, inneren Umbau des Protestantismus. Die teilnehmende Zeitgenossenschaft von Protestanten bedeutete zugleich, die eigene Selbstumbildung voranzutreiben als auch, sich auf die Bedingungen gesellschaftlicher Modernisierung einzustellen. Entsprechende Überlegungen in der Nachfolge der Barmer Theologischen Erklärung, insbesondere deren Ablehnung des Staates als göttlicher Ordnung zugunsten eines funktionalen Staatsverständnisses, aber auch die Überlegungen von Dietrich Bonhoeffer und Karl Barth zu den ethischen Grenzfällen traten zwar zunächst in den Hintergrund, bildeten aber dennoch ein Theoriereservoir, auf das diejenigen Akteure, die sich in den 1960er Jahren für den Wandel der Gesellschaft engagieren, zurückgreifen konnten.

2. Wertet man diese Beobachtungen nun in einem stärker systematisierenden

Zugriff aus, so lässt sich festhalten, dass der Protestantismus in den ethischen Debatten der Bundesrepublik durch ein charakteristisches Ineinander von drei Dimensionen gekennzeichnet ist: Alle Akteure verstehen sich persönlich als Repräsentanten des Protestantismus; sie nehmen für sich in Anspruch, jeweils das Protestantische in den entsprechenden Foren, Debatten und Auseinandersetzungen zu artikulieren. Dabei agieren sie zwar keineswegs einfach auf eigene Rechnung, möchten aber auch nicht kirchlich vereinnahmt werden. Sie verstehen ihr Handeln als Konsequenz des eigenen Verhältnisses zur evangelischen Kirche, wobei es allerdings der je individuellen Ausdeutung, aber auch der eigenen Sozialisation überlassen bleibt, wo genau der entsprechende Bezugspunkt in der Kirchenorganisation gesehen wird. Solche Bezugspunkte können etwa aus einem konkreten Engagement innerhalb der Kirche resultieren, etwa bei Pfarrern, Mitgliedern der Kirchenleitung oder anderer kirchlicher Gremien. Sie können auf einer allgemeinen Akzeptanz der Kirche ebenso gegründet sein wie aus dem Gefühl der Zugehörigkeit zu einer Gemeinde und ihren verschiedenen Aktivitäten. Sie können auch aus der eigenen Biographie entstammen oder auf persönlichen Kontakten beruhen. In jedem Fall aber wird das eigene Handeln als Protestant oder Protestantin bezogen auf Praktiken und Sozialformen des kirchlichen Protestantismus, und zwar sowohl die Herkunft betreffend als auch in den angestrebten Umgestaltungen der Gesellschaft und des Protestantismus selbst.

Darüber hinaus zeigt die Analyse auch, dass die Akteure ihren Protestantismus stets mit einem Engagement für die Fragen der Gesellschaftspolitik verbinden. In dieser Form der politischen Zeitgenossenschaft drückt sich für sie protestantisches Engagement aus – ein Befund, der aufgrund der viel beschriebenen lutherischen Innerlichkeit und der Selbstreferenzialität von Kirche und Theologie im Kirchenkampf keineswegs als selbstverständlich gelten kann. Im Nachkriegsprotestantismus dominiert die Überzeugung, dass gerade das Protestantische immer auch Verantwortungsübernahme für die politische Gestaltung des Gemeinwesens bedeutet. Dabei kann sich dieses Engagement durchaus mit einem elitären, im Grunde undemokratischen Gestus der stellvertretenden Meinungsbildung und der stärkeren, weil theologischen Autorisierung der eigenen Position verbinden. Faktisch indessen werden die entsprechenden Anmaßungen schnell durch den innerprotestantischen, aber auch durch den innergesellschaftlichen Pluralismus abgeschliffen. Die Integration der Protestanten in das Parteienwesen spielt hier eine wesentliche Rolle: Gerade das Interesse, an der politischen Gestaltung der Gesellschaft mitzuwirken, führte dazu, dass sie sich den Mechanismen des politischen Systems unterwerfen mussten.

Zeichnet man diese Überlegungen in die Geschichte evangelischer Gesellschaftstheorie ein, so zeigen sich Kontinuitäten sowie Diskontinuitäten und es werden die Konturen einer Theorie des bundesdeutschen Nachkriegsprotestantismus deutlicher. Denn dabei zeigt sich, dass die Unterscheidung von drei Dimensionen des Christseins eine grundlegende Figur des evangelischen Christentums darstellt und zugleich ihre konkrete Ausgestaltung dem Protestantismus unterschiedlicher Zeiten und Spielarten seine je eigene Prägung verleiht. So bestimmen in Aufnahme antiker und mittelalterlicher Vorstellungen die altprotestantischen Dogmatiker das evangelische Verständnis der Kirche – und damit der Gesellschaft – als das Zusammenwirken von drei Grundbereichen oder Ständen, nämlich dem *status ecclesiasticus,* dem *status politicus* und dem *status oeconomicus.* Dabei legen sie in Abgrenzung zur römischen Tradition besonderen Wert auf die Gleichursprünglichkeit der drei Stände und stellen zudem heraus, das jeder einzelne Christ sich zugleich in mehreren Ständen befindet und diese drei Stände gemeinsam die Kirche ausmachen. Die Figur der Unterscheidung und differenzierten Zuordnung der drei Teilbereiche der einen Kirche findet sich sodann in unterschiedlicher Ausprägung und in unterschiedlichen Auswirkungen immer wieder als Grundlage für eine Theorie des Protestantismus. Der Egalitätsgedanke der Aufklärung konnte die Bedeutung dieser Unterscheidung nicht dauerhaft schmälern, allerdings trug er maßgeblich dazu bei, dass die hierarchisierenden Tendenzen sowie vor allem auch die Abwertung des *status oeconomicus,* die der klassischen Dreiständelehre innewohnte, für das 19. und 20. Jahrhundert nicht mehr gangbar oder doch zumindest in hohem Maße legitimationsbedürftig erschienen. Dennoch knüpften so unterschiedliche Theoretiker wie Georg Wilhelm Friedrich Hegel und Friedrich Schleiermacher, wenn auch mit Modifikationen, an diese Theoriefigur an; sie findet sich, stets mit Erweiterungen und unterschiedlichen Akzentsetzungen, im konfessionellen Luthertum, bei Johann Hinrich Wichern, aber auch bei Dietrich Bonhoeffer und Werner Elert. Auch Dietrich Rösslers Unterscheidung von privatem, kirchlichem und öffentlichem Christentum ist erkennbar von den Leitunterscheidungen der Dreiständelehre inspiriert.

Vor diesem Hintergrund spricht vieles dafür, auch den bundesdeutschen Nachkriegsprotestantismus unter Zuhilfenahme dieser Kategorien zu beschreiben. Das schließt es aber gerade ein, zugleich auf die Diskontinuitäten zu den vorangegangenen Bestimmungen aufmerksam zu machen. In einem so ansetzenden ersten Versuch einer Theorie des bundesdeutschen Nachkriegsprotestantismus würde dann gelten: Grundsätzlich sind protestantische Akteure als Protestanten dadurch gekennzeichnet und daran erkennbar, dass sie – in dem eben genannten Sinne – in ihrem Handeln stets einen Bezug zur Kirche und zur Sphäre des Politischen mitführen. Anders als das jedoch in der Tradition behauptet wurde, sind diese drei Sphären nicht als gottgegebene und damit auch invariante Anordnungen Gottes zu verstehen, sondern es handelt sich um diejenigen Teilbereiche der Gesellschaft, in denen sich das eigene Christsein ausprägt und auswirkt. Das bedeutet zugleich, dass der Zugang zur protestantischen Form des Christsein stets über den Einzelnen erfolgt – entsprechend der oben erwähnten Einsicht, dass der Protestantismus immer nur in der Gestalt protestantischer Akteure gesellschaftlich wirksam wird: Der Einzelne ist es, der das Spezifische seines Kirchenbezugs definiert; er ist es auch, der diese protestantische Haltung in die politische Meinungsbildung und in die politische Entscheidung überführt. Dem entspricht nicht nur die oben bereits diagnostizierte schwache Bezugnahme auf die Theologie – sie kann nur in den Blick geraten, wenn sie in ihren eigenen Diskursen für eine solche individuelle Haltung fruchtbar gemacht werden kann. Dies dürfte für die Theologie Karl Barths, die einen zwar durch die christliche Gemeinde vermittelten, letztlich aber vom Einzelnen im Glauben wahrgenommenen situationsethischen Entscheidungsindividualismus vertrat, sehr viel mehr der Fall gewesen sein als für andere theologisch-ethische Konzeptionen. Dem entspricht aber auch die Anerkennung einer wechselseitiger Selbstständigkeit von Kirche und Staat, bei der es aufgrund der weltanschaulichen Neutralität des Staates und der verfassungsrechtlichen Anerkennung der Religionsfreiheit keine direkten institutionellen Einflussnahmen geben kann. Nur in Gestalt der entsprechenden Akteure ist eine solche Verbindung denkbar.

Komplementär zu dieser Zentralstellung des Einzelnen ist aber auch charakteristisch, dass die Artikulation des Protestantischen sich nie nur auf eine abgekapselte fromme Individualität beschränkt, sondern die Bezüge zur Kirche und zur Gesellschaftspolitik stets zugleich zum Ausdruck bringt. Folgt man diesen grundsätzlichen Erwägungen, so ergeben sich daraus weitere Schlussfolgerungen für eine Bestimmung des Nachkriegsprotestantismus im Blick auf die sozialen Erscheinungsformen des Protestantismus, im Blick auf die protestantischen Akteure und im Blick auf die Fundierung ethischer Positionen des Protestantismus in der Nachkriegszeit.

a) Zu den sozialen Erscheinungsformen des Protestantismus: Der Protestantismus der Nachkriegszeit kann erstens als diejenige Form des Christentums verstanden werden, die, ausgehend von dem persönlichen Christsein, diese drei Dimensionen gleichermaßen und in relativer Gleichberechtigung präsent hält. Das bedeutet, dass eine je dominante Dimension stets durch die andern beiden korrigierend ergänzt werden muss: Der individuelle Protestantismus durch den Bezug zu den Sozialformen und Praktiken des kirchlichen Protestantismus; ein vorrangig auf die Kirchenorganisation und deren Selbstverständnis – einschließlich einer entsprechenden Theologie – konzentrierter Protestantismus durch den individuellen und auch den gesellschaftlichen Protestantismus; ein Protestantismus, der sich vorrangig auf die Fragen der Gesellschaftsgestaltung konzentriert, durch die individuelle und kirchliche Dimension. In diesem Sinne kann man sprechen von der Verschränktheit eines kirchlichen, eines gesellschaftspolitischen und eines individuellen Protestantismus in der Bundesrepublik, die sich in unterschiedlichen Mischungsverhältnissen der drei Größen realisiert.

Wichtig erscheint dabei, dass es sich bei diesen drei Dimensionen nicht um festgefügte Sozialformen handelt. Für den kirchlichen Protestantismus ist dies bereits ausgeführt worden. Entscheidend ist in diesem Zusammenhang nur der allgemeine Bezug zu dieser kirchlichen Dimension, in welcher Form auch immer er zu stehen kommt – sei es als Rekurs auf einen generell kirchlichen Protestantismus, der die christlich-kirchliche Symbolsprache präsent hält, auf einen Verlautbarungsprotestantismus, auf einen landeskirchlichen oder auch auf einen gemeindlichen Protestantismus einschließlich der vielen Phänomene, die zu diesem gerechnet werden müssen. – Für den gesellschaftspolitischen Protestantismus stellt sich die Frage auf der einen Seite komplizierter, auf der anderen Seite aber auch einfacher dar. Ungeachtet der in den letzten Jahren stärker geführten Debatte um das zivilgesellschaftliche Engagement lässt sich die gesellschaftspolitische Dimension des Protestantismus begreifen als Aktivitäten, die durch politischen Entscheidungsbedarf induziert werden. Im Unterschied zu manchen Charakterisierungen des öffentlichen Protestantismus sollten dagegen die Erscheinungsformen protestantischer Kulturpraxis nicht zu diesem Bereich gerechnet werden, sondern dürften sich bei näherem Hinsehen viel besser als besondere Ausformungen von Interessen des kirchlichen oder individuellen Protestantismus verstehen lassen. – Als individueller Protestantismus schließlich können all diejenigen Ausdrucksgestalten protestantischer Religiosität verstanden werden, die an einzelne Personen gebunden sind in dem Sinne, dass die spezifische Form der Protestantizität ihrer Lebenseinstellung, Lebenshaltung oder Lebensführung als individueller Ausdruck erscheint und weder von den Akteuren selbst noch von anderen mit dem Anspruch allgemeiner Verbindlichkeit versehen wird. Das bedeutet zugleich, dass – wie jede Form des individuellen Protestantismus immer nur die subjektive Form der Bezugnahme auf den kirchlichen Protestantismus sein kann – alle möglichen Einflussnahmen des individuellen Protestantismus auf die Sphäre des Politischen immer nur als vermittelte Einflussnahmen zu stehen kommen können, so nämlich, dass das spezifisch protestantische Element immer auch im Sinne einer allgemeinverbindlichen Norm formuliert werden kann. Besonders diese Übersetzungsleistungen sind vor dem Hintergrund einer sich seit 1949 beständig pluralisierenden Gesellschaft anspruchsvoller geworden. Diese letzten Überlegungen lenken zugleich den Blick auf eine zweite, die protestantischen Akteure betreffende Schlussfolgerung.

b) Zu den protestantischen Akteuren: Die Unterscheidung der drei Dimensionen, in denen sich der Protestantismus artikuliert, hilft zum Verständnis unterschiedlicher, auf den ersten Blick nur schwer in Verbindung zu bringender Präsenzen individueller und überindividueller protestantischer Akteure. So sehr sie sich als Protestanten durch das Beieinander der drei genannten Dimensionen beschreiben lassen, so sehr identifizieren sie die jeweils unterschiedlichen Dominanzen der kirchlichen, gesellschaftspolitischen oder der individuellen Dimension in ihren je unterschiedlichen Aktionsformen, Interessen und Präferenzen. So erscheinen unterschiedliche Personen, ja sogar überindividuelle Akteure darin verbunden und miteinander trotz aller Differenzen vermittelbar, dass in ihnen jenes kirchliche, gesellschaftspolitische und individualbezogene Interesse zwar in unterschiedlicher Gewichtung erscheint, jedoch alle drei Dimension stets präsent sind: Hier lassen sich nicht nur Einzelne wie zum Beispiel Gustav Heinemann, Hermann Ehlers oder auch Theophil Wurm einordnen, sondern auch Organe wie etwa die Lutherischen Monatshefte, der Evangelische Kirchbautag oder die Arbeitsgemeinschaft der evangelischen Jugend.

c) Zur Fundierung ethischer Positionen des Protestantismus in der Nachkriegszeit: Schließlich lassen sich mit Hilfe der Unterscheidung von kirchlichem, individuellem und öffentlichem Protestantismus drei Typen der Fundierung ethischer Positionen im Nachkriegsprotestantismus ausmachen, die in der hier vorgestellten Perspektive als grundsätzlich gleichberechtigt nebeneinander stehen können. Zugleich aber werden auch die Unzulänglichkeiten der einzelnen Perspektiven deutlich, wenn nämlich nach den jeweils unterbelichteten Dimensionen in den jeweiligen Konzepten gefragt wird. Diese drei Typen unterscheiden sich durch die je unterschiedlich starke Ausprägung der drei genannten Dimensionen: Ein *erster* Typ ist ein eher »kirchlicher Protestantismus« – idealtypisch sind hier Heinz Eduard Tödt und seine Schüler zu nennen. Er legt das Augenmerk auf den Bezug zur Kirche, sodass dann der Bezug zur Gesellschaftspolitik über das Agieren der Kirche selbst geschehen soll. Figuren wie das »Wächteramt der Kirche« oder eine sich einmischende Kirche, die als eigenständiger, zivilgesellschaftlicher Akteur im Dialog mit der Gesellschaft steht, sind weitere Ausformungen dieses Typs. Problematisch erscheint daran, dass hier tendenziell die Dimension des individuell getragenen Protestantismus zu wenig in den Blick geraten kann und dass eine direkte Vermittlung zwischen Kirche und Politik erfolgen soll. Ein *zweiter* Typus lässt sich dort ausmachen, wo, wie etwa bei Dorothee Sölle oder auch bei Helmut Gollwitzer, explizit die Konzentration des evangelischen Glaubens auf die individuelle Existenz und damit auf das persönliche Christentum kritisiert wird. Dementsprechend favorisieren die Vertreter dieser Position, zu denen etwa auch Ernst Lange zu zählen wäre, die unmittelbare politische Aktion, neigen jedoch zu einem Drang nach Eindeutigkeit, der die individuellen Aneignungsformen vernachlässigt und zudem – wie in der Praxis des politischen Nachtgebets – die politische und die kirchliche Dimension nicht adäquat voneinander abgrenzt. Der von Theoretikern wie Heinz-Dietrich Wendland und seiner Schule vertretene *dritte* Typus geht dagegen von der Autonomie des Subjekts aus und legiert diesen Gedanken mit dem Begriff der Freiheit. Tendenziell läuft dieser Typus freilich Gefahr, zugunsten einer Individualfrömmigkeit den Bezug zu den kirchlichen Praktiken und Sozialformen zu gering zu achten.

So sehr die Bestimmung des Nachkriegsprotestantismus als das je spezifische Mischungsverhältnis zwischen einer individuellen, einer kirchlichen und einer gesellschaftspolitischen Dimension des Christseins, das vom individuellen Christentum ausgeht, die beiden anderen Dimensionen aber möglichst gleichberechtigt mitführt, zu einer präziseren Analyse führt und damit auch für einer ersten Annäherung an eine normative Theorie des Protestantismus fruchtbar gemacht werden kann, so sehr ist doch abschließend auch darauf hinzuweisen, dass die konkreten Inhalte eines so bestimmten protestantischen Engagements nun erst genauer bestimmt werden müssten. Es spricht aber vieles dafür, dass sich Lebensformen ebenso genau dadurch als protestantisch beschreiben lassen, dass sie alle drei Dimensionen des Protestantismus mitführen. So wäre etwa, um nur ein erstes Beispiel zu skizzieren, im Blick auf die Lebensform Ehe festzuhalten, dass sich hier die individuelle Zustimmung, kirchliche Trauung und die Rechtsförmigkeit der Ehe miteinander verbinden müssten. Diese Struktur auf weitere Lebensformen und Problemfelder zu übertragen, dabei stets sowohl die Dimension individueller Aneignung und Freiheit, den Bezug auf kirchliche Praktiken und Sozialformen sowie auf den Bereich des Politischen mitzuführen, wäre von an diese ersten Überlegungen anschließenden Erwägungen deskriptiv mit Blick auf den Weg des Protestantismus zwischen 1949 und 1989 aufzuweisen und dann auch normativ für eine Theorie des gegenwärtigen Protestantismus zu entwerfen. Eine solche Theorie könnte dann, unter Berücksichtigung des fortschreitenden gesellschaftlichen Wandels, erneut zur Grundlage der Bestimmung gegenwärtiger protestantischer Lebensformen werden.

Autorenverzeichnis

Alle Autoren und Autorinnen sind Mitglieder der DFG-Forschergruppe 1765 »Der Protestantismus in den ethischen Debatten der Bundesrepublik Deutschland 1949–1989«, die in München und Göttingen angesiedelt ist und im Mai 2013 ihre Arbeit aufgenommen hat.

CHRISTIAN ALBRECHT, geb. 1961, ist Professor für Praktische Theologie an der Universität München, Sprecher der Forschergruppe und Leiter des Teilprojekts *Protestantische Kommunikationsformen*

REINER ANSELM, geb. 1965, ist Professor für Systematische Theologie und Ethik an der Universität München, stellvertretender Sprecher der Forschergruppe und Leiter des Teilprojekts *Individualisierungsprozesse als Referenzpunkt theologisch-ethischer Theoriebildung*

ANDREAS BUSCH, geb. 1962, ist Professor für Vergleichende Politikwissenschaft und Politische Ökonomie an der Universität Göttingen und Leiter des Teilprojekts *Politische Mitwirkung*

STEFAN FUCHS, geb. 1985, ist Mitarbeiter im Teilprojekt *Politische Mitwirkung*

HANS MICHAEL HEINIG, geb. 1971, ist Professor für Öffentliches Recht, insbesondere Kirchenrecht und Staatskirchenrecht an der Universität Göttingen und Leiter des Teilprojekts *Protestantische Vorstellungen demokratischer Rechtserzeugung*

SABRINA HOPPE, geb. 1985, ist Mitarbeiterin im Teilprojekt *Protestantische Kommunikationsformen*

SARAH JÄGER, geb. 1985, ist Mitarbeiterin im Teilprojekt *Individualisierungsprozesse als Referenzpunkt theologisch-ethischer Theoriebildung*

GEORG KALINNA, geb. 1988, ist Mitarbeiter im Teilprojekt *Die bundesrepublikanische Gesellschaft im Spiegel der theologischen Ethik*

CHRISTIANE KULLER, geb. 1970, ist Professorin für Neuere Geschichte, Zeitgeschichte und Geschichtsdidaktik an der Universität Erfurt und Leiterin des Teilprojekts *Der Protestantismus und die Debatten um den deutschen Sozialstaat*

MARTIN LAUBE, geb. 1965, ist Professor für Systematische Theologie an der Universität Göttingen und Leiter des Teilprojekts *Die bundesrepublikanische Gesellschaft im Spiegel der theologischen Ethik*

CLAUDIA LEPP, geb. 1965, ist Leiterin der Forschungsstelle für Kirchliche Zeitgeschichte der Evangelischen Kirche in Deutschland mit Sitz an der Evangelisch-theologischen Fakultät der Universität München und Leiterin des Teilprojekts *Der Protestantismus und die Fragen nach gesellschaftlicher Integration und nationaler Identität*

HENDRIK MEYER-MAGISTER, geb. 1982, ist Mitarbeiter im Teilprojekt *Individualisierungsprozesse als Referenzpunkt theologisch-ethischer Theoriebildung*

TERESA SCHALL, geb. 1986, ist Mitarbeiterin im Teilprojekt *Protestantische Kommunikationsformen*

TOBIAS SCHIEDER, geb. 1986, ist Mitarbeiter im Teilprojekt *Protestantische Vorstellungen demokratischer Rechtserzeugung*

PHILIPP STOLTZ, geb. 1983, ist Mitarbeiter im Teilprojekt *Protestantische Kommunikationsformen*

FELIX TEUCHERT, geb. 1986, ist Mitarbeiter im Teilprojekt *Der Protestantismus und die Fragen nach gesellschaftlicher Integration und nationaler Identität*

Personenregister

Abendroth, Wolfgang 49
Abromeit, Heidrun 18 f., 122, 131
Ackermann, Dirck 335
Ackermann, Volker 66
Adam, Alfred 339 f.
Adenauer, Konrad 56, 137 f., 143, 359
Adorno, Theodor W. 314
Albertz, Heinrich 32, 44, 191–197, 219
Albrecht, Christian 9, 122, 125, 204 f., 235, 292
Alemann, Ulrich von 42
Almond, Gabriel A. 25, 123
Althaus, Paul 42, 48, 97, 302
Amschl, Hannes 310
Anders, Marga 295
Anderson, John 23
Angermair, Rupert 158, 160 f., 164
Anselm, Reiner 10, 39, 41, 100, 115, 128, 204 f., 301, 319, 328, 332, 335
Arikan, Gizem 23
Arndt, Adolf 155, 163–165, 167 f.
Arndt, Claus 163
Arndt, Paul 211
Arnold, Eberhard 209 f.
Arnot, Alexander 156, 165
Asmussen, Hans 58, 352
Assmann, Aleida 66, 68

Bach, Ernst 139
Bachmann, Jürgen 203
Bachmann, Siegfried 280
Backmann, Leonard E. 153, 166
Bärsch, Jürgen 218
Bahr, Hans-Eckehard 265
Bamberger, Richard 310
Bannach, Horst 86, 228
Barczay, Gyula 313 f.
Bartels, Friedrich 186
Barth, Helmut 374
Barth, Hermann 77

Barth, Karl 42 f., 51, 97–99, 105, 107, 112–117, 159, 210, 229, 274, 302, 371, 377, 383, 389, 392
Barth, Ulrich 202
Bartning, Otto 92–94, 276, 289
Bastian, Hans Dieter 236, 260, 262 f.
Bauder, Samuel 228
Bauer, Fritz 48, 157, 159, 161 f., 165–167, 314
Bauer, Gisa 124, 295
Bauer, Walter 347 f., 350
Bauer-Tornack, Günther 46
Baumgarten, Paul 285
Bayer, Hermann-Wilfried 49
Bayer, Karen 176
Bebel, August 30
Becher, Ursula A. J. 303
Beck, Ulrich 95 f., 98 f., 101, 295–298, 303–305, 308, 313, 320, 323 f., 328–334, 343, 364, 366 f.
Beck-Gernsheim, Elisabeth 297 f., 302 f., 305, 329–331
Becker, Josef 198
Becker, Walter 309, 313
Beckmann, Heinz 352
Beckmann, Joachim 70, 115, 203, 208, 308, 347, 349, 351–353, 355–360
Beer, Mathias 66, 69, 169 f.
Beer, Ursula 299
Behr, Hartmut 18
Benda, Ernst 49
Bender, Gunnar 133
Bennett, John C. 215, 231
Bent, Ans J. van der 110
Benz, Wolfgang 301
Berg-Schlosser, Dirk 74
Berger, Peter A. 308
Bergman, Ingmar 316
Bernhard, Patrick 335–337
Besier, Gerhard 112, 130, 136–138

Besson, Waldemar 244–246, 248–259, 263
Bethge, Herbert 50
Beyme, Klaus von 17, 19, 123, 249
Bielefeldt, Heiner 16
Bienert, Walther 340
Bildt, Eva 211
Binder, Hans-Georg 134
Bismarck, Herbert von 171, 196
Bismarck, Klaus von 86, 224, 228, 231, 327, 341, 345, 347
Blank, Theodor 150, 348
Bleek, Wilhelm 382
Bloch, Ernst 113
Block, Detlev 245
Bloom, Pazit Ben-Nun 23
Blücher, Franz 348
Blühdorn, Jürgen 338
Blüm, Norbert 56
Blum, Emil 209 f., 212
Blume, Werner 48
Blumenberg, Hans 278
Blumenberg-Lampe, Christine 216
Bock, Hans-Manfred 201 f.
Bock, Wolfgang 46
Bockermann, Dirk 42
Böckenförde, Christoph 49
Böckenförde, Ernst-Wolfgang 43, 337
Bögenhold, Dieter 205
Böhler, Wilhelm 128 f.
Boehm, Max Hildebert 192
Böhm, Franz 53, 61, 216
Boehm, Max Hildebert 192
Böhme, Wolfgang 265, 267 f., 284 f., 287, 291
Börner, Bodo 49
Bösch, Frank 88–90, 237, 266, 306, 315
Böschen, Stefan 333 f.
Bohn, Jochen 265
Bohren, Rudolf 261
Bohrmann, Thomas 265
Bolaffi, Angelo 101
Bonhoeffer, Dietrich 107, 215 f., 272, 275, 291, 389, 391
Bonß, Wolfgang 332
Borscheid, Peter 325
Bourdieu, Pierre 207
Bovet, Theodor 307
Boyens, Armin 40, 134
Boyer, Christoph 206

Brakelmann, Günter 32, 42, 88, 115, 202, 216, 374
Brandes, Detlef 66
Brandt, Willy 121, 134, 238, 249, 372
Braun, Gustav 73
Brehm, Thomas 30
Breitsohl, Erich 226
Breitsohl, Theo 226
Brelie-Lewien, Doris von der 70
Brennecke, Hanns Christof 277
Brentano, Heinrich von 142
Brinkmann, Gert Ulrich 108 f.
Brocker, Manfred 18, 43
Broughton, David 20
Brown, Helen Gurley 312
Bruce, Steve 15, 23
Bruch, Rüdiger vom 213 f.
Brück, Gregor 372
Brües, Otto 311
Brug, Wouter van der 21, 34
Brummack, Carl 71
Brunner, Emil 302
Brunotte, Heinz 46, 178, 353
Brunstäd, Friedrich 224
Buber, Martin 272
Buchna, Kristian 128–132, 135
Buchstädt, Diethard 114
Budde, Gunilla-Friederike 300
Budge, Ian 27
Bühler, Karl Werner 235
Bürgel, Rainer 92, 289
Bultmann, Rudolf 374
Burghardt, Kirsten 315
Burnotte, Heinz 356
Busch, Andreas 9, 121 f., 124, 129, 170
Busemann, Adolf 299

Callies, Rolf-Peter 108
Calvin, Johannes 158
Campenhausen, Axel von 45
Casanova, José 15, 34
Castles, Francis G. 33
Childress, James F. 50, 149, 151
Chong-Hun, Joeng 43
Christ, Herbert 24
Christoph, Joachim E. 77
Christophersen, Alf 215, 292
Churchill, Winston 154
Ciezki, Norman 335, 337 f.
Cillien, Adolf 139 f.
Claas, Herbert 211

Claessen, Herbert 125
Claussen, Wilhelm 59
Clements, Leslie 322
Coing, Helmut 150
Comfort, Alex 312 f.
Conrad, Christoph 54
Conrads, Ulrich 265, 270
Conze, Eckart 3
Cook, Michael 36
Cox, Harvey 275
Crönert, Heinz 284, 286 f.
Czada, Roland 31, 36
Czerwick, Edwin 123

Dahlhaus, Horst 221
Dahrendorf, Ralf 204, 330
Damberg, Wilhelm 88, 278
Daniélou, Jean 112
Dannenmann, Arnold 226
Daur, Martin 45
Degele, Nina 308
Dehn, Günther 209 f., 219, 229
Dejung, Karl-Heinz 216, 269, 274 f., 281
Delekat, Friedrich 216, 344 f.
Determann, Barbara 302
Dibelius, Otto 43, 48, 56, 107, 114, 116, 184, 355, 358, 369–374, 376 f., 379–381
Diers, Gerd 221
Dietze, Constantin von 58, 215–217, 349–352, 357 f., 361
Dietzel, Stefan 175
Dietzfelbinger, Hermann 319
Dirksen, Hans-Hermann 336
Djupe, Paul A. 34
Doehring, Karl 49
Dönhoff, Marion Gräfin 204
Dörfler-Dierken, Angelika 40
Doering-Manteuffel, Anselm 55, 114, 128, 229, 278, 335
Dombois, Hans 45, 49, 108, 116, 381
Donath, Martin 199, 221 f., 224 f., 231
Dowe, Dieter 30
Dreier, Horst 39, 43, 278
Dreier, Ralf 46 f.
Duchrow, Ulrich 336, 362
Dümling, Bianca 74
Dünne, Jörg 266
Dürig, Günther 153
Düring, Marten 206
Dulles, John F. 112
Durchrow, Ulrich 111

Durkheim, Émile 333
Durth, K. Rüdiger 253, 263 f.

Easton, David 25, 123
Ebeling, Gerhard 337
Eberl, Oliver 59
Echternacht, Hans 219
Egen, Peter 29, 136–139, 229
Ehlen, Nikolaus 208
Ehlers, Dirk 46
Ehlers, Hermann 32, 138–140, 142, 394
Ehmann, Reinhard 111
Eichele, Erich 241–243, 313
Eichmann, Adolf 157 f.
Eisele, Jörg 160
Elert, Werner 42, 302, 391
Elff, Martin 20
Elias, Norbert 257
Ellis, Albert 312
Ellwein, Thomas 17, 20, 24, 31
Elsässer, Martin 277 f.
Enders, Christoph 49
Endruweit, Günter 367
Epping, Volker 153
Eppler, Erhard 30, 44
Erli, Peter 22
Ermecke, Gustav 164
Erne, Thomas 276
Erpel, Otto 209
Esping-Andersen, Gøsta 21, 57
Eucken, Walter 215–217

Faber, Richard 201
Falter, Jürgen W. 20
Fechner, Rolf 211
Fehr, Hans 149, 153
Fehrenbach, Heide 314
Fenstermaker Berg, Sarah 303
Fergusson, David 159
Ferretti, Alessandra 336 f.
Fetscher, Iring 112
Feuerbach, Ludwig 29
Fiedler, Nike 291
Findeisen, Marlies 237
Fisahn, Andreas 49
Fisch, Stefan 172
Fischer, Hans Gerhard 114, 370
Fischer, Johannes 100
Fischer, Karsten 23
Fischer, Manfred 265, 267
Fischer, Martin 86, 228

Fitschen, Klaus 25, 110, 202
Fix, Birgit 22
Fix, Elisabeth 22
Fleischer, Julia 185
Flemming, Georg 209
Flemming, Thomas 32
Fletcher, Joseph 99
Flora, Peter 23
Flückiger, Felix 287
Föcking, Friederike 57, 61
Fogarty, Michael P. 40
Folkers, Horst 46
Forndran, Erhard 41
Forst, Willi 315
Fox, Jonathan 24, 34
François, Etienne 69
Frank, Wolfgang 323
Franke, Bettina 221
Franke, Klaus 321
Frankenberg, Günther 49
Franßen, Everhardt 49
Frei, Norbert 89 f., 306
Freigang, Christian 266
Freund, Annegret 337
Frevert, Ute 301
Frey, Timotheos 29
Friedensburg, Ferdinand 380
Friedrich, Norbert 21, 32, 53, 58, 61, 87, 170, 194, 197, 202, 213, 216, 239, 267, 374
Friedrichs, Jürgen 304, 329
Friese, Heidrun 66
Friesenhahn, Ernst 128
Frings, Joseph Kardinal 128
Fuchs, Stefan 10, 60, 79, 170

Gablentz, Otto Heinrich von der 372
Gabriel, Karl 22
Gailus, Manfred 36, 175
Gallus, Alexander 198
Gallus, Manfred 36
Gauly, Thopmas M. 128
Gebhardt, Elisabeth 99
Geisendörfer, Robert 236
Geisss, Imanuel 40
Gerhardt, Uta 176, 221
Germann, Michael 47
Gerst, Wilhelm Karl 359
Gerstenmaier, Eugen 32, 44, 59, 140, 159, 188, 194, 214, 219, 228, 347 f.
Gestrich, Christof 43

Geyer, Martin H. 56
Giddens, Anthony 333
Giesen, Heinrich 225 f.
Gilbert, Christopher P. 34
Gillner, Matthias 335, 364
Girgensohn, Herbert 71, 196
Glotz, Peter 49
Gnad, Oliver 33
Gniss, Daniela 59
Görisch, Cristoph 50
Görtemaker, Manfred 3
Gogarten, Friedrich 277
Gollwitzer, Helmut 43, 113, 210 f., 230, 345, 347, 349, 352, 356, 358, 394
Graf, Friedrich Wilhelm 15, 22 f., 39 f., 43, 51, 125, 210, 277, 337, 383
Granovetter, Mark S. 203, 206
Grebing, Helga 21, 30, 53, 70, 194
Greeven, Heinrich 224
Greschat, Martin 25, 40, 70, 80, 114, 116, 137, 142, 171, 268, 278, 339, 369
Grewe, Wilhelm 49
Groeger, Guido N. 320
Großbölting, Thomas 16, 261
Große Kracht, Klaus 15
Großmann, Andreas 49
Grotz, Florian 183
Grundmann, Siegfried 45 f., 48, 267
Grunewald, Michel 201 f.
Grzeszick, Bernd 153
Gülzow, Gerhard 71
Günther, Joachim 374
Gulbransson, Olaf 94
Guntau, Burkhard 125
Gurlitt, Cornelius 276

Haas, Reimund 218
Habermas, Jürgen 101
Häußling, Roger 87, 205 f., 227
Hahn, Eva 69 f.
Hahn, Hans-Henning 69 f.
Hahn, Wilhelm 140, 143
Hammelsbeck, Oskar 219, 229, 360
Hammer, Ulrike 302
Hammerich, Kurt 221
Hammerstein, Notker 211
Hampe, Johann Christoph 244–246, 248, 250–259
Hanke, Christian 40
Hannig, Nicolai 88, 235, 237, 261
Hanselmann, Johannes 126

Harms, Ludwig 259
Hartenstein, Gottfried 285 f., 291
Hasper, Joachim 361
Hassemer, Winfried 151
Hauschild, Wolf-Dieter 115
Hausen, Karin 299
Hauser, Susanne 266, 292
Hausmann, Paulus Andreas 336 f.
Haynes, Jeffrey 34
Heckel, Johannes 45, 159
Hegel, Georg Wilhelm Friedrich 391
Hehl, Christoph von 318
Heidingsfeld, Uwe-Peter 77
Heilfurth, Gerhard 224, 231
Heimann, Eduard 215
Heimerl, Daniela 145
Heinemann, Gustav 3, 30, 32 f., 44, 114, 137 f., 142, 219, 222, 228, 347, 349, 351 f., 354–357, 359, 394
Heinig, Hans Michael 9, 47
Held, Heinrich 218 f., 222, 224 f., 230 f., 348, 354–358
Held, Heinz Joachim 218
Held, Thomas 36
Henkelmann, Andreas 53, 61
Henkes, Christian 16
Henne, Thomas 151
Herbe, Daniel 152
Herbert, Karl 40
Herbert, Ulrich 5, 56, 80
Herbst, Wolfgang 245
Hering, Carl Josef 156
Hering, Rainer 25, 32, 59
Hermle, Siegfried 25, 202, 238, 322
Herms, Eilert 370
Herrmann, Wilhelm 202
Herzog, Dagmar 299, 306, 315, 325
Herzog, Roman 43, 72, 153
Hess, Werner 316
Heß, Werner 315
Hesse, Joachim Jens 17
Heun, Werner 130
Heuss, Theodor 154, 335 f., 349
Hey, Bernd 365
Heyde, Ludwig 213 f., 217, 224 f.
Heyer, Walther 270, 276, 289
Heyland, Carl 149, 153, 166
Hildebrandt, Mathias 18
Hildmann, Gerhard 155, 166
Hilgendorf, Eric 39
Hilger, Andreas 68

Hillgruber, Christian 153
Hippel, Ernst von 152, 166
Hirsch, Helga 68
Hirzel, Stephan 281
Hitler, Adolf 153, 156, 158, 161
Hitzler, Ronald 308, 331
Hobbes, Thomas 375
Hobolt, Sara B. 21
Hockerts, Hans Günter 59 f., 172, 197
Hodenberg, Christina von 325
Hodenberg, Hodo von 347
Hoekendijk, Johannes Christiaan 274
Hölscher, Lucian 88, 237, 266, 278, 315
Höpker, Wolfgang 143
Hörrmann, Martin 290
Hoeth, Lutz 349, 353
Hoffmann, Dierk 67, 176
Hofmann, Beate 64
Hohoff, Wilhelm 30
Hokema, Dorothea 269
Holl, Karl 337
Hollstein, Betina 205
Holste, Christine 201
Holtmann, Everhard 20, 31
Holzapfel, Friedrich 139, 142
Holzer, Boris 206, 332–334, 367
Holzinger, Lutz 310
Homann, Ursula 16
Honecker, Martin 44 f., 47, 49, 56, 114 f., 221
Honer, Anne 331
Hong, Haejung 208
Hoppe, Sabrina 11, 70, 145, 194 f., 197, 267, 274
Horáček, Heidi 298
Horn, Curt 276
Horn, Norbert 151, 277
Houldsworth Oldham, Joseph 215
Howe, Günter 362, 364
Hromádka, Josef L. 112
Huber, Wolfgang 39 f., 42, 49, 71, 115, 122, 194, 370
Hübner, Jörg 200, 202, 212, 216 f., 219, 221 f., 229
Hühnerbein, Hartmut 226
Hugo, Philipp von 314 f.
Huinink, Johannes 303
Huntington, Samuel P. 16
Hustedt, Thurid 185
Huster, Stefan 153
Hutten, Kurt 313, 325

Imboden, Max 49
Inacker, Michael J. 40, 114, 116 f., 129–132, 135, 369 f., 383
Inglehart, Ronald 23
Irmer, Franz 228
Isensee, Josef 49
Iwand, Hans Joachim 42, 48, 113, 158 f., 161, 164, 230, 355 f., 370, 373

Jäger, Sarah 11, 75 f., 97, 101, 167, 205, 233, 328
Jähnichen, Traugott 21 f., 32, 42, 53, 57 f., 61, 73 f., 87, 124, 170, 194, 197, 202, 213, 216, 219, 239, 267, 284, 374
Jänicke, Johannes 203
Jagodzinski, Wolfgang 20
Jahrreiß, Hermann 49
Jakobi, Tobias 22
Jambor, Walter 310
Jarausch, Konrad 300
Jasper, Gotthard 245, 248
Jehle-Wildberger, Marianne 214
Jeong, Chong-Hun 147
Jesus von Nazareth 246, 248, 388
Jochmann, Werner 40
Jörn, Erika 177
Johnsen, Hartmut 93, 265
Jordan, Jason 22
Jordan, Stefan 206
Jüllig, Carola 307 f.
Jüngel, Eberhard 43
Jüsten, Karl 129, 133, 135
Jüstens, Karl 135

Käßmann, Margot 239
Kaftan, Julius 202
Kaiser, Alexandra 313
Kaiser, Jochen-Christoph 40, 114, 116, 128, 194, 203, 278, 335
Kalinna, Georg 11, 116, 247, 339
Kalinna, Hermann E. 129, 133, 135
Kallmeyer, Lothar 265, 270, 289
Kalyvas, Stathis N. 29
Kaminsky, Uwe 53, 61, 74 f., 219
Kamleithner, Christa 266, 292
Kant, Immanuel 161
Karafillidis, Athanasios 227
Karrenberg, Friedrich 11, 86, 145, 199–234, 327, 341, 345
Katzenstein, Peter J. 24
Katzmann, Ewald 228

Kaufmann, Arthur 50, 151–153, 166
Kaufmann, Franz-Xaver 54, 57
Kaufmann, Thomas 175 f.
Kehlbreier, Dietmar 61
Keil, Siegfried 319, 322, 325
Keintzel, Brigitta 175
Keller, Adolf 214
Keppeler, Johannes 24, 122
Kern, Fritz 149
Kernbauer, Alois 175, 184
Kersbergen, Kees van 21, 53, 55, 63
Keyserlingk, Linda 206
Kierkegaard, Søren 187
Kiesel, Doron 302
Kieserling, André 332, 367
Kindhäuser, Urs 157
Kirchheimer, Otto 31
Kittel, Manfred 70, 72
Klatt, Hans-Gerhard 216, 269, 274 f., 281
Klaus, Bernhard 89
Klein, Hans Hugo 49
Klein, Markus 20
Klein, Michael 44, 203, 222
Klein, Viola 305
Kleinfeld, Ralf 133
Kleßmann, Christoph 198
Kliefoth, Theodor 97
Klingemann, Carsten 176, 211
Klotzbach, Kurt 30
Kneip, Sascha 16
Kniep, Jürgen 310, 314 f.
Knuth, Hans Christian 115
Koch, Burkhard 50
Koch, Dieter 43
Koch, Erich 130
Koehn, Hermann-Ulrich 220
Koenig, Matthias 18
Kösters, Christoph 122
Kohli, Martin 305
Konrad, Dietmar 46 f.
Korotin, Ilse 175
Korte, Hermann 301
Kossert, Andreas 193 f.
Kraft, Waldemar 171, 196
Kranemann, Benedikt 73
Kratzer, Nick 333 f.
Kraus, Hans-Christof 201
Kraus, Herbert 154, 158, 160–162
Krauss, Marita 67, 176, 189
Kreck, Walter 42, 113
Kreckel, Reinhard 207, 295, 329

Personenregister

Krempel, Lothar 206
Kröger, Klaus 49
Kröger, Wolfgang 111
Kron, Thomas 298
Krummacher, Friedrich-Wilhelm 348 f.
Kruska, Harald 74
Kubbig, Bernd W. 364
Kubitza, Heinz-Werner 208
Kuby, Hellmut 287 f.
Künneth, Walter 116 f., 159 f., 164 f., 224, 342 f., 347, 352, 370
Kuessner, Dietrich 159
Kuhlemann, Franz-Michael 365, 367
Kuller, Christiane 9, 62, 64, 75, 189, 193, 304
Kunst, Hermann 86, 128–132, 134 f., 147, 267, 355
Kunter, Katharina 40, 53, 61
Kunze, Johannes 194

Lambrecht, Ronald 71
Lammers, Karl Christian 80, 301
Lampe, Adolf 216
Landau, Peter 46
Landsberg, Ludwig 72
Lange, Dietz 47
Lange, Ernst 260 f., 275, 394
Langguth, Gerhard 145
Langhorst, Peter 21
Langmaack, Gerhard 92
Lash, Scott 333
Laube, Martin 10
Laver, Michael 27
Lawrence, David Herbert 312
Le Corbusier 292
Lehmann, Hartmut 36, 175
Lehr, Robert 157
Leisering, Lutz 330 f.
Lemberg, Eugen 197
Lepp, Claudia 9, 25, 40, 114, 125, 169, 238, 322, 339, 361, 366
Lessenich, Stephan 54
Ley, Katharina 305
Liedhegener, Antonius 16, 18, 34, 121–123
Liermann, Hans 45 f.
Lilje, Hanns 75, 142 f., 171–173, 175–177, 179 f., 183 f., 186–189, 192–196, 226, 228, 371
Lillich, Henry 356
Lindemann, Gerhard 112

Link, Christoph 46, 167
Lisberg-Haag, Isabell 307
Listl, Joseph 129
Locher, Benjamin 346–348, 354, 358
Lochow, Burkhart 50
Lösche, Peter 30 f., 215
Löwe (Lowe), Adolf 215
Löwenthal, Richard 17
Løgstrup, Knud Eijler 99
Lohmann, Karl 353
Lorenz, Friedebert 258, 260
Lotz, Christian 68, 73
Ludwig, Matthias 92
Lück, Wolfgang 278
Luhmann, Niklas 383
Lukaschek, Hans 171
Luther, Martin 158 f., 272, 282, 373

Maase, Kaspar 308
Mack, Günter 176
Maddox, Graham 16, 22
Mager, Reinhard 58
Maier, Franz Georg 245
Maier, Hans 17
Malik, Jamal 235
Mandeville, Bernard 332
Manow, Philip 21, 53, 55, 57, 63
Mantei, Simone 90, 319, 322, 325
Marciniak, Angela 59
Marquardt, Friedrich-Wilhelm 210
Marr, Heinz 211 f.
Marsch, Wolf-Dieter 45, 108
Marschall, Jörg 205 f.
Martin, Albrecht 137, 139, 141, 143
Martiny, Friedrich 267–269
Marx, Christian 87, 206
Marx, Karl 29
Maßmann, Alexander 99
Mattes, Monika 78
Matthes, Joachim 21, 103, 227
Mau, Steffen 54
Maunz, Theodor 153
Mausbach, Joseph 164
May, Stefan 333 f.
Mehnert, Gottfried 137, 139, 141, 143
Meier, Heinrich 383
Meinhold, Peter 373
Meißner, Christian 137, 139, 141, 143
Mende, Julius 310
Menn, Wilhelm 212–215, 218, 220
Merkatz, Hans-Joachim von 348

Merkle, Hans L.   239
Metzke, Erwin   111 f.
Metzler, Gabriele   54
Meyer, Hanns   208, 210, 219
Meyer, Heinrich   225
Meyer, Roland   266, 292
Meyer-Magister, Hendrik   11, 97, 101, 146, 205, 233, 296
Micksch, Jürgen   75, 79
Minkenberg, Michael   18, 23, 33, 35 f.
Mittmann, Thomas   59, 74, 203
Mochalski, Herbert   222, 340, 353 f., 358 f., 370–372, 379
Möller, Jörg   226
Möller, Lukas   209
Möller, Martin   30
Möllers, Christoph   382
Möllmann, Ulrich   156
Moller, Sabine   68
Moltmann, Jürgen   50, 108, 113
Mommsen, Hans   248
Monsma, Stephen V.   23 f.
Morel, Ernst-Wolfgang   281
Morgan, Kimberly J.   63
Morgenstern, Ulf   71
Müller, Albrecht   355–357
Müller, Christian Th.   336, 363
Müller, Eberhard   86 f., 199 f., 207 f., 211, 216, 225–228, 231 f., 267 f., 274, 284, 287 f., 290, 341, 347 f., 350, 353–360
Müller, Helmut   316
Müller, Kurt   351
Müller, Ludwig   359
Müller, Olaf   15
Müller-Simon, Manfred   46
Mumm, Reinhard   213
Mundt, Robert J.   25, 123
Myrdal, Alva   305

Nadig, Friederike   335
Napel, Hans-Martien ten   20
Nave-Herz, Rosemarie   303 f.
Nell-Breuning, Oswald von   222
Neuberth, Ralph   39
Neumann, Ulfrid   151, 157
Neurath, Wolfgang   206
Niebuhr, Reinhold   40, 112, 231
Niedermayer, Oskar   136
Niemeier, Gottfried   323, 357
Niemöller, Martin   114, 129, 138, 229, 347 f., 351 f.

Nippert, Reinhardt   54
Nohlen, Dieter   183
Nohr, Andreas   92, 289
Nolte, Paul   186, 190, 197
Nora, Pierre   69
Norris, Pippa   23
Nowak, Kurt   40, 114, 116, 125, 278, 339
Nuschke, Otto   350

Oberländer, Theodor   72
Oberndörfer, Dieter   19 f.
Odin, Karl-Alfred   254
Oelke, Harry   25, 186, 197, 202, 238, 322
Oertzen, Christine von   63, 304 f.
Ohl, Otto   218–220, 224
Olson, Daniel V. A.   16
Oltmer, Jochen   66, 170
Oppelland, Torsten   59, 136 f., 139–141, 143 f.
Oppen, Dietrich von   239
Ossowski, Christina   279
Ottel, Fritz   224
Otto, Frei   279
Otto, Gert   267
Owetschkin, Dimitrij   74
Oyen, Hendrik van   231

Paeffgen, Hans-Ullrich   157
Palmer, Siegfried   224
Pappi, Franz Urban   20 f.
Parak, Michael   71
Paulsen, Anna   302
Paulus   379
Pfeil, Elisabeth   189
Pfister, Bernhard   155, 166
Philippi, Karl   281 f., 291 f.
Pickel, Gert   15, 121
Pikart, Eberhard   335 f.
Piper, Otto   210
Pirson, Dietrich   129
Piwoni, Eunike   67
Pöhler, Willi   54
Pöhlmann, Matthias   308
Poelchau, Harald   228
Pöpping, Dagmar   184
Poguntke, Thomas   31
Pohl, Karin   72
Pollack, Detlef   15 f., 36, 54, 278
Powell, G. Bingham, Jr.   25, 123
Prehn, Georg Wilhelm   347
Prehn, Ulrich   192

Prikker, Jan Thorn 94
Przeworski, Adam 33
Püttmann, A. 44
Puschner, Uwe 201 f.

Quandt, Markus 20
Quelle, Richard 225

Radbruch, Gustav 151 f.
Raehlmann, Irene 211
Ragaz, Leonhard 210
Rahden, Till van 296
Raiser, Ludwig 71, 108, 204, 347 f.
Ramseger, Georg 316
Ranke, Hansjürg 224, 353, 355 f.
Raphael, Lutz 55, 58, 172, 185, 213
Raschzok, Klaus 277
Rathmann, August 215
Rattinger, Hans 19 f.
Rau, Gerhard 46
Rau, Johannes 30
Rau, Susanne 266
Rau, Wolfgang 326
Rauscher, Anton 127
Rautenfeld, Harald von 174 f., 177 f., 181
Recker, Marie-Luise 33
Rehbein, Klaus 338
Reiche, Ilse 295
Reichel, Hans 50
Reichert, Wendelin 86
Reimers, Stephan 129, 133, 135
Reitmayer, Morten 87, 170 f., 186, 203, 206
Remer, Otto Ernst 155–157, 160–162, 167
Rendtorff, Trutz 41, 44, 100, 109 f., 112, 125, 250, 276, 278, 332
Rennebach, Heinrich 225, 228
Reulecke, Jürgen 201
Reulecke, Lutz 133
Reuter, Hans-Richard 46, 49 f.
Riedner, Günter 56, 184, 200, 230
Ringeling, Hermann 300, 302
Ringshausen, Gerhard 155, 159
Ritschl, Albrecht 202
Ritter, Gerhard 154, 216
Robbers, Gerhard 46 f.
Robert, Günther 305
Roberts, Geoffry K. 20
Röger, Maren 68
Rölli-Alkemper, Lukas 63

Röper, Ursula 307 f.
Rössler, Dietrich 125, 127, 391
Rohe, Karl 74
Rokkan, Stein 23
Rommen, Heinrich 150 f.
Roser, Traugott 53, 61
Ross, Hans-Dieter 316
Roßteutscher, Sigrid 20
Roth, August 358
Rothe, Richard 380
Rothermundt, Gottfried 265, 274, 284, 287, 290–292
Rousseau, Jean-Jacques 375
Royce, Hans 155, 161 f.
Ruddies, Hartmut 114, 124
Rudloff, Wilfried 172
Rudolph, Hartmut 69–71, 73, 171, 188, 190 f., 194
Rüthers, Bernd 153
Ruh, Ulrich 20
Ruhl, Klaus-Jörg 315
Runge, Rüdiger 239
Rux, Johannes 153

Sache, Christa 338
Sachweh, Patrick 54
Sainsbury, Diane 63
Salentin, Ursula 64
San, Çoşkun 51
Sauer, Thomas 87 f., 176, 203, 228 f., 341
Schäfer, Rolf 383
Schäfers, Bernhard 329
Schafft, Hermann 209
Schall, Teresa 11, 126, 283
Scharfenberg, Joachim 320
Scharffenorth, Gerta 336, 362 f.
Scheffler, Horst 363
Scheliha, Arnulf von 261, 370 f., 380
Schelsky, Helmut 108 f., 200, 283, 332
Scheuner, Ulrich 127 f.
Scheuren-Brandes, Christoph M. 151
Schieder, Tobias 10, 337
Schildt, Axel 80, 170, 172 f., 198, 267, 301, 306
Schiller, Friedrich 162
Schilling, Robert 310
Schindler, Peter 33
Schissler, Jakob 74
Schlag, Thomas 39
Schlaich, Klaus 46

Schleiermacher, Friedrich Daniel Ernst 383, 391
Schleissing, Stephan 100
Schleyer, Hanns Martin 239
Schlingensiepen, Hermann 220
Schlösser-Kost, Kordula 212, 218
Schloz, Rüdiger 275
Schmauch, Werner 377
Schmid, Josef 32, 136
Schmidt, Helmut 32
Schmidt, Johannes F. K. 206
Schmidt, Manfred G. 17, 21 f.
Schmidt, Otto 139, 142
Schmidt, Susanne 129
Schmidt, Ute 29
Schmidt-Hackenberg, Wolfram 287
Schmitt, Carl 378
Schmitt, Karl 19 f., 124
Schmitt-Beck, Rüdiger 20
Schmude, Jürgen 30, 44, 132
Schnath, Gerhard 256, 269, 275
Schneider, Hans 49
Schneider, Peter 166
Schneider, Wolfgang 145
Schoen, Harald 20
Schönfeld, Hans 214 f.
Schönke, Adolf 160
Schönwälder, Karen 170
Scholder, Klaus 209, 245
Scholing, Michael 215
Scholz, Rüdiger 260
Scholz, Stephan 71 f.
Schreiner, Peter 39
Schrey, Heinz-Horst 224, 230 f., 327, 365 f.
Schröder, Gerhard 32, 140, 143, 348
Schröder, Horst 160
Schroeter-Wittke, Harald 238
Schütte, Hans-Walter 115
Schützeichel, Rainer 206
Schultz, Hans Jürgen 239, 255, 261 f.
Schulz, Günther 214
Schulze, Hagen 69
Schulze, Johannes 351 f.
Schulze, Rainer 70
Schumann, Friedrich Karl 301
Schwanebeck, Axel 235
Schwarke, Christian 41
Schwartz, Michael 67, 189, 198
Schwarz, Eberhard 73 f.
Schwarz, Hans-Peter 3, 17

Schwarzhaupt, Elisabeth 64, 142 f., 224
Schwebel, Horst 92, 94, 266, 278
Schweitzer, Carl Gunther 224, 228
Schweitzer, Wolfgang 231
Schweizer, Eduard 270–273, 278
Schwelling, Birgit 68
Schwerhoff, Gerd 266
Sebaldt, Martin 133
Seeberg, Alfred 175
Seeberg, Axel 175 f.
Seeberg, Stella 171–176, 179–184, 191 f., 194, 196 f., 224
Seeler, Hans-Joachim 50
Segbers, Franz 215
Seibel, Marc-Ansgar 297
Seiz, Paul-Gerhard 269
Senn, Otto 271 f.
Seraphim, Hans-Günther 154
Shaull, Richard 112
Siegfried, Detlef 80, 301, 325
Siegmund-Schulze, Friedrich 338
Siegrist, Hannes 300
Silomon, Anke 339, 344, 363
Simmel, Georg 204 f.
Simon, Helmut 43, 248
Simpfendörfer, Helene 216
Simpfendörfer, Jörg 216, 274
Simpfendörfer, Werner 216, 265–293
Simpfendörfer, Wilhelm 139, 216
Sjöman, Vilgot 316
Slesina, Wolfgang 54
Smend, Rudolf 45, 108, 379, 381 f.
Søe, Nils H. 231
Söhngen, Gottlieb 45
Söhngen, Oskar 74, 92, 270, 278
Sölle, Dorothee 394
Sörries, Reiner 277
Sohm, Rudolf 45
Sommer, Karl-Ludwig 32
Sommerkorn, Ingrid N. 304
Soper, J. Christopher 24
Sopp, Peter 324, 331
Sparing, Frank 176
Sparn, Walter 41
Spiegel-Schmidt, Friedrich 74, 186, 196
Spotts, Frederic 18, 131 f., 148
Stadelmann-Steffen, Isabelle 63
Stambolis, Barbara 201
Stammen, Theo 198
Stammler, Eberhard 277 f.
Stauffenberg, Claus Schenk Graf von 162

Stegbauer, Christian 87, 203, 205 f.
Stegmann, Franz Josef 21
Stein, Albert 46
Stein, Tine 43
Steinbach, Peter 154
Steinbacher, Sybille 300, 307 f., 310 f.
Steinbiss, Viktoria 139
Steinke, Ronen 156 f., 161 f.
Steinmüller, Wilhelm 46 f.
Stern, Klaus 49
Stiegler, Ludwig 163
Stiehr, Karin 302
Stier, Erich 139
Stierle, Wolfram 214 f., 218
Stock, Wolfgang Jean 92, 94
Stoecker, Adolf 213
Stöss, Richard 29, 31
Stolleis, Michael 151, 167, 382
Stoltz, Philipp 11, 170, 181, 216, 240
Straßner, Alexander 133
Straub, Jürgen 66
Strecker, Gabriele 301
Strickrodt, Georg 139
Stroh, Hans 268–270, 274, 284
Strohm, Christoph 150
Strohm, Theodor 43, 378
Strümpfel, Hans 139–141, 144
Stückrath, Fritz 306
Stümke, Volker 335, 364
Stupperich, Robert 369
Süß, Winfried 55
Süsterhenn, Adolf 318
Suhr, Georg 61
Sultan, Herbert 49
Sulze, Emil 277 f.
Sundhaussen, Holm 66
Symanowski, Horst 228
Sywottek, Arnold 198
Szöllözi-Janze, Margit 172, 183, 185

Tallen, Hermann 30
Tanner, Klaus 40 f., 204
Taylor, Charles 15
Tenfelde, Klaus 33
Tenorth, Heinz-Elmar 58
Teuchert, Felix 11, 67, 75, 79 f., 145, 219, 233, 267
Teune, Henry 33
Thadden-Trieglaff, Reinold von 225, 228, 238, 347, 353 f.
Theunissen, Gert H. 316 f.

Thielicke, Helmut 42 f., 49, 58, 97, 107, 109, 117, 127, 164, 216, 230 f., 274, 311, 321, 370 f., 373–377, 379–381
Thielking, Kai Oliver 24
Thier, Erich 224, 231
Thilo, Hans-Joachim 285 f.
Thurneysen, Eduard 229 f.
Till, Klaus 46
Tillich, Paul 210, 215, 231
Tillmanns, Robert 139 f., 142
Tödt, Heinz Eduard 108, 111 f., 394
Traunmüller, Richard 63
Treffke, Jörg 32
Treidel, Rulf Jürgen 172 f., 194, 202, 267
Trillhaas, Wolfgang 43, 100, 116 f., 151, 164, 377
Troebst, Stefan 66
Troeltsch, Ernst 202, 204 f.
Trommsdorff, Gisela 367
Tuchel, Johannes 162
Tunger-Zanetti, Andreas 18, 121

Uden, Ronald 171, 175 f., 189
Ueberschär, Gerd R. 154 f., 162
Umlauff, Ernst 226
Ummenhofer, Stefan 30
Unfried, Berthold 206

Veit, Sylvia 185
Veller, Reinhard 200
Vogel, Hans-Jochen 163
Vogel, Heinrich 203, 349, 352, 354
Vogel, Johanna 90, 338–340, 343, 346, 364
Voigt, Friedemann 292
Vokkert, Heinrich 200, 228
Vollmer, Antje 209–212
Vollnhals, Clemens 36, 40
Volp, Rainer 276
Vorländer, Hans 23
Vreese, Claes H. de 21, 34

Wagemann, Karl 182
Wagner, Falk 370
Wagner, Michael 303
Waldmann, Peter 198
Wall, Heinrich de 150
Walser Smith, Helmut 17
Walter, Dierk 336
Walter, Franz 30, 215
Walter, Uwe 360

Walz, Hans Hermann   225, 231, 237 f., 240 f., 243 f., 249 f., 256, 258
Wangenheim, Helmut von   171, 196
Warner, Carolyn M.   24
Wassermann, Rudolf   154, 156 f., 161 f.
Weber, Hans Emil   229
Weber, Max   204, 333
Weber, Otto   113
Wedell, Michael   129
Wehler, Hans-Ulrich   3, 17, 152
Wehner, Herbert   32
Wehowsky, Stephan   209 f.
Wehrhahn, Herbert   45
Wehrmann, Iris   133, 146
Weigend-Abendroth, Friedrich   18
Weinbrenner, Eberhard   265, 272, 275–280, 282 f., 285, 288–291
Weingardt, Markus   36
Weinhardt, Joachim   202
Weinkauff, Hermann   150, 152, 163 f., 166
Weisser, Gerhard   208, 222
Weizsäcker, Richard von   241 f., 248, 256
Welty, Eberhard   222
Wendland, Heinz-Dietrich   43, 58, 99 f., 109, 111, 117, 231, 378, 394
Wendt, Bernd-Jürgen   40
Wendt, Siegfried   224
Werner, Herbert   228, 370–372, 379
Werner, Wolfram   335 f.
Wertenbruch, Wilhelm   156, 165
Wetzel, Bernhard   75
Wetzel, Marion Josephin   73
Wewer, Göttrik   18 f., 122
Weyres, Willy   276
Wibbeling, Wilhelm   210
Wichern, Johann Hinrich   218, 391
Widmann, Alexander Christian   112
Widmann, Christian A.   110
Widmann, Hans   228
Wiel, Paul   224
Wilkens, Erwin   49, 116, 263
Will, Rosemarie   36
Willems, Ulrich   18 f., 23, 36, 75, 122, 126 f., 131, 133, 135, 146 f., 349
Wilm, Ernst   358
Wimmer, Annette   133
Winter, Thomas von   19, 122, 349
Winterfeld, Achim von   166

Wirz, Stephan   18, 121
Wischmann, Adolf   182
Wischnath, Johannes Michael   219
Witt, Karl   179, 191
Witte-Karp, André   61
Wittmann-Englert, Kerstin   92, 94, 266, 270 f., 282, 285, 288, 291
Wittmütz, Volkmar   218
Woelk, Wolfgang   176
Wöste, Wilhelm   128, 134
Wohlrab-Sahr, Monika   324, 326, 331
Wolf, Carola   238, 240, 252–257, 259
Wolf, Christof   18
Wolf, Erik   43, 45, 150–152
Wolf, Ernst   48, 108, 113, 117, 151, 158 f., 161, 164, 216, 224, 230, 272, 370 f., 377–379, 381 f.
Wolf, Hans Heinrich   224
Wolf, Uvo Andreas   45
Wolfrum, Edgar   65, 346, 367
Wollmann, Hellmut   31
Wollmann, Stefan   183
Wolzendorff, Kurt   149
Wrage, Karl Horst   320
Wriedt, Markus   206
Wrochem, Oliver von   68
Wunderlich, Hans   336
Wurm, Theophil   226, 267, 394

Xylander, Maren von   194

Zacher, Hans F.   56
Zahn-Harnack, Agnes von   295
Zehrer, Hans   176 f., 189
Zeidler, Wolfgang   49
Zentgraf, Martin   109
Ziegert, Richard   40
Ziekow, Arne   47
Ziemann, Benjamin   17, 54, 90
Zimmer, Annette   75
Zink, Jörg   209
Zink, Maria   209
Zink, Max   209
Zinn, August   335
Zippelius, Reinhold   23
Zocher, Peter   143
Zolleis, Udo   136
Zuck, Rüdiger   160

Sachregister

11. September 16

Abtreibung 103
Abtreibungsdebatte 90
Aktion Saubere Leinwand 296, 314–319
Aktionsgemeinschaft für Arbeiterfragen 231 f.
Amt, prophetisches 275
Anomia 159
Anthropologie 100
–, ganzheitliche 290
Anti-AKW-Debatte 49
Arbeiterbildung 224
Arbeiterschaft, katholische 21
Arbeitgeberverbände 19
Arbeitsmarkt 96, 101
Arbeitsmigration 67, 74–80
Arbeitsschutz 310
Arbeitswelt 103, 297, 323
Architektur 11, 85, 91–93, 276, 279
Atombewaffnungsdebatte 142, 361
Aufklärung 391
Auschwitz 273
Ausländerpolitik 77–79
Autonomie 331, 374, 394
Autorität 371, 378 f.

Barmer Theologische Erklärung 115, 389
Bekennende Kirche 37, 42, 86, 211, 215 f., 218 f., 232
Bekenntnisschriften 159
Beschneidung 16
Bund der Heimatlosen und Entrechteten 196
Bundesgerichtshof 153 f., 163–165, 167 f.
Bundesverfassungsgericht 16

Caritas 194, 197
CDU/CSU 19, 21, 28 f., 31 f., 129, 136, 138–140, 142, 229, 309, 318, 351, 353, 356, 360, 374
Charitas 188
Christentumsgeschichte 388
clash of civilisation 16

Dauerreflexion 283
DDR 5, 11, 68, 116, 134, 320, 341, 346 f., 350, 354, 363, 376, 388
Demokratie 9, 22 f., 33, 35, 37–41, 43, 49–51, 107, 114–117, 121, 148, 161, 239, 247–249, 255 f., 371 f., 375–378, 380 f., 383
–, liberale 22 f., 34
Demokratiebilder 39, 42–44
Demokratietauglichkeit 370
Demokratisierung 91, 93 f., 239, 248, 253–255, 257, 259
Denkmalpflege 92, 279
Deprivatisierung der Religion 34
Desintegration, soziale 331
Deutsche Christliche Studentenvereinigung 208 f., 226, 228, 232
Deutscher Evangelischer Kirchentag 85, 87, 126, 144, 200, 225, 235–264, 283
Diakonie 4, 53, 61, 197
–, politische 194
Diakonisches Werk 78
Dienstkirche 274, 277
Differenzierung 7 f., 32, 36, 311
–, soziale 205
Differenzierungsprozess 105
Diskontinuitäten 5 f., 9, 390 f.
Diversität 326
Dreiständelehre 391
Dritte Welt 247, 256

ecclesia invisibilis 281
Egalität 391
Ehe 106, 299, 307 f., 312, 319, 321 f., 324–326, 395
Ehefrauenerwerbsarbeit 304
Eherecht 103
Ehescheidungsrecht 102
Eigenrechtsmacht der Kirche 45
Eingliederung 66, 76, 213
Einsetzung, göttliche 380 f.
EKD 41 f., 56, 78 f., 125 f., 128, 131, 137, 147 f., 178, 184, 196, 200, 216, 220, 230, 263, 318 f., 328, 338, 345 f., 348, 355, 358, 360, 363, 365 f., 388
Embeddedness 206
Entchristlichung 180, 190 f.
Entkirchlichung 51, 173, 180, 190
Entnazifizierung 3
Entsakralisierungsdebatte 266
Entsakralisierungsprogramm 181
Entwicklungshilfe 78, 126, 247
Erhaltungsordnungen 97, 107, 342
Erinnerungskultur 68, 72 f.
Erwählungslehre 98
Erwerbstätigkeit, weibliche 323
Europäisches Parlament 21
Evangelisch-sozialer Kongress 212–214
Evangelische Akademie Arnoldshain 79
Evangelische Akademie Bad Boll 11, 64, 200, 216, 227, 265–270, 272, 274, 281–284, 286, 289, 291 f., 318
Evangelische Akademie Hermannsburg-Loccum 11, 79, 169–198
Evangelische Studentengemeinden 256
Evangelischer Arbeitskreis der CDU/CSU 10, 29, 124, 127, 135–146, 353, 359
Evangelischer Arbeitskreis für Jugenschutz 313
Evangelischer Kirchbautag 93 f., 276, 289
Evangelium 116, 239, 243, 260, 281, 284, 346, 362, 364

Familie 102 f., 298, 304, 306, 308, 313, 321, 323 f., 326
Familienbilder 300
Familienformen 303
Familienleitbild 296, 319
Familienrecht 101, 301
FDP 28, 30, 59
Flucht 67–71

Flüchtlingsarbeit 182
Flüchtlingsseelsorge 70 f.
Frauenbewegung 295
Frauenbild 300 f.
Frauenerwerbstätigkeit 305
Frauenleitbild 319
Freiheit 97–99, 102, 109, 121, 394 f.
Freiheit Gottes 98
Freiheitsethik 98
Freiheitsrechte 102
–, bürgerliche 23
Freiwillige Selbstkontrolle der Filmwirtschaft 309, 315 f.
Fremdenfeindlichkeit 77
Führerstaat 37
Fundamentalismus, morphologischer 274

Generationenforschung 201
Gerechtigkeit 41, 54, 62 f., 151, 238 f., 241, 250, 256
–, soziale 4, 76
Gericht Gottes 69
Gesamtdeutsche Volkspartei 30
Geschlecht 63, 295 f., 299–302, 306, 308, 311, 322, 324, 326, 329
Geschlechterbeziehungen 299, 320
Geschlechterkonstruktion(en) 302, 324
Geschlechterordnung 62 f., 75 f., 298, 300, 308
Geschlechterrollen 62, 64, 299, 303, 305, 311, 319, 322, 324, 326
Geschlechterverhältnisse 300
Geschlechtervorstellungen 305, 315
Geschlechtlichkeit 306
Gesellschaft, multikulturelle 77, 79
–, verantwortliche 216
Gesellschaft für Soziale Reform 213 f.
Gesellschaftstheorien, protestantische 8
Gesetzlichkeit 372
Gesundheitsfürsorge 310
Gewerkschaften 19, 79, 220
Gewissen 328, 335–337, 340–345, 347, 362–364, 366 f.
Gewissensfreiheit 38, 44, 48, 50, 336 f.
Gewissensreligion 337
Gleichberechtigung 8, 300, 302, 323
Gleichheit 22, 151
Gleichursprünglichkeit der drei Stände 391
Globalisierung 112, 333
Gottes Gebot(e) 98, 372

Gottes Wille 97
Gottesdienst 270–273, 280, 287, 289, 291
Gottesgnadentum 369, 372, 376, 379
Gottesherrschaft 275
Die Grünen 30
Grundgesetz 102, 149, 153, 300, 328, 334–337, 343 f., 347–349, 379
Grundrechte 378 f., 381 f.
Gruppenseelsorge 268

Heilige Schrift 373
Heilsgeschehen 272
Heimat 67–71
Heteronormativität 322
Historisierung 383
Hochverrat 160–162
Homosexualität 322
Homosexuellenfrage 307

Identität 65–68, 74, 169
–, nationale 8 f., 11, 66, 77
Identitätsdiskurs(e) 6, 67
–, nationale 169
Individualethik 100
Individualfrömmigkeit 394
Individualisierung 10, 95 f., 99 f., 104, 205, 295–299, 301, 303, 305 f., 308, 320, 322–324, 327–331, 333 f., 337, 343–345, 364–367
Individualisierungsdynamik 333
Individualisierungsprozess(e) 8, 10 f., 94–105, 205, 295 f., 298, 302, 323 f., 327, 332, 334, 345
Individualismus 99
Individualität 102, 205
Individuum 95, 99 f.
Industrialisierung 314
Informationsaggregation 133
Innere Mission 218–220, 224
Institution(en) 91, 107–109, 329–331, 334, 343, 366, 375, 377 f., 380 f.
Institutionalisierung 271, 293, 334
Institutionenbegriff 106–108
Institutionentheorie 106 f.
Integration 9, 11, 65–68, 70, 72, 74–77, 79, 91, 169 f., 173, 188–190, 195–197, 233, 390
Interessenaggregation 26, 145–147
Interessenartikulation 26
Interessengruppen 19
Interessenselektion 145, 147

Internationales Sozialwissenschaftliches Institut 214, 217 f.
Islam 51, 383

Judentum 51
Jugendbewegung 201, 389
Jugendschutz 310

Kapitalismus 246
Kasualien 103
Katholizismus 21, 29 f., 53, 90, 122, 125, 131, 147
–, sozialer 55, 63
Kirchenasyl 50
Kirchenaustrittswelle 96
Kirchenbau 91–94, 240, 266, 270–279, 281, 283, 292
Kirchenbindung 96
Kirchenkampf 37, 45, 51, 56, 339, 390
Kirchenrecht 45–47
–, evangelisches 44
Kirchensteuer 36
Kirchlich-Soziale Konferenz 213
Kirchlich-Sozialer Bund 213
Kirchliches Außenamt der EKD 78
Königsherrschaft Christi 114 f., 339, 370
Kommunikation 26, 83, 85, 88 f., 91, 93, 195, 205–207, 232 f., 236, 239, 242 f., 247 f., 253 f., 256, 258, 260 f., 264, 292
Kommunikationsformen 81, 83, 85, 87 f., 93
–, protestantische 8 f., 83, 85
Kommunismus 110, 112 f.
Konfession(en) 20 f., 29, 57, 61, 65, 143, 160, 307
Konfessionalität 27
Konservativismus 305
Kontinuitäten 6, 390
Kriegsdienst 327
Kriegsdienstverweigerung 11, 233, 327–367
Kriegsopferverbände 19
Kulturhermeneutik, protestantische 207
Kulturkritik 186, 189, 197
Kunst 317 f.
–, kirchliche 276

Lebensanfang 4
Lebensende 4
Lebensformen 326

Lebensführung 63, 100, 102–104, 302, 321, 393
–, christliche 292
Lebensgestaltung 296
Lebensplanung 296
Legalitätsprinzip 378
Legitimität 373, 376
–, theologische 380
Letztwerte 376
Liberalismus 28, 215
–, wirtschaftlicher 57
Liebesgebot, biblisches 76
Linksprotestantismus 116, 211, 229
Liturgik 290
Lutherrenaissance 337
Luthertum 371
–, konfessionelles 97, 391

Männlichkeit 296, 299, 302, 324, 326
Marxismus 106, 110–113, 246, 388
Marxismusdiskussion 112
Marxismuskommission 112
Massendemokratie 249
Massenmedien 235 f., 260–263, 341
Medialisierung 89
Medien, öffentlich-rechtliche 11, 88–91, 235–264
Meditation 290
Menschenrechte 76, 102, 114
Menschenwürde 317, 379, 381 f.
Migranten 8
Migration 35, 55, 65, 73–76, 187
Moderne, reflexive 334
Modernisierung 15, 28, 47, 96, 99, 196, 297, 314, 329, 333 f., 389
Modernität 234
Monarchie 372

Nachrüstungsdebatte 49
Nächstenschaft 280, 283
Naher Osten 16
Nationalismus 6
Nationalprotestantismus 80
Nationalsozialismus 37, 48, 51, 56, 65, 86, 97, 102, 108, 150, 152–154, 161, 163, 219, 299, 306, 309, 334–336, 376, 382, 388
Naturrecht 47, 149–153, 155, 166, 168, 307, 319, 372
Netzwerk(e) 39, 44, 59, 78, 83–85, 87, 106, 128, 133, 139, 144 f., 148, 175 f.,
201–207, 217 f., 220 f., 224 f., 228, 232 f., 267, 388
Netzwerkanalyse 87, 205 f.
Neuwerk-Bewegung 201, 207–212, 232
Notstandsverfassung 49
NS-Regime 6, 61, 153–156, 161 f.
NS-Unrecht 69
NS-Verbrechen 69
NS-Vergangenheit 67, 76

Obrigkeit 11, 116, 339, 369–380
Obrigkeitsdebatte 11, 371
Obrigkeitsgedanke 116, 370, 379, 382
Obrigkeitslehre 11, 375
–, lutherische 369
Obrigkeitsstaat, monarchischer 37
Obrigkeitradition 382
–, lutherische 379
Ökumene 78, 111 f., 243, 250, 255, 388
Ökumenischer Rat der Kirchen 78
Offenbarungspositivismus 381
office seeking 27
Ordnung(en) 22, 54, 57 f., 62, 98 f., 169, 299 f., 306, 308 f., 314, 316, 319–321, 324, 342, 372, 375, 377, 389
–, demokratische 39, 50
Ordnungen Gottes 342 f.
Ordnungstheologie 96 f., 106–109, 114, 366, 371
–, lutherische 42, 342
Ordoliberalismus 57, 216
Ost-West-Konflikt 116
Ostvertriebene 169–198

Parochie 268, 273, 280
Parteienforschung 123
PDS/Linke 30
Pietismus 242, 244
Pilgrimsstand des Christen 187
Pluralisierung 16, 296, 303, 320, 324, 326, 365
Pluralismus 106, 246, 319, 326, 387, 390
Pluralität 4, 99, 124–127, 130 f., 141, 147, 195, 223, 366
Polarisierung 251
policy pursuit 27
Politikberatung 183, 195
Priestertum aller Gläubigen 277
Prostitution 307, 315
Protestantismus 3–11, 15, 17, 21, 23 f., 26–32, 34, 37, 39, 41–45, 47, 50 f., 53–

55, 57, 59–61, 64 f., 67–71, 73 f., 76, 79, 81–86, 88–93, 96, 101, 104, 106, 111 f., 122–130, 136 f., 145–148, 155, 158, 169, 172, 179, 195–198, 200, 202–204, 207, 223, 233–237, 239, 243, 247, 251, 254, 257, 260, 262–264, 266, 295 f., 298 f., 305 f., 308, 317, 319, 324–328, 332, 337, 339, 344 f., 361, 363–365, 367, 370, 387, 389–395
–, sozialer 11, 54–62, 64, 194, 197, 200, 202, 221, 232 f.
Prozessrecht 160
Pseudokirche 376
Pseudoreligion 380 f.

Rassismus 238
Rat der EKD 77–79, 124, 126–131, 133, 147, 185, 268, 318, 320
Raumschaft 269 f., 273, 279 f., 283
Recht 8 f., 37–39, 41, 45, 48, 50, 106, 150 f., 153, 162, 164 f., 372, 376, 381
Rechtfertigung 164 f.
Rechtsbilder 39, 42–44, 47
Rechtsdebatte 11
Rechtserzeugung 37 f., 41, 47, 50
–, demokratische 9 f., 41
Rechtsgehorsam 48, 50
Rechtsordnung 48, 163, 165, 168
Rechtspositivismus 152 f.
Rechtsstaat 8, 41, 371 f., 376, 379–382
Rechtstheologie 9, 37
Rechtsungehorsam 38
Regiment 376
Rekrutierung 26
Religionsfreiheit 336, 392
Religionskultur, pluralisierte 89
Religiosität 393
–, öffentliche 6
Remilitarisierung 340
Rentenreform 60
Repräsentativität 379
Restauration 196, 250, 389
Revolution 48, 112, 250

Säkularisierung 15, 19, 22, 28 f., 34, 54, 57, 180 f., 190–194, 196 f., 272, 274, 277 f.
Säkularisierungsparadigma 121
Säkularität des Staates 374
Sakralität 284, 287
Sakralraum 291

Sakrament 271
Sakramentalismus 271
Schmutz und Schund 296, 306, 308–318
Schöpferrolle Gottes 374
Schöpfungslehre 98
Schöpfungsordnung(en) 97, 105, 107, 311
Schulpolitik 24
Schwangerschaftsabbruch 50
Seelsorge 129, 147, 181, 268–270
Sekurität 187
Selbstbegrenzung, reflexive 383
Selbstorganisation, demokratische 9
Selbstreferenzialität 390
Selbstreflexivität, protestantische 85
Sexualethik 11, 295–326
Sexualität 296, 299 f., 306–308, 312–314, 316, 319–321, 323–325
Sexualmoral 322
Sexualnormen 305
Sexualordnung 299
Sittlichkeit 11, 295–326, 376
Sittlichkeitsbewegung 296, 307–309
Social Gospel 214
Solidarität 76, 189, 239
Sozialakademie Friedewald 220
Soziale Frage 210–212, 214, 218 f., 221, 224
Soziale Marktwirtschaft 40, 57, 216 f.
Sozialethik 9, 41, 55, 106 f., 109–111, 117, 151, 217, 221, 223 f., 371
–, ökumenische 215
Sozialethischer Ausschuss der Evangelischen Kirche im Rheinland 199 f., 207, 217–220, 227, 233
Sozialisierung 26
Sozialismus 30, 40, 105, 110–113, 211, 216, 232, 380
–, christlicher 222
–, religiöser 111, 209 f.
Sozialistische Reichspartei 156
Soziallehre 214
–, katholische 54, 57
–, protestantische 57
Sozialordnung 9, 211, 215
Sozialpolitik 57, 59, 193–195, 214 f.
Sozialreform, bürgerliche 213, 216
Sozialstaat 8, 24, 53–64, 101, 103
Sozialstaatlichkeit 21, 371
Sozialstaatsdebatten 59
Sozialstaatskonzeptionen 55
Sozialversicherung 21, 61

SPD 20, 28–32, 132, 163, 194, 348, 350 f.
Staatsmetaphysik 378 f., 381
–, lutherische 378
Staatsraison 6
Staatsverständnis 107, 113–117
status ecclesiasticus 391
status oeconomicus 391
status politicus 391
Strafrecht 101, 160, 319
Streikrecht 50
Studentenbewegung 56, 101, 110, 113, 202, 238, 243, 257, 319, 389
Subjektivität 107, 109
Symbolik, christliche 289

Teilung, deutsche 9, 65, 134, 346
Teilzeitdebatte 63

Ungehorsam, ziviler 44, 47 f.
Unverfügbarkeit 375, 377
Urbanisierung 314
USA 16, 40

VELKD 178, 180
Verchristlichung 229
Verein für Socialpolitik 213
Verfassung 38 f., 50, 149, 153, 249, 378, 380, 382
Verfassungsordnung 51
Verfassungsstaat 388
–, demokratischer 37, 39
Verhütungsmittel 322
Verkündigung 180 f., 260, 271
–, kirchliche 181
Verkündigungskrise 261
Verlautbarungsprotestantismus 393
Vermassung 186, 197
Versammlungsfreiheit 50
Vertreibung 68–71
Vertriebene 11, 55, 60, 67 f., 70, 72, 94, 233
Vertriebenenintegration 182
Volkssouveränität 373–375, 379

Wächteramt der Kirche 115 f., 315, 364, 366, 394
Wehrdienst 363 f.
Wehrdienstverweigerung 49
Wehrpflicht 338, 344, 346–351, 354 f., 358, 360–362, 366
Weiblichkeit 299, 302 f., 324
Weimarer Republik 24, 307, 309, 378, 382
Weltanschauungen 376
Weltgesellschaft 244
Weltheiligung 293
Weltverantwortung 291
Werte 6, 23, 25, 213, 300, 307–309, 324, 372, 379, 381
Wertesystem, objektives 382
Werturteil 157
Wertvorstellungen 5, 151
Westintegration 6, 107, 136 f., 346, 388
Westorientierung 229
Widerstand 47 f., 50
Widerstandsrecht 10, 38, 44, 49 f., 115, 149–168
Wiederaufbau 60, 96
Wiederaufrüstung 136, 338, 340, 342
Wiederbewaffnung 3, 8, 49, 107, 137, 342, 346, 361, 365 f.
Wille Gottes 116, 375
Wirtschaftsethik 8, 217
Wirtschaftsordnung 200, 214 f.
Wohlfahrtskultur 54
Wohlfahrtspflege, freie 55, 60 f.
Wohlfahrtspolitik 64
Wohlfahrtsstaat 21, 54, 62, 115, 298, 331
Wohlfahrtsverbände 22

Zeugen Jehovas 336
Zuwanderung 67
Zwangsmigration 69
Zwei-Reiche-Lehre 42, 114 f., 339, 342
Zweigeschlechtlichkeit 299
Zweiter Weltkrieg 15, 111, 329, 334

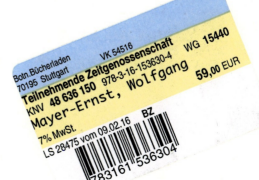